언어의 기원에 관하여 · 이러한 맥락에 관한 추정 ·
플라톤의 대화 연구 입문 · 플라톤 이전의 철학자들 ·
아리스토텔레스 수사학 I · 유고(1864년 가을~1868년 봄)

▪ 니체전집 편집위원

정동호
이진우
김정현
백승영

니 체 전 집
KGW I 4, II 2, II 4

1

언어의 기원에 관하여·이러한 맥락에 관한 추정·
플라톤의 대화 연구 입문·플라톤 이전의 철학자들·
아리스토텔레스 수사학 I·유고(1864년 가을~1868년 봄)

Vom Ursprung der Sprache · Muthmaßungen über diesen Zusammenhang ·
Einführung in das Studium der platonischen Dialoge ·
Die vorplatonischen Philosophen ·
ARISTOTELES RHETORIK. I · Nachgelassene Aufzeichnungen
(Herbst 1864~Frühjahr 1868)

김기선 옮김

책세상

일러두기

1. 이 책은 독일에서 출간된 《니체전집*Nietzsche Werke, kritische Gesamtausgabe*》(Walter de Gruyter Verlag) 가운데 vol. I 4, II 2, II 4의 일부를 발췌해 번역했다. 구체적인 서지 사항은 다음과 같다.

   • 〈언어의 기원에 관하여〉, 〈이러한 맥락에 관한 추정〉
   —"Vom Ursprung der Sprache", "Muthmaßungen über diesen Zusammenhang", *Nietzsche Werke, kritische Gesamtausgabe*, vol. II 2(Walter de Gruyter Verlag, 1995). 〈언어의 기원에 관하여〉는 〈라틴어 문법 강의Vorlesungen über lateinische Grammatik von Friedrich Nietzsche〉의 일부(Cap. 1)이고, 〈이러한 맥락에 관한 추정〉은 〈그리스 서정 시인 강의Griechische Lyriker Vorlesungen von Prof. Nietzsche〉의 일부(§ 2)이다.

   • 〈플라톤의 대화 연구 입문〉, 〈플라톤 이전의 철학자들〉, 〈아리스토텔레스 수사학 I〉
   —"Einführung in das Studium der platonischen Dialoge", "Die vorplatonischen Philosophen", "ARISTOTELES RHETORIK. I", *Nietzsche Werke, kritische Gesamtausgabe*, vol. II 4(Walter de Gruyter Verlag, 1993).

   • 〈유고(1864년 가을~1868년 봄)〉
   — "Nachgelassene Aufzeichnungen(Herbst 1864~Frühjahr 1868)" 29 · 35 · 36 · 37 · 50 · 56 · 62, *Nietzsche Werke, kritische Gesamtausgabe*, vol. I 4(Walter de Gruyter Verlag, 1999).

2. *로 표시된 각주는 니체의 원주이고 번호로 표시된 후주는 옮긴이주이다.

3. 그리스어와 라틴어의 번역문은 이탤릭체로 표시했다.

4. 원서에서 자간을 벌리는 방식으로 강조되어 있는 단어를 여기서는 고딕체로 표시했다.

5. 니체가 쓴 부호(?, 〔 〕, 〈 〉, §, { })나 선 등은 가능한 한 살렸으나 번역상 전혀 살릴 수 없거나 무의미한 것들은 생략했다. 본문에 사용된 〔 〕는 몇몇을 제외하고는 니체가 원본에 사용한 것이지만 〈아리스토텔레스 수사학 I〉에서는 로버츠W. R. Roberts의 영역본인 *The Works of Aristoteles*(London : Oxford Univ. press, 1946)의 번역 부분을 나타내는 부호로 쓰였다.

6. 맞춤법과 외래어 표기는 1989년 3월 1일부터 시행된 〈한글 맞춤법 규정〉과 《문교부 편수자료》를 따랐다.

차례

니체전집 출간에 부쳐

우리나라에 니체가 처음 소개된 것은 필자 미상의 글 〈톨스토이
주의와 니-체주의〉가 발표된(《남북학회월보》 12호) 1909년 무렵이
라고 추정된다. 하지만 니체가 본격적으로 알려지게 된 것은 그로
부터 10년 후쯤인 1920년에 《개벽(開闢)》 창간호에 소춘(小春)의 글
〈力萬能主義의 急先鋒 푸리드리히 니체 先生을 紹介함〉이, 2호에 묘
향산인(妙香山人)의 글 〈新―人生標의 樹立者 프리드리히, 니체 先生
을 紹介함〉이 게재되면서부터다. 이후 니체의 삶을 소개하고 니체
의 사상을 개괄하는 글들이 잇달아 잡지나 신문 등에 실렸다.

1910년대와 1920년대라면 우리나라 1세대 유학생들이 독일이나
프랑스, 미국, 일본 등지에서 공부를 하고 있던 시기이다. 이들 가
운데 독일에서 공부하고 있던 유학생들은 어떤 식으로든 그곳에서
논의되고 있던 니체의 철학과 접촉했을 것이라 판단된다. 그러나
초기 니체 수용에 앞장선 사람들은 단연 일본에 가 있던 유학생들
이었다. 수용이라고 했지만 니체 철학에 대한 체계적 천착이 있었
던 것은 아니고, 그의 사상 가운데 일부를, 그것도 제대로 소화하지
못한 상태로 받아들인 것뿐이었다. 그러다가 1930년대에 들어와 니

체가 더 균형 있게 국내 문인들에게 받아들여지면서 니체의 사상은
철학 밖에서이기는 했지만 점차 우리나라에 뿌리를 내리게 되었다.
이때 김억과 김형준이 앞장섰으며, 서정주와 이육사 등이 뒤를 따
랐다.

그러나 체계적인 니체 연구가 시작된 것은 1945년 해방 이후다.
대학이 재건되고 부분적으로나마 니체 강의가 시작되면서 그의 철
학에 대한 연구가 서서히 자리를 잡게 된 것이다. 그의 철학을 주제
로 한 학사, 석사 학위 논문이 나오기 시작한 것도 이 무렵이었다.
그러다가 1950년 한국전쟁 이후 실존철학이 번성하면서 니체에 대
한 관심도 함께 높아졌다. 전공자의 수도 꾸준히 늘었으며 1960년
을 전후로 그의 개별 저작도 하나하나 번역되어갔다. 1969년에는
우리나라 최초의 니체전집인 《니이체全集》(휘문출판사)이 나와 학
계의 주목을 받기도 했다.

이어 1970년대에 들어와 니체 개별 작품의 번역이 줄을 이었고
대학에서의 니체 연구도 좀더 활기를 띠었다. 대체로 자생적인 열
기였는데, 이런 열기에 응답이라도 하듯 1980년대 초에 두 번째 전
집인 《니체全集》(청하출판사)이 나왔다. 두 차례의 전집 출간은 우
리나라에 소개된 다른 서양 철학자들, 이를테면 플라톤, 칸트, 헤겔
등의 경우에 비추어 볼 때 유례가 없는 일이었다. 두 번째 전집은
그래서 부러움을 사기도 했지만, 역설적으로 그 자신의 명을 재촉
하게 될 세 번째 전집, 즉 새로운 전집을 서둘러야 할 것이라는 시
대적 요구에 불을 지핀 결과를 가져왔다. 그런데, 그렇다면 왜 또다
시 니체 전집인가 하는 물음은 두 번째 전집이 출간될 때 이미 제기
된 물음이었다고 할 수 있다. 그때 그 전집의 편역자들은 "한글 세

대에 의한 꼼꼼한 번역"을 내세웠다.

    그러나 이런 말이 군색해 보일 만큼 나라 밖의 상황은 급변하고 있었다. 우리 학계와 출판계가 문을 닫고 전래의 틀 속에 안주하고 있는 동안 유럽 대륙에서는 1950년대 이후 이른바 유고 논쟁이 격렬히 재연(再燃)되고 있었다. 원래 니체는 5,000여 쪽 분량의 유고를 남겼다. 그때까지는 그 가운데 극히 일부가 Der Wille zur Macht(《권력 의지》 또는 《권력에의 의지》로 번역되어온 것)와 Die Unschuld des Werdens(《생성의 무죄》)라는 표제로 편집, 소개되었을 뿐이었다. 이 가운데 특히 《권력 의지》는 니체 철학에 밝지 못한 편자들(페터 가스트Peter Gast와 엘리자베트 푀르스터 니체 Elisabeth Förster-Nietzsche)이 임의로 편집해 내놓은 것으로, 훗날 많은 분란을 일으켰다. 표제부터 그랬지만 임의로 편집된 글들은 니체를 크게 왜곡했다. 글이 니체 자신의 것이었다 해도 편자가 주관적 판단에 따라 자의적으로 글을 선택함으로써 니체의 모습은 크게 훼손될 수밖에 없었다. 그리하여 초기부터 유고 편집을 둘러싼 논쟁이 간헐적으로 있어왔는데 이 논쟁에 다시 불이 붙은 것이었다. 결국 긴 논쟁 끝에 첨삭과 임의 편집 없이 그가 남긴 모든 글을 연대순으로 공개하는 쪽으로 결말이 났다. 그리하여 그때까지 나왔던 《권력 의지》 등의 유고집은 해체되었고 거기에 수록된 유고들은 제자리를 찾아가게 되었다.

    이렇게 하여 세기적 관심과 호응 속에 1964년부터 나오기 시작한 새로운 전집이 콜리G. Colli와 몬티나리M. Montinari의 《고증판 전집 Kritische Gesamtausgabe》이다. 먼저 이탈리아어판이 나오기 시작했다. 독일어판이 나오기 시작한 것은 그로부터 3년이 지난 1967년이었다. 유고의 경우 손으로 씌어진 글을 하나하나 판독한 후 활자화해야 했으므로 기술상 어려움이 적지 않았으며 무엇보다 오랜 기간이 소요되었다. 작업이 진행되는 동안 일단 유고를 정리한 편집자들은 1980년에 먼저 《학습판 전집 *Studienausgabe*》을 완간하여 세상에 내놓았다. 그러나 《고증판 전집》의 출간은 1990년대를 지나 지금까지도 계속되고 있다. 미공개 유고가 거의 모두 공개되면서 전집의 분량도 종전의 것과 비교가 되지 않을 만큼 늘었다.

　이 새로운 전집에 힘입어 우리는 니체의 글을 거의 모두 갖게 되었으며 비로소 그의 진면목을 접할 수 있게 되었다. 《고증판 전집》의 편집자들은 원래의 원고에 충실하여 탈자와 오자도 살려두었으며 해독 불가능한 것도 그대로 옮겨놓았다. 니체의 글을 있는 그대로 되살린 것이다. 이 전집은 니체 사상 수용사에서 하나의 획을 긋는 '혁명적 사건'으로, 구상 단계에서부터 국제 학계의 주목을 받아왔다. 미공개 유고를 공개한 것 자체도 그러하려니와 그간의 전집에 나타난, 잘못된 어휘 등의 오류를 많이 바로잡았다는 차원에서도 혁명적 사건이라 할 만한 일이었다. 예상되었던 일이지만 이 전집이 나오면서 이전에 나온 전집들은 이내 설자리를 잃고 말았다. 그때까지 공개되지 않고 있던 유고들은 허섭스레기와 같은 것이어서 새 전집이 나온다고 해서 니체 해석에 있어 달라질 것은 없을 것이라는 악의에 찬 비판도 한때 있었지만, 그것도 제풀에 잦아들고 말았다. 현재 이 《고증판 전집》 이상의 니체전집은 없다. 오늘날 《고증판 전집》은 니체 연구에서 국제적 표준판으로 인정받고 있을 뿐만 아니라, 다른 전집 출판의 모범이 되고 있다.

　우리나라에서 휘문판 전집이 나온 1969년은 이미 유고 논쟁이 대단원의 막을 내리고 새로운 전집이 나오고 있던 때였고, 청하판 전집이 나온 1980년대 초라면 《학습판 전집》이 출간된 이후다. 그런데도 웬일인지 이 두 전집은 종전의 전집 체제를 고수해, 급격히 달라진 사정을 전혀 반영하지 않았다. 국외 사정에 어두웠던 탓으로 보이는데, 결국 이렇게 해서 우리 학계와 출판계는 제때에 새 전집을 번역, 출간함으로써 세계적 흐름에 앞장서 합류할 수 있는 호기를 놓치고 말았다. 그 결과 우리나라는 《권력 의지》가 엄존하는 나라로 남게 되었다.

이로써 《고증판 전집》을 원본으로 한 새로운 전집, 명실상부한 니체전집이 나와야 할 이유는 일찍부터 분명해졌지만 현실적 난관이 많았다. 우선 20권이 넘는 책을 내는 데 소요되는 기간, 그리고 그것을 우리 글로 옮길 역자의 확보가 문제였다. 거기에다 오랜 기간이 방대한 사업을 맡아 주관할 출판사가 있어야 했다. 이런저런 이유로 우리나라에서는 당분간 이 일이 실현되기 어려우리라는 것이 지배적인 분위기였다. 20년 또는 30년 후쯤에나 생각해볼 일이라는 비관적 전망도 나왔다. 이런 분위기와 전망 속에서 앞장서 전집 출간을 기획하고 준비해온 것은 그동안 나라 안팎의 니체 연구 동향에 주목해온 출판사 '책세상' 이었다. 1999년 초 책세상은 2000년을 기점으로 21권 정도 분량의 전집을 연차적으로 번역, 출간하겠다는 구상을 밝혔다. 니체 전공자들은 이에 크게 고무되었다. 게다가 2000년은 니체 사후 100년이 되는 해여서 남다른 의미가 있었다. 마침 독일에서 니체 연구로 박사 학위를 받은 소장 학자들이 속속 귀국하면서 역자 확보도 가능해졌다.

그 해 봄 편집위원회가 구성되었다. 먼저 편집 지침을 마련하고 일정을 잡았다. 그리고 역자 선정에 들어갔다. 12인의 역자가 선정되면서 번역은 시작됐다. 편집위원회는 차제에 그동안 학계에서 문제로 지적되어왔으면서도 정작 공론화되지는 못한 부분들, 이를테면 잘못된 역어와 상이한 역어를 바로잡고 통일하기로 하였다.

⁵   예를 들어, 먼저 '초인'으로 번역되어온 'Übermensch'를 원어 그대로 '위버멘쉬'로 옮기기로 했다. '초인'이라고 하면 말 그대로 초월적 존재로 받아들여지기 십상인데, 그렇게 되면 모든 초월적 이상을 거부한 니체의 의도에 반하게 된다는 판단에서였다. '권력의지'라는 번역어도 바로잡았다. 'Der Wille zur Macht'를 그렇게 ¹⁰ 옮긴 것인데, 'Macht'는 자연 전체를 지배하는 보편적 힘을 가리키는 말이므로 그것을 권력으로 한정할 수 없다고 판단했다. 이미 일부에서는 그것을 '힘에의 의지'로 바꾸어 쓰고 있었다. 편집위원회도 그것을 '힘에의 의지'로 바꾸기로 했다. '초인'이나 '권력 의지'라는 두 번역어는 일본을 통해 들어온 것이었다. 'Die Ewige ¹⁵ Wiederkunft'도 문제가 되었다. 그동안 영원회귀, 영겁회귀, 영구회귀 등으로 번역되어온 말이었다. '영겁'은 불교적 의미가 짙고, '영구'는 친숙하지 않을뿐더러 내용에도 문제가 있어 '영원회귀'로 통일하기로 했다. 그 외에도 문제가 될 수 있는 용어들을 나름대로 통일하였다.

²⁰   또한 전집을 기획하고 편집하는 과정에서 《고증판 전집》을 낸 독일의 출판사 '발터 데 그루이터Walter de Gruyter'의 협조가 여러 모로 필요했다. 발터 데 그루이터 사는 한국에서의 전집 출판에 적극적으로 호응해 협조를 아끼지 않았다. 그러나 우리는 《고증판 전집》을 그대로 옮기지는 않았다. 문헌학에 연관되는 일부 서신이나

단상 등은 배제하고 가능한 한 철학적 주저를 중심으로 기획, 편집
했다. 그리고 책 끝 부분에 상당 분량의 해설을 달아, 니체 사상을
소개하고 그 사상 속에서의 해당 작품의 위치를 밝혔다. 주(註)는
꼭 필요한 경우가 아니면 달지 않았다. 주라는 것은 대체로 자의적
이어서 경우에 따라서는 본문의 내용을 왜곡할 수 있는 등 오히려
불필요한 간섭이 될 수도 있다는 판단에서였다.

    이렇게 해서 2000년 8월부터 《유고(1887년 가을~1888년 3월)》
와 《차라투스트라는 이렇게 말했다》를 필두로 전집이 나오기 시작
했다. 완간은 2004년쯤으로 잡혀 있다. 그때가 되면 우리나라도 명
실상부한 니체전집을 갖게 될 것이다. 《고증판 전집》은 영어, 프랑
스어 등 주요 유럽어로는 이미 번역되었다. 그러나 비유럽어권에서
는 우리나라가 세 번째 번역 국가로, 일본과 터키 다음이다. 이로써
우리는 이 분야에서 선진국 반열에 오르게 되었다는 보람과 함께
앞으로의 니체 연구를 위한 디딤돌을 놓았다는 자부심을 느끼지만,
결코 자만하지 않을 것이다. 이제부터 시작이라는 사실을 잘 알고
있기 때문이다. 우리는 실로 온갖 노력을 기울여왔고 앞으로도 그
러할 것이다.

    문명, 종교, 정치, 사회, 문화, 예술, 심리, 언어 등 다양한 영역에
서 동서고금의 사상적 경계를 자유롭게 넘나들고 있고, 또한 독일
어, 프랑스어, 영어, 이탈리아어, 라틴어, 고대 그리스어, 산스크리
트어, 스페인어, 중국어 등 다양한 언어를 사용하고 있는 니체의 글
은 거대한 산맥과도 같다. 따라서 시대와 언어를 넘나들며 그 글을
옮겨야 했던 우리 역자들에게는 난관이 적지 않았다. 니체가 만들
어놓은 사상의 산맥을 따라가며 그 본의를 이해하는 것만도 만만치

않은 일인데, 거기다가 원어에 대응하는 말이 우리에게 없는 경우가 허다했으며, 니체가 손으로 써 남겨놓은 유고의 경우 오자, 탈자와 함께 온전치 못한 문장도 많았다. 그런가 하면, 그가 앞뒤를 생각하지 않고 써나간 데 그 탓이 있겠지만 문법과 어법에 맞지 않는 글도 적지 않았다. 언어 감각이 다른 데서 오는 표현의 어려움도 우리를 괴롭혔다. 그러나 우리 역자들은 나름대로 최선을 다했으며, 또 앞으로도 그러할 것이다. 물론 최선을 다했다는 것만으로는 있을 수 있는 허물에 대한 책임을 면할 수 없다. 따라서 우리는 계속해서 수정하고 보완하여 이 전집을 더욱 손색없는 전집으로 키워나갈 생각이다.

끝으로, 우리는 이 전집이 우리나라의 니체 독서와 연구에 큰 보탬이 되기를, 그리하여 새로운 학문적 도약의 발판이 되기를 바란다.

편집위원 정동호
이진우
김정현
백승영

언어의 기원에 관하여

최근까지 인도인이나 그리스인들의 오랜 수수께끼. 언어의 기원을 어떻게 생각해서는 안 되는지는 확정적으로 말할 수 있습니다.

언어는 개개인의 의식적 창작물도 다수의 의식적 창작물도 아닙니다.

1. 모든 의식적 사고는 언어의 도움을 받아야 비로소 가능합니다. 그렇게 예리한 사고는 한갓 동물적인 의성어 같은 것을 가지고는 전혀 불가능합니다. 놀랍고도 심오한 기구입니다. 가장 심오한 철학적 인식들이 이미 언어에 준비되어 있습니다. 칸트는 말합니다. "이성의 용무 중 상당 부분, 아마도 대부분은 이성이 이미 자신 안에서 발견하는 개념들을 분석하는 데 있다." 주어와 목적어를 생각해보십시오. 판단의 개념은 문법적인 문장에서 추상된 것입니다. 주어와 술어에서 주체와 속성이라는 범주들이 성립되었습니다.

2. 의식적 사고의 발달은 언어에 해롭습니다. 계속되는 문화에서의 언어 붕괴. 바로 철학적 가치가 놓여 있는 형식적 부분이 수난을 당합니다. 프랑스어를 생각해보십시오. 격변화도, 중성도, 수동태도 없고, 어미는 닳고, 어간은 알아볼 수 없이 손상되어 있습니다. 문화가 더 고차원으로 발달해도 완벽하게 전수된 것을 붕괴 앞에서 보호하기에는 완전히 역부족입니다.

3. 언어는 개개인의 작업이기에는 너무 복잡하고, 집단의 작업이기에는 너무 통일적인 것으로, 그것은 하나의 온전한 유기체입니다.

그렇다면 언어를 벌들이나 개미떼 등처럼 본능의 산물로 간주하는 일만 남습니다. 그러나 본능은 의식적으로 고려한 결과도, 육체 조직의 단순한 효과도, 뇌에 장치된 기계적 조직의 결과도, 외부로부터 정신으로 오는, 정신의 본질에는 생소한 기제의 작용도 아니고, 개인이나 집단의 특성에서 나오면서 그것이 이루는 가장 고유한 업적입니다. 뿐만 아니라 본능은 어떤 존재의 가장 내적인 핵심과 하나이기조차 한 것입니다. 유기체들의 무한한 합목적성, 그리고 그들의 생성의 무의식성, 이것이 철학 본연의 문제입니다.

그렇다면 이와 함께 이전의 모든 소박한 관점은 거부된 셈입니다. 그리스인들에게 언어가 *정립된 것*θέσει 인가 *자연의 것*φύσει 인가 하는 것. 요컨대 자의적 형성에 의한 것인가, 계약과 약속에 의한 것인가, 또는 음소(音素)가 개념적 내용을 통해 규정된 것인가 하는 것 말입니다. 그러나 근래의 학자들 또한 이러한 표제어들을 필요로 했습니다. 예를 들어 수학자 모페르튀(1698~1759)[1]의 '기초로서의 일치'가 그런 것입니다. 처음에는 말이 없이 몸짓과 고함 소리들을 동반하는 상태. 여기에다 사람들은 관습적인 몸짓과 고함 소리를 첨가했다는 것입니다. 이 수단들은 무언극 식의 고함과 노래의 언어로 완성될 수도 있었을 것입니다. 그러나 그것은 어려웠으리라는 것입니다. 올바른 억양과 섬세한 청각은 아무에게나 주어진 것이 아니라는 것입니다. 거기에서 사람들은 새로운 표현 방식을 찾을 생각을 하게 되었을 것입니다. 혀와 입술을 통해 사람들은 대량의 조음(調音)들을 산출할 수 있었다는 것입니다. 사람들은 새로운 언어의 장점을 느꼈고, 그래서 거기에 머물렀다는 것입니다.

그 사이에 다른 의문이 전면에 제기되었습니다. 즉 언어가 단지 인간의 정신적 힘을 통해 발생할 수 있었던 것인지, 아니면 신의 직접적인 선물인지 하는 의문입니다. 구약성서는 언어의 기원에 관한 신화나 그와 비슷한 어떤 것을 가지고 있는 유일한 종교 문서입니다. 두 가지 요점은 신과 인간은 그리스인들과는 달리 같은 언어를 사용한다는 것입니다. 신과 인간은 인간에 대한 사물의 관계를 표현하는 이름들을 사물들에 짓습니다. 요컨대 동물들 등에 이름을 짓는 것은 신화의 문제였습니다. 즉 언어 자체는 전제되는 겁니다.—여러 민족들은 언어의 기원에 대해 침묵합니다. 그들은 세계, 신들과 인간을 언어 없이는 생각할 수 없는 것입니다.

방금 언급한 의문은 역사적이나 생리학적으로 조금만 통찰해보아도 그 정당성이 입증됩니다. 언어들을 비교함으로써, 그 기원을 사물의 본성으로부터는 증명할 수 없다는 것이 실로 명백했습니다. 명칭의 자의적인 부여에 관해서는 이미 플라톤의 《크라틸로스 *Kratylos*》를 통해 논의가 이루어지고 있습니다. 이 관점은 말하자면 언어 이전의 하나의 언어를 전제로 합니다.

장 자크 루소는 뭇 언어들이 순전히 인간적인 수단들에 의해 생겨나는 것은 불가능하다고 믿었습니다.

반대 견해로는 드 브로세De Brosses(1709~1777)의 저작이 주목할 만합니다. 그는 언어의 기원이 순수하게 인간적이라는 의견을 고수하지만 이를 위한 수단들은 충분치 않습니다. 예컨대 'rude'와 'doux'처럼 소리의 선택은 사물의 본성에 의존한다고 하면서 "그 하나는 거칠고 다른 하나는 부드럽지 않은가?" 하고 그는 묻습니다. 그러나 그러한 단어들은 언어의 발생에서는 끝없이 떨어져 있습니다. 우리는 소리에 사물들의 무엇인가가 놓여 있다고 습관적으로 상상했습니다.

그 다음으로는 몬보도 경Lord Monboddo이 주목할 만합니다. 그는 반성적 정신 활동을 가정합니다. 언어란 인간이 고안해낸 것이고, 그것도 되풀이해서 만들어진 것입니다. 그러므로 그에게는 원시 언어가 필요하지 않습니다. 21년 동안 그는 그 책을 썼는데, 어려움은 점점 더해갑니다. 그는 언어의 기원을 가장 지혜로운 인물들에게 귀속시킵니다. 그럼에도 그는 어느 정도 초인적인 도움이 필요합니다. 그것은 이집트의 마왕들입니다.

독일에서는 베를린 아카데미가—100년 전에— "언어의 기원에 관하여"라는 현상 문제를 제출했습니다. 1770년 헤르더Herder의 글이 우수성을 인정받았습니다. 인간은 언어를 구사하도록 태어났다는 것입니다.

"그리하여 언어의 발생은 발육이 완성된 순간에 태아가 출생으로 내닫는 충동과 같은 그러한 내적인 절박함이다."

그러나 그는 어떻게 언어가 표출되는 소리에서 내면화되는가 하는 견지를 자신의 선학들과 공유합니다. 그는 언어의 어머니는 감탄사라고 말하지만, 그것은 결국 엄밀히 말하면 언어를 부정하는 겁니다.

올바른 인식은 칸트 이래 비로소 일반적인 것이 되었습니다. 그는 《판단력 비판 Kritik der Urteilskraft》에서 자연에서의 목적론을 사실적인 것으로 인정한 동시에, 다른 한편으로 어떤 것이 의식 없이 합목적적이라는 불가사의한 이율배반을 주장했습니다. 이것이 본능의 본질입니다.

마지막으로 셸링Schelling의 말(Abth. 제2부, 제1권, 1, 52쪽)[2].

"언어 없이는 철학적 의식뿐만 아니라 어떤 인간적 의식도 전혀 생각할 수 없으므로 언어의 기초는 의식과 함께 놓일 수 없었다. 그럼에도 불구하고 우리가 언어의 심층을 깊이 파고들면 파고들수록 그 깊이가 의식으로 가득 찬 창작물들의 깊이를 여전히 훨씬 능가한다는 것을 더욱더 확실히 발견한다. 언어의 상황은 유기적 존재들의 상황과 같다. 우리는 이들 존재가 맹목적으로 발생하는 것을 본다고 믿으면서도 가장 세세한 데 이르기까지 그것들을 형성하는 데서 발견되는 불가사의한 의도성을 부인할 수 없다."

이러한 맥락에 관한 추정

⁵ 서정시는 시작(詩作)의 가장 오래된 형식이다. 서사시는 가곡의 일종인 신들이나 영웅 찬가에서 발전되어 나온다. 음악과 춤이 서정시와 어우러지고 리듬이 언어에 유입되는 곳이면 어디에서든 서정시는 종교적 제의와 연관된다. 리듬은 생각에 빛을 더하며, 특정한 단어들을 선택하게 하며, 문장의 원자들을 분류하여 묶는다. 언¹⁰ 어λόγος와 관련된 리듬은 운율μέτρον이라고 한다.

어째서 우리는 음악을 언어와 나란히 놓지 않고 언어의 내부에 놓는가? 운율로 되어 있고 노래로 불리는 말, 거기에서 음악은 어떤 의미를 가지고 있었는가? 음악과 리듬은 신들에게 어떤 영향을 미치는 데 이바지하는데, 그 영향에는 네 가지가 있다고 사람들은 ¹⁵ 믿었다.

1) 인간은 음악을 통해 연대감을 느끼기 때문에 사람들은 음악을 통해 신들을 제압하고 그들에게 의무를 지우고자 했다.

2) 인간의 격정은 음악을 통해 잠잠해지므로 음악을 통해 신들을 정화하고 그들의 격정이 폭발하는 것을 무마하고자 했다.

²⁰ 3) 인간의 경우 리듬적인 것이 기억의 수단이므로 사람들은 음악의 도움으로 신들의 기억에 인간의 용건을 더 깊이 각인시킨다.

4) 음악이나 노래에서는 말의 공명력이 더 크므로 사람들은 그러한 말로 신들과 더 명확하게, 더 거리가 먼 곳에서도 소통할 수 있다고 믿는다.

앞의 두 가지는 그다지 확연하지 않다. 인간은 원초적이면 원초적일수록 자극을 받기 쉬우며, 그럴수록 인간은 노래를 통해 연결된다. 그는 리듬을 모방하려 하며 스스로 압도당했음을 느낀다. 시인이 리듬을 통해 스스로 부자유스럽다고 느낀다는 것을 플라톤은 분명하게 말하고 있다. 테르판드로스에 대해서는 그가 라케다이몬에서 음악을 통해 폭동στάσις을 무마했다고 전한다. 다몬Damon은 상사병에 걸린 한 청년을 자유롭게 해주었다. 피타고라스 학파 철학자들은 그것을 이해했다. 영혼의 조화는 리듬을 통해 이루어진다 : Marc. Cap. 9, ⟨p.⟩ 346 ⟨Eyss.⟩. 이 관찰을 신들에게 적용하는 일은 태고부터 있었다. 그들에게서 보이는 *영혼의 제어 불능성* ferocia animi은 음악의 도움을 받아 해결할 수 있다. 멜로스μέλος의 어원은 '무마의 수단'이다. 제의에서는 언어는 리듬과 음악과 연결되어 있다. 이 연결의 원래 의도들은 차츰차츰 잊혀져갔다. 세속적인 노래들에서도 마찬가지다. 노 젓는 노래나 샘에서 물 긷는 노래들은 리듬이 원래 마술적 힘을 가지고 있었다는 것을 보여준다. 이런 일에 종사할 때 사람들에게는 무마되어야 할 정령의 행위에 대한 믿음이 있었다. 마술의 노래는 태고의 형태이다. 축성, *서품τελετή*, *정화κάθαρσις*. 세속적인 노래와 종교적인 노래는 대립되는 것이 아니다. 트라키아에서는 마법의 노래와 신탁의 시가가 생겨났다. 신탁의 리듬을 통해 사람들은 미래를 구속하고자 한다. *신탁χρησμός*은 원래 '필연, 강제'를 의미하고 운명fatum은 원래 '언표', 그리고 그것을 통해 강요된 '운명'을 의미한다. 향연 συμπόσιον에서 음악을 사용하는 일도 여기에 속한다. 음악이 열기를 돋우는 술의 힘을 억제하며 질서와 균형을 이룩한다는 것은 나중에 제기된 견해이다(아리스토크세노스). 전에는 사뭇 달랐다. 그리스의 제의가 있는 모든 곳에서는 온갖 열정이 한시적으로 발산되어야 한다. 향연에서의 음악은 그러한 발산을 신속하게 가져와야 하는 것이었다. 그렇다면 여기에서는 음악의 열광적 효과를 이야기하고 있는 것이다. 여기에서도 그 효과는, 연민과 공포의 격정들이 발산되어 인간을 자유롭게 만들도록 이들 격정을 상승시키는, 아리스토텔레스가 말하는 비극의 효과와 유사하다. 조소하는 노래나 풍자하는 노래도 여기에 속한다. 데메테르의 제의에서는 적을 향해 온갖 경멸스러운 것, 우롱할 만한 것, 조야한 것을 발산할 기회가 있었다. 축제의 도취가 그것을 허용했으며, 언어에서 격정은 숨통이 틔었다. 그것이 *정화*κάθαρσις였다.

플라톤의 《법률》조차 어느 정도의 제약을 곁들여 가시 돋친 요소들을 제거해내는 규정들을 제시한다. 그러므로 다음의 경우들에 율동적이며 음악적인 언어가 사용된다.

1) 격언이 마술적인 효력을 발휘하도록 할 경우, 2) 〈하나의〉 신을 가까이하고자 할 경우, 3) 자신을 격정으로부터 정화하고자 할 경우, 4) 신의 격노를 자극하고자 할 경우, 5) 미래를 뜻대로 하고자 할 경우, 6) 종교적 비호 아래 자신의 경멸과 우롱을 방출하고자 할 경우에 리듬은 몸의 움직임으로 전이된다. 모든 춤에는 마술적–종교적 의미가 있다. 춤은 신들을 제압한다고 한다. 발을 구르는 몸짓은 신들을 불러낸다.

그 효용이 리듬을 시에 끌어들였다는 것이다. 마술적 인과 관계 대신 자연적 인과 관계에 대한 감각이 눈뜨면 눈뜰수록 리듬은 후퇴한다. 엠페도클레스는 여전히 거의 시인이다. 플라톤은 여전히 반은 시인이며, 산문에서 때때로 운문성을 띤다. 데모크리토스는 운문을 연상시키는 요소를 보인다. 아리스토텔레스는 운율적인 것의 감소와 순수한 이성의 증가를 보여준다. 누천 년 동안 〔그러했듯이〕 리듬을 향한 인류의 성향은 근절될 수 없다. 태초의 인간들은

⁵ 그 큰 축복을 받은 것이 운율적인 언어 덕택이라고 생각한다. 그러한 성향, 충동은 남아 있었고 아직도 강력해서, 우리는 어떤 관념이 운율에 따라 표현되어 있기만 하면 그것을 참이라고 여기게 되는 것이다. 산문이 투쟁을 거쳐 대두된 이후에도 항상 반쯤의 퇴보가 있게 되어 리듬적인 산문이 나타난다(이소크라테스). 웅변가들은

¹⁰ 리듬이 대중에게 끼치는 영향을 목격했다. 운율적인 것을 최초로 장려한 사람들은 제관, 예언가, 마술사, 그리고 의사들이다. 소경은 시에 더 근접해 있으며 여성은 전(前) 단계 서정시인들이자, 원초적 서정시인들이다. 마지막으로 팽창해 오르는 감정과 함께 과장된 증오와 경멸을 보이는 가장 격정적인 남성들이 있다(아르킬로코스).

¹⁵ 이들은 인과적인 것에 대한 감각보다 상징적인 것, 암시적인 것에 대한 감각을 더 강하게 가지고 있다.

플라톤의 대화 연구 입문

〈플라톤의 대화 연구 입문〉
〔1871~1872 겨울학기〕

〈플라톤의 생애와 저술에 대하여〉
〔1873~1874 겨울학기〕

〈플라톤의 생애와 가르침에 대하여〉
〔1876 여름학기〕

〈플라톤 연구 서문〉
〔1878~1879 겨울학기〕

Plato

amicus

sed ⟶

Plato und seine Vorgänger.

Im Verand,

darum er nützen, welche sich dazu Plato lesen wollen und es
verlangen, ~~Klar, Plato zu lesen~~. für nöthig halten, sich
darauf vorzubereiten.

　주요 과제는 제목에 명시됨 : 대화편의 서문. 요컨대 상세한 강독
을 위해 모든 대화편을 하나하나 다룸. 무엇보다도 전제 조건들, 시
기, 인물들의 이름, 그 다음은 대화의 **구성**. 그 다음은 예술적 형식.
성격적 특징들과 심미적 요소들을 기록할 것. 서문으로 앞세울 것
으로는 1) 최근 발간된 참고 문헌과 플라톤 고유의 의문들에 관한
10　조망 2) 플라톤의 인격을 묘사하는 시도에 준해서 그의 생애를 원
전에 의거해 개괄함.

　이러한 방식의 연구에서는 철학이냐 철학자냐가 관건입니다. 우
리는 후자를 지향합니다. 우리는 단지 체계를 사용만 하는 것입니
15　다. 인간은 저작보다 더 주목할 만한 가치가 있습니다.
　플라톤이 항상 청년들의 참된 철학적 지도자로 간주되어온 것은
지당합니다. 그는 넘쳐 흐르는 철학적 천성의 역설적인 상, 웅대한
직관적 개관에도, 개념의 변증술적 작업에도 마찬가지로 유능한 역
설적인 상을 보여줍니다. 이 넘쳐 흐르는 천성의 상〔플라톤〕은 철학
20　을 향한 충동에 불을 붙입니다. 진정으로 그것은 철학적 열정
*πάθος*인 경이*θαυμάζειν*를 불러일으킵니다. 이데아론은 매우 경이
로운 것이어서 칸트의 관념론을 위한 매우 값진 준비가 됩니다. 이
데아론에서는 신화를 비롯한 모든 수단이 동원되어 물자체와 현상
의 올바른 대립에 대한 가르침이 이루어지고 있습니다. 이와 함께

좀더 심오한 모든 철학이 시작되는 것입니다. 그런가 하면 더욱 심오한 철학에서는 언제나 육체와 정신의 통상적 대립이 먼저 극복되어야 합니다.

고대 문헌학자에게 플라톤의 가치는 아직도 높습니다. 플라톤은 소실된 플라톤 이전 철학자들의 훌륭한 저작들의 보충으로 평가되어야 합니다. 플라톤의 저작들이 소실되어 아리스토텔레스에게서 철학이 시작된다고 간주하면, 우리는 예술가이기도 했던 전 세대 철학자들에 대해서는 상상조차 할 수 없을 것입니다. 그렇게 되었다면 우리에게는 고전적 시대의 한가운데에서 그리스의 관념론이 얼마나 멀리 나아갔는지에 대한 아무런 선례도 남아 있지 않을 것입니다. 우리는 정치, 윤리, 예술 방면에서 믿어지지 않을 만큼 과격한 태도로 기존의 세계에 대항했던 소크라테스에게서 받은, 깊고도 완전히 새로운 자극을 전혀 이해하지 못할 겁니다. 플라톤은 고전적 시대의 말기에〔한가운데〕서서 비판에 착수한 유일한 그리스인입니다. 플라톤이 자신의 강연에서 제시한 저 세계에 대한 우리의 높은 평가를 생각한다면, 그것은 우리에게는 가장 놀라운 일 θαῦμα 입니다.

저술가로서 플라톤은 재능이 풍부한 산문의 거장입니다. 모든 어조를 막힘 없이 척척 구사하는 그는 가장 풍부한 교양을 구가하는 당대의 완성된 교양인입니다. 그는 구성에서 상당한 극적 재능을 보여줍니다. 그러나 항상 염두에 두어야 할 것은 저술가 플라톤은 단지 본디는 스승 플라톤의 모상εἴδωλον 이라는 것, 아카데미의 전당에서 전개되었던 담화들의 회상ἀνάμνησις이라는 것입니다. 우리는 그 철학계의 정신을 부흥시키는 데도 저술들을 사용해야 합니다. 오늘날과 같은 문학적 시대에는 플라톤의 대화들이 보이는 저 회상의 성격을 고수하기란 매우 어렵습니다. 그것은 (현대의 모든 대화에서와 같은) 상상된, 그저 문학적인 세계만은 아닙니다. 우리는 저술가 플라톤을 인간 플라톤으로 번역하도록 노력해야 합니다. 현대인에게는 일반적으로 작품(저술들)이 저자와의 교류보다 더욱 가치가 있고 저술들이 핵심을 포함하고 있는 데 반해, 오로지 공적이면서 다만 틈틈이 문학적인 고대 그리스인들은 사정이 다릅니다. 플라톤의 특징에 관해서는 그의 저술들보다는 후대에 알려진 몇몇 행적들(예를 들어 정치적 여행들)에서 훨씬 정확한 상(像)을 얻습니다. 우리는 그를 *게으른 삶의 방식*in vita umbratica의 체계론자로 보아서는 안 됩니다. 우리는 그를 전 세계를 일변시키려는, 그리고 무엇보다도 이를 목적으로 저술가가 된 선동적인 정치가로 보아야 합니다. 그에게는 아카데미의 설립이 훨씬 중요한 일입니다. 그는 아카데미에 있는 자신의 동지들이 싸움에서 강해지도록 글을 쓰는 것입니다.

§1. 최근의 플라톤 관련 문헌

칸트주의자인 테네만Tennemann의 첫 번째 포괄적인 저작《플라톤 철학의 체계*System der platonischen Philosophie*》(전4권, 라이프치히, 1972~1995. 제1권은 플라톤의 생애로 시작됩니다). 그는 플라톤의 사상을 체계적으로 서술하고자 합니다. 이 서술에서 그는 지금까지 보존된 저술들을 문외한을 위한 것, 입문서의 성격을 띤 것으로 간주하며, 예컨대 *씌어지지 않은 가르침* ἄγραφα δόγματα(아리스토텔레스, 《자연학》, IV, 2)이 소실된 것을 안타까워합니다. 플라톤에게는 '이중의 철학', '외적인 철학과 내밀한 철학'이 있다는 것입니다. 저술들 자체는 플라톤 원래의 철학의 파편들에 지나지 않습니다. 그럼에도 테네만은 그 사상을 언어적 표현과 외피에서 분리해냄으로써 체계를 수립할 수 있을 것이라 믿고 있습니다. 그는 플라톤 사상의 체계를 믿기 때문입니다. 그래서 그는 마이너Meiner의 추측을 거부합니다. 그는 저술들 상호간의 내적 연관에 대한 문제는 거론하지 않았습니다. 미적 형식은, 다만 무지하고 광신적인 군중에 대한 두려움 때문에 플라톤이 그 미적 형식의 이면에 자신의 사상을 숨겼던 외피인 것으로 드러납니다. 요컨대 1) 체계에 대한 현대적 요청 2) 예술적 형식의 오인 3) 실제적이며 생동감 있는 발전의 결여, *형성되어가는* 플라톤과의 관련 아래 이루어지는 대화편들의 개성적 고찰의 결여.

완전히 새로운 고무적인 조류는 슐라이어마허Schleiermacher에서 시작되었습니다(《플라톤 선집》, 그리스어에서 번역, II부 전5권, 베를린, 1804~1810. III부 제1권, 1828. 3판, 1855~1862). 기존의 번역 중 가장 잘된 번역이지만 부풀려진 독일어(《종교에 대한 강연 *Reden über Religion*》 등의 저자를 알아채게 됩니다).* 그는 헤겔과 마찬가지로 실패한 문장가들 가운데 한 사람입니다. —그는 해부학적으로 분해하고 뒤이어 강단적 사상 체계로 꿰어 맞추는 방식에 대

---

* 그의 독일어는 찬사를 받고 있다. 그러나 나는 그것이 부풀려진, 실패한 독일어라고 본다. 그것으로 인해 사람들은 자신의 문체를, 나아가 플라톤의 문체에 대한 자신의 안목마저 손상시킬 수 있다.

항했습니다. 바로 플라톤에게서야말로 형식과 내용은 불가분의 관계에 있는 것입니다. 그래서 그는 그러한 체계적 종합에 대립해 플라톤 저작의 유기적 구조의 서술을 기획한다는 것입니다. 그는 하나하나의 저작을 그 자연스러운 연관 안으로 회복하고자 합니다. 그는 철학자와 나란히 예술가를 인식시키고자 합니다. 그는 처음으로 저술에 대한 플라톤 자신의 고백이 표현되어 있는 《파이드로스 *Phaidros*》, 275A에 열정적으로 집중합니다. 여기에서 이집트의 왕 타무스는 글자를 발명한 토트 신에게 말합니다. 1) "당신은 상기(想起)가 아니라 단지 암기를 위한 묘약을 만들어낸 것입니다 *οὐ μνήμης, ἀλλ᾽ ὑπομνήσεως φάρμακον ηὗρες*." 2) "지혜에 관해 말한다면, 당신은 배우는 학도들에게 속견만을 불러일으킬 뿐 진리를 깨우쳐주지는 않습니다 *σοφίας δὲ τοῖς μαθηταῖς δόξαν, οὐκ ἀλήθειαν πορίζεις*." (타무스는 상기와 지혜의 묘약 *φάρμακον μνήμη τε καὶ σοφίας*을 발견했다고 믿습니다.) 이에 소크라테스는 글로 씌어진 말에 이미 알고 있는 것을 상기시키는 것 외에 어떤 다른 효용을 전가하는 사람은 단순하다고 설명합니다. 그 이유로 드는 것은 1) 글은 한번 발표되면 어디도 가리지 않고 떠돌아다녀 올바른 청자를 선택할 줄 모른다는 점, 2) 글은 배움의 열정에 불타는 사람들의 의문에 대해 아무런 대답도 갖고 있지 않다는 것, 즉 글에서 배운다고 생각하는 사람은 올바른 인식에 이른 것이 아니라 (아도니스의 정원에서 순식간에 피어난 화초들처럼) 기만적인 거짓 지식에 이른 것일 뿐이라는 점, 3) 글은 부당한 공격에 대항해 스스로를 방어할 수 없다는 점입니다. ─간직된 것의 모상 *εἴδωλον*으로서 글은 기억을 돕습니다. 말로 이루어지는 수업은 진지한 작업입니다. 글쓰는 일은 물론 고상하고 훌륭한 것이지만 유희에 지나지 않습니다 (멋진 유희παγκάλη παιδιά). 글쓰는 일은 앎을 지닌 사람으로 하여 금 그가 자기 자신을 위해서나 또 같은 자취를 추적한 다른 모든 사람을 위해서, 건망증이 일어나는 나이에 대비해 기억의 수단들을 모아서 저장케 하는 데 기여합니다.—슐라이어마허는 잘못 해석함 으로써 여기서 더 나아가 저술들의 등급을 확정하기에 이릅니다. 그 목적은 "아직 무지한 독자를 앎으로 이끄는 것"이라고 합니다. 《플라톤 저술들의 신빙성과 시대순에 관한 연구Untersuchungen über Echtheit und Zeitfolge Platonischer Schriften》(빈, 1861), 21쪽에서 위버 베크Überweg에 의해 오류임이 입증됨. 그런데 슐라이어마허는 플라톤이 글로 된 그의 가르침을 더 나은, 구두로 이루어진 가르침과 가능한 한 비슷하게 만들려는 시도를 했음이 분명하다는 결론을 내립니다. 이것은 그로 하여금 플라톤 저술 활동의 전체를 통틀어 하나하나의 대화편들, 그리고 구두로 이루어진 대화 일반에 보이는 것과 비슷한 진행, 즉 고무하는 방식에서 서술하는 방식으로의 진행을 추측하게 하는 결론을 내리도록 유도합니다. 그리하여 그는 기초적인 부분(I)과 구성적인 부분(II)을 플라톤의 저작들에서 구분하고, 이 기초적 부분과 구성적 부분 간의 틈을 메우는 저술들을 삽입합니다.

  I의 저술들은 철학의 기술로서의 변증술에 관한 기본 가르침, 철학의 대상으로서의 관념들을 포함합니다. 이 저술들은 청년다운 성격을 지녔습니다. 실제적인 것과 이론적인 것은 여기에서는 분리되어 있습니다. 뒤에 학적인 것으로 이행하는 많은 신화적인 것들.

  II는 위의 원리들의 적용 가능성, 윤리학과 자연학의 관계에서 일

상적 인식과 구별되는 철학적 인식의 차이를 다루고 있습니다. 이
들 저술은 더욱 안정된 정교함을 보여 뛰어납니다. 이들은 '간접적
으로 서술하는' 저술들입니다.

III에는 '객관적이고 학적인 서술', 가장 무르익은 고령의 저술들
이 있습니다.

이 모든 분류에서 그는 주저(主著)와 마치 위성인 듯한 부차적 저술
들을 구별합니다.

주저 I《파이드로스 Phaidros》, 《프로타고라스 Protagoras》, 《파르메
　　　니데스 Parmenides》.

　　II《테아이테토스 Theaitetos》, 《소피스테스 Sophistes》, 《정치가
　　　Politikos》, 《파이돈 Phaidon》, 《필레보스 Philebos》.

　　III《국가 Politeia》, 《티마이오스 Timaios》, 《크리티아스 Kritias》.

부저 I《리시스 Lysis》, 《라케스 Laches》, 《카르미데스 Charmides》,
　　　《에우티프론 Euthyphron》.

　　II《고르기아스 Gorgias》, 《메논 Menon》, 《에우티데모스 Euthy-
　　　demos》, 《크라틸로스 Kratylos》, 《향연 Symposion》.

　　III《법률 Nomoi》.

이 밖에 '특별한 계기와 연관된 저술들'로 I에 속하는《변명 Apologie》,
《크리톤 Kriton》(그리고 몇몇 위서와 아류의 위서), II에 속하는《테
아게스 Theages》, 《에라스타이 Erastai》, 《알키비아데스 I Alkibiades I》,
《메넥세노스 Menexenos》, 《대 히피아스 Hippias maj.》, 《클레이토폰
Kleitophon》이 있고, III에 속하는 것은 없음.

이렇게 세 가지로 구분하는 것은 연대적으로도, 사실적으로도 타

당합니다. 슐라이어마허는 이렇게 플라톤의 전 생애에 있어 동일하
게 남아 있는 경향을 전제합니다. 이 경향은 '철학적 대화'의 상을
재현하여 저술가로서의 모든 행위가 마치 거대한 *담화/λόγος*인 것
처럼 보입니다. 여기에서 그를 지배하는 생각은 이 저술들을 통해
'아직 무지한 자를 앎으로 인도해야 한다는 것'입니다. 그리고 이것은
더 나은 가르침의 형식인 구술적 대화로 최대한 접근함을 통해 이
루어져야 한다는 것입니다. 여기에서 우리는 *가장 큰 기만* πρῶτον
ψεῦδος 을 발견합니다. 전체 가설은 《파이드로스》에 보이는 설명
과 모순 관계에 있고, 그릇된 해석을 통해 변호되고 있습니다. 플라
톤은 글이란 오로지 지자(知者)를 위한 기억의 보조 수단으로서만
의미가 있다고 말합니다. 따라서 가장 완전한 글은 구술로 이루어
지는 가르침의 형식을 모방해야 한다는 것입니다. 그렇게 해서 지
자가 어떻게 앎에 이르게 되었는가를 기억하기 위해서 말이지요.
글은 '자기 자신과 철학적 동료들을 위한 기억 수단의 보화(寶貨)'
여야 합니다. 슐라이어마허에 따르면 저술은 무지한 자를 인식으로
이끄는 차선의 수단이어야 합니다. 그 전체는 따라서 가르침과 교육
이라는 고유한 공통 목적을 갖는다는 것입니다. 그러나 플라톤에
따르면 글의 목적은 가르침과 교육에 있는 것이 아니라, 이미 교육
된 자와 가르침을 받은 자들의 기억을 불러일으키는 데 있을 뿐입
니다. 《파이드로스》의 문구에 보이는 설명은 아카데미의 존재를 전
제로 하며, 글들은 아카데미 회원들을 위한 기억의 수단입니다. 슐
라이어마허 식의 사고는 플라톤이 일생 동안 한 강좌의 수업을 고수
했다는 것을 전제로 합니다. 그것은 믿기 힘든 생각입니다. 왜냐하
면 사람들은 바뀌고 재능들은 저마다 다르기 때문입니다. 40년간

자기 스스로 입문 방식의 강좌를 원칙으로 한다는 것, 말하자면 자기 고유의 인식과 그 인식의 그때그때의 상황을 도외시하고 오로지 완전히 규칙적으로 40년에 걸쳐 가르침을 받는 한 사람의 제자의 전적으로 가정된 발전을 기준으로 삼는다는 것은 글이라는 멋진 *유희*/παγκάλη παιδιά를 위해서는 어쨌든 전대 미문의 옹졸한 태도입니다. (그가 그러한 계획을 가졌다면 그는 남들이 그것을 알아챌 수 있게끔 했을 것입니다. 그렇지 않다면 전체 계획의 목적은 참으로 허사로 돌아갔을 것입니다. 그는 독자를 위해 어떤 지침을 남겼어야 합니다.) 여기에서는 첫째로, 자신을 표현하고자 하는 충동에 시달리는 예술가에 대한 고려가 보이지 않습니다. 둘째로, 필요할 경우 40년간의 교수 활동의 하반기 끝에 가서야 국가의 개혁을 선포할 리는 결코 없는 정치적 개혁자에 대한 고려 역시 안 되어 있습니다. 우리는 그가 40세 되던 해에 첫 번째 대여행을 하고 아카데미를 설립했다는 것을 염두에 두어야 할 것입니다. 셋째로, 자신의 저술을 가지고 우선적으로 공중이 아니라 제자들을 상대하는 스승에 대한 고려가 없습니다. 슐라이어마허의 가설은 오직 문학적 시대에만 가능합니다. 테네만이 플라톤에게서 체계에 충실한 학구적 교수를 인식하는 데 반해, 슐라이어마허는 그에게서 이상적 독자층을 가지고 이들을 방법적으로 교육하려는 **문학적 스승**을 봅니다. 아마도 그 자신이 《종교에 대한 강연》에서 교양인들을 상대하는 식으로 말입니다.

그러나 슐라이어마허는 이러한 플라톤 상과 함께 플라톤을 자신의 동시대인들에게 아주 가까이 접근시킨 것 같습니다. 그는 플라톤을 우리 시대의 위대한 고전 작가들과 동일한 위치에 세워놓았습니다.

이제부터 우리는 플라톤 예찬을 봅니다. 셸링과 솔거Solger에서 보이는 대화 형식의 플라톤 모방과 어문학자들, 특히 뵈크A. Bœckh와 하인도르프Heindorf의 열성적 작업이 그것입니다. 슐라이어마허적 관점이 이르는 하나의 귀결은 아스트Ast의 책《플라톤의 생애와 저술*Platon's Leben und Schriften*》(라이프치히, 1816)이었습니다. 아스트는 대화편의 형식과 소재는 하나의 싹에서 자라난 것으로, 고유한 플라톤적 특징은 어디에서도 부인될 수 없다고 봅니다. 그래서 더 위대한 저작들에서 이 정신을 탐구하여 이 정신에 따라 다른 저작들을 판단하거나 배제해야 한다는 것입니다. 그리하여 그는 이미 슐라이어마허에 의해 배제된 것 외에《메논》,《에우티데모스》,《카르미데스》,《리시스》,《라케스》,《알키비아데스》두 권,《히피아스》두 권,《메넥세노스》,《이온*Ion*》,《에우티프론》,《변명》,《크리톤》,《법률》을 배제합니다. 그는 슐라이어마허와 비슷하게 세 개의 그룹을 구분합니다. 1) 소크라테스적 그룹 : 여기에는 시적인 것과 극적인 것이 전면에 깔려 있다고 말합니다. 2) 변증술적 그룹. 3) 소크라테스적-플라톤적 그룹 : 여기에는 시적인 것과 변증술적인 것이 상호 관통되어 있다고 말합니다.—배제Athetese의 이 모든 원칙은 매우 회의적 태도로 고찰되어야 합니다. 완전성이라는 기준, 그것은 다시 일반적인 미적 기준으로서 기록ὑπόμνησις에 관한 플라톤 고유의 증언과는 어떤 공통점도 없습니다. 플라톤의 의도는 예술 작품들에 있지 않았습니다. 예술 작품은 다만 이곳저곳에서 거의 부차적으로 이루어졌을 뿐입니다. 우선 실제 대화만이 기억에 남아 있어야 합니다. 이것은 그리스의 조각가들이 흔히 초상화를 이상화하는 방식으로 일어납니다. 그들은 '사실주의자들'이 아니었습니다. 플라톤 역시 그러했습니다. 그러나 작품들을 이 이상성의 정도에 따라 진(眞)이나 위(僞)로 표시하라는 것은 그릇된 요청입니다. 왜냐하면 여기서는 심미적 기준을 최상의 것으로 받아들이기 때문입니다! 《국가》는 《고르기아스》나 《향연》보다 오히려 중요한 저서지
5 만 미적으로는 훨씬 떨어집니다. 플라톤에게 이 형상충동Bildende Trieb은 헤로도토스와 투키디데스에게서 보이는 것과 비슷한 어떤 것입니다. 그것은 예술가적 기질을 가진 고대 그리스인들의 무의식적인 표현입니다. 그러나 우리는 플라톤을 다만 예술가로서만 판단해서는 안 됩니다. 마치 자신의 소크라테스적 인식과는 모순되기라
10 도 하는 것처럼 그가 예술가이기는 하지만, 예술가로서의 그의 역량은 점점 더 억제됩니다. 예를 들어 《법률》에서 그러합니다. 우리는 잘못된 입장에 있습니다. 플라톤이 우리에게 고대 그리스의 예술가적 방식의 전형으로 보이기 때문입니다. 그러나 반대로 이러한 자질이 일반적인 방식들 가운데 하나였던 것이고, 특수한 플라톤적
15 인 자질, 즉 변증술적-플라톤적 방식이 유일한 어떤 것이었습니다. 심미적인 요소는 플라톤이 의도한 것이 아닙니다. 그것은 점차 터놓고 논박되었습니다. 대화는 연극적인 것으로서가 아니라 회상으로서, 변증술적 사건으로서 고찰되고자 합니다. 요컨대 완전성의 정도는 아무런 비판적 원리도 아닙니다. 기억을 불러일으키는 경향이 사
20 실상 존재한다면 말입니다. 왜냐하면 우리는 플라톤을 번번이 멋진 *유희* **παγκάλη παιδιά**로 인도했던, 비교적 더 중요하거나 비교적 덜 중요한 이유들을 전혀 알지 못하기 때문입니다. 그러나 우리는 그의 모든 저술에서 심미적이라고 일컬을 만한 것, 동일하게 존속되는 더 고차원의 경향이라 할 만한 것은 아무것도 알지 못합니다. 오

로지 자신들에게 완전하게 보이는 것만을 출판하는 성향을 가진 사
람들이 있습니다. 그런데 대부분의 사람들은 다릅니다. 우리가 그
러한 비판적인 잣대를 만들려 한다면 괴테의 전집은 어떻게 되겠습
니까?—다른 한편 플라톤은 자신의 모든 저술을 놓고 스스로 완전
5 하다고 느껴도 좋았습니다—심미적 의미에서가 아니라 제자들의
스승으로서, 변증술의 스승으로서 말입니다. 플라톤에게 변증술적
인 것은 우리에게는 종종 지루한 것이고 우리로 하여금 미소 짓게
하기도 합니다. 플라톤 자신과 그의 시대에게 그것은 철학자를 표
창하는 것으로, 범상치 않은 자질로 간주되었습니다. 그 안에서 매
10 우 희귀한 자질이 표현되는 한, 모든 변증술적 대화는 완성된 어떤
것입니다. 변증술의 등급을 우리가 판별할 수만 있다면, 우리에게
는 이 변증술적 완전성에 의거한 규준을 만들 권리가 있을 것입니다!
둘째로, 플라톤의 성향은 논리적인 성향이 절대 아닙니다. 그래서
우리가 논리적인 진행에서 모종의 비약이 있음을 깨닫는 곳에 가끔
15 그의 강점들이 있습니다. 따라서 이 규준도 적용될 수 없습니다. 예
술적 완전성도 변증술적 완전성도 확실한 규준은 아닙니다.*

　　《플라톤의 저술들에 대하여 *Über Platons Schriften*》(뮌헨, 1820)라

---

* 완전성의 규준에 대한 반대 근거들.
　1. 그는 완전성에 그러한 강세를 두기에 충분할 만큼 특수한 저술가가 아니었다.
그는 오직 부수적으로만 그러한 저술가였다 : 멋진 유희 **παγκάλη παιδιά**.
　2. 그는 오로지 예술 작품들만을 산출한다는 것에 대해서는 거의 생각하지 않았다.
　3. 기억에는 많은 우연적인 것과 사소한 것들을 더불어 가져오는 특성이 있다.
　4. 바로 몇몇 제자들의 관심 때문에도 그는 여기저기에 대화를 기록했다.
　5. 변증술적 증명은 그에게는 최상의 것으로 통한다. 그것은 완전성에 저항하는 무
엇이다.

는 소허Socher의 책은 아스트와 비슷하지만, 더 학적이고 더 어문학적입니다. 신빙성의 기준을 그는 모범적인 저작들, 즉《파이돈》,《프로타고라스》,《고르기아스》,《파이드로스》,《향연》,《국가》,《티마이오스》에서 취합니다. 그는 네 단계의 저술가적 시기를 가정합니다. 1) 소크라테스의 죽음까지의 시기. 2) 30~40세까지의, 즉 아카데미 설립까지의 시기. 3) 55세 또는 60세까지의 시기. 4) 최고령기. 소허는《라케스》,《히피아스 II》,《알키비아데스 I》등 중요하지 않은 다수의 대화편들을 아스트와는 달리 첫 시기의 저술들로 봅니다. 그것들은 흔히 받아들여지는 '청년기의 저술들' 이라는 부류입니다. 이것은 전적으로 거부해야 할 개념입니다. 위대한 모든 천재는 20~30세에 이미 그들의 가장 고유한 위대성의 싹이 대부분 터질 듯한 현존의 충동으로 설익고 불완전하나마 한없이 풍요롭게 배태되어 있음을 경험으로 보여줍니다. 무미건조한 대화편들을 '청년기의 저술들' 로 다룬다는 것은 전혀 합당하지 않습니다. 우리는《파이드로스》가 하여튼 최초의 저술이라는 전승을 고수하고자 합니다. 나아가 청년기의 저술에 대한 위의 생각은 첫째, 플라톤 자신의 증언에 반하고, 둘째, 비문학적 시기에 도무지 적합하지 않습니다. 글쓰기의 충동은 그 시기에는 아직 미미합니다. 특히 젊은 청년은 그 당시 꼭 글을 쓰는 일보다는 전혀 다른 계획과 충동들을 가지고 있었던 것입니다. ―중요한 것은 소허가 좀더 방대한 세 편의 대화편인《파르메니데스》,《소피스테스》,《정치가》를 내용과 형식을 이유로 위작으로 간주한다는 점입니다. 다른 여러 중요한 문구들을 보면, 플라톤이《국가》를 저술한 것은 37세 전후가 아니었다는 것,《파이돈》은《향연》과 같은 시기의 저술이 아니라는 것,《고르기아

스》는 소크라테스가 고소 상태에 있던 시기에 쓴 것이 아니며,《프
로타고라스》와 《파이드로스》는 초기 저술들로 간주할 수 없다는
것,《파이드로스》는 플라톤이 교수 활동을 시작할 때의 첫출발의 설
계로 간주해야 한다는 것입니다.

5   슈탈바움G. Stallbaum의 관점에 속하는 공로 있는 책으로 *Platonis*
quae supersunt opera recogn(라이프치히, 1821~1826) 전12권과 신판
전9권(고타, 1833~1836), 그리고 리터H. Ritter의《철학사 *Geschichte*
der Philosophie》(함부르크, 1830) 제2권이 있습니다. 그리고 대단히
중요한 것으로 헤르만C. Fr. Hermann의《플라톤 철학의 역사와 체
10   계 *Geschichte und System der Platonischen Philosophie*》(하이델베르크,
1839)는 방대한 학식과 진정한 통찰력이 넘치는 저작인데, 슐라이
어마허에 대적하고 있습니다. 헤르만은, 플라톤에게 정말로 그러한
방법적 의도가 있었다면 그것을 자신의 동시대인들 가운데 아무도
알아차리지 못하도록 숨겨두었을까 하고 묻습니다―슐라이어마허
15   에 이르기까지 아무도 알아차리지 못하도록 말입니다! 헤르만 또한
플라톤의 글들에서 그의 생동하는 발전상을 믿습니다. 다만 그것은
플라톤이 그 목적과 목표를 스스로 이미 알고 있는 가운데 오로지
자신의 독자들 앞에서 자기 고유의 예를 가지고 모범을 보이는 식
의 발전이 아니라 실제로 체험한 발전으로서, 그것은 그의 저술 활
20   동의 전개와 나란히 진행된다는 것입니다. 슐라이어마허의 '사이
비-역사적인pseudo-historisch' 발전에 반하여 헤르만은 이것을
'순전한 역사적인rein-historisch' 발전이라고 부릅니다. '저작들의
정신적 통일성' 은 방법적 연결이나 시종일관 동일한 세계관에 있는
것이 아니라 원저자의 개인적 정신 생활에 있다는 것입니다. 플라톤

의 철학적 발전을 통찰하는 일이 무엇보다 필요합니다. 헤르만은 플라톤이 대여행에서 돌아오기 전에 자신의 체계를 완성할 수는 없었을 것이라고 확신하고 있습니다. 40세 이전의 것으로 판정되는 모든 대화편을 헤르만은 플라톤의 발전사를 보여주는 확실한 증거로 간주합니다. 아테네에는 이전 시대 철학을 연구하기 위한 그 어떤 도움되는 방법들이 마련되어 있지 않았으므로 플라톤은 여행을 하지 않을 수 없었다는 것입니다. 그는 소크라테스의 윤리학에서 출발했으며, 스승의 죽음이라는 끔찍한 사건 이후 에우클레이데스를 찾아 메가라로 갔고, 후일 시칠리아 여행을 통해 피타고라스 학파의 인물들과 교류하게 되었다는 것입니다.

제1기의 글들로는 소크라테스의 영향을 받은 《히피아스 II》, 《이온》, 《알키비아데스》, 《카르미데스》, 《리시스》, 《라케스》, 그리고 《프로타고라스》, 《에우티데모스》, 《메논》, 《히피아스 I》이 있습니다.

제2기에는 메가라의 영향을 감지하게 하는 《크라틸로스》, 《테아이테토스》, 《소피스테스》, 《정치가》, 《파르메니데스》가 있습니다.

제3기는 《파이드로스》가 기획으로 선두에 서 있고, 《메넥세노스》, 《향연》, 《파이돈》, 《필레보스》가 있으며, 《국가》, 《티마이오스》, 《크리티아스》, 《법률》로 마감됩니다.

제1기 : 청년다움의 독특한 성격. 편협한 소크라테스주의. 그는 우리가 소크라테스와 크세노폰에 관해 알게 되는 것과 별반 다른 인생관을 내보이지 않습니다.

제2기 : 선배 철인들의 학설을 익힌 후 이를 물리치고 소크라테스 철학과 융합. 변증술적 예리함은 시적 직관성의 뒷전으로 물러나지 않을 수 없었습니다. 여기저기 둔중함과 애매함. 이들 저술은 고전성의 본원에서는 동떨어져 이루어져 문체상 경직되고 조야합니다.

제3기 : 피타고라스 학파와의 친교를 통해 형상과 관념들의 보화로 풍요로워진 후 그는 귀향과 함께 자기 자신에게 돌아옵니다. 이제 그는 이 풍요로움이 현실이 되게 하는 일을 자기 생애의 완성으로 여기게 됩니다.—부록에 : 강연 〈플라톤의 저술가적 동기들에 관하여〉, 가 아니라. 논문 선집(괴팅겐, 1849), 281쪽 이하에서 헤르만은 《파이드로스》의 구절[1]에서 출발하여, 거의 모든 저술이 학문적인 전달과 교시에 쓸모가 없는 것으로 플라톤이 선언했다는 방향으로 이 구절을 슐라이어마허와는 다르게 해석합니다. 그렇다면 저술들은 플라톤의 가르침에서 어떤 위치에 있었던 것일까요? 헤르만은 가르침의 핵심은 저술들에 포함되어 있지 않으며, '초감성적인 이데아론'은 구술된 강연들에 보존되어 있었다고 주장합니다. 최상의 원리들은 저술에서 부차적이거나 암시적으로만 언급되고 있다는 것입니다.

그러한 관점은 특별히 '역사적historisch'이라고 지칭됩니다. 이것에 기만당해서는 안 됩니다. 위대한 인물을 역사적으로 서술할 때 그의 외적 체험과 내적 변모의 일치를 전제로 하는 것은 곧잘 쓰이는 방식입니다. 그러나 그것은 가장 위대한 경우들을 보면 전혀 필요치 않습니다. 후세대 사람들이 '독일적 고양'이 괴테에게 끼친 영향을 진정한 독일적 소재와 형식으로의 분발에서 재발견하려고 애쓴다고 한번 생각해보십시오. 그 무슨 착각이겠습니까! (완전성의 규준도 마찬가지입니다!) 철학자의 경우 이것은 특히 복잡합니다. 게다가 사람들이 플라톤에 관해 거의 아무것도 아는 바가 없다는 사실이 추가됩니다. 우연히 정보가 빠져 있을 때마다 헤르만은 다른 발전 과정을 산출했을 것입니다!

그에게는 '청년기의 저술들'이 있습니다. 게다가 플라톤이 아테네에서 고대 철학을 충분히 공부할 수 없었고, 그래서 여행을 했다는 발상은 매우 현대적입니다. '메가라의 영향들'이란 순전히 안개 속 이야기입니다. 사람들은 메가라의 철학에 관해 거의 아무것도 알지 못합니다. 그리고 어째서 에우클레이데스는 완성에 이르렀고 플라톤은 아직 그렇지 못했다는 것입니까?

예를 들어 브란디Brandi의 《그리스-로마 철학사 강요 *Handbuch der Geschichte der griechisch-römischen Philosophie*》(베를린, 1844)와 첼러E. Zeller의 《그리스인의 철학 *Philosophie der Griechen*》(이미 1839년에 《플라톤 연구》를 통해 정평이 있음) II권(1859)에 나타나는 여러 가지 모순. 이와는 달리 계승자로 도이슐레Deuschle, 그리고 슈베글러A. Schwegler의 《철학사 개요 *Geschichte der Philosophie im Umriß*》, 특히 슈타인하르트Steinhart의 《히에론에 관하여 *Zu Hieron*》(밀러의 독일어 역). 슈타인하르트는 다음의 것을 인정합니다.

1) 소크라테스적 : 《이온》, 《히피아스 I · II》, 《알키비아데스 I》, 《리시스》, 《카르미데스》(404), 《라케스》, 《프로타고라스》.

2) 소크라테스에서 이데아론에 이르는 과도기에서 : 《에우티데모스》(402), 《메논》(399), 《에우티프론》, 《크리톤》(399), 《고르기아스》, 《크라틸로스》는 메가라 체류에서.

3) 변증술적 : 《테아이테토스》(393), 《파르메니데스》, 《소피스테스》, 《정치가》(여행 도중).

4) 여행 및 피타고라스주의 이후 : 《파이드로스》(388), 《향연》(385), 《파이돈》, 《필레보스》, 《국가》(367), 《티마이오스》, 《법률》.

수세밀Susemihl 또한 헤르만을 언급합니다. 《입문적으로 서술된 플라톤 철학의 발생적 전개*Die genetische Entwicklung der Pl. Philosophie einleitend dargestellt*》(라이프치히, 1855). 중재적. 처음에는 원저자가 진보, 발전하는 단계, 나중에는 점진적으로 상승해가는 강좌.

수코Suckow의 저서 《지금까지 숨어 있던 특징들을 고려하여 서술된 플라톤 저술들의 학문적이며 예술적인 형식*Die wissenschafiliche und künstlerische Form der Platonischen Schriften in ihrer bisher verborgenen Eigentümlichkeit dargestellt*》(베를린, 1855)은 차이를 보임. 여기서 중요한 것은 신빙성에 관한 연구. 외적 증거들, 특히 아리스토텔레스가 제시되고 있습니다. 《정치가》와 《법률》이 플라톤의 저술임이 아리스토텔레스에 의해 확증되고 있지만, 그는 그럼에도 이 저술들이 플라톤의 것이 아니라고 주장합니다. 아리스토텔레스가 착각했다는 것입니다. 신빙성 있는 계통은 《파이드로스》, 《향연》, 《국가》, 《티마이오스》. 신빙성은 있지만 의문의 여지가 아주 없지는 않은 옆줄기는 《파이돈》, 《필레보스》, 《테아이테토스》, 《소피스테스》. 표면적인 신빙성의 징표 : 모든 진술은 머리, 몸통, 발을 가져야 하므로 세 부분으로 구성되어야 한다는 것. 각 중심 부분은 다시 두 부분으로 구성되어야 한다는 것. 지루한 분석.

수코는 뭉크Munk의 《플라톤의 저술들의 자연적 질서*Die natürliche Ordnung der platon Schriften*》(베를린, 1857)에 영향을 미친 바가 없지 않습니다. 뭉크는 저술가로서의 플라톤의 목적을 "계획적으로 전개된 일련의 특징적 장면들 속에 나타난, 사상가이자 인간으로서 모범적인 소크라테스의 이상적 생애의 상(像)"이라고 봅니다. 1. 철학자로서의 소크라테스 인가(認可) : 《파르메니데스》 /

2. 잘못된 지혜에 대한 투쟁들 : 《프로타고라스》, 《카르미데스》, 《라케스》, 《고르기아스》, 《이온》, 《히피아스 I》, 《크라틸로스》, 《에우티데모스》, 《향연》 / 3. 진정한 지혜를 가르침 : 《파이드로스》, 《필레보스》, 《국가》, 《티마이오스》, 《크리티아스》 / 4. 반대 견해들에 대한 비판과 순교자적 죽음을 통해 자신의 가르침의 진리성을 입증함 : 《메논》, 《테아이테토스》, 《소피스테스》, 《정치가》, 《에우티프론》, 《변명》, 《크리톤》, 《파이돈》. 이것이 '소크라테스적 계열'입니다. 이에 속하지 않는 것으로 : 《알키비아데스 I》, 《리시스》, 《소 히피아스》와 같은 청년기의 저작들이 있고, 부분적으로 후기 저술들인 《메넥세노스》와 《법률》이 있습니다. 그는 플라톤이 자신의 발전사를 스승의 외면적 생애의 정황에 따라 변경했다고 말합니다. 대화편들의 철학적 내용에 대한 발생론적 서술은 역사적 서술이라기보다는 오히려 관념적인 서술이고 원래의 발생과는 무관하다고 합니다.

보니츠Bonitz의 《플라톤 연구Platonische Studien》(빈, 1858)는 플라톤이 아직 서술하지 못하고 단지 예감만 했을 뿐인 사고를 추적하는 지금까지의 연구 방향과는 달리, 실제 사고의 과정을 다시 인식하고자 합니다. 그는 이 전 영역이 불확실하다는 것을 깊이 확신하고 있습니다. 그는 단순한 분석을 요구하면서 《고르기아스》, 《에우티데모스》, 《테아이테토스》, 《소피스테스》에서 이를 이행하고 있습니다. 그를 통해 1859년 빈에서 논쟁이 벌어졌습니다. 그 논쟁의 쟁점은 헤르만의 구도에 비추어 볼 때 외견상 역사적 사실들에 근거하는 것처럼 보이는 증명이 실제로 이루어졌는가 하는 문제입니다 : 위버베크의 《플라톤 저술들의 시대적 순서와 신빙성 그리고 플라톤의 생애에서의 주요 계기들에 관한 연구Untersuch. über Zeitfolge

und Echtheit Platonischer Schriften und über die Hauptmomente aus Plato's Leben》(빈, 1861). 그는 헤르만과 슐라이어마허의 중간에 위치합니다. 즉 플라톤의 저술들에서 발전적 진보가 보인다는 헤르만의 기본 생각은 근거가 있다는 것입니다. 그러나 (슐라이어마허에 따른)
5 방법적 형식의 본질성도 그러하다는 것입니다. 이 두 입장은 지금까지 지나치게 배타적으로 이해되었는데, 양 원칙이 부분적으로는 서로 제한하고 부분적으로는 서로 보완해야 한다는 것입니다. 플라톤의 방법론과 자기 발전은 서로 매개 역할을 해야 한다는 것입니다. 더 중요한 것은 제2부(112~296쪽)입니다. 플라톤의 생애와 발
10 전에 관한 역사적 확증들은 대화편들의 신빙성에 관해서처럼, 즉 저술 시기에 대한 분명한 외적 흔적들, 대화편들 간의 내적 관계. 동시에 그는 생애와 관련해 믿음이 있습니다. 아리스토텔레스가 제시하는 확증들을 다루는 것이 중요합니다. 그는 《소피스테스》,《정치가》,《필레보스》가 만년의 저술들이라고 지적합니다. 신빙성과
15 관련하여 그는 다음과 같은 등급을 정하기에 이릅니다.

《국가》,《티마이오스》,《법률》: 플라톤의 이름을 언급하는 아리스토텔레스에 의거.

《파이드로스》,《파이돈》,《향연》: 플라톤의 이름을 언급하지는 않으나 후기의 확증과의 연관에서 아리스토텔레스에 의거.

20 《메논》,《고르기아스》,《소 히피아스》,《메넥세노스》: 플라톤의 이름을 언급하지 않는 아리스토텔레스에 의거.

《테아이테토스》,《필레보스》: 플라톤의 이름을 언급하면서 아리스토텔레스와의 관계에 의거.

《소피스테스》,《정치가》: 플라톤의 이름을 언급하면서 아주 사실

인 듯한 관계에 의거.

《변명》: 플라톤의 이름을 언급하지 않고 아리스토텔레스의 아주 사실인 듯한 관계에 의거.

《리시스》, 《라케스》, 《에우티데모스》, 《프로타고라스》: 플라톤의 이름을 언급하지 않고 사실이 아닌 것 같지 않은 관계.

오로지 비잔틴의 아리스토파네스[2]를 통해 확증됨: 《크리티아스》, 《미노스Minos》, 《에피노미스Epinomis》, 《에우티프론》, 《크리톤》, 《에피스톨라이Epistolai》.

트라실로스[3]를 통해: 《파르메니데스》, 《알키비아데스 I·II》, 《히파르코스Hipparchos》, 《안테라스타이Anterastai》, 《테아게스》, 《카르미데스》, 《대 히피아스》, 《이온》, 《클레이토폰》. 아리스토텔레스에 의하면 《대 히피아스》는 있을 수 없다고 합니다. 그러나 《파르메니데스》 또한 그렇다고 합니다.

마지막 항목에 관해 말하자면, 트라실로스는 라에르티오스[4], III, 61을 엄밀히 고려하지 않았습니다. 여기에는 아리스토파네스*가 어떤 저작들을 단독으로 *하나씩 순서 없이*καθ᾽ ἕν καὶ ἀτάκτως 배치하는지 언급되어 있지 않습니다. 트라실로스는 무더기의 규정들을 분류하고 있는데, 이 모든 분류들마다 같은 수의 저작들이 위서로 간주됩니다. "모두가 인정하다시피 이 대화편들은 *위작입니다* νοθεύονται δὲ τῶν διαλόγων ὁμολογουμένως" 등등. 그러나 초기 저작들로는 《국가》, 《대 알키비아데스》, 《테아게스》, 《에우티프론》,

---

* 따라서 트라실로스보다 먼저(마그네시아의 데메트리오스 이전에) 입증된 것으로는 1) 《알키비아데스 I》, 2) 《클레이토폰》이 있다.

《클레이토폰》,《티마이오스》,《파이드로스》,《테아이테토스》,《변명》이 언급되고 있습니다. 이것들은 또한 모두 비잔틴의 아리스토파네스의 목록πίναξ에서도 전제되어야 할 저작들입니다. 주의를 끄는 것은 위서 판정에서 미돈 또는 히포스트로포스, 에릭시아스 또는 에라시스트라토스, 알키온, 아케팔로이 또는 시시포스, 악시오코스, 파이아케스, 데모도코스, 켈리돈, 헤브도메, 에피메니데스의 견해들이 일치한다는 겁니다. 요컨대 목록 작성자들이 배치는 매우 달리한 데 비해 진서인가 위서인가의 문제에서는 견해가 완전히 일치한다는 겁니다. 신비주의적 숫자들(36편의 저술, 56권의 책, 9편의 4부작)에 대한 트라실로스의 믿음은 그가 논박되지 않은 의심의 여지가 없는 전통을 발견했다고 할 때에만 설명이 가능합니다. 니체 : 〈문헌학을 위한 기고와 디오게네스 라에르티오스 비판Beiträge zur Quellenkunde u. Kritik des Laert. Diog.〉, 교육학 프로그램(바젤, 1870) 〔=이 판의 제II권 1부, 191~245쪽〕 참조.

위버베크의 주요 관점들 : 대화편《에우티데모스》,《소피스테스》,《정치가》는《파이드로스》다음에 옵니다. 그것은 이데아론과 관련해서 그러하며, 또한 〔이데아론〕 변증술이라는 명칭과 개념이《파이드로스》에서는 새로운 것으로 도입되나, 다른 대화편들에서는 알려진 것으로 전제되기 때문입니다. 다음과 같은 발전에 따라《파이드로스》,《티마이오스》,《파이돈》순으로 전개됩니다.

《파이드로스》 1. 원리적인 것은 영속하나, 한정된 것은 무상하다.

2. 영혼은 원리적인 것, 즉 운동의 원리 ἀρχὴ κι-νήσεως이다.

3. 그러므로 영혼은 영속한다.

《티마이오스》　1.《파이드로스》에서와 같다.

2. 영혼은 원리적인 것이 아니라, 세계 조성자에 의해 다양한 요소들로 짜 맞춰져 있으며 그 본질과 활동은 이데아에 의해 규정되어 있다.

3. 따라서 영혼은 시간적으로 생성된 것이며 그 본성상 또한 해체 가능한 것으로서, 저급한 부분들은 사실상 해체되도록 규정되어 있으나, 가장 귀중한 부분들은 신적인 의지에 의해 해체로부터 보호받고 있는 것이다.

《파이돈》　1. 규정된 것이라도 어떤 특정한 이데아(즉 생의 이데아)와 본질적으로 분리될 수 없는 관계에 있다면 불멸성을 나누어 가진다.

2.《티마이오스》에서와 같이 영혼은 이데아에 의해 더 가깝게 규정되고 조건지어져 있다. 영혼은 생명의 이데아와 분리될 수 없는 관계에 있다.

3. 영혼은 불멸이다(미래를 향한 측면에서 볼 때).

《메논》은《파이돈》보다,《국가》는《티마이오스》와《정치가》보다 먼저이고,《소피스테스》는《파이돈》이후에야 쓰어졌다. 그는《고르기아스》를《파이드로스》앞에 놓고,《고르기아스》앞에는《프로타고라스》를 놓는다.《메논》은《고르기아스》의 뒤에 온다. 더 짧은 대화편들인《리시스》,《라케스》,《카르미데스》,《히피아스 II》는《프로타고라스》와 함께 아직 소크라테스가 생존해 있을 때 쓰어졌다.*

---

* 《교부신학적 철학 강요 *Grundriß der patristischen Philosophie*》(베를린, 1864)의 서

따라서

《프로타고라스》와 짧은 대화편들. | 소크라테스의 죽음 이전.

《고르기아스》는 메가라에서 아테네   그후 우선 《변명》과 《크리톤》.

　　　로 돌아온 이후.

《파이드로스》 386년 또는 385년. 교수 활동을 시작할 즈음에 《메

논》 : 382.

　　《국가》 382~367. 《파이드로스》 이후 : 또한 《에우티데모스》와

　　　　　　　　　　　　　　　　　　　　《크라틸로스》.

　《티마이오스》와 《크리티아스》.

　《파이돈》.

　 |《테아이테토스》, 《정치가》, 《소피스테스》, 《필레보스》| 367

　　　　　　　~361. 마지막으로 《법률》.

두(97쪽)에서 :《소피스테스》와 《정치가》가 위서라고 확신한 후 그는 다음과 같이 그 발전을 기술한다.

　《프로타고라스》를 필두로 더 짧은 대화편들, 추측건대 《고르기아스》가 씌어진다. 《파이드로스》와 《향연》에서는 비상한 능변과 함께 새로운 정신, 이데아 세계에 대한 예감이 플라톤을 엄습한다. 《국가》와 《티마이오스》에서 그는 이 세계를 변증론적으로, 그리고 거의 체계적으로 정초한다. 여기에 《파이돈》이 이 일련의 저작들의 종결로 덧붙여진다. 가장 원리적인 것은 여기에서는 암시만 되었을 뿐이다. 아카데미에서 구두로 이루어진 토의들에서 그것이 보완되고 있다. 그는 이 논쟁들의 내용을 나중에 가서야 서술했는데, 아마도 그것은 [이 서술을] 일련의 대화편에 추가로 삽입하고서야 《크라틸로스》, 《테아이테토스》, 《필레보스》에서 이루어졌고, 다른 부분은 이데아론의 본질적 변형, 그리고 아리스토텔레스의 제자들 중 하나가 그의 표현들에서 받은 영향과 함께 《소피스테스》와 《정치가》에서 이루어졌다. 추후 이 두 대화편에 《파르메니데스》가 이어진 듯싶다. 최고령에 저술된 《법률》은 이들 대화편의 열 밖에 놓인다.

위버베크에 의해 위서로 판정된 것 : 《대 히피아스》. 아리스토텔레스의 《형이상학》, IV [5], 29, 1025A, 6에 《소 히피아스》가 《히피아스》 안의 주장 ὁ ἐν τῷ Ἱππίᾳ λόγος 으로 언급되어 있습니다. 《파르메니데스》는 아리스토텔레스가 어디에서도 언급하고 있지 않습니다. 그가 어찌 《파르메니데스》를 무시했겠습니까? 실로 아리스토텔레스는 플라톤이 우리가 《파르메니데스》에서 발견하는 것과 같은 그러한 탐구를 한 적이 없다고 노골적으로 말했다는 것입니다. 나아가 《파르메니데스》에는 아리스토텔레스에 의해 논박된 이데아론을 〔논박하는〕 답변이 포함되어 있으며, 따라서 아리스토텔레스의 저술 활동을 전제한다는 것입니다. 이 모든 사정을 고려해볼 때 《파르메니데스》는 이데아론의 형식 때문에 가장 만년의 저작들에 속하는 것으로 보아야 할 것입니다. 그러나 그것도 허락되지 않는다는 것입니다. 사람들은 아마 플라톤이 자신의 가장 위대한 제자의 반박을 고려하는 것이라고 받아들일 수도 있을 겁니다. 하지만 그렇다면 아리스토텔레스는 이제는 정말 침묵해서는 안 되고 다시 《파르메니데스》에 답변했어야 할 것입니다. 따라서 이 대화편은 위서이며, 이데아론에 대한 반박에 답하기 위해 아마 플라톤이 타계하자마자 어떤 플라톤주의자가 쓴 것이라고 간주해야 할 것입니다. 위버베크는 도이슐레와 수세밀의 반박에 대해 자신의 견해를 밝혔습니다.

　《파르메니데스》의 이 본문 비판은 즉시 계승되었습니다. 샤르슈미트Schaarschmidt는 *Rhein. Mus.* N. F. 18(1862)의 1~28쪽과 19(1863)의 63~96쪽에서 《소피스테스》와 《정치가》를 위서로 판정했습니다. 형식적으로 이들 대화편들은 《테아이테토스》와 함께 하나의 전체로 연결되어 있습니다. 이에 대해 하이두크Hayduck와 그라이프스발더Greifswalder(*Gymnas. progr.* 1864)와 알베르티 Alberti(*Rhein. Mus.* 1866, 130쪽). 나중에 샤르슈미트에 의해 *Rhein. Mus.* XX, 1865, 321쪽에서 《크라틸로스》가 위서로 판정되었습니다. 알베르티는 *Rhein. Mus.* 1866, XXI, 180쪽에서, 벤파이Benfey 는 *Göttinger Nachrichten der Akad*(1866. 3)와 《플라톤의 대화편 '크라틸로스'의 과제에 대하여*Über die Aufgabe des platonischen Dialogs Cratylus*》(괴팅겐, 1866)에서 대답합니다. 다른 의미에서 회의적으로 하인리히 폰 슈타인Heinrich von Stein은〔《플라톤주의 역사에 관하여 *Zur Geschichte des Platonismus*》, 7권, 제2부(괴팅겐, 1864)〕플라톤의 생애에 관해 전래되어오던 진술들을 폐기했습니다 : 〈전기적 신화와 문학적 전통Der biographische Mythus u. die literarische Tradition〉. 샤르슈미트는 이것을 출발점으로 삼았습니다 : 《플라톤의 저술 선집*Die Sammlung der platonischen Schriften*》(본, 1866).

　샤르슈미트는 차례로 《소피스테스》, 《정치가》, 《크라틸로스》, 《필레보스》, 《메논》, 《에우티데모스》를 언급합니다. 물론 《리시스》, 《라케스》, 《카르미데스》도 언급합니다. 《철학과 철학 비판을 위한 잡지 *Zeitschrift für Philosophie und philosoph. Kritik*》, 제58권, 1부 32쪽과 2부 193쪽에서 슈타인하르트에 의해 그의 일반적 원칙이 탁월하게 평가됨. 샤르슈미트는 위서와 진서에 대한 견해들을 역사적으로 개관하는 것으로 시작해 제2장에서는 플라톤의 저술 활동에 관한 고대의 정보들을 검토, 《서한》*이 위서임을 강조하고 메가라주의에

　＊ 《서한》의 신빙성에 대해서는 카르스텐Karsten이 "de Platonis quae feruntur epistolis"(1864)에서, 특히 제7서한과 관련해서는 사우페Sauppe가 *Göttinger gel. Anzeigen* (1866), 881쪽에서 공격함.

이론을 제기합니다, 가 아니라. 제3장에서는 신빙성을 가리기 위해 고대의 증거들, 특히 아리스토텔레스의 증거들을 검사. 그는 《필레보스》, 《소피스테스》, 《정치가》, 《변명》, 《메넥세노스》, 《에우티데모스》, 《라케스》, 《리시스》가 입증되지 않은 것을 발견. 제4장은 플라톤의 저술의 신빙성을 위한 기준, 특히 플라톤의 문학적 목표에 대한 서술. 제5장은 《파르메니데스》, 《소피스테스》, 《정치가》, 《크라틸로스》, 《필레보스》, 《에우티데모스》, 《메논》. 제6장은 더 짧은 대화편들인 《변명》, 《크리톤》, 《소 히피아스》, 《에우티프론》, 《리시스》, 《라케스》, 《카르미데스》. 이로써 그는 《파이드로스》, 《프로타고라스》, 《향연》, 《고르기아스》, 《국가》, 《티마이오스》, 《테아이테토스》, 《파이돈》, 《법률》을 신빙성 있는 것들로 간주합니다.

증거들에 대해 아리스토텔레스가 제시한 입장은 아주 중요합니다. 1) 가장 입증이 잘된 세 대화편에 관해 말하자면, 샤르슈미트에게는 이 증거가 절대적입니다(왜냐하면 위버베크마저 《국가》 제10장의 신빙성을 의심하고, 바이세Weisse는 《티마이오스》를, 첼러, 그리고 그 다음으로 리빙Ribbing은 《법률》을 위서로 판정했기 때문입니다). 2) 그는 침묵을 신빙성에 대한 무게 있는 반증으로 간주합니다(서로 다른 소규모 대화편들인 《프로타고라스》, 《파르메니데스》, 《에우티데모스》, 《크라틸로스》를 제외하고). 그러나 이 침묵은 샤르슈미트조차 진서라고 간주하는 《프로타고라스》의 신빙성까지 압박합니다. 이 전체 입장은 부당합니다. 아리스토텔레스에게는 플라톤 저작들의 완벽한 분류가 문제인 것은 아니었던 겁니다. 그리고 아시다시피 아리스토텔레스의 저술들의 태반이 유실되었습니다. 3) 저술들이 검증되지 않았다는 것이 샤르슈미트에 의해 지나치게 비판적으로 받아들여졌습니다. 《메논》, 《변명》, 《소 히피아스》, 《메넥세노스》. 그는 저자가 명명되지 않은 것은 입증되지 않은 것으로 간주합니다. 그렇다면 플라톤의 이름이 명명되지 않은 《고르기아스》, 《파이드로스》, 《향연》 역시 입증되지 않은 것이 됩니다.
4) 그러고는 어김없이 《소피스트》와 《필레보스》가 참조되고 있습니다. 이제 샤르슈미트에게는 고유한 전략이 있습니다. 그는 자신은 신빙성이 없는 것으로 간주하나 아리스토텔레스에 의해서 검증된 것들은 그 위조자를 아리스토텔레스에게서 찾지, 플라톤에게서 아

지극히 과도한 회의(懷疑)(로제Val. Rose의 "Ar. pseudepigr."와 같은). 크론A. Krohn의 《플라톤의 국가Der platonische Staat》(할레, 1876).

그 이전에 : 《소크라테스와 크세노폰Sokrates und Xenophon》(할레, 1875). 소크라테스의 변화된 상을 얻기 위하여 그는 여기에서 《회상》에 있는 더 대규모의 모든 대화편을 위서로 판정했다는 것입니다. 그는 소크라테스의 무지, 산파술, 온갖 소크라테스적 대화 방법과 문답 방법을 광기의 형상으로, *소크라테스적 로고스* λόγος Σωκρατικός에 의해 산출된 "소크라테스의 희화"로 배척합니다. 소크라테스적 문학이라는 한판의 윤무는 (《회상》의 실질적인 내용인) 자신을 방어하는 글과 함께 크세노폰이, 그리고 "가장 오래된 소크라테스의 대화편"인 플라톤의 《국가》가 열었습니다. 그러나 종국에 그는 어떤 대화편도 더 이상 플라톤의 것이 아니라고 간주하는 것처럼 보입니다. 플라톤은 "주제를 철저히 생각해보지도 않고" 《국가》를 저술했다는 것입니다. 원래의 구상은 첫 4장. 이에 직접적으로 이어지는 것이 일정 부분들을 제외한 8, 9장.

이 부분에서 플라톤은 아직 이데아론과 영혼불멸에 관해 아무것도 알지 못하고 있다는 것입니다. 그것은 모든 면에서 전적으로 원시적인(현실적으로나 실제적으로) 관점이라는 것입니다.—4장과 8장 사이에 5장을 삽입함으로써 플라톤은 제2단계에 들어서고, 형이상학이, 삶과 미래의 기쁨에 넘치는 낙관주의가, 고대 그리스의 총체적 정조가 그에게 명료하게 부각된다는 것입니다. 그리고 10장이 이어집니다. 6장과 7장이 삽입되면서 플라톤은 드디어 위로받을 수 없는 비관주의와 함께 신화적 단계로 들어간다는 것입니다.—그런데 저자는 플라톤의 영혼이 윤회하여 현재 존재한다는 것을 암시합니다—괴팅겐의 로체Lotze 교수로.

리스토텔레스의 전기를 얻지는 않습니다.

새로운 전략 : 그는 인용문들을, 비록 같은 말로는 아니더라도 같은 사고들을 담고 있다고 하는 신빙성 있는 대화편들의 확실한 구절들에 연관시킵니다. 《파르메니데스》에, 그리고 《소피스테스》에 아리스토텔레스의 사유가 이입되었다고 합니다. ─위버베크는 아리스토텔레스가 현재형으로 말하는 곳에서는(플라톤, 소크라테스가 말한다) 그가 플라톤의 저술을 의미하는 것이고, 과거형으로 말하는 곳에서는 플라톤이나 소크라테스의 구술적 표현을 의미하는 것이

──────────

그로트-보니츠(첼러 2판, 1875) 주요 영향. 미미한 활동. 주로 분석과 문헌 비평.
　　〔첼러〕 그러한 분석의 기초 위에 일례로
　　　　지난 몇 해에서 가장 중요한 저술로
파이퍼스Peipers,《플라톤의 체계에 관한 연구 제1부 인식론*Untersuch. über das System Platos I Th. die Erkenntnistheorie*》(라이프치히, 1874). (피히테Fichte의 《철학지*Zeitschrift für Philos.*》, Bd. 64, 65, 66에 실린 볼프Joh. Wolff의 수상(授賞) 논문 〈플라톤의 변증술. 인간의 인식을 위한 그 가치Die platon. Dialektik ihr Wert für die menschl. Erkenntnis〉와 유사함.)
엄밀히 비판적인 전집의 시초.
샨츠Martin Schanz : Vol. I 《에우티프론 · 변명 · 크리톤》(라이프치히, Tauchnitz gr. 8, 1873).
플라톤 문헌의 역사에 관한 동일한 연구.
모든 초고가 트라실로스의 배열에 따라 하나로 정리됨. 이것은 서기 400년 이전에는 나오지 않았으며 두 권으로 구성되어 있는데, 첫 권은 일곱 개의 첫 4부작을, 제2권은 나머지 모두를 포함함. 무엇보다도 (B)보들레야누스Bodlejanus가 중요함. 마지막 것 외에 베네투스Venetus II(D)와 투빙엔시스Tubingensis(C)가 문제됨. 이외에 두 번째 부류와, 이 두 부류가 혼합된 목록이 있음. 여섯 편의 첫 4부작에서는 첫 번째 부류인 보들레야누스, 투빙엔시스와 베네투스만 문제됨. 요르단Albr. Jordan에 의해 《문헌학연감증보*Jahrbuch f. Philol. Suppl.*》 N. F. VII에서 논박됨.
훌륭한 단행본 : 《향연》, 오토 얀Otto Jahn이 편집하고 우제네로Usenero가 교열한 다른 판본(본, 1875).

라는 구분을 하기까지 이르렀습니다. 샤르슈미트는 이것을 받아들이지 않습니다.

이제 샤르슈미트는 검증이 가장 잘된 것을 기준으로 삼고자 합니다. 그러나 그런 것들은 《국가》, 《티마이오스》, 《법률》뿐인데, 이들은 형식에서 큰 불일치를 보입니다. 《향연》, 《파이드로스》, 《파이돈》에 반해 이 세 대화편은 모두 완성된 형식의 이상에 뒤져 있습니다. 《파르메니데스》와 《필레보스》는 어느 정도는 《국가》의 예술적 수준에 있습니다. 누가 감히 플라톤적인 것이 어디에서 멈추는지의 한계를 규정하려 하겠습니까? 플라톤이 다만 형식적으로 완성된 것만을 썼다는 판단은 임의로 선정된 몇몇 대화편들에 근거한 것이지, 가장 검증이 잘된 대화편들에 근거한 것은 아닙니다.

또 다른 오류 추리가 있습니다. 플라톤이 자가당착에 빠졌을 수는 없다는 것이 그것입니다. 그런데 소위 플라톤의 것이라고 인정되는 여러 대화편들에서 그러한 모순이 발견됩니다. 따라서 그 대화편들은 플라톤의 것이 아니라는 것입니다. 그러나 우리는 플라톤이 되어가는 과정에 있을 수 있고, 발전할 수 있고, 그리고 또한 입문을 위한 기초적 배려를 할 수 있다는 것을 믿어야 합니다. 위의 규준에 비춘다면 어떤 위대한 철학자도 남아나지 않을 것입니다. 이뿐만이 아닙니다. 위의 표면상의 모순은 바로 검증이 가장 잘된 저술들에서 가장 강하게 나타납니다. 즉 《프로타고라스》와 《고르기아스》에 이데아론이 빠져 있다는 점이 그것입니다(윤리적 근본 진리들에 입각해서 앎과 속견의 대립을 입증하는 것 : 그것이 어찌 여기에 없을 수 있겠습니까?). 그럼에도 샤르슈미트는 이 대화편들 역시 진서(眞書)로 간주합니다.

이러한 부정적인 독일 측의 노력과 동떨어진 것으로 그로트Grote
의《플라톤을 비롯한 소크라테스의 다른 제자들*Plato und die anderen
Schüler des Sokrates*》(런던, 1865)이 있습니다. 그는 트라실로스에 의
해 검증된 대화편들을 진서로 간주합니다. 그 이유는 첫째, 이 대화
편들이 알렉산드리아의 도서관에 플라톤의 저술들로 보관되어 있
었을 거라는 전제 때문이며, 둘째, 사람들이 이것들을 처음에 바로
아카데미의 플라톤주의자들에게서 입수했으리라는 사실을 받아들
일 수 있기 때문이며, 셋째, 이들 플라톤주의자들이 완벽한 문고를
소유하고 있었음에 틀림없기 때문입니다. 이 세 명제의 증명력은
점점 약해집니다. 그것은 지나친 증명이 될 것입니다. 왜냐하면 비
잔틴의 아리스토파네스에 의해 진서로 간주된 것들에는《미노스》와
《서한》도 있기 때문입니다. 그는 중요한 근거를 들어 플라톤과 소크
라테스주의자들의 모든 저술 활동이 소크라테스의 사후에 가서야
시작된다고 주장합니다. 그는 대부분의 대화편들이 연대순으로 정
해질 수 있다고 믿지 않습니다. 그가 선택한 차례는 다음과 같습니
다 :《변명》,《크리톤》,《에우티프론》,《알키비아데스 I · II》,《대 · 소
히피아스》,《히파르코스》,《미노스》,《테아게스》,《에라스타이》,《이
온》,《라케스》,《카르미데스》,《리시스》,《에우티데모스》,《메논》,
《프로타고라스》,《고르기아스》,《파이돈》,《파이드로스》,《향연》,
《파르메니데스》,《테아이테토스》,《소피스테스》,《정치가》,《크라틸
로스》,《필레보스》,《메넥세노스》,《클레이토폰》,《국가》,《티마이오
스》,《크리티아스》,《법률》,《에피노미스》.

§2. 플라톤의 생애

출전 : 디오게네스 라에르티오스, 제3권 전체, 1~45, 생애에 관하여. 그는 자신의 저작을 플라톤을 숭배하는 한 부인에게 헌정하고 있기 때문에 이 부분에 각별한 주의를 기울이고 있습니다. 이 진술은 그러나 디오게네스 자신이 아니라, 그가 참고하는 주요 전거에 관련되어야 합니다. 그 전거는 네로 황제 생전과 사후에 활약했던 마그네시아 출신 디오클레스[6]입니다. 디오게네스는 이를테면 아마 시인이었던 것으로 추측됩니다. 그는 여러 권으로 된 경구 모음집을 발간했는데, 그 첫 권의 제목은 '보편율(普遍律) πάμμετρον'입니다. 여기에서 그는 44편의 경구에서 유명한 철학자들의 죽음의 방식을 이야기합니다. 그는 이 죽음의 방식을 디오클레스에게서 차용했습니다. 나중에 그는 파보리누스[7]가 수록한 것들을 첨가해서 자신의 경구들을 다시 한번 출간하기 위해 디오클레스가 편찬한 전기들의 초록을 만들었습니다. 이 디오클레스는 에피쿠로스 학파의 일원이었습니다. 그는 자신이 다룬 *생애*들βίοι에 무엇보다도 마그네시아 출신 데메트리오스[8]의《동명이인들 Ὁμώνυμοι 》, 안티스테네스[9]의《후계자들 διαδοχαί 》, 히포보토스[10]의 《철학자들의 기록 ἀναγραφὴ τῶν φιλοσόφων》과 몇몇 동시대인들을 참고했습니다. 그 중에서도 모든 유명한 *전기*들βιογράφοι 을 백과사전적으로 정리한 데메트리오스를 주로 참고했습니다. 《수다 *Suidas*》[11] 역시 헤시키오스[12]를 통해 이 저술과 공통되는 뿌리를 갖습니다. 참조.〈디오게네스 라에르티오스의 전거에 대하여 de fontibus Laertii Diog.〉, *Rhein. Mus.* B. 23, 632쪽. Bd. 24, 181쪽. Bd. 25, [Bd.] 217쪽

Pädagogiumsprogr. 1870〔이 판의 Bd. I 1, 75~245쪽〕.

마다우라의 아풀레이우스[13] 《플라톤의 학설과 출생*de doctrina et nativitate Platonis*》, 하드리아누스 〔그리고 안토니우스〕 황제 치하의 이 재기발랄한 플라톤주의자는 신플라톤주의자들의 전통을 소개합니다(ed. Hildebrand Lips, 1842).

올림피오도로스[14]의 《플라톤의 생애*Olympiodori vita Platonis*》(베스터만Westermann의 전기, 브라운슈바이크, 1845), 그리고 디오게네스 라에르티오스의 Didotiana 판본에. 그리고 전적으로 같은 연원의 전기로서 우선 헤렌Heeren이 편집한 것〔《고대 문학과 예술 총서 *Biblioth. der alten Literatur u. Kunst*》(괴팅겐, 1789)〕. 이 전기는 《플라톤 철학 입문*Προλεγόμενα τῆς Πλάτωνος φιλοσϲφίας*》의 시초입니다(K. F. Hermann, VI. Bd. 《플라톤의 편찬》). 이에 관한 헤르만의 서론 XXVI~XXXI쪽 참조 : 그는 두 전기가 올림피오도로스가 편찬한 하나의 전기에 근거한다고 말합니다.

가장 중요한 출전은 《서한》입니다. 이 중 제3·7·8서한이 가장 중요합니다. 1864년에 이루어진 카르스텐Karsten의 매우 예리하고 박학한 작업에서 다음과 같은 설득력 있는 결론이 나옵니다.

"이 서한들에서 다루어진 대상들에는 진리가 아니라 시(詩)의 특성이 부각되어 있다. 연결점들에는 억지가 있고, 긴 주제 일탈이 빈번히 일어나고, 실없는 상투어들이 끼어 있으며, 허식적인 구성은 그 어디에서도 목적에 합당하지 않다. 언어는 플라톤의 언어가 모방되고 있는데, 부자연스럽다."

제7서한은 명백히 플라톤에게서 빌려온 상투어로 엮여 있습니다. 그러나 오점과 소홀한 점이 있습니다. 내용상 몇 가지 점들은 저자

가 아테네의 역사를 잘 모르고 있음을 보여줍니다. 플라톤과 관련
된 사항들은 다른 저자들에게서 알아낸 것들이 아닙니다. 플라톤의
철학에 대한 부분에서는 왜곡된 인상을 받습니다. 그는 분명 플라
톤에게 우호적인 수사학자였을 것입니다. 그는 플라톤을 행위의 철
5 학자로 서술하고, 플라톤의 비교(秘敎)가 그의 저술에 포함되어 있
다는 것을 부인하기 위해 플라톤을 변호하는 글을 쓰고 있습니다.

  H. 폰 슈타인은 세 유형의 전통을 설정합니다. 찬양적panegyrische

라에르티오스. 3. 61.
하지만 아리스토파네스와 트라실로스!
10 (3부작 : 《크리톤》, 《파이돈》, 《서한》) 고대에는 의심의 여지가 없었음 :
키케로, 《집에 보내는 편지》, I 9, 18. Tusc. 5, 35. de off. 1, 7. de fin 2, 14, 28. 그
리고 종종 플루타르코스[15](디온[16]의 생애).
  서한에서 "인간에 대해 무지한 자로서, 비실제적인 이상주의자로서, 행동하지 않
는 공리공론가로서, 타국과 관련된 사항들에 대해 자격 없는 간섭", 슈타인하르트
Steinhart의 책 11쪽에 의거. 따라서 아카데미의 플라톤주의자들은 위조자들일 수 없
다고 그는 결론을 내린다.
15 "왕정의 추종자, 정치적 · 종교적 비밀 결사의 대가(大家), 자신의 지혜를 국민들
앞에서 숨기는 신지학자."
  (제5서한은 마케도니아의 페르디카스 3세와의 관계, 제6서한은 아리스토텔레스의
친구이자 후원자인 알타르네우스의 헤르메이아스와의 관계). 가장 중요한 것은 제
3 · 7 · 8서한(제8서한은 순수한 언어와 고귀한 지조로 뛰어남. 디오니시오스[17], 디
온, 그리고 디온의 친구들에게(제8서한).
  데메트리오스의 《문체에 대해서 de elocut.》는 매우 중요함. 여기에서 그는 아리스토
20 텔레스와 플라톤을 편지 쓰는 모범적인 사람들로 간주한다. 그리고 대화편과 편지의
유사성을 강조한다. 그러나 편지는 마치 선물처럼 엄선된 화려한 언사를 더 넓게 활
용할 수 있다. 대화편은 즉흥적 대화의 어투에 맞춰야 한다. 아리스토텔레스의 편지
와 플라톤의 편지의 유사성을 그는 단호히 강조한다.
  (그 팔레론[18] 사람이 혹시 데메트리오스?)
  "비교적 장문의 서한들은 논문에 가깝고 표현은 여기저기 과장되어 있다"고 데메
트리오스는 말한다.

전통, 풍자적satyrische 전통, 현학적mikrologische 전통이 그것입니다. 1) 선두에 플라톤의 조카이자 후계자인 스페우시포스[19], 그리고 파나이티오스[20], 세네카와 같은 스토아주의자와 신플라톤주의자가 있습니다. 모든 것은 위대하고 훌륭하다는 것입니다. 2) 소크라테스주의자들, 옛 회의주의자들, 아리스토텔레스의 제자들과 에피쿠로스주의자들, 이소크라테스의 추종자들. 3) 외면적인 것들이나 개인적인 것들, 모순이나 풍자 등을 찾아내는 문법학자들.

 I) 생일과 기일. 유명한 인물에게 확실한 것은 항상 기일입니다. 올림피아력[21] 제108기 1년, 즉 기원전 348~347년. 아마 올림피아력 제108기 1년의 하반기, 즉 기원전 347년의 전반기가 될 것입니다. 그것은 필리포스 왕 13년, 집정관 테오필로스 치하입니다. 세네카는 제58서한에서 이렇게 쓰고 있습니다 : *"그는 여든 살 되던 해 초까지 살다가 세상을 떠났다."* 디오게네스는 결혼 축하연에서 ἐν γάμοις δειπνῶν라고 말합니다. 클린톤Clinton은《그리스 연감*fasti Hellenici*》이 부분을 후손들의 축하연에서 ἐν γενεθλίοις δεἱπνοις 라고 추측하는데 이것은 전혀 옳지 않습니다. 왜냐하면 위의 출전에서 정보를 제공받는 디오게네스의 경구는 결혼 축하연에서ἐν γάμοις δειπνῶν를 결혼을 축하하면서δαισάμενος δὲ γάμον로 달리 표현하고 있기 때문입니다(라에르티오스, III, 45). 그의 생일이 정말로 타르겔리온Thargelion 달 7일이라면 우리는 그의 사망일도 알 수 있을 것입니다. 그러나 여기에서는 어떤 결론도 위험합니다.

 우선 생일에 관한 네[세] 가지 버전 : 타르겔리온 달 7일이라고 말하는 아폴로도로스[22]의《연대기 ἐν χρονικοῖς》에 의하면 집정관 디오티모스 치하 올림피아력 제88기 1년(기원전 427. 라에르티오스,

III, 2). 그러나 디오게네스 라에르티오스의 책에는 플라톤이 집정관 [Amei] 에파메이논 치하에서, 즉 올림피아력 제87기 4년, 즉 페리클레스가 죽은 해에 태어났다고 되어 있습니다. 좀더 자세히 말하면 :

아폴로도로스는 올림피아력 제88기 타르겔리온 달 7일이라고 장담하는데, 어떤 해인지는 말하지 않고 있습니다. 이제 헤르미포스[23]가 뒤를 따르는데, 그는 올림피아력 제108기 1년이 죽은 해이며 수는 81세라고 주장합니다. 이어 네안테스[24]는 84세를 주장합니다. 이것은 리시마코스 치하에서 태어난 이소크라테스보다 6세 연하에 해당하는 나이입니다. 플라톤은 에파메이논 치하에서 태어났습니다. 그렇다면 (네안테스에 의하면) 플라톤은 올림피아력 제87기 1년 또는 2년에, 즉 올림피아력 제86기 1년에 태어난 이소크라테스보다 6년 후에 태어난 셈이 됩니다. 이로써 집정관 에파메이논만이 페리클레스가 죽은 해와 일치하지 않게 됩니다.

1) 88, 1 아폴로도로스, 헤르미포스 | 디오티모스 | 81

2) 87, 2 네안테스

3) 87, 4 페리클레스가 죽은 해 | 에파메이논 | 〔아테나이오스[25], 217쪽 역시 그러함.〕

4) 87, 3 아폴로도로스 아래, 아테나이오스, 217쪽. 82세

즉 430, 429, 428, 또는 427년, 즉 그는 84세, 83세, 82세, 또는 81세입니다. 여기에서 427, 즉 올림피아력 제88기 1년이라는 헤르모도로스의 계산이 나옵니다. 헤르모도로스[26]는 플라톤의 소위 진정한

제자라고 하는데, 그는 라에르티오스, II, 106과 III, 6에서 플라톤이 소크라테스가 죽은 후 28세에 메가라로 갔다고 말합니다. 그러나 그는 의심스러운 인물로, 플라톤의 저술을 다루면서 플라톤이 마술사들과 교류했다고 이야기합니다. 게다가 그는 플라톤이 *참주들의 잔인성에 대한 두려움 때문에*δείσαντας τὴν ὠμότητα τῶν τυράννων 다른 철학자들과 함께 메가라로 갔다고 말하는 과실을 범합니다. 어찌 되었든 그것은 30인의 참주들을 말합니다. 그러나 이 참주들 τύραννοι은 오직 제7서한을 피상적으로 해석한 데서 추측된 것 같습니다(샤르슈미트, 66쪽 참조). 그렇다면 헤르모도로스는 서한들 이후에 놓여야 할 것이고 서한들에 의존하게 되는 것이니, 결코 플라톤의

---

1) 스페우시포스《찬사*ἐγκώμιον*》. 이중 제목《장례 만찬 *περίδειπνον*》(클레아르코스[27]) 또한 같은 의견).

헤르모도로스는 플라톤의 저술들을 최초로 유포한 사람. 키케로, ad. Att. 13, 21, 특히 시칠리아 이후.

　　　　　[87, 1]

첼러 : de utroque Hermodoro 1859
$$\begin{array}{l} 108,\ 1 \\ \underline{21} \\ 87 \end{array}$$
여기에서 21 올림피아력 주기를 뺌

크세노크라테스[28]《플라톤의 생애 *βίος Πλάτωνος*》(심플리키오스[29])에서 오푸스 출신 필리포스가 두 번 인용됨(《수다》에서 *βίος Πλ*).

클레아르코스, 아리스토크세노스[30], 아리스토텔레스 학파 카마엘레온[31]
$$\begin{array}{l} 108,\ 1 \\ \underline{20} \\ 88,\ 1\ \text{또는} \end{array}$$
$$\begin{array}{ccc} & & 79,\ 4 \\ 79,\ 4 & 87 & \\ & & 87 \end{array}$$

플라톤의 대화 연구 입문 67

진정한 제자일 수는 없는 것입니다. 그러나 헤르미포스와 아폴로도로스에 의해 그는 플라톤의 진정한 제자로 간주된 것 같습니다. 이렇게 해서 427년이라는 연도와 81세라는 나이, 즉 수리신비주의는 헤르모도로스에서 연유합니다. 그러니 바로 이 진술이야말로 전적으로 신빙성이 없는 것입니다. 더욱이 서한들에서도 동일한 연도가 고수된 것 같습니다. 여행의 종료와 아테네로의 귀환은 387년입니다. 그때 그는 거의 마흔 살이었다고 합니다. 그것은 그가 427년에 탄생했음을 말합니다. 따라서 427년에 태어나, 광신, 비밀 이론과 함께 서한들을 낳은 서클에서 그는 9×9 = 81세가 된 것입니다. 위에서 말한 헤르모도로스는 플라톤에 관한 책을 편찬했는데 그것은 같은 서클에서 이루어졌

파나이티오스, 세네카, 스토아 철학자들				
아풀레이우스 등등.				
2) 견유학파 안티스테네스는	95, 1		95, 1	그는 28세였음.
사톤 Σάθων을 씀.	7		94	27
테오폼포스[32] 문장가로서	88, 1			26
격렬한 경쟁자.				25
				24

(세로 표기: 지금은 Diels : Rh. Mus. 31. p. 41)

역사학자이자 정치가인 필리스토스	93	23
시라쿠사에서는 (플루타르코스, 《디온》, c. 11) 그가		22
플라톤과 철학에 대한 반대 진영 ἀντίταγμα πρὸς Πλάτωνα καὶ		21
φιλοσοφίαν이라 일컬어짐.		20
즉 그의 소환(召還).		

티마이오스 : 플루타르코스, Nikias, 1은 그를	92	19
중상모략하는 연설에 대해 언급한다. 에피쿠로스가		18
"황금의 플라톤" 디오니시오스의 아첨자들		17
Dionysokólakes 이라고 조소.		16

을 것이 분명합니다. 이로써 타르겔리온 7일 또한 들어맞습니다. 이 날을 델로스 사람들은 아폴론의 날이라 부릅니다(라에르티오스, III, 2). 아폴론과 관련된 플라톤의 언급은 폰 슈타인, II, 165쪽.

그래서 나는 위버베크와 첼러에 반대하여 427이라는 연도를 신비주의적 숫자로 거부합니다. 네안테스는 자신의 증언에 이소크라테스를 연관시키는데, 이것은 정당합니다. 왜냐하면 그는 키지코스의 웅변가로 필리스코스[36]의 제자였으며, 이 필리스코스는 이소크라테스의 제자였기 때문입니다. 저서로는《유명한 인물들에 관하여 περὶ ἐν δόξων ἀνδρῶν》가 있습니다. (칼리마코스[37]의 시대) 그것은 대단

10

헤르마르코스[33]는 플라톤에		
대항하여 πρὸς Πλάτωνα 라고 씀.	91	15
		14
		13
3) 학자 헤르미포스.		12
사티로스[34] (아리스타르코스[35])	90	11
의 문하생 네안테스, 페르가몬의 왕		10
아탈로스 1세의 궁정에서.		9
		8
아폴로도로스의 연대기	89	7
등등.		6
		5
		4
	88, 4	3
	3	2
	2	1
	1	0

15

20

히 적대적인 방향으로, 그 구성원으로는 키오스의 테오폼포스가 있
습니다(아테나이오스, 508쪽). 그런 까닭에 많은 것이 아테나이오
스에게서 유래합니다. 〔우리는 플라톤이 81세의 수를 누렸다는 것
역시 여기에 기재되어 있음을 발견합니다. 217쪽.〕

5   따라서 찬양적 기록) 88, 1에 찬성. | 81세

        풍자적 기록) 87, 2에 찬성 : 다른 기록의 기적 중독증에
대항하여 | 84세

        세 번째 기록 87, 3에 찬성해서 아폴로도로스

        네 번째 기록 87, 4 플라톤이 82세였다는 것〔즉 그가 83회
10 생일을 치렀다는 것을 계산에 넣어, 그렇지 않다면 계산이 맞지 않
는다.〕

        두 가지 상이한 계산을 시도해보기로 합시다 : 88, 1과 81세의 나이 |

    A) 아폴로도로스는 올림피아력 제88기 1년으로 타결을 봄(Demetr. Phal. ἀν.
15 ἀρχ.?) 수리신비주의에도 불구하고.
    B) 네안테스는 여하튼 81세의 수명에 반대. → 플라톤의 적으로 할리카르나소스의
디오니시오스[38].《폼페이우스에게의 서한》, p. 757 ed. Reiske :
        케피소도로스, 테오폼포스, 조일로스, 히포다만타, 데메트리오스와 그
        밖의 많은 사람들에 관하여 여기에서 : 나는 이소크라테스의 문하생
        이자 아테네 사람으로, 철학자들의 위대한 질책자인 케피소포로스
        또한 적는다.

20 C) 라에르티오스의 문구

		87, 3	87, 3
			20
1) corr. ἐπὶ Ἐπαμείνονος			107, 3
		88, 1	2
2) corr. ἔτεσιν ἑπτά		20, 1	108, 1
3) corr. 슈스터Schuster에 반대하여 δυοῖν		108, 2	

에서 계산된 것 : 올림피아력 제88기 + 81세 : 아폴로도로스의 계산.

  87, 3과 82세의 생존 기간에서 계산된 것 : 올림피아력 제88기 1년 + 82세. 따라서 그 올림피아력 주기의 첫해가 완전히 계산되었거나 계산되지 않았거나 둘 중에 하나입니다. 87, 4라는 해(즉 페리클레스의 해)는 이로써 마찬가지로 81세라는 규준을 따릅니다.

<pre>
     그렇다면 81세 : 88, 1   또는   87, 4
            82세   87, 3 〔또는〕 87, 4
          ─────────────────────────────
            84세   87, 2   또는   87, 1
</pre>

  그런데 네안테스는 84세 설의 유일한 대변자로서 자신의 연도를 이제 이소크라테스의 출생 후 6년으로, 즉 올림피아력 제87기 3년

올림피아력 87, 3　집정관 아폴로도로스
　　　　　　　87, 4　페리클레스가 죽은 해(에파메이논)
　　　　　　　88, 1　집정관 디오티모스
　　　　　　　　　　집정관 리시마코스 올림피아력　86, 1　　　88, 1
　　　　　　　　　　　　　　　　　　　　　　　　　　　　　　87, 4
죽은 해 108, 1
　　81세로? 이 숫자는 성스러운 뮤즈 여신들의 제곱수가 되고, 뮤즈 여신들의 수인 9는 성스러운 3의 제곱수가 되므로 플라톤은 그의 생존 햇수 때문에 아폴론적 인간으로 표명된다. 88, 1 ｜ 108, 1 ｜ 81 ｜
　　　　헤르모도로스, 서한.
　　　의심됨 : 네안테스. 이소크라테스보다 6세 연하.)
여러 가지 계산법 : 올림피아력의 첫째 해가 전혀 계산되지 않았든가 아니면 완전히 계산되었든가 둘 중 하나다.
88, 1 ｜ 81세가 된다 (디오티모스)
87, 4 ｜ 82세 (에파메이논)　　　　　　　　｜《수다》에는 82세라고 적혀 있다.
87, 3　 82세가 된다 (아폴로도로스)　　　 ｜　　　아테나이오스, 기원전 57년

또는 4년 이후로 규정합니다. 이 해에 페리클레스도 죽었다는 사실
(즉 78, 4) 때문에 이 연도가 더 가깝습니다. 따라서 이 숫자만을 견
지해야 합니다. 이로써 디오게네스 라에르티오스에게 오류가 있다
는 결론이 나옵니다(III, 3) : *"그런데 네안테스는 그가 84세의 나이
로 세상을 떠났다고 말한다."*

　　　이때 $\delta' = \delta\upsilon o\tilde{\iota}\nu$ 이어야 합니다.

　이제 찬양적 경향과 풍자적 경향에서 81세와 82세의 두 가지 나
이만 있습니다.

　이제 87, 3 아폴로도로스와 ⎫
　　　87, 4 에피 아메이누가 ⎬ 82세의 나이의 계산으로, 즉 풍자적
　　　　　　　　　　　　　　경향으로 인식됩니다 : 네안테스
　　　　　　　　　　　　　　는 87, 4, 아테나이오스는 87, 3.

　[88, 1은 신빙성이 없습니다.

　87, 3이나 4가 가능합니다. 여기에서는 결정이 전혀 불가능합니
다. 아마도 87, 4가 우세하지 않을까 싶습니다. 이로부터 균일하게
81, 82세라는 나이를 계산해낼 수 있었습니다. 찬양가들은 이것을
느끼고 다음해를 지적합니다. 풍자가들도 마찬가지인데, 그들은 한
해 뒤로 잡습니다.]

　이델러Ideler가 구성한 메톤Meton력[39] 주기에 따르면 올림피아
력 제87기 4년 타르겔리온 7일은 기원전 428년 5월 10입니다. 그런
데 뵈크Böckh가 전제하는 것처럼 아직 *8년 주기*/Oktaeteris[40]가 통
용되었다면, 윤일의 위치에 따라
　　　　　기원전 428년 6월 6일이든가
　　　아니면 428년 6월 5일이나 6일이 플라톤의 생일로 추정됨

니다. 흑사병 이후에 수태.

　몇몇 사람들이 전하는 바에 의하면 그는(라에르티오스, III, 3) 에기나에서 피디아데스의 가문에서 태어났다고 합니다. 그의 부친은 다른 사람들과 함께 *식민지 이주자*κληροῦχος로 그곳으로 파견됩니다(그는 국가의 재정적 후원을 받았습니다). 그들이 그곳에서 에기나 주민들을 원조하는 라케다이몬 사람들에게 쫓기는 신세가 되자 그는 아테네로 돌아옵니다. 얼마 되지 않아 아테네에서는 소문이 떠돌았는데 그것은 플라톤에 관한 것이었습니다. 페릭티오네[41]가 아폴론의 아이를 잉태했으며, 아폴론의 얼굴이 아리스톤[42]에게 나타나 출산 전까지는 그녀를 가까이하지 말 것을 명했다는 것입니다. 그 이야기를 조카인 스페우시포스와 클레아르코스와 아낙실라이데스가 들려줍니다(라에르티오스, III, 2). 이제 아폴론의 아들은 역시 아폴론의 날인 타르겔리온 7일에 태어납니다. 폰 로이치v. Leutsch는 플라톤의 원래의 생일은 타르겔리온 7일이 아니라 21일이라고 추측합니다(theses sexaginta, 괴팅겐, 1833, Nr. 34).

　II) 플라톤의 계보 :《카르미데스》, 154 이하.《티마이오스》, 20D.《변명》, 24A.《국가》, 앞부분.《파르메니데스》, 앞부분. 라에르티오스, III, 1. 헤르만 : 1831년 간행 Allgem. Schulzeitung, 653쪽 참조.

생일의 문제에 관한 문헌 :
Corsini. 가장 자세한 것은 *Gorii Symbola litteraria*, Florenz, 1749. vol. VI, p. 80 (87, 3과 부합됨).

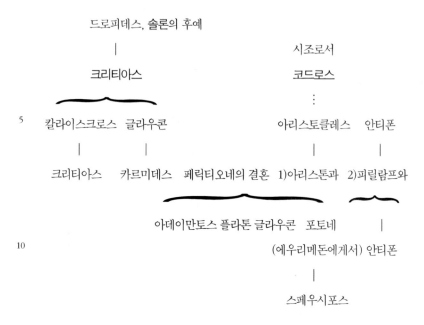

드로피데스, 솔론의 후예

| 시조로서

크리티아스   코드로스

⌒   ⋮

5   칼라이스크로스   글라우콘   아리스토클레스   안티폰

| | |

크리티아스   카르미데스   페릭티오네의 결혼 1)아리스톤과 2)피릴람프와

⌒   ⌒

아데이만토스 플라톤 글라우콘 포토네 |

10   (에우리메돈에게서) 안티폰

|

스페우시포스

---

15   흑사병 세대
        예로부터 내려오는 귀족 혈통.
            (입법자 제왕, 스파르타의 친구Philolakon 크리티아스[43])
                    II   21일, 즉 국가의
        드로피데스[44], Tim. 20쪽에서   대화의 날
        크리티아스가 말함.   (프티논토스
                                              φθίνοντος 7일)

20
                드로피데스가
        우리의 증조부이므로 (솔론은)   라에르티오스와 《수다》)
        우리와 매우 가까운 친척이었다   ἡ Ποτώνης는 동일인, 그러나
                                              그녀의 집안에서의 이름('음주
                                              가') (아리스틸로스[45])는 아리스
                                              토클레스의 애칭―알렉사스는

《파르메니데스》만이 페릭티오네의 두 번째 혼인을 증언합니다. 이들 친척 중에서 가장 중요한 사람은 크리티아스입니다. 그는 헤르메스의 신상들을 파괴한 것 때문에 고소된 피고인들 중 하나였으며 아테네의 정치·문학·철학계에서 중요한 위치를 차지했습니다.

5 그는 유명한 웅변가였고 매우 부유했으며 소크라테스와는 아주 가

알렉산더의 애칭)

c) 플라톤의 4개의 대화편에서 그는 중요한 역할을 한다 :《프로타고라스》,《카르미데스》,《티마이오스》, 그리고《크리티아스》(단편)

10 　　　　　a) 동생 글라우콘[46]은 크세노폰[47]에 의하면 정치판에서 한가락하고 싶어하는 허영심에 찬 주제넘는 녀석(Mem. III. 6).

《변명》에서 플라톤은 자신(즉 형)이 부패하지 않았다는 사실에 대해 아데이만토스를 증인으로 끌어들인다.

《국가》의 서술에 따르면 아데이만토스는 더 비관적이고 글라우콘은 보다 낙천적이다(매우 이상화되어 있다!)

　　　　　플라톤은 그들 세 형제 중 가운데.

15 《국가》의 대화 시기를 446년으로 가정할 수 있겠지만, 그렇게 하면 이형제들은 아직 태어나지도 않은 셈이다. 펠로폰네소스 전쟁의 초기로 가정한다면 그들은 아직 미숙한 어린아이들이었다.

　　　　　b) 외척인 카르미데스에 관해서는 플라톤이 제시하는 상과 크세노폰이 제시하는 상이 부합한다.

　　　　　조숙한 성품, 모든 예술,
　　　　　이른 철학(산책하는 청년)

20 (시몬Simon, 칼리아스Callias, 스카몬Skamon)

Eccles. 647, Plutos 313. 아리스틸로스는

　　　　　마이네케Meineke(Hist. crit. comic. 288쪽)에 따르면 우리의 플라톤!

바티클레스 Βαθυκλῆς 는 바틸로스, 트라시클레스 Θρασυκλῆς 는 트라실로스 Θράσυλλος.

　　　아리스틸로스는 　　　　　아리스토클레스 (헤르더)

까운 사이였습니다. 아르기누센 전투[50] 후 사령관이 유죄 판결을 받았을 때 그는 유배 상태에 있었습니다. 그 이유를 우리는 알 수 없습니다. 유배 기간 동안 그는 테살리아에서 살았으며 과두 정치의 권력 다툼에 참여했습니다. 유배 생활 이후 그는 아테네로 돌아와 극도의 폭력과 지배욕을 행사했습니다. 그는 30인의 참주들 중 가장 잔인했으나 또한 가장 유력하기도 했습니다. 그는 글라우콘의

뵈크는 418년이라고 생각한다. 그렇다면 한 사람의 나이가 너무 어리다(글라우콘은 기껏해야 6세).

그리하여 사람들은 이들이 플라톤보다 연상인 친척들이라고 생각했다!

(Klymke, 142쪽) 애칭이었을 것이다. 그러나 이 이름을 가진 어떤 사람이 (희극 작가들은 그를 조롱한다) 바로 그 당시 그로 하여금 악평을 받게 했다.

입술들의 χείλων 배들의 γάστρων 머리들의 κεφάλων

교대로 αξ : 닳아빠진 τρίβαξ 건방진 μόθαξ

– ων – ων

Lobeck Paral.

I, 128쪽 음악이 인류에 끼치는 영향

플라톤 가슴이 넓었으므로 διὰ τὸ πλατὺ τοῦ στέρνου

플라톤의 제자 네안테스 : 이마가 넓었으므로 διὰ τὸ εὐρὺ τοῦ μετώπου

또는 상징적으로도

생각의 폭이 넓었으므로 διὰ τὸ πλατὺ τῆς φρονή-σεως

(테오프라스토스[48]는 티르타모스로 불림)

티시아스는 스테시코로스로.

세네카, ep. LVIII latitudo pectoris

해석의 폭이 넓었기 때문에 διὰ τὴν πλατύτητα τῆς ἑρμηνείας 더없이 넓은 자라고 πλατύτατος 티몬[49]의 《실로이》에 의해 풍자적으로.

아들 카르미데스와 마찬가지로 페이레우스의 전투에서 전사했는
데, 거기에서 트라시불로스에 대적하여 좌익을 이끌었습니다. 공화
정의 말살과 과두 정치의 강력한 조직이 그의 업적입니다. 소크라
테스가 한 번의 경고에도 불구하고 이 통치 기간 중 사형되지 않은
것은 명백히 그의 영향입니다. 이들 30인은 권력을 장악하자마자
이전의 민주 정치의 악습을 공박하고 스스로 지고한 윤리적 원칙들
을 수립하기 시작했습니다. 그리고 〈……〉(Lys. contr. Eratosth. 5,
121쪽). "*불의한 자들을 없애 나라를 정화하고, 나머지 시민들이 덕*
과 정의에 마음을 쓰도록 해야 한다." 플라톤은 그 당시 24세였고,
이로 인해 오도되었습니다. 그의 친척은 그가 스스로 행동적인 역
할을 수행하도록 그를 부추겼습니다. 그것은 그에게 환멸을 안겨주
었습니다. 어쨌든 일찍이 그는 혁명의 성공을 체험했습니다. 그리
고 지도자가 진정한 철학자들이었다는 것에 생각이 미치면 그는 자
신의 국가를 꿈꾸었습니다. 중요한 것은 스파르타적인 경향들입니
다. 문학적 이상에 끼친 영향(매우 웅변가적).

  III) 플라톤의 교육. 일반적으로 아풀레이우스 : 스페우시포스는 집
에 있던 문서들을 근거로 어린 시절의 그의 *명민한 이해력과 놀랄 만*
*한 경외감*을 칭찬하고, 청년기에 그가 *노력과 학문에 대한 사랑*을 통
해 얻은 첫 결실들에 대해 말하면서, 성인이 되어서는 그런 덕목들
과 함께 다른 덕목들이 배양되었다고 증언한다. 《안테라스타이》에
서 그는 자신의 초등 문법 *교사γραμματιστής*의 이름을 영원히 후
세에 남겼다고 합니다. 체조에 있어서는 그에게 플라톤이라는 이름
을 지어주었다는 아르고스의 아리스톤(라에르티오스, III, 4), 음악

에 있어서는 다몬의 제자인 드라콘, 아그리겐툼 사람 메길루스(메텔루스?) 플루타르코스, 《음악에 관하여》, 17. 디카이아르코스[51]에 의하면 그는 이스트모스 축제[52]에서 경합에 참가했다고 합니다(라에르티오스, III, 4). 다른 이들에 의하면 그는 올림피아, 피티아와 네메아 제전들에서까지 시합에 참가했다고 합니다. 나아가 그는 색채의 배합을 배우기 위해 화가들과 교류했다고 합니다. 무엇보다 중요한 것은 그의 시적인 성향입니다(Ael. Var. hist. II, 30). 우선 서사시, 그리고 비극, 그것도 4부작을 짓기까지 했는데, 그는 이 작품을 이미 배우들에게 넘겨주었으나 오로지 소크라테스의 영향으로 철회하기도 했습니다. 그러고는 디티람보스[53]풍의 청년기 시작(詩作)에 대해 언급합니다. 여러 기록들에 의하면 그는 운동 선수로서의 활약을 포함해 다방면으로 예술적인 천성의 소유자였을 것이라 추측됩니다. 플라톤의 것들로 인정받기를 요청하는 경구들이 있습니다(《일리아스》, 18, 392 참조). 겔리우스는 N. A. 19. 11에서 말합니다 :

"여러 옛 저술가들은 철학자 플라톤의 지인들 가운데에는 그가 젊은 시절 작품을 써주고 언젠가 비극 작품의 시연을 함께 했던 사람들이 있다고 말한다."

[아마도 순수한 기억을 훼손하기 위해 날조했을 것입니다. 그것은 그를 기리는 위대한 경외심verecundia에 배치됩니다.] 그는 "헤파이스토스여, 이리 오라. 플라톤이 그대를 찾고 있노라Ηφαιστε, πρόμολ ὦδε, Πλάτων νύ τι σεῖο χατίζει"라는 시구[54]와 함께 모든 시를 불태웠다고 합니다. 그는 여러 차례 전투에 참가했다고 하는데, 타나그라, 코린토스, 델리온의 전투에 관한 것은(라에르티오스,

III, 8, 아리스토크세노스에 의하면) 아마 소크라테스의 향연을 차용하여 이야기하는 것 같습니다(Luzac, Lect. Attic. 176쪽과 240쪽 참조).

소크라테스를 알기 전에 그는 이미 헤라클레이토스의 철학을 알게 되었다고 합니다(아리스토텔레스, 《형이상학》, I, 6). 헤라클레이토스와 그의 관계에 대해서는 디오게네스 라에르티오스도 기록을 남겼지만(III, 5), 통상적으로 잘못 해석했습니다 : "알렉산드로스가 그의 철학자 열전에서 하는 말에 따르면, 플라톤은 처음에는 아카데미에서, 나중에는 콜로노스 주변의 정원에서 헤라클레이토스의 가르침에 따라 철학적인 탐구를 수행했다." 헤라클레이토스를 증인으로 끌어들여서Heraclitum adducens testem가 아닙니다. 소크라테스 사후 그는 아르키타스[55] 그리고 파르메니데스주의자인 헤르모게네스[56]에게서 배웠다고 합니다. 감각적인 것은 항상 변화에 맡겨져 있다는 견해는 헤라클레이토스주의자인 크라틸로스[57]에게서 유래한 것이라 합니다. 플라톤은 이 견해를 항상 고수했다고 전해집니다. 한번 올바르게 형성되면 불변할 게 확실한 개념들을 소크라테스를 통해 알게 되자, 그는 그러한 개념들을 감각적인 것에 연관시켜야 할 필요가 없다는 사실에 대한 믿음을 가졌다고 합니다. 즉 개념적 인식의 대상이 되는 다른 존재들이 있어야만 한다는 것입니다.―숭고한 헤라클레이토스의 엄청난 영향입니다. 존재란 없고, 영원한 생성은 영원한 비존재 안에 있습니다. 세계는 움직여지는 신격입니다. 그 신격은 유희하면서 헤아릴 수 없이 몇 차례고 세계를 지어냅니다. 헤라클레이토스는 지극히 험준하고 숭고한 성품의 인물로서 다른 모든 관점에 거부적이며 호메로스나 헤시오도스조차 거부합니다. 크라틸로스는 같은 냇물에 두 번 들어갈 수 없다는 스승을 넘어서서 그런 일은 단 한 번도 일어날 수 없다고 주장했습니다(아리스토텔레스, 《형이상학》, III, 5). (아리스토텔레스는 말하기를) 이 관점의 극단적 결론은, 크라틸로스가 더 이상 말이 허용될 어떤 것도 믿지 않고 손가락만 움직였을 뿐이라는 것입니다. 플라톤은 이 변덕스러운 헤라클레이토스주의자들을 *유동하는 자들* τοὺς ῥέοντας 이라고 부릅니다(《테아이테토스》, 181A).

플라톤이 소크라테스를 알게 된 것은 그의 나이 20세 되는 해였습니다. 라에르티오스, III, 6. 그들이 처음 만나게 되던 날 전야에 소크라테스는 꿈을 꿉니다. 아카데미에 있는 에로스의 제단에서 백조 한 마리가 자신의 품속으로 날아 들어와서는 멋있게 노래하면서 대기 중으로 높이 날아 오르는 꿈이었습니다. 우리는 두 사람의 교류에 대해 거의 아는 바가 없습니다. 크세노폰이 이 교류에 대해 《회상*Memorab.*》, III, 6, 1에서(아리스티포스[58])와 안티스테네스와의 대화에 관한 소식을 전하면서) 한 번 언급합니다. 플라톤의 《변명》, 34A, 38B에 의하면, 플라톤은 소송에 참석하고 있었고 벌금을 지불할 용의가 있음을 밝힙니다. 《파이드로스》, 59B에 따르면 그는 소크라테스가 죽는 날에 와병 중이었습니다.

요컨대 플라톤의 청년기의 발전에 대한 중요한 점은 다음과 같은 것입니다 : 1. 흑사병 세대 2. 보편예술가적 충동들 3. 크리티아스와 30인의 과두 정치 혁명 4. 첫 번째 철학자로서 헤라클레이토스가 철학자에 관한 그의 개념을 형성 5. 소크라테스가 윤리적·정치적 이상주의를 고취하여 그를 헤라클레이토스주의자들의 영원한 흐름에서 해방시킴.

IV) 메가라 체류와 여행. 헤르모도로스(라에르티오스, II, 106과 III, 6)에 의하면 플라톤은 소크라테스 사후에 28세의 나이로 아테네를 떠나 소크라테스의 다른 제자들과 함께 에우클레이데스를 찾아 메가라로 갑니다. 이 문구에서 결정적으로 모순된 것이 III, 6에 있는 구절인데, 이에 따르면 플라톤은 스승이 죽은 뒤 크라틸로스와 헤르모게네스에게서 수학합니다. 그가 아테네의 권세가들에 대한 공포 때문에 아테네를 떠났다면, 이것은 그가 크라틸로스와 헤르모게네스에게서 수학했다는 사실과 모순됩니다. 그런데 그 모든 기록은 참주들의 잔인성에 대한 공포에서 $\delta\epsilon\iota\sigma\alpha\nu\tau\alpha\varsigma\ \tau\grave{\eta}\nu\ \dot{\omega}\mu\acute{o}\tau\eta\tau\alpha$ $\tau\hat{\omega}\nu\ \tau\upsilon\rho\acute{\alpha}\nu\nu\omega\nu$라는 부가 문구 때문에 다소 비역사적인 성격을 띱니다. 메가라의 기록은 헤르모도로스가 전하는 다음의 여행 계획에 속합니다. 즉 메가라, 키레네(테오도로스[59]), 이탈리아(피타고라스 학파), 이집트(예언자들), 아시아와 마법사들이 그 계획으로서, 그것은 전쟁 때문이 아닙니다. 말하자면 그는 모든 철학적 도야의 장을 차례로 방문했다는 것입니다. 따라서 어쨌든 그 동기는 맞지 않습니다. 진정한 동기는 《파이돈》, 78A에 나타나 있습니다. 여기에서 케베스[60]가 소크라테스에게 묻습니다.

"당신이 우리를 떠나면 우리는 죽음의 공포에 관해 이야기할 훌륭한 상대를 어디에서 얻겠습니까?"

소크라테스가 대답합니다.

"그리스는 광활합니다. 이 나라에는 그러한 이야기 상대가 될 만한 〔많은〕 훌륭한 인물들이 있습니다. 그리고 다른 민족 역시 훌륭합니다. 그러한 상대를 찾기 위해 그대들은 돈과 수고를 아끼지 말고 이들 종족을 모두 찾아 나서야 합니다. 왜냐하면 그대들이 그보다 유용하게 돈을 쓸 수 있는 일은 아무것도 없기 때문입니다. 그러나 그대들은 또한 서로에게도 노력해야 합니다. 아마 그대들 자신보다 이런 것을 더 훌륭히 할 수 있는 사람들을 그리 쉽사리 발견할 수 없을 것이기 때문입니다."

5   이에 케베스가 대답합니다.

"물론 그렇게 되어야 하겠지요."

요컨대 참주에 대한 공포가 아니라 죽음의 공포가 철학자를 충동질하는 것입니다. 그런 까닭에 플라톤은 소크라테스 이후 헤라클레이토스주의자와 파르메니데스주의자의 가르침을 더 공부하게 되는
10 것입니다. 이렇게 플라톤은 명백히 자신에게 소크라테스를 대신해 줄 제2의 철학자를 찾아 나섭니다. 성과는 없었습니다. 그렇기 때문에 그는 즉시 소크라테스의 제일 가깝고 첫째 가는 제자들 가운데 속하지 않습니다. 그에게 소크라테스의 상은 이러한 이상적 높이로 그에게 점진적으로 비로소 상승하게 되는 것입니다. 이상적 소크라
15 테스는 그리움에 이끌려 기억을 바탕으로 재현된 상이지 자의적으로 미화된, 심미적 원칙에 의거해 미화된 상이 아닙니다. 애초에 헤라클레이토스주의자였던 그가 순수한 소크라테스주의자였던 적은 한 번도 없었습니다.

메가라 체류가 상당한 영향을 끼쳤으리라는 점은 인정되어 왔습니
20 다. 에우클레이데스는 소크라테스의 가장 오래된 제자들 가운데 하나였음이 분명합니다. 따라서 플라톤이 그에게 배움을 청하는 것은 아주 자연스러운 일입니다. 에우클레이데스는 엘레아 학파의 학설에 정통해 있었습니다. 그는 선(善)이 비록 많은 이름들(통찰, 신, 이성)로 불리고 있지만 그것은 하나라고 가르쳤습니다. 선에 대립

해 있는 것은 비존재자입니다. 그는 엘레아 학파의 학설을 소크라테스의 선의 관념을 통해 변경합니다. 《소피스테스》, 246B에 보이는 견해에 의하면 비물질적인, 관념을 통해 파악되는 불변의 형상들εἴδη의 다수가 진정한 존재자를 이룹니다. (슐라이어마허, 첼러, 헤르만에 의하면 그것은 메가라 학파〔엘레아 학파〕에 연원을 두고 있습니다. 형상을 사랑하는 자들εἰδῶν φίλοι은 생성γένεσις과 존재οὐσία를 구분하여 생성에는 감각을 통하여δι' αἰσθήσεως, 존재에는 이성적 추리를 통하여διὰ λογισμοῦ 관여하게 합니다. 그러나 가장 중요한 것은 그들이 다른 사람들로 하여금 그들의 부동의 이데아들만을 오로지 참인 실체로 받아들일 것을 강요하려 한다는 점입니다. 이에 반해 《소피스테스》의 저자는 형상들에 관해 다음과 같은 증명과 함께 움직임과 생명을 주장합니다. 즉 이데아는 인식된다. 그런데 인식이란 '행위Tun'이고, 인식되는 것이란 '겪음 Leiden'이다. 그러나 그러한 겪음은 운동 없이는 생각할 수 없다. 그렇다면 이데아는 겪음이므로 역시 동적이어야 한다. 이데아에는 생명과 영혼과 정신이 있다. 〔플라톤은 이때 윤리적 관계들의 이데아뿐만 아니라 자연적인 사물들, 인간이 만들어낸 것들(침대, 잔)의 이데아에 대해서조차 이를 주장합니다.〕'이데아의 애호가들Ideenfreunden'[61]의 경우('단일성Einheit'을 빌미로) 메가라 학파 사람들을 생각할 아무런 이유가 없습니다. 우리는 오히려 '개념의 애호가들Begriffs-freunden'과 플라톤의 이데아, 즉 경직된 개념의 세계와 생동하는 이데아의 세계의 대립을 인식합니다. 그것은 아카데미에서의 논쟁에 관한 것입니다. 물론 샤르슈미트는 플라톤 자신을 '이데아의 애호가'로 이해합니다. 그래서 그는 여기서 플라톤을 《소피스테스》의 저자로 보는 데 반대하는 논박을 전제로 하고 있는 것입니다.

수학자인 테오도로스는 플라톤이 소크라테스가 죽기 얼마 전에 아테네에서 알게 된 인물입니다(《테아이테토스》, 143B). 그로 인해 플라톤은 키레네로 가게 됩니다. ―플라톤이 이집트와 연관되는 것은 대체로 《파이드로스》, 257E ; 《국가》, IV, 436 ; 《티마이오스》, 21E ; 《법률》, II, 656D, 657A, V, 747C, [IV] VII, 799A, 819A입니다. 슈타인A. Stein은 이집트 여행 사실을 부인합니다. 철학자들과 관련된 이집트 여행에 관한 이야기들이 수없이 조작되었기 때문입니다. 그러나 위대한 철학적 수학 여행을 생각한다면 지혜의 나라 이집트로의 여행은 피할 수 없는 것이었습니다.

그리스 본토와 시칠리아 여행과 관련된 문구들은 슈타인, II, 175쪽에 정리되어 있습니다. 가장 중요한 증거들은 진위 여부가 판명되지 않은 서한들에 있는데, 여기에서는 학파 설립이 4세기로 되어 있습니다. 거의 40세의 나이로 플라톤은 시칠리아를 향한 첫 여행길에 오르는 것입니다. 그 목적은 키케로, *De re publica*, I, 10에 매우 중요하게 서술되어 있습니다. "플라톤은 처음에는 가르침을 얻기 위해 이집트를 여행했고, 나중에는 피타고라스의 이론들을 철저하게 배우기 위해 이탈리아와 시칠리아를 여행했다."

De finibus bonorum et malorum, V, 29 :

"어째서 플라톤은 다른 나라의 제사장들에게서 수리와 천문을 배우기 위해 이집트 여행을 했는가? 어째서 그는 후일 타렌툼의 아르키타스에 갔는가? 어째서 그는 소크라테스에 대해 저술하고 난 다음 그것을 피타고라스의 가르침과 결합하고 소크라테스가 이미 반박했던 것들을 더 배우기 위해 다른 피타고라스 학도들, 에케크라

테스, 티마이오스, 아리온과 로크로스에 갔는가 ?"

    플라톤은 이집트에서 돌아올 때 아테네를 거친 것 같습니다. 왜
냐하면 플루타르코스의 *de Ei*, VI, 386쪽 의하면 플라톤은 이집트에
서 델로스로 가서 거기에서 주사위 중복의 문제를 풀었다고 전해지
기 때문입니다. 스트라본[62](XVII, 1, 29)은 이집트에서의 13년간의
체류를 말하고 있는데, 이것은 대략 소크라테스의 죽음과 시칠리아
여행 사이의 전체 시간에 해당합니다. 그렇다면 우리는 어찌 되었
든 플라톤이 13년 동안 여행길에 있었다는 점을 생각하지 않을 수
없습니다. 사람들은 그가 배움의 길 위에 있는 철인으로서 그 사이
에 혹 글을 쓴 것은 아닐까 하는 의문을 제기할 수도 있을 것입니
다. 그에게 매우 중요한 것은 피타고라스 학파의 인물들입니다. 라
에르티오스, III, 8에는 이렇게 씌어 있습니다.

    *"그는 헤라클레이토스, 피타고라스 학파, 그리고 소크라테스의
가르침을 하나로 통합했다. 왜냐하면 그의 철학적 가르침에서 감각
적 인식은 헤라클레이토스에 의해, 사고를 통한 인식은 피타고라스
에 의해, 그리고 실제적·정치적 인식(즉 윤리)은 소크라테스에 의
해 평가되고 있기 때문이다."*

    (그는 소크라테스의 가르침을 통해 헤라클레이토스의 영원한 운
동을 진정한 존재*οὐσία*를 소유하지 않은 *감각된 것*αἰσθητά에 국
한시킵니다. 소크라테스를 통해 그는 확고한 개념들, *인식*ἐπιστήμη
을 알게 됩니다. 그러나 어떤 연유로 우리가 *감각들*αἰσθήσεις의 세
계에 있으면서 *인식*ἐπιστήμη에 이를 수 있는지는 미결로 남아 있
었습니다. 여기에서 피타고라스 학파 철학자들이 도움을 줍니다.
플라톤은 전생과 영혼의 윤회를 자신의 인식론이 근거하는 이데아 1)

의 상기(想起)에 연관시킵니다. 이로써 비로소 우리는 결론에 이릅니다. 그리고 이미 이러한 이유만으로도 우리는 그의 저작 활동을 그가 40세가 되기 이전의 것으로 생각해서는 안 됩니다.* 《파이드로스》가 그의 첫 저작이라는 것이 사실이라면 말입니다. 이것은 이데아론, 피타고라스의 우주생성론과 함께 이미 *상기* ἀνάμνησις를 전제합니다.—마찬가지로 우리는 아카데미의 설립을 피타고라스 2) 결사(結社)의 플라톤적 모방으로 파악해야 합니다. 아카데미는 피타고라스 학파처럼 정치적 성향을 띠지만, 목표는 더 높습니다. 한마디로, 이제야 우리는 그의 가르침과 저작 활동을 이해하게 됩니다.

시라쿠사에서 그는 20세의 디온을 얻습니다. 디온의 누이는 디오니시오스 1세의 부인이 됩니다. 플라톤은 이 참주와 부딪쳤습니다.

"그대들 연장자들의 말."

그는 대답합니다.

"바로 그대들 참주들의 말."

디오니시오스는 처음에는 플라톤을 살해하려고 합니다. 그러나 살해하지 말라는 디온과 아리스토메네스의 말에 설득당해 플라톤을 라케다이몬 사람인 폴리스에게 전쟁 포로로 넘겨줍니다. 폴리스는 그를 에기나(플라톤의 출생지)로 데려가 팔아 넘깁니다. 키레네 사람인 아니케리스가 20미네[63]를 주고 그를 사서 아테네의 친지들에게 보냅니다. 친지들은 즉시 돈을 보냈는데, 아니케리스는 "플라톤을 위해 힘쓸 가치가 있는 사람들은 그들뿐이 아니다"라고 하며

---

*

428	387
387	13
41세	400

이를 받기를 거절합니다. 에기나에서 아테네 사람들을 적대시하는 일은 안탈키다스를 통해 중재된 강화 조약의 체결 이후 더 이상 일어날 수 없었습니다(387).* 불과 수년 전까지도 그랬습니다. 왜냐하면 코린토스 전쟁의 마지막 몇 년간에야 아테네와 에기나 간의 교류가 완전히 지양되어 이 섬의 땅을 밟는 아테네인은 누구든 죽이라는 결의가 체결될 수 있었기 때문입니다(크세노폰, *Hellen.* V, 1, 1).

V) 아카데미에서의 플라톤의 교수 활동. 41세 또는 42세에 그는 (디온에 의해 조장되어) 자신의 완결된 정치적 목표, 자신의 완결된 체계를 갖게 되었습니다. 거기에는 단지 그와 함께 새로운 국가를 건설하도록 그가 철인으로 만들 사람만 빠져 있었습니다. 아카데미는 그의 몸값으로 운용되었습니다. 플라톤은 이제 부유하지 않았습니다. 여행이 그의 가산을 탕진시켰던 것입니다. 그리고 그는 《파이돈》의 한 구절에서 누구도 더 이상 가치 있게 돈을 쓸 수 없을 것이라면서 이를 암시하고 있습니다.—이제 드디어 글쓰는 작업도 그에게 의미가 있습니다. 그는 (아리스토텔레스에 따르면**) 결코 진

---

* 말하자면 387년 직전.
** 《변명》은 최고 수준의 걸작이다. 누가 그것을 청년의 소작이라고 주장할 수 있겠는가?
《파이드로스》는 처녀작이다. 《향연》에 그렇게 나와 있다.
짧은 저작들은 청년 플라톤의 성격에, 그리고 스승과 관련된 고통에 걸맞지 않다.
아리스토텔레스는 풋내기 대화편을 썼다. 그러나 그 당시는 형식을 다만 모방할 수 있을 뿐이었다.
소크라테스의 대화편의 가장 유명한 선배와의 경합. 창시자는 아이스키네스?

정한 소크라테스주의자였던 적이 없으므로 진정한 의미에서의 소
크라테스의 대화는 그에게는 있을 수 없었던 것입니다. 따라서《프
로타고라스》등등의 대화편들은 달리 평가될 수 있습니다. 라에르
티오스, III은 플라톤의 첫 대화편이《파이드로스》라고 전합니다.
5 《향연》은 분명 아카데미 초기의 저작입니다. 그리고 이 두 저작은
아주 비슷하기 때문에 서로를 뒷받침해주고 있습니다. 최고의 남성
적 힘과 열광적 천성이 이들 저작을 통해 표현됩니다. 그는 점점 더
예술을 배격합니다.《파이드로스》의 전통은 실로 옳은 전통입니다.
다만, 그가 디티람보스적인 요소를 가졌다든가, 아니면 "이 저술의
10 대상이 청소년적 요소를 가졌다"(라에르티오스, III, 38)고까지 하
는 후대의 해석을 비난할 일입니다. 전통과 그 논거는 구별되어야
합니다.〔왜냐하면 논거는 처녀작이 청년의 나이(청년 μειράκιον,
디티람보스 διθύραμβος)에 속하는 작품일 것이라고 생각하기 때문
입니다.〕
15 그런데 처녀작으로서《파이드로스》는 플라톤이 회상록의 작성을
놓고 ὑπομνήσεως ἕνεκα 실제의 대화를 기억하기 위해 글을 도입했
음을 우리에게 보여줍니다. 그러나 그것이 소크라테스와의 대화가
아니라는 것은 분명합니다. 그렇다면 그것은 아카데미 제자들과의
대화입니다. 그는 이 이야기들을 전하기 위해 신화 창조를 시도합
20 니다. 마치 비극이 왕왕 현재의 인물과 일들을 신화적 표피 아래 재
현하듯이, 플라톤 역시 이를 시도하는 것입니다. 이때 플라톤은 자
신을 소크라테스, 그리고 이 스승의 주변을 포함한 제자들과 동일
시하는 것입니다. 연대 착오는 그에게는 문제가 아닙니다. 그러나
그는 동시에 논거의 신빙성을 원했고 시대의 간격에도 불구하고 이

를 믿을 만한 것으로 꾸미려고 했습니다. 이를 위해 이야기가 누차 간접적으로 재전달되는 기제가 사용됩니다.

VI) 말년의 여행들. 연대표 :

431 디오니시오스 1세 출생.

428 플라톤 출생.

408 히파리노스의 아들 디온 출생.

406 디오니시오스 1세, 참주가 됨.

404 아테네에서 30인의 참주가 임명됨.

389 시라쿠사를 향한 플라톤의 첫 여행.

367 디오니시오스 1세 사망. 디오니시오스 2세 등극.

364 플라톤의 두 번째 여행.

361 세 번째 여행.

357 디오니시오스 2세가 디온에 의해 축출됨.

353 디온 살해됨.

353 이후 제7서한(플루타르코스의 《디온》에서 가장 강렬한 플라톤적 향기).

348 플라톤의 죽음.

346 디오니시오스 2세가 두 번째로 시라쿠사의 권력을 장악.

343 그가 티몰레온에게 신변을 의탁하도록 강요받음.

디온은 플라톤의 열광적인 추종자가 되었습니다. 그리하여 자신의 삶의 방식을 통해 이탈리아 사람들과 시칠리아 사람들 가운데서 두각을 나타내고자 합니다. 디오니시오스 1세가 죽은 뒤 그는 플라톤의 도움으로 시라쿠사의 정치적 개혁을 획책합니다. 디오니시오스 2세 역시 플라톤과 자신의 견해를 신봉한다면 말입니다. 그는 폭력도 유혈도 없이 행복한 삶을 건설할 수 있기를 희망했습니다. 그는 플라톤에게 국가 건설을 위한 더 이상의 호기는 없다는 편지를 씁니다. 그는 지혜를 향한 디오니시오스의 활발한 의욕을 묘사합니다. 그의 친척들은 플라톤의 삶의 방식과 원칙을 따를 준비가 되어 있다는 것입니다. 플라톤은 비록 젊은이들에 대해 회의했지만, 어떤 한 사람이 되었든 그가 플라톤 자신의 법을 헌법과 법률을 통해 시험하는 일은 가능하다고 여깁니다. (그렇다면 플라톤은 이미 첫 여행에서 자신의 국가 이념을 마치 하나의 고유한 철학적 삶의 방식에 관한 것처럼 표명한 것이 됩니다. 그리하여 우리는 아카데미가 무엇이었는지를 알게 됩니다.) 플라톤은 자신의 전(全) 존재가 전혀 말뿐인 것으로 자신에게 비칠지도 모른다고 스스로 꺼렸기 때문에 결단을 내렸다고 말합니다. 그는 자신의 "명예롭지 않다고 하지는 못할 활동"을 그만두었습니다. 그는 모든 것이 갈등 상황에 있고 디온이 전적으로 비방받고 있다고 느낍니다. 플라톤은 아무런 조처도 취하지 않습니다. 네 번째 달에 참주는 디온을 작은 수레에 태워 멀리 보냅니다. 커다란 불안이 남습니다. 플라톤이 원범으로 간주되고 그가 처형되리라는 소문이 퍼집니다. 디오니시오스는 친절을 베풀며 플라톤을 성에 거주시킴으로써 그가 떠나는 것을 막습니다. 이 참주가 플라톤을 존경한다는 소문이 떠돕니다. 그는 경쟁적으로 플라톤을 사모하면서 디온을 잘라내려고 합니다. 그러나 그는 플라톤의 철학적 연설을 듣기를 꺼립니다. 그것은 그가, 혹시 함정이 있을까, 디온의 계책이 있을까 두려워하기 때문입니다. 플라톤은 자신의 목적이 달성되지 않았다고 생각합니다.

디온은 펠로폰네소스에서 아테네로 갑니다. 플라톤은 디오니시오스의 마음을 움직여 자신을 떠나게 해달라고 청합니다. 디오니시오스는 자신의 통치가 좀더 확고해진다면(이때는 전쟁 중이었습니다) 플라톤과 디온을 다시 부를 것이라 약속하고 이에 그들은 의견이 일치합니다. 디오니시오스는 디온에게 전에 있었던 일을 다만 장소의 변화로 받아들이도록 부탁했습니다. 평화가 오자 그는 플라톤에게는 즉시 귀환할 것을, 디온에게는 귀환을 한 해 더 연기할 것을 알립니다. 디온은 플라톤에게 스스로 길을 떠날 것을 청합니다. 디오니시오스가 철학에 놀라운 열성을 보인다는 소문이 자자한 것입니다. 플라톤은 젊은이들에게 왕왕 그런 일이 일어나는 것을 자신도 알고 있었다고 말하면서, 그렇다고는 하나 자기는 노인이며, 약속은 달랐다고 대답합니다. 그 사이 피타고라스의 추종자들과 디온의 친구들은 디오니시오스가 이미 모든 것을 알고 있다고 믿고 플라톤 식으로 국사를 논하려고 했습니다. 디오니시오스는 공명심이 있어서 자신이 이전에 플라톤의 말을 경청하지 않았다는 사실이 밝혀지는 것을 부끄럽게 여겼던 것입니다. 이제 디오니시오스는 플라톤을 다시 얻는 것을 명예로운 일로 여깁니다. 그는 선박 한 척과 아르케데모스(아르키타스의 제자)를 비롯한 다른 친지들을 파견합니다. 또 그는 긴 편지도 한 통 씁니다. 아르키타스도 씁니다. 모두가 지혜를 추구하는 디오니시오스의 열정을 찬양합니다. 지금 플라톤이 오지 않는다면 (국가적으로 매우 중요하다는) 디오니시오스와 자신들의 우정이 와해되리라는 것입니다. 아테네의 친지들은 누차 부탁하면서 플라톤을 밀어 보냅니다. 디오니시오스가 덕으로 회향하는 일이 가능하리라는 것입니다. 불길한 예감 아래 그는 길을 떠납니다.

플라톤은 처음에는 디오니시오스가 정말로 이글거리는 지혜의 불꽃에 사로잡혔는지를 시험해보아야 한다고 믿습니다. 그러나 그는 디오니시오스가 반밖에 이해가 안 되는 주장들로 가득 차 있음을 알아차립니다. 이제 그는 시험을 위해 하나의 수단을 사용합니다. 그는 이 기획의 실체가 무엇이며, 그것이 어떤 노력이나 난관과 결부되어 있는지를 보여줍니다. 그가 신적 영감을 받은 자로서 지혜와 친숙하고 이 기획을 감당할 만하다고 스스로 느낀다면 그는 탁월한 가르침을 받은 것이며, 그렇다면 노력을 해야 한다고 생각합니다. 그렇게 하지 않는다면 그에게 삶은 견디기 어려운 것이 될 것입니다. 깨어 있고, 가능한 한 쉽게 이해하고 주의력이 깊어지기 위해 그는 자신이 하는 모든 일에서, 심지어 먹고 마실 때조차 철학하는 일을 놓지 않습니다. 반면 이에 대립되는 삶의 방식은 그에게 거부감을 불러일으킵니다. 그러나 마치 태양빛에 그을린 육신처럼 의견들을 덕지덕지 바른 사람들, 그런 사람들은 배우기란 얼마나 어렵고 살기란 얼마나 간단한가를 알아채면 이 기획을 불가능한 것으로 여깁니다.─뒤에 가서 플라톤은 자신이 그 당시 디오니시오스에게 말한 것을 디오니시오스가 글로 썼으며 이를 플라톤의 저작으로 광고했다는 사실에 대해 듣게 됩니다. 플라톤은 그렇게 씌어진 것들의 가치를 부인합니다. 이에 대한 어떤 글도 자신의 것은 없으며 앞으로도 그러하리라는 것입니다. 그것은 말로 표현할 수 있는 것이 아니라, 대상과 오랫동안 함께 살고 익숙해지면서 마치 튀어 오르는 불꽃에 점화된 빛처럼 영혼 안에서 산출된다는 것입니다.

그러는 사이 디오니시오스는 디온의 재산을 마치 그것이 디온의 재산이 아니기나 한 것처럼 다룹니다. 플라톤은 떠날 뜻을 밝힙니다. 디오니시오스는 그에게 있어달라고 청하나 그를 설득하지는 못합니다. 때는 여름이었고 배들이 출항하는 시기였습니다. 이제 디오니시오스는 플라톤이 화물선을 이용하는 것을 막기 위해 계교를 꾸밉니다. 그는 플라톤과 자기가 함께 결정한다면 디온이 재산을 돌려받게 될 뿐만 아니라 펠로폰네소스에서 귀환하는 것을 허락받을 것이라고 말합니다. 디온이 그 용익권을 갖도록 돈은 플라톤의 측근자 손에 맡겨지게 되리라는 겁니다. 디오니시오스는 디온을 불신합니다. 디온이 돈을 모두 가진다면 그는 디오니시오스 자신에 대해 적대적인 태도를 취할 것이라고 보기 때문입니다. 플라톤은 이러한 조건 아래 그 해에 머물렀다가 좋은 계절이 되면 그 돈을 가지고 돌아가야 할 것이라는 이야기입니다.—플라톤은 이튿날 이 제안에 대답하리라 생각합니다. 플라톤은 디오니시오스의 궁전 옆 정원에서 살고 있었습니다. 그는 (재산이 100탈렌트에 이른다고 밝혀진) 디온이 이로운 역할을 떠맡는 것이 필요하다고 여깁니다. 그는 그렇게 하겠다는 의사를 표명합니다. 배들은 출항하고 그는 남습니다. 그러자 디오니시오스는 재산의 반만 디온에게 양도되고, 나머지는 디온의 아들들을 위해 남겨져야 한다고 선언합니다. 이어서 디오니시오스는 지극히 경솔하게도 디온의 전 재산을 팔아치우기까지 합니다. 플라톤은 이제 새장에 갇힌 새처럼 밖을 내다봅니다. 그럼에도 불구하고 이들은 그리스 전역에서 친구 사이로 여겨집니다.

디오니시오스는 이제 나이 든 용병들의 급료를 인하하려 합니다. 이들은 격노하고, 디오니시오스는 모든 것을 받아들이지 않을 수 없게 됩니다. 이 일의 선동자는 헤라클리데스로 간주되었습니다. 그는 잠적하고 디오니시오스는 그의 행방을 수색합니다. 테오도테스는 디오니시오스에 의해 마침 플라톤이 배회하고 있는 정원으로 불려갑니다. 플라톤의 면전에서 테오도테스는 헤라클리데스에게 고통을 주어서는 안 되며, 그를 나라에서 추방하여 아내와 아이들과 함께 펠로폰네소스로 보내 그곳에서 생계를 꾸리게 하라고 디오니시오스에게 말합니다. 디오니시오스는 이를 받아들입니다. 이튿날 저녁 테오도테스와 에우리비오스가 매우 흥분해 플라톤을 찾아와, 경무장한 병사들이 헤라클리데스를 체포하기 위해 돌아다닌다는 이야기를 전합니다. 그들은 즉각 디오니시오스에게 갑니다. 두 사람은 말없이 서서 울고, 플라톤이 이야기를 꺼냅니다.

"이 사나이들은 약속과는 반대로 당신이 헤라클리데스에게 불리한 결정을 할지도 모른다고 두려워하고 있습니다."

디오니시오스가 불끈 화를 내 얼굴빛이 달라집니다. 테오도테스는 그의 손을 붙들고 울며 그의 앞에 몸을 던집니다. 플라톤은 말합니다.

"침착하시오, 테오도테스여! 디오니시오스는 자신이 어제 허락했던 것을 거스르는 일 같은 건 결코 할 수 없을 것입니다."

디오니시오스는 플라톤에게 매우 독재자연한 시선을 던집니다.

"나는 당신에게 큰 일이건 작은 일이건 수락한 일이 없소."

이에 플라톤 :

"아니, 신들에게 맹세컨대, 이 사람이 당신에게 하지 말라고 지금 청하는 것이 바로 그것입니다."

플라톤은 등을 돌리고 물러갑니다.

디오니시오스는 이어서 헤라클리데스를 추적합니다. 그러나 테오도테스는 그에게 전령을 보내 도주할 것을 권고합니다. 디오니시오스는 경무장한 병사들을 출동시킵니다. 헤라클리데스는 몇 시간의 차이로 이 재난을 면하고 카르케돈 사람들에게 구출됩니다. ─ 이제 디오니시오스는 플라톤에 대해 격노할 만한 그럴듯한 근거를 가졌다고 믿고, (정원에서 여인들이 열흘간의 희생 제의를 치러야 한다는 구실로) 그를 성에서 추방합니다. ─이제 테오도테스는 플라톤을 불러 그에게 하소연합니다. 디오니시오스는 플라톤이 테오도테스의 집에 발을 들여놓았다는 얘기를 듣고 사람을 플라톤에게 보내 그가 정말로 테오도테스와 만났는지 묻게 합니다. 플라톤은 그렇다고 대답합니다. ─

"디오니시오스는 그대가 디온의 친구들을 디오니시오스보다 더 중요하게 여긴다면 그것은 잘하는 일이 아니라는 말을 그대에게 전하라 합니다."

─디오니시오스는 더 이상 플라톤을 성 안으로 부르지 않습니다. 플라톤은 이제 성 밖에서 용병들과 함께 생활합니다. 그는 동향인들을 통해 자신이 경무장 병사들에게 중상모략을 당하고 있으며 그들이 자신을 붙잡으려 한다는 소식을 듣습니다. 플라톤은 벗어날 방책을 고안합니다. 그는 타렌툼에 있는 아르키타스와 친지들에게 사람을 보냅니다. 이들은 국가 사절을 빙자하여 배 한 척과 라미스코스[64]를 보내는 일을 관철시킵니다. 라미스코스는 디오니시오스를 찾아가 플라톤을 위해 청원하면서 플라톤이 떠나고 싶어한다는 뜻을 전달합니다. 디오니시오스는 플라톤에게 여비를 주고 이를 허락합니다. 디온의 재산에 관해서는 언급이 없습니다. ─올림피아에서

그는 축제에 참가차 와 있는 디온을 만납니다. 디온은 빈객에 합당한 권리를 침해했다는 것과 추방했다는 것을 이유로 그에게 복수하라고 엄숙하게 권고합니다. 플라톤은 디온이 동료들에게 이를 요청할 수도 있을 것이라고 말합니다. 자기 자신은 강제로 빈객이 되었기 때문이라는 겁니다. 자기는 전쟁을 하기에는 너무 늙었으나 그들이 그들 자신에게 좋은 일을 하길 원한다면 그들 사이에 서겠다고 플라톤은 말합니다. 그는 시칠리아에서 겪었던 혐오스러운 일들에 식상해서 이런 대답을 하는 것입니다. 그러나 그들은 그의 말을 듣지 않습니다. 그리고 플라톤은 잇따라 이어지는 불운들이 그 때문에 시작되었다고 생각합니다. 그는 자신의 소망과 자신의 영향력으로 디온을 저지할 수 있었을 것입니다. 디온은 플라톤과 같은 것을 의도한다고는 했으나 함정과 공모자를 통해서 일을 처리했고, 그 비열함과 탐욕은 마침내 디온마저 실추시키게 됩니다.*

VII) 개관. 플라톤적 의지의 핵심으로서 그의 입법자로서의 사명을 생각할 수 있습니다. 그는 자신을 솔론[65]이나 리쿠르고스[66] 같은 사람들의 부류에 소속시킵니다. 그가 하는 모든 일은 이러한 본분과의 관계에서 수행됩니다. 그렇지 않다면 그에게 삶은 증오스러울 것입니다. 그의 삶의 방식은 그가 얼마나 타의 모범이 되고자 했는가를 보여줍니다. 그는 항상 자신의 이상에 보다 더 유용하게 되기 위해 그렇게 살아야 했던 것입니다. 그의 가장 중요한 행위들은 오직 그 핵심에서만 이해됩니다. 그의 우정과 친교에는 오로지 이러

---

* 여기에서 p. 86. Ep. VII의 번역은 생략.

한 배경이 있습니다. 이 점을 그는 결코 체념하지 않았습니다. 저 《서한》과《법률》이 그 증거입니다. 결코 그와 비슷한 어떤 것에도 이르지 못한다는 생각 때문에 항상 엄청난 고통이 그를 따라다닙니다. 그는 아카데미에서 미래를 위한 씨를 뿌립니다. 그는 오로지 이런 의미에서 글을 씁니다.

그러한 사명을 위한 전제 조건은 자신에 대한 **절대적(무조건의) 믿음**입니다. 이것은 일례로 그가 소크라테스를 자신과 동일하게 만드는 것 외에는 달리 이상화할 줄을 모른다는 데서 드러납니다. 그는 자신의 경향이 모든 국가의 유일한 희망이라고 생각합니다. 그래서 다른 모든 기도(企圖)를, 특히 이들 기도가 재기발랄하게 주장된 경우, 매우 마땅치 않게 여겼습니다. 이런 까닭에 옛 사람들은 그를 *명예를 사랑하는 자*φιλότιμος라 불렀고, 그의 시대를 살았던 모든 위대한 인물과의 사이에 존재하는 그의 알력에 대해 말합니다. 이러한 배타성은 그의 숭고한 성향에서 나왔는데, 그것은 재능 있는 사람들에게 가장 해로운 것이었습니다. 사람들이 청년 플라톤에 대해, 그는 지나치게 웃어본 적이 없다고 말하듯이, 그의 모든 움직임에는 지극히 높은 열정이 따릅니다. ―그 배타적 독자성은 특히 예술 영역에서 놀랍습니다. 그는 고대의 전 문화를 모두 내던지고 호메로스에게 대적합니다. 자신의 저술이 그의 최상의 국가에서 이루어지는 수업을 위해서는 모범 저술이라고 그는 생각합니다. 다른 모든 것은 오로지 이들 저술에 비추어 평가됩니다. ―이데아론을 배우는 능력은 극소수만이 갖추고 있다고 그는 생각합니다. 이 영역에서는 그에게 비밀에 찬 신비주의적인 어떤 것이 있습니다. 그의 모든 개혁은 이 지고의 영역의 변증법적 인식에서 나옵니다. 그

는 문외한에게는 이 영역에 대해서 말하지 않습니다. 현상의 세계
와 그 배후에 놓인 실재의 대립은 가장 아연하게 만드는 것이며, 많
은 사람들에게는 다만 어리석은 것에 지나지 않습니다. 저 이데아
의 인식을 위한 방법들로 교시된 것에는 1) 헤라클레이토스적인 만
물의 움직임 2) 확고한 소크라테스적 형상들εἴδη 3) 매개하는 피타
고라스적 영혼의 윤회, 인식ἐπιστήμη 기억ἀνάμνησις이 있습니
다. 그가 피타고라스 학파의 인물들을 알게 되기 전에 글을 썼을 리
는 없습니다. 《파이드로스》는 글이 실제 담화들λόγοι과 관련되어
있음을 암시해줍니다. 이 담화들은 분명 소크라테스의 것들이 아니
라 아카데미의 것들입니다. 이 경우 우리는 《파이드로스》가 처녀작
이지만 41세 이전에 쓰어진 것은 아니라는 전승된 주장을 믿습니다.
그러하다면 모든 저작은 그의 생애 후반기에 쓰어진 것이 됩니다. 우
리는 예술가적 서술의 재능이 퇴보했다는 것을 믿어야 한다고 생각
합니다. 우선 《파이드로스》, 《향연》, 《국가》, 《티마이오스》, 《파이
돈》 : 후에 《테아이테토스》, 《소피스테스》, 《정치가》, 《필레보스》, 《파
르메니데스》, 《법률》.

대화편 입문 각론

1) 《국가Πολιτεία》.* 후에 트라실로스의 편집 당시 부제는 정의

---

* 아리스토텔레스에게서 거의 《티마이오스》만큼 자주 언급된다. 정치(또한 [물리
학] 윤리학, 수사학)에 대한 이 저술의 모든 장에서 그는 플라톤의 설에 비판을 가한
다. 일례로 아리스토텔레스, *Polit.* II, 1에서 인용한다 : 바로 플라톤의 《국가》에서처

에 관하여περὶ δικαίου. 괴틀링Göttling은 (아리스토텔레스의 《국가》 판에서) 원 제목은 훌륭한 국가 **Καλλίπολις** 라고 주장합니다. 배경은 항구 도시인 페이레우스입니다. 소크라테스 주변에는 아무 제자도 없습니다. 등장 인물 : 케팔로스 : 시라쿠사에서 이주해온 한 가문의 우두머리, 따라서 완전한 시민권이 없음. 그는 존경할 만한, 직설적인 노인으로, 고령을 불평하지 않고 오히려 그것을 욕정과 정열로부터의 해방자로서 환영합니다. 소름끼치는 하계의 참상들이 그의 혼 앞에 나타나지만, 그는 이를 두려워하지 않습니다. 그는 방금 가신들에게 제물을 바치고 등의자에 앉습니다. 다른 사람들은 주변 소파에 앉아 있습니다. 핀다로스[67]가 그의 주요 시인입니다. 폴레마르코스는 그의 아들로 후에 30인에게 희생되는데, 실무에 정통한 인물입니다. 칼케돈 출신 **트라시마코스**는 비교적 현대적 색채를 띤 인물로, 소크라테스의 변증술을 혐오하고 장황한 화술을 벗하며 돈에 욕심이 많은, 통상적 성격의 유명한 소피스트입니다. 그는 제약 없는 주체를 대변하며, 그에게 신성한 법이란 존재하지 않습니다. 따라서 그는 참주적 조치들을 취하는 경향이 있습니다. 그는 완전히 굴복당하고, 게다가 품위 없이 처신합니다. 글라우콘과 **아데이만토스**, 이들은 가장 품위 있는 청자(聽者)로, 아리스톤의 아들들입니다. 이들이 플라톤의 형제들이라 한다면 그것은 물론 엄청난 연대 착오입니다. K. F. 헤르만은 이들을 플라톤보다 연상인, 이 경우 외에는 알려지지 않은 두 명의 외척으로 여깁니다. 독립적인 사색가의 성품을 지닌 사람들로서, 대중의 여론에 과감히 대적하면

럼 **ὥσπερ ἐν τῇ Πολιτείᾳ τῇ Πλάτωνος** .

서도 순수한 마음을 잃지 않습니다. 아울러 매우 용의주도하고, 어떤 극단적인 상황에 처해서도 지혜를 사랑합니다. 글라우콘은 예술가 성향이 더 많고, 아데이만토스는 학문에 정통하며 변증술에 능합니다. 소크라테스는 제1권에서는 좀더 개인적으로 묘사되고, 다른 곳에서는 이상적 현자 상으로 묘사됩니다. 그 밖에 여러 이름이 거론되면서 고매한 청년들이 그 배경으로 등장합니다.

어느 뜨거운 초여름, 타르겔리온 달 20일 오후, 시원하고 널찍한 홀입니다. 이 담화의 참가자들은 방금 트라키아의 달의 여신 벤디스의 축제에 참가했던 참입니다. 기마 등불 행렬과 밤의 축제가 임박해 있습니다.

시대. 제9권(557쪽 A, B)에서 펼쳐지는 참주적 성격에 대한 생생한 묘사는 플라톤이 디오니시오스 1세와 가졌던 교류를 전제하고 있습니다(뵈크, *de simultat.* 26쪽). 따라서 이 글은, 우리가 잦은 허사(虛辭)와 첨삭을 인정하지 않는다면, 올림피아력 제98기 이전에 씌어졌을 수는 없습니다. 에우포리온[68]과 파나이티오스는(라에르티오스, III, 37)《국가》의 시작 부분이 여러 번 변경된 것으로 드러났다고 말합니다. 플라톤은 죽기 전까지 그것을 가다듬었다는 겁니다. 우리는 이 저술이 플라톤 생전에 실제로 알려진 것이 아니라 친지들에게 한 보고에 지나지 않는 것이었다고 보아야 합니다.《국가》의 내용은 가장 자유로운 국가에서 허용될 수 있는 표현의 자유의 모든 한계를 넘어섭니다.

제1권은 서론이라 부르는데, 그 자체로서 완결되어 있습니다. 플라톤은 무엇이 정의가 아닌지를 자세히 설명합니다. 이것은 형식상으로《프로타고라스》,《카르미데스》,《라케스》와 매우 유사합니다.

케팔로스에 의하면 정의란 언어와 작업을 통해 이루어지는 진리의 관찰이며 신들과 인간에 대한 응당한 보은입니다. 갚음 *ἀποδιδόναι* 은 좀더 정확히 해석하면 '업적을 행하다' 라는 일반적인 의미에서 동시에 '돌려주다' 가 됩니다. 마땅히 해야 할 것은 *누구에게나 해당되는ㅡπροσῆκον* 것으로 지칭됩니다. 이제 정의란 다른 〔대상들〕행위들처럼 특정한 개개의 대상을 가지는 것이 아니라, 보편적으로 목적을 규정하는 원칙으로서 개개 인간들에게 인간 공동체 안에서 각자에 해당하는 위치를 제시하는 것임이 확인됩니다. 이제 소크라테스와 트라시마코스의 중요한 대화가 전개됩니다. 트라시마코스는 결론을 내립니다 : 오직 우리에게 이로운 자들에게만 이롭고자 하고 우리에게 해로운 자들은 해치려고 한다면, 정의란 외면적 이해 관계에 따른 행위에 지나지 않을 것이다. 그렇다면 행위를 수행할 힘을 갖는 것만이 문제가 될 것이다. 더 강한 자들의 이익으로서의 정의. 정의는 지배자의 이익을 위해 법으로 고양된 지배자의 의지이다. 이에 대해 반론이 제기됩니다. 즉 지배자들은 자신들의 이익에 관해 오산할 수 있고, 그러면 법은 그들에게 해악이 되리라는 것입니다. 트라시마코스는 그들이 자신들에게 이익이 되는 것이 무엇인지를 이해하는 한에서만 그들이 지배자라는 것에 동의합니다. 그러나 모든 기술과 지식은, 만약 거기에서 모든 결점이 배제된다면, 그 자체를 위해 영위되는 것이며, 우선 그 자체의 이익이 아니라 그 지배가 미치는 대상의 이익을 돌본다는 사실이 제시됩니다. 트라시마코스 : 그렇다면 목자들은 실로 자기 가축떼의 이익을 돌보지 자기 자신의 이익을 돌보지는 않을 것이다. 그런 다음 그는 참주의 경우에서 대부분 불의가 정의보다 훨씬 더 외면적 이익과 행복을 가져온다는 것에 동의합니다. 그러자 그는 앞서 자신이 정의라고 불렀던 것을 이제 불의라고 부릅니다. 두 반론은 제거됩니다. 다만 불의에 장점이 있다면 그것은 통찰력과 성실성일 것입니다. 그러나 정의로운 자는 정의로운 자에 대해서가 아니라 오직 불의한 자에 대해서만 이익을 확보하려 하는 데 반해, 불의한 자는 양자 모두에 대해 그러합니다. 그리고 모든 통찰력과 기술Kunst에서 통용되는 것은 불의한 자의 태도가 아니라 정의로운 자의 태도입니다. 게다가 협동 단체란(예를 들어 도둑의 무리일지라도) 동지들이 최소한 자기들 사이에서만큼은 정의를 행사함으로써 타인들에게 불의를 행하는 능력을 가지는 것입니다. 그렇다면 불의 역시 오로지 정의를 통해서만 가능합니다.

글라우콘과 아데이만토스의 반박, II, 357~367쪽. 글라우콘은 트라시마코스의 반론들을 더 깊이 있게 만듭니다. 그는 정의가 일시적인 선이나 악이 아니라 지속적인 목적을 가진 절대적 선일 것을 요구합니다. 트라시마코스의 견해가 국가 해체적 원칙으로 나타났다면, 바로 국가 건설적 견해 역시 가능한 것입니다 : 악으로서의 불의를 당함은 선으로서의 불의를 행함보다 크기 때문에 국가는 실로 양자 사이의 사회 계약이라는 것이며, 그 중간이 정의라는 것입니다. 글라우콘은 다음 사항들을 확인하고자 합니다.

1) 정의의 원천.

2) 누구나 저항하면서 정의를 어떤 필연적인 것으로서 행사한다는 것.

3) 그러한 그들의 행위는 정당하다는 것.

누구든지 자신이 원하는 것을 할 자유를 가졌다면, 의로운 자와 의롭지 못한 자는 구분되지 않을 겁니다. 그는 기게스의 반지에 대해 이야기합니다. 기게스는 그것으로 왕후를 유혹하여 왕을 죽이고 지배권을 탈취했습니다. 그런 반지가 두 개가 있기만 하다면, 그래서 하나는 의로운 자가, 다른 하나는 의롭지 못한 자가 끼게 된다면 글라우콘 자신 역시 남의 물건에 대한 탐욕을 억제하지 않으리라는 것입니다. 그러니 누구든 강요를 통해서만 정의로운 것입니다. 둘째, 의롭지 못한 자에게는 의로운 자보다 더 나은 삶이 마련되어 있습니다. 더 나아가 절대적으로 의롭지 못한 자의 상과 절대적으로 의로운 자의 상이 묘사되고 있습니다. 전자는 의롭지 않으면서 의롭게 보이고자 합니다. 그는 정의로운 자라는 최대의 명예를 얻을 수 있습니다. 자신의 몰염치한 행위가 드러날 때 그는 확신에 넘치는 언변의 소유자입니다. 남성적 용기, 체력, 친지들의 후원이 있습니다. 반면 선하게 보이고자 하지 않으면서 선하고자 하는 단순한, 고귀한 사람(아이스킬로스)이 있습니다. 그는 자신의 정의가 오명과 그 결과로 인해 뒤흔들리지 않도록 시련을 견뎌내기 위해 가장 큰 불의의 오명을 뒤집어쓰고 있다는 것입니다. 죽을 때까지 그는 의롭지 못한 자로 나타납니다. 누가 더 복받은 자일까요? 그는 채찍질당하고, 고문당하며, 사슬에 묶이고, 인두로 지져져 눈을 빼앗기고, 마침내는 십자가에 못박힌다는 것입니다. 의롭지 못한 자는 의로운 자로 간주되므로, 그가 바로 국가에서 권력을 휘두르며, 자신이 원하는 어떤 집안의 규수와도 혼인하고, 자신이 원하는 누구에게든 딸들을 시집보낸다는 것입니다. 그는 소송에서 이기고, 자신의 적들 앞에서 우위를 차지하며, 부유해지고, 친구들에게는 선심을 베풀고, 풍족하게 신들을 경배합니다. 그는 또한 실로 신들이 가장 사랑하는 자입니다.─이제 아데이만토스가 이야기를 시작합니다. 그는 시인과 시인 아닌 사람들의 말을 증거로 끌어대면서 그들이 한편으로 어떻게 정의를 찬양하는가를, 말하자면 이승과 저승에서 정의에 대해 받는 보상을 묘사함으로써 이를 찬양한다는 것을 이야기합니다. 그러고는 그들은 말한다는 겁니다. 사려와 절도는 매우 아름다운 것이지만 수고스러운 것이고, 무절제와 방종은 쾌적한 것이라고. 그들은 못된 부자들은 찬양하면서도, 가난한 자에게는 경의를 표하지 않습니다. 그들은 또한 신들이 수많은 착한 사람들에게 불행을, 그 반대되는 자들에게는 반대되는 것을 선사했다고 말합니다. 아데이만토스는 무엇보다도 축제와 마법의 노래를 통해 죄를 씻어주는 정죄자와 봉헌 사제들을 인용합니다. 이 모든 것이 주는 인상은 무엇일까요? 의로운 자에게는 간난(艱難)이요, 의롭지 못한 자에게는 행복입니다. 그는 소크라테스에게 정의가 불의보다 위에 있다는 것을 보여달라고, 뿐만 아니라 무엇을 통해 하나는 그 자체가 악이며 다른 하나는 선인지도 보여달라고 청합니다.

"뒷말은 제쳐놓게. 그렇지 않으면 우리는 자네가 의로움이 아니라 의롭게 보이는 것을 주장한다고 주장할 것일세."

이제 소크라테스는 국가 생성의 역사를 상술합니다. 개개인의 힘이 충분하지 않다는 걸 느끼는 데서 분업이 이루어지고, 목가적 상태에서 점점 더 인공적으로 되고, 목축 농경 국가에서 상업과 산업 국가로 바뀝니다. 사치 풍조가 생기고, 안에서는 분열과 파벌, 밖에서는 정복 전쟁들이 일어나 전사와 지배자 계급이 필수적이 됩니다. 세 개의 세습 계급 : 노동하는 대중, 전사, 지배자.

여기에 교육론이 이어집니다. 음악 교육이 체육보다 우선합니다.

시와 악(樂)의 인륜적 · 종교적 내용이 단연 규범으로 요청됩니다. 그것들의 개별적 형식들이 논평됩니다. 체육에서도 인륜적 교육의 요소가 강조됩니다. 즉 선한 성품의 영혼은 육신도 훌륭하고 아름답게 만들어야 한다는 겁니다. 극시(劇詩)에 대한 무조건적인, 그리고 서사시에 대한 제한적인 비방. 자신이 모방 예술이라 부르는 모든 지엽적 예술을 그는 비방합니다. 그의 새로운 예술철학은 선과 동일한 것으로 이해되는 미의 표현이란 어떤 감각적 욕망도 없이 오로지 조화로운 것과 절도에 넘치는 것만을 재현해야 한다는 데서 출발합니다.

이제 가장 완전한 국가에 대해 압축된 형식으로 서술합니다. 신분 국가. 지배자와 전사 계층은 전적으로 노동자 계층과 분리됩니다. 이들은 사유 재산과 가족 없이 공동 생활을 형성합니다. 인륜적 · 종교적 교육을 통해 인륜성이 형성될 것이며, 이로써 개별적인 것에 관여하는 입법은 불필요할 것이라는 주도적 생각. 개개인의 덕은 국가의 덕과 상이하지 않다는 것입니다. 요점은 세 가지입니다.

1) 새로운 부류의 시민을 육성하고 그와 함께 새로운 국가를 수립하는 것.

2) 이 국가 내에서 아집의 근성을 근절하는 것.

3) 분업과 전문 교육의 원칙.

청년은 유혹과 미망의 세계에서 완전히 구출되어야 합니다. 그것은 잘 만들어진 모범 하나하나가 나쁜 인상에 의해 파괴되기 때문입니다. 가장 훌륭한 천부적 소질도 올바로 보살피지 않으면 파괴됩니다. 잘못된 가르침은 몇몇 소피스트들에게서 나온다기보다는 건강하지 못한 국가의 기운에서 나옵니다. 젊은이들이 극장에서, 성전에서, 또는 전장에서 대중의 소리에 귀를 기울인다면 뭐 좋은 것을 배우겠습니까? 대중 한가운데서 새로운 족속을 육성하려는 소크라테스의 방법도 역시 철저하지는 못합니다. 무엇보다도 현실로부터의 도피가 필요합니다.

5 이기주의 역시 소크라테스에 의하면 말살되어야 합니다. 그는 이를 위해 법이 아니라 인류에 근거하는 소유 공동체를 추천합니다. 플라톤은 한 걸음 더 나아갑니다. 그는 사유권을 폐지합니다. 이와 더불어 독립된 세대, 가족을 폐지합니다. 그는 자본 증식가에게 대단한 혐오감을 품고 있습니다.

10 "이제 그들은 군화를 신고 무장하고 도시에 버티고 있습니다. 한 무리의 사람들은 과중한 빚에 쪼들리고, 다른 무리의 사람들은 공민권을 박탈당하고, 또 다른 무리는 둘 다에 해당하는데, 모두들 증오에 차서 자신들의 소유를 박탈해간 사람들은 물론 온 세상에 대해 음모를 꾸미며 전격적인 전도를 노리고 있습니다. 그러나 가진
15 자들은 인격화된 양심의 가책을 받는 양 몸을 도사리고 배회하면서 자신들이 불행하게 만든 사람들을 무시하고, 나쁜 것은 전혀 예견하지 못하는 선량한 젊은 세대주들을 닥치는 대로 자신들의 돈더미로 꾀어 고리를 취하고는, 마지막 핏방울까지 자신들에게 빨아먹힌 수펄들과 거지들로 도시를 채웁니다."

20 돈은 이 세상에서 아예 사라져야 합니다. 그는 마치 도리아인이 이주하고 펠로폰네소스가 무적의 승리자들에게 분배된 때로부터 한 세대는 족히 떨어져 있는 듯이 개인의 소유권에 대해 생각합니다. 그러한 생각은 우리보다는 고대인에게 더 가까운 것입니다. 그들은 결혼 제도도 개인 재산도 소유하지 않았던 종족, 예를 들어 "모든 종족 가

운데 가장 정의로운 종족"인 갈락토파고이족⁽⁶⁹⁾이나 아가티르소이족⁷⁰⁾을 믿었습니다. 헤로도토스, 《탐사기 *Historia*》, IV, 104. 이소크라테스의 제자인 테오폼포스는 티레노이족⁷¹⁾ 여인들의 처지를 같은 것으로 묘사합니다(아테나이오스, XII, 517쪽) : 거기에서는 아이들이 공동 자산으로 양육됩니다. 플라톤의 국가는 하나의 통일체가 되어야 합니다. 그러나 사람들은 대부분 "내 것과 네 것"에 의해 갈라지고 시기와 불화가 따릅니다. 인간은 축소된 국가이고, 국가는 확대된 인간입니다. 양자에게서 이기주의는 말살되어야 합니다. 그러면 국가의 권력은 어떻게 수립되는 것일까요? 국가의 모든 업무에는 지식과 능력이 전제됩니다. 어쨌든 두 계층이 전제되는데, 하나는 정치와 행정을 위해서, 다른 하나는 국방을 위해서입니다. 그들을 먹여 살리는 것은 평범한 삶을 영위하는, 지위가 낮은 대중의 몫입니다. 건강한 후손을 위한 배려는 여성의 몫입니다. 플라톤은 여성을 남성의 열등한 변종으로 보고, 가진 소질을 가늠해봄으로써 여성은 남성과 차이가 난다고 여깁니다. 이 문제를 그는 "배가 온통 파도 속에 묻히지 않게 하기 위해서라면 요령 있게 대처해야 하는, 산더미처럼 부딪치는 거센 파도"라고 부릅니다. 누구든 자신의 일을 수행해야 한다는 원칙은 남성은 남성의 일에, 여성은 여성의 일에 머물러 있을 것을 요구하는 것처럼 보입니다. 요컨대 정말로 그들에게 차이가 있는 것이라면 말입니다. 그러나 그것은 사실이 아닙니다. 암캐와 수캐를 두고 사람들은 어떤 구별도 하지 않습니다. 암캐도 사냥 같은 것을 합니다. 다만 다소 약한 힘으로 할 뿐입니다. 인간도 그러합니다. 다르다면 허점투성이인 교육 때문입니다. 물론 벌거벗은 부인과 소녀들이 원형 경기장에 나타난다면 사람들은 비웃을 것입니다. 그러나 주름진 노인들이 와도 사람들은 비웃습니다. 벌거벗은 사내들과 청년들을 구경하는 것도 야만인들은 납득하지 못합니다. 지배 계층의 여성들은 자신들의 옷을 벗고 덕의 옷을 입습니다. 그들은 전쟁과 국가 안의 온갖 방위 근무에 참여합니다. 결혼 제도는 폐기됩니다. 완전한 해방입니다. 그러나 성대한 결혼이 있어야 하고, 이 결혼들은 가능한 한 성스러워야 합니다. 배우자의 주의 깊은 선택, 가장 아름답고 용감한 남성들은 가장 아름다운 여성들로 보답받고, 성적 교류의 신성함이 확정됩니다. 아이들은 태어나면 어머니한테서 떨어지고 쓸모없는 아이들은 제거됩니다.—그리고 반은 철학적으로, 반은 전투적으로 교육된 전사 계급. 튼튼한 사지, 더욱 큰 유연성, 저돌적·격정적인 감정이 특징이고 동시에 전제되어야 할 것은 호의적인 사람일 것. 글라우콘은 이들 특성들이 동시에 나타나는 경우가 있을까 묻습니다. 플라톤은 낯선 모든 자에게는 덤벼들고 주인 앞에서는 몸을 낮추는 고귀한 품성을 지닌 집 지키는 개를 증거로 끌어들입니다. 영혼의 균형은 오로지 교육으로 이루어져야 합니다. 욕망의 마귀를 자극하는 모든 것, 예를 들어 호메로스나 헤시오도스, 신들의 정사(情事)에 관한 이야기와 같은 것들은 피해야 합니다. 그리고 그들에게 그 어떤 죽음의 공포도 심지 않기 위해 저승 하데스나 황천 코키토스의 형상들도 피해야 합니다. 가장 중요한 것은 음악입니다. 음악은 동성에 대한 사랑의 격정을 고양하는 일을 해낼 수 있을 것입니다. 이 동성애에는 특별한 임무가 부여됩니다. 그것은 명예욕을 부추겨, 다른 경우에는 성문법에 의해 이르는 것을 느끼게 해주는 것으로 대치해야 합니다. 이 경우 엄격한 품위가 지켜져야 합니다. 소리의 예술과 사랑은 부드럽게 하는 작용을 하고, 지나치면 **체육**에 방해가 됩니다.

그러한 동지들과 함께할 때에야 진정한 **철학자**가 살 수 있습니다. 그는 죽음을 면치 못하는 평범한 자들과는 다른 세계에 삽니다. 대중은, 어두운 지하 동굴 속에서 목과 발목에 쇠고랑이 채워진 채 오로지 그림자만을 보는 자들과 같은 데 반해, 철인은 빛 속에 살며 이데아를 봅니다.* 그는 교육을 통해 감성의 모든 굴레에서 해방되

---

* 제7권의 서두.

"마치 동굴과 같은 지하 주거 안에 있는 사람들을 상상해보게. 길게 뻗은, 온 동굴을 따라 뻗어나간 이 주거의 출구가 빛을 향해 열려 있다고 상상해보게. 이들이 어렸을 때부터 이 동굴과 같은 주거에서 허벅지와 목에 사슬이 묶인 채 같은 장소에 못박혀 앞만 볼 수 있을 뿐, 사슬 때문에 머리도 돌릴 수 없는 처지에 있다고 상상해보게. 더구나 그들 뒤 멀리 위에서 타오르는 불에서 조명이 비쳐오고, 불과 사슬에 묶인 자들 사이에 위쪽으로 길이 하나 있다고 상상해보게. 이 길을 따라 요술쟁이와 배우들을 가르는 울타리처럼 작은 담이 쳐져 있다고 하세. 이제 이 작은 담을 따라 돌이나 나무로 되었거나 여러 다른 방식으로 가공된, 인간이나 다른 생물 형상과 같은, 담 위로 돌출한 도구들을 나르는 사람들이 있다고 가정해보세. 그리고 [사슬에 묶인 자들 중] 어떤 사람들은 이렇게 지나가는 것들에 관해 이야기하고, 어떤 사람들은 침묵을 지킨다고 해보세. 그런 사람들은 이렇게 지나가는 대상들의 그림자 외에는 아무것도 참이라고 여기지 않을 걸세. 이들 그림자에게 그들은 사물들 자체에 해당하는 이름들을 부여할 걸세. 만약 지나가는 자들 중의 하나가 말을 한다면, 그들은 그림자가 말을 한다고 여길 걸세.

만약 한 사람이 사슬에서 풀려나고, 그에게 어떤 사람이 자기는 이전에는 속임수를 보았으며 이제는 더 정확하게 본다고 말한다고 해보세. 그는 의아해지고 이전에 보았던 것이 진리에 더 상응하는 것이라고 여길 걸세. 만약 그가 빛을 바라본다면 그는 고통을 느끼며 몸을 되돌려 이전의 대상들로 도피할 걸세. 누군가가 그를 억지로 거칠고 험준한 길 위로 태양의 빛에 이르기까지 끌어올린다면, 그는 거부감과 고통을 느끼고 다시 눈이 부셔 진실한 대상들 중 단 하나도 인식하지 못할 걸세. 그는 습관이 들어야 할 걸세. 대략 처음에는 그림자를, 그리고 다음에는 물 속의 그림들을, 그리고 나중에야 자기 자신을 보도록 말일세. 그가 이제 다시 돌아온다면, 그는 사람들에게 웃음거리가 될 걸세. 사람들은 그가 오염된 시각을 가지고 돌아왔다고 말할 것이며, 위로 오르는 일이란 수고할 만한 가치가 없다고 여길 것이므로 자신들을 해방시키려 하는 자를 죽이기까지 할 걸세. 그것이 지금의 국가에서 의로운 자의 삶일세."

어야 합니다. 체육, 음악, 수학적 연구, 변증술이 교육의 내용입니다(변증술을 통해 그는 감각의 도움 없이 이데아를 인식합니다). 35세로 변증술 연구는 종결됩니다. 이제 그는 생활로 돌아와 국가 부서의 행정을 돌보게 됩니다. 견습 기간은 15년간 지속됩니다. 50세

5   가 되면 그들은 성숙하여 자신이 공부한 바에 따른 삶을 영위해도 좋은데, 집권은 오로지 번갈아가며 해야 합니다.

　　국가의 삶이 치유되려면 이러한 국가 건설은 불가불 필수적입니다. 철학자들이 국가를 받아들이도록 강요받든지, 아니면 집권자가 철학으로 전향하든지 둘 중의 하나입니다. 그것의 실행은 불가능하

10   지 않습니다. 불가능한 게 의도되는 것은 아닙니다. 무엇보다도 시작이 중요합니다. 공동체는 우선 *아무것도 씌어지지 않은 흑판으로 한번 변화해야 합니다*. 수단 : 전 주민은 10세를 넘으면 집 밖으로 내보내지고 못된 아이들만 집안에 남겨집니다. 이것은 자식을 망치는 부모들한테서 아이들을 멀리 떼어내 새로운 후견인들에 의해 교

15   육받도록 하기 위해서입니다. 이 아이들에게는 (성적인 문제의 경우 부모들에게 하듯이) 필요에 따라 거짓말이 허용됩니다. 교육이란 인간들에 의해 되는 게 아니라는 것을 아이들이 납득하도록 설명해야 합니다. 이와는 달리, 인간들은 꿈을 꾸며 지하에서 세월을 보냈고, 거기에서 세계의 건설자가 손수 반죽하여 형태를 갖춤에

20   따라 세 계급의 구성원들로 만들어진 것이지만, 이들은 형제로 간주되어야 하는 것입니다. 철학자들의 본성에는 금이, 위병들에게는 은이, 노동자들에게는 철과 청동이 섞여 있다는 것이며, 이 금속들이 혼합될 수 없는 것처럼 계급 국가의 변경도 불가능하다는 것입니다. 그래서 아버지가 속한 계급에 걸맞지 않은 아이들이 태어나

면, 이들은 아래 계급으로 강등되어야 한다는 것입니다. 첫 세대는 자신들의 엄격한 교육 기간을 마치 **상중(喪中)**인 것으로 보아야 합니다.

많은 것들이 고대 그리스의 제도들에서, 예를 들어 도리아나 크레타의 입법에서 도입되었습니다. 이 모든 것은 중세 성직 계급의 제도들을 연상시킵니다. 이 국가의 최고 목적은 피안에 놓여 있으며 초월적 의미를 가집니다. 감각의 세계에서 관념의 세계로의 도피가 그것입니다. 첫째, 계급의 최고 사명은 선의 이데아를 인식하는 데 있습니다. 그 밖에도 그는 성원들을 보살필 의무가 있습니다. 서구의 국가들과 관련해서는 그것은 아우구스티누스의 신국을 연상시킵니다 : 사제—평신도.

연령에 따른 교육 : 1~3세에는 신체 관리, 3~6세에는 신화 이야기, 7~10세에는 체조, 11~13세에는 읽고 쓰기, 14~15세에는 시와 음악, 16~18세에는 수학적 학문들, 18~20세에는 전투 연습. 그리고 나서 첫 번째 선별. 학문적 소질이 비교적 없는 사람은 전사로 남습니다. 다른 사람들은 30세가 되기까지 여러 학문들을 좀더 엄격하게 배워서 이전에 개별적으로 강연된 것들이 이제는 연관성을 가지고 인식되게끔 합니다. 그리고 나서 두 번째 선별이 이루어집니다. 우수성이 비교적 떨어지는 사람들은 국가의 여러 부서들로 옮겨지고, 가장 우수한 사람들은 35세까지 변증술을 연마하여 50세가 되기까지 명령자의 직책을 도맡게 됩니다. 그러면 그들은 철학에서 가장 높은 것, 선의 이데아의 관조에 이릅니다. 그들은 이제 지배자들의 한 성원이 됩니다. | 현존하는 《국가》의 마지막 부분은 다시 대화편 〈정의에 관하여〉의 마지막 부분(609쪽부터 끝까지)이

됩니다. 정의의 보상, 즉 끝 부분에서 신화와 함께 이야기되는 영혼 불멸이 그것입니다. 소크라테스는, 신들의 편에서 보면 의로운 자에게는 자신과 관련된 모든 것은 행운이라는 것을 논증합니다. 물론 형이상학적 의미에서, 즉 그의 사후의 삶에 대해서 말입니다. 그
5 리하여 정의에 관한 정설은 영혼불멸의 도움을 받음으로써만 증명됩니다. 아르메니오스[72]의 아들인 팜필리아 사람의 이야기가 나옵니다. 그는 전사했는데 열흘째 되는 날 그의 시체가 전혀 상한 데 없이 거둬들여졌습니다. 열이틀째 되는 날에 그는 화장터의 장작더미 위에서 살아나 자기가 본 것을 이야기합니다.
10 열 권의 구분은 비플라톤적입니다. 제2 · 3 · 5 · 6 · 8권의 끝부분은 완전히 자의적인 단락들입니다. 호메로스에서처럼 다만 외적인, 분량을 균등하게 나누는 형식을 따르고 있습니다. 아마 비잔틴의 아리스토파네스에 의한 것일 겁니다.

특이하게 생겨난 책입니다. 또는 추측건대 출간이 매우 늦어진
15 책입니다. 라에르티오스, III, 37과 57 : 《국가》는 거의 모두 프로타고라스에 대한 반론들로부터ἐν τοῖς Πρωταγόρου ἀντιλογικοῖς 씌어졌다는 것입니다. 플라톤이 반론들ἀντιλογικοί을 말할 때 그는 프로타고라스를 뜻하고 있는 것입니다. 《테아이테토스》, 161C에서 그는 진리Ἀλήθεια의 유명한 시작을 말합니다 : ("만물의 척도는 인
20 간이다 πάντων χρημάτων μέτρον ἐστὶν ἄνθρωπος") (진리의 시초가 되는 ἀρχόμενος τῆς Ἀληθείας). 이것은 섹스토스 엠피리쿠스의 adv. Math. VII, 560에서 논박술 καταβάλλοντες 의 시초로 일컬어집니다("논파하는 화술"). 디오게네스 라에르티오스의 저작 목록에는 이 두 저서가 들어 있지 않은 반면, 《반론 2ἀντιλογιῶν δύο 》

는 비교적 대규모의 유일한 저작으로 들어 있습니다. 베르나이스 Bernays는 *Rhein. Mus.* 7, 464에서 세 개의 제목을 확인했습니다. 제목의 내용에 관해서는, 라에르티오스, IX, 51에서 "모든 사물마다 두 개의 주장들이 서로 대치되어 있는" 것이라고 가르칩니다. 즉 헤라클레이토스의 자연의 영역에 존재하는 대립들에 관한 설이 논리적 영역으로 이전됩니다. 이율배반의 두 대립항은 동등한 권리를 가집니다. 우리는 이제 *정의에 관한*περὶ δικαίου 설, 즉 제1권을 비롯한 제2권의 일부의 대요가 이미 《반론들 ἀντιλογίαι 》에 완전히 제시되어 있었다는 것으로 아리스토크세노스를 이해하지 않으면 안 됩니다. 그러나 "거의 전부"라고 되어 있다면 우리는 아리스토크세노스가 10권으로 된 대작인 우리의 《국가》를 말하고 있는 것이 아니며, 〈정의에 관하여 περὶ τοῦ δικαίου 〉라는 논문이 따로 출판된 것이라고 결론지어야 합니다. 오직 이 논문에 대해서만 그 비난이 타당합니다. 이와 함께 겔리우스가 XIV, 3에서 말하는 것, 즉 크세노폰이 *대중들에게* 잘 알려졌던 대략 처음 두 권의 책을 거기에서 골라낸 뒤 lectis ex eo duobus fere libris, qui primi in vulgus exierant 키로패디를 썼다는 것은 옳습니다. 이것은 다시 의로운 자에 관한 담화를 의미합니다. 요컨대 참주들에 관한 트라시마코스의 서술 등등, 그리고 글라우콘의 서술과 관련된 의로운 자의 대립상입니다. '대략 fere' 을 강조할 것.

이제 소크라테스, 티마이오스, 크리티아스와 헤르모크라테스 사이에서 《티마이오스》가 시작됩니다. "어제의 네 번째 손님이자 오늘의 주인은 어디에 있습니까?" — "그는 몸이 편찮습니다." — 어제 제가 여러분께 한 *담화들* λόγοι 의 내용은 국가에 관한 것, 말하자면 국가는 어떤 방식으로 최선의 국가가 되며 어떤 남성들로 국가가 이루어져야 하는가에 관한 것이었습니다. 위병(衛兵), 여성, 가족 폐기, 계급 분류, 출산에 관해 하나하나 이야기하고 있습니다. 소크라테스는 그 결과들에 대해 열광적으로 이야기합니다. 티마이오스는 그의 자연철학적 체계를, 크리티아스는 아틀란티스의 이상 국가상을 전개합니다. 이렇게 3부나 4부로 이루어진 대화편이 준비되어 있습니다. 그 가운데 우리에게는《티마이오스》와《크리티아스》의 일부가 있습니다.《헤르모게네스》는 완성을 보지 못했습니다. 나의 가설은 이 네 번째와 다섯 번째 대화편 사이에 원래의〈국가πολιτεία〉가 있었고, 우리의《국가Πολιτεία》는 대화편〈정의에 관하여 περὶ τοῦ δικαίου〉와〈국가πολιτεία〉가 종합되고 등장 인물들의 역할이 바뀜으로써 이루어진 것이라는 겁니다. 우리가《티마이오스》를 참조하면서 저 첫 번째《국가Πολιτεία》에 관해 무엇을 알아낼 수 있을까 하는 것은 연구해볼 일입니다. 어쨌든〈정의에 관하여〉라는 글의 내용 거의 전부가 프로타고라스의〈반론ἀντιλογικά〉입니다. 이에 반해《티마이오스》는 벤디데이아[73]와 관련이 있습니다. 여기에서 현존하는《국가》의 장면들은 본질적으로 첫 번째의 원래의《국가》에 따라 서술되었다는 결론을 내릴 수 있습니다. 이에 반해〈정의에 관하여〉의 담화의 인물들을 염두에 두고 있습니다. 이 저작을 여러 차례 개작했다는 것은 (우선 문체적 의미에서) 라에르티오스, III, 37 ; 디온, *Hal. de comps. verb c.* 25 ; Quintil. VIII, 6에서 확증되고 있습니다.〈정의에 관하여〉라는 저 대화편은《라케스》,《리시스》,《카르미데스》의 의미에서 전개되었고, 어떤 의미에서는 이들의 신빙성을 보증해줍니다. 샤르슈미트는〈정의에 관하여〉의 논변이 독립해서 존재했다면 이를 분명 위작으로 판정했을 것입니다. 많은 문제들, 예를 들어 [플라톤이] 아리스토텔레스가 우리가 소유한 대화편의 형태를 말하는 것인지, 옛 형태를 말하는 것인지와 같은 많은 문제들이 연구되어야 할 것입니다. 그는 자주 《국가》를 《티마이오스》와 함께 인용합니다.—이들의 융합은 매우 중요한 사실입니다.

《티마이오스》

등장 인물 : 소크라테스, 티마이오스, 크리티아스, 헤르모크라테스. 소크라테스는 전날 이야기했던 사람들 중 네 번째 사람은 몸이 불편해 이번에는 오지 못했다고 말합니다. 피타고라스 학파 인물인 티마이오스는 철학자이자 정치가로서 부유하며, 로크로이인들이 이탈리아에 건설한 식민 국가에서 최고의 관직을 맡고 있고, 플라톤의 첫 번째 여행 때부터 그와 안면이 있습니다. 크리티아스는 이미 서술했듯이 모든 방면에서 교양을 갖춘 아테네 시민입니다. 헤르모크라테스는 시라쿠사의 대지휘관으로 참주 디오니시오스의 장인입니다. 그의 상을 투키디데스는 각별한 호의로 그리고 있습니다 : 세 번의 중요한 담화. 4, 59~64. 6, 33~34. 6, 76~80. | 티마이오스에 대해 소크라테스는 대화편 c. 2에서 그가 모든 지혜를 통틀어 최고조에 이르렀다고 말합니다.

"크리티아스로 말하면, 이 나라에서 우리가 이야기하는 것 가운데 그에게 알려지지 않은 것은 아무것도 없음을 우리는 모두 알고

있습니다. 그리고 헤르모크라테스로 말하면, 그는 천부적인 소양과
교육을 통해 그 모든 것에 전적으로 소질이 있음을 우리는 알고 있
습니다. 많은 사람들의 판단은 이러한 우리의 믿음이 정당하다는
것을 보여줍니다."

5   먼저 플라톤이 요점을 개괄합니다. 분업 : 위병들은 모두를 위해
전장에 나가는 과제를 수행합니다. 자국의 폭도에게는 온화하고 외
국인에게는 엄격합니다. 그들의 교육. 그들 사이에 개인 소유는 없
어야 합니다. 그들은 방위의 대가로 필요한 만큼의 적절한 임금을
받습니다. 그들은 공동체에서 함께 살며 이 임금으로 생계를 꾸립
10   니다. 여성들은 남성들과 유사한 본성을 가지고 있습니다. 이에 따
라 동일한 과제가 주어집니다. 결혼과 아이들은 모두의 공동 사항
입니다. 아무도 자기 자신의 아이를 알지 못합니다. 모두가 친척 관
계에 있습니다. 남성 지배자와 여성 지배자들은 일정한 추첨에 의
해 가장 우수한 사람들이 동시에 뽑히도록 인위적 조처를 취해야
15   합니다. 그리고 적대감이 일어나지 않도록 이들이 동시에 뽑힌 이
유를 우연에 돌려야 합니다. 열등한 자들의 후손은 눈치채지 못하
도록 국가에 분배되어야 합니다. 자라나는 인재들 가운데 월등한
자는 더 높은 계급으로 끌어올리고, 이 계급에 속할 가치가 없는 자
는 이 계급으로 격상된 자가 남겨둔 빈 자리를 채우도록 합니다. 바
20   로 그 내용이었습니다.―그리하여 우리는 먼저 씌어진 〈국가〉에서
제시하는 국가상을 그려볼 수 있습니다.

이제 소크라테스는 이렇게 기획된 국가가 다른 국가들과의 경합
에서 활동하는 것을 보고 싶어합니다. 그러자 크리티아스는 예로부
터 전해 내려오는 이야기를 해줍니다. 그것은 솔론의 미완성 시작

(詩作)으로서, 만약 그것이 완성되었다면 헤시오도스와 호메로스를 능가했을 것이라는 그러한 시입니다. 이집트의 전승에 의하면 9,000년 전 (솔론 이전) 아테네 시민들이 일궈낸 영웅적 업적이 있었는데, 그것은 대서양에서 엄청난 군사력이 전 유럽과 아시아를 향해 동원된 일입니다. 헤라클레스의 기둥 입구 앞에 아시아와 리비아를 합친 것보다 더 큰 섬인 아틀란티스가 있었습니다. 그러나 지진과 홍수가 아테네의 군대를 전멸시키고, 아틀란티스도 가라앉습니다. 이렇게 되니 바다로 항해하는 것은 불가능합니다. 크리티아스는 실제로 일어난 일을 자세히 이야기하겠다고 약속합니다. 그것은 소크라테스의 이상 국가와 그리도 놀랄 만큼 일치한다는 것입니다. 말하자면 역사와 철학의 일치입니다. 그것이 진실이라는 점이 항상 강조됩니다. 어제는 소크라테스가 보고했고, 오늘은 먼저 티마이오스의 차례입니다. 그리하여 긴 이야기들이 이어집니다. 티마이오스는 세계의 기원을 서술하고 인간의 본성으로 끝을 맺어야 합니다. 그러고 나면 그(크리티아스)가 시작하겠다는 것입니다. 이야기의 연결은 자의적입니다. 우선 원래의 《크리티아스》는 원래의 〈국가〉의 계속으로 보입니다. 도입부는 유지됩니다 : (그 때문에 현재의 《크리티아스》는 거의 자체 도입부가 없습니다—그것은 나중에 짜 맞춰진 도입부입니다). 즉

가장 오래된 구성 부분들

《국가》 소크라테스의 대대적 진술

《크리티아스》 크리티아스의 진술

헤르모크라테스의 진술 (현재를 어떻게 사용해야 하는가)

따라서 오직《국가》만이 3부작.

그 사이에《티마이오스》가 나중에 놓인다. 새로운 3부작.

원래의 〈국가〉가 떨어져 나와 대화편 〈정의에 관하여〉와 합쳐져 새로 작업된다. 그 장면 또한 빌려온 것.

참고 문헌 : 뵈크,《세계혼의 형성에 관하여 *Über die Bildung der Weltseele*》, Heidelberger Studien III, 1쪽(1807).《플라톤의 우주적 체계 *Kosmisches System des Plato*》(1852). 마르탱Martin,《티마이오스 연구 *Études sur le Timée*》. 뵈크에 의해 특히 수학적 · 천문학적인 것이 다루어짐. 위버베크,《플라톤의 세계혼에 관하여 *Über die platonische Weltseele*》, Rh. Mus. 9, 37쪽.

무엇보다도 그 요소들로부터 세계혼을 혼합하는 게 중요.

첫째 혼합

첫째 요소	둘째 요소
불가분하며 항상 동일한 것으로 남아 있는 존재ἡ ἀμέριστος καὶ ἀεὶ κατὰ ταὐτὰ ἔχουσα οὐσία ταὐτὰ ἔχουσα οὐσία 또는 불가분한 것τὸ ἀμερές.	육체적인 것으로 되는 가분적인 존재ἡ περὶ τὰ σώματα γιγνομένη μεριστὴ οὐσία 또는 육체적인 것으로 분리될 수 있는 것σώματα μεριστόν

혼합의 결과
제3의, 중간에 놓인 존재의 형상
τρίτον οὐσίας εἶδος ἐν μέσῳ κείμενον

둘째 혼합

첫째 요소	셋째 요소	둘째 요소
불가분한 것	제3의 존재의 형상	육체적으로 분리 가능
τὸ ἀμερές	τρίτον οὐσίας εἶδος	한 것τὸ κ. τ. σώματα
또는		μεριστόν
동일한 것ταυτόν	ἡ οὐσία('실체')	다른 것θάτερον
'불가분한 것 또는	세계혼의 혼합의 결과	'다른 것 또는 분리
동일한 것'		가능한 것'

이와 함께 어떤 실체들이 지적된 것일까요?《티마이오스》, 27쪽에서 그는 항상 존재하는, 결코 되어가는 과정에 있지 않은 것, 즉 이성 인식의 대상과 결코 존재하지 않는, 항상 되어가는 과정에 있는 것, 즉 감관 지각들의 대상을, 요컨대 이데아와 모상을 구분합니다. 세계혼은 다른 것을 통해 *감각적인 것* αἰσθητόν 을, 동일한 것을 통해 예지적인 것을 인식합니다. 그리하여 *동일한 것*ταυτόν 과 이데아, *다른 것*θάτερον 과 감각적 사물들 간에는 어쨌든 일종의 근친 관계가 성립합니다.

이제 플라톤은 존재자의 총체를 다음의 방식으로 분할합니다.

*가시적 종류*ὁρατὸν γένος	*가지적 종류*νοητὸν γένος
*그림*εἰκόνες *자연물*σώματα	*수학의 대상들*μαθηματικά
	*이데아들*ἰδέαι

감각적인 것들과 이데아들 가운데는 오직 수학적인 것das Mathematische만이 있습니다. 그런데 세계혼 또한 이데아들과 감각적인 것들 사이의 중간을 차지하고 있습니다. 그러므로 세계혼은 수학적 사물들의 종류에 속하는 것이 분명합니다.

제1류 : 이데아들. 첫째 요소 : *일자*τὸ ἕν(즉 선의 이데아). 둘째 요소 : *무한정자* τὸ ἄπειρον (즉 이데아 안에서 *다른 것*θάτερον, 이데아들 상호간의 상이성). 셋째 요소 : *혼합된 것*τὸ μικτόν, 저 혼합에서 산출된 개개의 이데아들의 계열.

제2류 : 수학적 사물들(*중간자*τὰ μεταξύ). 첫째 요소 : *일자* τὸ ἕν, 즉 산술적인 것에서의 수 1 eins. 둘째 요소 : *무한정자* τὸ ἄπειρον, 즉 산술적인 것에 있어서 *한정되지 않은 2*ἡ ἀόριστος δυάς, 기하학적인 것에 있어서는 순전히 무규칙적인, 질서 없이 바뀌는 형태들을 함유하는 공간. 셋째 요소 : *혼합된 것*τὸ μικτόν, 즉 수열, 일정한 형태들의 계열.

제3류 : 감각적 사물들. 첫째 요소 : *일자* τὸ ἕν, 즉 질료 안에 있는 *형상*τὸ ἔνυλον εἶδος, 사물들이 가진 유(類)적 특성들. 둘째 요소 : *무한정자*τὸ ἄπειρον, 세계 이전의 vorweltliche 질료. 셋째 요소 : 감각적 사물들의 계열.

세계혼에 적용 : 세계혼의 첫째 요소인 *동일자*τὰυτόν는 *하나* ἕν (수학적)입니다. 그리고 *타자*[τὸ] θάτερον는 수학적인 의미에서의 *무한정자*ἄπειρον 입니다. 셋째 요소는 *본질*οὐσία 을 전적으로 규정하는 데 있어서의 수학적인 것 자체입니다.

우리는 *세계의 생성*κοσμογονία 에 관해 다음과 같은 총체적 견해를 얻습니다. 처음에는 이데아들이 있습니다. 이들은 영원합니다. 이들과 나란히 제1질료가 있습니다. 이것은 진정한 존재를 결여하고 있고 이데아의 영원성에 참여하지도 않으며 아무런 성질도 없는 *비존재*μὴ ὄν입니다. 이 제1질료에 최초로 무한정성Unbegrenztheit 의 요소가 작용합니다(*무한정자*ἄπειρον, *크고 작은 것* μέγα καὶ μικρόν, *다른 것*θάτερον). 이 요소는 이데아들 안에 있습니다. 거기에서 무질서하고 무규칙적인 모습이 형성되었습니다. 제1질료는 이제 제2질료의 무질서한 덩어리로 넘어갑니다.

이제 이데아들의 *일자*ἕν(선 또는 최고의 신)가 같이 작용하면서 등장하여 모든 것을 자신의 형상에 따라 선한 것으로 변화시키면서 무질서에서 질서 잡힌 세계를 형성합니다. 이렇게 해서 제일 먼저 수학적 유(類)의 *일자*ἕν, 세계혼의 제1요소가 생겨납니다(*불가분하며 항상 동일한 것으로 남아 있는 존재*ἀμέριστος καὶ ἀεὶ κατὰ ταὐτὰ ἔχουσα οὐσία). 신은 이 요소를 이성이 결여된 무질서의 영혼인 *타자* θάτερον에다 섞어 거기에서 저 제3의 중간 실체인 *제3의 존재의 형상*τρίτον οὐσίας εἶδος을, 그리고 제2의 혼합으로 이성적 세계혼을 형성합니다. 이 세계혼에는 이제 감각적인 것을 형성하는 과제가 부과되었습니다. 이미 *타자*θάτερον 는 제1질료를 제2질료로 형성했었습니다. 이제 질서가 추가되고, *일자*ἕν 가 감각적 사물들에 추가되어 *질료 안에 있는 형상*τὸ ἔνυλον εἶδος 유(類)의 고정된 특성들이 생겨납니다. 이 *일자*ἕν는 감각적인 것 안의 *무한정자*ἄπειρον 와 혼합됩니다. 하나하나의 감각적 사물들은 그렇게 생겨난 것입니다.

《티마이오스》의 내용. 〔c. 6〕우주에 관한 개관. 조물주는 선했습니다. 즉 악의가 없었습니다. 그래서 그는 피조물을 가능한 한 자신과 비슷하게 만들고자 했습니다. 이성을 부여받은 전체가 가장 아

름다운 것입니다. 영혼 없이 이성은 가능하지 않습니다. 그래서 그
는 또 영혼을 물체에 부여했습니다. 이것이 우주입니다. 오로지 하
나의 세계만이 있습니다. 그것은 무한하지 않습니다. 조물주의 모
형에 따라 만들어져, 우주는 생각할 수 있는 생동하는 모든 것을 포
5 함합니다. 따라서 제2의 세계를 위한 여지는 없습니다. 생겨난 것은
가시적인 것이어야 합니다. 그렇기 때문에 신은 제일 먼저 불과 흙
을 연결합니다. 두 구성 성분은 제3의 요소 없이는 연결될 수 없습
니다. 그것이 물과 공기입니다. 그는 우주를 노화하지도 병들지도
않도록 창조하고, 모든 형태를 자신 안에 포함하는 형태를 부여했
10 습니다. 그것이 구형입니다. 이 회전 운동을 하는 원환은 전적으로
자족하여 곧바로 신화적 묘사로 이어집니다. 마찬가지로 다음에는
상이한 요소들, 경중(輕重), 색깔, 모든 감각, 살, 관절, 뼈, 머리카
락, 손발톱, 호흡, 질병, 건강을 망라한 인간의 생성이 서술됩니다.
인간에 이르기까지의 세계의 생성입니다. 마지막에는 인간에게서
15 동물이 생겨나는 것도 서술됩니다(거꾸로 된 다윈주의). 남성으로
태어난 자들 가운데 겁쟁이나 악을 행한 자는 두 번째 태어날 때 여
성으로 넘어갑니다. 악의는 없되 경솔한 마음으로 천체 현상들에
몰두하기는 하지만 좁은 소견에서 눈짐작에 의한 추론이 옳다고 생
각하는 남성들은 조류로 바뀌어 태어납니다. 가슴속에 있는 영혼의
20 일부분에 자신을 맡긴 자들은 네 발 달린 짐승으로 태어납니다. 그
들은 땅 쪽으로 더 끌린다고 느낍니다. 그래서 신은 그들 이해력 없
는 자들에게 겹겹의 밑받침을 밀어 넣습니다. 그들 가운데 몸이 완
전히 땅 쪽을 향해 있는, 전혀 이해력이 없는 자들은 발이 필요 없
습니다. 그들은 바닥을 따라 기어 다닙니다. 가장 이해력이 없는 자

들은 물고기가 됩니다. 그들에게는 더 이상 순수한 공기를 들이마시는 것조차 허락되지 않아, 그들은 진흙으로 범벅된 무거운 물을 마시게 되어 있습니다. (물고기와 갑각류는 가장 심각한 무지함에 대한 벌로 깊은 곳에.)

5

《크리티아스》, 미완의 단편

대화 상대자는 동일 인물들. 먼저 신들이 자기를 끝까지 도왔다

10 는 데 대한 〔크리티아스〕 티마이오스의 감사하는 마음. 크리티아스는 자신의 과제가 더 어렵다고 생각합니다. 마치 화가가 나무나 산이나 강을 그리면 우리를 쉽게 만족시키지만 우리 자신의 모습을 그리는 경우에는 아주 어려운 판관을 만나게 되는 것처럼 말입니다. 이어서 헤르모크라테스의 발언이 예고됩니다. 이 서언(제1장과

15 제2장)은 전부 《티마이오스》가 추가되었을 때 비로소 삽입된 것입니다. 왜냐하면 《크리티아스》의 서문은 바로 《티마이오스》에 들어 있기 때문입니다. 말하자면 플라톤은 《크리티아스》의 원래의 서장을 《티마이오스》에 사용하고, 이제 《크리티아스》를 위해 하나를 새로 만든 것입니다. ―우선 전에 이미 말했던 것을 상기시키는데, 그것은 단지

20 《티마이오스》의 도입부에 있는 것의 개괄에 지나지 않습니다. 이 개괄도 《티마이오스》를 삽입한 후에야 비로소 필요하게 된 것입니다.

신들은 온 땅을 반목이 아니라 추첨을 통해 분배합니다. 헤파이스토스와 아테네는 아티카를 얻습니다. 이들은 아티카에 용감한 본토박이 남성들을 거주하게 하고 그들의 생각이 국가를 지향하게 합

니다. 그들의 업적은 백성들 사이에서 잊혀지고, 이름들은 남아 있습니다. 그것은 케크롭스, 에레크테우스, 에리크토니오스, 에리시크톤, 그리고 테세우스 이전의 다른 이름들입니다. 한 계급은 상업과 농업에 종사하고, 다른 사람들은 완비된 국가 안의 *위병*φύλα-κες과 같은 전사들로서 개인 소유가 없습니다. 국경은 이스트모스, 파르나소스와 키타이론입니다. 매우 비옥합니다. 아테네에서는 육지는 고원이었고 경사진 곳들에는 수공업자와 농경업자가 거주했습니다. 더 위쪽 지역들에서는 전사 계급들이 살고 있었으며 둥그런 담이 빙 둘러싸고 있었습니다. 북쪽으로는 겨울을 나기 위한 공동 건물과 곳간이 있었는데, 모든 것은 사치와 궁핍 사이의 중간이었습니다. 그들은 여름 동안에는 남쪽도 사용했습니다. 현재 아크로폴리스가 있는 곳은 그 당시에는 물이 풍부한 샘이었습니다. 전사들의 수는 약 2만이었습니다. 그들은 고대 그리스 민족의 정상에 있습니다. 살아 있는 모든 사람 가운데 그들은 가장 찬양받는 자들입니다. 그러면 이제 적의 상태를 살펴보기로 합시다. 그리스 이름들의 설명 : 솔론은 이집트 이름들의 뜻이 무엇인가를 자신에게 설명하게 하고 이들 이름을 번역했습니다. 그것은 솔론이 그 소재를 시작(詩作)에 사용하려 했기 때문입니다. 이들 기록은 그의 조부의 수중에, 그리고 크리티아스의 수중에도 있었습니다. 소년 시절 그는 이미 그것을 알게 됩니다. 솔론의 시의 도입부는 다음과 같습니다. 아틀란티스 섬이 추첨을 통해 포세이돈에게 배당됩니다. 포세이돈은 필멸자인 한 여인에게서 얻은 자신의 자손들을 이 섬에 거주시킵니다. 중간 지대 해변에는 매우 비옥한 평원이 하나 있었습니다. 그곳으로부터 섬의 중심부를 향해 50스타디온 떨어진 곳에

나지막한 산이 있었습니다. 그곳에 에우에노르와 레우키페가 살고 있습니다. 클레이토는 외동딸입니다. 이 딸아이의 양친이 죽게 됩니다. 그런데 포세이돈이 그녀를 사랑합니다. 그는 성벽을 쌓아 그 고지를 접근 불가능하게 만듭니다. 그는 그녀에게서 남자 쌍둥이 다섯 쌍을 얻고, 이들을 위해 섬을 열 부분으로 나눕니다. 장자는 원래의 터전을 가장 아름다운 영지로서 하사받습니다. 그가 왕이며, 이름은 아틀라스입니다. 이제 모든 이름이 출현합니다. 아틀라스의 세대는 왕의 권위를 고수합니다. 엄청난 부에 관한 상세한 서술이 보입니다. 웅장한 대건축물들, 주의를 끌 만한 서술입니다. 그 다음에는 군대 서열의 조직.* 통치권과 형벌권. 점차 타락하기 시작합니다. 제우스는 신들의 회합을 마련하여 막 회의를 시작합니다.—여기에서 미완의 단편은 끝납니다.

---

*	군사력	
	10,000	전차
	120,000	기병
	120,000	이두 마차의 투사
	120,000	중장비병
	120,000	사수
	120,000	투수
	180,000	투석수
	180,000	중무장병
	240,000	해병
	1,210,000	투사

나머지 통치자 9인의 군사력은 각각 상왕(上王)의 군사력의 3분의 1 : 5,560,000. 배는 한 척마다 200명의 병사.

《클레이토폰》

고대에는 위작이라고 의심받은 일이 전혀 없습니다. 스테파누스 H. Stephanus의 판에서 데 세레스de Serres는 이것을 위작에 포함시킵니다. 이것은 거부하는 판단이 아닙니다. 그는 오로지 이의를 제기합니다. 그는 알디나Aldina가 제시한 차례를 고수했습니다. 여기에서 《클레이토폰》은 위작인 대화편들의 마지막에 나타나지만, 동시에 트라실로스에 따르면 여덟 번째와 아홉 번째 4부작의 시작으로 나타납니다. 슐라이어마허가 이것을 최초로 거부했고(번역 2, 3, 459쪽), 아스트, 소허, 헤르만, 슈타인하르트가 뒤를 쫓습니다. 이에 반해 익셈Yxem : 《플라톤의 클레이토폰에 대하여Über Platon's Kleitophon》(베를린, 1846).

대화 참가자 : 소크라테스와 클레이토폰. 클레이토폰은《국가》, 제1권, 340쪽에서 대화에 참가하고 있는 아리스토니모스의 아들입니다. 트라시마코스를 곤경에서 구하기 위해 거의 말이 없습니다. 장소, 시간, 장면은 제시되어 있지 않습니다. 아마도 두 사람 사이의 대화. 소크라테스는 *우리 가운데 누가 대화를 이끌어가도록 할까* τίς ἡμῶν διηγεῖτο라고 말을 하기는 합니다. 익셈은 이를 강조합니다. 트라실로스는《클레이토폰》을《국가》,《티마이오스》,《크리티아스》 앞에 위치시켰습니다. 소크라테스는 묻습니다. 누가 우리에게 클레이토폰이 리시아스와의 대화에서 소크라테스와의 담화를 비하하고 반대로 트라시마코스와의 교류는 높이 찬양한다고 이야기하는가? 클레이토폰은 그것은 제대로 된 보고가 아니라고 변명합니다. 그는 소크라테스에 대해서는 많은 것을 찬양했다고 말합니다.

이제 그는 끝까지 보고합니다. 그는 사람들이 자신들의 아이들에게
정의를 위한 올바른 교육을 하고자 힘쓰지 않는다고 하면서, 소크
라테스가 마치 비극 무대 위의 신처럼 사람들을 꾸짖을 때 그를 찬
양한다는 것입니다. 덕은 가르칠 수 있다는 것입니다. 불의를 행하
는 것은 자발적이지 못한 어떤 것입니다. 그 모든 것은 사람들을 잠
에서 깨우는 데 매우 고무적이라는 것입니다. 이제 그는 노력하는
동반자들에게 문제를 제기했다는 것입니다. 우리는 어떤 〔덕〕 기술
Kunst을 일컬어 〔정의〕 덕으로 이끄는 것이라고 주장하는가? 그들
가운데 가장 유능한 자가 대답했다는 것입니다 : 그것은 정의이다.
이에 소크라테스 : 정의의 실행 가운데 하나는 의로운 자를 육성하
는 것이다. 의학은 의사와 건강을 만들어내는 것이다. 다른 산물은
무엇인가? 이에 한 사람이 대답했습니다 : 유용한 것, 적합한 것,
이득을 가져오는 것이라고. ―하지만 그것은 모든 기술의 경우에도
그렇지 않은가. 마침내 한 사람이 말합니다. 국가들 가운데서 우의
를 성립시키는 것이 정의의 과제라고. 진정한 우정은 뜻을 함께하
는 데 있는 것인데, 그것은 의견의 일치가 아니라 앎이라고. 그러자
나머지 사람들은 그가 같은 말을 되풀이하고 있다고 말합니다. 왜
냐하면 다른 기술들도 앎이라는 공통성을 가지고 있으며 그것이 무
엇을 위한 것인지를 제시할 수 있기 때문입니다. 그러나 정의는 그
것을 할 수 없습니다. 소크라테스에게 묻자 그는 적에게는 해를 끼
치고, 선한 자에게는 선을 행해 보이는 것이라고 대답했다고 합니
다. 나중에는 의로운 자는 아무도 해치지 않는다는 결론이 도출되
었습니다. 그들은 유익한 일이라면 무엇이든 한다는 것입니다. 그
는 더 이상 소크라테스에게 파고들지 않았다고 합니다. 소크라테스

는 덕행을 하도록 누구보다도 뛰어나게 고무할 수는 있지만 그 자신이 정의가 무엇인지를 모르든가, 나 클레이토폰 자신으로 하여금 정의에 참여하게끔 하지 않으려고 한다는 것입니다. 그런 까닭에 그는 트라시마코스를 찾아가려고 한다는 것입니다.—이 대화편은 그렇게 끝납니다.

《국가》에 있는 클레이토폰의 소도입부는 클레이토폰이 이미 사용된 인물이라는 것을 받아들이지 않을 수 없게 하면서, 그가 이전에 등장한 인물임을 확실히 해줍니다. 우리는 바로 《크리티아스》와 같은 미완의 단편을, 정의에 관한 대화편을 위한 예비 연구 중 한 편린을 소유하고 있는 것입니다.

《법률》

크레타 출신의 클레이니아스, 라케다이몬 출신의 메길로스, 이 두 손님과 사이가 먼 주인.

역사적인 요소를 사용하여 이야기하는 국가 건설에 대한 내용으로, 《헤르모크라테스》와 같은 주제입니다. 그런데 《국가》가 그러했듯이 《법률》도 더 이전의 것인, 훨씬 짧은 판본으로 존재했음에 틀림없다는 것을 입증할 수 있습니다. 옹켄W. Oncken, 《아리스토텔레스의 국가론 Die Staatslehre des Aristoteles》, 194쪽 참조. 아리스토텔레스는 《정치학 Politica》, 33, 16에서 여러 법률들은 대부분 이러저러한 임의적인 것들이고, 정체에 대해 말한 것은 많지 않다(헌법에 관해서는 많지 않은 것)고 말합니다. 이 말은 우리의 《법률》에는 부합하지 않습니다. 전12권 중에서 제9~12권에만 세부적인 입법이 포함되어 있습니다. 우리가 제6~8권(교육과 노동)까지 이에 포함시킨다 해도 아직 다섯 권이 남습니다. 첼러의 뛰어난 논문 《플라톤 연구 Platonische Studien》(1839). 후에 완화됨. 매우 앞뒤가 맞지 않는 구성, 모순점들, 더듬거리는 지루한 대화가 입증됨. 이런 것들이 그냥 이어집니다. 첫 네 권과 제5권의 한 부분은 아리스토텔레스가 알고 있었을 가능성이 없습니다. 그 책들은 아리스토텔레스가 언급했어야만 하는 것들을 포함하고 있습니다. 이 책들의 공통점은 크레타와 스파르타의 자매 헌법들을 고찰한 것입니다. 제1권은 스파르타의 덕목을 공격하면서 그것은 설익은 호전적 용맹일 뿐이라고 말합니다. 또한 식탁 공동체Syssitien와 체조 학습장의 패륜을 공격합니다. 제2권에서는 병영 국가에서 주인 없이 난폭하게 성장하는 청년들에게 규율이 없다는 것이 강조됩니다. 제3권은 도리아족의 태고 역사를 이야기하고, 아르고스와 메세네의 저변에 깔려 있는 도리아적 요소의 지위와 관련된 스파르타 시민들의 공로를 찬양하며, 어떤 입법자가 한 손가락만으로 재산을 건드려도 모든 소유주가 고함을 지르는 지금의 세태와는 달리 영토를 임의로 분배할 수 있었던 정복자의 행복에 대한 부러움을 표현합니다. 제4권 : 황금의 상고 시대에 대해서는 특별한 설명을 거의 할 수 없는 형편이지만, 스파르타의 헌법에 관해서는 그것이 제아무리 민주적으로 보인다 해도 행정 감독 구역 안에서는 강한 참주적 요소를 가진다는 것이 강조됩니다.

이 모든 것에 대해 아리스토텔레스는 아는 게 하나도 없습니다. 그럼에도 그것은 바로 그가 내놓은 것들입니다. 제5권은 단지 모든 것에 관한 화려한 요설들을 동원해 제1권에서 제4권까지와 제6권에서 제12권까지를 연결하려는 시도입니다.

내가 추측하기에 비교적 오래된《법률》의 저 고본(古本)은《헤르모크라테스》와 동일한 것입니다. 플라톤은 노년에 시칠리아와 연관된 모든 계획을 포기했을 때 등장 인물을 교체했습니다(즉 소크라테스, 티마이오스, 헤르모크라테스). 그러고 나서 크레타를 염두에 두고 모든 것을 개작했습니다. 이전의 핵심부는 후반부에 보이는 서로 연결된 긴 부분인 원래의 〈법률〉에 들어 있습니다. 이것은《헤르모크라테스》에서 도입된 부분들입니다. 그것은 서로 연결된 강연이었습니다(원래의 〈국가〉나《티마이오스》나《크리티아스》처럼). 새로운 등장 인물들은 크레타 때문에 필요하게 되었습니다. 이를 통해 이제 라케다이몬과 크레타의 관습에 관한 고찰이 추가되었습니다. 전체 대화편은 매우 자의적으로 수정되었으며 최초의 구상에만 관련된 나머지 부분이 아직 많이 남아 있습니다. 가장 눈에 띄는 부분이 IV〔170〕709E입니다.

"참주의 지배 아래 있는 국가를 내게 다오. 〈……〉그러나 그 참주는 젊고 사려 깊은 천성의 소유자이며, 이해가 빠르고 용맹하고 고귀하고 이성적이어야 한다."

최상의 국가는 첫째는 참주정에서, 그 다음은 왕정에서, 그 다음은 민주정에서, 그리고 (마지막으로) 과두정 ὀλιγαρχία 에서 이루어집니다. 이전 청년기의 초안을 이루는 편린들이 함께 엮여 있음이 분명합니다. 우리는 만년의 플라톤이 자신의 저작들을 정리하는 방식을 대략 괴테의 경우와 같이 생각해야 합니다. 얼마간 자의적으로 전체가 제작됩니다.《국가》도《법률》도 그러한 상이한 연령대의 편린들이 모여 이루어진 구성물입니다. 플라톤 자신이 이를 편찬했는지 아닌지조차 결말이 나지 않고 있습니다. 《수다》, 철학 *자φιλόσοφος*에 관해. 브뢰크Bröckh[74]가 먼저 오푸스 사람 필리포스를 보충하는 것은 정당합니다. *그는 플라톤의 《법률》을 12권으로 나누었는데, 13권은 그 자신이 덧붙였다고 사람들은 말한다.* 그런데 그것이 권으로의 분류를 문제 삼는 것일 수는 없습니다. 그것은 사서들의 관할이었기 때문입니다. 그런 것이 아니라 "그는 그것을 12권의 익히 알려진 길이로 정리했다"고 되어 있습니다.

라에르티오스, III, 37 :

"*몇몇 사람들은 오푸스 출신 필리포스가 밀랍 판에ἐν κηρῷ 씌어진 그의 《법률》을 고쳐 썼다고 주장한다.*"

보통은 플라톤이 《법률》을 밀랍 판들에 남겨두었고, 이 필리포스가 그것을 책의 형태로 베껴 쓴 것으로 인정되고 있습니다. 그러나 12권의 책을 밀랍에 쓴다는 것은 믿을 수 없는 일입니다. 밀랍 판은 단지 '초고Brouillon'에 대한 표현이라고들 말합니다. 즉 필리포스가 정서의 책임을 맡았다는 것입니다. 들어보지 못한 그리스어입니다. 또한 κηρὸς도 밀랍 판을 의미하지 않습니다. 샤르슈미트의 생각 78쪽은 이상합니다. 《법률》, V, 746A에서는 입법자에 대해 "*국가와 시민이 마치 밀랍으로 된 것처럼*"이라고 이야기하고 있습니다. 이것은 밀랍으로 모양을 만드는 것과 관련해 곧잘 사용되는 비유입니다. 샤르슈미트는 다음의 서한 문구가 동기가 됐을 것으로 추측합니다 : 나는 네게 밀랍에 각인된 플라톤의 《법률》Πλάτωνος ὄντας ἐν κηρῷ을 보낸다—이를 베껴 쓰고 정리하라. 그렇다면 다만 : 이념적이지 실제로 수행된 것이 아닌 '이념적인 입법'. κήρωμα

는 석판입니다. 사람들은 어떤 훼손된 구절이 있음을 예상합니다.

라케다이몬 출신인 메길로스와 이름이 밝혀지지 않은 아테네 사람 하나가 크레타의 수도 크노소스에 있는 클레이니아스의 집에 손님으로 머물고 있습니다. 그들은 연로한 노인들입니다. 대화의 처
5 음 부분에서 그들은 크노소스에서 하루 거리에 있는 (아마도 제우스가 태어난 곳인) 동굴로 원족을 가려는 참입니다. 물론 동굴이나 신전에서 거행되는 축전에 참여하기 위해서입니다. 제일 나이 많은 사람이 길을 가면서 국가의 헌법과 법률에 관해 이야기하자고 제의합니다. 누구보다도 아테네에서 온 사람이 이야기를 합니다. 클레
10 이니아스(III, 16 이후)는 아홉 사람의 다른 크노소스 시민과 함께 크레타의 마그네시아로 이주하기를 희망하는 사람들로 구성될 예정인 거주지를 개척하고 이를 위한 법률을 제정하는 임무를 위촉받습니다. 이 장면을 키케로, *de legg.* 1, 5는 다음과 같이 서술합니다.

"그러니까 그대는 그가 크레타의 클레이니아스와 라케다이몬의
15 메길로스와 함께 여름날 크노소스의 측백나무 숲 공터에 자주 드나들고 중간에 휴식을 취하면서 국가의 제도와 최상의 법률들에 대해 토론을 했다고 생각하는가?"

제1권과 제2권. 이야기 형식의 서두가 아님. 아테네에서 온 사람은 크레타와 스파르타 사람들의 법률이 신의 작품인지 인간의 작품
20 인지를 묻습니다. 미노스의 입법은 제우스, 리쿠르고스의 입법은 아폴론의 작품. 이제 해야 할 일은 미노스와 리쿠르고스의 입법이 진정 견고한 윤리적 바탕에 기초를 두고 있는지를 검사하는 것입니다. 이 과제는 두 가지 특정한 질문으로 연결됩니다. 하나는 식탁 공동체, 체조, 무기 훈련의 유용성이고, 다음은 법적으로 규정된 주

연(酒宴)의 허용 여부입니다. 식탁 공동체가 야영이 필수적이라는
데서 도입되고 있음이 처음부터 인정됩니다. 그리고 마지막으로 :
이 두 입법은 전쟁을 염두에 두고 있습니다. 그것은 근본적 결함입
니다. 즉 전체의 덕이 아니라 용맹성의 원칙만이 결정적인 것입니
다. 크레타 사람은 그 원칙은 만인에 의한 만인에 대한 끊임없는 전
쟁이며 그것이 인류의 자연적 상태라고 주장했습니다. 국가의 모든
목적과 조직은 국가 최고의 목적, 즉 모든 전쟁에서 승리하는 일에
종속되어 있다는 것입니다. 아테네에서 온 사람은 동일한 전쟁 상
태가 국가 내 당파들 사이에서도, 뿐만 아니라 개개 시민들 사이에
서도, 아니 모든 한 사람 한 사람의 영혼 안에서도 더 높은 원칙으
로 극복되어야 한다는 것을 상세히 설명합니다. 적에 대한 승리라는
목표를 향해 작용하는 국가의 과제가 훨씬 위대해 보입니다. 여기
에서 국가가 어떤 방식으로 온전한 덕에 근거해야 하는지의 문제가
생깁니다(왜냐하면 국가는 모든 악을 극복하려 하므로). 세 가지 중
요한 관점이 제기됩니다. 즉 오직 평화만이 목표일 수 있는 것이지
전쟁은 목표일 수 없다는 것입니다. 전쟁은 다만 국가의 건강을 회
복하기 위한 약일 뿐입니다. 내적 평화는 외적 평화보다 훨씬 고귀
한 자산이라는 것입니다. 외적인 전쟁에 대비하여 모든 것을 계산
하는 자는 정치가도 입법자도 되지 못한다는 것입니다. 내적 평화
는 강제적 복속에 의해 이루어지는 것이 아니라 법에 의거한 화해
로 이루어진다는 것입니다. 즉 국가의 목표가 될 수 있는 것은 내부
의 적과 싸우고 이를 극복하는 일이 아니라 시민들의 화해, 단결, 조
화라는 것입니다. 용맹은 *사려*σωφροσύνη, *통찰*φρόνησις, *정의*
δικαιοσύνη의 협력 없이는 무능하기 때문에 결코 국가의 목적이

될 수 없다는 것입니다. 국가의 조화의 기초를 마련하는 것, 그것은 특히 시민들 간의 분쟁에서 드러난다는 것입니다. 다른 한편 그는 용병들이 어떻게 종종 대단한 용맹을 보이며, 이때 얼마나 부정하고 방종하며 비이성적인가 하는 것을 보여줍니다. 테오그니스는 자
5 신의 국가에게 단결하라고 경고하는데, 그는 자유로운 민족을 복속시키도록 스파르타 사람들을 선동하는 티르테우스보다 훨씬 낫다고 할 만하다는 것입니다.—그렇다면 국가란 일치된 덕에 기초를 두어야 하는 것입니다. 서열 : 신성한 모든 보화 가운데 첫 번째 것. 통찰. 사려, 정의, 용맹ἀνδρ. 이 등급은 이들 하나하나에 다른 모든 것이
10 포함되어 있기 때문에 이들 모두가 서로 같은 등급이라는 원래의 플라톤의 가르침에 비해 통속적입니다. 이 네 가지 신적인 보화들과 나란히 네 가지 인간적인 보화들이 있습니다. 그것들은 건강, 아름다움, 힘, 부입니다. 입법은 시민의 모든 삶을 포괄해야 합니다 (전체 덕을 삶의 모든 관계에 적용). 혼인법에서 시작해서 장례로
15 끝나는 초안이 제시됩니다. 그 중간에 교육, 생업과 소유, 비용, 계약, 법적 관계 등이 있고 법의 수호자가 확정됩니다.—아테네에서 온 사람이 이제 메길로스에게 입법자가 나머지 덕목들에 관해서는 어떤 배려를 했느냐고 묻자, 그는 식탁 공동체, 체조 연습, 사냥, 피나는 권투, 공략, 노예 사냥을 열거합니다. 여기에서는 용맹성의 한
20 면이 완전히 도외시되어 있어(용맹은 "한쪽 발로 거닌다") 육신과 영혼은 단련이 되었지만, 문제시될 것 없는 많은 쾌락들이 허용되고 있지 않기 때문에 전투 훈련에도 즐겁게 임할 기회는 박탈되어 있습니다. 바로 이 결점 때문에 스파르타 사람들은 쉽사리 쾌락에 굴복당해 올바른 법도를 넘어섭니다.—그러면 이제 사려σωφροσ-

ὕνη는 어떤 방식으로 충족되는가 하는 의문이 생깁니다. 메길로스는 역시 식탁 공동체와 체조만을 제시할 수 있을 뿐입니다. 아테네에서 온 사람은 그 두 가지가 그 자체로서 유익한 것이 아니라 오로지 전체 덕과 연관되는 경우에만 유익하다는 것을 보여줍니다. 식탁 공동체로 인해 아이올리스와 이오니아의 도시들에서는 폭동이 있었고,* 체조는 크레타 사람들의 경우 남색을 낳았습니다. 그러나 스파르타인은 자기 나라 사람들의 경우 (타렌툼이나 아테네에서와 같은) 모든 경박한 유희나 취흥이나 떠들썩한 주연(酒宴)에는 빗장이 질러져 있다고 지적합니다. 그것은 주연, 뿐만 아니라 명정(酩酊)의 정당한 권리에 대해 아테네에서 온 사람이 긴 설명을 할 기회를 줍니다. 첫 번째 주요 관점은(제1권의 마지막) 인륜성의 시험으로서의(덕을 위한 유익한 약으로서의) 술입니다. 술은 대담하게 만들고 자신하게끔 합니다. 가능한 한 몰염치하거나 뻔뻔스럽지 않게 하고, 어떤 치욕적인 일을 말하거나 하는 것을 벌벌 떨며 걱정하도록 우리를 길들이는 일이 의무입니다. 그것은 목적에 합당한 시험입니다. 실제적인 생활에서보다는 디오니소스[75] 곁에서가 더 좋습니다. 술은 마치 약과 같아서 사람들로 하여금 순간적으로 수치심을 잊게 만들지만 간접적으로는 이를 고취합니다. 두 번째 소용 : 술은 가장 은밀한 충동들을 드러냅니다. 국가의 운영자는 마음을 꿰뚫어볼 수 있게 되는 것이지요. 제2권에는 예술의 교육적 효과에 대한 아름다운 것들이 많이 포함되어 있습니다. 그는 예술이 몰락했다고 믿습니다. 이에 대한 그의 처방은 국가에 의한 예술 작품의

---

* 밀레토스, 비오티아, 투리아 사람들.

엄격한 감시, 그리고 이집트를 모범으로 하는(만 년을 통한 형성) 예술 형태의 변하지 않은 경직성입니다. 그 다음으로 그는 주연을 거론합니다. 그는 교양 있는, 좋은 교육을 받은 시민층을 세 개의 가무단으로 나눕니다(소년들은 18세, 청년들은 30세, 장년들은 60세까지, I 뮤즈 여신들에게, II 아폴론에게는 파이안[76], III 디오니소스에게). 디오니소스 가무단은 국가에서 음악적 예술의 정점으로 등장합니다. 주량은 차등 있게 허용되어, 소년들에게는 완전히 금지되고, 청년들에게는 절도에 맞게 허용되고, 나이 든 사람들에게는 분명 과음도 허용됩니다. 60세 이상의 근엄한 노인들은 모든 것을 감시해야 합니다. 제3권은 상이한 헌법들의 역사, 그 생성과 성숙 : 상고 그리스인들의 비역사적 정신을 파악하기 위해서 읽어야 하는 매우 신화적인 견해들. 여기서 근본 관념은, 국가의 건강은 국가가 음악과 시를 어떻게 다루느냐 하는 데 달려 있다는 것입니다. 헌법의 타락은 음악이 타락한 결과입니다.

'국가'에 본연의 입법을 세움. 아리스토텔레스(《정치학》, 33, 18)는 "이것(이 정치 체제)을 여러 도시 국가에 두루 적용하려는 뜻에서 ταύτην (τὴν πολιτείαν) βου λόμενος κοινοτέραν ποιεῖν ταῖς πόλεσι"를 그 의도로 제시합니다. 플라톤 자신이 그 차이를 《법률》, V, 739C에서 표현합니다.

"일등 국가, 일등 헌법, 그리고 최선의 법률은 가능한 한 온 국가 안에서 옛 격언이 성취되는 곳에 존재한다. 이 격언은 친지들의 소유는 실상 공동의 소유라는 것이다. 지금 어디에선가 실행되고 있든 아니면 언젠가 실행될 것이든, 부인들은 공동이고, 아이들도 공동이며, 모든 금전의 소유도 공동이다. 그런데 만약 온갖 수단이 동원되어 소위 사유 재산이 모든 관계의 삶에서 추방되고, 그런 가운데서 본성적으로 고유한 것 역시 가능한 한 어떻게 해서든 공동 소유가 되도록 조처가 이루어진다면, 그래서 예를 들어 눈과 귀와 손이 공동으로 보고 듣고 행하는 것처럼 보이며, 또한 같은 것이 모든

5 사람에게 기쁨을 주거나 불쾌감을 자아내어 모두가 함께 되도록 많은 것들을 공동으로 칭찬하고 비난한다면, 그래서 결국 법률이 국가를 가능한 한 하나로 만든다면, (이 공동체에서 탁월한 자들의 경우) 결코 아무도 덕과 관련된 법률의 우수함에 다른 규범을 설정함으로써 더 옳거나 더 나은 규범을 설정하게 되지 않을 것이다. 그러

10 한 성질의 국가로 말하자면, 신들이 거주하든 신들의 아들들이 여럿 거주하든, 그들은 그렇게 자신들의 삶을 영위하면서 그러한 국가에 기쁘게 거주한다. 그러므로 우리는 다른 어떤 데서 국가의 원형을 찾을 것이 아니라 이 원형을 고수하고 힘이 자라는 데까지 이에 가장 상응하는 국가를 얻으려고 노력해야 한다."

15 따라서 체념이 아닙니다. 그는 다만 하나의 전(前) 단계를 모색하고 있을 따름입니다.

"제2의 국가는 불멸성에 가장 가까이 다가갈 것이며, 통일성에서는 두 번째를 차지할 것이다. 그러고 나서 우리는, 신이 원한다면 제3의 국가를 기획하고자 한다. 선택은 입법자에게 맡겨진다.〔"〕

20 주요 차이점들 : 이념의 세계는 제거되고 철학자 계급도 없어집니다. 여성과 아이들의 공동체에 관해서는 더 이상 거론되지 않습니다. 재산 공동체 대신에 재산의 평등성을 거론합니다. 즉 누구든 자신의 경작지를 "전 국가의 공동 재산의 일부"로(VI, 740), 따라서 "국가 재산에서 영원히 동일하게 유지되는 몫"으로 보아야 한다는

것입니다. 5,040명의 시민 신분과 세대, 이는 자유 시민을 의미합니다. 그리고 이것은 아리스토텔레스에 의하면 엄청난 노예의 수를 전제합니다. 자유 시민의 전체 인구는 대략 2만~3만 명에 이릅니다. 그것은 바빌론과 같은 엄청난 규모의 도시를 전제합니다. 이것은 현대의 '대도시'에 상응합니다.

그리고 나서 아리스토텔레스는 국가의 외적 안보가 고려되지 않고 있다고 반박합니다. 그리고 인구 과잉에 대한 대비책이 마련되지 않았고(배당된 재산의 몫은 분할이 불가능하므로), 지배 인구와 봉사 인구의 관계가 정돈되지 않았다고 합니다. 헌법 형태의 혼합 : 이론적으로는 플라톤은 민주 정치와 참주 정치를 혼합하고 있지만, 거기에서 그는 다만 과두 정치와 민주 정치적 요소들만을 포함하는 어떤 형태를 창출하고 있다고 아리스토텔레스는 주장합니다. 옹켄, 208쪽은 이 비판의 정당성을 부인합니다. 최고의 행정 부서는 선출된 37인의 판관들로 구성되는데, 이들은 50세 이상이며 20년간 관직에 종사하게 됩니다. 이들 밑에 300인의 피선자들로 이루어진 의회가 있습니다. 이들은 네 개 유산 계급에서 선출됩니다. 이들 가운데 90인씩이 해마다 의회에 참석합니다. 플라톤은 이 체제가 왕정과 민주정의 중간을 차지한다고 생각합니다. 37인의 부서는 왕정 체제로, 최상의 관청으로 간주되어 감사의 의무로부터 자유롭습니다. 이 부서는 동시에 민주주의적인 것으로도 간주되는데, 그것은 그들이 국민들에 의해 선출되었으며 다른 의회가 하나 병존하기 때문입니다.

《파이돈》

《파이돈》의 전 단계는 《국가》의 마지막 부분인 〈영혼불멸의 증명〉,
X, 608에 있습니다. 소크라테스는 글라우콘에게 이렇게 묻습니다.

"자네는 우리의 영혼이 불멸하며 결코 몰락하지 않는다는 것을
인식하지 않았는가?"

그러자 그는 소크라테스를 바라보고 놀라움에 겨워 말했습니
다 :

"맙소사, 저는 인식하지 못했습니다. 도대체 당신은 그것을 주장
할 수 있단 말입니까?"

증거 : 모든 것에는 선한 것과 악한 것이 있다. 유지하는 것과 촉
진하는 것이 그 하나이고, 파멸시키는 것이 다른 하나이다. 예를 들
어 몸에는 병이 있고 나무에는 부패가 있고 하는 등등이다. 특수한
재앙이 어떤 사물을 멸망시키지 않는다면 그 사물은 멸망하지 않을
지도 모른다. 그런데 영혼에는 실로 그것을 나쁘게 만드는 것이 있
다. 불의, 무지, 비겁함 등이다. 그러면 이들 중에서 그 무언가가 영
혼을 해체하는 것인가? 그 해악이 죽음으로, 즉 육신으로부터의 분
리로 이끄는 것인가? 아니다. 육신을 망가뜨리는 것 그 자체는 영
혼에 어떤 영향도 끼칠 수 없다. 열로도, 목을 졸라서도, 설령 육신
을 최소 단위의 토막들로 나눈다 하더라도 영혼의 몰락은 촉진되지
않는다. 죽음 때문에 영혼들이 더 의롭지는 못하게 된다는 사실은
아무도 받아들일 수 없다. 영혼에 고유한 재앙은 영혼에 몰락을 가
져다 주기에는 충분하지 않다. 영혼은 또한 고유의 것이 아닌 재앙
을 파괴할 수도 없을 것이다. 영혼의 진짜 본질은 마치 조개나 해초

가 돌들을 더럽히는 것처럼 여기 삶 속에서 몸과의 결합을 통해 위축되었다. 뒤에 팜필리아 출신 아르메니오스의 아들인 에르에 대한 유명한 신화가 나옵니다(모두 자신의 운명을 스스로 선택했음, 영혼의 윤회). 그래서 전체 결론은, 영혼에 고유한 재앙, 악은 죽음을
5 불러올 수 없다는 것입니다. 죽음은 육체적입니다. 무엇을 통해 영혼이 몰락한다는 것입니까?—이것이 이 주제에 관한 초기 고찰의 예비 단계입니다. (그 맥락으로 보아 이것은 〈정의에 관하여περὶ τοῦ δικαίου〉에서 나온 것입니다.)

　지금까지 논의된 저술들과의 관계에서 볼 때《파이돈》은 하나의
10 진정한 혼합 구도를 최초로 보여줍니다. 이것은 설화와 담화의 관계에서 나타납니다. 소크라테스의 죽음은 하나의 숭고한 예증입니다. 특수한 것을 거론하는 데 보편적인 것이 제시되고 있습니다. 주제는 '철인과 죽음' 또는 '죽음의 공포의 퇴치' 입니다. 죽음은 철학에 본래적으로 영감을 불어넣는 정혼(精魂) 또는 철학의 영도자로 일
15 컬어집니다. 플라톤에 의하면 철학이란 바로 죽음의 연습θανάτου μελέτη입니다. 죽음 없이는 철학을 한다는 것은 거의 불가능하기까지 할 겁니다. 인간에게야 비로소 죽음에 대한 확실성이 생깁니다. 그것을 치유하는 약은 형이상학적 견해들로, 이것은 모든 종교와 철학의 핵심입니다. 죽음과 철학의 이러한 본래적 결합은 소크
20 라테스의 것이 아니라 플라톤의 것으로 보입니다. 실제의 소크라테스는 저승의 가능성이라는 통속적 견해는 분명 가지고 있었지만, 철학자가 죽음을 동경한다는 플라톤의 견해는 갖고 있지 않았습니다. 그러나 플라톤은 자신의 견해를 개진하기 위해 소크라테스를 신화적 예증으로 사용합니다. 역사적 사건에 관해 이야기하고 있는

것이 아닙니다. 플라톤은 소크라테스 최후의 날에 그의 곁을 지킨
일이 없습니다. 간접적 등장 인물을 통한 이야기의 재현은 1) 그 스
스로 모든 자유를 가지기 위한, 2) 그럼에도 확신을 주는 속임수를
창출하기 위한 그의 인위적 방편입니다. 그 특성들이 면밀할수록
5 그것들은 일반적으로 더욱더 꾸며낸 것들입니다.

플라톤의 영혼불멸설은 세인의 지대한 이목을 끌게 됩니다. 희극
에서는 야유당합니다(Alexis[77], La. D. III, 28).

"내 몸, 이 죽어 없어질 몸은 비록 말라버릴지나, 불멸한 것은
10 대기로 상승한다. 그것은 플라톤의 책임이 아닌가?"

암브라키아 출신 클레옴브로토스는 《파이돈》을 읽고 나서 "죽어
마땅할 그 어떤 일도 일어나지 않았음에도" 스스로 목숨을 끊었다고,
경구 25에서 칼리마코스가 말합니다. 고대 그리스 정신은 항상, "만약
15 죽은 자들이 느낌이 있다면" 하는 식으로 회의적인 '만약'을 염두에
두고 있었습니다(《변명》에서는 : 만약 그 말이 사실이라면εἰ ἀληθῆ
ἐστι τὰ λεγόμενα, 만약 그 말이 최소한 사실이라면εἴπερ γε ἀληθῆ
ἀληθῆ ἐστι τὰ λεγόμενα). 플라톤 이래 사람들은 우선 통속적으로 영
혼이 더 이상 하계에 있는 것이 아니라 하늘에 있다고 생각했습니다
20 (에테르로, 별들로, 하늘로, 신들에게로 올라갔다고). '축복받은
자ὁ μακαρίτης'가 우위를 차지합니다('축복받은 나의 아내τὴν
μακαρῖτίν μου γυναῖκα'. Luc. Philopseudes, 27).

에케크라테스와 파이돈이 원래의 담화자들입니다. 파이돈이 플
리우스에서 온 이 사람에게 이야기를 해줍니다. 델로스 소축제 때

문에 판결이 지연되었다는 데 관한 서두. 놀라울 만큼 만족한 친지들의 분위기 묘사. 배석한 사람들의 이름이 불립니다. 마지막 날의 경과. 족쇄는 풀렸음. 쾌락과 고통의 필연적 연결. 이솝은 우화를 지었을 것. 에우에노스의 이름으로 케베스는 묻습니다 : 꿈에 나타

5 난 모습이 시작(詩作)의 원인이라는 것. |

에우에노스에게 하는 인사 : 그가 만약 철학자라면 가능한 한 즉시 따라 죽어야 할 것. 의아스러움. 철학자는 죽기를 희구하지만 자살은 안 된다. 왜냐하면 그는 자의적으로 자신의 감옥을 벗어나서는 안 되기 때문이다. 그는 신들의 감독을 회피해서는 안 된다. 반론 :

10 그렇다면 죽음을 갈구하는 것은 어리석은 일일 것이다.―아니다. 죽음은 선한 주인들과 선한 인간들에게로 인도한다. 선하면 선할수록 그 현존은 더 축복된 것이다. 철학자는 그래서 죽음을 갈구한다. 죽음이 다가오는 것에 분노한다면 그는 어리석은 자일 것이다. 철인은 육신을 떨쳐내기를 갈구한다. 마침내 죽음이 그것을 온전하게

15 가져다 준다. 그래서 그는 죽음을 동경하는 것이다. 그가 육신을 사용하면 할수록 진리의 인식은 더욱 줄어든다. 죽은 후 그는 진리를 순수하게 인식하리라는 희망을 갖는다.

일반적 반론 : 요컨대 영혼이 아직 존재한다면. 그것은 증명되어야 할 것이다.*

20 I) 반대로부터의 증명. 모든 것은 반대되는 것들에서 생긴다. 큰 것은 작은 것에서 생긴다 등등. 양자의 사이는 중간 상태, 생

---

* 고르기아스 : 도덕적 증명. 불의를 당하는 것이 아니라 불의를 행하는 것이 악이라는 것. 범죄를 저지르는 자에게는 벌을 받는 것이 좋은 일이라는 것. 이 세상에서는 이것이 흔히 일어나지 않으므로 저 세상을 전제해야 한다는 것(칸트를 상기할 것).

성 γένεσις. 깨어 있음―잠―다시 깨어남―잠듦. 살아 있는 것에서 죽은 것이, 죽은 것에서 살아 있는 것이 생겨나야 한다. 죽음―재생―두 개의 생성 γενέσεις. 삶으로 이행하기 위해 영혼들은 어딘가 존재해야 한다.

Ⅱ) 우리가 무엇인가를 기억해야 한다면 그것을 이미 알고 있어야 한다. 나아가 어떤 것을 지각함으로써 이에 상응하는 어떤 것을 기억할 수 있다. 하지만 또한 그것과는 다른 어떤 것, 예를 들어 칠현금을 통해 한 사람을 기억할 수도 있다.―동일한 것 ὅμοιον 을 통해서 어떤 것을 기억한다면 그 〔기억〕 유사성은 클 수도 작을 수도 있다. 그러나 우리는 또한 많은 것이 같다 ἴσον 고 말한다. 이것은 감각적으로 지각되는 사물들이나 돌들, 목재들에는 해당하지 않는다. 이것들이 우리를 같다 ἴσον 는 개념으로 인도했을 수는 없는 것이다. 동일한 사물들은 어떤 점에서는 또한 동일하지 않다. 눈에 보이는 동일한 것은 절대적으로 동일한 것보다 뒤처져 있다. 어떻게 더 못한 것에서 더 나은 것을 인식할 수 있겠는가? 분명 오히려 반대일 것이다. 그렇다면 우리는 동일성의 개념을 이미 태어나기 이전에 가진 게 분명하다. 이는 선한 것, 옳은 것, 아름다운 것에도 적용된다. 여기에 《메논》.

Ⅲ) 친구들은 사후에도 영혼이 있다는 증명이 없음을 아쉬워합니다. 첫 번째 명제들이 참조됩니다. 살아 있는 모든 것이 죽은 것에서 생긴다면 영혼 또한, 그것이 삶 이전에 존재했다면 죽은 것에서 태어난 것이 분명하며, 다시 탄생해야 하므로 우리의 죽음과 함께 소멸할 수 없다.―아주 만족스럽지는 못한 것으로 생각됨. 그래서 새로운 증명. 혼합된 것은 다시 분해되고 파괴될 수 있다. 단순한

것에는 이 두 가지가 일어날 수 없다. 항상 자기 자신과 동일한 것으로 남는 것이 단순한 것으로 간주된다. 항상 변하는 것은 혼합된 것이다. 예를 들어 아름다움은 영원히 동일하다. 아름다운 사물들은 변한다. 그런데 이제 저들 변하는 것은 감관을 통해 지각되고, 항상 동일한 것은 정신을 통해 인지된다. 사물의 두 종류, 즉 1. 보이는 것과 2. 보이지 않는 사물들 : 1에는 육체가 속하고, 2에는 영혼이 속한다. 만약 영혼이 육체를 통해 사물을 관찰한다면 영혼은 동요하게 된다. 오직 자기 자신을 통해서 관찰할 경우에만 영혼은 항상 동일하여 항상 동일한 것, 순수한 것, 영원한 것에 주의를 기울인다. 이 상태가 통찰 φρόνησις 이라 일컫는 상태이다. 영혼과 육체가 결합되어 있으면 영혼이 지배해야 한다. 영혼은 신적인 것, 보이지 않는 것, *이성적인 것*νοητά, 단순한 것, 해체되지 않는 것과 전적으로 비슷하다. 육체는 그 반대다. 육신을 떠난 순수한 영혼은 선하고 지혜로운 신에게 이를 것이다. 감각적 영혼은 육체에서 완전히 떨어지지 못해 항상 다시 이승적인 것으로 이끌린다. 이들 영혼은 방황하며 다시 육신 안에 들려고 노력한다. 영혼의 윤회는 짐승의 몸을 통해서도 이루어지고 있다.

영원한 순환이 필요함. 그렇지 않다면 모든 것은 영원한 잠 속에서 경직될 것.

두 번째 증명은 *인식*ἐπιστήμη, *회상*ἀνάμνησις으로부터.—우리는 살면서 한 번도 이데아를 보지 않는다. 그런데 같은 *것*τὸ ἴσον을 본 적도 없으면서 어떤 것을 같다고 이름 짓는다. 우리는 그것을 삶에서 배운 것이 아니다. 그렇다면 이전에 배운 것이다. 이로써 전생이 증명되었습니다. 이후의 생이 아닙니다. 이후의 생에는 첫 번째 증명이 참조됩니다.

　세 번째 증명은 〔단순성〕 단순한 것과 영혼의 친연성으로부터의 증명. 가멸적인 것은 혼합된 것이고, 일자는 지속하는 것이다. 영혼이 육체에 관여하게 되면 영혼은 불안해지고 영원히 변하는 것과 관계를 맺는다. 철학자의 영혼은 동일하게 지속하는 것을 얻고자 노력한다. 〔죽은 뒤에는 모든 것이〕 가시적인 것, 감각적인 것, 다양한 것과 변함 없는 것, 영원한 것은 구분되어야 한다. 영혼은 후자를 얻으려 애쓴다. 전자는 육체이다.

　반론들 : 칠현금과 화음—시미아스는 같은 방식으로 화음이란 보이지 않는 것, 아름다운 것, 신적인 것이며 칠현금은 물질적이고, 혼합되었고, 가멸적인 것과 친연성이 있다고 말할 수 있다고 주장합니다. 칠현금은 부서지더라도 화음은 아직 분명 존속하리라는 것입니다. 그런데 영혼은 실제로 육체의 구성 부분들의 올바른 혼합과 조율로 간주할 수 있다는 것입니다. 죽음이 도래하면 영혼이 먼저 몰락한다고 그가 주장한다면 이에 대해 무슨 말을 하겠느냐는 것입니다.—케베스는 담화가 제자리걸음을 하고 있다고 말합니다. 그는 영혼이 〔죽음〕 삶 이전에 존재한다는 것은 증명되었으나, 영혼이 사후에 존속한다는 것은 증명되지 않았다고 봅니다. 영혼은 여러 육체의 옷을 입을 수 있지만 결국은 점진적으로 소모되어 소멸하게 되는 데 반해 육체는 아직 얼마 동안 존속한다는 것입니다.

　이 말은 다른 사람들에게 엄청난 인상을 줍니다.

　소크라테스는 그들이 어떤 담화도 혐오하지 않게 되기를 원합니다. 모든 사물의 경우처럼 담화들도 대부분 중간에 위치한다고 그는 말합니다. 아주 그릇되거나 완전히 완성된 담화는 매우 드뭅니다. 친구들은 소크라테스가 그들에게 무언가를 말한다는 사실에 유념할 것이 아니라 오로지 진리에 유념해야 할 것입니다.

그는 시미아스를 반박합니다. 시미아스는 배우는 일이 기억하는 일이며, 영혼이 이전에 이미 존재했다는 것에 동의합니다. 이것은 화음의 관념과 모순됩니다. 영혼이 육체의 요소들로 혼합된 것이라면 영혼은 육체보다 먼저 존재할 수는 없습니다. ─게다가 혼합된 모든 것은 자기의 부분들이 행하고 당하는 것들만을 행하고 당할 수 있습니다. 그것은 자신을 구성하는 부분들에 의해 전적으로 지배받고 있는 화음에서도 그러합니다. 또한 하나의 화음이 다른 화음보다 완전할 수는 있습니다. 그러나 어떤 영혼도 다른 영혼보다 더 영혼일 수는 없습니다. 그렇다면 영혼이 육체를 지배하는 것입니다.

네 번째 증명 이데아론으로부터 : 동시에 케베스에 대한 반박. 케베스는 영혼이 육체와 결합됨으로써 마치 병이 들어 죽어가듯 차차 죽어갈 것이며 마침내 소멸할지도 모른다고 두려워합니다. 이것은 *생성된 것*γίγνεσθαι으로 인도합니다. 이제 비록 소크라테스의 입을 통해서이지만 의심할 여지 없이 플라톤의 것인 매우 주의할 만한 자백들이 이루어집니다 : 우선 청년기에 자연의 해명을 향한 강한 성향. 그는 진정한 원인을 하나도 발견하지 못했습니다(*자연의 탐구*ἱστορία περὶ φύσεως). 그는 자신이 생성을 설명할 수 없다는 것을 알아차립니다. 가장 단순한 것조차, 예를 들어 어떻게 2가 되는가 하는 것조차 말입니다. *나누기*σχίσις, *더하기*πρόσθεσις. 이제 아낙사고라스, 그리고 자연에서의 목적론 : 최선의 것이 근거이다. 불충분하게 전개된 원칙. 예 : 내가 여기 그대들과 함께 앉아 있는 근거가 무엇인가? 아낙사고라스는 힘줄, 뼈 등등이라고 대답할 것입니다.

완전히 틀립니다. 왜냐하면 힘줄이나 뼈들은 오래전부터 메가라나 보이오티아에 있었을 것이기 때문입니다. 원인과 수단의 혼동, *원인 tò αἴτιον과 그것 없이는 원인이 원인이 될 수 없는 것 ἐκεῖνο ἄνευ οὗ τὸ αἴτιον οὐκ ἄν ποτ' εἴη αἴτιον.*[78] —그러자 그는 다른 길을 택했다는 것입니다. 이제 그는 개념들을 선택했다는 것입니다. 그러나 오로지 이데아만이 원인입니다. 이제 그 방법론도 제시됩니다. 1) 적에게는 어떻게 대처하는가? 2) 이데아에 이르기 위해서는 무엇을 하는가?

담화가 잠시 중단된 후 중간에 끼어든 사람에 의해 대화가 계속됩니다. 이데아들, 그리고 감각적 사물들과 몇몇 중간 존재들이 구분됩니다. 이 중간 존재들 역시 자신들의 관념에 대립되는 개념은 받아들일 수 없습니다. 짝수와 홀수 : 그러나 3도 결코 짝수의 이데아를 받아들일 수 없습니다. 영혼은 자신을 사로잡는 것에 항상 삶을 가져옵니다. 삶은 자기와 대립되는 것으로서 죽음을 가집니다. 따라서 영혼도 대립되는 것, 즉 죽음을 받아들일 수 없습니다. 죽음을 받아들이지 않는 그 무엇은 불멸입니다.

영혼은 불멸이므로 매우 조심스럽게 다루어야 합니다. 죽음이 모든 것으로부터의 해방이라면 그것은 나쁜 것에는 이익을 가져올 것입니다. 이제《국가》의 신화와 나란히 사후의 삶에 대한 긴 신화. 부동(浮動)하는 땅, 네 개의 강, 속죄, 위에는 정토(淨土). 코키토스, 피리플레게톤, [타르타로스], 오케아노스.[79]

역사적 종결 : 그는 목욕하고, 가족에게 이야기하고, 간수가 작별을 고한 후 독배를 마십니다. 엄청난 고통, 수탉에 대한 마지막 말.

《메논》

(인식ἐπιστήμη, *회상ἀνάμνησις,* 때문에 지금 다룰 것)

메논, 소크라테스, 아니토스, 메논의 종 한 사람. 메논은 테살리
아의 귀공자입니다. 그는 소피스트들의 문하에서 수학했으며 아니
토스의 손님입니다. 그런데 그는 《아나바시스*Anabasis*》[80)]가 그리도
불명예스러운 것을 전하는 바로 그 인물로서, 클레아르코스의 통솔
아래 젊은 키로스가 페르시아의 왕관을 정복하는 것을 도우려 했던
용병 대장들 가운데서 술책에 능란하고, 클레아르코스에게 항상 저
항했으며, 특히 키로스가 죽은 뒤 배신 혐의를 받게 된 인물입니다.
일반적 성격《아나바시스》, 2, 6, 21~28. 사람들은 플라톤이 그에
게 대화편을 한 편 헌정하고 있다는 사실에서 크세노폰과의 우정을
읽어내고자 했습니다(마르켈리누스Marcellinus의 투키디데스의 생
애 §27). 대화편에서는 그의 문제성 있는 면에 관한 것은 아무것도
눈에 띄지 않습니다. 그는 고상하고 거만하고 자기 도취적입니다.
이와는 달리 아니토스는 야심 있는 수완가로서 훌륭한 안테미온의
아들입니다. 그는 위협하면서 격분에 차 퇴장합니다. 메논이 질문
을 제기합니다.

　1) 덕은 가르칠 수 있는가?

　2) 덕은 연습을 통해 얻을 수 있는가?

　3) 덕이 천부적인 게 아니라면 어떻게 인간에게 왔단 말인가?

　—소크라테스는 고르기아스가 테살리아 사람들을 매우 현명하
게 만들었기 때문에 그들은 모든 것에 대해 답할 줄 알 것이라는 견
해를 표명합니다. 아테네에서는 이 질문에 아무도 답할 수 없을 것

이며, 소크라테스는 덕이 무엇인지조차 알지 못한다는 것입니다. 고르기아스는 이것을 분명 메논에게 말했을 것이니, 메논은 그것을 전해주어야 한다는 것입니다. —그러자 메논은 여러 가지 덕목들을 제시합니다 : 남성의 덕(국가의 행정, 이를 통해 친구들에게는 선행을, 적들에게는 악행을 행하는 것), 여성의 덕(가정을 관리하는 것, 남성에게 순종하는 것), 모든 계급, 모든 연령에 따라서 상이한 덕이 있다는 것입니다. 소크라테스 : 그것은 하나의 덕이 아니라 벌떼같이 많은 덕들이다 : 도무지 어떤 점에서 모든 벌〔蜂〕이 같으며, 어떤 점에서 모든 덕이 한결같은 모양인가? 덕이란 무엇인가?—메논은 덕이란 사람들을 통치하는 능력이라고 설명합니다. 소크라테스는 우선 '정의롭게 다스리는 것'이라는 부가 명제를 요청합니다. 그러면 정의는 바로 덕 그 자체인가 아니면 하나의 덕인가? 소크라테스는 형태와 색깔에 대해 논의함으로써 그에게 질문을 알기 쉽게 설명하고자 합니다. 이제 메논은 덕이란 아름다운 것을 추구하면서 그것을 창출하는 능력을 가지는 것이라고 설명합니다. —선도 얻으려 애쓰는 대상이라는 것이 확실해집니다. 추구의 관점에서 볼 때 누구든 오로지 선만을 추구한다는 사실이 전달됩니다. 몇몇은 악을 추구하기도 하지만 말입니다.

1. 몇몇은 그것을 선이라고   다른 몇몇은 그것을 악이라고
   간주하면서   인식하면서

2. 그것이 해를 가져   3. 그것이 효용이 있다고
   온다고 생각하면서   생각하면서

1은 그것이 바로 선이라고 간주합니다. 2는 그것은 원래 주장할 바가 아니라고 합니다. 누구든지 악이 불행하게 만든다는 것을 알고 있으며, 불행해지려는 사람은 아무도 없기 때문이라는 것입니다. 3에서는 악이 선과 혼동되고 있습니다. 모두가 선을 원합니다. 더 낫다는 것은 단지 선을 획득할 능력이 있다는 데 있습니다. 그렇다면 덕이란 이를테면 선을 획득하는 능력입니다.—이 명제의 진위가 탐구됩니다. 건강, 부, 명예직 등 '좋다'고 하는 모든 것이 나열됩니다. 예를 들어 금이나 은을 획득하는 것이 덕이라면 '정의로운 방법으로'라는 것이 덧붙여져야 합니다. 그러면 획득하는 일에는 여전히 정의가 있습니다. 그렇지 않다면 좋은 것을 가져온다 할지라도 덕이 아닐 것이기 때문입니다. 그래서 금은보화를 획득하지 않는 경우, 정의로운 방법으로 이루어지지 않는 경우에도 그것은 덕이 될 것입니다.—메논은 당황합니다 : 소크라테스는 만지기만 하면 모두를 마비시키는 실룩거리는 가오리에 비유됩니다. 소크라테스는 스스로 경직된다 하더라도 이 물고기와 같아지고자 합니다. 그는 덕이 무엇인지를 모르기는 하지만, 덕의 탐구를 멈추지 않겠다는 것입니다. 메논은 무언지 전혀 알지 못하는 것을 도대체 어떻게 탐구할 수 있느냐고 묻습니다. 소크라테스는 그것이 사람들이 논쟁을 일삼는 다음과 같은 명제라고 말합니다.

"인간은 그가 아는 것을 연구할 수도, 그가 모르는 것을 연구할 수도 없다. 왜냐하면 그가 아는 것은 구태여 연구할 필요가 없고, 모르는 것은 연구할 수 없기 때문이다."

소크라테스는 이를 반박하면서 시인들을 끌어들입니다—인간의 영혼은 불멸이다. 죽는다고 일컬어지는 것은 다른 삶의 시작이다.

그러므로 사람들은 가장 경건한 삶을 영위해야 한다. 9년간의 정죄 후 영혼은 페르세포네에 의해서 상계의 태양에 반환되고, 이렇게 하면서 몇 번이고 떠돌게 된다. 이를 통해 영혼은 하계와 상계의 모든 것을 알게 되고, 그로 인해 덕에 관한 것도 회상할 수 있음이 분명하다. 따라서 사람들이 배운다고 일컫는 것은 근본적으로 그저 회상일 뿐입니다. 우리는 찾기만 하면 되는 것입니다. 그러면 알았던 것이 드러납니다. 메논은 이 논변이 옳지 않다고 말하면서 예증을 요구합니다. 소크라테스는 메논의 종을 한 사람 데려다 놓고 수학 명제를 하나 가르칩니다. 거기에는 다음과 같은 명제들이 있습니다. 1) 만약 한 직삼각형의 사변(斜邊)이 원의 지름과 같다면 그 삼각형을 원 안에 그려 넣을 수 있다. 2) 이등변의 직삼각형에서는 사변을 둘러싼 호는 직각을 끼고 있는 변들 중 하나를 둘러싼 호의 두 배 길이가 된다.—메논은 덕이란 무엇인가 하는 문제를 더 파고들기보다는 덕을 가르친다는 게 가능한가에 대한 답을 듣고 싶어합니다. 소크라테스는 비록 자기 자신에게는 아니나 다른 사람에게는 명령 내리기를 좋아하는 메논의 명령에 복종합니다. 그는 만약 덕이 인식이라면 덕은 가르칠 수도 있는 것이어야 함을 전제로 하고 출발합니다. 그런데 덕이 인식이라는 것을 우리는 유용함에서 얻습니다. 모든 유용함은 영혼에 의해 좌우되며, 영혼은 이성Vernunft (φρόνησις)에 의해 좌우된다는 것입니다. 따라서 이성은 유용한 것일 터입니다. 그리고 이제 덕이 유용한 것임이 밝혀졌으므로 이성은 그 전체 또는 한 부분이 덕이라는 결론이 나옵니다. 그렇다면 선한 사람들도 천성적으로 선할 수는 없는 것입니다. 그들은 가르침의 결과로 출현하는 것이 분명합니다. 덕이 인식이므로 그것은 가르칠 수 있다는 것이 분명하기 때문입니다. 소크라테스는 결론에 대해 아직 회의적입니다. 요컨대 덕이란 게 가르칠 수 있는 것이라면 스승도 있어야 할 것입니다. 그는 자신의 활동으로 부유해졌으며 다른 면으로도 훌륭한 인물의 아들인 아니토스를 향해 덕의 교

5 사들이 있는지를 묻습니다. 소피스트들은 제외됩니다. 이들은 고려 대상이 되지 못한다는 것입니다. 아니토스는 덕을 아테네 사람들 가운데 모든 명망가에게서 τῶν καλῶν κἀγαθῶν 배울 수 있다고 생각합니다.—그러나 왜 테미스토클레스, 아리스티데스, 페리클레스의 아들들은 그들 부친의 덕에 있어 출중하지 않은가?—아니토스는

10 소크라테스의 말을 막고, 그가 사람들에 대해 나쁜 말을 한다며 조심해야 할 것이라고 경고합니다. 이제 소크라테스는 메논을 향해 말합니다. 메논은 고르기아스를 찬양합니다. 그러나 고르기아스 자신의 불확실함이 지적됩니다. 그것은 덕을 어떤 때는 가르칠 수 있는 것으로, 어떤 때는 가르칠 수 없는 것으로 지적하는 테오그니스

15 에게서도 나타나는 불확실함입니다. 소피스트들도 교사가 아니며 미와 선의 결합 καλοκαγαθοί도 교사가 아닙니다. 교사가 없는 곳에는 학생도 없습니다. 그러므로 덕은 가르칠 수 없을 것입니다.—이제 소크라테스에게는 인식을 통해서만이 아니라 정견(正見)을 통해서도 모든 것을 잘 배려할 수 있다는 생각이 떠오릅니다. 정

20 견 ὀρθὴ δόξα도 인식 ἐπιστήμη과 마찬가지로 좋은 안내자입니다. 라리사로 가는 길이 어떤 길인지에 대한 정견을 가지고 있으나 그 길을 아직 가지 않은 사람도 역시 그곳에 도착하게 될 것입니다.— 그들은 다음의 명제에 대해 의견을 같이합니다.

　| 1) 정견도 인식 ἐπιστήμη과 마찬가지로 행동을 완수한다는 것.

2) 선한 사람은 또한 유용한 사람이라는 것.

3) 누구든지 오직 이 두 가지를 통해 유덕하고 국가에 유용한데 그것들은 어느 누구에게도 천성적으로 부여되는 게 아니라는 것, 그래서 덕 또한 천성적으로 소유하는 게 아니라는 것.

4) 그러나 덕은 가르칠 수 없고, 따라서 인식도 그러하다는 것.

5) 따라서 덕은 오직 정견일 수 있을 뿐이라는 것.

그러므로 위대한 정치가들은 신탁의 사제들, 점성가들이나 시인들과 구별되지 않습니다. 그들은 신적인 계시를 통한 영감의 상태에서 이야기합니다. 그들의 덕은 신의 섭리로서, *이성이 관여하지 않은* ἄνευ νοῦ 선물입니다. 그 다음 이들 정치가들 중에서 다른 한 사람을 역시 정치가로 육성할 능력이 있는 한 사람이 나타나야 할 것입니다. 그러나 그는 마치 테이레시아스[31]가 죽은 자들 가운데 나타나듯, 말하자면 그림자 없는 실물로 나타날 것입니다―하지만 무엇보다도 그들은 우선 덕이 무엇인지를 알아야 할 것입니다. 그러기 전에는 그들은 사람들이 어떻게 덕에 이르는지 아무런 자세한 것도 알지 못할 것입니다.

원래 상당한 공교(公教) 차원의 대화편입니다. 진정한 치도(治道)와 이데아론은 다만 먼발치에서만 드러납니다. 어디에도 통속적인 전제들뿐입니다. 이러한 전제들에서 덕의 본질은 찾을 수 없습니다. 그것은 어디에서 오는 것일까요? 가르칠 수 있는 것은 아닙니다. 그것은 신적인 계시가 분명합니다. 플라톤은 명확한 답변들을 예를 들어 《파이돈》과 《국가》에서 제시합니다.―《메논》은 아카데미에서 씌어진〔최초의〕최고(最古)의 저작들 가운데 하나임이 분명합니다.* 그 안에는 특기할 만한 시대 착오가 있습니다. 90쪽.

테바이 사람 이스메니아스의 매수 : *"최근에야 폴리크라테스의 보물을 얻은 테바이 사람 이스메니아스처럼."* 크세노폰, *Hellen*. III, 5, 1은 아게실라오스가 주도하는, 승리에 넘치는 아시아를 향한 진격이 점점 위협적이 되었을 때, 페르시아의 정치는 그리스인들 정당의 수뇌들을 매수하는 것을 수단으로 그의 제거를 실현할 수 있었다는 이야기를 전하고 있습니다.** 서남아시아의 총독 티트라우스테스는 테바이와 코린토스와 아르고스에 있는 정치가들을 스파르타에 대적하는 우방으로 얻기 위해 이들에게 분배할 요량으로 50탈렌트를 보냈습니다. 그것이 성공해 코린토스 전쟁이 발발합니다. 아게실라오스는 퇴진을 강요당합니다. 매수된 자들 가운데는 테바이의 이스메니아스가 있었습니다. 그것은 395년의 일이었습니다. 382년 이스메니아스의 소송에서 모든 것이 밝혀집니다. 그 사례가 아주 근접해 있었던 이 시기, 즉 382년에 우리의 대화편이 씌어진 것이 분명합니다(아카데미는 387년에 설립됨). ─《메논》, 99C에 《이온》이 이어집니다.

《이온》

위에 지적된 《메논》의 문구를 인용하자면 다음과 같습니다.

"우리는 당연히 신탁을 내리는 자들이나 점성가들, 그리고 시적

---

* 387년 아카데미 설립 연도.
** 위버베크, 225쪽.

재능을 타고난 사람들 모두를 통틀어 신적이라고 지칭해도 좋습니다. 그리고 이들 모두에 앞서 유능한 모든 정치가에 대해서도 신적이며 영감에 찬 사람들이라고 주장해도 좋습니다. 왜냐하면 자신들이 이야기하는 것에 대해 별반 지식이 없음에도 연설을 통해 많은 대단한 일들을 성공적으로 이끌어가는 것은 그들이 신성에 사로잡혀 신성에 충만해 있기 때문입니다."

이것이, 즉 같은 부정적 경향이 시인과 가인(歌人)에 대해 입증되어야 하는 것입니다. ─유명한 호메로스 가인인 이온, 그리고 소크라테스. 장면은 없음. 이온은 호메로스에 관한 이야기를 자신이 가장 아름답게 할 수 있다고 믿습니다. 그는 헤시오도스와 아르킬로코스의 경우에는 그럴 수 없다고 합니다. 비록 모든 시인이 같은 대상을 다루고는 있지만 모두 호메로스보다는 못하다고 그는 말합니다. 그의 이 말과 관련해서 소크라테스는 다음의 사실을 수긍하라고 그에게 강요합니다. 즉 이온 자신이 거의 모든 시인이 같은 대상을 다룬다고 말하면서 같은 대상에 대해 말하는 모든 사람의 정통한 평자임을 자인하니, 그는 호메로스와 그 밖의 시인들을 해석하는 데 똑같이 숙련된 자질을 갖고 있는 것이라는 사실 말입니다. 이제 이온은 이렇게 묻습니다. 다른 시인들에 관한 이야기가 나올 때는 그는 멍하니 꿈꾸는 상태에 있는데 호메로스의 경우에는 곧장 깨어나는 것은 어찌 된 일인가를. 소크라테스는 기술과 통찰이 그에게 그러한 능력을 부여하는 것이 아니라 자석과 같은 어떤 신적인 힘이 그를 자극하는 게 틀림없다고 말합니다. 자석이 마치 철제 고리를 끌어당길 뿐만 아니라 이들 고리에 같은 힘을 전해서 이따금 고리들이 하나의 사슬로 연달아 매달리게 하는 것처럼 말입니다. 마찬가지로 뮤즈 여신 자신도 영감을 받은 자들을 창조하는데, 이들 영감받은 자들을 통해 다른 이들이 다시 자극받으면서 하나의 사슬이 형성됩니다. 왜냐하면 영웅 찬가의 시인들은 이 모든 노래를 예술의 원칙에 따라서가 아니라 영감과 황홀경의 상태에서 지어내는 것이기 때문입니다. 탁월한 가곡 시인도 그러합니다. 키벨레의 여사제들인 코리반테스들이 깊이 생각하는 마음으로 춤을 추는 것이 아니듯이, 가곡 시인들 역시 숙고하면서 아름다운 노래들을 지어내는 것이 아니라, 화음과 박자가 잡히면 돌진하여 디오니소스의 여사제들처럼 황홀경에 몰입하는 것입니다. 시인들은 자신들도 벌처럼 날아다니며 꿀이 넘쳐흐르는 원천에서, 뮤즈 여신들의 정원과 숲들에서 자신들의 노래를 수집한다고 말합니다. 그것은 사실입니다. 왜냐하면 시인은 공기처럼 투명하고 날개 돋친 듯 가벼운 성스러운 존재로, 영감에 찬 가운데 몰아경에 빠져 실신하기 전에는 시를 지을 수 없기 때문입니다. 이런 상태에 이르기까지는 아무도 시를 짓거나 예언을 할 능력을 갖지 않습니다. 오로지 신적인 힘을 통해서만 그들은 하나의 대상에 대해 아름답게 말할 수 있는 힘을 부여받는 것입니다. 그래서 신은 이들을 이용하여 신성한 봉사자인 그들에게서 의식을 빼앗습니다. 그것은 그러한 대단한 일들을 말하는 건 의식을 빼앗긴 이들 시인이 아니라 이야기를 하는 신 자신이며, 따라서 신이 그들의 입을 통해 우리에게 말하는 것임을 이들에게 귀 기울이는 우리로 하여금 인식하도록 하기 위해서입니다. 칼키스 출신 틴니코스의 가장 유력한 증명. 그의 유일한 파이안을 통해. 시인들 가운데 가장 약한 자를 통해서 신은 가장 장엄한 노래를 울리게 한 것입니다(여기서 우리는 헤시오도스의 입문[82]을 생각합니다). 이제 어떻게 가인이 황홀경의 정신 상태에서 자신이 구술하는 사건들에 실제로 참가하고 있다고 믿는지가 묘사됩니다. 그러고는 청자(聽者). 시인, 가인, 청자라는 세 개의 고리. 신은 그러나 한 고리의 힘을 다른 고리의 힘과 연결하면서 이들 모두를 통해 영혼을 그가 의도하는 곳으로 이끕니다. 이 고리들의 옆쪽으로는 가무단원들과 가무 교사들의 아주 긴 사슬이 다시 연결되어 있습니다. 이제 이온은 기술에 정통한 자로서의 호메로스에 대해, 즉 마부, 예언가, 최고의 지휘관으로서의 호메로스에 대해 이야기해야 합니다. 마침내 소크라테스가 묻습니다.

"그러면 당신도 그리스인들 중 최고의 지휘관입니까?"

호메로스의 시가를 통해 배웠으니 그렇다는 것을 확신한다고 이온은 대답합니다.

—그렇다면 당신은 어째서 군대를 지휘하지 않는 거요? 아니지요, 당신은 호메로스의 훌륭한 점을 많이 알고 있다고 자랑하지만 그것을 실제로 해 보일 수는 없는데도 프로테우스처럼 미끄러져 나와 급기야 최고 지휘관으로 행세하는구려. 당신이 기술에 정통한데도 이를 실제로 보여주지 않겠다면 당신은 자신에게 옳지 못한 짓을 하는 겁니다. 의롭지 못한 자로 간주되고자 하는지, 아니면 신적 영감을 받은 자로 간주되고자 하는지는 당신이 선택하시오!

—가인은 두 번째 것을 선택하기로 결정합니다.

《파이드로스》

시기를 결정하는 데 '문자Schrift'에 관한 이 책의 문구가 아주 중
요합니다. 그것은 아카데미의 존재를 전제합니다. 그렇다면 어쨌든
387년 이후입니다. 그러나 그 직후가 됩니다. 왜냐하면 385년이나
384년에 《향연》이 씌어진 것이 분명한데 그것은 《파이드로스》를
전제로 하기 때문입니다. 위버베크, 252쪽 참조. 더 전에 이루어진
설명들에 의하면 이것은 플라톤의 첫 작품입니다. 이 시기 설정에
대한 반대 의견은 슈펭겔이 가지고 있습니다(Leonhard Spengel :
〈이소크라테스와 플라톤Isokrates u. Plato〉, 《바이에른 학회 철학-
문헌학 부문 논문집 *Abh. der philos.-philolog. Klasse der baier. Akad.
d. Wissensch*》, Bd. VII, Abth. 3(뮌헨, 1855), 729쪽). 여기서 이소크
라테스에 관한 예언이 보입니다. 슈펭겔은 일단 *그러니까* ἔτι τε를
어쩌하든 εἴτε으로 정정합니다. 소크라테스는 이소크라테스가 담화
에서 다른 누구보다도 출중함을 드러내거나, 또는 그보다 더한 일을
해도, 즉 철학을 붙들게 되어도 이를 놀랍게 여기지 않습니다. 슈펭
겔의 의견으로는 아카데미 설립 시기를 전후하여 플라톤은 그보다
못한 희망도 더 이상 품을 수 없었다는 것입니다. 그것은 이소크라
테스가 그의 연설 〈소피스트들에 대하여 κατὰ τῶν σοφιστῶν〉(v. J.
396)에서 하는 공격의 대상에는 다른 웅변가들뿐만 아니라 그가 쟁
론가라고 부르는 철학의 교사들도 포함되는데, 이것이 플라톤에게
거부감을 일으켰음에 틀림없는 방식으로 이루어졌기 때문입니다
(논쟁을 일삼는 자들 οἱ περὶ τὰς ἔριδας διατρίβοντες). 슈펭겔은
그것을 메가라 사람들과 관련시킵니다. 이소크라테스의 찬양에서

그는 초기 편찬을 뒷받침하는 가장 유력한 증거를 발견합니다. 위버베크는 그 결론을 반박합니다(257쪽). 동일한 수사가 모든 철학 일반을 쟁론술이라는 이름으로 부르기 때문이라는 것입니다. 〈헬레나 찬미〉의 서두에서 그는 안티스테네스를 조롱합니다. 안티스테네스 학파는 이미 존재하고 있었습니다. 공격은 이미 공간적으로 거리가 먼 메가라 사람들보다는 그에게 하는 것이 훨씬 더 적절합니다. 그런데 플라톤 역시 안티스테네스에 대해 비우호적인 평가를 내렸습니다. 그러므로 바로 이스크라테스의 안티스테네스 비판을 통해서는 플라톤이 거부감을 느꼈을 가능성은 없습니다. 아마도 바로 여기에서 부지중 드러난 총명한 통찰력이 플라톤으로 하여금 이소크라테스를 여전히 철학의 일꾼으로 얻을 수 있을 거라고 생각하게 했을지도 모른다는 것입니다.

그렇다면 이 시기 설정은 유효합니다.* 피타고라스의 강한 영향이 《파이드로스》에서 나타난다는 사실은 이것과 일치합니다. 참주의 영혼이 전적으로 무가치하다는 것은(이것은 삽입해 엮은 신화에서 제시되는데) 아마도 디오니시오스 1세와 관련된 듯합니다. 이집트의 제도나 설화와의 연관이 자주 보입니다.

《파이드로스》에는 두 가지 상이한 주제가 있습니다. 사랑과 웅변술에 관한 것입니다. 그러나 이때 첫 번째 주제는 두 번째 주제에 대한 하나의 사례로서의 가치만 지니고 있습니다. 가장 상이한 종류의 것이 여기에 연결되어 있습니다. 그 연결소는, 사랑이 되었든

---

* 키케로의 표현도 이와 일치합니다. Orator cap. 13 : "젊은이에 대해서는 소크라테스가 이런저런 일을 예언하지만, 늙은이에 대해서는 플라톤과 그의 동시대인이 그와 다른 것을 글로 쓴다."

아름다운 화술이 되었든, 그것이 개념으로 인도하는 다리가 되지 못하고 향락에 기여하는 즉시 비방받아 마땅한 게 된다는 것입니다. 어떻게 보면 그것은 직접 표현되지 않은 하나의 명제에 대한 두 사례입니다. 참된 철학과 수사학의 관계는 미와 진리 사이의 관계와 같은 것입니다. 미가 영원한 진리의 반영과 다른 어떤 것이라면, 그것은 세속적인 수사학처럼 가상이고 기만이며, 미에 대한 모든 사랑은 저속한 물질주의입니다. 미가 진리의 자매로 여겨진다면 미를 향한 사랑은, 지혜 그 자체는 아니면서도, 사람들에게 지혜에 대한 주의를 환기시키는 최상의 수단을 제공합니다. 마찬가지로 언어의 아름다움 그 자체는 본래적 사고의 능력이 없는 대중의 마음을 최선으로 이끄는 수단이 될 수 있습니다.

소크라테스와 파이드로스가 만납니다. 파이드로스는 리시아스한 테서 오는 길에 산책을 합니다. 소크라테스는 그들의 대화가 무엇에 관한 것이었는지 묻습니다. 파이드로스는 소크라테스가 자기와 동행한다면 알려주겠다고 대답합니다. 리시아스는 마치 아름다운 청년에게 구애라도 하는 것처럼 보이는 글을 썼지만, 그것은 사랑하는 사람에 의한 것은 아니라는 겁니다. 그는 주장하기를, 사람들은 사랑하는 사람보다 사랑하지 않는 사람의 마음에 들도록 해야 한다는 것입니다. 소크라테스는 농담을 하면서 파이드로스로 하여금 그가 리시아스의 연설을 외우고 있을 거라는 사실, 아니 그 글을 가지고 있을 것이라는 사실을 시인하도록 합니다. 소크라테스는 파이드로스의 연습 상대가 되어줄 용의가 없습니다. 그래서 글은 낭독됩니다. 매우 풍부한 자연의 묘사. 소크라테스의 편에서는 그가 자신의 습관과는 전혀 반대로 여기에서 파이드로스와 함께 도시를 떠난다는 것이 강조됩니다. 왜냐하면 소크라테스는 자신의 지적 충동을 충족시킬 수 있는 곳에만 머물지 지방이나 나무들 곁에는 머물지 않기 때문입니다. 그러나 어떤 사람이 파이드로스처럼 그에게 인간적 정신의 산물을 성벽 밖에서 전달하고자 한다면, 그런 사람은 그를 쉽사리 아티카의 온 지방으로, 아니 메가라까지도 데리고 갈지도 모릅니다. 소크라테스는 말을 하는 중독증뿐만 아니라 말을 듣는 중독증에도 걸려 있으니까요. 리시아스의 연설이 실제로 낭독되고 기억력에만 의존해서 재현되지 않는 것은, 모든 비난이 약화됨이 없이 이 연설과 관련되도록 하기 위한 것입니다. 당연히 그것은 리시아스의 진짜 연설이어야 하지, 그저 모방된 것이어서는 안 되는 거지요. 그것은 소크라테스가 상상의 빈곤에 대해, 그리고 나중에는 고지식한 형식에 대해 혹평을 하기 때문입니다. 그는 리시아스가 가장 피상적인 것만을 앞에 내놓았다고 밀어붙입니다. 소크라테스는 자신이 상상력이 더 풍부한 다른 연설을 같은 정신으로 하기를 꺼린다는 것을 통해 리시아스의 연설이 윤리적으로도 비난의 여지가 있다는 것 또한 암시합니다. 결국 그는 복면을 하고 스스로 그러한 연설을 시도하면서, 자신의 창작의 재능을 아이올리아의 연애 시인들인 사포나 아나크레온에게서, 그리고 *떠들썩한 뮤즈 여신들***λίγειαι Μοῦσαι**(수다스럽고 말과 생각의 풍요만을 선사하는)에게서 끄집어냅니다.

—리시아스의 연설은 어째서 연인이 자기를 사랑하지 않는 사람의 말에 귀를 기울여야 하는지 그 이유를 댑니다. 사랑하는 사람들은 자신들의 욕구가 충족되면 자기들이 무언가 좋은 것을 표시했다는 것을 후회합니다. 여러 가지 이유에서, 더 선해지기 위해서조차

그것은 유용하다는 것입니다. 왜냐하면 사랑하는 사람들은 연인이 무엇을 말하든, 무엇을 행하든 그를 찬양하는데, 그것은 그들이 눈이 멀어 그들에게 올바른 통찰력이 결여되어 있기 때문이라는 것입니다. 여기에서 표현되고 있는 것은 순전한 사욕의 관점입니다. 관능적 열정조차 이해력에 입각한 이러한 감각적 향유보다는 낫습니다.

—이제부터 소크라테스가 하는 연설은 같은 전제 아래 같은 주제를 다루는 것입니다. 소크라테스가 전제하는 것은 사랑하는 사람입니다. 그 사람은 자신의 목적을 더 잘 이루기 위해 사랑하지 않는 사람의 모습을 취하는 그런 사람입니다. 이 연설의 견지는 좀더 품격이 높습니다. 그러나 소크라테스는 나중에는 이 연설이 에로스에 대한 모독이라고 느끼고 스테시코로스[83]처럼 장시의 종장을 통해 자신의 독신을 정죄(淨罪)하고자 합니다. 새로운 연설은 이렇게 시작되어야 한다는 것입니다.

"사랑하는 사람은 광기에 사로잡혀 있고, 사랑하지 않는 사람은 사려 깊기 때문에 사랑하는 사람보다 사랑하지 않는 사람의 마음에 들어야 한다고 주장하는 연설은 실로 진실을 말하는 게 아니다."

왜냐하면 광기가 무조건 재앙은 아니기 때문입니다. 델포이나 도도나의 여사제는 광기 상태에서 좋은 일들을 많이 해 보여주었던 것입니다. 예언가와 점복술(광기/μανία로 움직임). 올바른 광인들을 통해 사람들은 최악의 곤궁에서 해방되었습니다(수많은 정화 작용). 그리고 뮤즈 여신들에게 사로잡힌 시인들. 광기 없이 시의 관문에 이르려는 자는 항상 미완성으로 남으며, 사려 깊은 자들의 시작(詩作) 방식은 광기에 가득한 자들의 시작 앞에서는 사라집니다.

사랑에서도 그러합니다. 이러한 종류의 광기가 신들로부터 최대의 구원으로 부여되었다는 것이 증명되어야 합니다. 증명은 그러해야 할 것입니다. 모든 영혼은 불멸입니다. 왜냐하면 항상 움직이는 것은 불멸하기 때문입니다. 오직 자기 자신을 움직이는 것만이 결코
5 움직임의 정지 상태에 이르지 않으며, 움직이는 다른 것에게도 운동의 *시작ἀρχὴ κινήσεως*이 되는 것입니다. 시작은 그러나 생성되지 않은 어떤 것입니다. 생성되지 않은 것이므로 그것은 또한 소멸하지 않는 것이어야 합니다. 영혼은 자기 스스로 움직이는 존재입니다.

10 이제 하나의 비유가 도입됩니다. 우리의 지배자는 이두 마차를 이끄는데, 두 필의 말 중 한 마리는 아름답고 원기발랄하며 다른 한 마리는 그 반대입니다. ―모든 영혼은 혼이 깃들지 않은 모든 것을 보살핍니다. 영혼은 여러 가지 모습으로 온 우주를 선회합니다. 그 것이 완전하고 날개가 달린 영혼이라면 그 영혼은 하늘로 날아 오
15 릅니다. 날개를 빼앗긴 영혼은 계속 이끌려 다니다가 어떤 단단한 것을 잡게 되면 거기에 거주지를 마련합니다. 그 영혼은 이제 움직이는 것처럼 보이는 이승적 육신의 옷을 입습니다. 육신과 영혼을 합한 전체는 생물이라고 불립니다. 이제 어째서 영혼의 날개가 떨어져 나가는가에 대한 이유. 날개는 본성적으로 신들의 거처를 향
20 해 무거운 것을 위로 끌어올리는 힘을 가집니다. 육신에 속하는 모든 것 가운데서 날개는 신적인 것을 가장 많이 나누어 가집니다. 추한 것과 악한 것을 통해 날개가 사라집니다. 하늘에서는 위대한 영도자 제우스가 날개 돋친 수레를 이끌며 앞서서 갑니다. 그리고 열하나의 그룹을 지어 신들과 정령들의 무리가 따릅니다. 이제 하늘

을 가로지르는 무척 많은 궤도가 있으며, 이 궤도 위를 신들이 행진합니다. 따를 힘이 있는 자들은 매번 이 궤도를 따릅니다. 왜냐하면 신들은 인색하지 않기 때문입니다. 신들의 수레는 경쾌히 지나가고 다른 수레들은 애를 쓰며 지나갑니다. 나쁜 말은 마부가 균형 잡는 것을 방해합니다. 그 말은 땅 쪽을 지향합니다. 여기에서 영혼은 가장 큰 싸움에서 이겨야 하는 것입니다. ─초월적 하늘의 공간은 그런 성질을 가진 것입니다. 즉 이성이 영혼을 인도할 경우에만 색깔도 형체도 없는, 진실로 존재하는 존재가 보입니다. 그러면 영혼은 순환 운동이 자신을 같은 곳으로 돌려보낼 때까지 간간이 그 존재자를 관조하는 것으로 족합니다. 그러나 다른 영혼들 가운데에서 신성에 가장 가까이 다가가 있는 영혼은 말들 때문에 불안해져 거의 존재자를 보지 않으면서 마부의 머리를 가장 바깥에 있는 공간으로 치켜듭니다. 다른 영혼들은 떠오를 수가 없어 서로 비비대고 밀어댑니다. 그곳에는 소란과 혼잡이 있습니다.

여기에서 많은 영혼들은 날개가 꺾인 채 다시 물러서야 합니다. 참된 무언가를 알아챈 영혼은 새로운 주행이 시작되기까지 무사하게 남는다는 것, 이것이 '필연Adrasteia' 의 법칙입니다. 따를 수는 없었으나 그것을 알아채기는 했다면 그 영혼은 짐승의 몸 속으로 추락하지 않고 그들이 관조한 정도에 따라 1) 미적 감수성을 가지고, 뮤즈 여신들의 총애아로 사랑에 불타면서 진리의 친구의 영혼으로 2) 합법적 왕 3) 정치가 4) 원형 경기 선수 또는 의사 5) 예언가 6) 시인 7) 농부 또는 상인 8) 궤변적─선동적인 사람 9) 참주로 태어납니다. 진리를 전혀 관조하지 않는 사람은 짐승이 됩니다. 인간의 인식은 우리의 영혼이 신들과 여행했던 시기, 그래서 영혼이 지금 존재라고 부르는 것을 위에서 내려다보았던 시기에 일찍이 보았던 것에 대한 회상입니다. 그러나 만약 어떤 인간이 이러한 회상에 따라 삶을 영위하면, 그는 대중에게 마치 미친 사람이기라도 한양 견책당합니다. —이제 네 번째 부류의 광기는 어떤 사람이 이승의 아름다움을 바라보고 천상의 아름다움을 기억하게 되어, 날개를 얻고 새처럼 위를 바라보면서 다른 것을 소홀히 하는 것입니다. 이것이 모든 종류의 광기들 중 최상이라는 것입니다. 이제 이 상태의 가장 완전한 묘사. 스스로 읽을 것. 마지막에 소크라테스는 에로스에게 청원합니다.

이번에는 둘째 단락. 파이드로스는 이제 리시아스의 연설이 소크라테스에게 깊이 없게 보일지도 모른다는 생각에 두려워집니다. —진정한 수사학과 저술로 주제가 이전됨. 철학과 변증술이 없으면 그것은 내용이 빈 것입니다. 속견δόξα과 인식ἐπιστήμη의 대립. 통속적인 수사학은 속견이라는 불확실한 기초 위에서 움직입니다. 더 고급의 수사학은 올바른 개념들을 일깨우고 확산시키는 것. 이 기준이 세 개의 연설의 기초에 적용되어, 리시아스의 연설이 혼란스럽고 내용이 결여되어 있는 것이 결함투성이인 개념 규정인 것으로 이야기됩니다. 소크라테스의 첫째 연설 역시 이러한 결함에 노출되어 있었습니다. 둘째 연설이 비로소 광기μανία의 유개념을 확정합니다. 병적인 광기와 신적인 광기는 구별되어야 합니다. 그렇게 해서 병적인, 비이성적인 사랑과 신적인 사랑도 구별되어야 합니다. —둘째, 진정한 수사학은 철학적 내용뿐만 아니라 형식에서도 진정한 철학적 정신을 보여주어야 합니다. 여기에서 고귀한 예술의 형태가 웅변가들의 형식적이고 피상적인 기교와 대립해 제시됩니다. 그에 반해 연설가의 깊은 심리학적 지식이 요구됩니다.* 능변은 신을 향한 경배이며 그것의 최상의 목적은 신의 뜻에 맞는 삶이라는 것입니다.—셋째, 글로 된 저작들에 관하여 : 글로 된 저작들의 가치는 연설의 가치에 훨씬 못 미칩니다. 문자의 발명자인 토트와 신 타무스와의 대화들에 관한 시. 매우 중요하게 취급됨. 아카데미 설립에 대한 결정이 이루어졌을 법한 원리적 논의. 엄밀한 의미에서의 교육자와 교육 기관으로 플라톤은 오로지 소피스트들만을 발견했습니다만, 형식도 내용도 그의 마음에 들지 않습니다. 그는 엄청난 투쟁을 떠맡습니다. 1) 비철학적인 수사학에 대항하여 2) 글로 씌어진 것의 합당치 않은 가치에 대항하여(리시아스) 3) 그 계급의 완전히 이해타산적이고 비열한 근성에 대항하여. 그는 '철학자'의 새로운 교육 프로그램의 정의를 내립니다(이소크라테스).

《향연》

시기의 규정은 매우 잘 알려진 연대 착오에 의거합니다. 193A쪽. *"그리고 이미 언급했듯이, 그 전에는 우리는 하나였다네. 그러나 지금 우리는 아르카디아 사람들이 라케다이몬 사람들에게서 갈라졌던 것처럼 우리의 방자함에 대한 벌로 신에 의해 갈라졌다네."*

크세노폰의 《헬레니카 Hellenika》, V, 2에 따르면 라케다이몬 사람들에 의한 만티네이아의 분할**은 올림피아력 제98기 4년(385~

---

* 수사학의 개혁.

384)의 일입니다. 그것을 아리스토파네스가 말합니다. 이 사건은 플라톤이 《향연》을 썼을 때 생생히 기억되고 있었음이 분명합니다. 아마 이 두 해 중에서 한 해로 간주할 수 있을 겁니다. 슐라이어마허는 사람들이 재건에 착수했을 때 그 기억이 마찬가지로 생생하게 쇄신되지 않았을까 하는 의구심을 나타낸 적이 있습니다. 말하자면 《향연》이 올림피아력 제102기 3년, 즉 370~369년에 비로소 씌어졌을 가능성이 있다는 것입니다. 그렇다면 어쨌든 복구에 대한 생각이 분할διοικισμός 에 대한 생각보다 더 절실했던 것입니다. —시대 착오로 말하면, 거기에는 역사적 의미가 결여되어 있습니다.

서론. 아폴로도로스와 친구들 간의 대화. 친구들은 에로스에 관한 연설들이 어땠는지 묻습니다. 아폴로도로스는 자신이 그것에 대해 어느 정도까지는 준비가 없지 않았음을 설명하고 자신과 글라우콘 사이에 있었던 최근의 대화에 대해 보고합니다. 글라우콘에게는 열성적 소크라테스주의자인 아리스토데모스가 그 이야기를 전해주었다고 합니다. 요점 하나하나에 관해서는 그는 소크라테스에게 문의했다고 말합니다. 대화는 아폴로도로스가 소년이었을 때 이루어졌습니다. 그것은 아가톤이 자신의 첫 비극 공연으로 우승한 지 며칠 뒤 가무 단원들과 승리를 축하하는 잔치를 치른 후였습니다.

그리하여 아폴로도로스는 아리스토데모스가 자신에게 한 이야기를 들려줍니다. 매우 독특한 서론입니다. 사람들은 전날 있었던 잔치로 다소 피곤해서 술을 많이 마시기보다는 담화를 원합니다. 에릭시마코스는 의사로서 지휘를 맡고 담화의 소재를 하나 제안합니

** 하나의 도시 구역을 네 개의 지방 구역으로 분할하는 것.

다. 주제는 파이드로스에게서 나온 것이라고 그는 말합니다. 다른 신이 아닌 바로 에로스를 위한 송가를 아무 시인도 짓지 않는 것은 나쁘다, 에로스는 무시된다고 파이드로스는 항상 말하곤 한다는 것이지요. 에릭시마코스는 오른쪽으로 돌아가면서 모두 에로스를 찬미하는 연설을 하되, 이 제안의 대부이자 가장 윗자리에 앉은 파이드로스가 먼저 시작할 것을 제안합니다.

연설들의 의미 : 오직 《파이드로스》로부터만 이해됩니다. 새로운 형식으로 된 새로운 철학적 수사학의 실험들. 이와 함께 리시아스 학파, 그리고 수사학의 온갖 소피스트적 기교의 학설이 논박됩니다. 형식과 내용의 다양성에서 새로운 원칙의 풍요로움이 드러납니다. 그것은 곧 아주 큰 과잉의 표시입니다. 같은 주제에 대해《파이드로스》에는 세 개, 《향연》에는 일곱 개의 연설. 플라톤이 이와 함께 상이한 반대되는 방향들을 서술하려 했다고 믿는 것은 전혀 틀린 생각입니다. 모든 것은 철학적인 *담화들*λόγοι이며, 하나인 진리의 항상 새로운 측면들과 함께 모두 참입니다.

첫째 연설, 파이드로스의 연설. 에로스는 가장 오래된 신이고 가장 가치 있는 보화들의 근거입니다. 왜냐하면 무엇이 명예롭게 살고자 하는 사람을 그의 전 생애를 통해 이끌어야 하는가, 그것을 일깨우는 일은 친척이나 재산, 또는 명예직이 할 수 있는 일이 아니고 사랑만이 할 수 있는 일이기 때문입니다. 에로스에 의해서라면 누구든지 용맹한 행동이 고취됩니다. 최선의 국가와 군대는 사랑하는 사람들과 사랑받는 사람들로 이루어집니다. 사랑은 죽음의 공포조차 극복합니다. 그것은 신화적 선례들에서 증명되고 있습니다. 에로스는 덕으로 이끄는 가장 강력한 신이라는 것입니다. ─그 다음

의 연설들은 〔아폴로도로스〕 아리스토데모스의 기억에 더 이상 남아 있지 않습니다. 그러고는

둘째 연설, 파우사니아스의 연설. 에로스 찬미의 주제는 올바로 설정되지 않았음. 왜냐하면 에로스가 둘이기 때문입니다. 아프로디테는 에로스 없이는 존재하지 않습니다. 그런데 아프로디테가 둘 있습니다. 그러니 에로스 또한 둘이 있습니다. 즉 우라노스의 딸로서 어머니 없이 태어난 아프로디테 *우라니아*οὐρανία 가 그 하나이고, 제우스와 디오네의 딸인 *일반적인*πάνδημος 아프로디테가 다른 하나입니다. 그러면 모든 에로스도 이에 상응해야 합니다. 모든 에로스가 다 아름답고 찬양받을 만한 것은 아닙니다. 오로지 아름다운 사랑을 고취하는 에로스만이 그러합니다. 더 오래전부터 경배되어 왔던, 그리고 오직 남성적인 것에만 참여하는 아프로디테의 에로스는 남성들 간의 사랑에서 영향력을 행사합니다. 이성 간의 관계에 비해 동성에 대한 사랑은 여기에서 순수하고 완전한 것으로 찬양받습니다. 이 에로스는 사랑하는 사람이나 사랑받는 사람 모두로 하여금 덕에 많은 관심을 갖도록 만듭니다.

이제 아리스토파네스의 차례입니다. 그러나 그는 심한 딸꾹질을 합니다. 그래서 에릭시마코스가 발언을 합니다. 셋째 연설. 위의 생각의 완성. 모든 짐승의 몸 속에서, 존재하는 모든 것 속에서 두 에로스가 두루 작용합니다. 약리학은 이 여러 가지의 작용을 보여준다고 그는 말합니다. 건강한 것은 병든 것과는 다른 어떤 것을 갈구하고 사랑합니다. 채우고 배설하는 육체의 충동들에 대한 지식. 올바른 사랑과 거꾸로 된 사랑을 분별하는 사람이 치유의 예술가입니다. 체조와 음악에서도 매한가지입니다. 화음과 박자에서의 사랑의

관계에 대한 지식. 그리고 계절의 배치, 점성술(신들과 인간들 사이의 사랑의 충동의 매개자), 그렇게 에로스는 하나의 큰 세력이 아니라 전체 세력을 담지하고 있습니다. 선과 관련하여 이 세력을 인간과 신들에게 행사하는 사람이 가장 큰 세력을 가집니다.

5   넷째 연설, 알키비아데스의 연설.[84]

사람들은 에로스의 힘을 전혀 올바로 인식하지 못한 것처럼 보입니다. 올바로 인식했다면 사람들은 에로스를 위해 가장 큰 제단들을 지었을 것입니다. 이전 시기 인간의 자연 상태에 대한 묘사 : 세 종류의 성(性)이 있었으며(제3의 성은 남녀 양성) 나아가 인간은 둥

10 근 모습을 하고 있었습니다. 그래서 손이 넷, 발도 넷, 얼굴은 둘이었으며, 앞뒤로 이동했고, 힘이 매우 강했습니다. 그들은 신들을 공격하기로 결정합니다. 제우스는 그들을 둘로 쪼갤 것을 제의하고, 한 번 더 쪼개겠다고 위협합니다. 그들이 쪼개졌을 때 쪼개진 반신(半身)들은 서로를 찾아 끌어안고 하나로 성장하기를 갈망했습니

15 다. 여기에서 이제 성관계가 도출됩니다. 전체를 향한 추구가 사랑입니다. 에로스를 찬양해야 하는 이유는, 우리가 신들에 대해 경건한 마음을 취함으로써 옛 상태로 되돌려져 치유되리라는 희망을 에로스가 일깨우기 때문입니다.*—이제 소크라테스와 아가톤 사이에

---

* 에로스는 덕과 행복으로 인도한다.
  그러나 오로지 하나의 에로스만이 그러하다.
  이 에로스는 도처에 존재한다.
  인간에게 에로스는 치유와 전체성에 대한
          희망을 의미한다.
  신들과 인간들에게 에로스는 지고의 축복이다. 좋은 것은 모두 오로지 에로스에게서만 나오기 때문이다.

조롱 섞인 짧은 막간의 대화가 전개되는데, 이것을 파이드로스가 중단시킵니다. 이제 다섯째 연설, 아가톤의 연설입니다.

에로스는 신들 가운데 가장 젊은 신으로 부드럽고 유연한 모습을 하고 있으며, 불의를 결코 행하지 않으며, 최대한 절도를 지키며, 아레스보다 용감하고, 마침내 지고의 지혜로 가득합니다. 이전에 운명ἀνάγκη이 지배하고 있던 때에는 신들 사이에서 악의에 찬 많은 일들이 일어났습니다. 이 신이 태어난 이래로는 아름다움에 대한 사랑에서 좋은 것이 모두 신들과 인간들에게서 생겨났습니다. 지극히 주신(酒神) 찬가풍의 마무리. 연설은 환호의 박수를 받습니다.

소크라테스는 두루두루 용서를 구합니다. 그는 아가톤을 향해 질문을 던지며 담화를 시작합니다. 그는 에로스가 어떤 사물들, 더욱이 그 자신에게 결여되어 있는 그러한 사물들을 향한 사랑이라는 것을 인정하도록 만듭니다. 그렇다면 에로스는 추하며 선도 결여하고 있을 게 분명합니다. 이제 그는 만티네이아의 여사제 디오티마에게서 자신이 받았던 에로스에 대한 가르침을 보고합니다. 친애하는 디오티마여, 그대는 무슨 말을 하는 건가? 그렇다면 에로스는 추하고 나쁘다는 말인가?―신성을 모독하지 말지어다! 아니면 그대는 아름답지 않다고들 하는 것이라면 필연적으로 추할 거라고 생각하는가?―지혜롭지(알고 있지) 않으면서 무분별하지 않은 것은 무엇일까요? 정견이 그러합니다. 에로스는 그렇게 미와 추 사이의 어떤 존재임이 분명합니다. 그리하여 에로스는 또한 필멸과 불멸의 중간자, 즉 정령Dämon으로서, 신들과 인간 사이의 매개자임이 분명합니다. 에로스의 아버지와 어머니에 관한 신화는 에로스가 아프로디테의 생일 축하연에서 풍요의 신 포로스 πόρος와 궁핍의 여신 페니아/πενία 사이에서 태어났다고 전하고 있습니다. 이제 에로스의 본성이 서술됩니다. 항상 가난하고, 부드럽지도 아름답지도 않으며, 고통에는 이력이 났고, 더럽고, 맨발로 다니며, 집도 없이 문전의 맨땅에서 누워 지냅니다. 아버지를 닮아서 그는 씩씩하고 대담하며, 많은 기술을 가진 힘센 사냥꾼으로서, 지혜를 추구하며, 마술사이자 변론가입니다. 하루 사이에 그는 때로는 피어났다가 때로는 지지만 다시 소생합니다. 그대(소크라테스)는 사랑하는 자가 아니라 사랑받는 자를 에로스로 여겼던 것이다. (그것을 위의 이야기들이 설명합니다.) 사랑은 아름다운 것을 지향하고 있는 것이 아니라 아름다움 속에서의 생산과 출산을 지향하고 있는 것입니다. 생산은 불멸하는 어떤 것이기에 에로스는 불멸을 지향하고 있는 것입니다. 자연에서 양성 간에 존재하는, 모든 것을 희생하게 만드는 사랑의 충동에 대한 놀라운 서술. 그래도 이것이 신중하게 일어나는 게 아니라는 겁니까? 필멸의 존재는 계속 존재하여 불멸이기를 추구합니다. 이제 육체에 의거해 생산하려는 자들과 영혼에 의거해 생산하려는 자들이 구분됩니다. 육체에 의거하는 자들은 아이를 낳음으로써 불멸을 추구합니다. 그 다음으로 소크라테스는 아름답고 고귀한 영혼들의 내부에서 생산하기 위하여 그들 영혼을 탐구하는 다른 사람을 묘사하는데, 호메로스, 솔론, 리쿠르고스는 그러한 사람들에 속합니다. 그러나 이제 더 높은 사랑의 방식. 다음과 같은 사랑의 등급 : 즉 청년으로서 그는 아름다운 육신에 관심을 가지기 시작하여, 특히 하나의 육신을 사랑하면서 여기에서 아름다운 이야기를 생산할 것입니다. 그 다음에는 모든 아름다운 모습을 사랑하는 자가 될 것입니다. 그러고는 영혼에 깃든 아름다움을 육신의 아름다움보다 높이 평가할 것입니다.

그는 틀림없이 아름다운 모든 것이 서로 친연 관계에 있음을 인식할 것입니다. 이제 그는 여러 수많은 아름다운 것으로 시선을 향하면서 학문의 아름다움을 인식하여 마침내는 아름다운 것에 대한 학문을 파악하기에 이를 것입니다. 그는 어떤 불가사의한 것을 보게 될 것입니다. 그의 이전의 모든 노력은 그것 때문에 필요했던 것입니다. 그것은 항상 존재하는 무엇, 되어가는 과정에 있지 않은 것, 요컨대 아름다움 자체입니다. 이 관조에서 비로소 그는 올바른 삶이 무엇인지를 깨닫게 됩니다. 이것이 목표입니다. 에로스가 그것을 지향하도록 돕는 것입니다. 이것이 디오티마의 연설로, 소크라테스에 의해 다시 구술됩니다.

아리스토파네스는 무언가 이의를 제기하려 합니다. 이때 밤거리를 쏘다니는 한 무리의 패거리가 알키비아데스와 함께 들이닥칩니다. 거친, 전혀 달라진 장면. 소크라테스를 찬양하는 알키비아데스의 연설. 그는 소크라테스를 목동의 피리와 플루트를 가진 실레노스들에 비유합니다. 이들을 양쪽으로 갈라놓으면 신들의 형상들이 보입니다. 그는 소크라테스의 연설의 마력을 찬양합니다. 그것은 마치 코리반테스들의 황홀경이 주는 것과 같은 마력입니다. 그는 소크라테스를 사냥하기 위해 그 자신이 어떻게 애썼으며, 자기 극복의 모든 방식에서 소크라테스가 얼마나 의연한지를 이야기합니다. 이 도취적인, 즉 진실한 연설은 그러한 진정한 사랑의 거장이란 무엇이며 그가 어떤 영향을 미치는가 하는 데 대한 하나의 예증을 제시함으로써 전반적 연설들을 공공연히 매듭지어야 할 것이라고 알키비아데스는 말합니다. —끝으로 점점 더 심해지는 소란. 많은 사람들이 자리를 뜹니다. 아가톤, 아리스토파네스, 그리고 소크라테스만이 아직 깨어 있습니다. 소크라테스는 비극과 희극을 쓰는 것이 한 사람의 동일한 시인의 과제라는 것을 이들에게 인정하도록 강요합니다. 이윽고 아리스토파네스 역시 잠이 들고, 날이 샐 무렵 아가톤도 잠듭니다. 소크라테스는 일어나서 목욕을 한 뒤, 리케이온 신전으로 가서 여느 때처럼 그 날을 보내고 저녁때 잠자리에 듭니다.

《리시스》

《리시스》는 일반 대중을 위한 대화편으로,《파이드로스》,《향연》에 대한《리시스》의 관계는《파이돈》에 대한《메논》의 관계와 같습니다(인식ἐπιστήμη, 상기ἀνάμνησις와 관련해서). 이데아의 교설은 다루어지지 않습니다. 이 대화편은 갑자기 그리고 미흡하게 끝납니다. 소크라테스가 이야기합니다. 청소년들의 축제 헤르마이아[85]로 하여 청소년들은 아테네 동쪽 리케이온 신전에서 멀지 않은 곳에 있는, 신축한 격투 학교에 모였습니다. 주요 등장 인물은 아주 소년답고 비교적 섬세하고 수줍음을 타는 리시스와 비교적 대담한 메넥세노스, 그리고 좀더 〔연상의〕 젊은 청년 둘로, 한 명은 논쟁술의 교사이자 메넥세노스의 친척인 크테시포스이고, 다른 한 명은 리시스에게 대단히 매료되어 그에게 시를 헌정하는 히포탈레스입니다. 소크라테스는 격투 학교로 들어오라는 히포탈레스와 크테시포스의 초청을 수락합니다. 소크라테스는 히포탈레스가 자신의 노래로 연인을 더욱 당당하고 자신감 있게 만든다고 그를 놀리면서 이와 짝이 되는 것을 내놓습니다. 그는 우선 리시스를 상대로 기초부터 차근차근 아버지 같은 어조로 이야기하면서 앎의 찬양을 통해 그를 자극합니다. 삶의 모든 관계에서 누구나 재능 있고 지식 있는 사람을 사랑하지 결코 무식한 사람을 갈망하지 않는다는 것입니다. 그러자 메넥세노스가 가담합니다. 담화는 우정의 개념에까지 확장됩니다. 유사한 것과 동류의 것 상호간의 매력은 세계 법칙입니다. 비슷한 것은 비슷한 것의 친구입니다. 그런데 악은 항상 쉬지 않는 것, 변하는 것, 한 번도 자신과 같지 않은 것입니다. 그러므로 악은 자신을 배척합니다. 오로지 선한 자들 사이에만 우정이 있습니다. 그런데 이제 반대되는 세계 법칙이 있습니다. 동류가 아닌 것은 서로 끌어당깁니다. 유사하지 않은 것은 유사하지 않은 것의 친구입니다. 소크라테스는 이번에는 선과 악 사이에 있는 어떤 중간자, 즉 '선도 악도 아닌 것'을 찾아냅니다. 자연적인 상태에서의 영혼은 그러한 중간자라는 것입니다. 사랑은 말하자면 자신의 결핍을 느끼는 영혼의 어두운 열망이라는 것입니다. 선도 악도 아닌 것이 선의 친구입니다. 이것이 사랑과 우정의 요소입니다. 모든 사랑은 결핍과 갈망에서 나옵니다. 사랑은 결핍의 보충을 좇습니다. 그래서 사랑은 친숙한 것 οἰκεῖον만을 동경할 수밖에 없습니다. 친숙한 것은 자기 자신과 유사합니다. 그러므로 사랑하는 자들은 서로 유사해야 합니다. 친숙한 것은 자신의 결핍된 본질의 보충으로서 추구됩니다. 그러므로 사랑하는 자들은 전적으로 동류여서는 안 됩니다. 친숙한 것은 서로를 끌어당겨야 합니다. 그러므로 진정한 사랑에는 결코 보답으로서의 사랑이 없지 않습니다. 하지만 아직 하나 염려되는 것이 있습니다. 선에는 오로지 선만이, 악에는 오로지 악만이 친숙합니다. 따라서 선도 악도 아닌 것에는 선도 악도 아닌 것만이 친숙합니다. 선은 욕구가 없으므로 철두철미 선한 것들 사이에는
5   아무런 우정도 존립할 수 없습니다. 그러므로 오로지 선하지도 악하지도 않은 자들 사이에서만 우정이 가능할 것입니다. 그러나 선도 악도 아닌 것은 서로를 보충하고 완성할 수 없습니다. 그와 함께 사랑의 본질은 사실상 파괴된 것일 겁니다. 여기에서 대화는 중단됩니다. 얼마간 취기가 도는 교사들이 와서 젊은이들을 데려갑니
10   다. 그 이상의 해결들은 이데아설에 제공되어 있습니다. 개별적 우정 역시 실상 불완전한 어떤 것으로서, 도덕적이고 선하게 만들 능력이 없습니다. 그러나 그것은 아름다움을 향한 도상에서의 첫걸음입니다. 그것이 디오티마의 연설입니다. 사랑은 계속 내몹니다.─ 이 대화편을 청년기의 대화편으로 부르는 것은 전혀 옳지 않습니
15   다. 그러나 그것은 아주 젊은 사람들 앞에서 실제로 펼쳐졌던 대화의 모방으로서 그들의 최선을 위해 기록된 것입니다.

《에우티데모스》

20
《에우티데모스》는 《파이드로스》와 같은 의미에서 연설문 작성자들과 리시아스에 대한 투쟁을 속개합니다. 그러고는 외람된 교권에 반대하여 소피스트들에 대한 투쟁(논쟁술).

소크라테스와 크리톤의 대화입니다. 이 대화에서 소크라테스는

어제 리케이온에서 있었던 상당히 긴 대화를 전달합니다. 두 형제 에우티데모스와 디오니소도로스는 소피스트들로, 아주 일반적인 교사들입니다. 소크라테스는 여기에서 백발로 등장하고 두 소피스트도 연로한 노인들입니다. 청년들로는 미남인 클레이니아스와 그의 친구인 (이미 《리시스》에 등장한) 오만한 크테시포스가 등장합니다. 클레이니아스는 리시스를 연상시킵니다.

두 소피스트는 자신들의 지혜를 클레이니아스와의 대화에서 실증해 보이라는 요청을 받습니다. 그들은 클레이니아스에게 다음의 명제들을 차례로 시인하라고 강요합니다. 즉 무지한 자들은 이해할 수 있기 위해 배운다, 오로지 배우는 자들만이 이해할 수 있는 자들이다, 라는 명제입니다. 그러자 소크라테스는 청년을 위로하면서 이 소피스트적 술수가 농담임을 선언합니다. 어떤 사람이 이 모든 술수를 배운다 해도 그가 사물들의 속성을 더 잘 인식하게 되지는 않을 것이라고 소크라테스는 말합니다. 플라톤은 여기에서 궤변적이며 연설가적인 논리와 그 기교들에 대항하는 투쟁을 시작합니다. 이제 소크라테스는 그들에게 진지해질 것을 요구합니다. 이제 그는 직접 묻기 시작합니다. 그는 지혜를 추구하도록 고취하는 방법의 표본, 고무적인 강연들의 모범을 제시하고, 소피스트들에게 이제 그것을 예술적으로 하라고 권유합니다. 이제 디오니소도로스가 말을 시작합니다. 곧 그는 크테시포스를 모욕하고 둘은 격렬해집니다. 소크라테스는 그들을 진정시킵니다. 이제 소피스트들의 주요 명제가 대두됩니다. 에우티데모스는 크테시포스가 거짓말을 할 가능성을 부인합니다. 존재하지 않는 것에 대해서는 실로 아무도 말할 수 없으며, 따라서 거짓말쟁이가 말하는 것 역시 하나의 존재자이고 그러므로 진실된 것이어야 하기 때문이라는 것입니다. 그리하여 궤변론은 앎과 배움의 가능성을 지양합니다. 이제 클레이니아스의 새로운 교리 문답에 이어서 소피스트들의 모든 가능한 궤변 놀음이 등장합니다. 대화는 오리무중이 됩니다. 그런데 이 온갖 궤변적인 변증술에 대해 소크라테스가 어떤 일반적인 고찰을 하는가는 매우 중요합니다.

"오직 자네들과 같은 취지를 가진 극소수의 사람들만이 이러한 것들에 만족감을 느낄 것이네. 그 밖의 사람들은 이러한 추론들로 남들을 인도하는 것을 자기 자신이 인도당하는 것보다 더 수치스러워할 것이네. 그 다음으로, 자네들이 선하고 아름다운 것 등등은 없다, 아무런 주장도 내세울 수 없다고 말한다면 그것은 자네들 스스로 자신들의 입을 봉하는 것이지. 셋이서라면 자네들의 기술은 아주 쉽게 배우고 모방할 수 있네. 그것은 빠른 수업에는 유리하지. 그러나 많은 사람들 앞에서는 결코 그렇지 못하다네. 그들이 그것을 곧바로 간파할 테니까. 가장 좋은 방법은 자네들 단둘이서만 상의하는 것이네. 오직 끼리끼리만 상의하라는 똑같은 충고를 자네들의 제자들에게도 하게. 희귀한 것은 값이 나가고, 물은 가장 값이 싼 것일세."

이렇게 하여 그들은 헤어졌습니다. 소크라테스는 이제 크리톤에게 말합니다.

"자네가 그 학교에 함께 갈 것인지 잘 생각해보게. 그들은 돈을 지불하는 사람을 가르치겠다고 교묘하게 공언하면서, 나이도 소질도 어떤 사람이 쉽게 지혜를 얻는 데 방해가 되지 않는다, 돈을 버는 일에서조차 그런 것들은 장애가 되지 않는다고 말한다네."

크리톤이 대답합니다. 그리고 철학이란 무용하다고, 철학에 대한 비방의 말을 하면서 철학자들의 모임에서 떨어져 나왔다는 어떤 사람에 대한 이야기를 장황하게 늘어놓습니다. 도대체 소크라테스가 그런 사람들과 싸운다는 것이 얼마나 가소롭게 보이느냐는 것입니다!—그 사람은 법정 연설문을 쓰는 사람이라고 합니다. 소크라테스는 이런 부류의 사람들의 특징을 말합니다. 그들은 철학자와 정치가 사이의 경계로, 철학자만도 정치가만도 못하면서 자신들이 가장 지혜롭다고 여긴다는 것입니다. 셋째 자리를 차지하면서 그들은 첫째이기를 원합니다. 그들에게 화를 내기보다는, 다만 뭔가 반성한다는 것을 증명해 보이는 사람이라도 있다면 그것에 만족해야 합니다. 리시아스와 이소크라테스를 두고 하는 말입니다.—이 대화편은 철두철미하게 논쟁적입니다. 중요한 것은 형식이지 이야기되는 내용이 아닙니다.

《고르기아스》

이것은 완결된 대화편들 가운데 하나입니다. 칼리클레스, 소크라테스, 카이레폰, 고르기아스, 폴로스 사이의 담화입니다. 담화는 칼리클레스의 집 앞에서 시작됩니다. 고르기아스는 방금 강연을 마친 참입니다. 칼리클레스가 다른 사람들과 함께 이 강연에서 나옵니다. 카이레폰과 소크라테스는 시장에서 너무 늦게 거기에 도착합니다. 장면은 《프로타고라스》에서와 비슷한데, 거기에서는 좀더 완성되어 있습니다. (387년 아카데미 설립, 384년 고르기아스 사망.) 소크라테스는 고르기아스의 말을 듣고자 합니다. 칼리클레스는 그들을 고르기아스가 손님으로 머물고 있는 자기 집으로 초대합니다. 소크라테스는 카이레폰으로 하여금 고르기아스 자신이 무엇이냐고 고르기아스에게 물을 것을 요구합니다. 이제 바로 담화가 시작됩니다. 그대는 모든 것에 대답할 수 있다. 그런가? 고르기아스가 지쳐 있으므로 우선 폴로스가 대화를 떠맡습니다(웅변가, 고르기아스의 제자). 고르기아스에게 어떤 기술이 있는지에 대해 즉각적인 대답이 나오지 않습니다. 소크라테스가 물어도 역시 그러합니다. 드디어 고르기아스가 입을 엽니다 : 화술이다. 소크라테스는 대화 형식의 짧은 담화를 요구합니다. 고르기아스 또한 가능한 한 말을 짧게 할 수 있을 것이라고 장담합니다. 소크라테스 : 그대는 화술을 연마한다고, 그리고 다른 사람들에게 그것을 가르친다고 주장한다. 그 것은 무엇과 관계있는가? ─ 웅변과 관계있다. ─ 무엇을 다루는가? ─ 가장 중요하고 가장 뛰어난 인간적인 일들을 다룬다. 소크라테스는 이것이 분명하지 않다고 여기고 술자리에서 부르는 노래에 대해 언급합니다(1. 건강 2. 아름다움 3. 부). 의사, 격투사, 사업가는 "고르기아스가 너를 기만하고 있다. 그의 기술이 옳은 것이 아니라 나의 것이 옳다"고 말할 것이다. ─ 고르기아스는 말합니다 : 법정, 의회 등등에서 다른 사람들을 설득하는 능력. 화술은 설득의 산모라는 것입니다. 그런데 소크라테스는 다른 기술들이 설득의 산모들이라고 봅니다. 고르기아스는 말합니다 : 법정 앞에서의 설득과 참이자 선한 것에 관한 설득. 소크라테스는 두 종류의 담화를 시인하지 않을 수 없게끔 만듭니다. 그 하나는 앎이 없는 믿음이고, 다른 하나는 앎입니다. 화술은 믿도록 만드는 것을 목표로 하지 가르침을 목표로 하지 않습니다. 그렇게 짧은 시간 안에 많은 사람들을 가르친다는 것은 가능하지 않을 것입니다. 이제 두 사람은 비로소 자신들이 고찰에서 정직할 것을 약속합니다. 인간에게 잘못된 생각보다 더 큰 해악은 없습니다. 그러자 다른 인물들이 나서서 동의를 표합니다. 이제 소크라테스는 어째서 화자가 사물들 자체가 어떤 상태에 있는지를 전혀 알 필요가 없는가 하는 것을 개진합니다. 즉 정통하지 못한 사람들 앞에서 정통한 사람보다 더 많이 알고 있다는 인상을 주기 위해서는 화자는 다만 설득을 위한 하나의 책략을 고안해내면 충분한 것입니다. 그런데 소크라테스는 거기에서 모순을 발견합니다. 즉 자신들의 강연이 항상 불의와 연관되는데 어떻게 웅변술이 의롭지 못하다는 것인가 하고 고르기아스가 전에 말한 적이 있다는 것입니다.―그리고 나서 고르기아스는 다시 화자가 자신의 웅변술을 의롭지 않게 사용할 수도 있다고 말했다는 것입니다. 이제 소크라테스는 고르기아스에게 다음의 사실을 시인하지 않을 수 없게 합니다. 그대가 누군가를 화술에 능한 사람으로 교육하려 한다면 그 사람은 먼저든 나중이든 무엇이 옳고 무엇이 그른지를 그대에게서 배우기 때문에 그것을 알 것임이 분명하다. 화술에 능한 사람은 무엇이 옳은지를 배웠으니 의로운 사람이고, 그러니 결코 불의를 행하려 하지 않을 것이다.

이제 폴로스가 끼어듭니다. 그는 이 논법에는 삶의 방식이 결여되어 있다고 봅니다. 소크라테스는 이제 폴로스와 대화를 시작합니다. 폴로스는 이제 질문을 해서 소크라테스로 하여금 대답하게 해야 합니다. 소크라테스 당신은 화술이 무엇이라 생각하는가? 소크라테스는 대답합니다. 나에게 그것은 전혀 기술로 보이지 않는다.

그것은 하나의 용무, 어떤 쾌감을 불러일으키는 노련함, 칭송받을 만한 일들에 속하지 않는 일의 한 부분, 궤변으로 농하고 무모한 여러 면에서 재치를 보이는 정신을 지닌 자의 용무, 요는 비위를 맞추는 일이다. 그것은 치도(治道)의 한 부분의 영상(影像)이다. 입법의 기능과 궤변술의 관계는 체조와 청소하는 요령, 의술과 요리술, 법률학과 화술의 관계와 같다. 소피스트들과 웅변가들은 분간되지 않는다. 요리술이 몸에 대한 것이라면, 화술은 영혼에 대한 것이라고 소크라테스는 대답합니다. 폴로스와 소크라테스 둘만의 긴 대화에서 소크라테스는 불의를 행하는 자가 불의를 당하는 자보다 어쨌든 비참하다는 것을 증명합니다. 그러니 사람들은 불의를 저지르지 않도록 최대한 경계해야 한다는 것입니다. 그러면 화술의 목적은 무엇일까요? 자신의 부당성이나, 친지 또는 조국의 부당함을 변호하는 데는 화술은 전혀 쓸모가 없습니다. 불의를 행할 생각이 없는 사람에게 화술은 소용이 없습니다. 화술은 기껏해야 자기 자신의 고발자가 되기 위해 최대의 해악에서, 불의에서 놓여나기 위해 이용되어야 한다는 것입니다. 만약 어떤 사람이 불의를 저질렀다면, 그가 속죄도 하지 않고, 판관 앞에 나타나지도 않게끔 말과 행동을 통해 조처해야 한다는 것입니다. 그가 훔친 돈을 돌려주지 않고 불법적인 방법으로 그것을 쓰도록, 살인을 저지른 사람이 될 수 있는 한 전혀 죽지 않도록, 어쨌든 되도록 오래 살도록 말입니다. ―커다란 경악. 칼리클레스와 카이레폰은 소크라테스가 혹 농담을 하는 게 아닐까 의심합니다. 소크라테스는 말합니다. 자기는 연인에게 헌신하듯 철학에 헌신하기에, 철학이 말하는 것에 따르고 복종해야 한다고. "내가 이렇게 말하는 것을 이상하게 생각하지 말고 나의 총아인 철학이 그런 주장을 멈추도록 만들게."

　이번에는 칼리클레스의 이야기가 길게 이어집니다. 그의 어조는 《에우티데모스》에 나오는 연설문 작성자 λογογράφος의 어조와 비슷합니다. 그는 소크라테스에게 철학은 그냥 놔두라고 요구합니다. 철학은 단지 젊은이들에게나 적절하다는 것입니다. 불의를 당하는 일은 가장 나쁜 것, 가장 추한 것 등등의 본성에서 생긴다는 것입니다. 어떤 사람이 적령을 넘어 계속 철학을 한다면, 그는 훌륭한 어른이 되기 위해 알아야 할 모든 것에 미숙한 채 남아 있게 될 것입니다. 그는 국가의 법률을 모르게 될 것이고, 민중과의 교류를 더 이상 이해하지 못하며, 대중의 욕구가 어떤 것들인지 몰라 자신을 우스꽝스러운 인물로 만들 것입니다. 진리를 향한 사랑은 젊은 청년을 치장합니다. 그러나 나이가 좀더 든 사람은 반남성적이 되고 공론의 장을 회피하며 구석에 처박혀 속삭이는 대화 속에서 자신의 생애를 보냅니다. —소크라테스는 솔직하다는 이유로 그를 칭찬합니다. 이제부터는 소크라테스와 칼리클레스 간의 긴 대화입니다. 행복하기를 원하는 자는 신중함을 추구하고 이를 훈련해야 하며 방종을 탈피하고자 노력해야 합니다. 그에게 징벌이 필요하다면 그가 행복해질 수 있도록 징벌이 적용되어야 합니다. 오직 그것만이 치유일 수 있다는 것입니다. 저질러진 불의는 이를 저지른 자에게는 최대의 해악이 되며, 이를 속죄하지 않는 것은 더 큰 해악입니다. 그래서 불의를 당하는 자는 결코 우스꽝스럽지 않습니다. 자기 자신도, 자신의 식구들도 도울 수 없다는 것은 실로 가장 굴욕적인 곤핍이기 때문입니다. 해악이 큰 정도에 따라, 방책을 강구할 수 있는 것은 언제나 또한 영광이며, 그럴 수 없는 것은 수치입니다. 국가 안에서 과제는 인간을 개선하는 일밖에는 있을 수 없을 것입니다. 소크라테스는 아무도 이 일을 하지 않았다는 것을 보여주기 위해 역사적 예를 듭니다. 테미스토클레스도 페리클레스도 그 일을 하지 않았다는 것입니다. 만약 이들이 국가에 많은 선행을 베풀었다고 주장한다면, 그리고 그럼에도 불구하고 국가에 의해 이들이 파멸한 다면, 그것은 사실이 아닙니다. 소피스트들의 경우에도 사정은 비 슷하다고 소크라테스는 말합니다. 이 '덕의 교사들'은 제자들이 자 신들에게 부당한 일을 한다, 말하자면 자신들에게서 봉급을 편취한 다면서 자신들의 제자들에게 책임을 전가합니다. 그러나 선하고 정 의로워진 사람들이 어떻게 자신들에게 내재하지도 않는 불의를 행 할 수 있겠습니까? 국가를 다스리고 그것이 가능한 한 좋은 국가가 되도록 힘쓴다고 장담하고 나서, 다시금 있을 수 있는 가장 나쁜 것 으로서의 국가에 대해 불평하는 사람을 어떻게 찬양할 수 있겠습니 까? 그러한 모든 정치가, 소피스트, 웅변가들은 자신들이 소용이 된다고 스스로 주장하는 사람들에게 결국 아무런 소용도 되지 못했 다는 사실과 함께 자신들을 고발하는 것입니다. 소크라테스에게 칼 리클레스 자신이 묻습니다 : 당신은 내가 국가를 어떤 식으로 다루 기를 요구하는가? 아테네인들이 가능한 한 선량해지도록 그들의 의사로서 그들과 대립해서 싸우기를 요구하는가, 아니면 그들의 호 의를 얻기 위해 그들에게 봉사적이기를 요구하는가? 소크라테스가 말합니다 : 현재 진정한 치도(治道)에 종사하고 있는 사람은 나 혼 자다. 내가 언젠가 법정에 소환되면 내 처지는 어린아이들 가운데 있는 의사와 같을 것이다. 그를 고발하는 자는 주방장이 될 것이다. (이 사람은 너희를 태우고 자르고 굶기는 등등 너희에게 많은 해악을 끼쳤다.) 만약 그가 "귀여운 아이들아, 나는 너희의 건강 때문에 그것을 했단다"라고 사실을 말한다면 판관들은 거기에서 얼마나 고함을 지르겠는가? 자신이 어떤 불의도 말하거나 행하지 않았다는 의식만이 그에게 위안을 주어 그 자신을 구제한다. 내가 비위를 맞추는 능변이 부족해 죽임을 당한다면 자네는 내가 그 죽음을 아주 평안히 감내하는 것을 보게 될 것이다. 왜냐하면 영혼이 의롭지 못하게 하계로 간다는 것은 재앙 가운데 가장 끔찍한 것이기 때문이다. 이제 하나의 신화 : 소크라테스는 그것이 사실인 양 이야기합니다. 명부의 판관에 대한 것입니다. 영혼의 존속에 대한 믿음이 표현됩니다. 고통과 수난들은 더욱 개선되기 위해 있는 것입니다. 정치가들과 참주들의 끔찍한 벌.〔"이들 가운데서도 앞으로 크게 경모(敬慕)받아 마땅한 용감한 사람들이 있다. 왜냐하면 어떤 사람이 불의를 행할 완전한 자유를 가졌음에도 그의 생애를 통해 의롭게 남는다는 것은 어렵고, 또 경탄할 만한 일이기 때문이다."〕철인들은 축복받은 자들의 섬으로 간다. 마지막으로, 가능한 한 선하게 살다가 죽는 경합에 참가할 것을 권유.

그리하여 능변이 아첨이라고 비난됩니다. 능변과 함께 사람들은 불의로부터 자신을 방어합니다. 그러나 어떤 죄과를 범했다면 다음 목표는 벌을 받는 것입니다. 누가 의로운 자로서 부당한 대우를 받았다면, 진실을 말해야 합니다. 삶은 형이상학적 의미를 가진다고 말입니다. 어디서든 배경은 소크라테스의 죽음입니다 : 화술이 모자라 죽은 소크라테스.—그렇다면 이 대화편의 내용은 철인과 정치가적 연설가의 위치를 가늠하는 것입니다. 오로지 철인만이 의사로서 국민을 위해 좋은 것을 의도합니다. 웅변가는 아첨가입니다.

그 견해가 전적으로 비예술적이기 때문에 이 대화편은 기이합니다. 어떤 논증은 특별히 소박하게 비극과 관련해서 이루어지고 있습니다. 플라톤은 비극이 다만 쾌락을 목적으로 한다는 것을 스스로 시인하고, 이어서 비극을 민중의 능변이라고 일컫습니다. 이 능변이 다만 아첨일 뿐임은 여기에서 명백하다고 그는 말합니다. ─ 플라톤은 자기 시대의 모든 지적인 행위를 전반적으로 논합니다. 쟁론술은 《에우티데모스》에서 논박하고, 리시아스의 사적인 연설은 《파이드로스》와 《향연》에서, 정치가적 웅변술은 《고르기아스》에서 논박합니다. 그는 철학을 경멸하는 자들에 대항하여 자신의 비정치적 행위에 관해 자신을 변호합니다.

시기와 관련해서 : 《헤르미포스》, II, 505D에 의거해 아테나이오스가 전하는 바에 의하면 고르기아스가 다음과 같이 말했다고 합니다 : 그래도 플라톤은 얼마나 멋지게 *단장격을 구사* ἰαμβίζειν할 줄 아는가. 그는 384년에 죽었습니다(Foss, *de Gorgia Leonito*, 1828 참조). 그렇다면 492~384년에 108세의 나이가 됩니다. 리시스에 대해 소크라테스가 한 위의 말처럼 도무지 비역사적입니다 : 후대의 현미경적 추적의 산물 : 대화에서 나타난 시대 착오 사실로는 414년 마케도니아의 왕 아르켈라오스의 즉위, 그리고 406년 의회에서의 소크라테스의 의장직이 있습니다. 그리고 고귀한 권력 지배자에 대한 암시는 이미 디오니시오스 2세를 가리킵니다. 어쨌든 아카데미 설립 후, 그리고 두 번째 시칠리아 여행 전입니다. 이 대화편은 전적으로 넓은 층의 사람들을 위한 것으로서 이데아론의 흔적은 보이지 않습니다.

《프로타고라스》

소크라테스는 친지를 한 사람 만납니다. 그 친지는 소크라테스에게 알키비아데스와는 어떤 사이냐고 묻습니다. 소크라테스는 말합니다. 좋은 사이지요. 그는 오늘 나에 대해 좋은 이야기를 많이 했지요. 그러나 나는 오늘 그를 완전히 무시했습니다. 압데라 출신 프로타고라스의 최고의 지혜가 나를 매료시켰지요. 이제 소크라테스는 그 담화의 내용을 이야기합니다. 동틀 무렵〔동트기 전〕아폴로도로스의 아들인 히포크라테스가 그를 깨웠답니다. 히포크라테스는 프로타고라스가 도착했다는 것을 알립니다. 그는 히포니코스의 아들인 칼리아스의 집에 머물고 있습니다. 그들은 날이 밝기를 기다려 그리로 갑니다. 그 사이, 자네〔히포크라테스〕는 프로타고라스가 누구라고 생각하는가 하고 소크라테스가 묻습니다. 소크라테스 자신은 그를 정신에 양분을 주는 상품들을 취급하는 상인으로 특징 짓습니다. 그러나 그런 사람들은 종종 자기들이 가져오는 상품들이 몸에 유익한지 해로운지 모르면서도, 팔기 위해 그것들을 찬양합니다. 소피스트들의 상품의 고객들은 어떤 것이 좋고 어떤 것이 해로운지를 이해해야 합니다. 그렇지 않다면 사람들은 가장 값진 것을 내기에 거는 꼴이 됩니다. 그러므로 누구든 프로타고라스의 가르침에 자신을 맡기기 전에 진지하게 숙고해야 합니다. ─그리고 나서 그들은 갑니다. 문지기는 그들이 소피스트들이라고 생각하기 때문에 그들을 저지합니다. 마침내 그들은 문지기가 문을 열게 하는 데 성공합니다. 이제 그들은 기둥이 있는 큰 홀에서 거니는 프로타고라스 주위에 사람들이 무리지어 모여 있는 것을 봅니다. 그리고 또

히피아스를 둘러싼 그룹과 프로디코스를 둘러싼 그룹도 보입니다. 그 후 알키비아데스도 왔습니다. 이제 소크라테스는 프로타고라스에게 히포크라테스를 소개합니다. 프로타고라스는 매우 연로하고 솔직합니다. 그는 소피스트의 예술은 아주 오래되었으나 사람들이 이전에는 시, 주문 또는 음악과 같은 구실을 찾았었다고 말합니다. 이것들은 예술을 빙자했으나 기만한 것은 아닙니다. 그런 까닭에 그는 사람들을 가르치겠노라고 공언한다는 것입니다. 다른 소피스트들도 이제 불려 나와 넓게 둘러앉습니다. 이제 프로타고라스는 젊은 히포크라테스에게 자기와 교류하는 날에는 더 나은 귀가를 하게 될 것임을 약속합니다. 어떤 점에서 더 나은? 소크라테스가 묻습니다.―어떻게 그가 최선의 방법으로 자신의 가정을 보존하고 국가를 다스려 큰 영향력을 행사할 것인가 하는 점에서. 소크라테스는 국가의 지혜란 가르칠 수 있는 것이 아니라고 생각합니다. 왜냐하면 모든 일에서 전문가를 높이 평가할 줄 아는 아테네의 경우, 국가사에서는 그 누구도 스승임을 증명하지 못하는 가운데, 가난하든 부유하든, 구두장이든 대장장이든, 누구든지 나서기 때문이라는 겁니다. 또 페리클레스는 국사(國事)에 대한 것만큼은 자기 아들들을 지도하지 않습니다. 뛰어난 것이라면 모두 아들들에게 가르치려 하는 그가 말입니다. 그러자 프로타고라스는 신화를 하나 이야기합니다. 프로메테우스 신화입니다. 새로운 인류는 온갖 해악을 자신에게 끼칩니다. 그래서 제우스는 인류가 파멸할까봐 근심합니다. 그는 헤르메스로 하여금 수치심과 정의를 분배하게 합니다. 한 **사람**에게 의술이 있으면 여러 사람들에게도 그것으로 충분합니다. 그러나 국가는 소수의 사람들만 참여한다면 성립되지 않을 것입니다. 법률 : 수치심과 정의에 참여하기를 기피하는 자는 국가의 혹사병과 같은 존재로서 죽임을 당해야 합니다.—프로타고라스는 누구나 정의를 요구하며, 이를 요구하지 않는 자는 제정신이 아니라고 말합니다. 따라서 모두가 저마다 그것을 나누어 가지고 있다고 믿습니다. 그러나 그들 모두는 정의도 가르칠 수 있는 것이라고 믿습니다. 사람들이 벌을 주는 방식이 이것을 보여준다는 것입니다. 요컨대 정의란 가르칠 수 있다는 믿음에서, 누구든 위협하기 위해 앞을 내다보고 벌을 주는 것입니다. 그런데 어째서 용감한 자들이 자신의 아들들을 가르치지 않느냐고요? 그들이 그렇게 하지 않는다면 그것은 실로 기이한 일일 겁니다. 왜냐하면 무지에는 사형과 국외 추방, 그리고 온 가족의 몰락이 따라붙기 때문입니다. 그런데 그들은, 몰라도 아무런 벌이 따르지 않을 것들은 가르치게 했나요? 오히려 그것들을[86] 그들은 온갖 세심한 노력을 기울여 아이 때부터 가르칩니다. 여기에서 교육이 묘사됩니다. 덕(德)에 그렇게 많은 주의를 기울이는데, 그것은 역시 덕이란 가르칠 수 있다는 것을 인정하는 가운데 그렇다는 것입니다. 그런데 훌륭한 인물들의 아들들이 탈선한다면,—그것은 **모든 사람**이 덕에 참여하고 다만 더 높은 발전 단계에서 정도 차가 드러나는 한에서만 그렇습니다. 아테네의 범법자는 순전한 야만인들과 비교한다면 그래도 아직 덕성이 더 있다는 것입니다. 그래서 순전한 야만인들 가운데에서라면 사람들은 아테네의 불의를 동경할 것이라는 겁니다. 그리스 안에서도 스승은 발견되지 않습니다. 어떤 사람이 덕을 타인들에게 장려하는 일에 조금이라도 재능이 있으면 만족해야 합니다. 프로타고라스는 자신을 이들에 포함시킵니다. 어떤 사람이 수업을 받았다면 그는 내게 요

구받은 금액을 지불하거나, 아니면 사원에 가서 맹세하고 내 수업
의 가치에 해당한다고 그가 단언하는 것만큼의 금액을 지불한다.—
이 긴 연설의 커다란 반향. 소크라테스는 하나의 의심에 대해 짧게
답변해줄 것을 청합니다. 즉 덕은 온전한 것인가, 또는 정의, 경건
성 등은 그저 온전한 것의 부분들이거나 표현들인가 하는 의심입니
다.—프로타고라스는 그것이 부분들이라고 말합니다. 대규모의 변
증술적 담화. 소크라테스는 다음의 두 명제를 시인하도록 만듭니
다. 1. 지혜는 신중함과는 얼마간 다르다는 것, 그리고 2. 하나에는
오직 하나만이 대립되어 있다는 것이 그것입니다. 그런데 몰이해는
신중함과도, 지혜와도 대립되어 있습니다. 그렇다면 지혜와 신중함
은 하나여야 할 것입니다.

프로타고라스는 점점 신경이 날카로워집니다. 대화는 중단될 상
태에 있습니다. 소크라테스는 가려고 일어섭니다. 소크라테스는 긴
연설에 대해 항의합니다. 양쪽 형식에 있어 프로타고라스는 정말로
노련하다고 하는데, 그럴 마음이 없다는 것입니다.—칼리아스가
소크라테스를 저지합니다. 소크라테스는, 그렇다면 프로타고라스
에게 서로 이해할 수 있는 방식으로 대화하는 것과 연설가로 군중
앞에 나서는 것은 아무래도 어느 정도 다른 것임을 수긍하도록 청
하라고 칼리아스에게 말합니다. 알키비아데스가 끼어듭니다. 프로
타고라스가 담화에서 자신이 소크라테스보다 약하다는 것을 시인
한다면 그래도 무방하지만, 그렇지 않다면 그는 소크라테스의 제안
을 받아들여야 할 것이라면서.—크리티아스는 프로디코스와 히피
아스에게 그를 설득할 것을 청합니다. 그들은 독특한 방법으로 설
득합니다. 히피아스는 심판관을 선출할 것을 권합니다. 소크라테스

는 이에 반대합니다. 그는 다만 프로타고라스가 묻겠다면 대답하겠다고 말합니다. 이에 프로타고라스는 결정을 내리고 시모니데스의 유명한 시를 언급합니다. 그는 한 번은 용감한 사람이 되는 것은〔사람이기는〕어렵다고 말했다가, 또 한 번은 행실 좋은 사람이기는 어렵다는 피타코스의 말을 질책했다가 하는데, 그것은 사실상 모순이라는 것입니다.─소크라테스는 프로디코스에게 도움을 청합니다. 이제 소크라테스는 '되다'와 '이다'의 차이에 주의를 환기시키면서, 얻기 어려운 것이 덕이지만 누구든 정상에 이르면 얻기 쉽다는 헤시오도스의 말을 인용합니다. 이제 소크라테스는 이 시에 대한 자신의 견해를 조리 있게 개진하여 갈채를 받습니다. 이어서 그는 시의 해설가들에 대해 원칙적으로 반대를 표명합니다. 그것은 플루트를 연주하는 여인들에게 비싼 대가를 지불하는 교양 없는 사람들의 주연(酒宴)과 같다는 것입니다. 우리는 시인에 대한 문구들을 제쳐놓고 진리를 탐구하는 작업을 시도해야 합니다. 이제 드디어 프로타고라스가 문제〔를 제기하기로〕에 대답하기로 결정됩니다. 소크라테스는 이제 덕의 단일성에 대한 주제를 계속 끌어냅니다. 결과는 교수 가능성에 대한 차이입니다. 소크라테스는 덕이 교수될 수 없다고 생각하고, 프로타고라스는 교수될 수 있다고 합니다. 이제 소크라테스는 모든 것이, 정의가 그러하듯 사려도 용맹도 모두 인식에 근거한다는 것을 증명하고자 합니다. 그것이 프로타고라스가 증명하려고 했던 인식과는 다른 어떤 것이라면, 그것은 분명 가르칠 수 없을 것입니다. 이때 소크라테스는 프로타고라스를, 말하자면 반대쪽으로 몰아붙였습니다. 이로써 대화는 끝납니다. 프로타고라스는 소크라테스를 대단히 칭찬하면서, 그를 시기하지 않는다고 말하고 그에게 위대한 미래가 열릴 것이라고 언명합니다.—소크라 테스는 젊은이로 등장합니다.

《프로타고라스》는 궤변철학의 영역에서 플라톤이 벌이는 경합입 니다. 이는 변증술의 사용이라든가 시인들을 해석하는 일 등등에서 그가 더욱 유능하다는 것을 보여주기 위해서입니다. 이 대화편에는 이전의 대화편들에서와 같은 신랄함과 예리함은 없습니다. 이 대화 편 역시 전적으로 일반인을 위한 것으로서, 궤변철학이 가장 긍정 적으로 나타나는 현상들에서조차 그것에 대한 경의의 도를 낮추는 데 기여해야 하는 것입니다. 이것은 분명 아주 초기의 대화편은 아 닙니다. 또 원칙적으로 중요한 대화편도 아닙니다. 의문들은 전혀 해소되지 않았습니다. 우월감이, 승리에 찬 일종의 명랑성이 이 대 화편을 관통하고 있습니다. 따라서 투쟁 시기의 저술이라고 보기는 어렵고, 그보다 후기의 것으로 보아야 합니다.

《파르메니데스》

케팔로스*는 다음의 이야기를 안티폰에게서 들었다고 전합니다. 안티폰에게 피토도로스가 전해준 이야기라고 합니다. 파르메니데 스(약 65세)와 제논(약 40세)이 판아테나이아 축제에 참석하기 위 해 아테네로 왔다고 합니다. 이때 그들은 많은 사람들, 그 가운데

---

* 케팔로스는 《국가》에 대한 기억을 이야기한다. 클라조메나이에서 아테네로 왔을 때 우리는 글라우콘과 아데이만토스를 만났다.

젊은 소크라테스의 방문도 받았는데, 그것은 제논이 쓴 글을 경청하기 위해서였다는 것입니다. 제논이 자신이 쓴 글 한 편을 읽자, 소크라테스는 즉시 다음과 같이 그 첫째 가설을 포착했다고 합니다.

5 　"존재하는 사물들이 다수라면, 그들은 같기도 하고 다르기도 할 것이다(존재하는 것으로서는 같고, 다수로서는 다르다). 그것은 불가능하다. 왜냐하면 다른 것을 같다고도, 또 같은 것을 다르다고도 말할 수 없기 때문이다. 따라서 다수란 불가능하다. 왜냐하면 다수라면 그것에 대해 어떤 불가능한 것이 언표되어야 할 것이기 때문 10 이다."

다수란 없다는 것, 이것이 그의 모든 저작의 근본 내용이라는 것입니다. 그런데 그것은 다만 *전체는 하나다*ἓν εἶναι τὸ πᾶν라는 파르메니데스의 명제를 뒤집은 것일 뿐이라는 겁니다.

소크라테스는 이제 이에 맞서 주장합니다. 즉 *원래 동일성의 개* 15 *념이 있고*αὐτὸ καθ' αὑτὸ εἶδός τι ὁμοιότητος, 다시 이에 대립되는 개념이 있다는 것입니다. 그런데 사물들은 이 두 개념을 수용합니다. 다만, 동일한 것 그 자체가 또한 동일하지 않은 것이라고 한다면 그것은 의아스러운 일일 것입니다. 그러니 하나가 그 자체로서 또한 다수라고는 말할 수 없습니다. 그러나 "모든 것은 단일성을 내 20 포하기 때문에 하나이다. 그리고 그것이 다수성을 소유하므로 바로 이것은 또한 다수이다"라고는 말할 수 있습니다. 개념들에는 결코 대립되는 술어들을 갖다 붙일 수 없습니다.

그러자 파르메니데스는, 그렇다면 소크라테스는 개념들을 무슨 특별한 것으로 여기고, 그러고는 다시 사물들 역시 그러한 것으로 여기는지, 즉 그에게 예컨대 동일성이 그 자체로서 존재하는 것처럼 보이는지를 묻습니다.

소크라테스는 긍정합니다. 정의나 인륜의 개념들에 대해서도 그것을 긍정합니다. '인간', '불' 같은 개념들은 의심스럽다고 합니다. 머리카락, 더러움에 대해서는 그는 그러한 별개 존재를 확실히 부정합니다. 그는 자신이 여기에서 종종 의심에 부딪혔다고 말합니다. 그러나 밑도 끝도 없는 요설에 빠질 두려움이 그를 저지했다는 것입니다.

파르메니데스가 묻습니다. 모든 별개의 사물에는 전체 개념이나 한 부분만이 있는가?

그렇다.

그렇다면 하나이자 같은 것이 동시에 따로따로 존재하는 여러 사물에도 있고, 또 홀로 그 자체로서도 있을 것인가?

─아니다. 마치 하루가 동시에 어디에나 있으면서 자신에게서 분리되지 않는 것처럼.

파르메니데스의 중요한 반박 : 만약 소크라테스에게 많은 사물들이 커 보인다면, 그에게는 그 모든 것에 동일한 *관념*iδέα이 함께 있다는 생각이 들 것이고, 따라서 그에게 크기는 하나로 여겨질 것이다. 그래서 그가 크기 자체와 여러 큰 것들을 마음속에 받아들인다면, 여기에 다시 하나의 단일성이 형성될 것이다. 그 모든 것은 그것으로 인해 큰 것이 된다. 즉 크기라는 하나의 새로운 개념이 대두하는 것으로. 그 개념을 통해 크기 자체와 큰 사물들이 생겨난 것이다. 이 모든 셋에 다시 하나의 새로운 개념이 추가되는 등등의 방식으로 많은 개념들이 나타날 것이다.

이에 소크라테스는 말합니다 : 이 개념들 하나하나는 하나의 관념이며, 마음 밖에는 어디에도 있지 않다.

이를 받아 파르메니데스 : 사물들이 자신 안에 개념들을 받아들인다면 그 모든 사물은 〔형체들〕관념들로 구성되면서 사유를 하거나, 또는 관념들이면서 사유를 하지 않거나 할 것이다.

하지만 소크라테스는 다음과 같이 설명합니다 : 개념들은 마치 자연의 '모형Vorbild'들과 같다. 모든 사물은 모형들을 닮았으며 그들의 '모상Nachbild'들이다. 사물들이 개념들을 분유(分有) μέθεξις하고 있다는 것이 바로 그들이 개념들과 유사해지는 이유이다.

이어 파르메니데스 : 개념이 모형이고 사물이 모상이라면 동일성은 양자 밖에 놓여 있으니, 동일성이 하나의 새로운 개념으로서 그것들에 추가될 것이다. 그 다음, 모형은 (양자의 밖에 있는) 동일성의 개념 때문에 모상으로 이전되는 것이 아니라 오직 다른 개념을 이유로 해서만 모상에 의해 받아들여질 수 있을 것이다.

이것이 개념들을 그 자체로서 존재하는 어떤 것으로 받아들이는 경우 야기되는 곤경들이라는 것입니다. 가장 큰 곤경은 그러할 경우 사람들이 그것을 인식할 수 있는 입장에 있지 않다는 것입니다. 개념들이 그 자체로서 있는 것이라면 그것들은, 예를 들어 노예의 신분, 인식, 진리와 같은 것들은 우리 안에서 발견될 수 없습니다. 개념들은 오직 사물들에 내재하는 경우에만 우리 정신의 소유가 되는 것입니다. 그러나 이데아에 관한 그러한 인식이 있다면 그것은 우리의 인식보다 틀림없이 훨씬 완전할 테고, 누가 그러한 인식을 소유한다면 그는 신입니다. 그러나, 마치 우리의 인식이 그러한 인식을 전혀 인식하지 못하는 것처럼, 그 인식도 원래 우리의 인식을 전혀 인식하지 못하는 것이 확연하므로, 신 역시, 우리가 신의 인식에서 무엇을 얻을 수 없듯이, 우리의 문제들을 인식할 수 있는 입장에 있지 못할 것입니다.

5   이데아를 인정하는 것은 많은 어려움을 야기합니다. 그 반대는 철학에 더욱 곤란합니다. 파르메니데스는 소크라테스에게 아직 젊을 때 흔히 무용하다고 여겨지고 요설로 일컬어지는 변증술을 익힐 것을 권합니다. 그 방법론으로 제로Zero의 것을 권합니다. 중요한 것은, 어떤 것을 있다고만 정립할 게 아니라 없다고도 정립하는 것이라고 합니다. 즉 움직임과 고요함, 있음과 없음의 다자(多者)가 있는 것이 아닙니다. 파르메니데스는 요청에 따라 사례들을 제시하고자 합니다. 제일 젊은 사람, 즉 아리스토텔레스가 대답을 해야 합니다. 단일성에 대해서(말하자면 다자가 없다고 한다면, 부정변증법).

_____

15   총괄 : 논구(論究)는 *분유*μέθεξις에 관한 것이다.
    1) 이데아가 대상들 하나하나에 전적으로 관여하는지 아니면 부분적으로 관여하는지.
    2) 이데아의 객관적 존재에 반대하여 *제3자*τρίτος ἄνθρωπος가 제시됨.
20   소크라테스는 마음속에 있는 *생각*νόημα으로서의 이데아의 주관성을 통해 이를 모면하려고 함.
    거부됨 : 이데아는 오히려 *생각*νόημα의 대상, 즉 *생각된 것*νοούμενον. 소크라테스는 이제 이데아의 객관적 존재를 설명한다. *분유*μέθεξις는 *모방*εἰκασθῆναι에 존립함.

이에 반해 *분유μέθεξις* 의 본질이 동일성*ὁμοιότης*에 있는 게 아니라는 것을 밝히기 위해 다시 *제3자*가 제시됨.

그러나 가장 큰 난관*ἀπορία*은 그렇게 되면 이론적 방식으로 이루어지는 양자간의 모든 관계가 중단된다는 것.

5 　결론 : 이데아의 인식은 의심스러움.

그러나 이데아를 인정하지 않는 것 역시 만족스럽지 못하다는 것. 그로써 변증술은 지양된다는 것.

소크라테스는 변증술을 그것을 충분히 익히지 않은 상태에서 인정

10 했다는 것.

1) 그것은 부분들을 갖지도 않았고 전체도 아니다.

2) 그렇다면 그것은 또한 한계를 갖지 않는다.

3) 아무 곳에도 현존하지 않는다.

4) 움직일 수도, 고요할 수도 없다.

15 5) 동일한 것도 아니고 자기 자신이나 어떤 다른 것과 다른 것도 아니다.

6) 그것에는 유사성이나 동일성의 특징이 결여되어 있다.

7) 마찬가지로 더 오래되었다든가 더 새롭다든가 하는 등 시간 관계의 특징도 결여되어 있다.

20 8) 그것은 전혀 존재하지 않고, 어떤 이름도, 어떤 표상도 산출한 적이 없다.

단일성의 긍정변증법

1) 존재하는 일자로서 존재, 하나, 차이가, 그리고 하나와 같이 여러

부분들, 수, 존재의 다수가 결과로 생긴다.

2) 단일성은 한정되어 있으면서 무한하다.

3) 다른 것 안에 포함되어 있으면서 자신 안에 포함되어 있다.

4) 고요하면서 움직인다.

5) 하나는 자신, 그리고 비존재와 **동일한** 것이면서도 또한 다른 것이기도 하다.

6) 그것은 자신과도 타자와도 비슷하면서 비슷하지 않다.

7) 그것은 시간 관계를 가진다.

8) 그것에는 이름이 있어 표상들을 산출한다.

일자와 타자에는 대립되는 모든 술어가 속합니다.

매우 주의할 만한 대화편. 위버베크는 말합니다.

"장면도, 변증술적 형식도, 전체의 사고 내용도, 여러 개별적 표현 방식들도 플라톤의 것이라고 간주할 수 없다. 게다가 아리스토텔레스의 침묵, 그리고 담화들에 대한 관계가 추가된다."

위버베크는, 이미 이전에 소크라테스와 '관념들Ideen'에 대해 이야기를 나누었다는 아리스토텔레스 같은 인물이 여기에 등장하는 것이 언짢습니다. 이데아론에 대립되는 아리스토텔레스적 논쟁이 제시되는 대화편에 아리스토텔레스 같은 인물이 등장하는 것은 우연의 야릇한 장난일 것입니다. 그 다음 또 기이한 것은 어째서 플라톤이 그 내용을 자신의 이복 형제인 안티폰에게서가 아니라 클라조메나이 사람인 케팔로스에게서 입수한 것이라고 주장하려 하는가 하는 것입니다. 그 다음, 변증술적 방법은 플라톤의 모든 저술에 아주 산재되어 있습니다. 그것은 이율배반적 방법으로, 이 방법은 하나의 명제와 이에 모순되는 반명제 양자가 불합리하다는 것을 논증하고, 동일한 전제로부터 매번 대립되는 것을 도출하는 데서 이루어집니다. 이 변증술적 방법은 훈련으로 간주되어야 합니다. 《파르메니데스》는 이데아론이 회의주의로 와해되는 것을 서술하고 있다는 것입니다.

소크라테스를 파르메니데스의 하위에 종속시키는 것은 전혀 유례 없는 일이라는 것입니다. 플라톤은 다른 경우에는 자신을 항상 소크라테스 안에서 서술합니다. 그렇다면 그것은 분명히 여기에서도 가정해야 합니다.—세 종류의 이데아를 구분하는 것은 후기에 속한다고 말합니다. 형상εἶδος의 동의어로서의 이데아에 대한 용어인 유(類)γένος는 129쪽 오직 《소피스테스》에서만 발견됩니다. 플라톤의 관용어에서 벗어나는 말은 생각νόημα이라는 용어입니다. 또 제3자τρίτος ἄνθρωπος 역시 그러합니다.

그렇다면 소크라테스는 엘레아 학파의 변증론의 학도로, 청년기의 미숙한 사색가로 등장합니다. 물론 파르메니데스의 성격에 관해서 이야기하고 있을 가능성도 거의 없습니다. 플라톤이 《파이드로스》에서 엘레아의 '팔라메데스'[87]라고 칭하면서 소피스트들과 나란히 세우는 제논도 역시 모범적 저술가나 모범적 변증론자로 제시되지 못했습니다.

그렇다면 그것은 분명히 플라톤 비판입니다. 그러나 플라톤 고유의 방식으로, 그리고 물론 그의 이름 아래 출판된 것입니다. 아마 플라톤과 그의 뛰어난 젊은 제자와의 논쟁의 반복, 어쩌면 플라톤과 아리스토텔레스의 논쟁이기조차 할 수 있는 것이 제3자에 의해 저술되었을 수도 있습니다. 어쨌든 고령의 시기의 저작입니다.

글라우콘과 아데이만토스의 형제 한 사람과 제논의 친구 하나가
종종 만났습니다. 안티폰과 피토도로스의 관계는 플라톤과—

《크라틸로스》

크라틸로스와 헤르모게네스와 소크라테스 간의 대화. 헤르모게
네스가 크라틸로스에게 묻습니다.

"자네는 우리가 저기 있는 소크라테스에게도 우리의 논의를 전달
하기를 원하는가?"

요컨대 크라틸로스는 이렇게 주장합니다. 모든 대상마다 본성적
으로 그것에 어울리는 타당한 명칭이 있다. 그것은 결코 몇몇 사람
들이 자신들의 언어의 제한된 일부분을 가지고 대상을 특징지으면
서 그것을 명명하는 데 일치를 본 그러한 명칭이 아니다. 명칭들의
일정한 타당성은 본성적으로 발생하는 것으로, 이것은 모든 그리스
인과 이방인들에게 통용된다. 이에 반해 헤르모게네스는 말합니다.
자기에게는 어떤 사람이 하나의 사물에 부여하는 명칭이 타당한 명
칭으로 보이며, 그 사람이 나중에 다른 명칭을 부여하면 그 명칭이
다시 타당한 명칭이라는 것입니다. 그것은 본성적으로 어떤 대상에
게도 명칭이 귀속되지 않기 때문이라는 것입니다.

먼저 소크라테스와 헤르모게네스의 대화. 사물들은 하나의 고정
된, 자기 자신에게 고유한 본성을 가집니다. 모든 것의 본성에 상응
하는 도구를 발명한 사람은 자신이 작품을 만들어낸 재료에 그 도
구를 적용시켜야 합니다. 그래서 언어의 입법자 역시 모든 명칭에

본성적으로 상응하는 성질을 음성과 음절에 부여하는 법을 이해해야 합니다. 그런데 모든 입법자가 누구나 같은 음절을 사용하지 않는다면?—대장장이가 같은 목적으로 같은 연장을 제조할 경우에도 모든 대장장이가 같은 종류의 쇠를 사용하는 것은 아닙니다. 그러나 연장은 혹시 다른 종류의 쇠로 만들어졌다 해도 그것이 같은 심상을 재현한다면 목적에 부합합니다. 크라틸로스가 '명칭들은 사물들에 본성적으로 귀속된다. 그리고 누구나 명칭의 창조자가 되기에 적격인 것이 아니라, 모든 대상에 본성적으로 귀속되는 명칭에 자신의 주안점을 두고 그것의 심상을 문자와 음절로 나타낼 수 있는 사람만이 그에 적격이다'라고 말한다면 이는 옳은 말이라는 겁니다. 그러자 헤르모게네스는 무엇이 본성에 부합하는 명칭인지를 소크라테스가 그에게 보여줄 것을 요구합니다. 소피스트들을 표적으로 하는 농담을 한 후, 플라톤은 의미심장하게 호메로스를, 그리고 그가 신들과 인간의 언어를 구분한 일을 언급합니다. 신들이 언어를 본성에 적합한 명칭들로 표현한다는 것은 명백합니다. 그리하여 소크라테스는 많은 이름들을 타당한 것으로 해석합니다. 그는 신령스러운 지혜에 엄습당한 것을 느낍니다. 그래서 이제부터는 엄청난 양의 말들이 다른 말들에 환원되고, 또 원래의 의미들에도 환원됩니다. 뒤에 그는 이 원래의 명칭들을 연구합니다. 이들 명칭은 문자와 소리를 통해 모사됩니다. 이 가르침이 있은 후 헤르모게네스는 크라틸로스가 이에 대해 어떻게 생각하는지를 묻습니다. 소크라테스 자신이 말합니다.

   "나는 그 중 어떤 것도 확고히 정립된 것으로 보고 싶지 않다. 자네가 어떤 좀더 나은 것을 제공하면 나는 기꺼이 그것을 채택하겠다."

크라틸로스가 말합니다.

"당신은 모든 것을 내가 생각하는 바대로 이야기했다."

그러자 소크라테스는 그 모든 것을 다시 한번 숙고해보라고 권합니다. 그 자신이 스스로의 지혜를 확신하지 못하기 때문이라는 겁니다. 이제 소크라테스는 어떻게 좋고 나쁜 모상들이 있는지에 주의를 환기시킵니다. 모든 가르침은 단어들에서 오는 걸까요? 아닙니다. 왜냐하면 입법자들은 자신들이 사물들을 명명하기 전에 이들을 이미 알았어야 하기 때문입니다. 최초의 명칭들이 아직 존재하지 않았다면 어떤 명칭들을 통해 그들은 대상들을 알게 된 것이었을까요? 크라틸로스는 어쨌든 옳을 게 분명한 최초의 명칭들을 대상들에 붙인, 인간의 능력보다 높은 능력이 있다는 의견이 가장 옳다고 여깁니다. 소크라테스는 그 명칭들이 갈등 관계에 있으므로 우리는 이들 명칭 밖에서 그 두 견해들 가운데 어떤 것이 옳으며 사물의 실상을 제시하는지를 우리에게 지시하는 다른 어떤 것을 찾아내야 한다고 말합니다. 그리하여 소크라테스는 이제 이데아론을 제시합니다. 그는 헤라클레이토스에 반대합니다. 영원한 흐름 속에 있는 무엇은 인식될 수 없습니다. 명칭들에 믿음을 부여함으로써 자신과 자신의 정신의 완성을 그 명칭들에 맡긴다는 것은 사려 깊은 태도가 아닐 것입니다. 그러나 헤라클레이토스처럼 그렇게 절대적으로 이 사물들에 대한 결정적 판단을 내리는 것 역시 마찬가지로 위험합니다. 그는 젊은 크라틸로스의 용기를 북돋습니다. 크라틸로스는 마지막에 가서 아직도 헤라클레이토스의 입장에 머무르는 경향을 내비칩니다.

미결정의 목소리가 전 대화편을 관통하고 있습니다. 샤르슈미트는(245쪽) 독자를 우롱하기만 하는 소크라테스를 발견합니다. 샤르슈미트는 헤라클레이토스가 *단어들의 본성적인 옳음*φύσει ὀρθότης ὀνομάτων을 가르칠 수 있었다는 것은 믿을 수 없는 일이라고 봅니다. 그는 *모든 것은 흐른다*πάντα ῥεῖ라는 명제를 무엇보다도 언어에서 확인되는 것으로 여겼을 게 분명하다는 것입니다. 그것은 크라틸로스에 대해서는, 아리스토텔레스가 《형이상학》에서 그를 아주 극단적인 헤라클레이토스주의자로 서술하고 있다시피, 더더구나 믿을 수 없다는 것입니다. —그런데 플라톤은 역사학자가 아닙니다. 그는 매우 자의적입니다. 그의 연대 오기들을 비교할 것. —이 대화편은 매우 기이합니다. 우리는 매우 실망했습니다. 왜냐하면 우리는 언어학의 탁월한 지식들에 잘못 길들어 있어 그렇게 소박한 관점들에는 거의 생각을 돌릴 수 없기 때문입니다. *자연적인*φύσει 옳음과 *관습적인*συνθήκῃ(또는 습관이나 법률에 의한

테오폼포스(이소크라테스의 제자)는 말합니다 : 플라톤의 대화편들은 무용하고 거짓되며 게다가 대부분 자기 것이 아니다. 즉 아리스티포스, 안티스테네스, 많은 것은 브리손의 구술적 담화에서 유래한다. —여기에서 나는 플라톤의 대화편들에 나타나는 회상의 특성을 봅니다. 우리는 플라톤이 누구에 대항해서 싸웠으며 누구를 고대의 가면으로 덮어씌웠는가를 알아내게 됩니다.

그래서 아리스토크세노스는 《국가》가 거의 전부 프로타고라스의 글에서 흘러나왔다고 말합니다. 이것이 무엇과 연관되는지는 아직 해명되지 않았습니다.

아리스토파네스가 한 3부작으로의 정리는 아마 연대순에 따른 것입니다. 최소한 그것은 위버베크의 숫자들과 대략 일치합니다. 그렇다면 《서한》은 어찌 된 것입니까? 그리하여 그 다음에 또 아주 많은 다른 구분들이 있었습니다.

원론적 의문 : 플라톤이 자신의 저작들을 통해 소크라테스를 기억하려 했는지, 아니

ἔθει νόμῳ) 옳음ὀρθότης의 대립(단어와 사물 사이의 관계와 관련됨). 나는 그러나 그 귀결로서 다음과 같은 것을 봅니다 : 첫 부분에서 소크라테스는 마치 언어가 사물에 대해 우리를 가르치는 것처럼 논의를 전개합니다. 그러나 둘째 부분에서는 아무것도 남지 않도록 논의를 축소하고 있습니다. 그렇다면 그는 옳음ὀρθότης 일반을 부정합니다. 이에 반해 그때까지의 사상가들은 옳음에서 출발했고 다만 *자연적* φύσει인지, 습관적인지, *법률적* νόμῳ인지에 대해서만 논란을 벌였던 것입니다.

나는 샤르슈미트에게 동의할 수 없습니다. 그에 반대하여 슈타인하르트, *Ztsch. für Philos. von Fichte*, 1871, 211쪽. 크라틸로스의 모습을 포착하는 데 실패. 불합리한 어원학적 유희들〔*신(神)* θεὸς 나는 *달린다* θέω〕.

면 그보다는 오히려 자기 자신의 담화들을 기억하려 했는지 하는 문제. 그는 다만 자기 자신의 발생사를 이야기할 뿐 소크라테스의 발생사를 이야기하지 않습니다. 이 경우 그는 어느 정도 영혼의 윤회를 믿었음이 분명합니다.

플라톤의 연극적 소질은 그리 대단하지 않습니다. 저자로서 그는 다소 산만하고 무질서합니다.

《파르메니데스》	백과전서
《크라틸로스》	운율학
《테아이테토스》	수사학
《고르기아스》	시학
《프로타고라스》	
《필레보스》	12 | 130 |
《소피스테스》	
《정치가》	

《테아이테토스》

메가라에서 있었던 테릅시온Terpsion과 에우클레이데스 간의 도입부 장면. 테릅시온은 자신이 에우클레이데스를 찾아낼 수 없었다는 것을 이상하게 생각합니다. 에우클레이데스는 다 죽게 되어 코린토스 부근의 진영에서 아테네로 실려 가는 테아이테토스를 만났다고 합니다. 그는 테아이테토스를 호송했답니다. 소크라테스는 예언가의 안목을 가지고 있었답니다. 테아이테토스가 죽기 직전에 소크라테스는 청년 테아이테토스와 자리를 같이했으며 그의 유망한 재능을 칭찬하면서 희망을 일깨웠다는 것입니다. 소크라테스는 그 담화를 에우클레이데스에게 다시 전했고, 에우클레이데스는 집에 돌아오자마자 기억을 더듬어 그 내용을 글로 옮겼다는 것입니다.

"뒤에 나는 기억을 더듬어 그것을 상술하고 소크라테스의 도움으로 이를 교정했습니다."

테릅시온은 그것을 읽어달라고 청합니다. 에우클레이데스가 말합니다.

"나는 소크라테스가 내게 그것을 이야기로 전달한 것과 같은 식으로는 쓰지 않았습니다."

그와는 달리 소크라테스, 수학자인 테오도로스와 테아이테토스 세 사람이 극의 장면에서처럼 나란히 등장합니다. ─테오도로스는 소크라테스에게 젊은 테아이테토스에 대한 칭찬을 크게 늘어놓습니다. 명민한 이해력, 온유한 마음씨에 용감한 기질. 미남이 아닌 그는 소크라테스와 비슷합니다. 에우프로니오스의 아들입니다. 그가 막 도착합니다. 소크라테스는 그와 대화를 시작합니다. 테오도로스한테서 무엇을 배우느냐고 묻습니다. 소크라테스는 자기 자신도 테오도로스한테 기하학과 천문학을 배웠다고 말합니다. 그러나 자기에게는 인식의 개념이 명확해지지 않은 채 남아 있었다는 것입니다.

5 "그대는 인식이 무엇이라고 생각하는가?*τί σοι δοκεῖ εἶναι ἐπιστήμη*?"

테아이테토스는 많은 학문들의 이름을 댑니다. 재촉에 못 이겨 마침내 그는 "인식은 지각 외에 다른 것이 아니다*οὐκ ἄλλο τί ἐστιν ἐπιστήμη ἢ αἴσθησις*"라고 말합니다. 소크라테스는 세 가지 주요 10 반론을 제기합니다.

1. 인식＝지각이라면, 미친 사람들 또는 꿈꾸는 사람들을 그르다고 할 수 없을 것이다.

2. 사람들은 외국어의 소리Ton를 그 뜻을 이해하지 않고도 들을 수 있다.

15 3. 어떤 것을 더 이상 지각하지 못하고 기억으로만 간직하고 있는 사람은 그것을 더 이상 인식하지도 못할 것이다.

프로타고라스의 명제는 알다시피 누구에게나 자기 고유의 지각*αἴσθησις*이 있으며, 따라서 그 자신에게 나타나는 것은 누구에게나 존재한다는 것입니다. 프로타고라스가 이로써 인식에서의 모 20 든 차이와 모든 지식을 지양한다고 보는 것은 과장이라는 것입니다. 틀린 견해란 없다는 거지요. 그리고 어떤 하나가 더 참인 것이 아니라, 단지 다른 것보다 더 낫다는 것입니다. 프로타고라스의 설이 이렇게 설명된 후 그것이 좀더 심도 있게 비판됩니다.

1. 프로타고라스에 의하면 누구든지 항상 자신에 대해서만 정당

성을 갖습니다. 그래서 아무도 인간이 만물의 척도라는 신탁을 믿지 않는다면, 그 신탁은 오로지 그에게만 참입니다.

2. 현재와 관련해서는 분명 인간이 만물의 척도라고 말할 수 있을지언정, 미래와 관련해서는 이를 말할 수 없다는 것입니다. 왜냐하면 미래에 있을 일에 대해서는 어떤 한 사람이 다른 사람보다 더 나은 판단을 할 능력이 있기 때문이라는 겁니다.

3. 우리 주위의 모든 것이 끊임없는 흐름 속에 있다면 모든 대답은 똑같이 옳습니다. 왜냐하면 아무것도 어떤 관점에서가 아니라 전적으로 규정되어 있지 않기 때문입니다.

4. 상이한 감각들은 또한 상이한 감관들을 전제로 합니다. 그런데 우리가 두 개의 감각들을 공통적으로 고찰하여 그들을 구분하거나 비교하거나 한다면 그것은 감관을 통해 이루어질 수는 없습니다. 감각 기능의 자극을 통해서는 우리는 사물의 본성에 이를 수 없습니다. 따라서 인식ἐπιστήμη에도 이르지 못합니다.

둘째 정의는 인식ἐπιστήμη = 정견(正見) ἀληθὴς δόξα이라는 것입니다. 감각적 수용성과는 달리, 마음의 활동이 존재하는 것과 연관되어 있는 경우 마음의 그러한 활동은 의견을 가짐δοξάζειν이라 불립니다. 그러나 여기에서 문제가 발생합니다. 오류, 즉 억견(臆見) δόξαψευδὴς이란 어떻게 가능한가 하는 문제입니다.

1. 아는 것을 알지 못함ἃ ἐπίστανται μὴ ἐπίστασθαι이라는 오류. 우리가 어떤 생각을 하면 그 생각은 우리가 아는 것과 관련되거나 우리가 모르는 것과 관련됩니다. 그런데 우리가 틀린 생각을 한다면, 있다는 사실을 우리가 아는 어떤 것이 있다는 사실을 모를 게 분명합니다. 그것은 모순입니다. 그러므로 어떤 오류도 가능하지 않

습니다.

　2. *감각에 따른 사고의 변화* διανοίας πρὸς αἴσθησιν παραλλαγή 로서의 오류. 자신이 밀랍 판의 내부에 있다고 상상해보십시오. 감각적 사물들은 도장처럼 그 위에 찍힙니다. 이 경우 두 가지 방식의 표상들이 있습니다. 직접적인 현재의 실제 인상들과 기억 속에 간직된, 우리의 개입 없이 불러내어진 잠재적인 표상들입니다. 오류는 실제의 인상들만으로써도, 잠재적 표상들만으로써도 설명될 수 없습니다. 오류는 이 둘의 상호 연결을 의도하지만 마치 능란하지 못한 사수처럼 자신의 목표에 적중하지 못하는 가운데 이루어지는 연결을 통해 설명됩니다. 잘못된 판단은 두 표상들이 뒤바뀜으로써 일어납니다.

　3. *인식들의 변화* τῶν ἐπιστημῶν μεταλλαγή 로서의 오류. 모든 사람마다 마음속에 비둘기장이 있어, 지식을 마치 비둘기를 잡아 가두듯이 배운다고, 그래서 그것들이 때로는 크게 무리를 지어, 때로는 홀로 날아다닌다고 상상해보십시오. 이제 제2의 사냥이 시작됩니다. 이번에는 이미 잡아 가둔 비둘기들을 사냥합니다. 그들을 손아귀에 넣기 위해서입니다. 제2의 사냥에서 올바른 비둘기를 잡으면 사람들은 참인 것을 입수합니다. 잘못 짚으면 틀립니다. III. *무언의 속견* δόξα ἄνευ λόγου 으로서의 *인식* ἐπιστήμη. *정견* ἀληθὴς δόξα 없이는 진리와 인식은 없습니다. 그럼에도 아직 없어서는 안 될 그 무언가가 있습니다. 누가 참된 생각을 우연히 말로 표현한다면, 그것은 그 자체로서는 물론 참입니다. 그러나 그것은 그 사람에게는 참도 거짓도 아니고 다만 그것을 인식하는 사람에게만 참입니다. *정견* ἀληθὴς δόξα 을 이성을 통해 완성하는 것이 필요합니다. 그러나 이

성λόγος의 개념은 발견되지 않습니다. 요컨대 그는 〔정견〕 인식 ἐπιστήμη = 인식에 의거한 바른 견해 δόξα ὀρθὴ μετ᾽ ἐπιστήμης라는 관점에 이릅니다. 가능하지 않은 정의입니다. 지각 αἴσθησις도, 바른 견해 ὀρθὴ δόξα도, 이성에 의거한 정견 ἀληθὴς δόξα μετὰ λόγου도 인식 ἐπιστήμη일 수는 없을 겁니다. 마지막으로 소크라테스는 자신을 산파술사라고 선언합니다. 그리고 그는 멜레토스의 공식적 고소에 대처하기 위해 왕궁의 회당으로 갑니다.

"그럼 내일 아침 일찍 다시 만납시다."

《소피스테스》

전날 있었던 대화에 직접 연결하면서, 테오도로스와 테아이테토스는 엘레아 출신의 한 낯선 사람(파르메니데스와 제논의 문하생인)을 데려와 그를 소크라테스에게 소개합니다.

소크라테스는 말합니다. "아마도 자네는 인간이 아니라 반박에 강한 신을 데려왔겠지?"

테오도로스가 말합니다 : 그 손님은 온건한 사람이지 쟁론술사가 아니다. 신은 아니라고 해도 그는 신처럼 보인다. 모든 철인처럼.

소크라테스가 말합니다 : 정말로 그렇다. 하지만 진정한 철인은 신들과 마찬가지로 가려내기 힘들다. 그들은 때로는 정치가로, 때로는 소피스트로 간주되고, 때로는 미친 것처럼 보인다. 그런데 엘레아 학파 사람들은 소피스트와 정치가와 철학자를 한통속으로 여기는가 아니면 세 부류로 나누는가?

이방인은 말합니다 : 세 부류로 나눈다. 그러나 하나하나를 정확히 구분하는 것은 어렵다.

소크라테스는 그에게 자세한 말이나 질문을 해서 그것에 대한 의견을 펼쳐 보여달라고 청합니다. "내가 일전에 아주 젊은 청년으로 파르메니데스와 함께 있었을 때, 그가 물음을 제기하고 훌륭한 연설을 하는 것을 직접 들었던 것처럼." 그 대화편과의 명백한 관계. 왜냐하면 두 사람의 만남은 역사적 사실이 아닙니다.

이방인은 질문을 제기하는 편이 낫다고 말하면서 테아이테토스를 끌어들입니다. 질문 대신 긴 연설을 하면서 그들 앞에 즉각 등장하는 일은 부끄럽다는 것입니다. 테아이테토스가 감당하지 못할 경우에는 젊은 소크라테스[88]가 대신하기로 약속합니다. 이방인은 소피스트의 개념 규정에 들어갑니다. 좀더 쉬운 예를 통해 그는 우선 그 방법론을 연습시키겠다는 것입니다. 낚시꾼의 개념. 이제 유개념을 그 종(種)으로, 이것을 다시 하위의 개념으로 나누면서 길게 상술된 개념 분화, 이분법과 분할이 이어집니다. 진지한 뜻에서든 아니든 긴 논쟁(《크라틸로스》에서처럼). 샤르슈미트는 188쪽에서 그것들이 진지한 뜻에서였다는 것을 증명했습니다. 소크라테스적·플라톤적 귀납법과의 차이를 명백히 하는 것이 중요합니다. 소크라테스는 현상들에서 출발하여 상승하면서 사물의 본질을 얻고자 합니다. 즉 감각적으로 주어진 잡다함Vielheit에서 출발하여 개념적인 단일성을 지향합니다. 소피스트는 이에 반해 사물의 본질을 구체화하기 위해 범례를 취합니다. 사실 그는 직조술에서 통치술과 공통되는 통일과 연결의 개념을 이끌어올 목적으로 직물 짜는 사람의 예를 취하는 것이 아닙니다. 그에게는 통치술 자체가 직조업의 형상 아래 나타나는 것입니다. 사냥꾼, 낚시꾼, 상인, 요술쟁이가 소피스트의 특성을 묘사하는 데 사용됩니다. 부유한 청년들이 돈을 주고 자칭 현자와 물물 교환을 하도록 그들을 낚아채는 수단으로서의 소피스트 이론 등등. 이렇게 소피스트의 일반적 특성이 여기에서 추상적으로 반복되고 있습니다. 그것은 마지막으로 *반대를 제시하는 언변술* ἐναντιοποιολογικὴ τέχνη, 즉 논박술로 일컬어지며 *아이러니* εἰρωνεία가 그것에 귀속되는 것으로 이야기됩니다. 철학자는 존재하는 것에 종사하고, 소피스트는 존재하지 않는 것에 종사한다는 것입니다. 여기에서 이번에는 이데아론에 관한 중요한 논의가 전개됩니다. 이데아는 움직이고 움직여지는, 영혼과 정신이 구비된, 따라서 생동하고 사고하는, 행위하고 행위당하는 가운데 있는 힘들로 파악됩니다. 그 밖의 경우에는 항상 부동하고 불변하는, 다만 자기 동일적인 존재로서 파악됩니다.

이전에도 이데아에 영혼이 귀속된다고 생각하지 않았습니다. 그것은 이데아들이 영혼들과는 달리 스스로 감각적인 세계와 결합을 이루지 않기 때문입니다. 나아가서 이제 **존재**의 이데아가 특별한 이데아로서 여타의 이데아들에 대립해서 세워진다는 사실이 추가됩니다. 이제 다른 모든 이데아는 명백히 이 존재의 이데아에 참여함으로써만 존재합니다. 비교적 초기의 플라톤의 설에 따라 상이한 이데아들에 참여함으로써 그 존재를 부여받는 물질적인 사물들은 이제 마찬가지로 존재의 이데아에 참여함으로써 그 존재를 부여받습니다. 그렇게 하여 사물과 이데아들 양자가 존재의 이데아에 종속됨으로 해서 오랜 대립은 종식됩니다. *이데아를 사랑하는 자들* εἰδῶν φίλοι과 물질론자들에 대해 논의하고 있는 구절은 유명합니다. 전자가 메가라 출신들이 아니라는 것은 서두에서 언급되었습니다. 아마도 플라톤은 자신이《파르메니데스》에서 손수 거꾸러뜨린, 자신의 비교적 초기의 견해를 좇는 추종자들을 말하는 것 같습니다. 그는 부동의 이데아들에 자신의 생동하는 이데아들을 대립시킵니다. 이들은 윤리적이며 형이상학적인 최고 신들의 무리로서, 더이상 사물들의 모형이 아닙니다.―《파르메니데스》가 위작이라고 간주하는 사람은 샤르슈미트처럼 다만《소피스테스》를 비난하게 될 수밖에 없습니다.《파르메니데스》와《소피스테스》가 초기의 과도기적 단계들이라는 것, 플라톤이 자신의 순수한 이데아론에 이른 것은《파이드로스》등등에서였다는 것은 슈타인하르트의 아주 치명적인 소견입니다.《소피스테스》,《파르메니데스》,《정치가》가 플라톤의 저작이라면, 그것들은 그의 생애의 마지막 시기에 해당합니다.

《정치가》

계속 : 정치가의 정의, 철인의 정의가 약속됩니다. 테아이테토스는 약간 휴식을 취하고 이제는 젊은 소크라테스가 대답합니다. 먼저 진정한 정치가, 제왕의 자질을 가진 정치가는 인간의 보호자이자 양육자라는 정의가 얻어집니다. 그러고 나서 이것은 불명확하고 불충분한 정의라는 사실이 입증됩니다. 이제 세계의 전격적인 변화들에 대한 거창한 신화가 논의를 중단시킵니다. 태고 시대의 약술, 두 개의 대립되는, 주기적으로 교차하는 세계의 움직임들에 대한 기술(記述). 크로노스의 온화한 통치, 법률과 국가 없이 자연과의

조화 속에서의 인류의 낙원 상태, 이것이 인류의 이상적인 사회 생
활입니다. 이어서 다시 소피스트 개념 규정을 시작합니다. 하지만
그 준비로 양모 직조업의 개념. 일화들 : 장황한 논의에 대한 사과
로 이중의 측량술을 구별하고, 이어서 이 대화편과 《소피스테스》에
서 적용된 변증술적 방법을 정당화함. 그리고 나서 수공업이 일곱
종류로 구분됩니다. 그리고 두 번째 인간 계급으로서 개개인이나
국가에 공헌하는 자유 근로자, 상업에 종사하는 사람, 기록자, 사제
와 점성가. 세 번째 계열은 잘못된 정치가들과 소피스트들로, 이들
은 먹이를 낚아채는 사자들, 켄타우로스, 사티로스들에 비유됩니
다. 플라톤 자신은 절대군주제를 목표로 삼고 다음과 같이 국가의
다른 형태들의 서열을 제시합니다. 입법군주제, 귀족 정치, 합법 민
주 정치, 무법 민주 정치, 과두 정치, 참주 정치. 이어서 최고의 통
치자에 관해 그 밖에 또한 세 가지 규정이 나뉩니다. 즉 연설가, 재
판관, 사령관이라는 세 직책이 그것인데, 이 직책들은 최고의 통치
자로서의 그 자신에게 귀속되는 것이 아니라 그를 보좌하고 그의
산하에 있게 됩니다. 《정치가》가 제시하는 국가의 이상은 제왕의 자
질을 갖춘 인물의 통치로서, 이 통치는 법률의 주재와 통치술의 소
유를 통해 실행이 가능하다는 점에서 특징적입니다. 이 *인
식*ἐπιστήμη은 《국가》에서 이야기되듯 사변적 정치라는 의미에서
의 이데아로의 고양과는 전혀 다른 어떤 것입니다. 정치가적 *인
식*ἐπιστήμη은 *명령술*ἐπιτακτική의 세목 중 하나이며, 이 명령술
안에서 정치가적 인식은 '뿔 없는 백성의 집단 사육'으로 나타납니
다. 그는 실제적 예술가이지 이론적 사상가가 아닙니다. 따라서 플
라톤적 국가 이념과는 대립되는 근본적인 차이가 있습니다. 잊어서

는 안 될 것은 《파르메니데스》, 《소피스테스》, 《정치가》에서는 엘레아에서 온 사람이 자신의 이론을 전개하고, 소크라테스는 그에 동의하거나 승복한다는 점입니다. 그렇다면 우리는 플라톤이 자기 생애의 말년에 대화의 방법론을 전혀 판이한 방식으로 변화시켜 결국 자기 자신을 보다 젊은, 그리고 나이 든 플라톤으로, 즉 한편으로는 소크라테스로, 다른 한편으로는 엘레아에서 온 사람으로 두 차례 도입했다는 것을 인정해야 할 것입니다.

《철학자》는 씌어지지 않은 것 같습니다.

《필레보스》

《파르메니데스》를 전제로 하는 마지막 대화편. 담화자는 소크라테스, 필레보스, 프로타르코스. 필레보스를 흠모하는 젊은 프로타르코스가 주역으로 등장합니다. 반면 필레보스 자신은 곧 뒷전으로 물러납니다. 젊고 아름다운 필레보스는 아리스티포스의 입장을 대변합니다. 그것은 쾌락이 인간의 최고 목표라는 입장입니다. 선한 것이란 아마도 인식이나 쾌락이 아니라 제3의 어떤 것에 존립하는 것이 아닐까 하는 의문을 소크라테스가 제기하자 필레보스는 대화에서 물러납니다. 그가 대화에 끼어들어 방해가 되지 않도록 프로타르코스 자신이 그를 저지합니다. 왜냐하면 필레보스는 확고한 신념을 가진 자라는 평판을 받고 있는 터라, 자신의 견해를 고수하는 데 흔들리지 않을 것이기 때문입니다. 프로타르코스는 수사학에서는 고르기아스에 경도되어 있으며 쟁론술을 알고 있습니다. 그는 대화가 전개됨에 따라 성장하고 확고해집니다. 소크라테스는 다소 일반적으로 현자로 묘사되고 있습니다. 이 대화편에는 시작도 종결도 없습니다. 우리는 문제의 한복판에 들어서게 됩니다. 다른 시작이 이미 전제될 수 있습니다. 쾌락이나 인식의 장점에 대한 소크라테스와 필레보스 사이의 논쟁이 그것입니다. 마지막에는 감각적 기쁨과 정신적 기쁨의 관계에 대한 추가 논쟁이 암시됩니다. 아스트는 이 대화편을 3부작의 중간 편으로 간주합니다. 그런데 대단히 중요한 것은 이데아론에 대한 이 대화편의 위치입니다. 이데아에 관한 설은 일즉다(一卽多)ἕν καὶ πολλά가 가지는 어려움의 관점 아래 도입됩니다. 이데아들은, 하나하나의 수많은 사물들을 통해 우리의 상상력 안에서 재현되는 한, 감각에 있어 잡다πολλά로, 뿐만 아니라 무한자ἄπειρον로 분할되고 분쇄되는 것들로서 도입됩니다. 모든 사물 하나하나도 그것이 그 자체로서 파악될 수 있는 부분들로 구성되는 한, 하나인 동시에 여럿이라는 겁니다. 그런데 많은 것들이 파르메니데스의 난제에서 차용됩니다. 이것은 젊은 철학도들 간에 쾌감과 만용의 상태에서 행해진다는 일즉다의 쟁론술적 사용에 관한 소견을 진술하는 것으로 이어집니다. 프로타르코스는 소크라테스에게 더 나은 방법을 찾을 것을 요청합니다. 소크라테스는 그리하여 변증술을 언급합니다. 그는 쟁론술에 대립하여 변증술에 개념 규정의 자격을 부여함으로써 그 방법을 특징짓습니다. 우리는 이데아들이 내재하는 물질적 사물들과 관련을 지어야 한다는 것입니다. 우리가 하나의 이데아를 얻었다면, 그 하나가 여럿이라는 것뿐만 아니라 그 수가 몇이라는 것까지도 원래의 하나에서 알아차릴 때까지, 그것이 둘이 아닌지 등등을 확인해보아야 한다는 것입니다. 그것이 신들에게서 전수된 올바른 방법이라는 겁니다. 이제 현자들은 그것을 하나에서 곧바로 무한자로 만듦으로써 혹은 더 빠르거나 혹은 더 느리게 이를 수행했습니다. 이때 중간자는 그들의 고려 밖으로 밀려났습니다. 이것이 변증술적 방법과 쟁론술적 방법의 차이라는 것입니다. 일자와 무한자 사이의 중간 고리는 숫자이거나 또는 양자를 나누어 가지는 규정된 다수입니다. 여기에서 플라톤은 피타고라스 학파와 일맥 상통합니다.

《필레보스》의 형식은 《소피스테스》와 《정치가》의 형식과 전적으로 유사합니다. 질문과 대답의 유희는 완성된 구성들을 전달하기 위한 투명한 외피입니다. 대화의 상대자는 쉽사리 수긍하는 온순한 청년들입니다. 스승은 반쯤은 진지하게, 반쯤은 농담으로 이들을 책망하고 위무하면서 더 쉬운 길을 택해 갑니다. 존경하는 은발의 노인은 그렇게 제자들과 교류합니다. 그것은 소위 메가라 시대의 플라톤의 모습은 분명 아니고, 아카데미에서 있었던 가장 말기의 대화들을 모방한 것들입니다. 이제는 소크라테스가 반드시 필요한 대화 주도자가 아닐 정도입니다. 보다 나이 어린 소크라테스는 아카데미의 동료 중 하나로 역사적으로 알려져 있습니다(아리스토텔레스, 《형이상학》, VII, 1036B).―그렇다면 두 개의 그룹을 인정할 수 있습니다. 아카데미 설립 이후의 첫 시기는 《국가》를 비롯해서 이에 이어지는 대화편들에 의해 주도됩니다(《법률》의 기본적 구성 부분들 역시 이에 속합니다). 다른 모든 대화편은 문화의 온갖 방향들을 논박하는 것들입니다 : 《고르기아스》, 《프로타고라스》, 《파이드로스》, 《향연》, 《파이돈》, 《에우티데모스》. 그러고는 최고령기의 전혀 다른 그룹이 있습니다 : 《파르메니데스》, 《테아이테토스》, 《소피스테스》, 《정치가》, 《필레보스》가 그것으로, 이들에서는 이데아론, 대화, 변증술이 본질적으로 변모되고 형상적 힘이 크게 감소하고 이데아론은 더욱 신비주의적으로 바뀌고 사고의 교량 자체는 더욱 회의적이 됩니다. 신비주의적 도취와 괴롭히는 회의(懷疑)의 합일. 아리스토텔레스는 이들 대화편을 거의 알지 못하는 [이들 대화편도 마찬가지로 알고 있는] 것처럼 보입니다. 그는 초기에 속하는 대화편들을 논박합니다. 따라서 그는 명백히 보다 오래된 방향에 동조하는 제자들에 속해 있었습니다.

보다 마지막의 대화편들에서 플라톤은 무엇보다도 방법론을 강조하고 있으며, 문제 자체의 의미는 부차적입니다. 그러므로 아리스토텔레스에게는 좀더 오래된 대화편들이 보다 중요할 것이 분명합니다. 여기에서 그는 확고한 플라톤적 명제들을 가지고 있었습니다. 게다가 마지막 저술들은 구상이 다소 약합니다. 아마도 그래서 그는 《파르메니데스》를 손대지 않은 채 남겨둘 수 있었을 것입니다. 엄청난 손실을 감안한다면 우리가 비록 그런 말조차 할 수 없을 테지만 말입니다.

단편들

《알키비아데스 I》. 소크라테스가 알키비아데스에게 말합니다 : 다른 모든 사람이 이미 그를 버렸는데도 그를 최초로 사랑했던 소크라테스는 그를 버리지 않았다는 것, 그리고 다른 사람들은 그와 함께 필요 이상으로 이야기했지만 소크라테스 자신은 그와 지금까지

한 번도 이야기를 하지 않았다는 것에 그는 놀랄 것이라고. 전에는 다이몬이 소크라테스 자신을 저지했다는 것입니다. 이제 알키비아데스는 자신이 어떻게 오만불손한 기질에서 자신을 사랑하는 사람들을 능가하여 그들을 물리쳤는지를 알게 되었다는 것입니다. 그는 자신에게 아무도 필요 없다고 믿고 있는 게 분명하다는 겁니다. 이제 알키비아데스는 자신의 대규모 계획들을 펼칩니다. 그는 오직 소크라테스를 통해서만 자신의 계획의 실현을 도모할 수 있습니다. 이제 소크라테스적 대화. 사람들은 자신이 이해하는 것에 대해서만 좋은 조언을 합니다. 그런데 어떤 것을 알게 되는 것은 오직 그것을 배우거나 스스로 생각해냄으로써만 가능합니다. 소크라테스는 알키비아데스가 아는 것이 무엇이며, 그가 무엇에 관해 아테네 사람들에게 조언을 하려 하는가를 묻습니다.─국가사에 관해. 국민 회의에서는 무엇에 관한 조언이 이루어져야 하는가? 전쟁 등등에 관해. 그 일이 최선으로 행해지는 것이 관건입니다. 여기에서 이 '최선으로'는 정의로운 것입니다. 알키비아데스는 정의로운 것에 대해 아무것도 모르면서도 그것에 관해 무엇인가를 이해하고 있다고 생각합니다. 하지만 그는 정의로운 것에 관해서가 아니라 이로운 것에 관해서 조언이 이루어진다고 생각합니다. 그러나 정의로운 것과 이로운 것은 같은 것입니다. 자신이 알지 못하는 어떤 것을 알고 있다고 스스로 믿고 있기 때문에 알키비아데스는 동요하는 상태. 하지만 그의 반대자들 때문에 알키비아데스는 무지한 상태에 머물러 있어서는 안 됩니다. 그는 자신의 무지를 명백히 의식합니다. 어떻게 사람들은 개선되는 것일까요? 우리의 영혼을 위한 배려를 할 수 있기 위하여 우리는 우리 자신을 더 잘 알아야 합니다. 오직 자기 인식을 통해서만 자신과 국가의 안녕의 토대가 마련되는 것입니다. 알키비아데스는 더 나아지려고 결심합니다. 소크라테스가 말합니다 : 나는 염려스럽다. 그대의 마음을 신뢰하지 못해서가 아니다. 그보다는 그 강력한 영향을 내가 알고 있는 국가가 나와 그대에 대해 우위를 차지했으면 한다.

《카르미데스》. 소크라테스는 포티다이아의 전투에서 돌아와 그가 어떻게 격투 학교로 갔는지를 이야기합니다. 거기에서 그는 전쟁에 관한 이야기를 하지 않을 수 없었답니다. 그러고는 그동안 철학에서 어떤 새로운 일이 일어났는지, 그리고 출중한 청년들이 등단했는지 묻습니다. 이때 아름다운 카르미데스가 떠들썩한 동반자들과 함께 다가옵니다. 소크라테스는 그가 아름다운 영혼의 소유자인지를 알고 싶어합니다. 크리티아스는 그의 두통을 고칠 의사가 있다는 것을 미끼로 그를 불러오게 합니다. 소크라테스는 머리가 정상으로 돌아오기 전에 먼저 영혼의 치유에 손대려 합니다. 영혼을 위한 논의는 아름다운 담화들이라고 하면서, 이 담화들을 통해 *사려(思慮)σωφροσύνη*가 영혼에 깃드는 것이라고 말합니다. 그는 카르미데스에게 *사려가 있는지σώφρων*를 묻습니다. 카르미데스는 이것을 일종의 신중함, *점잖고 신중하게 행동하는 것ἡσυχιότης, κοσμίως καὶ [σὺν] ἡσυχῇ πράττειν*으로 설명합니다. 두 번째 설명은 사려가 *수치심αἰδώς*이라는 것입니다. 세 번째는 그것이 자기 일을 하는 것이라는 겁니다. 크리티아스의 담화는 계속됩니다. 얼마 후―그는 사려가 자기 인식이라고 설명합니다. 그 다음에는 자기 자신과 무지함을 인식하는 것에 대한 인식이라고 합니다. 사려는 여기에서도 발견되지 않아 소크라테스는 이제까지의 탐색이 효과적으로 이루어지지 못했으며 자기 자신이 이를 이끌 능력이 없음을 선언합니다.

《히피아스 I》. 히피아스는 자기가 거의 아테네에 오지 않는 이유를 조국 엘리스가 모든 중요한 사절단에 자기를 필요로 하기 때문이라고 설명합니다. 이어서 소크라테스의 빈정대는 찬사. 히피아스가 했던 아름다운 연설이 언급되자 소크라테스는 무엇이 아름다움인가 하는 의문이 일전에 얼마나 그를 당황하게 만들었는지를 상기합니다. 이제 그는 히피아스에게 그것에 관해 가르침을 청하고자 합니다. 첫째 설명 : 아름다운 대상은 아름답다.—그러나 무엇 때문에 그것이 아름다운지 말해야 합니다. 둘째 설명 : 모든 것을 아름답게 만드는 것은 금이다. 셋째 : 조건 없이, 그리고 모든 것에서 아름다운 것은 부, 건강, 명예, 장수이다. 소크라테스는 이제 직접 거들고자 합니다. 그는 아름다운 것을 어울리는 것이라고 천명할 것을 제의합니다. 그 다음에는 쓸모 있는 것. 그 다음에는 즐거움을 주는 것. 그리고 그 다음에는 눈과 귀를 통해 오는 즐거움을 가장 좋은 것으로 천명할 것을 제의합니다. 결국 궁지에 처합니다.

《히피아스 II》. 에우디코스, 소크라테스, 히피아스 간의 담화. 히피아스의 화려한 연설들 가운데 하나에서 그에 의해 옹호된 "다방면으로 민활한 오디세우스보다 아킬레우스가 더 낫다"는 명제에 대해 소크라테스가 의혹을 제기합니다. 의도적으로 속이는 자는 진실도 알고 있기 때문에, 의도하지 않고 속이는 자에 비해 더 이해심이 있고 현명하다는 것입니다. 의도 없이 속이는 자는 진실을 말하는 경우에도 마찬가지로 무의식적으로 행동한다는 것이지요. 히피아스는 소크라테스가 꼬치꼬치 따지기를 좋아한다고 그를 책망합니다. 그러자 소크라테스는, 어쨌든 더 현명하고 강한 자들도 의도적으로 옳지 않은 일을 함으로써 덜 현명하게 보이는 계기를 가지게 될 수 있다는 것을 여러 예를 들어 입증합니다. 오직 도덕적으로 선한 사람만이 고의로 의롭지 않게 행동할 수 있으며, 모르고 악을 행하는 자만이 나쁜 사람입니다. 전반적인 궁지.

《테아게스》. 그는 지혜가 무엇인지를 알고자 합니다. 어떤 지혜? 그가 국가의 지혜를 뜻한다는 것이 밝혀집니다. 위대한 정치가들은 이 분야의 스승들로서 부족하다고 판정됩니다. 소피스트들은 돈을 받고 그 일을 합니다. 그러나 더 나은 것은 경험이 풍부한 아테네 사람에게서 공짜 수업을 받는 것입니다. 아버지인 데모도코스와 그의 아들이 소크라테스에게 이를 떠맡을 것을 간청하므로 그는 오랜 망설임 끝에 이 청을 받아들이기로 결심하고, 다이몬이 무엇인가에 관해 다소 긴 설명을 합니다. 소규모이며 기묘한 대화편.

《안테라스타이》. 소크라테스가 이야기를 합니다. 그는 문법학자인 디오니시오스에게 갑니다. 그곳에서 그는 많은 청년들이 그들의 연모자들과 자리를 같이하고 있는 것을 발견합니다. 그는 두 소년이 대단히 열성적으로 원을 그려가면서 서로 논쟁하는 것을 봅니다. 소크라테스는 그들이 무엇을 하고 있는 거냐고, 분명 위대하고 아름다운 것이 아니겠느냐고 묻습니다. 연모자 하나가 자신들은 철학을 하면서 천체의 현상에 대해 지껄이고 헛소리를 하고 있다고 말합니다. 철학이란 무엇인가 하는 의문이 대두됩니다. 음악 애호가 하나가, 그것은 모든 것에 관한 지식, 더 정확히 말하면 이야기한 것을 이해하고 담화에 동참할 수 있을 만큼 많은 지식이라고 설명합니다. 철학자들은 얼치기 전문가들. 모든 기술에 대가(大家)가 있는 한 철학자란 무용하고, 그런 한에서 쓸모 없고 나쁘다. 이것이 반박됩니다.

《히파르코스》. 한 이름 없는 상대가 소크라테스와 논쟁을 벌입니다. 결론은 누구나 이익을 탐낸다는 것입니다. 동등한 *가치가 있는* ἄξιος과 이익, 탐욕, 이득이라는 뜻을 가진 κέρδος의 유희. 제목은 히파르코스(피시스트라토스의 아들)에게 한 다소 긴 연설이라는 데서 붙여졌습니다─지금은 위작으로 간주됩니다. 뵈크는 1810년에 이 대화편을 세 편의 다른 대화편들과 함께 시몬Simon이라는 이름 아래 출간했습니다. (가죽 장정본σκυτικοί인) 서른세 편의 대화편 가운데 발견되는 제목들로는 '정의에 대하여 περὶ δικαίου', '덕에 대하여 περὶ ἀρετῆς', '어째서 가르칠 수 있〈없〉는가? ὅτι 〈οὐ〉 δι-δακτόν, περὶ φιλοκερδοῦς', '탐욕에 대하여 περὶ φιλοκερδοῦς', '관습에 대하여 περὶ νόμου' ('미노스', '정의에 대하여', '덕에 대하여')가 있습니다. 탐욕 Φιλοκερδής은 부제입니다.

《미노스》(《관습에 대하여 περὶ νόμου》). 나이가 지긋한 사람이 소크라테스와 함께 이야기를 나눕니다. 지혜로운 크레타의 왕에게 바치는 소크라테스의 찬미 연설에서 제목이 유래합니다.

《악시오코스*Axiochos*》. 악시오코스의 아들 클레이니아스가 소크라테스를 부릅니다. 부친이 임종이 임박한 상황에서 죽음에 대한 공포에 사로잡혀 있다는 것입니다. 소크라테스는 이제 긴 대화를 통해 죽음에 대한 그의 공포를 항복시키고, 그로 하여금 죽음을 동경하도록 합니다. 끝으로 마술사 고브리아스에 관한 신화.

《에피노미스》, 《법률》의 제13권. 피타고라스를 모방하는 전기 플라톤주의의 유일한 잔재. 어떤 것이 국가 행정위원회 내의 저 현자들 특유의 학(學)인가? 수에 관한 지식이 최고의 지식이다. 매우 신비주의적이고 장중합니다. 오푸스의 필리포스의 작으로 간주됩니다.

《정의에 대하여Περὶ τοῦ δικαίου》. 친지 한 사람과 함께 소크라테스. 시몬만큼의 가치도 없음. 문제성이 없지 않은 윤리.

《덕에 대하여Περὶ ἀρετῆς》.《메논》과 매우 유사함. 그러나 변증술적인 모든 것은 제거됨. 국가의 지혜는 가르칠 수 있는 것도, 타고나는 것도 아니고 신적인 섭리에 의한 것.

《데모도코스*Demodokos*》. 1. 상의(相議)에 대해서, 그리고 2. 의회의 소송에서 양측을 심문할 수 있는지. 3. 언제 대부(貸付)를 허용하고 언제 허용하지 않아야 하는가? 4. 언제 믿음을 고려해야 하는가? 인물들의 이름을 지칭함 없이. "자네가 내게 요청하네, 친애하는 데모도코스"로 시작합니다.

《시시포스 Sisyphos. 상의에 대하여 περί τοῦ βουλεύεσθαι》. 파르 살로스에서 소크라테스와 함께 대화중. 상의의 개념에 대하여. 상 의하는 회의는 지자(知者)들이 이끌도록 해야 한다.

[《분할 Διαιρέσεις》] 정의(定義)들 Ὅροι 개념 규정들, 아마 플라 톤의 조카인 스페우시포스의 저술. 그 경우 이 개념 규정들이 《에피 노미스》를 고려하고 있음이 강조될 수 있을 것입니다.

《라케스》. 리시마코스, 멜레시아스, 니키아스, 라케스, 소크라테스 간의 대화. 전술의 교육적 효용이 출발점. 그러한 교육적 의문들에 대한 답을 위한 기본 조건으로서 덕의 개념에 대한 지식이 요청됩 니다. 용맹은 단지 그 중 한 면입니다. 서로 다른 설명들. 진정한 용 맹은 모든 덕처럼 항존하는 재보(財寶)를 추구하는 것입니다. 그들 의 대화의 다음 대상은 쟁취되어야 할 미래의 재보, 회피해야 할 미 래의 재앙입니다. 용맹은 우리가 의당 두려워해야 할 것과 두려워 할 필요가 없는 것에 관한 지식입니다. 항존하는 진정한 재보와의 관계가 도덕적 용맹과 만용의 차이의 근거를 제공합니다. 용맹을 여타의 덕목들에서 구분하는 특별한 개념은 발견되지 않습니다. 모 든 덕목이 항존하는 재보와 관련되기 때문입니다. 대화의 계속을 약속합니다.

《알키비아데스 II》. 소크라테스와 대화. "어떻게 기도해야 하는 가?" 최선의 것에 대한 인식 없이는 어떤 인식도 가치가 없습니다. 기도가 최고의 재보들에 관한 인식에 대한 것이라면, 그는 신들과 어떻게 교통할 것인가를 압니다. 신들의 결정은 탐욕스러운 고리대금 업자들의 경우처럼 제물과 선물들에 영향받지 않음. 그들에게는 오직 정의와 경건성만이 가치가 있습니다. 알키비아데스는 마지막으로 자신이 신들에게 봉헌하려 했던 화환을 소크라테스에게 건네주고, 소크라테스가 그에게 신성한 일들에 관한 일깨움을 주었다고 할 때까지 모든 기도(祈禱)를 단념합니다. 계속 경건성을 정초하는 대화가 추측됩니다. 플라톤의 진정한 저술인지는 의문시됨.

《에우티프론》. 교양 있는 독신자(篤信者), 신화학자이자 신학자로서, 예언자적 설교로 자신을 가소롭게 만들면서 열광적. 소크라테스는 그에게 경건성의 본질에 관해 묻습니다. 경건성은 정의(正義)의 하위 개념, 신들에 대한 정의. 민중 종교(제우스, 크로노스, 우라노스)의 위험하고 비도덕적인 가르침에 대한 이의, 그리고 중상모략적인 고소에 대한 소크라테스의 방어. 대화는 익살맞게 중단됩니다.

《소크라테스의 변명》. 아스트에 의해 격렬하게 논박되고 나서 소허에 의해 방어됨. 첼러와 위버베크는 이 대화편이 확증된 것이라고 간주합니다. 그러나 그들에게 '실제로 했던 소크라테스의 변호 연설'과 '자유로운 이상화' 사이의 선택의 여지는 여전히 있습니다. 크세노폰의 《변명》은 중요하지 않은 위조된 졸작으로, 당면 문제와 관련해서는 아무런 의미도 없습니다. 근본적으로 플라톤의 모든 대화편은 죽임을 당한 현자에 대한 훨씬 더 고차원적 의미에서의 변명입니다. 어쨌든 이 대화편은 플라톤적 저술 활동의 방식에서 거의 유일한 것이라고 할 수 있는데, 친지들을 위한 값진 유물로서 기억에 의거해 씌어진 것이라고 정말 생각할 수 있습니다. 많은 사람들은 이 대화편과 함께 저술가로서의 그의 경력이 시작된 것으로 추측합니다. 그것은 사실인 것 같지 않습니다.*

　구성은 단순하고 품위 있으며, 문체는 순수합니다. 어쨌든 이것은 이상적인 변호 연설은 아닙니다. 왜냐하면 《파이드로스》, 《향연》, 《고르기아스》에서 플라톤은 훨씬 훌륭한 변호를 할 수 있었기 때문입니다. 변명을 쓰는 것은 후기 학파에서는 인기 있는 습작이었습니다. 플라톤 자신의 작품이라는 것은 확실하지 않습니다.

　아리스토텔레스는 우리의 《변명》을 알고 있습니다. 그러나 그는 그것을 플라톤의 작품으로 여긴다고 말하지는 않습니다. 그는 소크라테스는 이야기했다Σωκράτης εἴρηκεν 또는 말했다ἔφη 등등으로 말합니다.

　《메넥세노스》. 최근 이구동성으로 위작임이 언명됨. 그러나 아리스토텔레스는 이 대화편을 알고 있습니다(《수사학》, I, 9와 III, 14. 소크라테스의 묘비명λόγος ἐπιτάφιος. 대화의 틀은 플라톤에 걸맞지 않습니다. 무엇 때문에 철학자가 그러한 대화편을 작성해야 했는지 근거를 알아낼 수 없는 것이지요. 이에 대해서는 첼러, 《플라톤 연구》, 144~149쪽. 샤르슈미트는 이것이 아리스토텔레스에 의

---

*　《메넥세노스》
　《크리톤》
　《에우티프론》
　〔라케스〕
　〔알키비아데스 II〕
　《변명》

해 확증되었다는 것조차 부인합니다.

《크리톤》. 이것도 역시 《변명》과 같은 기록인 듯. 그래서 플라톤이
자신의 이름이나 책임 아래 쓰고 있지 않다는 것. 그렇다면 이것은
물론 완전히 고립하여 존재하는 글입니다. 그 밖에 일반적으로 소
크라테스는 어디서든 플라톤의 외피에 지나지 않습니다. 아스트는
이것이 플라톤의 어떤 제자에 의해 《향연》의 다음 문구에 연결되었
다고 믿습니다.

"국가가 무엇을 명하든 국가의 형벌을 견뎌내는 것을 내가 더 정
의롭다고 여기지 않는다면, 이 힘줄들과 뼈들은(즉 이 몸은 : 나는)
이미 오래전부터 메가라나 보이오티아에 있을 걸세."

두 저술은 *회상록* ἀπομνημονεύματα이라는 크세노폰적 특성에
속할 것입니다. 플라톤은 다른 데서는 이러한 특성에 전혀 구애받
지 않는 태도를 유지합니다. 샤르슈미트는 소크라테스의 오랜 친지
인 크리톤이 철인한테 그다지도 격에 맞지 않는 행위를 할 것을 설
득하려 했다는 비난으로부터 그를 구하고 싶어합니다. 소크라테스
가 그의 제안을 받아들이지 않으리라는 것을 바로 그 자신이 더 잘
알 수 있었으면서도 말입니다.

플라톤 이전의 철학자들

〔1869~1870(?) 겨울학기; 1872 여름학기;
1875~1876 겨울학기; 1876 여름학기〕

플라톤 이전의 철학자들에 관한 1869~1870년 겨울학기 강의를 알리는 니체의 자필 공고. 당시 이 강의가 실제로 이루어졌는지는 입증되지 않았다.

플라톤 이전의 철학자들

제1강

　일반적으로 그리스 철학은 다음과 같은 물음과 함께 고찰됩니다. 근래의 철학자들과 비교해볼 때 그리스인들이 철학적 문제들을 얼마나 인식하고 밝혀냈는가 하는 물음입니다. ─우리는 묻고자 합니다. 그리스인들의 철학의 역사에서 우리는 그들에 대해 무엇을 배우는가? 우리가 철학에 대해 무엇을 배우는가가 문제가 아닙니다. 우리는 그리스인들이 철학을 했다는 사실을 설명하고자 합니다. 그것은 그리스인들에 대한 지배적인 견해를 놓고 볼 때 도무지 저절로는 이해될 수 없는 사실입니다. 그들을 명확하고 냉정하며 조화로운 실무자들이라고 파악하는 사람은 어디에서 그들의 철학이 유래했는지 설명할 수 없을 것입니다. 그리고 그들을 다른 한편 단지 심미적이며 온갖 종류의 예술적 도취에 탐닉하는 인간들로만 이해하는 사람 역시 그들의 철학으로 인해 의아한 느낌을 가질 것입니다.

　실제로 그리스 철학을 원래 아시아와 이집트가 원산지인 수입 작물로만 여기려는 새로운 연구자들이 있습니다. 이 경우, 그리스인들이 철학 때문에 멸망했으므로 철학이 본질적으로 그들을 단지 몰락시키기만 했을 뿐이라고 결론을 내리는 것이 타당합니다(헤라클레이토스—조로아스터, 피타고라스—중국인, 엘레아 학파—인도인, 엠페도클레스—이집트인, 아낙사고라스—유대인).

5   그러므로 첫째, 우리는 그리스인들이 자기 자신들의 욕구에서 철학을 하지 않을 수 없었다는 것, 그리고 그것은 어째서인가를* 확인하고자 합니다. 둘째, 우리는 그리스인들 가운데 철학이 어떤 것으로 드러났는가 하는 것뿐만 아니라 그들 가운데 '철학자'가 어떤 존재로 드러났는가 하는 것에 주의하고자 합니다. 그리스인들에 대

10   해 알기 위해서는 그들 가운데 몇몇 사람들이 자신들에 대한 의식적인 사색을 하게 되었다는 사실이 매우 중요합니다. 이러한 의식적 사색보다 더욱더 중요한 것은 그들의 인격, 그들의 행동입니다. 그리스인들은 철학자의 유형을 창조했습니다. 피타고라스, 헤라클레이토스, 엠페도클레스, 파르메니데스, 데모크리토스, 프로타고라

15   스, 소크라테스와 같은, 개성이 다른 집단을 생각해보십시오. 이 안에서의 독창성은 그리스인들을 모든 민족 가운데 빼어난 존재로 만

---

* 하나의 철학이 문화가 싹트는 발단이 될 수 있는가? 아니다. 그러나 위험한 적들로부터 현존하는 문화를 수호하는 것.—기념비적 예술에 대한 바그너의 분개.—천재적 정신에서 천재적 정신으로 이어지는 보이지 않는 다리가 있다.—그것이 한 민족에 진정으로 실재하는 역사이다. 다른 모든 것은 질이 덜한 소재로 된, 그림자 같은 무수한 변용들, 서투른 솜씨로 만든 복제들이다. 한 민족의 총체적 삶이 그 민족 최고의 천재들이 제공하는 형상을 얼마나 불순하고 혼란하게 반영하는가 하는 점이 지적되어야 한다.
그리스인들은 자신들의 찬란한 예술 세계의 한복판에서 어떻게 철학을 했는가? 삶이 하나의 완성에 이르면 철학함은 멈추는 것인가? 아니다. 진정한 철학함은 그제야 시작된다. 삶에 대한 그들의 판단이 좀더 많은 것을 말하고 있다.

듭니다.* 일반적으로 한 민족은 확고하게 남는 오직 하나의 철학자 유형을 산출합니다. 게르만 민족 역시 이 풍요함과는 겨룰 수 없지요. 그 모든 인물은 온전하며, 한 덩어리의 돌로 조각되었습니다. 그들의 사고와 그들의 성격 사이에는 엄격한 필연성이 있습니다. 적어도 그 당시에는 철학자 계층이 없었기에 그들에게는 어떠한 편익도 없습니다.** 누구나 철학의 직계 장손들이지요. 이 세상에 학자들이 없다고 한번 생각해보십시오. 이때 철학자는 훨씬 고독하고 위대한 인간으로, 오로지 인식을 위해서만 삶을 영위하는 유일한 인간으로 부각됩니다. 이것은 셋째로 우리를 철학자와 비철학자, 철학자와 백성의 관계로 인도합니다. 그리스인들은 위대한 모든 개인에 대해 놀라운 감각을 가지고 있습니다. 그래서 이들 인물의 지위와 명성은 일찍부터 대단히 확고합니다. 한 시대는 그 시대의 위대한 인물들에 의해서라기보다는 그 시대가 이들을 존경하고 인식하는 방법에 의해서도 특징지어진다는 것은 옳은 말입니다. 그리스인들

* 세계사는, 중요한 철학적 발견들과 전형적 철학자들의 산출에 따라 평가될 때, 그래서 철학에 대해 적대적인 시대를 논의할 때 가장 짧다. 이때 우리는 다른 어떤 곳에도 없는 활기와 창조적 역량을 그리스인들에게서 본다. 그들은 가장 위대한 시기를 가득 채우고 있다. 그들은 실로 모든 유형을 산출했다.

교의 신학의 이끼 등속과 선태류들까지 계속.

** 옛 사람들은 유행이 훨씬 적었으므로 훨씬 더 유덕했다. 그들의 예술가와 철인들의 유덕한 원기(元氣)를 보라.

저들 그리스의 철인들은 그리스적인 것의 정신을 감지할 수 있기 위해 시대 정신을 극복했다.

그리스인들이 철학을 했다는 사실은 철학을 정당화한다. 그것은 실은 권위의 증명일 뿐이다.

일곱 명의 현자에 대한 인가는 위대한 그리스적 특성에 속한다. 다른 시대에는 성자가 있고, 그리스인들에게는 현자가 있다.

에게 있어서 가장 특이한 것은 욕구와 능력들이 함께, 그리고 동시에 존재한다는 점입니다. 천재적인 건축가가 위탁을 받지 않는다면 그것은 그들에게는 금시초문의 일일 것입니다.* 넷째로는 사상들의 **독창성**을 강조할 수 있겠습니다. 이들 사상에 모든 후세대는 만족하고 있습니다. 우리는 항상 다시금 같은 순환 구조에 이르게 됩니다. 그리고 일례로 이른바 유물론에서와 같이, 그러한 사상들의 고대 그리스적 형태가 거의 언제나 가장 훌륭하고 가장 순수합니다. 칸트의 철학이 비로소 우리로 하여금 엘레아 학파 철학의 진지함에 눈뜨게 했습니다. 이에 반해 후기의 그리스적 체계들(아리스토텔레스)조차 엘레아 학파 철학의 문제들을 너무도 깊이 없이 파악했던 것입니다.

이제 나는 어째서 내가 대략 소크라테스 이전의 철학자들이 아니라 '플라톤 이전의vor-platonische' 철학자들을 집단으로 총괄하는지를 특별히 더 설명해야 하겠습니다. 플라톤은 그의 철학으로 보아서나 철학적 전형으로 보아서나 혼합적 특징이 두드러진 최초의 위대한 인물입니다. 소크라테스적, 피타고라스적, 그리고 헤라클레이토스적 요소들이 그의 이데아론에 통합되어 있어, 그것이 독창적 사상이라고 거리낌없이 말할 수는 없습니다. 인간으로서도 플라톤은 제왕처럼 당당한 헤라클레이토스, 우울하게 신비로운 입법자적

---

* '철학자란 무엇인가?' 라는 물음에 대한 답은 근세에는 전혀 이루어질 수 없다. 여기에서 그는 우연한, 고독한 방랑자로, 무모한 '천재'로 나타난다. 그는 '천재들' 개개인을 바탕으로 하지 않는 활력 있는 문화의 한가운데서는 어떤 존재인가?
천재에 관한 바그너의 견해 : 부자연스러운 박학의 한가운데에서.
한 민족은 철학자한테서 무엇을 얻는가? 그는 문화와 어떠한 관계에 있는가? 이제는 그는 예술가처럼 자신을 천재로서 고독하게 드러낸다. 천재들의 공화국.

인 피타고라스, 영혼에 정통한 변증론자 소크라테스의 특징들을 자신 안에 통합했습니다. 후세의 모든 철학자는 이와 같이 혼합된 철학자들입니다. 이에 반해 플라톤 이전 철학자들의 대열은 철학소로 보나 성격의 종류로 보나 순수하고 혼합되지 않은 전형들입니다. 소크라테스는 이 대열의 마지막 인물입니다. 누구든 원한다면 이들 모두를 '편파적인 자들Einseitigen'이라고 부를 수도 있겠습니다. 어쨌든 이들은 원래의 '창시자들Erfinder'입니다. 후세의 모든 사람들에게서는 철학하는 일의 어려움이 무한히 경감되었습니다. 저들은 신화에서 자연 법칙으로, 형상에서 개념으로, 종교에서 과학으로 이어지는 길을 찾아야 했던 것입니다.

우리가 저들 독창적 철인들의 저작을 거의 소유하지 못하고 있다는 것은 참으로 불행한 일입니다. 그래서 우리는 알게 모르게 저들을 과소평가합니다. 이에 반해 플라톤 이후로는 방대한 유작들이 우리에게 전수되었습니다. 많은 사람들이 책들에서 고유한 하나의 섭리를, *책들의 운명fatum libellorum*을 받아들입니다. 그러나 그 운명이 우리한테서 헤라클레이토스를, 엠페도클레스의 경이로운 시작(詩作)을, 옛 사람들이 플라톤과 동격으로 여기는 데모크리토스의 글들을 앗아간다면, 그리고 그 대신 스토아 학파, 에피쿠로스 학파와 키케로의 글들로 우리에게 보상하려 한다면 그것은 분명 매우 악의에 찬 운명일 것입니다. 이제 우리는 실질적으로 저들 철인들의 모습과 그들의 가르침을 재창조하면서 보충해야 합니다. 여기저기 흩어진 삶의 소식들은 우리에게 그들의 체계의 파편들만큼이나 중요합니다. 그리스 산문의 가장 훌륭한 부분이 소실된 게 분명합니다. 전체로 보아 그들은 아주 적은 양의 글을 썼지만 그것은 비할 바 없이 집중된 힘으로 씌어진 글들입니다. 그들은 바로 고전적 그리스의 고전 시대, 특히 기원전 6~5세기의 인물들은, 비극 시대와 페르시아 전쟁 시기와 같은 시대의 인물들이었습니다. 다음과 같은 물음은 마음을 끌기에 충분합니다. 그리스인들은 그들의 힘이 5 가장 풍부하고 왕성했던 시기에 어떤 철학을 전개했는가? 또는 좀 더 원리적인 의문을 제기하자면 : 이 시기에 그들은 철학을 했는가? 이에 대한 대답은 그리스적 성격에 관해 우리를 본질적으로 계몽시킬 것입니다. 실상 그 자체로 보면 철학함은 한 인간에게도 한 민족에게도 필연적인 것은 아닙니다. 로마인들은 오로지 자기 자신으로 10 부터 성장하는 한에 있어서는 전적으로 비철학적입니다. 철학을 하느냐 하지 않느냐는 한 인간과 한 민족의 가장 깊은 뿌리와 연관되는 것입니다. 문제는 그가 더는 개인적이며 개체적인 목적을 위해서만 사용하는 것이 아닌 지성, 순수한 관조에 이를 만큼 넘치는 지성을 가지는가 하는 것이지요. 로마인들은 철학자가 아닌 바로 그 15 이유로 예술가가 아닙니다.* 그들이 진정으로 공명하는 가장 보편적인 것은 제국이지요. 그들에게 예술과 철학이 시작되는 즉시 다음과 같이 엔니우스[1]가 말하듯 문예 애호가적 미식이 문제가 됩니다.

---

* 여기에서 로마 신화에 대해.
　로마인들은 전체 그리스 문화를 비롯하여 철학을 자기 것으로 만든다. 예술과 예술가적 문화의 로만 민족적 개념—그것은 고상한 관습, 외부에서 덧붙여진 하나의 장식.
　고대 그리스인들에게는 규범적 신학이 없다. 누구든지 자신이 뜻하는 대로 꾸며내고 믿을 권리를 가진다.

"〈( )네오프톨레모스의 말〉〉 철학은 필요하지만 조금만 해야 한다. 왜냐하면 그것은 내 마음에 들지 않기 때문이다. 맛은 보되 탐닉해서는 안 된다고 나는 생각한다." 키케로, *Tuscul.* II, 1, 1. 겔리우스, V, 16.

5   지성은 남 모르는 환희를 만끽하고자 해야 할 뿐 아니라, 완전히 자유로운 상태가 되어 '사투르누스의 축제Saturnalien'를 벌여야 하는 것입니다. 자유로운 상태가 된 지성은 사물을 관조합니다. 그리고 이제 처음으로 그에게 일상적인 것이 주목할 만한 것으로, 하나의 문제로 나타납니다. 모든 것 이전에 놓여 있는 것에 대한 경이,

10   그것이 철학적 충동의 진정한 표징입니다. 가장 일상적인 현상은 생성입니다. 이와 함께 이오니아 학파의 철학이 시작됩니다. 이 문제는 무한히 고양된 형태로 엘레아 학파 철인들에게서 되풀이됩니다. 이들은 요컨대 우리의 지성이 생성을 전혀 파악하지 못한다는 것을 관찰하고, 그 때문에 형이상학적 세계를 추론합니다. 이후의

15   모든 철학은 엘레아 학파의 설에 대항해서 싸우게 됩니다. 싸움은 회의(懷疑)로 종결됩니다. 또 다른 하나의 문제는 자연 안의 합목적성의 문제입니다. 이 문제와 함께 비로소 마음과 몸의 대립이 철학에 도입됩니다. 세 번째 문제는 인식의 가치에 관한 문제입니다. 생성, 목적, 인식 ―이것이 플라톤 이전 철학의 내용입니다.

제2강

§ 2. 그리스인들은 탈레스를 최초의 철학자로 봅니다. 실상 누구누구가 최초의 철학자다, 그의 이전에는 철학자가 없었다고 말하는 것은 항상 자의적입니다. 그러한 유형은 갑자기 거기에 있게 되는 것이 아니기 때문이지요. 그러한 고착화는 철학자의 정의에서 나옵니다. 우리는 이것을 알아보고자 합니다.─탈레스는 하나의 원리를 세우고 거기에서 추론합니다. 그는 먼저 체계를 세웁니다. 이에 대해 훨씬 이전의 우주생성론들에서 이미 동일한 힘이 발견된다며 이의를 제기할 수 있겠습니다. 《일리아스》의 우주론적 표상과 《신통기(神統記) Theogonie》, 또 오르페우스교의 신통기들, 그리고 시로스 출신 페레키데스[2](하지만 이미 탈레스와 동시대 사람)를 생각해볼 수 있습니다. 탈레스는 비신화적이라는 점에서* 구분됩니다. 그의 명상은 개념을 통해 수행됩니다. 철학자의 전단계에 있는 시인은 극복되어야 했던 것입니다. 어째서 탈레스는 일곱 현자들과 전적으로 일치하지는 않는 걸까요? 그는 산발적으로, 격언 하나하나의 형식을 빌려서만 철학하지 않습니다. 그는 위대한 학문적 탐험만을 하는 것이 아닙니다. 그는 연결합니다. 그는 전체를**, 하나의

---

* 그리스인들은 그들의 신화에서 전 자연을 그리스인들로 녹여냈다. 그들은 자연을 마치 인간의 모습을 한 신들의 가면극이자 분장인 양 생각했다. 이 점에서 그들은 현실주의자들과는 정반대였다. 진리와 현상의 대립은 그들의 내면에 깊이 자리잡고 있었다. 모든 것이 '변형Metamorphose'들이었다.

** 부르크하르트J. Burckhardt : 그것의 섬세하게 고려된 구성적 감각이, 그것이 일찍이 봉사했던 그 전체를 향한 암시들의 풍성함이 손실됐다는 것, 그리고 사람

세계상을 의도합니다. 그리하여 탈레스는 1) 철학의 신화적 단계 2) 산발적-격언적 철학의 형태 3) 개별 과학을 극복합니다. 첫 번째 것은 개념적 사고를 통해, 두 번째 것은 체계화를 통해, 세 번째 것은 세계상의 수립을 통해 극복하는 것이지요. 그렇다면 철학은 총체적 존재의 상을 개념으로 서술하는 예술인 것입니다. 이 정의를 제일 먼저 탈레스가 충족시킵니다. 이것을 인식한 것은 물론 훨씬 후대의 일입니다. 그가 최초의 철학자라는 지칭만 해도 탈레스적 시대의 성격과는 전혀 부합하지 않습니다. 아마 그런 단어는 도무지 존재도 하지 않았을 것입니다. 어쨌든 그 말은 위의 특수한 의미를 가진 것이 아니었습니다. 'σοφὸς' 역시 두말할 것 없이 통상적인 의미에서의 '현자'라는 뜻이 아닙니다. 그 말은 어원학적으로 맛본다sapio, 맛보는 자sapiens, 맛볼 수 있는σαφὴς에 속합니다. 우리는 예술에서의 '취미Geschmack'에 대해 이야기합니다. 그리스인들에게 취미의 상(像)은 훨씬 광범위하게 확장되어 있습니다. 예리한 취미(능동적)sucus에서 나온 시시포스Σίσυφος라는 거듭 중복된 형태가 거기에 속합니다(lupus λύκος[3])에서와 같이 p 대신에 k). 따라서 어원학적으로 볼 때 그 말에는 색다른 의미는 없으며, 관조적인 요소나 금욕적인 요소는 그 안에 하나도 포함되어 있지 않습니다. 오로지 예리한 음미, 예리한 인식을 말하고 있을 뿐, 능력

들이 장식적 완성에 이르는 데 가능한 만큼의 힘에 만족했다는 것은 놀라운 일이 아니다. 여기에서 로마 예술은 진정 위대한 것으로 드러난다. 이해되지 않고 새로이 해석된 그리스적 형식들이 로마의 형식들에 얼마나 많이 숨겨져 있는지를 망각하자마자, 사람들은 그 화려하고 매우 역동적인 효과로 인해 로마의 형식들에 경탄하지 않을 수 없을 것이다.

Können은 이야기하고 있지 않습니다. 기술τέχνη (생산하다τεκ로부터)은 항상 '제조Hervorbringen'를 가리키는 것으로, 그것과는 단적으로 구별됩니다. 그런데 예술가들이 지자(智者)들σοφοὶ로 불리는 경우(지혜로운 조각가 피디아스, 지혜로운 청동 주조자 폴리클레이토스), 그것은 아리스토텔레스에 의하면(《니코마코스 윤리학》, 권 VI, 7) 그들의 예술의 완전성을 말하는 것입니다. 말하자면 '가장 정교한 취미의 청동 주조자'의 의미가 되는 것으로, σοφὸς도 sapiens도 최상급입니다. 이제 우리가 한 인간을 부분적인 국면에서가 아니라 통틀어 σοφός라 칭한다면, 가장 탁월한 (다시 말해 또한 보편적이기도 한) 학문은 틀림없이 지혜라는 사실이 밝혀진다고 아리스토텔레스는 말합니다. 현자는 원리들에서 도출되는 것뿐만 아니라, 이러한 학문 자체, 즉 가장 알아야 할 만한 가치가 있는 사물들의 원리들을 포함하는 학문을 알아야 합니다. 지혜σοφία는 명석함Klugheit과는 전적으로 구별되어야 합니다. 자기의 용무에서 좋은 것을 알아내는 모든 존재를 가리켜 사람들은 명석하다고 할 것입니다. 탈레스와 아낙사고라스가 알고 있는 것에 대해 사람들은 비범하다, 경탄할 만하다, 난해하다, 신성하다고 할 것입니다. 그러나 이들에게 문제가 되는 것은 인간적 재보가 아니므로 그것은 무용합니다. 그리하여 무용한 것이라는 특성이 σοφία에 귀속됩니다. 지혜에는 실로 지성의 과잉이 필요합니다. 우리는 델포이 신탁의 중요한 예언에서 이것을 기억하게 될 것입니다. 탈레스는 최초의 철학자이자, 최초의 현자들σοφοὶ 가운데 한 사람입니다.*

---

* 지혜σοφία는 선택하는 것, 취향에 따라 분리하는 것을 일컫는다. 반면, 학

나는 탈레스가 최초의 철학자라고 불리는 것과는 전혀 다른 이유들에서 현자/σοφός라고 불린다는 점을 강조합니다. 우리는 철학의 신화적 전단계와 산발적-격언적 철학의 형태를 구분했습니다. 어떤 것이 *지혜*/σοφία의, 아니 그보다는 *지자*/σοφός의 전단계일까요? 어떻게 델포이의 신탁이 전하는 일곱 *현자들*σοφοι에 이르기까지 점차로 *지혜로운 사람*σοφὸς ἀνὴρ의 유형이 발전했을까요? 어떤 태아적 형태들로 철학이, 그리고 철학자가 각각 모습을 드러내는가 하는 것은 두 개의 서로 분리된 물음들입니다.

§ 3. 철학의 신화적 전단계. 그리스 신들의 질서와 신들의 계보에서 체계화의 힘이 매우 큼. 여기에서 결코 가라앉지 않은 충동이 드러납니다. 그리스인들을 완전히 본토박이로 간주하고 그들의 신들 제의(祭儀)의 서로 다른 영역들

Wissenschaft은 그러한 섬세한 취향 없이 앎이 가능한 모든 것을 향해 내닫는다. ― 철학적 사고는 유형적으로 볼 때 학적인 사고와 같은 종류다. 그러나 위대한 사물들과 용건들에 관여한다. 그런데 위대성의 개념은 가변적인 것으로, 부분적으로는 심미적이고 부분적으로는 도덕적이다. 철학은 인식 충동의 제어를 포함한다. 그리고 여기에 철학의 문화적 의미가 있다. 위대함의 입법, 명명은 철학과 관련되어 있다. '그것은 위대하다'라고 철학은 말한다. 그리고 그와 함께 철학은 인간을 고양시킨다. 철학은 도덕의 입법과 함께 시작된다. '그것은 도덕적으로 위대하다'라고 일곱 현자들은 가르침과 선례를 통해 말한다. 로마인들은 철학의 이 실용적인 측면에서 결코 벗어난 적이 없다. 철학자는 조형 예술가처럼 정관(靜觀)적이고, 종교적 인물과 같이 동정심을 가지며, 학자와 같이 인과적이다. 그는 이 세상의 모든 소리가 자신 안에서 공명하도록, 그리고 대우주로 부풀어오르는 동시에 지극히 깊은 사려로 자신을 관조하면서 자신으로부터 이 전체 울림을 개념의 형태로 정립해내도록 힘쓴다. 마치 변모하면서도 이 변모를 말로 투사해내는 사려를 유지하는 배우나 극작가처럼. 그는 항상 변증법적 사고를 자신에게 봇물처럼 쏟아 붓는다.

을 오로지 그들로부터만 도출하는 것은 잘못된 것입니다. 아마도 거의 모든 신이 외부에서 이입되었다고 보아야 할 겁니다. 색깔도 현란한 이 신들의 세계의 권리와 질서를 수립하는 것은 대대적인 과업이었습니다. 그리스인들은 이 과제를 정치적이며 종교적인 천재성으로 해결합니다. 계속되는 *신들의 결합*θεῶν κρᾶσις에 신들의 *분열*θεῶν κρίσις이 대립합니다. 특히 어려운 것은 태고부터 내려오는 티탄들의 질서를 올림포스 신들과의 관계로 가져가는 일이었습니다. 아이스킬로스는 아직도 《축복의 여신들》에서 완전히 생소한 어떤 것을 새로운 제의(祭儀)로 동화시키려는 시도를 합니다. 엄청나게 두드러진 차이들로 하여 환상적 허구가 요청되었습니다. 마침내 신들의 평화가 이룩되었습니다. 무엇보다도 델포이의 활동이 이에 분명 기여했습니다. 어쨌든 그곳은 철학하는 신학의 진원지입니다.―아마도 가장 어려운 것은 올림포스의 신들에 대한 비의(秘儀)적 신격들의 위치였을 겁니다. 이 문제는 특별히 지혜롭게 해결되었습니다. 우선 모든 그리스적 현존의 지속적인 수호자이자 목격자로서, 존재하는 모든 것을 정화하는 신격들, 이를테면 일상의 신격들이 있습니다. 그리고 각별히 진중한 종교적인 고양을 위해서는 모든 금욕주의적이며 염세적인 정서의 발산으로서 꺼지지 않는 희망을 동반하는 비의(秘儀)가 있습니다. 이 두 상이한 세력이 서로 해를 입히거나 곤핍해지는 것을 방지하는 일은 특히 지혜롭게 처리되어야만 합니다.―태고 때부터의 '신통기'가 여럿 있었는데, 그것들은 때로는 신들의 어떤 하나의 질서에, 때로는 신들의 어떤 다른 하나의 질서에 귀속되었습니다. 비교적 나중의 것들이 오르페우스교의 신통기들입니다.*

아리스토텔레스는 《형이상학》, XIV, 4에서 말합니다. *태고의 시인들*ἀρχαῖοι ποιηταί*과 또 한편으로는 최근의 철학적 신학자들* θεολόγοι*은 최고의 것과 최선의 것을 시간적으로 최초의 것으로 보지 않고, 발전의 결과로 생겨난 나중의 것으로 본다*고 말입니다. 시인들과 철학자들의 중간 위치에 서 있는 자들, 그들 사이에 섞여 있는 *자들*οἱ μεμιγμένοι αὐτῶν*은(예를 들어 페레키데스) 완전한 것을 시간적으로 최초의 것으로 봅니다.* 그는 옛 시인들의 원리들의 특징을 지적하면서 그들을 암시하고 있습니다 : *예를 들어 밤과 우라노스*[4], *카오스, 오케아노스*[5] *같은 것들*οἶον νύκτα καὶ Οὐρανὸν ἢ Χάος ἢ Ὠκεανὸν 그 가운데 카오스를 헤시오도스에 연관시키고(*Theog.*

---

* 오르페우스와 관련해서 Bergk. I, 396쪽. 오르페우스는 하계에서 통치하는 디오니소스, 즉 자그레우스의 이승적 모상이다. 그 이름은 어둠과 동시에 지옥 여행을 암시한다. 오르페우스는 마이나데스들에게, 자그레우스는 티탄들에게 갈기갈기 찢긴다. 태고부터 오르페우스 전승의 비의와 관련된 종교적 송가들은 열광적인 노래들이었다. 오르페우스 전승의 비교(祕敎)가 호메로스 이후에야 등장한다는 통상적 견해는 전혀 확실하지 않다. 호메로스의 침묵은 오르페우스 전승 시가와 호메로스의 시혼(詩魂)과의 관계에서 가지는 모순으로 훌륭히 설명될 수 있다. 헤시오도스는 이를 상기시킨다. 그러나 그는 분명치 않은 통보에 근거해서 이야기를 전한다. 그 안에 심오한 내용이 들어 있다는 것은 불후의 생명력이 증명한다. 종교적 격동기이기도 했던 기원전 6세기 초 이래 오르페우스 전승의 교의(敎義)도 어둠에서 떠오른다. 이미 오노마크리토스 이전 시로스의 페레키데스에게서 이 교의의 영향이 감지된다. 그러자 오노마크리토스와 크로톤의 오르페우스는 오르페우스 전승의 교의와 민간 신앙을 일치시키려는 시도를 전개한다. 풍요롭고 힘있는 문학. 아주 오래된 것으로 하이모스 산상의 디오니소스 성전 안에 오르페우스의 이름 아래 옛 기록이 존재하며, 피타고라스가 그것을 사용했다는 헤라클레이데스의 증언이 있다. *Schol. Eurip. Alcest.* 968. 피타고라스 학파의 목표는 같은 시대의 오르페우스 신봉자들의 자의적 행태에 맞서 오르페우스의 순수한 옛 가르침으로 회귀하는 것이었다. 그리하여 피타고라스 신봉자들은 다시 오르페우스 전승 시가에 참여한다.

116 이하), 오케아노스 Ὠκεανός는 호메로스에(《일리아스》, XIV, 201 ; XV, 240), 밤과 우라노스 Νὺξ καὶ Οὐρανός는 에우데모스가 전하는 신통기에 연관시킵니다(이에 대해서는 신플라톤주의자인 다마스키오스가 de princip. 382쪽에서 이야기합니다). 이것이 오르페우스 전승 신통기 가운데 가장 단순한 형태입니다.* 아폴로니우스는 《아르고나우티카 Argonaut.》, I, 494 이하에서 두 번째 신통기를 전제하고 있습니다. 그는 자신의 오르페우스로 하여금 태초에 어떻게 만물의 혼합에서 땅과 하늘과 바다가 분리되어 나왔는지를, 어떻게 해와 달과 별들이 그 궤도를 부여받았으며 산들과 강들과 동물들이 생겨났는지를, 어떻게 최초로 올림포스에서 오피온[6]과 에우리노메[7]가 오케아노스의 가계를 지배했는지를, 어떻게 이들이 크로노스[8]와 레아에 의해 바다로 내던져졌고 크로노스와 레아는 다시 제우스에 의해 축출되었는지를 노래하게 합니다(이에 관해서는 프

---

  * 플라톤은 오르페우스의 시들을 태곳적 지혜의 원천으로 본다. 《티마이오스》, 40쪽 B의 한 구절은 특히 중요하다. 여기에서 그는 신들과 그 계보들에 관해서는 상고 시대에 그것에 대해 이야기한 사람들, 스스로를 신들의 후예라고 하며, 따라서 자신들의 조상들을 정확히 아는 사람들을 신뢰해야 한다고 말한다. 이 말과 함께 그가 의중에 두고 있는 것은 오직 오르페우스와 무사이오스일 수밖에 없다. 여기 그의 계보를 제시하자면 네 세대가 있다. 즉 우라노스와 가이아, 오케아노스와 테티스, 다른 티탄들과 나란히 크로노스와 레아, 그리고 크로노스의 자녀들이다. 오케아노스는 세계 형성의 전 과정의 선두에 서 있지 않았다. 미완의 단편 《크라틸로스》, 402에 나오는 한 어머니로부터 ὁμομήτωρ라는 테티스의 호칭 역시 그것을 증명한다. 그것은 명백히 우라노스와 가이아의 자식들인 제2세대였다. 아마도 이 네 세대에 더 아래의 두 세대, 즉 아폴론과 같은 크로노스 제2대 후손들과 크로노스 제1대 후손들의 세대가 이어졌을 것이다. 거기에는 아마도 《필레보스》, 66에 나오는 "그러나 제6세대에서는 노래의 장식을 멈추라 ἕκτῃ δ'ἐν γενεῇ καταπαύσατε κόσμον ἀοιδῆς" 하는 오르페우스 전승 시구를 관련시킬 수 있을 것이다.

렐러Preller, *Rhein. Mus.* N. F. IV, 385 참조). 오르페우스 전승의 제3신통기(다마스키오스, 381)는 물과 진흙 원소를 맨 처음에 놓습니다. 이 진흙 원소는 흙으로 응축됩니다. 이 흙에서 용이 생기는데, 이 용은 어깨에 날개가 돋쳐 있고 신의 얼굴을 하고 있으며 양쪽에는 헤라클레스 또는 크로노스라 불리는 사자와 황소의 머리가 달려 있습니다. 이 용은 '*아드라스테이아(필연)*'와 결합되어 있고, 이 아드라스테이아는 육체 없이 전 우주로 퍼진다고 합니다. 크로노스-헤라클레스는 어마어마한 알을 낳는데, 이 알이 중간에서 깨지면서 그 윗부분은 하늘을, 그 아랫부분은 땅을 형성합니다. 이 신통기는 아마 나중에 생겨난 것인 듯합니다. 더 오래된 것이며 많은 단편들과 함께 보존된 제4의 신통기는 크로노스를 맨 앞에 세웁니다. 크로노스는 에테르와 혼돈을 생산하고 이 양자에서 은으로 된 알을 만들어냅니다. 이 알에서 최초의 탄생자인 신 파네스가 모든 것을 비추면서 부상하는데, 이 신은 메티스, 에로스, 에리카파이오스라고도 불립니다. 이 신은 양성(兩性)을 갖추고 있습니다. 왜냐하면 그는 모든 신의 배아를 잉태하고 있기 때문입니다. 파네스는 에키드나 또는 밤을 낳고, 에키드나와 결합해 중간 세대 신들의 원조인 우라노스와 가이아를 낳는데, 이에 대해서는 헤시오도스가 이야기합니다. 제우스는 통치권을 확보한 뒤 파네스를 삼키는데, 바로 이로 인해 그는 만물의 지존(至尊)Inbegriff이 되는 것입니다. 플라톤은 《법률》, 제4권, 715E에서 "만물의 시작과 끝과 중간을 그 손아귀에 쥐고 있는 신 제우스"를 옛날 *이야기* **παλαιὸς λόγος**로 끌어들입니다. 그래서 또한 "제우스를 위하여, 하데스를 위하여, 헬리오스를 위하여, 디오니소스를 위하여, 만물에 내재하는 신을 위하여"라고 이야기되기도 합니다(Lobeck, 440쪽). 이제 제우스는 자신의 마지막 세대를 낳습니다. 가장 중요한 것은 제우스와 페르세포네의 아들인 디오니소스 자그레우스에 관한 이야기입니다. 이 신은 티탄들에게 찢김을 당하는데, 제우스가 아직 성한 그의 심장을 삼키자 더 어린 디오니소스로 갱생합니다.―특히 중요한 것은 시로스 섬 출신 페레키데스가 엮은 최초의 산문체 우주생성론인데, 이것은 헵타미코스 Ἑπτάμυχος[또는 신정기(神政記)Θεοκρασία, 신통기Θεογονία, 신론Θεολογία]라 불리며 열 권으로 되어 있습니다. 태초에 세 가지 근원적 원리가 있는데, 첫째 원리는 에테르인 제우스로 그것을 통해 모든 것이 만들어졌고, 둘째는 질료인 크톤Chthon(토양)으로 그것에서 모든 것이 만들어졌으며, 셋째는 시간인 크로노스로 그 안에서 모든 것이 만들어진 겁니다. 제우스는 온 누리를 침투하는 입김에 비유되며, 크톤은 사방으로 압력을 이완하는 물에 비유됩니다. 여기에서 물은 탈레스에게서처럼 원초적 유동체이자 진흙 원소로서 최초의 것이며, 따라서 모든 것 가운데 최상의 것으로 형체도 성질도 없습니다.―제우스는 생산을 하게 됨에 따라 세계 안의 창조 정신인 에로스로 변모합니다. 에로스가 크톤과 결합하면서 두 번째의 크로노스, 즉 시간적인, 시초가 없지 않은 시간이 시작됩니다. 에로스와 시간의 작용 아래 질료는 이제 불, 공기, 물의 원소들로 흩어져 새어 나갑니다. 더 무거운 원소는 점점 깊이 가라앉고, 더 가벼운 원소는 점점 높이 상승합니다. 이제 우리는 일곱 겹, 세계의 일곱 영역을 갖습니다. 1. 에로스 데미우르고스의 나라. 2. (절대적으로 변화 가능한) 크톤 크로노스, 불―물―공기―땅의 지역. 에로스와 크톤과 크로노스를 하나의 지역으로 통합하면 *다섯*

왕국πεντέκοσμος이 됩니다. 이들 공간에서 막강한 신들의 족속이 발전되어나갑니다. 천상의 에로스는 이승의 에로스로 태어나, 이제는 오피오네우스라 불리며 뱀의 형상을 하고 있습니다. 그에 대립하여 파괴하는 시간이 있습니다. 오피오네우스의 후손과 크로노스의 후손의 투쟁. 크로노스는 자신의 가속들과 함께 오케아노스에 던져집니다. 땅은 우주의 안개 속 가장 깊은 곳μυχός, 물(구름, 증기)의 지역에서 떠돌면서 마치 날개 돋친 참나무(가장 견고한 목재)처럼 날개를 활짝 펼치고 대기 중에 걸려 있습니다. 제우스는 크로노스를 정벌한 후 땅에게 명예의 의관을 걸쳐주는데, 연후 땅은 가이아Γαῖα라는 이름을 얻게 됩니다. 이 옷은 호화롭고 화려한 외투로, 가이아는 그 위에 손수 육지와 호수와 하상을 수놓습니다. 이 시가가 자연철학자들에게 큰 영향력을 발휘했을 게 분명합니다. 우리는 그들에게서 모든 원리를 하나하나 다시 발견합니다. 즉 탈레스에게서는 유동적인 원소, 아낙시메네스에게서는 활동적인 입김, 헤라클레이토스에게서는 절대적인 생성 크로노스χρόνος, 아낙시만드로스에게서는 미지의, 형체도 성질도 없는 원존재인 *무한정자* τὸ ἄπειρον를 발견합니다. 그런데 이집트의 학설들이 페레키데스에게 영향을 미쳤다는 것은 의심의 여지가 없습니다. 이것은 치머만Zimmermann의 〈시로스의 페레키데스의 학설에 관하여Über die Lehre des Pherekydes von Syros〉, 피히테Fichte와 울리치Ulrici의 *Ztsch. für Philos. u. Kritik*, XXIV, 161쪽 등등에서[*Studien und Kritiken*(빈, 1870)에서도] 입증되었습니다.

§ 4. 철학의 산발적-격언적 전단계. 호메로스는 이미 윤리적이며 의식적인 사유의 오랜 발전을 보여줍니다. 그것은 격언들보다는 저마다 독특하게 대립되는 윤리적 인물들 안에 표현되어 있습니다.*
격언들 가운데서 가장 유명한 문구들로 내가 기억하는 것들은 다음과 같습니다.

"나뭇잎 족속처럼 인간 족속도 그러하다"(《일리아스》, 6, 146).

"땅이 먹여 살리는 것들 가운데 인간보다 더 비참한 존재는 없다"(《오디세이아》, 18, 130).

"조국의 땅을 수호하는 데는 한 마리 새의 전조(前兆)가 최상이다!"(《일리아스》, 12, 243).

"아주 조금이라도 동정심이 있는 사람에게는 도움을 청하는 이방인이 형제와 같다"(《오디세이아》, 8, 546).

"다수의 통치는 좋은 것이 못 된다. 한 사람만이 다스릴지어다. 주도권을 갖도록 명민한 크로노스의 아들이 지휘봉과 법을 하사한 한 사람의 왕이 다스릴지어다"(《일리아스》, 2, 204).

헤시오도스는 그러한 대중적 지혜**의 비상한 풍요로움을 한층 더

---

* 그리스 민족은 풍부한 격언적 교훈을 보유하고 있다. 음유 시인들은 경연에서 그것을 사용하여 한 사람이 질문하면 다른 사람이 이에 대답했다. 뒤에 가서는 축제가 열리는 기회가 있을 때 축제에 참가한 손님들이 그러한 격언을 낭독하는 것이 관례였다. 테오그니스의 시작(詩作)은 그러한 것으로 이해될 수 있다.

** 비유는 매우 그리스적인 것으로, "언표하지도 은폐하지도 않고 암시를 준다 οὔτε λέγει οὔτε κρύπτει ἀλλὰ σημαίνει"라는 헤라클레이토스의 말처럼 가르침을 언어로 표현한다기보다는 암시한다. 이것은 격언(내지 우화 αἶνος)이라고 불리는데, 부분적으로는 통상적인 사건들에, 부분적으로는 동물 설화에 연결되어 있다. ─예를 들어 게가 자기도 굽은 길을 기어가면서 뱀에게 곧음을 요구하는 경우다. "게가 집게 발로 그 뱀을 붙잡고 이렇게 말했다 : 친구여, 바른 길을 가되 굽은 생각을 해서는 안 되

보여줍니다. 그는 마음껏 손을 뻗어 움켜잡습니다. 소유권이 있다는 데 대해서는 그는 무감각합니다. 이에 반해 그에게는 산발적인 것을 연결하는 경향이 보입니다. 그러나 매우 피상적이고 전혀 세련되지 못합니다. 이 목적을 위해 《노동과 날들》의 저변에 깔린 각본은 그렇게 세련되지 못할 수가 없습니다. 형제 두 사람이 유산 상속 소송 중입니다. 두 사람 중 하나는 속아넘어갔고, 다른 하나는 판관을 부추겨 또 한 번 편파적인 결정을 내리도록 선동하려 합니다. 그러자 전자가 후자에게 와서 덕과 농경과 항해에 대한 가르침을 시적으로 베풉니다. 즉 그는 보이오티아의 모든 농부가 규범으로서 하나하나 기억하고 있는 모든 것, 심지어 길일과 흉일까지 앞뒤로 나열합니다. 그러한 대량의 격언들이 헤시오도스에게 맡겨진 것은 어쨌든 델포이의 사제단의 업적 가운데 하나입니다. 이 사제단은 여기에서 후세에 일곱 사람을 현자로 판명하는 데 보여주었던 것과 같은 경향을 보여주고 있습니다. 그러나 중요한 것은 그 모든 격언이(최소한 그 생각들)《노동과 날들》의 구도(構圖)보다 훨씬 오래된 것들이라는 겁니다. 그렇습니다, 《일리아스》와 《오디세이아》조차 그것들을 이미 전제로 하고 있습니다. 사람들은 왕왕 호메로스의 기사도적 영웅적 세계와 헤시오도스에게서 드러나는 암울한 농부의 세계 사이의 모순을 알아차렸습니다. 어찌 되었든 이것은

네.'' 사람들은 종종 그 예를 단축해서 마지막 연으로 만족하기도 했다. 격언은 단축된 예이며, 따라서 παροιμία(즉 부속 가곡 또는 마지막 연, 따라서 후렴이라고도 부를 수 있다), 서곡προοίμιον, 노래οἴμη의 도입부라고 불린다. 또는 달리 설명하자면, 의미를 다만 암시할 뿐 직접 그 목표를 향해 돌진하지는 않는 노래οἴμη, 이야기이기도 하다.

앞뒤로 이어지는 두 시대의 풍조들은 아니어서, 하나가 다른 하나로부터 전개되어나오는 것이 아닙니다. 그럼에도 양 집단은 가장 중요한 격언적 지혜를 공유하고 있습니다. 따라서 이 지혜는 더 오래된 것이 분명합니다.《일리아스》에 나오는 금언들 역시 원래의 영웅들이 나타나는 것보다 훨씬 음울합니다. 마찬가지로 델포이의 신탁도 이들 태고의 관습적 격언들이나 그 문구들을 수도 없이 사용하고 있습니다. 그것은 호메로스의 언어와 유사한 점을 보여줍니다. 호메로스의 언어에는 고정된 수없이 많은 태고의 문구들이 포함되어 있는데, 언어에 담긴 고유의 고대성은 이 문구들에 달려 있습니다. 이 문구들의 말뜻을 왕왕 후대의 가인들은 더 이상 정확히 이해할 수 없었으며, 그러한 기반 위에 새로운 표현법들이 잘못 유추되어 만들어졌습니다. 이 오랜 문구들은 그것이 송가의 시였음을 암시합니다. 이 송가 안에는 이미 호메로스적 영웅들이 훗날 보이는 빛나는 발전에 비해 음울한 인상을 풍기는 저 윤리적 금언들도 들어 있었음이 분명합니다. 여기에서 전제되는 이 윤리적 지혜는 근래 많은 학자들이 상고 그리스의 배경에서 추측하는, 태곳적 비의(秘儀) 식의 상징적-동방적 사제의 지혜와는 전혀 다른 어떤 것입니다. 중요한 것은 또한 그 격언들의 형식인 육운시(六韻詩)Hexameter입니다. 왜냐하면 여기에서 우리는 다시 델포이의 영향에 직면하기 때문입니다. Pausan. X, 5 :

"가장 의미심장하고 가장 널리 알려진 전승은 페모노에[9]에 관한 것으로, 어떻게 페모노에가 신의 최초의 고지자가 되었고, 최초로 육운시를 노래했는가 하는 것입니다."

플루타르코스의 de Pyth. orac. 402쪽 D에 의하면 최초의 육운시는

"너희 새들은 날개를, 벌들은 벌집을 모으라"(델포이의 아폴론 신의 말)라고 합니다. 가장 오래된 지혜의 격언들은 예를 들어 《노동과 날들》, 356행의 "주어진 것은 좋은 것이고, 빼앗은 것은 나쁜 것이어서 죽음과 재앙을 가져온다"라는 문구처럼 신탁의 시구(詩句)로 전달되었을 게 분명합니다.* 육운시가 신전의 가장 오래된 시구였다면 그것은 이러한 방식으로 지혜의 시구가 되었던 것입니다. 그러한 유의 시가가 한번 창조되어 유포되고 나면 그것은 항상 스스로 새로운 시구를 만들어냅니다. 신전의 송가들이 신의 행적을 중심에 두고 차츰 서사시로 전개된 것처럼, 신탁은 격언시로 발전했던 것입니다. 오로지 그렇게만 우리는 델포이가 가지는 특별히 신성한 위치를 파악할 수 있을 것입니다. 그것은 예언들일 뿐만 아니라 상벌을 약속하는 윤리적 교시들로서, 인간적 양심을 향한 호소입니다.―그러한 신탁의 시구들은 기둥이나 보이는 장소들에 적혀 있었으며 수만의 사람들이 그것을 읽었던 것입니다. 우리는 경계석을 윤리적 글귀로 장식하는 관습에 대해 듣습니다(플라톤의 《히파르코스》, 228 참조) : "걸어가면서 정의로운 것을 생각하라στεῖχε δίκαια φρονῶν" 또는 "친구를 속이지 말라μὴ φίλον ἐξαπάτα".

§5. 지혜로운 사람σοφὸς ἀνήρ의 전단계들. 먼저 옛 시대의 영웅적 제후들이 뛰어난 지혜의 스승으로 간주되어, 일례로 케이론에 대해서는 케이론의 가르침들ὑποθῆκαι Χείρωνος이 유포되어 있었습니

---

* 델포이의 신전에는 이미 일곱 현자들 이전에 많은 격언들이 새겨져 있었다 : 아리스토텔레스의 대화편 《철학에 대하여περὶ φιλοσοφίας》에.

다. 핀다로스는 그것을 알고 있습니다(단편 167, 171, 뵈크). 그의 업
적은 《티탄들의 전쟁》의 편자(編者)에 의해 요약되었습니다. 클레멘
스, *Alex. Strom.* I, 361쪽. "그는 맹세와 즐거운 제사와 올림포스의
모양새를 가르쳐 인간 족속을 정의로 인도했다." 그 다음 트로이젠
사람인 피테우스[10] 가 있습니다. 헤시오도스의 《노동과 날들》의 370행
"*약속한 대가는 친구들 간에도 단단히 지켜져야 한다*"는 이 피테우스
에게서 유래한다고 합니다. 그에 관해서는 플루타르코스, *Theseus*
3. 에우리피데스의 히폴리토스에 관한 주해 264. 테오프라스토스에
따르면 거기서는 또한 시시포스의 격언들λεγόμενα이 인용되고 있
습니다. 그리고 Schol. Hermog. T. IV, 43쪽. 아리스토텔레스는
《니코마코스 윤리학》, V, 5 (8)에서 라다만티스의 격언을 하나 인용
합니다. "*행한 대로 받게 하는 것이 정당한 심판이다.*" 그러고는 신
들에게 맹세하지 않고 오리나 개나 산양이나 그와 비슷한 것들에
맹세하는 일이 그에게서 연유하는 것으로 말합니다(Schol. Aristo-
phytos. Av. 521).—그리고 일련의 태곳적 가인들이 있습니다. 올
렌'Ωλὴν[11]은 시인인데, 그는 아폴론 송가를 리키아에서 델로스로,
델로스에서 다시 델포이로 유입시켰다고 전해집니다. 그는 또한 육
운시의 창시자로도 간주됩니다. 그 다음은 필라몬[12]인데, 그는 최
초로 처녀 가무단을 조직했다고 합니다. 바키스[13]는 신탁 시인입니
다. 에우몰포스[14]는 에우몰포스 가(家)의 조상입니다. 올렌과 호메
로스 사이에는 팜포스[15]가 있습니다. 리노스[16]에게서 유래했다는
《우주 생성기κοσμογονία》가 하나 있었는데, 그 시작은 이렇습니
다. "*그때 이 시간이 있었고, 그 속에서 모든 것이 동시에 생겨났
다.*" 우리는 단편 스토바이오스. *Florileg.* V, 22 (C. IX 1) *Eclog.* lib. I

cap. 10, 5를 가지고 있습니다. 이것은 피타고라스 학파 사람들이 삽입한 것 같습니다. 무사이오스[17](라에르티오스, *Prooem*. 3)도 《신통기 θεογονία》를 지었다고 전해집니다 : "모든 것은 하나에서 생겨나며 그 하나로 다시 용해된다." 아리스토파네스의 《개구리》, 1032 이하는 "오르페우스는 우리에게 제의와 악을 멀리하는 법을, 무사이오스는 병의 치료와 신탁을, 헤시오도스는 농사를 가르쳤다" 등등을 상술하고 있습니다. 플라톤의 시대에는 아주 풍부한 문헌이 있었는데, 플라톤은 이 문헌들에 대해 경멸조로 이야기합니다. 《국가》, II, 364쪽 :

"그리고 그들이 말하듯 그들은 셀레네 여신과 뮤즈 여신들의 후예인 무사이오스와 오르페우스에 대한 서적들을 한 무더기 가지고 있는데, 이 책들에 따라 그들은 관례를 설정하고 개개인뿐 아니라 모든 국가를 설득한다네. 그래서 그들은 희생 제물과 즐거운 잔치에 범죄의 사면과 정화가 있다는 것, 그것도 살아 있는 사람들을 위해서뿐만이 아니라 죽은 사람들을 위해서도 그러하다는 것을 말하고 이것을 입교 의식(入敎 儀式)τελετὰς이라고 부르며, 그 의식이 우리를 저승의 재앙에서도 해방시켜준다고 주장하지. 그러나 제물을 바치는 의식을 치르지 않는 자에게는 무시무시한 것이 기다리고 있다는 걸세."

그렇다면 지혜로운 사람σοφὸς ἀνὴρ의 세 가지 전단계가 있습니다. 그것은 경험이 풍부한 노인과 제후, 영감을 받은 가인 그리고 축성 사제(에피메니데스[18])입니다. 일곱 현자라는 개념 아래 우리는 이 모든 유형을 다시 발견하게 됩니다.

이 현자로의 추앙은 그리스적인 역사관의 견지에서는 확고한 안

목입니다. 그리스인들은 그것을 책력의 기준으로 삼습니다. 언제나 윤리적 개혁을 향한 새로운 매체를 추구하는 델포이의 신탁은 전형 이자 모범으로, 즉 본받을 만하다는 생동하는 교리로 일곱 현자를 꼽습니다. 그런데 가톨릭 교회의 성렬(聖列) 가입이 이와 비슷합니다. 도덕적 격언 대신에 사람이 등장하는 것이지요. 이 경우 전제되어야 할 것은 그들이 아주 잘 알려진 인물들이었다는 것입니다. 신탁은 이들 일곱 사람을 의심의 여지 없이 거론하고 있지는 않습니다. 이러한 사실에서 신탁의 일종의 불명료함과 현명함이 드러납니다. 아무튼 사람들은 일곱 현자를 찾아 나섰습니다. 확고하고 틀림없는 인물은 오직 탈레스, 솔론[19], 비아스[20], 그리고 피타코스[21]뿐이었습니다. 아마도 이들은 틀림없이 그렇게 불렸던 것 같습니다. 나머지 세 개의 명예로운 자리가 누군가로 채워져야 했습니다. 그리고 우리는 그리스의 모든 국가가 자기 국가 출신의 한 사람의 이름을 그 성스러운 명단에 올리려는 경쟁을 했다고 보지 않을 수 없습니다. 통틀어 우리는 이 명단에 이름이 오를 권리를 부여받은 사람들을 스물두 명이나 보유하고 있습니다. 그것은 지혜 σοφία의 일대 경합이었습니다. 플라톤은 《프로타고라스》, 343에서 클레오불로스, 미손[22], 킬론[23]을 듭니다. 팔레론 사람 데메트리오스[24]는 미손을, 다른 많은 사람들은 페리안드로스[25]를 꼽습니다. 또는 아나카르시스[26]나 에피메니데스를 꼽기도 합니다. 후자의 이름들은 밀레토스 사람 레안드로스[27]가 말한 것입니다. 그는 동시에 클레오불로스 대신 레오판토스를 꼽았습니다. 헤르미포스는 열일곱 사람의 이름을 듭니다. 그 가운데 피타고라스, 페레키데스, 아쿠실라오스[28]가 끼어 있습니다. 디카이아르코스는 유별난 통찰을 하고 있습니다(라에르티오스, I, 40).

그는 이 인물들을 일컬어 "현자답지도, 철학자답지도 않지만 입법의 능력이 있다οὔτε σοφοὺς οὔτε φιλοσόφους, συνετοὺς δέ τινας καὶ νομοθετικούς"고 말합니다. 따라서 여기에는 정통하다σοφός 의 특수한 의미가, 그리고 분명 아리스토텔레스적인, 보편적-학문적 두뇌가 전제되어 있습니다. 탈레스 정도를 제외하고는 그들은 그러한 부류가 아니었습니다.

일곱 사람의 선정(選定)에 관한 아름다운, 하지만 변용된 전설이 있습니다. 어부들이 삼각대[29]를 건져 올립니다. 그리고 밀레토스의 국민 의회는 그 삼각대를 가장 지혜로운 자로 규정합니다. 건져 올릴 때 결국 분쟁이 야기된 것입니다. 그들은 그것을 델포이로 보내고, 거기에서 판결이 이루어집니다. 이제 그들은 그것을 탈레스에게 전하고, 탈레스는 그것을 다음 순위자에게 전해 넘겨 솔론까지 그렇게 이어집니다. 솔론은 신이 가장 지혜로운 자라고 말하고 그것을 델포이로 보냅니다. ─ 다른 변용 : 아르카디아 출신의 바티클레스는 대접을 하나 남기면서 그것이 가장 지혜로운 자에게 전해지도록 지시했습니다. 이번에는 탈레스 등등을 거쳐 그것이 다시 탈레스에게 되돌아왔고, 그러자 그는 그것을 디디마이온[30]의 아폴론에게 기증합니다. 바티클레스의 아들이 그 대접을 이리저리 들고 다녔습니다. 다른 변용 : 크로이소스[31]의 친구들 가운데 하나가 크로이소스한테 가장 지혜로운 자를 위해 만든 금잔을 하나 받았답니다. 그는 그 잔을 탈레스에게 가져갔고, 그렇게 해서 킬론에게까지 이르게 되었답니다. 그러자 킬론은 델포이의 신에게 누가 자신보다 더 지혜로운가 물었고, 미손이라는 대답을 받았다는 겁니다. ─ 또 어떤 사람들은 크로이소스가 그 잔을 피타코스에게 보냈다고 이야

기합니다. 안드론은 아르고스의 사람들이 가장 지혜로운 자에게 삼
각대를 예물로 바치기로 정했다는 이야기를 전하면서, 그 상은 스
파르타 출신의 아리스토데모스에게 돌아갔다고 합니다. 몇몇 사람
들은 페리안드로스가 밀레토스의 제후인 트라시불로스에게 화물선
을 한 척 보냈다고 하는데, 그 배는 좌초했고 거기에서 어부들이 삼
각대를 발견했다고 합니다. 등등. 주요 사항들을 열거하자면 다음
과 같습니다.

1) 누구에게 삼각대가 제일 먼저 가는가(탈레스, 피타코스, 비아스)?

2) 누가 그것을 제일 마지막으로 받는가?

3) 그 순서는 어떠한가?

4) 삼각대는 어디서 유래하는가?

5) 어디에 안치되었는가(밀레토스, 델포이, 테바이)?

일곱이라는 수는 이 전설의 형태에서는 이미 뚜렷하게 드러나 있
는[아직 드러나지 않은] 것처럼 보입니다. 아마도 그 근본 핵심은
지혜로운 일곱 스승들에 관한 동방의 동화일 것 같습니다. 거기에
서 특징적인 것은 분명 현자들의 자기 규정입니다. 이에 반해 역사
적으로는 델포이의 신탁이 몇몇을 현자로서 비준한 듯합니다. 예를
들어 미손에 관해서는 히포낙스의 글귀 77 Bergk에 이렇게 씌어 있
습니다.

"아폴론은 미손이 | 모든 사람 가운데 가장 지혜로운 자라고 말했
다."*

＊ 1) 현자들의 자기 규정(설화).

2) 델포이의 신탁이 규정한다(개별적 사실들의 일반화).

3) 공공의 규범들(역사적, 그러나 오직 탈레스와 연관됨).

여러 이야기가 수록된 것으로는 다음의 것들이 있습니다 : 라에르티오스, I, 18 이하. 플루타르코스, 《솔론》 c. 4. Porphyr. ap. *Cyrillum contr. Julianum* 1. Buch 아리스토텔레스의 플루토스에 관한 주석, v. 9 cf. Menage 라에르티오스에 관해, Bd. I, 183쪽. Huebner. Mullach, *fr. phil.* I, 205쪽. 매우 중요한 것은 차츰 일곱 현자들의 것으로 인정된 격언 목록인데, 이것은 저마다 핵심이 되는 격언이 있고 거기에 점점 많은 격언들이 추가되는 방식으로 되어 있습니다. 예를 들어 "너 자신을 알라*γνῶθι σαυτόν*"는 격언과 관련해 큰 차이가 드러나는데, 이 격언이 탈레스, 킬론, 비아스 또는 아폴론이나 페모노에의 것이라는 설이 있습니다(Menage 라에르티오스에 관해, 197쪽 참조). 세 가지 반응이 전해집니다. 1) 팔레론 사람 데메트리오스(스토바이오스, *Floril.* III, 19), 클레오불로스, 솔론, 킬론, 피타코스, 탈레스, 비아스, 페리안드로스의 반응. 저마다 20개 또는 그 이상의 격언들을 가지고 있습니다. 핵심 격언으로 내세워진 것은 "절도(節度)가 덕이다*μέτρον ἄριστον*", "지나치지 말라*μηδὲν ἄγαν*", "너 자신을 알라", "적기(適期)를 알라*καιρὸν γνῶθι*", "어리석음이 옆에 있도다*ἐγγύα πάρα δ' ἄτα*"*, "얼마나 많은 사람들이

라에르티오스, I, 22에서 팔레론 사람 데메트리오스는 집정들의 기록에서 다마시오스가 아테네에서 집정으로 있었던 586~585년에 탈레스가 지혜롭다*σοφὸς*고 불렸다고 말하고 있다. 그것이 역사적 핵심이다. 학문적 행위로 인한 경탄. 지혜롭다는 명성은 적중하는 예언과 관련된 듯하다(사물의 인과성의 통찰에 대한 예감). 에피메니데스와 페레키데스와 킬론에게 그것은 아직 전적으로 점성술적인 것이다. 즉 도시의 점령, 패배, 선박과 섬들의 침강, 지진이 예고됨.

＊ "보증은 목을 조른다." 또는 예수스 시라*Jesus Sirach* : "보증인이 되는 일은 수많은 부자들을 망하게 했다." 에피카르모스 : "보증은 현혹의 딸이고, 보증의 딸은 손실이다."

악한가 οἱ πλεῖστοι ἄνθρωποι κακοί", "전체를 생각하라μελέτα τὸ πᾶν". 그리고 소시아데스의 모음집이 있는데(스토바이오스, *Floril.* III, 80), 그것은 현자들마다 따로 분류되어 있지 않습니다. 셋째 모음집은 알두스 마누티우스가 고사본에서 테오크리토스, 그리고 다른 저자들과 동시에 1495년에 출간했습니다(물라흐Mullach, 215쪽 참조). 페리안드로스, 비아스, 피타코스, 클레오불로스, 킬론, 솔론, 탈레스. 넷째 모음집은 디오게네스 라에르티오스를 기초로 하고 있는데, 디오게네스는 각자의 *격언집ἀποφθέγματα*을 제시합니다(아폴로도로스의 《확신에 대하여*περὶ αἱρέσεων*》에 의하면). 그러나 물라흐가 218~235쪽에서 한 것처럼, 재치 있는 한 무더기 일화들과 동시에 훨씬 많은 격언을 찾아 모을 수 있습니다. 플라누데스의 사화집(詞華集), lib. I, c. 86에는 〈추도 시문memorialis〉의 한 연이 있는데 아우소니우스가 그것을 번역했습니다.

"나는 시의 형식에 따라 일곱 현자의 도시와 이름과 가르침을 말하리라.

린도스의 클레오불로스는 절도가 최선이라고 말했고,

라케다이몬 계곡의 킬론은 너 자신을 알라고 말했으며,

다섯 격언은 파로스 섬 산(産)의 대리석으로 만들어진 신전 전면에서 마주 보이는 기둥을 장식하고 있다는 것이 밝혀졌다. Ferd. Schulz im *Philol.* Bd. 24, 193쪽. 즉 "너 자신을 알라γνῶθι σαυτόν", "지나치지 말라μηδὲν ἄγαν", 어리석음이 옆에 있도다ἐγγύα πάρα δ' ἄτα", "신에게 명예를θεῷ ἦρα", 그리고 사람들이 Ei로 읽었던 수수께끼 같은 E가 그것이다. "신이여, 그대는 존재한다." 슐츠Schulz는 이렇게 설명한다. 그 격언을 통해 신은 인간을 향해 말한다 : "너는 존재한다, 즉 너는 비록 유한한 존재이나 그럼에도 사고하는, 자신을 의식하는 존재이다. 그러한 존재로서 행동하라. 사고하는, 이성적인 존재로서 행동하라."

코린토스에 살았던 페리안드로스는 화를 이겨내라고 가르쳤다.
미틸레네 출신의 피타코스는 지나치지 말라는 말을 했고,
거룩한 아테네의 솔론은 인생의 끝을 보라고 말했으며,
프리에네의 비아스는 대중은 악하다고 말했고,
5   밀레토스의 탈레스는 맹세하지 말라고 가르쳤다."

§6. 탈레스. 그가 그리스인이었는가 아니면 원래 페니키아인이었
는가 하는 것은 이상한 질문입니다. 헤로도토스, 1, 170은 탈레스에
10   관해 "탈레스는 밀레토스 사람이고, 그의 가계로 보면 원래 페니키
아인이었다"고 말합니다. 클레멘스, *Strom.* I, 302는 그가 페니키아
종족이라고 밝힙니다. 이름이 명시되지 않은 어떤 저자에 의하면
(라에르티오스, I, 22), 그는 페니키아를 떠나지 않으면 안 되었던
넬레우스와 함께 밀레토스로 왔을 때 밀레토스의 시민권을 얻었다
15   고 합니다. 이 기록에서 우리는 그가 페니키아에서 온 것이 진지하
게 다루어지고 있음을 봅니다. 그것은 훗날 알렉산드리아의 학자들
에게서 매우 중요한 의미를 가졌던 것입니다. 그런데 라에르티오스
는 스스로 이렇게 덧붙여 말합니다. 즉 대부분의 사람들이 전하는
바에 의하면 그는 밀레토스 태생이었고, 최고 명문 가문 중 하나인
20   텔리다이 가문 출신(두리스와 데모크리토스가 확증하는 바와 같이)
으로 페니키아 사람들이면서 카드모스와 아게노르의 직계 자손인
텔리다이인들에게 속하는 엑사미에스와 클레오불리네의 아들이었
다는 것입니다. 말하자면 그의 조상만이 보이오티아의 카드모스 가
계에 속했는데, 이 가계는 소아시아의 이오니아족에 섞여 있었습니

다. 그가 페니키아 사람이라는 것은 그의 가계가 카드모스로 소급되었다는 의미에서만 그러합니다. 그렇다면 이 가계는 일찍이 테바이에서 이오니아로 이주했던 것입니다.

그의 시대에 대해서는 두 개의 확고한 기점이 있습니다. 1) 팔레론 출신 데메트리오스의 증언으로(《집정들의 기록 ἀναγραφὴ τῶν ἀρχόντων》에서), 탈레스가 집정 다마시오스 치하에서(586~585) 지혜롭다고 일컬어졌다σοφὸς ὠνομάσθη는 것과, 2) 그가 리디아의 왕 알리아테스의 통치 시기 동안에 일어난 일식을 예고했다는 것입니다(헤로도토스, I, 74). 이에 대해서는 체히J. Zech의 《고대 저자들에 의해 언급되는 중요한 식(蝕)에 관한 연구astron. Untersuch. über die wichtigeren Finsternisse, welche von den Schriftstellern des klass. Alterth. erwähnt werden》(라이프치히, 1853)가 제공하는 연구물들이 결정적입니다. 나아가 한젠A. Hansen의 《작센 학문사의 수학과 물리학 고전math. physik. Klass. der sächs. Ges. der W.》(라이프치히, 1864), Bd. VII, 379쪽. 이에 따르면 탈레스가 예견한 일식은 기원전 585년의 사건으로, 율리아누스력으로는 5월 28일, 그레고리아누스력으로는 5월 22일이 된다는 것입니다. 그가 지혜롭다고 일컬어졌다σοφὸς ὠνομάσθη는 것은 이 사실과 연관된다는 결과가 나옵니다(삼각대를 상으로 받은 일에서가 아니라). 이것은 많지 않은 다른 점들처럼 확고한 사항입니다. 아폴로도로스는 그의 출생을 자신의 연대기에서(라에르티오스, I, 37) 올림피아력 제35기 1년(640~639)으로 잡았습니다. 그렇다면 탈레스는 위의 일식 때 대략 55세였던 것으로 추정됩니다.

탈레스는 정치적으로 영향력 있는 인물이었음이 분명합니다. 헤로도토스, I, 170에 의하면 그는 이오니아가 페르시아에 복속되기 이전, 페르시아를 방어하기 위해 연합국으로 통일하라고 이오니아인들에게 충고했다는 것입니다. 또한 라에르티오스, I, 25에 의하면, 밀레토스인들이 크로이소스와 연합하여 위험한 키로스의 적대감을 불러들이는 것을 저지한 인물도 탈레스였다는 것입니다. 물론 그는 (헤로도토스, I, 75에 의하면) 크로이소스가 키로스로 쳐들어갈 때 그를 동반했으며, 이때 운하를 파서 크로이소스가 할리스 강을 건널 수 있게 했다고 합니다.―수학자로서 그리고 천문학자로서 그는 그리스 학문의 첨단에 서 있습니다.* 프로클로스는 (아리스토텔레스 학파의 한 사람인 에우데모스에 의하면) 유클리드에 대해 다음과 같이 말합니다(19쪽).

"탈레스는 처음으로 이집트에 가서 거기서 배운 학문을 그리스에 소개했다. 스스로 많은 것을 발견했고, 후대 사람들에게 여러 가지 원리들을 가르쳤다. 그는 어떤 사람들에게는 더 일반적인 것을, 또 어떤 사람들에게는 지각하기에 더 쉬운 것αἰσθητικώτερον을 일깨웠다."(내 추측으로는 보기에 더 쉬운 것εἰδικώτερον)

특히 네 개 명제가 그의 것으로 인정됩니다.

1) 원이 지름을 통해 양분된다는 것.

2) 이등변삼각형의 밑변의 양각은 같다는 것.

---

* 그는 위대한 수학자였다. 그와 함께 그리스에서 철학이 태동한다. 거기에서 추상적인 것, 비신화적인 것, 비우화적인 것에 대한 그의 감각이 유래한다. 여기에서 이상한 일은 그의 비신화적인 신조에도 불구하고 그가 델포이에서 '현자'로 여겨지고 있다는 것이다.―오르페우스 교도들은 일찍부터 고도로 추상적인 관념들을 우화적으로 표현하는 저력을 보인다.―수학과 천문학은 철학보다 유래가 더 깊었다. 그리스인들은 동방 사람들에게서 학문을 전수받았다.

3) 맞꼭지각은 서로 같다는 것.

4) 한 삼각형의 한 변과 두 각이 다른 삼각형의 상응하는 부분들과 같으면 이들 삼각형은 합동이라는 것.

이집트에서의 체류도 마찬가지로 전제되고 있습니다. 플루타르코스의《솔론》, 2에 의하면 그는 사업상의 일로 이집트에 갔다는 것입니다. 가장 오래된 증인은 실제로는 에우데모스뿐입니다. 탈레스 자신도 그것을 증언했을 수는 없습니다. 그는 어떤 글도 남기지 않았기 때문이지요. 물론 후대 학자들의 동방적 성향으로 인해 바로 이집트에서의 체류가 가장 강력하게 강조된 것입니다. 그리스 철학은 결국 그리스에서 발생한 것이 아니라는 것이지요. 좌우간 이 페니키아 사람은 이집트 사람들에게 여전히 배워야 하는 것이지요. 실상 위대한 천문학적·수학적 재능의 소유자가 그 당시 이집트 사람들에게 가지 않았다면 그것은 납득할 수 없는 일일 것입니다. 그 당시에는 책을 통해서는 아무것도 배울 수 없었고, 모든 것을 구두로 전수받을 수밖에 없었으니까요. 오로지 이집트에서만 그는 스승을 찾을 수 있었습니다. 그러나 자신이 발견한 것들을 전수해줄 제자들도 오로지 그곳에서만 찾을 수 있었던 것입니다. 확실히 증명되었듯이, 그 외에 그에게는 스승이 없었습니다. 그가 꼭 한 번(체체스Tzetzes, *Chiliad*. 869) 페레키데스의 제자라고 간주된 일이 있다면, 그것은 물과 진흙 비슷한 물질에 관한 페레키데스의 철학적 명제에서 도출된 결론일 뿐입니다.

탈레스는 저작을 남기지 않았습니다. 그것은 직접 여러 번 언급됩니다. 하지만 누구보다도 아리스토텔레스는 탈레스에 관해 오랜, 그리고 아마 문자화된 전통에 의거해서만 항상 말하고 있으며, 에우데모스 역시 그러합니다.《항해술을 위한 천문학 *ναυτικὴ ἀστρο-νομία*》이 그의 업적인 것으로 되어 있습니다(라에르티오스, I, 23). 이것은 사모스 출신의 포코스의 저작으로도 통했습니다. 플루타르코스의 *Pyth. orac.* 18에 의하면 그것은 운문으로 되어 있었다고 합니다. 분명 그것은 라에르티오스, I, 34의 천문학에 관한 200행과 동일합니다. 이 밖에《관습에 대하여 *περὶ τροπῆς*》,《춘분과 추분에 대하여 *περὶ ἰσημερίας*》,《통치자에 대하여 *περὶ ἀρχῶν*》가 인용되고 있습니다. 갈레노스Galenos는 Comm. in lib. *de natur. human.* 26쪽에서 다음과 같이 분명히 말하고 있습니다.

"탈레스가 정말 물이 단 하나의 요소라고 말했는지의 여부는 그의 글을 통해서는 밝힐 수 없다."

아폴로도로스(라에르티오스, I, 37)에 의하면 탈레스는 올림피아력 제58기에 죽었습니다. 그의 나이는 대략 90세였습니다. 그의 초

철학적 사유는 모든 학문적 사유에서, 가장 저급한 학문적 행위인 문헌학적 판독에서조차 감지될 수 있습니다. 철학적 사유는 가벼운 근거에 의존하여 미리 튀어 오릅니다. 오성은 유혹적인 마법의 형상이 그에게 나타난 연후 둔중하게 그 뒤를 좇아 허덕이면서 더 나은 근거들을 찾습니다. 두 나그네가 물살이 거센, 돌들을 휩쓸어 내리며 흐르는 숲의 시냇가에 서 있습니다. 한 사람은 냇물의 돌들을 디디면서 돌들이 그의 뒤에서 갑자기 깊은 곳으로 가라앉는 것에도 아랑곳하지 않고 경쾌한 발걸음으로 몸을 날려 점점 밀리 뛰어 건넙니다. 다른 한 사람은 내내 하릴없이 거기에 서 있습니다. 그는 우선 자신의 무거운, 생각에 잠긴 발걸음을 지탱해줄 지반을 마련해야 합니다. 때때로 그것은 되지 않습니다. 그러면 어떤 신(神)도 그가 내를 건너도록 돕지 않습니다. 그것은 단지 거대한 공간들의 끝없이 신속한 활주에 지나지 않는 것일까요? 그것은 다만 더 빠른 속도일 뿐일까요? 아닙니다. 가능성에서 가능성으로의 도약에는 환상의 날갯짓이 있습니다. 그 가능성은 언젠가는 확실성으로 받아들여질 것입니다. 비상하는 가운데 여기저기서 확실성의 느낌이 엄습합니다. 천재적 예감이 이 확실성들을 그에게 보여줍니다. 그는 이것이 증명 가능한 확실성들임을, 확실

상에서 사람들은 다음과 같은 시구를 읽었습니다.

"여기 이 탈레스는 이오니아의 밀레토스가 길렀고, 그 지혜로
말미암아 모든 천문학자의 시조가 되었다.

그의 묘비명에는 그와는 달리 :

"이 묘비는 작도다. 그러나 보라! 탈레스의 명성은
그 지혜로 말미암아 하늘에 이른다.

(지혜롭다σοφός고 천문학자가 강조되고 있습니다.)

자신의 원래의 철학 행위에 대해 아리스토텔레스는 《형이상학》,
I, 3에서 다음과 같이 말하고 있습니다.

"최초로 철학을 했던 사람들은 대부분 단지 물질적 원리들을 받
아들였는데, 이러한 방식의 철학의 창시자 ὁ τῆς τοιαύτης ἀρχηγὸς
φιλοσοφίας인 탈레스는 그것을 물이라고 했다. 탈레스는 아마도 이
러한 의견을 다음과 같은 관찰, 즉 모든 것의 양분에는 습기가 있고,
온기 자체도 여기에서 생성되며, 생물도 이것을 통해 스스로를 유지
한다는 관찰,— 다른 것의 근원이 되는 것은 이 다른 것에게는 원칙

한 형체들임을 알아챕니다. 특히 그의 환상은 유사한 것들을 신속하게 관찰하는 힘을
가지고 있습니다. 반성은 그 후에 모든 것을 확고한 개념들과 대조하면서 유사한 것
들을 동일한 것들로, 나란히 관찰된 것을 인과율로 대치하고자 합니다.—그러나 증
명이 불가능한 철학 행위조차 탈레스의 철학 행위가 그러하듯 여전히 어떤 가치가 있
습니다. 논리와 경험의 경직성이 "모든 것은 물이다"라는 명제로 넘어가려 할 때, 여
기에서 모든 버팀목은 파괴된 것이기 때문입니다. 학문적 건축물이 파괴되었다면 예
술품은 아직 남아 있습니다. 모든 풍요로움, 모든 추진력은 그러한 미리 투사된 조망
안에 있습니다.

탈레스는 과거사가 된 지 오랩니다—그러나 조형가 한 사람이 폭포수 앞에 서 있
다면 그에게 정당성을 부여할 것입니다. 인간은 세계가 얼마나 복잡한지를 비로소 아
주 서서히 깨닫게 됩니다. 우선 그는 세계를 아주 간단하게, 즉 자기 자신처럼 피상적
으로 생각합니다. 조형가의 예술 역시 인간을 단지 표피로 취급합니다.

이다―나아가 씨앗은 본성적으로 습하다는 관찰에서 이끌어낸 듯하다. 그러나 습한 것이 습하게 되게끔 하는 것은 물이라는 것이다."

아리스토텔레스는 탈레스의 근본 명제의 유일하고 확실한 전거입니다. 그가 추측으로서 내놓는 것을 후대 사람들은 확실한 근거로 제시합니다. 이들은 식물도 물로 되었으며 천체들조차 습한 증기에서 자양분을 취하며, 죽어가는 모든 것은 건조해진다고 덧붙입니다. 어쨌든 그것은 대단한 가치가 있는 자연과학적 가설입니다.*

---

* 물의 변화에 관한 이론이 가장 중요한 자극이 되었던 일이 자연과학에서 두 번 더 있었다는 사실은 특기할 만하다. 16세기에 **파라켈수스**에 의해 물이 원소로 간주되었다. 그것은 물이 자신을 흙으로 변화시킴으로써 흙 속의 기초 구성소를 이루기 때문이며, 또한 물이 식물에 자양분을 주는 데 기여하여 그 속에서 유기적 성분과 염기를 형성하므로 이 요소 안에도 있기 때문이며, 마지막으로 물이 유성(油性)의 물질들과 알코올의 기초 구성소를 이루어서 연소를 통해 분리될 수 있기 때문이라는 것이다. "흙은 태초에 (다른 요소들과) 동시에 만들어지긴 했지만, 나는 그것을 근원적인 요소들에 포함시키지 않는데, 그 이유는 그것이 물로 바뀔 수 있기 때문이다." 아리스토텔레스적 원소에 대한 투쟁.

라부아지에(18세기 말)의 첫 작업은 물이 흙이 되는 변화를 다룬다. 그는 그 당시 보편적으로 널리 확산되어 있던 이 가설이 옳지 않다는 것을 보여준다. 그는 일정량의 물을 유리 용기에 담는다. 이 용기는 그 당시 펠리칸이라는 이름으로 알려져 있던 것으로, 잘록한 윗부분에 용접된 관이 용기의 불룩한 부분까지 내려오도록 되어 있다. 그는 이 용기의 무게를 빈 상태에서, 그리고 물을 채운 상태에서 각각 측정한다. 뿐만 아니라 개구부(開口部)를 유리 마개로 막고 100일 동안 물을 증발시킨 후에 전체 무게를 측정한다. 이미 한 달 후면 흙이 형성되기 시작한다. 그러나 그는 형성된 흙의 양이 충분하다고 생각될 때까지 계속 물을 증발시킨다. 이제 그는 이 기구의 무게를 다시 측정한다. 그리고 그것이 처음과 같은 무게라는 것을 발견한다. 거기에서 그는 어떤 불[火]의 물질도 끼어들지 않았다는 결론을 내린다. 왜냐하면 끼어들었다면 무게가 늘어났어야 할 것이라고 생각하기 때문이다. 이제 그는 마개를 열고 물의 무게를 흙과 함께 측정하고 그 무게가 늘었다는 것, 그러나 유리관의 무게는 줄었다는 것을 발견한다. 이것은 그로 하여금 유리가 물로 인해 부식되며, 흙의 형성은 변화가 아니라 분해라는 사실을 인정하게 한다.

신화는 모든 변화를 인간적 행위, 인간적 의지 행동의 유비에 따라 이해하고자 했습니다. 여기에는 동물의 몸이 정충과 알의 액체 형태에서 형성된다는 것이 무엇보다 자극이 되었을지도 모릅니다. 실로 모든 고형질은 좀더 덜 단단한 물질에서 생겨난 것일 가능성이 있습니다(응집 상태들과 화학적 성질들에 대해서는 불명료). 이제 탈레스는 덜 단단하며 자못 형성이 가능한 물질을 찾았습니다. 그는 하나의 방법을 개척합니다. 이 방법을 이후에 이오니아의 철학자들은 원칙적으로 계승합니다. 실제로 비교적 덜 견고한 응집 상태가 지금의 상태 전에 선행했음이 틀림없다는 천문학의 사실들은 그들에게 정당성을 부여합니다. 여기에서 우리는 기체 모양의 세계 상태에 관한 '칸트-라플라스-가설Kant-Laplace-Hypothese' ('천체 역학', '세계 조직')을 떠올릴 수 있습니다. 그 전체 방향에서 보면 이오니아의 철학자들은 어쨌든 올바른 길을 가고 있었습니다. 최초로 이토록 현란한 이 전 세계를 유일한 원소가 단지 형식적으로만 다르게 발전하는 것으로 파악하는 데는 엄청난 자유와 대담성이 필요합니다. 이것은 누구도 그만큼은 두 번 다시 할 수 없는 공헌입니다.

그 밖에 사람들이 탈레스에 관해서 또 무언가 알고 있다고 주장하는 다른 모든 것에 대해서도 우리는 의구심을 가져야 합니다. 왜냐하면 예를 들어 《통치자에 대하여 $\pi\epsilon\rho\grave{\imath}$ $\dot{\alpha}\rho\chi\tilde{\omega}\nu$》(갈레노스, Hippocr. de tumore, I, 1, 1)와 같은 위조된 글이 있기 때문입니다. 따라서 우선 플루타르코스의 것으로 주장되는 서술인 placit. philos.에 나타나는, 세계의 통일성, 물질의 무한 가분성과 변화성, 허공의 사유 불가능성, 원소들의 다수성, 질료들의 혼합, 영혼의 본성과 불멸성,

정령들과 영웅들에 관한 명제들은 분명 의심의 여지가 있습니다. 또 아리스토텔레스는 지구가 물 위에 둥둥 떠 있다는 것을 인용하고 있으며(《형이상학》, I, 3. *De caelo*, II, 13), 세네카는 지진이 이 물의 움직임 때문이라고 말합니다(세네카, *natur*. VI, 6 ; III, 14). VI, 6은 이상한 문구입니다. 탈레스는 이를테면 말 그대로 인용되고 있습니다.

"*그의 말에 따르면 지구는 마치 커다란 배처럼 이 파도에 의해 지탱되고 그 밑에 있는 물결에 의해 힘겹게 떠 있다.*"

이어서 :

"*그가 그렇게 생각했던 이유들을 설명하는 것은 불필요한 일이다*" 등등.

여기에서 《통치자에 대하여 *περὶ ἀρχῶν*》가 거론되고 있는 것이 분명하지 않습니까? 그렇다면 이 글은 아리스토텔레스도 알고 있어 위의 생각을 인용하는 것처럼 보이는 동일한 글인 듯합니다. 그는 또 *de anima*, I, 2에서 다음의 문구를 인용하고 있습니다.

"*탈레스에 의하면 자석에는 혼이 깃들어 있다. 그것은 자석이 쇠를 끌어당기기 때문이다.*"

같은 책, I, 5에는 "*탈레스는 모든 것은 신으로 충만해 있다 πάντα πλήρη θεῶν εἶναι고 믿었다*"라고 되어 있습니다. 이것은 모두 위의 글의 반향인 것 같습니다. 라에르티오스, I, 24에서는 이렇게 말합니다.

"*아리스토텔레스와 히피아스는 탈레스가 자석과 호박(琥珀)에 혼이 있다고 유추함으로써 무생물도 영혼에 참여하게 했다고 말한다.*"

요컨대 히피아스는 이미 탈레스의 글이 존재했다는 것을 보증하고 있는 것입니다. 전승이란 도무지 무엇을 의미하는 것입니까? 여기에서 누가 전한다는 건가요? 아리스토텔레스가 그러한 문구들을 인용하는 방식에서는 그 문구들이 대체로 연관 없이 주장들로 나란히 열거되어 있었다는 사실이 명백해집니다. 그래서 그 증거들은 우선 항상 추측되어야 했습니다. 그러므로 탈레스의 글은 없었던 것이지요. 그러나 탈레스는 믿기를 Θαλῆς ᾠήθη, 탈레스는 말하기를 Θαλῆς ἔφη 등의 형식으로 된 주요 진술들의 아주 오래된 목록이 증거 없이, 또는 드물게는 증거와 더불어 회상록 ἀπομνημονεύματα 으로 존재했던 것입니다. 오직 그렇게 해서만 우리는 세네카와 아리스토텔레스 사이의 일치를 이해하게 됩니다. 아리스토텔레스는 *de caelo*, lib. II, 13에서 그러한 진술들을 특별히 잠언 ἀποφθέγματα 이라 부릅니다.

"다른 사람들은 [땅이] 물 위에 놓여 있다고 가정한다. 우리에게 전해지는 것으로는 이 설명이 가장 오래되었다. 밀레토스 사람인 탈레스가 이 설을 대표했다고 하는데, 그는 땅이 둥둥 떠 있을 수 있기 때문에 나무 한 토막이나 그와 비슷한 것처럼 정지해 있다고 말한다."

탈레스의 회상록 ἀπομνημονεύματα 에 관한 목록이 있었다는 것은 결국 플라톤도 《테아이테토스》, 174쪽에서 증명하고 있습니다.

"바로, 마치 탈레스가 별들을 관망하기 위해 시선을 위로 향한 채 우물에 빠졌을 때 영리하고 재치 있는 트라키아의 하녀 하나가, 그가 하늘에 있는 것을 알아내려고 진력하는지는 모르겠으나 그의 코앞에, 그리고 그의 발치에 놓여 있는 것은 전혀 알지 못한다고 말했다는 것처럼 말일세."

마지막으로 라에르티오스, lib. I, 24 :

"몇몇 사람들은 그를 영혼불멸의 견해의 최초의 대변자로 부른다. 그런 사람들 가운데 시인 코이릴로스가 있다."

이렇듯 진술 하나하나는 코이릴로스, 히피아스, 아리스토텔레스를 통해, 그리고 일화 하나는 플라톤을 통해 보증됩니다. 연관성 있는 글은 없습니다. 왜냐하면 아리스토텔레스는 그 근거들에 대해서는 다만 추측하는 방식으로만 이야기하고 있기 때문입니다. 그러나 아리스토텔레스는 위에 언급된 진술들의 모음집을 신빙성 있는 것으로 다룹니다. 그것은 아주 오래되었을 게 분명합니다. ―최근의 저술: 데커F. Decker, 《밀레토스의 탈레스에 관하여*de Thalete Milesio*》(Diss. 할레, 1865). 나아가 《고대 철학 분야의 비판적 연구들*Kritische Forschungen auf dem Gebiet der alten Philosophie* I》, 34쪽. ― 라에르티오스, I, 43에는 탈레스가 페레키데스와 솔론에게 각각 보내는 짧막한 편지가 있습니다. 사이비 경구와 같은 이러한 서간 문학에서 주의할 만한 사실은, 탈레스가 자신을 명백하게 '글쓰지 않는' 사람으로 부른다는 것입니다. 그는 시로스로 가려 합니다. 그것은 그가 이미 연구를 위해 배를 타고 크레타와 이집트로 건너갔기 때문입니다. 그는 글을 쓰는 것이 아니라 그리스와 아시아를 가로질러 여행을 한다는 것입니다. 그러고는 다른 편지에서 그는 솔론을 초대합니다.[32] 이 편지들은 한 철학자가 그리스 후대에 갖게 되는 개인적 명망과 관련하여 항상 흥미의 대상입니다. 야코프 베르나이스Jakob Bernays가 입증한 것처럼, 한 예로 헤라클레이토스의 편지들의 경우에서와 같이, 때로는 편지들을 쓴 당사자들이 사실을 어느 정도 더 알고 있기 때문에도 그러합니다. I, 122는 페레키데스의 답장으로, 여기에서 그는 탈레스에게 자신의 저작들의 출간을 위임하고 자신의 슬증(虱症)에 대해 이야기합니다. 아낙시메네스가 피타고라스에게 쓴 편지 II, 4는 탈레스의 죽음을 이야기하고 있습니다. 그가 밤중에 절벽에서 추락했다는 것입니다.

"그러나 그의 제자들인 우리는 그분을 기억하고자 할 뿐 아니라 우리의 자손들과 청중들에게도 그의 이야기로 즐거움을 주고자 합니다. 탈레스는 항상 우리의 대화의 시작이 되어야 합니다."

여기에서 탈레스의 진술들[33], 로고이 λόγοι가 언급됩니다. 그의 죽음의 다른 방식은 라에르티오스, I, 39에 나타나 있습니다. 그는 노년에 체조 경연을 관람하고 나서 발열과 갈증과 허약증으로 탈진했습니다.

§ 7. 아낙시만드로스. 역시 밀레토스 사람.* 프락시아데스의 아들. 아일리아노스의 *Varia. Historia*. III, 17에 있는 기록은 그가 아폴로니아에 있는 밀레토스의 식민지의 우두머리로 명망 있는 지위를 누렸다는 사실을 확인해줍니다. 그 밖에 그의 생애에 대해 알려진 것은 아무것도 없습니다. 그러나 그의 가르침은 많이 알려져 있습니다. 탈레스의 경우와는 정반대입니다. 아폴로도로스에 의하면 그는 올림피아력 제58기 2년(기원전 547~546)에 64세였습니다.** 그것

---

* 지금까지 간과된, 그의 인격에 관한 중요한 기록. L. VIII, 70.

** 올림피아력 58, 2

42, 3 태어남 ἐγένετο. 히폴리토스, 즉 아폴로도로스에 의하면.

$$\begin{array}{r} 58,2 \quad 16 \\ \underline{4} \\ 64 \end{array}$$

은 확고한 사건, [아마] 그의 책 《자연에 관하여 *περὶ φύσεως*》의 저술·완성과 관련된 기록일 가능성? [데모크리토스에서처럼? 아니면 황도(黃道)의 경사? 플리니우스, II, 8은 올림피아력 제58기를 말합니다.] 이 저작은 그와 같은 방식의 최초의 저작입니다. 테미스티오스, *Orat.* XXVI 317쪽 Harduin은 다음과 같이 말합니다.

"그는 그리스인들 가운데 최초로 자연에 대해 쓴 글을 과감히 발표했다. 그 전에는 글을 쓴다는 것은 비판의 대상이었고, 앞세대 그리스인들에게 인정받지 못했다."

그런데 그것이 어떤 종류의 글이었는지는 라에르티오스, II, 2의 표현이 보여주고 있습니다.

"그의 가르침에 관해 그는 총괄적인 개요를 제시했는데, 그것은 아테네 사람 아폴로도로스의 손에도 들어왔다."

여기에서는 발췌된 그의 글이 거론되고 있는 것이 아니며, (매우 희귀한) 글 자체가 주요 명제들의 (진술이 아니라) 총괄로 표시되고 있습니다. 요컨대 탈레스에게서 전제되어야 하는 것과 비슷한 것인 셈입니다. 다른 점은 다만 그가 형식을 고안해내어 자기 자신의 말로 했다는 점입니다. 그의 방언이 특징적인 독특한 나머지 부분들은 아리스토텔레스와 심플리키오스에 의해 보존되어 있습니다. 《수다》에는 "그는 자연을 주제로 다루면서 지구의 자전에 대해, 항성들을 다루면서 천체와 그 밖의 다른 것들에 대해 글을 썼다"라고 되어 있는데, 그것은 착오입니다. 왜냐하면 라에르티오스, II, 2에 그에 관해 "나아가 그는 우선 지구와 대양의 면적의 외연을 표시했으며, 또한 천구도 만들었다"고 씌어 있기 때문입니다. 즉 지도와 천구를 만들었다고 되어 있는 것입니다. 해시계의 발명은 필시 그가 그

리스인들에게 (라케다이몬에서) 그것, 즉 *해시계γνώμων*를 도입했
다는 사실로 환원됩니다. 헤로도토스, II, 109에 의하면 바빌로니아
사람들은 이미 오래전부터 해시계를 소유하고 있었습니다. 플리니
우스, II, 76은 그것을 아낙시메네스의 공헌으로 간주합니다. 탈레
스와 그의 관계가 어떠했는가 하는 것은, 그가 비록 동료*ἑταῖρος*라
든가 친지*γνώριμος* 등으로 불리고 있지는 않더라도 거의 추측할
수 있습니다. 수학자이자 천문학자로서 그는 자신의 유명한 동향인
에게서 배워야 했으며, 탈레스가 예견한 그 유명한 일식이 있었을
때 20대 중반의 나이였습니다. 게다가 그의 철학적 원칙은 탈레스
의 사유가 연장되었음을 보여줍니다. 그러나 탈레스가 저작을 남기
지 않았으므로 우리는 전수가 구두로 이루어졌음을 전제하지 않을
수 없습니다. 실상 가장 오래된 *후계자들διαδοχαί*에 관한 보고는
후대의 틀에 맞춰 매우 자의적으로 만들어진 것입니다. 철학의 학
파란 그 당시에는 존재하지 않았던 것입니다.

   그는 *근원ἀρχή*—이것은 그가 용어로 채택한 표현인데—이 *무
한정자τὸ ἄπειρον*라고 봅니다. 우리는 옛 사람들이 훨씬 뒤에 인식
된 문제들을 이 개념에 갖다 붙일 수 있는지에 대해 이 개념 때문에
혼란에 빠져서는 안 됩니다. 원래의 근거들이 그 글에 빠져 있었다
는 것은 불행한 일입니다. 그렇기에 고대에 상이한 견해들이 있었
던 것이지요. 우선 몇 개의 확실한 명제들을 세워봅시다(아리스토
텔레스,《자연학》, III, 4에 따라).

   "*무한정자는 모든 것을 포괄하며 모든 것을 조종한다. 그것은 죽
지도 멸망하지도 않는다.*"

   분리를 통해 제일 먼저 온기와 냉기가 갈라졌습니다. 이 양자의 혼

합에서 액체가 생겨났다는 것이며, 물은 그에게 세계의 종자로 간주
되었습니다. E. Eusebious, 《복음서의 준비*Praeparaito evangelica*》,
I, 8, 1에서 플루타르코스. 아리스토텔레스, 《천체에 대하여
περὶ μετεώρων》, II, 1. 요컨대 그는 탈레스보다 두 걸음을 더 넘어
섰던 것입니다. 즉 물의 원리로 온기와 냉기, 이들의 원리로 마지막
통일성이며, 끊임없는 생성의 모태인 *무한정자*가 그것입니다. 이
일자는 홀로 영원하며, 다함이 없으며, 부패하지 않습니다. 그러나
다함이 없다는 이 한 가지 특성만이 그의 이름에 표현되어 있는 것
은 아닙니다. 다른 모든 것은 생성하고 소멸합니다. 독특하면서 진
지한 명제(심플리키오스, 아리스토텔레스의 *Physica*에 대한 주석, 6,
a에) :

   "*존재하는 것들은 순리에 따라 자신들이 생성된 그곳으로 소멸되
어 회귀한다. 왜냐하면 그들은 시간의 질서에 따라 서로에게 행한
불의에 대한 처벌과 보상을 받아야 하기 때문이다*ἐξ ὧν δὲ ἡ
γένεσίς ἐστι τοῖς οὖσι καὶ τὴν φθορὰν εἰς ταῦτα γίνεσθαι, κατὰ τὸ
χρεών. διδόναι γὰρ αὐτὰ τίσιν καὶ δίκην τῆς ἀδικίας κατὰ τὴν τ-
οῦ χρόνου τάξιν."

   여기에서 우리는 거의 신화적인 관념을 봅니다. 모든 생성은 영
원한 존재의 속박으로부터의 해방입니다. 그러므로 불의이며, 그래
서 몰락의 벌이 부과되어 있습니다. 여기에서 우리는 생성하는 모
든 것은 진실로 존재하는 게 아니라는 통찰을 인식합니다. 물 또한
생성됩니다. 그는 물이 온기와 냉기의 접촉에서 생겨나는 것을 본다
고 믿습니다. 그러므로 물은 원리Prinzip, 근원ἀρχὴ일 수 없습니
다. 온기와 냉기도 증발합니다. 그리고 그들은 둘입니다. 그래서 아

낙시만드로스는 그 배후에 있는, 부정적으로 표현될 수 있을 뿐인 통일성을 필요로 합니다. 그것이 *무한정자*τὸ ἄπειρον입니다. 그것은 현존하는 생성의 세계로부터는 아무런 술어도 부여받을 수 없는 것으로, '물자체Ding an sich'와 같은 무엇입니다. 이것은 아낙시만드로스의 엄청난 비약이었습니다. 그의 후계자들의 행보는 그에 비해 완만했습니다. *무한정한 존재*Ἄπειρον로부터 스스로 떨어져 나온 개체는 결국에는 *시간의 질서에 따라*κατὰ τὴν τοῦ χρόνου τάξιν 다시 그것으로 되돌아가야 하는 것입니다. 시간이란 오로지 이 개체의 세계에만 있는 것이고, *무한정한 존재* 자체에는 없습니다. 고도로 진지한 세계관입니다. 즉 생성하고 소멸하는 모든 것은 죄값을 치러야 합니다. *불의에 대해서는*τῆς ἀδικίας *죄과*τίσις와 *정의*δίκη가 있어야 합니다! 존재할 권리를 가진 것이 어떻게 소멸할 수 있습니까! 그런데 우리는 모든 것이 소멸해가는 가운데 있음을 봅니다. 따라서 모든 것은 불의 가운데 있는 것입니다. 요컨대 진실로 존재하는 것에는 소멸하는 사물들의 술어를 부여할 수 없습니다. 그것은 어떤 다른 것입니다. 그러나 그것은 우리에게는 오직 부정적으로 표시될 수 있을 뿐입니다. 여기에서 많은 문제점들이 제기되었습니다. 즉 개체의 세계는 어떻게 생성될 수 있는가? 하나의 무한정한 존재로부터 발전을 가능하게 하는 것은 어떤 힘인가? 생성이란 무엇인가? 시간이란 무엇인가? 이와 같은 문제점들입니다. 첫 번째 글의 영향은 분명 엄청났을 것입니다. 엘레아 학파 철학자들의 학설뿐만 아니라 헤라클레이토스와 엠페도클레스 등의 학설의 원동력이 여기에서 나온 겁니다. 게다가 여기서 문제되는 것은 더 이상 순전히 물리적인 문제가 아니었습니다. 그 죄값을 치러야 하는 불의들 **ἀδικίαι**의 총화인 세계의 생성은 지극히 심오한 윤리적 문제들에 대해 눈을 뜨게 했던 것입니다. 이로써 그는 탈레스를 무한히 능가했습니다. 즉 영원한, 우리에게는 부정적으로만 파악되는 존재의 세계를 생성하고 소멸하는 경험의 세계에서 분리한

다는 사실에는 헤아릴 수 없을 만큼 중요한 **물음**이 제기되어 있는 것입니다. 그리로 인도한 길이 제아무리 무고(無辜)하고 순진하다 해도 말입니다. ─후대 아리스토텔레스 학파의 철학자들은 이 물음의 진지성을 전혀 파악하지 못한 게 분명합니다. 왜냐하면 그들은 아낙시만드로스한테는 정말 부차적인 문제를 놓고 논쟁을 벌이고

있기 때문입니다. 무엇보다도 *무한정자*라는 것이 도대체 어떤 성분이었는가 하는 문제 말입니다. 예를 들어 아프로디시아스의 알렉산드로스[31])는(아리스토텔레스, 《형이상학》, I, 5와 I, 6) 공기와 물 사이에 중간자가 있어야 한다, 또는 공기와 불 사이에 그래야 한다고 주장합니다. 아리스토텔레스는 분명 *de caelo*, III, 5에서 그 동인을

제공했습니다 :

"어떤 사람들은 단 하나의 원리를 근본으로 삼았는데, 어떤 사람들은 그것을 물이라 하고, 또 어떤 사람들은 공기라 하고, 또 다른 사람들은 불이라고 했다. 또 다른 사람들은 물보다는 밀도가 낮고 공기보다는 밀도가 높은 것이 있는데, 이것은 무한하고 온 세상을

에워싸고 있다고 말한다."

그는 이들이 누구인지 말하지 않습니다. 또한 불과 공기(《자연학》, I, 4) 사이의 중간자를 상정하는 사람들이 누구인지도 말하지 않습니다. 아낙시만드로스라고 생각하는 것은 순전히 자의적입니다. 뿐만 아니라 완전히 틀린 것이고 *무한정자*의 본질에 모순됩니

다. 그러나 주석가들은 아리스토텔레스를 이해하지 못했습니다. 아리스토텔레스는 아낙시만드로스를 말한 것은 아니었던 겁니다. 왜냐하면 아리스토텔레스는 그러한 중간자를 상정하는 모든 사람은 응축과 희석을 통해 사물을 생성시킨다고 말하기 때문입니다. 그러나 바로 아낙시만드로스에 관해서 아리스토텔레스는 《자연학》, I, 4에서 말하기를, 그는 사물을 응축과 희석을 통해 생성하게끔 하지 않는다는 겁니다. ―마찬가지로 지금까지도 이어지고 있는 논쟁 역시 오류입니다. 즉 아낙시만드로스가 무한정자를 모든 현존하는 질료들의 혼합μῖγμα으로 보았는지 규정되지 않은 질료로 파악했는지 하는 논쟁 말입니다. 무한정자는 우리에게 알려진 어떤 성질과도 공통점이 없으며, 따라서 *다만 무규정적인 본성*μία φύσις ἀόριστος 을 가졌다는 것이 옳은 견해입니다. 이것은 테오프라스토스가 말한 것과 같습니다. 즉 그것은 우리에게 규정될 수 없는 것, 하지만 그럼에도 그 자체로는 물론 규정되지 않음이 없는 것입니다. 따라서 그것은 특정한 성질이 없는 질료가 아닙니다. 사물들의 모든 특정한 성질이 혼합된 산물은 더더욱 아닙니다. 그것은 우리에게는 물론 *무한정자*인 어떤 제3의 것입니다. 그런데 아리스토텔레스는 이 점을 거론하는 데 있어 도무지 철두철미 정확하지 않습니다. 즉 그는 《형이상학》, XII, 2에서 "*모든 것이 하나로서 있다는 아낙사고라스와, 혼합이라는 엠페도클레스와 아낙시만드로스*"에 대해 말하고 있습니다. 그런데 이것은 우리를 헷갈리게 할 수 있는 유일한 문구입니다. 왜냐하면 이것은 엠페도클레스의 학설과는 거의 유사하지 않은 것과 관련된 매우 부정확한 표현이든가, 아니면 여기에 *무한정자*가 메우고 있던 빈틈이 상정되어야 하기 때문입니다. 그건 그렇고 (아낙사고라스의 학설을 통해) 오해의 소지는 다분히 있었습니다. 그러나 테오프라스토스의 구절(심플리키오스, *Physic.* 6, 6)은 글자 그대로 원소와 관련해서 특정한, 그리고 질적으로 다른 질료들의 혼합 대신에 특정한 성질들이 없는 *다만 무규정적인 본성*μία φύσις ἀόριστος의 질료가 상정되는 경우에만 아낙사고라스가 아낙시만드로스와 일치한다는 것을 아주 명시적으로 말하고 있습니다. 이 명시적인 설명에 나는 *무한정자*τὸ ἄπειρον의 의미에 관한 의문을 연결시키는 바입니다. 옛 사람들과 요즘 사람들은 그것이 '무한한 것 das Unendliche', 질량의 면에서 무한한 물질을 일컫는 것이라고 생각합니다. '개념Begriff' 가운데는 어쨌든 *무규정자*τὸ ἀόριστον 도 존재하지만 '단어' 가운데는 존재하지 않는다는 사실이 인정됩니다. 반면 피타고라스 학파 사람들에게 있어서 그것은 말 그대로 바로 무규정적인 것das Unbestimmte만을 가리킬 뿐입니다. 이러한 해석의 유일한 근거는 단상들로 이루어진 스토바이오스의 책 《잠언 선집*Eclog.*》, I, 292에 보이는 다음 표현입니다.

"*그는 이렇게 말한다 : 그것은 왜 무한한가? (자연의) 바탕이 되는 생성이 한치의 부족함도 없게 하기 위해 그렇다.*"

이 문장에는 아리스토텔레스의 《자연학》, III, 8이 전제되어 있습니다. 거기에서 아리스토텔레스는 원소에서 항상 새로운 존재들이 생성될 수 있으려면 원소가 무한해야 한다는 생각을 반박하고 있습니다. 이 결론은 옳지 않은데, 아리스토텔레스는 그것을 아낙시만드로스의 견해로 간주합니다. 그렇다면 아리스토텔레스는 위의 문장에서 τὸ ἄπειρον을 '무한한', '무한히 큰'이라는 뜻으로 이해한 겁니다. 그러나 아낙시만드로스의 원리의 장(章)에서는 다만 그의 원리에서 특징적인 것은 바로 *무규정적 본성*ή ἀόριστος φύσις이라는 결론만이 도출될 따름입니다. 무한성은 훨씬 동떨어진 관점입니다. 특징적인 것이 아니라 우연적인 것에 따라 원리가 지칭된다면 그것은 이상한 일일 겁니다. 그런데 *무한정자*τὸ ἄπειρον가 '무한하다'는 믿음은 단지 위에 인용된 문장에 근거할 뿐입니다. 이 문장은 첫째, 그것이 해석되는 방식이 논리적이지 못하며, 둘째, 아직도 달리 해석될 여지가 있습니다. 아낙시만드로스의 근본 관념은 주지하다시피 다음과 같은 것이었습니다. 즉 생성하는 모든 것은 소멸한다. 따라서 원리일 수 없다. 특정한 성질을 가진 모든 존재는 생성하는 것들이다. 따라서 진실로 존재하는 것은 틀림없이 이 모든 특정한 성질을 가지고 있지 않다. 그러한 성질들을 가진다면 진실로 존재하는 것은 멸망할 것이다. 그렇다면 "어째서 원존재는 *무한정자*ἄπειρον, *무규정자*ἀόριστον여야 하는가?" 생성이 멈추지 않기 위해서입니다. 한정된 모든 것은 몰락하므로 모든 한정된 존재에게서 생성은 언젠가는 끝을 맺게 될 것입니다. 원존재의 불멸성은 그것의 무한성에 근거한 것이 아니라, 그것에 한정된, 몰락으로 이끄는 성질들이 없다는 데 근거한 것입니다. 원존재가 *규정된 것*ὁρισ τὸν이라면 그것은 또한 *생성된 것*γιγνόμενον일 겁니다. 그러나 그와 함께 그것은 몰락하도록 정해졌을 겁니다. *생성*γένεσις이 결코 중단되지 않도록 원존재는 생성을 초월해야 하는 겁니다.—이로써 우리는 비로소 아낙시만드로스의 설명에 통일성을 부여했고, *죄과*τίσις와 *불의*ἀδικία에 관한 명제에 합당한 이해를 하게 되었습니다. 그렇다면 우리는 물론 *무한정자*τὸ ἄπειρον가 지금껏 이해되지 않았다는 것을 시인해야 합니다. 그것은 '무한한 것das Unendliche'이 아니라

'규정되지 않은 것das Unbestimmte' 을 말합니다. ―

다른 자연과학적 학설들은 근본 고찰에 비해 그리 중요하지 않습니다. 우리는 여기에서 그가 탈레스의 학설을 근거로 하고 있음을 봅니다. 무한정자ἄπειρον에서 온기와 냉기, 그리고 이 둘에서 물이 나옵니다. 여기에서 볼 때 그는 다만 탈레스와 함께 모든 것이 물이라고 말하는ὕδωρ φάμενος εἶναι τὸ πᾶν 탈레스의 후계자일 뿐입니다(Kern, *Philologus*, XXVI, 281. 테오프라스토스의 《멜리소스에 관하여περὶ Μελίσσου》에 의거). 액체에서 세 가지가 분리되어 나옵니다. 그것은 흙, 공기, 그리고 마치 나무껍질이 나무를 싸고 있듯이 전체를 둘러싸고 있는 불의 환(環)입니다. 화환(火環)은 왕왕 파열되었습니다. 불은 압축된 공기가 가득 찬 바퀴 모양의 주머니에 갇혀 있다가 이 바퀴의 중심부에서 솟구쳐 나옵니다. 이 중심부인 바퀴통이 막히면 일식과 월식이 생깁니다. 달이 차고 기우는 현상은 그것과 관련된 겁니다. 불은 흙이 증발함으로써 기운을 유지합니다. 흙은 태양의 열기로 건조해집니다. 아낙시만드로스는 별들을 신들(하늘의 거주자들)이라고 불렀습니다. 이제부터 항상 되풀이되는 이 성향은 특이합니다. 그것은 자연과학을 통한 속신(俗信)의 수정이지, 자유 사상은 아닙니다. 아낙시만드로스가 세계를 무한한 것으로 여겼다는 것은 전적으로 불가능한 일입니다. 그것은 무한정자ἄπειρον에 대한 오해입니다. 오해가 아니라면 세계라는 구체의 껍질로서의 화환은 무슨 의미가 있겠습니까? 심플리키오스의 아리스토텔레스 주석은(505, a, 15) 세계가 유한하다고 생각했던 사람들 중에 아낙시만드로스를 포함시킵니다. 그가 '무수한 세계들', 즉 그렇게 공존하거나 앞뒤로 존재하는 세계들을 인정했다는 것이 무엇을 의미하는가 하는 물음은 그의 원리를 오해한 것과 연관됩니다. *무한한 세계들*˚Απειροι κόσμοι이라는 것은 확정되어 있었고, 한번 인정된 '무한한 것das Unendliche' 안에서는 '무수한 unzählige' 세계들도 자리가 있습니다. 예를 들어 심플리키오스, 《하늘에 관하여》, 91, 6, 34에는 다음과 같은 문구가 보입니다.

"아낙시만드로스는 한편으로는 아르케는 크기가 무한하다고 상정한 다음, 다른 한편으로는 그것으로부터 수적으로 무한한 우주들이 생긴다고 보았던 것 같다."

첼러(I, 200쪽)는 서로 나란히 존재하는 무수한 세계들이 별들이라고 판단합니다. 나는 이 설명이 맞지 않다고 생각합니다. 그리고 일반적으로 *무한한 세계들*ἄπειροι κόσμοι의 공존을 말하는 증언들은 틀린 것이라고 봅니다. 올바른 진술들은 세계의 몰락을 보증하는 진술들, 즉 대양은 서서히 줄어들어 마르게 될 것이며 지구는 차츰 불로 파괴될 것이라는 진술들입니다. 요컨대 이 세계는 몰락합니다. 그러나 생성은 멈추지 않습니다. 이 다음에 생성된 세계도 몰락해야 합니다. 그리고 계속 그러합니다. 따라서 무수한 세계들이 있습니다. ─아낙사고라스는 살아 있는 존재들의 생성을 다음과 같이 생각했습니다. 땅은 액체 상태에서 형성되고, 습기는 불의 영향으로 마르며, 나머지는 짜고 써져 대양의 깊은 곳으로 흘러든다. 땅의 형상은 차(車)의 모습과 같으며, 그 높이는 폭의 3분의 1에 해당하는데, 우리는 그 위 표면에서 살고 있다. 진흙에서 동물들이 만들어진다. 인간을 비롯한 육지 동물들 역시 원래는 물고기 형태였는데, 땅이 마르고 나서부터 나중에 보이는 형체가 생기는 것이다.

총체적 평가에 부쳐. 탈레스를 넘어 중요한 걸음 : 생성하고 소멸하는 물리적 세계에 대립해 형이상학적으로 진실로 존재하는 하나의 세계를 받아들임. 질적으로 규정되지 않은 것은 원소로서 있음 : 그것에 대해 질적으로 규정된 모든 것, 개체적인 것, 개별적인 것은 불의 ἀδικία로 점철됨. 현존의 가치 평가에 대한 의문 제기(첫번째 철학자는 염세주의자). 언젠가 있을 세계의 파괴. 끝없이 이어지는 세계들은 이러한 고찰의 귀결. 그 밖에 그는 모든 것이 물에서 생성된다는 탈레스의 자연철학적 이론의 계승자입니다. 이 점이 그가 지닌 고유의 위대성은 아닙니다. 그의 고유의 위대성은, 어떤 하나의 현존하는 질료로 사물들의 최초의 생성이 설명되지는 않는다는 인식입니다. 그는 *무규정자* τὸ ἀόριστον 에까지 도피해 들어갔습니다. 그의 후계자라면? 아낙시메네스는 철학자이자 형이상학자로는 어쨌든 그에 훨씬 못 미치고 비교적 창의력이 없는 본성의 소유자이지만, 자연 탐구가로서는 훨씬 탁월합니다.

§8. 아낙시메네스. 마찬가지로 밀레토스 출신. 에우리스트라토스의 아들. 그 밖에는 알려진 바가 없습니다. 원래 문제되는 것은 그의 시대와 더불어 그가 아낙시만드로스의 문하생이라는 세인들의 주장입니다. 신빙할 만한 저자인 아폴로도로스는(라에르티오스, II, 3) 그가 올림피아력 제63기(기원전 529~525)에 태어났고, 사르데스의 정복기[올림피아력 제70기(499), 다레이오스 치하에서 이오니아족에 의한 정복]를 전후해 세상을 떠났다고 말합니다. 이에 따르면 그는 30세쯤 되었을 것이니 요절한 셈입니다. 그런데 이 보고를 믿는 사람은 아무도 없고 다들 이것이 훼손된 것이라고 생각합

니다. 요컨대 이 보고에 의하면 그가 아낙시만드로스의 제자가 될 수는 없습니다. 아낙시만드로스는 제58기 2년, 즉 기원전 547년 이후 바로 세상을 떠나는데, 이것은 아낙시메네스의 출생으로부터 약 20년 전 일이기 때문입니다. 이 보고가 올바르게 전해진 것이라면, 아폴로도로스는 사제 관계를 부인한 것이 됩니다. 그는 아낙시메네스가 후계/διαδοχή임을 부인한 것입니다. 실상 우리는 비교적 오래된 이 후계설들διαδοχαί의 신빙성을 최대한 의심해야 합니다. 사제 관계를 가능하게 만드는 보고들을 선호하는 것은 전혀 체계적인 방법이 되지 못합니다. 그런데 라에르티오스에게서 그 기록이 전적으로 동떨어져 나타난다면, 우리는 라에르티오스의 전수가 오류임을 인정할 권리가 있을 겁니다. 나는 다음과 같은 의문을 제기합니다. 위에 언급한 아폴로도로스의 시대 규정을 뒷받침하는 기록이 있는가 하는 겁니다. 있습니다(라에르티오스, II, 3):

"몇몇 사람들은 그도 또한 파르메니데스의 문하생으로 만들고자 한다."

그런데 아폴로도로스에 의하면 파르메니데스의 절정기는 올림피아력 제69기입니다. 이 주장은 아낙시메네스의 다른 모든 시대 설정의 경우에는 불합리하고, 올림피아력 제63기의 출생하고만 일치할 수 있습니다. 즉 그는 20세의 나이로 파르메니데스의 문하에서 수업하는 것입니다. 거기에서 우리는 라에르티오스의 위의 보고가 와전에 기인한 것이 아니라고 추론합니다. 더욱이 우리는 누가 그 보고의 보증인인지까지도 보게 될 것입니다. 라에르티오스, IX, 21에 의하면 파르메니데스가 아낙시만드로스의 문하에서 수학했었다는 것을 테오프라스토스가 그의 《자연에 대한 연구φυσικὴ ἱστορία》에서 입증하고 있습니다.* 그런데 아낙시만드로스의 절정기는 올림피아력 제58기 2년으로, 그가 64세 때입니다. 11 올림피아력 주기 이후, 즉 44년 뒤는 파르메니데스의 절정기입니다. 파르메니데스가 그 당시 아낙시만드로스의 제자로서 20세였다고 가정하면, 그는 44년 뒤에 절정기를 맞이하게 되는 것이고, 그렇다면 그의 나이는 다시금 64세, 올림피아력 제69기가 되는 것입니다. 그러면 어쨌든 또 한 테오프라스토스의 것임을 우리가 신뢰하지 않으면 안 되는 기록, 즉 파르메니데스의 문하에서 20세의 나이로 다시금 아낙시메네스가 수학했다는 기록은 이제 앞뒤가 맞습니다.**

그렇다면

올림피아력 제58기 2년 아낙시만드로스의 절정기(64세). 그의 문하에서 20세의 파르메니데스가 수업.

69   파르메니데스의 절정기(64세). 그의 문하에서 20세의 아낙시메네스가 수업.

시대 규정은 통일성이 있어서 우리는 그것이 하나의 전거에 의한 거라고 믿지 않을 수 없습니다. 그 전거는 우리에게 가장 오래된 증인인 테오프라스토스입니다. 이것은 중요합니다. 왜냐하면 이와 함

---

* 《수다》: "파르메니데스─테오프라스토스에 따르면 그는 밀레토스 출신 아낙시만드로스의 강의를 들었다." 이것은 첼러(I, 468쪽)가 생각하듯 라에르티오스에게서 얻은 것이 아니다.

** 《수다》: "아낙시메네스─사람들은 그가 파르메니데스의 강의를 들었다고 말한다."

께 이 가장 오래된 증인이 아낙시만드로스에서 아낙시메네스로 이어지는 후계διαδοχὴ를 부인하기 때문입니다. 그러나 모든 후대의 시대 규정은 이것을 설명하기 위해 만들어진 것입니다. 확고한 하나의 시점은 사르데스의 정복입니다. 사람들은 더 오래전의 어떤 다른 시점을 찾아 두리번거렸고, 올림피아력 제58기 키로스에 의한 정복을 찾아냈습니다. 일례로 히폴리토스는 *Refut*. 1, 7에서 아낙시메네스의 절정기를 이 시점으로 옮겨놓고 있으며, 《수다》 역시 γέγονε가 ἤκμαζε로, 그리고 νε´가 νη´로 씌어지는 시점으로 옮겨놓습니다. 따라서 후계를 정당화하기 위해 사람들은 더 오래전에 있었던 정복으로 소급하여 아낙시메네스의 절정기를 그리로 옮겨놓았던 것입니다. 그러나 그렇다면 아낙시메네스와 아낙시만드로스의 절정기가 겹칠 것이며, 그렇게 해서 그들은 동지 또는 친구가 되는 것입니다(심플리키오스, 《하늘에 관하여》, 373, b. Euseb. *praep. evang.* X, 14, 7). 우리는 물론 테오프라스토스와 아폴로도로스의 견해를 고수하고 사제 관계를 부인합니다. 그에 반해 파르메니데스가 아낙시만드로스의 문하생이었다는 것을 통해 깊이 있는 관점이 개시됩니다. 그런데 아낙시메네스가 파르메니데스의 문하에서 수업했다는 것도 그의 사유와 무관하거나 그것에 영향이 없지 않았습니다. 그러나 아낙시메네스는 히폴리토스, 이다이오스, 아폴로니아의 디오게네스처럼 부수적 위치를 차지해, 아낙시만드로스와 아낙사고라스 사이를 연결하는 그저 하찮은, 납득되지 않는 위치에 이른 것만은 아닙니다. 아폴로도로스는 시종일관 그의 문하생이 아낙사고라스였다는 사실도 부인했음이 분명합니다. 왜냐하면 올림피아력 제70기에 아낙시메네스가 죽고 아낙사고라스가 태어나기 때문입니다.

따라서 아폴로도로스에 의하면 아낙사고라스는 *계승*διαδοχή(먼저의 스승과의 연결) 없이 홀로 존립합니다. *계승*διαδοχή을 믿는 사람들은 그의 절정기가 이미 올림피아력 제70기였던 것으로 설정하지 않을 수 없습니다. 그런데 아폴로도로스에 의하면 그 해에 그는 태어났던 것입니다. 그리하여 아낙시메네스도 아낙사고라스도 연대가 소급됩니다. 모든 것이 이오니아 학파의 *계승*διαδοχή을 위해서입니다!*

여기에 곧바로 아폴로도로스의 시대 설정 표를 삽입하겠습니다.

올림피아력 35, 1 탈레스 출생
           40 크세노파네스 출생
           42, 2 아낙시만드로스 출생
           63 아낙시메네스 출생(따라서 그는 파르메니데스의 문하생이 되기 위해서는 엘레아에 있어야 합니다).
           69 파르메니데스와 헤라클레이토스의 절정기
           70 아낙사고라스의 절정기
           80 데모크리토스의 절정기

---

* 연대를 소급해서 잡는 사람들 가운데는 안티스테네스도 있다. 그는 IX, 52에서 디오게네스를 아낙시메네스의 문하생으로 만드는데, 그는 *아낙사고라스와 같은 시대에 살았다.*

이 디오게네스는 따라서 잘못된 곳에 놓여 스미르나의 디오게네스와 혼동된다. 디오클레스는 데모크리토스, 디오게네스, 아낙사르코스를 찾아냈고, 그리하여 빈 목차를 작성했다.

이오니아와 이탈리아 철학의 분리는 디오클레스 자신에게서 유래하는 것?

이렇게 아폴로도로스는 이미(어쨌든 에라토스테네스[35])에 의하
면) 후계설들*διαδοχαί*을 예리하게 비판했고, 우리는 그를 신뢰해
야 합니다. 숫자들만을 우선적으로 받아들여 그 도움으로 후계
διαδοχή가 가능하게 되는 방법론은 완전히 그릇된 것입니다.—그
래서 우리는 아낙시메네스를 아낙시만드로스로부터 떼어내고, 아
낙시메네스가 파르메니데스 문하에서 수학했다는 것을 믿습니다.
그런데 뒤에서 증명되겠지만, 파르메니데스는 자신의 철학 대부분
에서 본질적으로 아낙시만드로스의 사유를 한층 더 진행시켰습니
다. 그는 자기 시의 둘째 부분에서 일상적 세계관의 관점에서 어떤
세계관이 나오는지를 보여주려고 합니다. 그래서 그는 아낙시만드
로스에 의해 제시된 온기와 냉기의 이원론에서 출발합니다. 그는 그
것을 엷고 짙음, 빛과 어둠, 흙과 불의 대립이라고도 부릅니다. 아
낙시메네스는 이러한 전적으로 신화적인 동일화에 자신의 사유를
연결합니다. 그는 우선 분명 모든 것이 하나의 원소의 희석과 응축을
통해 생겨났음을 가정합니다. 심플리키오스, *Physik.* 32a :
　"테오프라스토스는 자연에 대한 연구에서 오로지 이 사람(아낙시
메네스)에 대해서만 그가 산화와 응축을 주장했다고 말한다."
　그 대신 *희석과 응축άραίωσις καὶ πύκνωσις*도. 그에게 희석은
가열과 같고, 응축은 냉각과 같습니다. 공기는 희석을 통해 불이 되
고, 응축을 통해 바람이 되며, 더 나아가 구름이 되고, 그러고는 물,
그 다음에는 흙, 마지막으로는 돌이 된다는 것입니다. 저 *희석άρα-
ίωσις*과 응축*πύκνωσις*의 원리가 가지는 의미는 그것이 물질적-원
자론적 체계의 전단계로서 기계적 근거들로 이루어지는 세계를 설
명한 출발점이라는 데 있습니다. 그러나 이것은 헤라클레이토스와

파르메니데스를 이미 전제하는 훨씬 나중의 단계입니다. 아낙시만드로스 직후의 단계라고 한다면 그것은 기이한 비약이 될 것입니다. 우리가 여기에서 접하는 것은 하나의 원소로부터의 발전의 방식, 즉 어떻게?에 관한 최초의 학설이니까요. 이와 함께 아낙시메네스는 아낙사고라스, 엠페도클레스, 데모크리토스의 시대, 즉 자연과학 신세대의 움직임의 단초를 마련합니다. 그보다 더 이전 시기에는 '어떻게?' 라는 문제는 아직은 전혀 제기되지 않았습니다. 아낙시메네스는 중요한 자연 연구가입니다. 그는 파르메니데스의 형이상학을 거부했던 것 같습니다. 그러나 그는 자신의 다른 이론을 학문적으로 다지려는 시도를 했던 것입니다. 하지만 '탈레스는 물, 아낙시만드로스는 *무한정자*/τὸ ἄπειρον, 아낙시메네스는 공기, 헤라클레이토스는 불' 하는 식으로 그를 당장 순서에 따라 그 대열에 세우려고 한다면 그것은 전혀 적절하지 않습니다. 왜냐하면 그가 원소로 내세운 것보다는 오히려 원소의 발전에 관한 사유가 그의 업적이기 때문입니다. 이 때문에 그가 신세대에 속하는 것입니다. 그래서 아낙사고라스로 넘어가기 전에 먼저 헤라클레이토스와 엘레아 학파 사람들에 대해 논의해야만 비로소 아낙시메네스에 대해 논의할 수 있는 것입니다. 요컨대 우리는 탈레스에서 소피스트들과 소크라테스에 이르기까지 일곱 개의 **독립된** 부류를 갖습니다. 즉 독자적이며 창의적인 철학자들의 출현을 일곱 번 갖습니다. 1) 아낙시만드로스 2) 헤라클레이토스 3) 엘레아 학파 철학자들 4) 피타고라스 5) 아낙사고라스 6) 엠페도클레스 7) 원자론(데모크리토스). 이들을 *후계설들*διαδσχαί을 통해 연결하는 것은 자의적이거나, 전혀 잘못된 일입니다. 그것은 완전히 다른 일곱 가지 세계관입니다.

그들의 접점, 한 사람이 다른 사람에게서 배우는 곳에 통상적으로 그의 본성의 비교적 약한 면이 있습니다. 아낙시메네스는 마지막 세 부류의 선구자입니다. 그는 단명했으며, 위의 일곱 철학자들과 동격으로 나란히 놓일 수 없습니다. 그의 입지는 데모크리토스에 대한 레우키포스의 입지, 파르메니데스에 대한 크세노파네스의 입지, 아낙시만드로스에 대한 탈레스의 입지와 유사합니다.

　§ 9. 〔헤라클레이토스〕 피타고라스. 아낙시만드로스 바로 다음이 〔그의〕 헤라클레이토스의 위치입니다. 그가 결합과 분리, 응축과 희석을 통해 현상의 다양성을 설명하는 사람들과는 반대로 불의 질적인 변화를 인정했다는 데서 헤라클레이토스의 결정적인 진보를 찾으려 한다면(하인체Heinze,《로고스 교설*Lehre vom Logos*》, 3쪽) 그것은 그를 잘못 규정하는 것입니다. 왜냐하면 *희석*ἀραίωσις과 응*축*πύκνωσις, *연결*σύγκρισις과 *분리*διάκρισις에 관한 이론들은 헤라클레이토스보다 더 나중이며 더 새롭기 때문입니다. 바로 이들 이론 속에서 헤라클레이토스와는 반대로 자연과학적 사유의 진보가 드러납니다. 이에 반해 이 진보를 규정하기 위해서 우리는 헤라클레이토스를 아낙시만드로스와 비교해야 합니다. *무한정자*ἄπειρον와 생성의 세계는 도저히 알 수 없는 방식으로 병립되어 있습니다. 일종의 매개되지 않은 이원론입니다. 헤라클레이토스는 존재의 세계를 전적으로 부정하고 오로지 되어가는 과정의 세계만을 주장합니다. 파르메니데스는 아낙시만드로스의 문제에서 벗어나기 위해 그 반대를 행했습니다. 양자는 대립적인 방식으로 그 이원론을 절

멸하려는 시도를 하는데, 그 때문에 파르메니데스 역시 헤라클레이토스를 가장 강력히 논박합니다. 헤라클레이토스나 엘레아 학파 사람들이나 모두 아낙사고라스, 엠페도클레스, 데모크리토스의 전제 조건이 됩니다. 전체적으로 보아 아낙시만드로스에서 출발해 서로를 알고 서로를 전제하는 모습이 드러납니다. 이러한 의미에서 발전을 거론할 수 있는 것입니다.

이에 반해 피타고라스는 완전히 독자적으로 존립합니다. 사람들이 피타고라스 철학이라고 부르는 것은 훨씬 뒤의 것으로 기원전 5세기 후반보다 앞서 있지 않습니다. 따라서 그는 이전 시기의 철학자들과는 아무 관련이 없습니다. 그것은 그가 도무지 철학자가 아니라 어떤 다른 존재였기 때문입니다. 엄격히 따진다면 그를 고대 이전의 철학사에서 제외할 수도 있습니다. 그러나 그는 일종의 철학적 삶의 형상을 창조했습니다. 그리스인들은 이 점에서 그에게 빚을 지고 있습니다. 이 형상은 철학에는 영향을 미치지 않습니다. 그러나 철학자들에게는(파르메니데스, 엠페도클레스) 강력한 영향력을 발휘합니다. 그러므로 여기에서 그를 거론할 수 있는 것입니다. 가장 탁월한 논의들로는 첼러, I, 235(제3판), 그로트Grote, II, 626, 로데E. Rohde(얌블리히Jamblich의 《피타고라스의 생애》에 있는 전거들, *Rhein. Mus.* 26, 27) 등이 있습니다.

우선 피타고라스의 시대. 로데에 의하면 사람들은 이 철학자가 실제로 살았던 시기를 확증하려는 노력에 정신이 팔려, 전승된 기록들을 결합하는 중요한 오류를 범했습니다. 벤틀리Bentley조차 예외가 아닙니다(《팔라리스의 편지들*Briefe des Phalaris*》, 113쪽 이하. Ribb.). 그것은 일치될 수 없는 두 개의 연대기적 연결들의 계열입니다. 알렉산드리아의 학자들은 일치될 수 없는 두 개의 사실들에서 출발했습니다. 사람들은 그 중 하나를 선택해야 했으나, 아무도 이를 연결시키지는 못했습니다.

1) 올림포스의 한 *기록ἀναγραφή*에는 올림피아력 제48기 1년 (588) 사모스 출신 피타고라스가 자주색 의복과 곱슬머리로 단장하고 소년들과 함께 권투 경기에 출전했을 때 출전이 허가되지 않자 장정들과 싸워 이겼다는 사실이 기록되어 있었습니다. 에라토스테네스는 이 피타고라스를 철학자 피타고라스와 동일인으로 보았습니다(라에르티오스, VIII, 47). 그가 바로 소년과 성년의 나이의 경계에 있지 않았다면 소년들과의 경기에 출전하려는 의도는 성립할 수 없었을 것이고, 또 장정들과 싸울 수도 없었을 것입니다. 벤틀리는 그래서 그가 그 당시 18세였고, 따라서 606년경에 태어났다는 의견을 채택합니다.

2) 여러 보고들에 의하면 절정기는 올림피아력 제62기입니다. 그것은 그의 생애의 정점, 즉 그가 사모스에서 크로톤으로 이주한 사건을 두고 하는 말입니다. 이것은 피타고라스가 40세의 나이로 폴리크라테스의 폭정을 피하기 위해 사모스를 떠났다는 아리스토크세노스의 보고를 바탕에 깔고 있습니다. 이 폭정은 올림피아력 제62기 1년에 시작되었습니다. 그리하여 사람들은 그의 몰년(沒年)을 지나치게 늦은 시기로 잡아야 할 필요가 없도록 그가 폭정의 첫해에 가능한 한 곧바로 국외로 이주한 것으로 만들어 놓았습니다(어떻게든지 가능한 한 그를 고령으로 만들려는, 될 수 있으면 그의 연대를 위로 소급해서 잡으려는 애매한 충동). 그는 고령을 누렸습니다. 아리스토크세노스는 그를 *노인πρεσβύτης*이라고 부릅니다. 아

폴로도로스가 그 계산을 합니다. 그는 에라토스테네스의 출발점과 연결할 생각은 없었습니다. 에라토스테네스에 따를 경우 피타고라스는 532년에 75세였을 것이니 말입니다. 그것은 그가 실제로 활동을 시작하기에는 너무 많은 나이입니다. 아폴로도로스는 오히려 그 권투 선수와의 동일성을 곧바로 부인합니다.—몰년도 전해지지 않았습니다. 사람들은 생존 시기를 결정하고 출생 연도에서 출발하지 않으면 안 되었습니다. 그런데 보고들은 75세, 80세, 90세, 99세, 거의 100세, 104세, 117세 사이에서 왔다갔다합니다. 왕왕 아주 소박한 계산으로 예를 들어 80세가 있는데, 이것은 헤라클레이데스 렘보스[36]가 피타고라스에게 부여하는 나이로, 그 까닭은 보통 사람의 삶이 그 정도 지속되기 때문이라는 겁니다. 아폴로도로스에게는 그의 나이를 가능한 한 적게 잡을 충분한 이유가 있었습니다. [피타고라스가] 75세라는 것, 즉 올림피아력 제70기 4년(497)에 죽었다는 것은 필시 그의 소견입니다. 에라토스테네스는 좀더 넓은 선택의 여지를 가지고 있었습니다. 그가 일반적 견해인 99세를 따랐다고 우리가 가정한다면, 그는 피타고라스의 몰년을 507년으로 잡은 것이 됩니다.

　이러한 단순한 사태는 지금껏 인식되지 못했습니다. 그 이유는 피타고라스를 추종하는 자들이 추방당한 사건이 시바리스[37]의 파괴(510), 그리고 바로 연이어 닥친 피타고라스의 죽음 이후에 일어났다고 사람들이 믿었기 때문입니다. 그러나 시바리스의 파괴가 정보를 제공한 모든 사람들에 의해 예외 없이 피타고라스의 죽음 직전의 시기로 설정된다는 첼러, I, 254의 주장은 사실이 아닙니다. 로데는 *Rhein. Mus.* 573쪽에서 킬론[38]의 소동과 시바리스의 파괴는 순전히 티아나의 아폴로니오스[39]의 조작이라는 것을 증명했습니다.

우리는 여기에서도 아폴로도로스 편에 가담합니다. 그것은 그가 피타고라스적인 모든 것에 대한 가장 조심스러운 증인인 아리스토크세노스를 좇고 있기 때문입니다. 요컨대 절정기는 올림피아력 제 62기입니다. 그가 거장 에라토스테네스에게서 한번 빗나갔다면 그

5 것은 지극히 확실한 근거에서 일어났음이 분명합니다. 그러나 그는 권투 선수와 관련해서는 한 오래된 경구인 '크라테오δ $K\rho\acute{\alpha}\tau\epsilon\omega$'에 서(라에르티오스, VIII, 49) 그 선수의 이름이 언급되고 있다는 사실을 증명할 수 있었습니다. 그런데 철학자 피타고라스의 부친은 므네사르코스라 불리는 부유한 상인이었습니다. 피타고라스는 사

10 모스 섬에서 태어났습니다. 여러 지방을 편력한 후 그는 40세에 사모스로 귀환합니다. 그리고 섬이 폴리크라테스의 폭정 아래 놓여 있는 것을 발견합니다. 그는 조국을 떠나 시민들의 신체적 교육과 훌륭한 의사들로 하여 출중한 **크로톤**으로 가기로 결심했습니다. 이 것은 서로 연관이 있었습니다. 의사의 이론과 실제는 체조 교육자

15 의 더욱 진보된 발전 단계로 간주되었습니다. 거기에서 그는 독립된, 엄격한 제의 법칙이 지배하는 교단의 창시자로서 엄청난 정치적 영향력을 얻습니다. 그 중에는 부유한 크로톤 사람들이 꽤 많았습니다. 다른 곳, 예를 들어 메타폰톤으로도 교단의 조직망은 확장되었습니다. 그는 종교적 개혁가로서 우리에게 접근합니다. 아주

20 확실한 사실은 그가 윤회설과 일정한 종교적 계율에서 오르페우스 교도들과 일치한다는 것입니다. 물리적·윤리적 강령들에 대해서는 아리스토텔레스와 아리스토크세노스는 아무것도 알지 못했습니다. 그는 오랫동안 신성화된 토양적 신들에 대한 봉사를 더욱 심오하게 해석하는 과제에서 자신의 구원을 찾았습니다. 그는 이승적

현존을 옛날의 독신에 대한 속죄의 상태로 파악할 것을 가르쳤습니다. 저승에서의 정화 뒤에 인간은 항상 새로운 모습으로 다시 태어나게 될 것입니다. 비밀 가득한 축제 속에서 성화(聖和)되어 전 생애를 통해 성스러운 관습을 좇는 경건한 사람은 영원한 생성의 순
5 환에서 벗어날 수 있습니다. 유덕한 사람들은 (엠페도클레스에게서처럼) 예언자, 시인, 의사나 제후로 태어나는데, 전적인 구원은 *철학의 가장 완성된 열매*φιλοσοφίας ὁ τελειότατος καρπός입니다. 그런데 로데에 의하면 오르페우스 교도들의 신학적 관념들과 그들의 제의 법칙 외에 피타고라스 추종자들의 생활 방식은 학문적 관
10 심의 배아를 배태했던 게 분명합니다. 헤라클레이토스의 질책은 특기할 만합니다. 그것은 실제의 철학자나 순전한 오르페우스 교도에게가 아니라 (좀더 조심스럽게!) 오르페우스교적 신비주의와 학문적 연구* 사이에서 우왕좌왕하는 사상가에게 적중할 수 있는 질책입니다. 라에르티오스, VIII, 6 ; IX, 1, 2에 의하면,
15 "므네사르코스의 아들인 피타고라스는 누구보다 열심히 연구했고, 이 글들을 정선한 후 거기에서 자신의 고유한 지혜를(아이러니컬한 표현, 후에는 *하나 즉 지혜*ἓν γὰρ τὸ σοφόν) 가꾸었으니, *박식*πολυμαθίην과 *사기*κακοτεχνίην 가[*지혜*σοφία가 아니라 *기술*τέ-χνη, *사행(邪行)*] 그것이다."

---

* *박식*πολυμαθίη의 반대는 라에르티오스, 9, 1 [xx] 피타고라스. "*모든 것 가운데 지혜는 하나이니, 삶을 인도하는 깨우침을 얻는 것이다*πάντων εἶναι γὰρ ἓν τὸ σοφόν, ἐπίστασθαι γνώμην ἤ τε οἰακίζει." 이렇게 로데는 읽는다. 나는 좀 다르게 "*지혜는 하나이니, 모든 일에 걸쳐 두루 깨우침을 얻는 것이다*ἓν τὸ σοφὸν ἐπίστασθαι γνώμην πάντα διὰ πάντων"라고 읽는다.

"박식은 이해력을 갖는 것을 가르치지 않는다. 그것을 가르친다면 헤시오도스나 피타고라스가 그것을 배웠을 것이며, 나아가서 크세노파네스나 헤카타이오스도 그리 했을 것이다."

'글들을 정선' 했다는 말은 분명 바로 전에 언급되었던 글들과 연관됩니다. 나는 그것이 (실로 첼러와는 달리) 페레키데스나 오르페우스교의 글들이라 생각합니다. 학식ἱστορίη이란 문의(問議)를 통한 추적으로, 헤라클레이토스는 이를 배격합니다. 물론 〔거기에는〕무엇보다 여행이 암시되어 있습니다. 왜냐하면 박식πολυμαθίη은 오르페우스교의 서적들에서 얻을 수 있는 것이 아니었기 때문입니다. 이것은 오히려 이집트의 저술 활동을 말하는 것이 아닐까요? 밀레토스의 헤카타이오스는 대여행가였고, 크세노파네스 역시 그러했습니다. 헤라클레이토스는 피타고라스가 지식σοφίη을 여행을 통해서가 아니라 헤시오도스, 크세노파네스, 헤카타이오스에게서 얻었다고까지 말하려 한 것인지도 모르겠습니다. 그것은 《땅의 운행γῆς περίοδος》(제2권 아시아와 이집트와 리비아)에 포함된 이국의 관습들과 관련해 타당합니다. 헤로도토스, II, 81도 비슷한 소견을 진술하고 있습니다. 이집트의 사제들은 모직 겉옷 아래 마(麻)바지를 입는데, 그들은 모직 겉옷 차림으로는 사원에 들어설 수도, 사후에 매장될 수도 없습니다. 이 점에서 그들은 사실상 이집트인들인 소위 오르페우스 교도들이나 바코스 숭배자들, 그리고 피타고라스 추종자들과 매한가지입니다. II, 123에는 다음과 같이 씌어 있습니다.

"영혼의 불멸성과 윤회를 최초로 가르친 것은 이집트인들이었다. 〔……〕몇몇 그리스인들은 오래전이나 후대에도 이 학설을 받아들

였다. 나는 그들의 이름을 알고 있다. 그러나 말하지 않겠다."

박식*πολυμαθίη*은 낯선 관습들을 수집하는 데서 형성되었고(예를 들어 들은 것*ἀκούσματα* 또는 상징*σύμβολα*이라 불리는 제의의 법칙들), 그것은 동시에 *사기(詐欺)κακοτεχνίη*였던 것입니다. 나는 그 진술들을 앞뒤로 나열해볼 것을 권하는 바입니다. 그렇게 한다면 최고(最古)의 증인은 첫째, 그 여행들에 반대되는 언증을 할 것이고, 둘째, 피타고라스의 학문적 관심에 관해서는 아무것도 모르고 있을 겁니다. 학문이 아니라 관습들에 관련된 학식*ἱστορίη*으로 말미암아 피타고라스는 독창성이 없는 사람으로, 아니 사기꾼으로 간주됩니다. 수학자라면 박식*πολυμαθίη*하다는 평판을 받지는 않을 것입니다. "피타고라스에게 특유한 것, 이른바 그의 *지식σοφίη*이라는 것은 다만 박식*πολυμαθίη*(사기꾼 같은, 미신적인 방법들)일 뿐이다." 이것은 헤라클레이토스의 생각입니다. 그것은 헤로도토스와 흡사합니다. 다만 그가 교량(橋梁)을 제시한다는 점이 다릅니다. 말하자면 여행이 아니라 책을 제시하는 것입니다. 여기에서는 헤시오도스를 생각해볼 수도 있습니다. 그의 《노동과 날들》에 보이는 피타고라스 추종자들과 일치하는 미신적인 관습들을 말입니다. 그리고 *예언 이야기μαντικὰ ἔπη* 등의 편자로 생각해볼 수 있습니다. 크세노파네스는 여기에서 물론 철학자로 고려되는 것은 아닙니다. 그러나 다신론에 대항하는, 그의 동시대인들의 사치에 대항하는 그의 투쟁 등은 고려되고 있습니다. (이 세 문구들은 연결되어 있음.)

그렇다면 헤라클레이토스 역시 그를 단지 종교적 개혁가로만 여기는 것으로, 학문적 철학의 전개는 훨씬 나중 단계에서야 이루어

지게 됩니다. 헤라클레이토스야말로 피타고라스에게서 *지혜는 하*
*나ἓν τὸ σοφόν*라는 학문적 원리를(따라서 수 역시) 부인하고 있
습니다. ―그 시대에 대한 열쇠가 되는 주목할 만한 일은 역시 무엇
보다도 엠페도클레스의 출현입니다. 그를 통해 피타고라스 학파가
침묵해오던 비밀이 밝혀졌다고 합니다. 그러나 엠페도클레스는 수
의 이론에 관해서는 아무것도 알지 못했으며, 그 비밀이라는 것은
윤회설과 종교적 수행들이었습니다. 더 오래된 온갖 설화들, 이를
테면 전생에 관한 피타고라스의 기억, 아바리스[40], 잘목시스[41] 같은
환상적 존재들과의 교류, 그의 여러 신비한 능력(동물 길들이기) 등
에 관한 설화들도 그러한 비밀과 관련되어 있습니다. 이것이 피타
고라스 전설의 가장 오래된 설화 형식입니다.

　　그런데 세월과 함께(기원전 5세기 후반 이전은 아님) 그 학파 안
에서 '학문적' 방향이 형성되었습니다. 그러나 로데는 이와 동시에
학파 내부에 분열이 일어났다는 중요한 학설을 전개했습니다. 한쪽
사람들은 학문적 연구 때문에 종교적 토대들을 소홀히 했고, 다른
쪽 사람들은 피타고라스적 삶의 양식*Πυθαγορικὸς τρόπος τοῦ βίου*
을 고수했습니다. (아리스토텔레스에 따른) 피타고라스 추종자
들*Πυθαγόρειοι*의 물리적 학설들과 (아리스토크세노스에 따른) 윤
리적 학설들이 그들의 종교적 신앙과는 어떤 관련도 없다는 기이한
사실은 오로지 그렇게 설명될 수 있습니다. 오직 두 개의 전혀 다른
분파만이 우리 증인들의 첨예한 모순을 설명합니다. 예를 들어 육
식과 콩의 금욕적 자제와 관련된 모순. 아리스토크세노스는 그것을
[부인] 주장하고, 에우독소스[42]와 오네시크리토스[43]는 그것을 부인
합니다. 아리스토크세노스는(Gellius, IV, 11에 따르면) 피타고라

스 추종자인 자기 친구의 보고에 따라 그들의 실천이 피타고라스에게서 기인한다고 판단했습니다. 같은 시기에 한 분파에서 술과 고기와 콩의 금식이 실행되고 있었음이 분명합니다. 중기 희극 시인들은 이에 대해 조롱을 퍼붓습니다. 공교(公敎)와 비교(秘敎)를 구분하는 우화들 역시 이것과 관련이 있습니다. 즉 학문적 교양을 갖춘 사람들과 짤막한 교훈 형식으로 만족하는 사람들의 구분 말입니다. 이것은 좀더 전기의 피타고라스주의와 관련해서는 일고의 가치도 없습니다. 그 꾸며낸 이야기는 실제로 뒤에 일어나는 구분을 설명하고 양 분파가 피타고라스와 관련되었다는 사실이 정당하다는 것을 용인하기 위해 이루어진 것입니다. 학문적으로 방향을 잡은 사람들은 이제 자신들의 학설을 필롤라오스[44]가 처음으로 깨뜨렸다는, 옛부터 침묵이 지켜져온 학파의 비밀로 제시했습니다. 그러나 그 두 방향의 동시성을 설명하기 위해서는 이미 피타고라스가 전혀 다른 가르침을 내용으로 하는 두 학급을 설치했다는 주장이 필요했습니다. 위에서 언급된 필롤라오스의 구전(舊傳)은 필롤라오스의 학설과 글이 수리철학의 효시라는 것을 증명합니다. 그런데 그는 소크라테스와 같은 시대 사람으로 그보다 약간 연장입니다.— '피타고라스 추종자Akusmetiker'의 지혜는 이제는 다만 수학자의 지혜로 가는 전단계로서만 통용되었습니다. 그런데 감히 아무도 이 완전히 새로운 피타고라스적 철학을 피타고라스 자신에게 붙들어 매려는 모험은 하지 않았습니다. 우리는 결코 그러한 시도를 해서는 안 됩니다. 첼러가 한 것과 같은 퇴색한 형태로서라도 안 됩니다.

그러나 학문적 분파의 영향 아래 스승의 모습이 변화해 더 냉철해졌다는 사실은 중요합니다. 이제 정치적 개혁가의 특성들도 가미

됩니다. 신비로운 기적을 행하는 자를 그들은 정치적 계몽가의 모습으로 이전시키는데, 그것은 전혀 옳지 않습니다. 다른 분파는 점점 더 철학에서 분리되어 점점 더 미신으로 가라앉아가고, 피타고라스는 여기에서 로데가 말하는 것처럼 '미신의 대스승'이 됩니다. 그는 더 큰 명망을 위하여 이 미신을 이집트 사람들, 칼다이아 사람들, 페르시아 사람들, 유대인들, 트라키아 사람들, 그리고 갈리아 사람들에게서 끌어 모았다는 것입니다.

따라서 세 종류의 전승이 있습니다. 그것은 1) 옛 설화 2) 합리적 역사 3) 새로운 미신입니다. 이것이 에라토스테네스, 네안테스, 사티로스[45], 히포보토스[46]와 같은 알렉산드리아 시대 학자들의 면전에 놓여 있었습니다. 그들은 새로운 것은 아무것도 첨가하지 않고 다만 종합했을 뿐입니다(그것들로부터 피타고라스에 관한 악의에 찬 풍자를 만들어낸 헤르미포스를 제외하고는). 디오게네스 라에르티오스는 알렉산드리아 시대의 피타고라스주의 지식에 대한 표상을, 그 어떤 신피타고라스주의적인 것도 첨가하지 않고 우리에게 제시합니다. 그러나 차츰 그 가르침이 새로이 활성화되면서, 알렉산드리아 학자들의 모자이크는 더 이상 충분치 않게 됩니다. 티아나의 아폴로니오스는 자신의 여러 허구들을 집어넣어 자세하고 자의적으로 완전무결한 생애의 묘사를 기도했습니다. 게라사의 니코마코스[47]는 네안테스 외에 특히 아리스토크세노스를 원용하는데, 의도적으로 날조하지 않고 작업을 수행합니다. 디오게네스와 같은 시대에 살았던 안토니우스는 불투명한 원전을 원용했지만 역시 아무런 허구도 첨가하지 않았습니다. 포르피리오스[48] 역시 그러합니다. 얌블리코스[49]의 《피타고라스의 생애 Βίος Πυθαγόρειος》로 말하자면, 저자의 업적이라고는 오로지 혼란만이 있을 뿐입니다. 그는 본질적인 모든 점에서 아폴로니오스(?)와 니코마코스의 저술들을 사용하면서, 니코마코스를 (더 오래된 전승들에서) 토대로 하고 아폴로니오스의 소설에서는 다만 하나하나 다채로운 단편들만 끌어다 삽입합니다. 니코마코스를 통해 우리는 사이비 아리스토텔레스주의자인 네안테스와 히포보토스의 나머지 저술들을 보존하게 되었습니다. 아폴로니오스한테서는 아무것도 신뢰해서는 안 됩니다.

그런데 우리가 저 세 개의 전거, 즉 설화, 합리적 역사, 그리고 새로운 미신에 의거하여 피타고라스의 생애에 관해 알고 있는 것이 도대체 무엇입니까? 아무것도 모르는 것이나 마찬가지입니다. 단지 지극히 일반적인 윤곽들과 동시대 사람들의 얼마 되지 않는 기록들만이 사용될 수 있습니다. 특히 위험한 것은 역사의 외양을 한 것들입니다. 그래서 아리스토크세노스의 경우 후기의 피타고라스 추종자들과 관련된 모든 것에서는 매우 신빙성이 있지만, 로데는 피타고라스의 생애에 관한 그의 기록들은 가장 의심스러운 것으로 간주합니다. 그러므로 아폴로도로스가 의존하고 있는 아리스토크세노스의 위의 시대 설정 역시 사실상 그 자체가 의심스럽습니다 (폴리크라테스, 그리고 40년 때문에). 그러나 그것이 대략 맞는 시기임은 분명합니다. 특히 내가 제시한 헤라클레이토스에 대한 위의 설명이 옳은 것이라면 말입니다. 그렇다면 아리스토크세노스는 크세노파네스와 헤카타이오스를 참고할 수 있을 게 분명합니다. 또 한편 크세노파네스가 피타고라스에 대해 알고 있는데, 크세노파네스는 그의 영혼불멸에 대한 믿음을 [알고] 우롱하고 있습니다 (라에르티오스, VIII, 36). 어찌 되었든 그렇다면 그는 크세노파네스의 젊은 동시대인입니다(아폴로도로스에 의하면 크세노파네스는 올림피아력 제40기에 태어났습니다). 헤카타이오스의 *절정기/ἀκμή*는 올림피아력 제65기로 설정됩니다. 그렇다면 파르메니데스, 헤라클레이토스, 그리고 피타고라스의 절정기는 틀림없이 대충 일치합니다. 헤라클레이토스와 파르메니데스의 절정기인 올림피아력 제69기 이전의 올림픽 제전시, 그는 아폴로도로스에 따르면 68세쯤 되었을 것입니다. 주지하다시피 그것은 대충 한 철학자의 절정기에 해당합니다. 그런데 크세노파네스는, 자신의 증언에 의하면 어쨌든 92세의 수를 누렸습니다. 즉 그는 올림피아력 제63기 이후에 바로 세상을 떠났습니다. 그렇다면 여하튼 늦어도 올림피아력 제62기에는 피타고라스는 이미 자신의 학설로 인해 저명한 인물이었음이 분명합니다. 그리하여 우리는 그의 절정기가 올림피아력 제62기와 제69기 사이임을 알 수 있습니다. 이것은 아폴로도로스와 아리스토크세노스의 시점과 일치합니다. 로데 역시 피타고라스의 죽음에 관한 아리스토크세노스의 제보에서 이를 인정하거니와, 이 점에서 아리스토크세노스는 요컨대 세심하고 삼가는 태도를 보였던 것 같습니다. 아리스토크세노스는 피타고라스의 죽음을 다음과 같이 전합니다. 크로톤 출신의 킬론은 힘깨나 쓰는 고귀한 신분의 인물이었는데, 피타고라스는 그를 자신의 친우로 받아들이기를 거부했습니다. 그때부터 킬론은 피타고라스와 그의 추종자들에 대해 증오심을 품은 숙적이 되었습니다. 그 때문에 피타고라스는 메타폰톤으로 갔으며, 그곳에서 세상을 떠났다고 전해집니다. 그러나 킬론의 추종자들은 피타고라스의 추종자들에 대한 적대 관계를 계속 유지하고 있었습니다. 그럼에도 불구하고 도시들은 그때까지처럼 피타고라스의 추종자들에게 호의로 얼마 동안 국가의 지도를 맡겼습니다. 그러나 킬론의 추종자들은 피타고라스의 추종자들이 정치적 심의를 위해 크로톤에 있는 밀론의 집에 모여 있을 때 마침내 그곳에 불을 질렀습니다. 오직 가장 강인한 이들인 아르키포스와 리시스만이 이 화를 면했습니다. 그러자 피타고라스의 추종자들은 배은망덕한 도시들을 배려하는 일에서 손을 뗐습니다. 아르키포스는 타렌툼으로 가고, 리시스는 먼저 아카이아로 갔다가 이어서 테바이로 가서 에파미논다스의 스승이 되었고 그곳에서 생을 마쳤습니다. 피타고라스의 나머지 추종자들은 레기온으로 모여들었습니다. 정치적 상황이 계속 악화됨에 따라 그들은 타렌툼 출신인 아르키타스를 제외하고는 이탈리아를 아주 떠나 그리스로 가서, 그곳에서 그 학파가 완전히 없어질 때까지 자신들의 오랜 관습을 지키면서 연구에 몰두했습니다.―약 440년경 피타고라스의 추종자들은 레기온에 은둔합니다. 410년경에는 이탈리아의 마지막 철학자들이 그리스로 갔습니다(로데, *Rhein. Mus.* 26, 566쪽 adn.). 아폴로도로스와 아리스토크세노스에 의하면 피타고라스의 마지막 추종자들(필롤라오스와 에우리토스의 제자들)은 올림피아력 제103기 1년, 기원전 366년 전후에 살았습니다. 그것은 물론 철학적 분파만을 두고 한 말입니다. 아스펜도스 출신의 디오도로스를 수뇌로 하는 금욕적 피타고라스주의자들은 이 시기 훨씬 이후까지 존속하게 됩니다.

킬론의 공격에 대한 아리스토크세노스의 위 보고는 가장 신중한 것입니다. 그 밖에 수많은 변형들이 있는데 그것들은 무엇보다도 피타고라스가 개입됨으로써 점점 허무맹랑해집니다. 이것은 첼러, I, 282쪽에 정리되어 있습니다. 그 상징들에 대해서는 괴틀링

Göttling, *ges. Abhandlungen*, I, 278 ; II, 280.

§ 10. 헤라클레이토스. 에페소스 출신으로 블리손(또는 헤라콘)의
아들. 헤라콘은 아마도 시몬이 시모니데스의, 칼리아스가 칼리아데
스의 이명(異名)이듯 헤라클레이토스의 다른 이름일 것입니다. 그
는 최고의 귀족 가문 사람이었습니다. 그 가문은 코드로스의 아들
이자 에페소스의 건립자인 안드로클로스의 가문으로서, *제사장*
βασιλεὺς의 지위를 세세 대대 이어가고 있었습니다. 그는 민주적
당파에 가차없이 대항하는 투사였는데(베르나이스의《헤라클레이
토스*Heraclit*》, 31쪽), 이 당파 안에는 페르시아에 대항하여 봉기하
는 움직임의 거점이 있었습니다. 헤라클레이토스는 친구인 헤르모
도로스처럼 (정치가 헤카타이오스와 마찬가지로) 페르시아인들에
대항하는 전망 없는 기도를 저지했던 것 같습니다. 그래서 두 사람
은 페르시아인들의 옹호자라는 질타를 받았으며, 헤르모도로스는
급기야 패각 투표에 의해 국외로 추방되었고, 헤라클레이토스는 자
신의 형제 중 한 사람에게 승계권을 양보하고 자발적으로 도시를
떠났습니다. 그러고 나서 그는 아르테미스 신전의 고독 속에서 살
았습니다. 라에르티오스, IX, 2에 보이는 헤라클레이토스의 문구는
그것과 연관됩니다.

"에페소스의 성인(成人) 모두가 한 사람 한 사람 목매달아 죽고
도시를 미성년자들에게 맡긴다면 이는 마땅한 일일 것이다. 왜냐하
면 그들은 '우리 가운데서는 아무도 두각을 나타내서는 안 된다. 그
누구든 두각을 나타내는 사람이 있다면 그런 사람은 다른 곳에, 그

리고 다른 사람들 곁에 있어야 한다'라고 말하면서 자신들 가운데 가장 탁월한 인물인 헤르모도로스를 추방했기 때문이다."

다레이오스는 이제 정치 전문가를 얻기 위해 조국과 사이가 벌어진 헤라클레이토스를 초대한 모양입니다. 그는 초대에 응하지 않았습니다. 아테네로부터의 또 다른 초대에도 마찬가지로 응하지 않았습니다(라에르티오스, 9, 15). 이사고라스에 의해 창립된 보수 정당 소속의, 여전히 강력한 지도자들은 이 이오니아의 이념적 동지에게서 세력 강화를 희망해볼 수 있었던 것입니다.《수다》의 시대 규정은 다레이오스가 한 위의 제안과 관련되는 것 같습니다.

"그는 히스타스포스의 다레이오스가 살았던 올림피아력 제69기에 살았다."

라에르티오스, IX, 1은 *절정기ἀκμή*를 이 올림피아력 주기로 잡습니다. 가장 중요한 것은 에우데모스에 의거한 다음의 기록입니다(클레멘스, *Strom*. I, 14).

"블리손의 아들 헤라클레이토스는 참주 멜란코마스에게 권좌에서 물러날 것을 권고했다. 그는 또한 자신을 페르시아로 초대한 다레이오스 왕에게 거절의 답신을 보냈다."

올림피아력 주기의 숫자는 우연히 탈락되었는데,《수다》는 여하튼 절정기를 위의 사건들에 의거하여(올림피아력 69) 규정하고자 했습니다. 멜란코마스는 그에 의해 추방된 에페소스의 시인 히포낙스의 삶의 역사에 코마스라는 단축된 이름으로 등장하는 인물입니다. 어쨌든 그는 귀족에게 적대적인 참주였습니다. 그렇다면 헤라클레이토스의 절정기는 이오니아의 혁명이 발발한 시기와 대략 같은 때인 것으로 설정되겠습니다. 참주 멜란코마스의 종말과 헤르모도로스의 추방은 아마도 페르시아에 대항하는 봉기와 관련이 있는 것 같습니다. 라에르티오스, IX, 2에 정치와 관련된 기록이 또 하나 있습니다. 에페소스 사람들이 그에게 법을 제정해줄 것을 요청했을 때, 그는 악법이 이미 너무도 깊숙이 도시에 뿌리를 내리고 있다는 것을 이유로 이를 거절했습니다. 헤라클레이토스의 것으로 와전된 제7서한과 제9서한에는 헤르모도로스의 추방이 그의 입법 행위의 결과로 이루어진 것으로 되어 있습니다. 제8서한은 헤르모도로스가 거절한 것에 기인합니다. 법률은 에페소스 사람들에 의한 것입니다. 훗날 헤르모도로스는 이탈리아에 살면서 12동판법의 제정에 공헌했습니다. 원로원에는 그를 위해 조상이 세워져 있었습니다(Plin. *hist. nat.* 34, 21. Bernays, *Heracl.* Br. 85쪽). 헤르모도로스에 관해서는 첼러, 《에페소스의 헤르모도로스에 대하여 *de Hermodoro Ephesio*》(마르부르크, 1860). 플라톤은 죄 있는 에페소스 시민들은 죄 없는 어린이들에게 도시를 맡겨야 한다는 생각을 개혁의 근본 이념으로 받아들였습니다. 라에르티오스, 9, 3에 나오는 헤라클레이토스의 일화는 이와 비슷합니다. 헤라클레이토스는 아르테미스 신전 구역에 은둔한 이래 거기에서 어린이들과 주사위 놀이를 하고 있었는데, 에페소스 사람들이 이에 놀라며 그의 주위를 둘러싸자 다음과 같이 호통을 쳤다는 것입니다.

"너희 구제 불능의 무뢰한들아, 무얼 그리 놀라는가? 이것이 너희와 함께 나랏일을 보는 것보다는 품위 있는 일이 아닌가!"

이미 그의 정치적 태도의 결과로 생기는 것을 그의 생의 모든 모습은 보여줍니다. 오로지 그 혼자만에 의해 파악된 진리에 대한 확신에서 나오는 최고 형태의 긍지가 바로 그것입니다. 그는 자기 자신과 진리를 무의식적으로 동일화함으로써 이 형태의 엄청난 발전을 통해 그 긍지를 숭고한 열정으로까지 가져갑니다. 그러한 인물들을 경험하는 것은 중요합니다. 그러한 인물들을 상상하기란 어려울 것입니다. 실상 인식을 향한 모든 추구는 본질적으로 충족되지 않았고, 따라서 저 제왕과도 같은 확신에 찬 태도와 존엄성은 거의 믿어지지 않는 어떤 것입니다. 피타고라스와 헤라클레이토스의 초인적 자긍심의 전혀 다른 형태에 주의해보십시오. 피타고라스는 자신을 틀림없는 아폴론의 현신으로 간주해서, 훗날 엠페도클레스가 그랬던 것처럼 종교적 위엄을 가지고 자신을 대했습니다. 헤라클레이토스의 자긍심에는 어떤 종교적인 요소도 없습니다. 그는 자신의 밖에서는 배리, 망상, 인식의 결여만을 봅니다―그러나 어떤 다리도 그를 다른 사람들에게 인도하지 않고, 연민을 부추기는 어떤 막강한 느낌도 그들을 그와 연결시키지 않습니다. 폐부를 파고든 그의 고독감을 상상하기는 어렵습니다. 그 자신이 신탁이나 예언녀 시빌레의 언어에 견주는 그의 문체가 어쩌면 이것을 가장 명확히 말해주는지도 모릅니다.

플루타르코스, 피티아의 예언에 대하여, 18, 404쪽, D.

"델포이 신탁의 주(主)는 언표하지도 은폐하지도 않고, 다만 암시한다."

플루타르코스, *de Pyth. orac.* c. 6.

"조소도, 가식도, 미화도 불가능한 것을 신들린 가운데 외치는 시빌레는 헤라클레이토스에 의하면 신을 통해 자신의 말과 함께 수천 년을 뛰어넘는다."

왜냐하면 그리스인인 그는 처음에는 인간으로서의 모멸감과 그

럼에도 불구하고 엄습하는 자신의 영원성의 느낌에서 투명함이나
예술가적 장식을 포기하기 때문입니다. 그러나 다음에는 아폴론의
여사제 피티아나 시빌레처럼 황홀경 속에서 말하는데, 이때 그의
말은 진리입니다. 그것은 말하자면 논리적 인식에 대한 긍지가 아
5   니라 참된 것의 직관적 파악입니다. 우리는 그의 본성 안의 열광적
인 요소와 황홀경의 요소에 주의해야 합니다. 우리는 그러한 훌륭
하고 고독하고 황홀경에 있는 인간을 외딴 성전에 남겨두고 떠나왔
다고 생각해보아야 합니다. 사람들 가운데서는 그는 거부감을 불러
일으켰습니다. 기껏해야 그는 어린이들과 교류할 수 있었습니다.
10   그에게는 사람들이 필요 없었습니다. 자신의 인식을 위해서도 필요
없었습니다. 그것은 그가 물어서 알 수 있는 모든 것을 내면에서 솟
구치는 *지혜σοφίη*와는 대립되는 *지식ἱστορίη*[50]으로서 경멸했기
때문입니다. 타인에게 배우는 것은 모두 그에게는 현자 아닌 자의
표시였습니다. 왜냐하면 현자는 자신의 시선을 모든 것에 내재하는
15   하나인 *이성λόγος*에 고정시키기 때문이라는 것입니다. 자신의 고
유한 철학 행위를 그는 자기 자신의 탐색과 (마치 신탁을 탐구하는
것과 같은) 자기 자신의 탐구라고 불렀습니다.

　　라에르티오스, IX, 5.

　　"그는 자신을 탐구하며 전 지식을 자신에게서 길어 올린다고 말
20   한다*ἑαυτὸν ἔφη διζήσασθαι καὶ μαθεῖν πάντα παρ' ἑαυτοῦ*."
　　원문은 나는 나 자신을 탐색했다*ἐδιζησάμην ἐμεωυτὸν*였습니다.
이것은 델포이의 격언에 대한 가장 긍지 높은 해석이었습니다〔"델
포이 신전에 있는 경구들 가운데 가장 신성한 것은 '너 자신을 알
라'는 말이라고 사람들은 생각했다*καὶ τῶν ἐν Δελφοῖς γραμμάτων*

θειότατον ἐδόκει τὸ Γνῶθι σαυτὸν" (플루타르코스, *adv. Colot.* c. 20)].

　—그러면 그는 자신의 시대의 종교적인 자극들에 대해 어떤 관찰을 하고 있을까요? 우리는 그가 피타고라스에게서 그저 표절된 지식을 발견했을 뿐이며, 그의 *지혜*σοφίη를 부인하고 이를 속임수로 규정지었다는 사실을 이미 알아냈습니다. 그는 여러 비의(秘儀)에 대해서도 마찬가지로 무감각했습니다. 그것과 관련된 것으로 우리는 에페소스의 왕족이 엘에우시스의 데메테르 제사*τὰ ἱερὰ τῆς Ἐλευσινίας Δήμητρος* [51]를 가문의 제사로 모셨다는 사실도 알고 있습니다(스트라본, 14, 633). 그는 모든 *야행자(夜行者)* 무리νυκτιπόλοις, *주술사들*μάγοις, *디오니소스 추종자들*βάκχοις, *레나이아 축제* [52]에서 신들린 가운데 디오니소스를 따르는 여인들λήναις, 엘에우시스 비의의 *입문자들*μύσταις에게 사후에 그들이 기대하지 않는 어떤 일이 그들 면전에서 일어날 것임을 예언합니다.

　클레멘스, *Cohort.* c. II, 30쪽.

　"그들이 축제 행진을 벌이고 남근에 바치는 찬가를 부르는 것이 디오니소스를 위한 것이 아니라면 그것은 지극히 수치스러운 일일 것이다. 그들이 미친 듯 열광하며 경배하는 대상인 디오니소스, ― 하데스는 바로 그 디오니소스다."

　디오니소스적 흥분에서 그는 다만 광란의 축제의 욕구를 통한 방탕한 충동의 발산을 볼 뿐입니다. 기존의 정죄(淨罪) 의식에 대해서는 그는 다음과 같이 반박합니다.

　"자신들을 정화하기 위해 그들은 자신들을 〔똥으로〕 피로 더럽힌다. 그것은 마치 똥구덩이에 들어간 사람이 자신을 똥으로 씻으려 하는 것과 똑같다."

외적 정화의 제물은 다만 내적 정서의 순수성의 상징일 뿐이라는 그들의 반박을 그는 거부합니다. 그러한 정화가 단 한 명에게서만이라도 일어난다면 다행이라는 것입니다. 그는 자신을 정화하는 사람들을 오물과 먼지와 재로 목욕하는 짐승들에 비유했습니다(베르나이스, 《테오프라스토스. 경건성에 관하여 *Theophrast über Frömmigkeit*》, 190쪽). 그는 우상 숭배를 공격합니다.

클레멘스, *Protrept*. 〈4쪽〉 33B.

"그리고 그들은 신들과 영웅들이 누구인지는 조금도 알지 못하면서도 신전 주변에서 생계를 영위하는 자들처럼 우리 주변의 신상들을 경배한다."

그러나 그는 누구보다도 대중적 신화의 창조자인 호메로스와 헤시오도스를 각별한 증오심으로 대합니다.

디오게네스 라에르티오스, IX, 1.

"호메로스는 몰매질을 해 경연에서 쫓아내는 것이 마땅하고, 아르킬로코스에 대해서도 그래야 한다."

그의 이러한 말은 아마도 "신은 인간들에게 마음 내키는 대로 행과 불행을 내린다"와 같은 표현들과 연관된 것일 겁니다. 그것은 영원한 필연에 대한 모순이라는 것이지요. 라살레Lasalle는 II, 455에서 그것을 《오디세이아》, 18, 135와 아르킬로코스의 단편 72와 연관시켰습니다. 헤라클레이토스는 박식가인 헤시오도스가 밤으로 하여금, 따로 분리만 된 게 아니라 합일이 불가능하게 대립해 있는 신격으로서 낮을 낳게 한다는 이유로(《신통기》, 124), 대다수 사람들의 스승이라는 자가 자칭 가장 위대한 지식을 가졌다면서 낮과 밤에 대해서조차 알지 못했다고 그를 비웃습니다. 왜냐하면 낮과 밤은 분리해서 생각할 대상들이 아니라 하나이자 동일한 관계의 대립적 측면들이기 때문이라는 것이지요(히폴리토스, 9, 10). 나아가 그는 책력과 관련하여 헤시오도스를 비난했음이 분명합니다. 플루타르코스, *vit. Camilli*, c. 19. 세네카, ep. 12, 7. "하루의 본질은 동일하다", 택일의 관습에 대해 하루하루의 날들은 동일하다는 것. 우리는 도처에서 극심한 경직성을 관찰합니다. 그에게 진실인 것에 대해 모든 것은 기만이나 사기로 맞섭니다. 그는 시인을 시인으로 다루지 않고 거짓의 교사로 다룹니다. 그의 증오는 항상 고도로 예리한 언어를 발견합니다. 대중의 종교적 감정들은 그에게는 전혀 통하지 않습니다. 그는 대중의 정화, 그들의 신격 숭배, 그들의 비밀 의식들을 질책합니다. 그는 그 당시 최고의 절정기를 맞이하고 있었음이 분명한, 아직 상당히 참신한 디오니소스 숭배를 아주 적대적으로, 그리고 오해의 눈으로 바라봅니다.―은연중에 그는 현자σοφòς의 새로운 상을 창조했습니다. 그것은 피타고라스가 제시한 상과는 전혀 다른 것이었습니다. 그것은 나중에 소크라테스적 이념과 융합되어 신과 유사한 스토아적 현자의 이상형으로 사용되었습니다. 피타고라스, 헤라클레이토스, 소크라테스 이 세 사람은 가장 순수한 유형으로 불려야 합니다. 즉 종교적 개혁가로서의 현자, 긍지 높고 고독한 진리의 발견자로서의 현자, 그리고 영원히, 어디에서든 추구하는 자로서의 현자가 이 세 사람입니다. 다른 모든 철학자는 하나의 삶βίος의 대변자로서는 그다지 순수하고 독창적이지 못합니다. 이 세 유형은 세 가지의 엄청난 통일성의 관념을 발견했습니다. 그들은 이 관념들과 하나가 되어 살았습니다. 피타고라스는 인류의 무수한 세대의 동일성, 아니 그보다는 영혼을 가진 모든 것은 모든 시기에 있어서 동일하다는 데 대한 믿음을 발견했습니다. 소크라테스는 통일성, 그리고 영원히 동일한, 어디에서나, 어느 시기에나 동일한, 구속력 있는 논리적 사유의 힘에 대한 믿음을 발견했습니다. 마지막으로 헤라클레이토스는 자연 과정의 통일성과 영원한 합법칙성에 대한 믿음을 발견했습니다. 이들 세 유형은 이러한 통일성의 관념들에 철저히 몰두합니다. 이것이 이들을 출중하게 만듭니다. 그것은 그들을 다른 모든 노력과 의도들에 대해 눈멀고 배타적이도록 만듭니다. 자신이 세계의 통일적 법칙성을 인식한 유일한 사람이라고 본 헤라클레이토스는 그 때문에 모든 사람에 대해 배타적이었습니다. 사람들의 본래의 어리석음은 그들이 이 합법성의 한가운데 살면서 이를 알아채지 못한다는 것, 아니 그것에 대해 이야기해주어도 그들이 그것에 관해 아무것도 이해하지 못한다는 것에 있습니다.

그리하여 그의 저작의 유명한 시작은 다음과 같습니다.

클레멘스, *Strom.* V, 14.

"인간들은 여기 이 영원불변하게 타당한 로고스에 대해 듣기 전이나 들은 후나 마찬가지로 어리석다는 것이 입증된다. 왜냐하면 비록 모든 것이 이 로고스와의 일치 속에서 이루어짐에도 불구하고, 모두를 하나하나 그 본성에 맞게 분석하고 그 관계를 설명함에 있어 내가 진술하는 것과 같은 식의 표현이나 사실들에 대한 확증을 자신에게서 찾으려 할 때마다 그들은 미숙한 자들과 같기 때문이다. 다른 사람들에게는 그들이 생시에 하는 일이, 마치 그들이 잠

든 동안 무의식적으로 하는 일에 대해 의식을 잃어버리는 것처럼
의식되지 않은 채로 있다.'

그는 그들에 관해 이렇게 말합니다.

클레멘스, *Al. Strom*. 5, 14.

5   "그들은 진리를 듣고 나서도 이를 이해하지 못한다는 점에서는
귀머거리와 매한가지다. 그들은 *거기에 있으면서 거기에 없다*
παρεόντας ἀπεῖναι는 격언은 이들에게 해당한다.'

"당나귀에게는 금보다 건초가 더 좋다.'

"개들은 모르는 사람들을 볼 때마다 짖어댄다.'

10   확실히 그는 자신의 진리를 말로 표현하는 데 조심했어야 했던
것 같습니다.

클레멘스, *Strom*. 5, 13.

"*앎의 깊은 속내를 감추는 것은 올바른 불신이다. 불신은 (깊은 것에
대한) 무지를 멀리하기 때문이다* **ἀλλὰ τὰ μὲν τῆς γνώσεως βάθεα**

15   **κρύπτειν ἀπιστίη ἀγαθή ἀπιστίη γὰρ διαφυγγάνει** (sc. τὰ βάθεα) **μὴ
γιγνώσκεσθαι.**'

그렇기 때문에 그는 프리에네 출신의 비아스를 찬양했습니다.
(그가 "대다수 사람들은 나쁜 사람들이다 **οἱ πλεῖστοι ἄνθρωποι
κακοί**"라고 말했으므로 명백히 "그의 말은 다른 사람들의 말에 비

20   해 더 이성적이다 **οὐ πλείων λόγος ἢ τῶν ἄλλων**". 라에르티오스,
I, 88.) 단편 번호 71 슐라이어마허. 클레멘스, *Strom*. V, 576. 헤라
클레이토스, *Bern*. 32는 여기에 속하는 것 같습니다 :

"그들은(주의할 것 : 대다수의 사람들? 분명 현자들) 도대체 어
떤 정신과 이성의 소유자들이란 말인가? 그들은 '대다수 사람들은

나쁘고 소수의 사람들만이 선하다'는 것을 알지 못하고 민중의 가수(歌手)를 믿고 대중을 스승으로 삼는다."

"가장 고귀한 사람들(현자)은 무엇보다도 먼저 하나를, 즉 가멸적 사물들보다 먼저 영원한 명성을 택한다(극히 빈정대는 어투). 그
러나 대다수 무리들은 짐승처럼 배가 부르다."

그렇게 그에게 현자의 지혜는 대수롭지 않아 보입니다. 다른 사람들에 관해서는 그는 오로지 *학문ίστορίη*을 연구한 사람으로서만 이야기합니다. 모든 사람에게 똑같이 해당하는 것은 "사람들은 그들의 모든 행위와 예술에 있어서 다만 자연 법칙을 모방할 뿐인데
도 이것을 알지 못한다는 것"입니다.

Marc. Anton. IV, 46.

"그들이 끊임없이 가장 빈번히 관계하고 있는 법칙, 그것에 대해 그들은 저항한다."

(위의 것이 〈생활 양식에 대하여*περὶ διαίτης*〉라는 글의 내용입
니다.)

"모든 것을 통해 모든 것을 운영하는 저 로고스를 인식하는 것, 그것이 바로 *지혜로운 것τὸ σοφὸν*이다."

두 가지 놀라운 고찰의 방식이 그의 시선을 매료시켰습니다. 영원한 운동, 세계 내의 모든 지속과 정지의 부정, 그리고 그 운동의
내적 · 통일적 합법칙성이 그것입니다. 이것은 두 가지 놀라운 직관입니다. 자연과학적 방법은 그 당시 분명 매우 역사가 짧고 불확실했을 것입니다. 그 직관들은 그러나 *정신νοῦς*이 받아들이지 않으면 안 된다고 느끼는 진리들로서, 어떤 것은 끔찍하고 또 어떤 것은 정신을 고양합니다. 그것에 관해 전반적으로 모종의 인상을 얻기

위해 나는 이제 자연과학이 어떻게 그 문제들을 관찰하는지에 주의를 환기하는 바입니다. 자연과학에서 모든 것은 흐른다 $πάντα \; ρεῖ$ 라는 것은 주요 명제입니다. 경직된 정지는 아무 곳에도 없습니다. 왜냐하면 결국에는 힘들에 귀착하게 되는데 그 힘들의 작용이 동시에 힘의 상실을 내포하는 것이기 때문에도 이미 그러합니다. 인간이 살아 있는 자연 속에서 어떤 정지를 인식한다고 믿는다면, 오히려 그것은 우리의 협소한 기준에 의거한 것입니다. 페테르부르크 학술원의 폰 배어 v. Bär라는 자연 연구가는 1860년에 "어떤 견해가 살아 있는 자연에 관한 옳은 견해인가?" 하는 연설을 했습니다. 그는 진기한 허구를 사용합니다. 감각과 자의적 운동, 즉 정신적 삶의 속도는 여러 다른 동물들에 있어 대략 그들의 맥박 속도와 비례하는 것처럼 보입니다. 그래서 예를 들어, 집토끼는 소에 비해 맥박이 네 배나 빠르게 뛰므로 같은 시간 안에 소보다 네 배를 더 빨리 느끼고, 네 배 더 빨리 의도적 행위를 할 수 있을 테니 네 배 더 많은 체험을 할 것입니다. (인간을 포함하여) 여러 다른 동물 종들의 내면적 삶은 동일한 천문학적인 시공 속에서 저마다 특수하게 다른 속도로 진행됩니다. 그리고 시간의 상이한 주관적 기본 양(量)은 이 속도를 표준으로 하는 것입니다. 다만 우리의 경우 이 기본 양이 비교적 미미하기 때문에 유기적 개체, 식물, 동물이 크기와 형태의 관점에서 존속하는 어떤 것으로 우리에게 나타나는 것입니다. 왜냐하면 우리는 어떤 외적 변화를 관찰하는 일이 없이 그것을 1분 안에 백 번이든 그 이상이든 볼 수 있기 때문입니다. 그런데 인간의 맥박, 지각 능력, 정신적 과정이 대폭 늦춰지거나 가속화된다고 가정해본다면, 그것은 근본적으로 변합니다. 유년기, 장년기, 노년기를 통틀어 인간의 생애가 그 천 분의 일의 부분, 즉 한 달로 축소되어 그의 맥박이 천 배를 빨리 뛴다고 한번 생각해본다면, 사람들은 날 아가는 총알을 매우 여유 있는 시선으로 따를 수 있을 것입니다. 삶 이 다시 한번 천 분의 일, 즉 대략 40분으로 제한된다면, 지금 우리 에게 산맥이 그렇게 보이는 것과 마찬가지로 풀과 꽃들도 부동불변 인 것이라고 여기게 될 것입니다. 터져 오르는 꽃봉오리의 성장에 관해서는 일생 동안 우리가 지구의 거대한 지질학적 변형들에 관해 지각하는 것만큼이나 많거나 적게 지각할 것입니다. 동물들이 제멋 대로 하는 움직임들은 전혀 볼 수 없을 것입니다. 그 움직임들은 너 무도 느릴 것입니다. 그 움직임들은 기껏해야 마치 우리가 천체의 움직임을 추론하듯이 추론할 수 있을 것입니다. 그리고 삶이 더 단 축된 상황에서는 어쩌면 우리가 보는 빛이 들릴지도 모릅니다. 우 리의 소리들은 들리지 않게 될 것입니다.—이와는 반대로 인간의 삶을 엄청나게 확장하고 연장한다면 이 무슨 다른 그림일까요! 예 를 들어 맥박과 지각 능력이 천 배 느려진다면 우리의 삶은 '잘하 면' 8만 년을 지속하게 될 것이며, 따라서 우리는 지금 여덟아홉 시 간에 하는 체험을 1년에 하게 될 것입니다. 그러면 우리는 네 시간 새에 겨울이 녹아 사라지며 언 땅이 녹아 풀과 꽃들이 싹터 오르고 나뭇잎이 무성해져 열매를 맺고는 온갖 초목이 다시 시드는 것을 볼 것입니다. 이렇게 전개되는 많은 과정들은 속도가 빨라 전혀 지 각할 수 없을 겁니다. 예를 들어 버섯은 마치 분수처럼 갑자기 솟아 올라 서 있게 될 겁니다. 낮과 밤은 마치 밝은 1분과 어두운 1분처 럼 교차할 것이며, 태양은 쏜살같은 속도로 천공을 가로질러 달려 갈 겁니다. 그러나 이렇게 천 배로 느려진 삶이 또 한 번 천 배로 느려진다면, 인간은 지구의 1년 동안에 겨우 189개의 사건들만 지각할 수 있을 것입니다. 그러면 낮과 밤의 차이는 완전히 없어져버릴 테고, 태양의 운행은, 마치 빠른 속도로 빙빙 휘돌려진 작열하는 석탄이 불타는 원환으로 나타나듯이, 빛나는 곡선으로 하늘에 나타날 것입니다. 초목은 미친 듯이 성급하게 계속 싹트고는 다시 사라질 것입니다. 자, 충분합니다. 우리에게 존속하는 것처럼 보이는 모든 형체는 사건의 화급함 속에서 융해되어 생성의 거친 흐름에 삼켜질 것입니다. 존속, 흐르지 않음μὴ ῥεῖν은 우리의 〔한정된〕 인간적 이해력의 결과로서, 완전한 착각이라는 사실이 드러납니다. 우리가 훨씬 더 빨리 지각할 수 있다면, 우리는 무언가가 존속한다고 훨씬 더 강하게 착각할 겁니다. 무한히 빠른, 그러나 철두철미 인간적인 지각을 상상해본다면, 온갖 운동은 멈추고 모든 것은 영원히 확고할 것입니다. 이와는 반대로 인간의 지각이 강도와 기관의 힘에 있어 무한히 상승되었다고 상상해본다면, 거꾸로 무한히 작은 최소 단위의 시간에서조차 지속하는 것을 발견할 수 없게 되고 오로지 되어감의 과정만 발견할 수 있을 것입니다. 언제나 오직 인간의 지각만이 생각된 것이므로 무한히 빠른 지각에서는 모든 생성은 정지합니다. 이 지각이 무한히 강해서 모든 심층마다 파고든다면, 이 지각에게는 모든 형체가 형체이기를 멈출 것입니다. 지각이 일정 정도에 있을 때만 형체들이 있습니다. 자연은 바깥쪽과 마찬가지로 안쪽으로도 무한합니다. 우리는 이제 세포에까지, 그리고 세포의 부분들에까지 이릅니다. 그러나 '여기가 마지막 안쪽 지점이다'라고 말할 수 있는 경계는 없습니다. 그러한 과정은 무한소(無限小)까지 결코 멈추지 않습니다. 그러나 무한대(無限大)에서도 절대적으로

불변인 것은 아무것도 없습니다. 우리의 이승적 세계는 불가항력적
인 이유로 언젠가는 분명히 멸망할 겁니다. 태양열은 영원히 지속
될 수 없습니다. 다른 힘들이 소비되는 일 없이 열이 산출되는 운동
을 상상하기란 아예 불가능합니다. 태양열에 대해 그 어떤 가설을

5 세우더라도, 결국 열의 원천은 유한하다는 데 귀착됩니다. 엄청난
세월이 흐르는 가운데, 우리가 도무지 예견할 수 없는 태양빛과 열
의 온전한 지속은 완전히 사라질 게 분명합니다. 헬름홀츠
Helmholz는 자연력의 상호 작용에 관한 논문에서 다음과 같이 말
합니다.

10 "우리는 밀물과 썰물이 매번 지속적으로, 그리고 비록 한없이 느
리기는 하지만 확실하게, 그 체계에 비축된 기계적 힘을 감소시킨
다는 불가피한 결론에 이른다. 이때 축을 중심으로 하는 행성들의
회전은 느려져 행성들이 태양에, 또는 행성들의 위성이 행성들에
접근할 게 분명하다. 그러므로 우리의 천문학적 시간 등급의 절대적

15 엄밀성에 대해서도 말할 수 없다."

그런데 다음과 같은 것이 헤라클레이토스의 직관적 지각입니
다 : '그것은 있다' 고 사람들이 말할 수 있는 사물은 없다는 것입니
다. 그는 존재자를 부인합니다. 그는 오로지 되어감의 과정 속에 있
는 것, 유동하는 것만을 알고 있습니다. 그는 지속에 대한 믿음이

20 착각이라고, 어리석음이라고 논합니다. 그리고 이제 거기에다 다음
과 같은 생각을 덧붙입니다 : 그러나 되어가는 과정에 있는 그것은
영원한 변전 속에서 하나이다. 그리고 이 영원한 변전의 법칙, 사물
들 안의 로고스λόγος는 바로 저 하나인 불τὸ πῦρ이다. 이와 같이
원래 되어가는 과정에 있는 하나인 존재는 자기 자신에게 법칙이 됩

니다. 그것이 생성한다는 사실과 그것이 생성하는 방식은 불인 로고 스의 업적입니다. 헤라클레이토스는 이렇게 오직 일자(一者)를 봅니다. 그러나 파르메니데스와는 반대의 의미에서 봅니다. 사물들의 모든 성질, 모든 법칙, 모든 생성과 소멸은 일자의 존재가 지속적으로 개시되는 방식입니다. 파르메니데스가 감각의 착각이라고 생각하는 잡다(雜多)는 헤라클레이토스에게는 일자의 의상(衣裳), 일자가 모습을 드러내는 형상이지 결코 착각이 아닙니다. 일자는 도대체 달리는 나타나지 않습니다. 이제 이 학설을 헤라클레이토스의 명제들에 따라 상술하기 전에, 나는 이들 명제들과 아낙시만드로스의 관계에 주의를 환기하고자 합니다.

"성질이 부여된 모든 것은 생성하고 소멸한다. 그러므로 성질 없는 존재가 있어야 한다." 이것이 아낙시만드로스의 학설이었습니다. 생성은 하나의 *불의(不義)ἀδικία*로서 소멸*φθορά*로 그 값을 치러야 합니다. 하지만 어떻게 *무한정자ἄπειρον*에서 성질을 가진 것, 되어가는 것이 생길 수 있습니까? 그리고 그러한 영원한 합법칙성으로 이루어진 세계가 통틀어 어떻게 순전히 개별적인 *불의들ἀδικίαι*의 세계일 수 있는 겁니까? 그 반대입니다. 모든 사물, 모든 개인의 궤도들은 규정되어 있어 *법도에 넘침ὕβρις*을 통해 침범되지 않습니다. 정의의 여신 *디케Δίκη*는 이 합법칙성 속에서 자신을 드러냅니다. 그러나 생성과 망각이 *정의δίκη*의 작용들이라면 *무한정자ἄπειρον*의 세계와 성질들의 세계 사이에도 그러한 이분법은 또한 존재하지 않습니다. 왜냐하면 성질들이란 바로 생성과 소멸의 도구들, 말하자면 디케의 도구들이기 때문입니다. 그렇다면 오히려 *원리ἀρχή*, 즉 생성과 소멸 속의 일자는 그 성질들에서도 정당해야 합니다. 따라서 아낙시만드로스와는 반대로 일자는 모든 술어, 모든 성질을 가져야 합니다. 그것은 모든 것이 *정의*를 증언하고 있기 때문입니다. 이와 같이 헤라클레이토스는 일자가 이들 모든 것 속에 개시된다는 의미에서 일자에게 상이한 것들의 전 세계라는 옷을 입힙니다. 이로써 생성과 소멸은 그 원리의 주요 특성을 이룹니다. 그러므로 소멸은 결코 벌이 아닙니다. 이렇게 헤라클레이토스는 세계의 *불의*의 교시자인 자신의 위대한 선구자에 맞서 세계정의론 Kosmodicee을 내세웁니다.

그리하여 생성Werden 다음으로 두 번째 주요 개념이 되는 것은 디케입니다.

클레멘스, *Strom*. III, 473.

"법칙들이 없다면 사람들은 디케라는 이름을 알지 못할 것이다."

플루타르코스, *de exilio* cap. 11.

"태양은 그 궤도를 넘어서지 않을 것이다. 궤도를 넘어선다면 디케의 법정 집행자들인 에리니스들Ἐρινύες이 이를 적발해낼 것이다."

그리고 클레멘스, *Strom*. V, 599의 유명한 문구.

"여기 이 *세계*κόσμον는 신들이나 인간들 가운데 어느 누가 창조한 것이 아니라, 항상 존재했고, 현재에도 존재하고, 앞으로도 존재할 것이다. 법도에 따라 타오르고 법도에 따라 꺼지면서 영원히 살아 있는 불."

이 디케의 과정은 투쟁Πόλεμος으로서, 세 번째 주요 개념입니다. 스토바이오스, *Ecl*. I, 60에서 전체 세계 법칙εἱμαρμένη은 상반되는 운동으로부터 존재하는 것들을 만들어내는 로고스λόγος ἐκ τῆς ἐναντιοδρομίας δημιουργὸς τῶν ὄντων로 정의되고 있습니다.

또는 플루타르코스에 의하면 그것은 *세계의 대립 지향적 조화* **παλίντροπος ἁρμονίη κόσμου**입니다. 오리게네스, c. Cels. VI, 42 에서는 바로 이렇게 이야기하고 있습니다.

"전쟁은 공통된 것이며, 디케는 투쟁이며, 모든 것은 투쟁에 따라서 일어난다는 것을 알아야 한다."

이것은 가장 웅대한 생각 가운데 하나입니다. 즉 투쟁이란 통일적이며 합법칙적이며 이성적인 디케의 지속적인 작용이라는 것, 이것은 그리스적 본질의 가장 심오한 토대에서 창출된 생각입니다. 그것은 헤시오도스의 선한 에리스로서, 이 에리스가 세계 원리로 변용된 것입니다. 그리스인들을 구별하는 것은 경쟁입니다. 특히 경쟁의 승부를 결정하는 데서의 내재적 합법칙성입니다. 개개인은 마치 자신만이 자격이 있는 것처럼 투쟁합니다. 그러나 승리가 어느 쪽으로 향할지는 심판관적 판단의 무한히 확실한 기준이 결정합니다. 체조 학교들에서, 음악 경연들에서, 국가의 삶에서 헤라클레이토스는 이 투쟁**πόλεμος**의 전형을 알게 되었습니다. 투쟁 **Πόλεμος** ― 승리/**δίκη**의 관념은 철학에서 독특하게도 그리스적인 최초의 관념입니다. 그것은 이 관념이 보편성이 없고 오로지 국가적으로만 타당성이 있음을 말하는 것이 아니라, 오히려 오직 그리스인만이 그토록 숭고한 세계정의론이라는 관념을 발견할 수 있었음을 말하는 것입니다.

사실 되어감의 영원한 과정에는 우선 무언가 경악을 불러일으키는 것, 섬뜩한 것이 있습니다. 그것은 가장 강하게는 누군가가 대양한가운데서나 또는 지진을 당해 모든 것이 움직이는 것을 보면서 갖게 되는 느낌에 비유할 수 있겠습니다. 이 효과를 그것에 대립되는 효과, 즉 숭고한 것, 그리고 행복한 경탄의 효과로 이전시키는 데는 놀랄 만한 힘이 필요할 것입니다. 모든 것이 되어감의 과정 속에 있다면 어떤 술어도 하나의 사물에 덧붙여질 수 없으며, 그것 또한 마찬가지로 이 과정의 흐름 속에 있을 수밖에 없습니다. 그런데 헤라클레이토스는 대립되는 술어들이 서로를 끌어당긴다는 사실을 간파합니다. 이것은 마치 플라톤이 《파이돈》에서 쾌와 불쾌에 대해 이들이 하나의 매듭 속에서처럼 서로 맞물려 있다고 말하는 것과 같습니다.

"예를 들어 죽음의 힘과 생명의 힘은 그가 현존하는 매 순간 모든 인간에게 있어 작용한다."

삶과 죽음, 깨어 있음과 잠의 발생은 우세한 것이 가시화되는 일로서, 이 우세는 하나가 그 대립되는 것에 대해 힘을 얻었다가 순간적으로 다시 그 힘을 대립자에게 잃기 시작하는 데서 이루어지는 것입니다. 항상 두 힘이 동시에 작용하고 있는 것인데, 그것은 양자의 영원한 투쟁이 승리도 억압도 지속적으로 허용하지 않기 때문입니다.

플루타르코스, *Consol. ad Apoll.* 10.

"산 자와 죽은 자, 깨어 있는 자와 잠든 자, 젊은이와 늙은이가 동일한 것 안에 있다. 꿀은 쓰기도 하고 달기도 하다. 세계는 부패하지 않기 위해 끊임없이 내용물을 휘저어야 하는 항아리이다. 삶의 밝은 태양빛과 죽음의 어둠이 같은 원천에서 흘러나온다."

이 관계는 주위를 둘러싼 대기 τὸ περιέχον에 대한 인간의 관계를 통해 예시되었다는 것입니다. 이 *주위를 둘러싼 대기*περιέχον가 불이라는 생명의 원리로 충만한 때라고 이야기되는 낮에는 인간은 공통자(der Gemeinsame) ξυνόν와 하나이므로 *사려 깊고* ἔμφρων, 깨어 있으며, 살아 움직입니다. 불이 꺼져가는 밤에는 인간을 공통자와 함께 지탱해주는 유대가 끊어집니다. 그러면 인간은 자기 자신의 소유가 되고, 자신에게 불을 밝히지 않으면 안 되며, 잠 속에 가라앉고, 건망증에 시달리고, 죽음을 맞이합니다. 그는 오로지 새롭게 불에 접근함으로써만 다시 삶으로 일깨워질 수 있습니다. 이는 마치 꺼져가는 석탄이 밝게 타는 석탄에 놓여져 하나가 된 불꽃으로 다시 타오르는 것과 같습니다. 이것이 인생의 한 형상입니다. 온 세계에 대해 루키아노스[53)]는 (철학자들의 경매 14에서) 다음과 같이 말합니다.

"쾌와 불쾌, 앎과 모름, 큰 것과 작은 것은 영겁의 세월의 유희 속 *에서*ἐν τῇ τοῦ αἰῶνος παιδιῇ 위로 아래로 오가고 뒤섞이면서 하나이자 같은 것이다."

구매할 마음이 있는 어떤 사람이 "영겁의 세월이란 도대체 무엇*인가*τί γὰρ ὁ αἰών ἐστι" 하고 묻자 헤라클레이토스는 이렇게 대답합니다.

"*장기 돌을 모았다 흩트렸다 하며 노는 아이*παῖς παίζων πεσσεύων συνδιαφερόμενος (= 모아진 것을 흩트리면서 ἐν τῷ διαφέρεσθαι συμφερόμενος)."

제우스는 세계 건설 행위에서 (《일리아스》, 15, 361에서 아폴론이 말하듯) 바닷가에서 모랫더미를 쌓았다 허물었다 하는 아이에 비유됩니다.

Rhein. Mus. 7, 109쪽. 베르나이스.

"생성의 강은 끊임없이 흐르며 결코 멈추지 않을 것이다. 그리고 그것에 대립하여 파괴의 강도 흐르는데 이 강을 시인들은 아케론 또는 코키토스라 부른다."

이 서로 대립되는 두 강이 *대립적 운행*ἐναντιοδρομία입니다.

"둘로 분리되는 것에서 가장 아름다운 조화가 생긴다."

《니코마코스 윤리학》, VIII, 2. 〔플라톤, *Symp*. 187A.〕 아리스토텔 레스, *de mundo*, 5.

"전체와 전체 아닌 것, 모이는 것과 흩어지는 것, 맞는 것과 맞지 않는 것을 연결하라. 그러면 모든 것에서 하나가 되고, 하나에서 모든 것이 된다."

"우주는 흩어지면서 다시 자신과 합치된다. 마치 활과 칠현금의 조화처럼."

"선과 악은 활과 칠현금의 방식에 따라 동일한 것으로 회귀한다."

여기에서는 다만 이 기구들의 외적 형태만 고려되어 있습니다. 스키타이와 고대 그리스의 활과 칠현금을 보면 두 궁형κέρατα은 밖으로 휘어져 있고, 그리고 다시 안으로 휘어져 중심 부분에서 만나게 되어 있습니다. 그렇게 베르나이스가 먼저 설명합니다. 다음에는 Rettig, *Ind. lect*(베른, 1865).

"마치 꺼져가고 발화하는 불의 대립적인 두 계기들이 현상을 규정하는 것처럼 칠현금과 활시위의 대립적 지향이 긴장을 규정한다."

아리스토텔레스, 《수사학》, III, 11은 언젠가 *활*τόξον을 화성적 *포르밍크스*φόρμιγξ ἄχορδος[54]라고 부릅니다.

네 번째 주요 관념은 불입니다. 우리는 헤라클레이토스가 아낙시만드로스가 제기한 *불의*ἀδικία의 문제에 대한 대답을 제시하고 있음을 보았습니다. *정의δίκη*라는 대답입니다. 그는 자신이 이해하는 것과 같은 불을 통해 두 번째로 아낙시만드로스에게 깊이 의존하고 있습니다. 아낙시만드로스에게 있어서 생성하는 세계의 첫째 단계는 온기와 냉기였습니다. 거기에서 만물의 모태인 습기가 생깁니다. 그런데 불은 헤라클레이토스에게는 가시적인 것일 뿐 아니라 온기, 건조한 연기, 입김이기도 합니다. 그래서 그는 이렇게 말합니다.

"혼의 죽음은 물이 되는 것이고, 물의 죽음은 흙이 되는 것이다. 그런데 물은 흙에서 생성되며, 혼은 물에서 생성된다."

혼은 여기에서 다만 따뜻한 기운의 숨, '불과 흡사한' 것으로 이해됩니다. 요컨대 온기, 습기, 고형(땅)의 세 가지 변형의 단계입니다. 이것은 전적으로 아낙시만드로스의 견지입니다. 헤라클레이토스는 그의 자연과학적 권위를 믿었습니다.

클레멘스, *Strom.* V, 599.

"불의 전환(轉換) : 최초로는 바다, 바다가 둘로 갈라져 그 반은 땅, 나머지 반은 타오르는 열기."

그것은 물이 한편으로는 하강하면서 땅으로, 다른 한편으로는 상승하면서 불로 전환되기 때문입니다. 바다에서는 순수한 기운들만 위로 올라가 불에 자양분을 제공하고, 땅에서는 어둡고 안개 서린 기운들만 솟아올라 습기가 거기에서 자양분을 취합니다. 순수한 기운들은 바다에서 불에 이르는 통로이며, 혼탁한 기운들은 땅에서 물에 이르는 통로입니다. 따라서 *하강의 길과 상승의 길ὁδὸς κάτω u. ἄνω*이라는 복합적인 과정인 것으로, 이 둘은 하나이며 항상 서로 나란히 이어집니다. 여기에서 모든 근본 견지는 아낙시만드로스로부터 전용되고 있습니다. 즉 땅에서 증발한 것들에서 자양분을 취하는 불, 물에서 흙과 불이 분리되어 나오는 것이 그렇습니다. 그리고 온기가 한번 주어지면 거기에서 다른 모든 것이 발전되어 나온다는 전제 자체가 그렇습니다. 다만 한 가지, 즉 온기의 부차 원리로서의 냉기는 거기에 없습니다. 그것은 모든 것이 불이므로 불아닌 것, 불의 반대일 수 있는 것은 전혀 있을 수 없기 때문입니다. 그렇다면 우리는 아낙시만드로스에 대한 반박, 즉 절대적인 냉기가 있는 것이 아니라 따뜻한 것의 정도들만 있다는 반박을 헤라클레이토스에게 귀속시켜야 할 것입니다. 이것은 실상 생리학적으로도 쉽게 증명할 수 있었던 것입니다. 그리하여 헤라클레이토스는 둘째로 아낙시만드로스의 설 가운데서 이원론을 제거했습니다. 이때 그는 개개의 학설, 예를 들어 별들에 관한 학설을 수정했습니다. 아낙시만드로스에 의하면 별이란 불을 담은 바퀴 형태의 주머니로 이루어진 것들이었습니다. 헤라클레이토스에 의하면 그것은 속에 순수한 증발물들이 축적되어 담겨 있는 나룻배들이었습니다. 나룻배가 뒤집히면 일식과 월식 현상이 일어납니다. 이 태양은 그러니까 연소하는 기운 덩어리입니다. 낮 동안에는 기운들이 소모되고, 아침마다 다시 생깁니다. 태양은 매일 새롭습니다.

아낙시만드로스와 일치하는 세 번째 특이한 점은 세계의 주기적인 몰락을 인정한다는 겁니다. 현재의 세계는 불로 와해될 것이며, 이 세계의 화재에서 새로운 세계가 탄생하리라는 것입니다. 세계의 파괴를 연소(燃燒) ἐκπύρωσις라고 부르는 것은 스토아 철학자들이지 헤라클레이토스는 아직 아닙니다. 히폴리토스의 *Refut.* IX, 10에는 "언젠가 불이 다가와 모든 것을 심판하고 벌을 내릴 것이다"라고 되어 있습니다. 아낙시만드로스에게 그것은 바다의 점진적 고갈,

즉 불의 특성을 지닌 것의 점진적인 우세였습니다. 헤라클레이토스가 이 점에서 그를 따랐기 때문에 우리는 선배의 영향 자체가 그를 논리적이지 못한 결론으로 몰아갈 만큼 충분히 컸다는 것을 보게 됩니다. 이전에 슐라이어마허와 라살레가 이를 논박하기도 했습니다. 그러나 히폴리토스의 책(9. 10)이 출간된 후부터는, 헤라클레이토스가 사물들의 잡다(雜多)Vielheit가 원초적인 불의 통일성을 지향하는 세계의 주기를 열망적 '결핍Dürftigkeit'의 상태, 갈망 χρησμοσύνη으로 파악했고, 반대로 원초적 불 속으로 진입한 세계의 주기를 *배부름* κόρος으로 파악했다는 사실에는 의심의 여지가 없습니다. 그가 잡다로 나아가는 외향적 지향을 어떻게 불렀는지는 알 수 없습니다. 베르나이스는(헤라클레이토스 서간 13쪽) "*배부름*은 오만을 산출한다 τίκτει κόρος ὕβριν"는 명제에 따라 헤라클레이토스가 외향적 지향을 *오만* ὕβρις이라고 불렀다는 주목할 만한 의견을 제시합니다. 하나인 포만 상태의 불에서 잡다를 향한 추구가 불거져 나옵니다. *갈망* χρησμοσύνη을 대신해서 그는 또한 *배고픔* λιμός을 말했습니다.

히폴리토스, 9. 10.

"*신은 낮이자 밤, 겨울이자 여름, 배부름이자 배고픔이다.*"

이 관념에 따르면 그는 불을 영원한 것으로, 반면 세계를 생성된 것으로 간주했음이 분명합니다. 그것은 아낙시만드로스와 전적으로 같습니다. 우리는 세계 생성에서 추측되는 *오만* ὕβρις의 관념에서, 그리고 불의 심판에서 아낙시만드로스의 관념이 완전히 극복되지 못한 면을 발견합니다. '잡다'는 헤라클레이토스에게도 역시 무언가 껄끄러운 것이고, 순수한 것이 잡스러운 것으로 변모하는 것은 죄의 개념 없이는 설명이 되지 않습니다. 그 전체적 변모의 과정은 정의δίκη의 법칙에 따라 이루어집니다. 하나하나의 개체는 요컨대 불의ἀδικία에서 자유롭습니다. 그러나 불 자신은 이 배고픔λιμός과 갈망χρησμοσύνη과 더불어 자신에게 내재하는 오만ὕβρις에 대한 벌을 받습니다. 불의는 사물들의 심장부로 이전되고, 개개의 현상은 불의에서 벗어납니다. 세계의 과정은 엄청난 징벌 행위로서, 정의의 지배이며 이로써 불에 의한 정화κάθαρσις인 것입니다. 그런데 불과 정의가 하나라는 사실은 고수되어야 합니다. 불은 스스로에게 판관입니다. 클레멘스, Al. V, 9, 649쪽. "그리고 정의는 거짓을 말하는 자와 그 증인을 파악하리라καὶ δίκη καταλήψεται ψευδῶν τέκτονας καὶ μάρτυρας"라는 문구와 관련해서 포터Potter는 연소ἐκπύρωσις를, 옳지 못한 삶을 산 사람들을 불로 정화하는 일τὴν διὰ πυρὸς κάθαρσιν τῶν κακῶς βεβιωκότων이라고 부릅니다. 세계의 과정은 정화(淨化)κάθαρσις이고, 연소ἐκπύρωσις는 도달된 정화라는 것은 굉장한 오해입니다.

　　이렇게 해서 마침내 우리는 헤라클레이토스 특유의 음울한 전체적 표정을 얻어냅니다. 이로 인해 후대 사람들은 그를 '우는 철학자'라 불렀던 것입니다. 가장 주의할 만한 문구는 플루타르코스의 de sollert. animalium, 7.

　　"엠페도클레스와 헤라클레이토스—그들은 자연이 필연이요 전쟁이라고 생각하면서 자주 탄식하고 불평을 토로한다. (그들의 생각에 따르면) 그것은 어떤 것과도 섞이지 않는 순수한 것이 아니라 정의롭지 못한 여러 가지 상태들에 두루 미쳐 있다. 소멸하지 않는 것은 소멸하는 것과 함께 출현하므로 생성 자체는 불의에서 비롯되며, 자연(본성)에 어긋나 생겨난 것은 어미에게서 떨어져 나온 사지를 먹고 힘을 얻는다고 그들은 말한다."

그러나 그 하나하나는 엠페도클레스의 것입니다. 세계의 전 과정은 정화하는 징벌 행위입니다. 그러고는 *배부름*κόρος이 있고, 새로운 오만과 새로운 정화 등등이 있습니다. 요컨대 그것은 세계의 지극히 경탄할 만한 합법칙성인데, 그 안에서는 세계에 고유한 불*의*를 속죄하는 *정의*가 지배합니다. 그리고 헤라클레이토스가 *정의*가 곧 불의라고, 즉 대립자들은 서로 뒤섞여 있다고 말하지 않을 수 없었던 한 그것은 논리정연한 말이었습니다.

이 모든 가정은 비난받아 마땅합니다. 그러나 이에 대한 논의는 헤라클레이토스적 견지의 핵심으로 이끕니다. 첫째, *정의*δίκη와 불*의*, 선ἀγαθòν과 악κακόν이 동일하다는 것은 전적으로 비헤라클레이토스적입니다. 이것은 그 자신이 도출한 결론이 아닙니다. 아리스토텔레스의 《형이상학》, IV. 3. 첼러, I, 546쪽에 여러 글귀들이 수집되어 있습니다. 특히 히폴리토스가 헤라클레이토스의 말에서 어떤 비슷한 것을 주장하기 위해 다음의 글귀 외에는 아무런 다른 구절에도 호소하지 않는다는 것이 좋은 증명이 됩니다(9, 10).

"환자를 도려내고 태우고 온갖 방법으로 악랄하게 괴롭히는 의사들은, 그래놓고는, 또 자기들이 결코 보수를 받을 자격이 없음에도 불구하고, 환자에게 보수를 받기를 요구한다. 그러한 좋은 것들을, 그래서 질병 자체를 초래하는 저들 의사들이 말이다."

히폴리토스는 반어적인 좋은 것들ἀγαθὰ이라는 말을 아주 진지하게 받아들입니다. 의사들은 말하자면 자신들이 사람들에게 덧붙이는 악을 좋은 것들로 간주하는 것입니다. —헤라클레이토스적인 관점은 오히려 신에게는 모든 것이 좋은 것으로 나타나며, 인간들에게는 많은 것이 나쁜 것으로 나타난다는 겁니다. 관조하는 신에게는 모순과 고통으로 가득한 온갖 상태는 보이지 않는 조화 가운데 사라진 것이라고 헤라클레이토스는 생각했습니다. 그런데 이제 주요 장애가 가로놓여 있었습니다. 즉 하나인 불이 불의의 어떤 요소를 사물들 속으로 이전시키지 않고 그렇게 수많은 불순한 형태들 가운데 나타나는 일이 어떻게 가능한가 하는 것입니다. 이에 대해 헤라클레이토스에게는 하나의 숭고한 비유가 있었습니다. 그 어떤 도덕적 공과와도 무관한 생성과 소멸은 오직 어린아이의 유희(또는 예술)에서만 있습니다. 비예술가적인 인간으로서 그는 어린아이의 유희에 손을 뻗쳤습니다. 여기에는 천진무구함Unschuld이 있습니다. 그러면서도 생성시킴Entstehenlassen과 파괴Zerstören가 있습니다. 세계에는 단 한 방울의 불의도 남아 있어서는 안 됩니다. 영원히 살아 있는 불, *영겁의 세월*αἰών이 유희하고, 건설하고, 파괴합니다. 정의의 여신 *디케*Δίκη에 의해 지휘되는 *투쟁*Πόλεμος, 상이한 특성들의 저 상호대립적 조화는 오로지 예술가적 현상으로서 파악될 수 있습니다. 그것은 순전히 심미적인 세계관입니다. 그런만큼 목적론으로서의 전체의 도덕적 경향은 배제되고 있습니다. 왜냐하면 세계아(世界兒)는 목적들에 의거해서가 아니라 오로지 내재적 *정의*에 의거해서 행동하기 때문입니다. 세계아는 다만 합목적적이고 합법칙적으로만 행위할 수 있을 따름이지 이것과 저것을 하고자 하는 것은 아닙니다.* 그것이 헤라클레이토스와 아낙시만드로스

---

* 스토아 철학자들은 헤라클레이토스를 깊이 없이 평면적으로 고쳐 해석했다. 헤라

간의 차이입니다. 그리고 그것이 새로운 주석가들이 전혀 이해하지 못한 점입니다. 히폴리토스의 증언은 불이란 이성적이며 그것의 지배가 전 우주의 원인 **φρόνιμον καὶ τῆς διοικήσεως τῶν ὅλων αἴτιον**이라는 것입니다. 모든 것을 통해 모든 것을 이끄는 것은 지성**γνώμη**이라는 것이지요. 히폴리토스, IX, 9.

"내가 아니라 로고스를 감지했다면 같은 의미에서 하나가 모든 것임을 말하는 것이 현명하다 **οὐκ ἐμοῦ ἀλλὰ τοῦ λόγου ἀκούσαντας ὁμολογέειν σοφόν ἐστιν ἓν πάντα εἰδέναι.**"

현명한 일은 로고스를 들으면서 내 말을 듣는 게 아니라 하나가 모든 것을 안다고 인정하는 것입니다. 부정적이며 매우 격정적으로 표현하자면 : 스토바이오스, *Floril.*

"많은 말들을 들었지만 지혜로운 것이 모든 것에서 분리되어 있는 것이라는 사실까지는 아무도 인식하지 못한다."

"홀로 지혜로운 것, 지성**γνώμη**은 모든 것**τὰ πάντα**에서 분리되어 있다. 그것은 모든 것 안에서 하나이다."

플루타르코스, *de. Iside*, c. 76은 살아 있는 것의 존엄성을 생명 없는 것들과 비교합니다.

"비록 금이나 에메랄드라 할지라도 생명 없는 것에는 신성이 깃들지 않는다. 생명이 없고 본성적으로 생명이 가능하지 않은 모든 것은 송장만큼의 가치도 없다. 반대로 살아 있는 존재, 빛을 바라보는 존재, 자력(自力)으로 움직이며 자신과 타자에 관한 지식을 가지

클레이토스 자신은 세계 최고의 합법칙성을 고수하기는 했지만, 거기에 범상한 스토아적 낙관주의는 없었다. 그러나 스토아 철학자들의 윤리적 힘이 얼마나 강했는가 하는 것은 그들이 자신들의 원리를 의지의 자유를 위해 파기했다는 사실에서 드러난다.

고 있는 존재는 헤라클레이토스의 말에 따르면 온 누리가 어떻게 조종되는가를 인식하는 존재로부터 ἐκ τοῦ φρονοῦντος ὅπως κυβερνᾶται τὸ σύμπαν, καθ' Ἡράκλειτον 유출된 것들과 그 존재의 부분을 가득 수용한 것이다."

5   아마 헤라클레이토스는 지성γνώμη을 말한 것 같습니다. 베르나이스, IX, *Rh. Mus.* 256쪽은 플루타르코스가 어떻게ὅπως를 삽입했다고 생각합니다. 그것은 플루타르코스가 오직 작용하는wirkendes 인식만을 알고 있었던 헤라클레이토스와는 반대로 다만 관조적 beschauliches 인식만을 파악하고 있기 때문이라는 것입니다. 이것

10   은 지나친 해석입니다. 왜냐하면 그것은 다만 모든 것을 인식하는 일자ἓν πάντα εἰδέναι에 대한 하나의 유비일 것이기 때문입니다. 중요한 대비는 오히려 다음과 같은 것입니다 : 유희의 목적으로 영원히 세계를 건설하는 불은 마치 헤라클레이토스 자신이 이 전체적 과정을 더불어 주시하듯 이 온 과정을 주시합니다. 그 때문에 헤라

15   클레이토스는 자신에게 지혜를 돌리는 것입니다. 작용하는 지성이 아니라 이 관조하는 지성과 하나 되는 것이 지혜입니다. 과정의 형태에 있어서의 정의와 모든 것을 조망하는 저 직관Intuition은 구별되어야 합니다. 대립들 가운데 지배하는 저 내재적 정의 또는 지성과 전체의 투쟁을 조망하는 저 불의 힘은 구별되어야 합니다. 우리

20   는 오로지 예술가의 행위에서만 이 견지를 분명히 할 수 있습니다. 내재적 정의와 지성, 그리고 투쟁은 예술가의 행위 영역이고, 전체는 다시 유희인 것입니다. 창조적 예술가는 모든 것 위에서 조망하고 주재하면서, 또 한편으로는 자신의 작품과 하나입니다. 그에 반해 아낙사고라스는 무언가 전혀 다른 것을 의도합니다. 그는 인간

적 방식으로 생각된 하나의 의도를 가진 특정한 의지가 세계의 질서를 규정하는 자라고 생각합니다. 이 목적론적 견해 때문에 아리스토텔레스는 그를 최초의 냉철한 *사려 분별*이 있는 자라고 부릅니다. 누구나 알고 있는 하나의 능력, 즉 *의식적으로 의지하는* 것이 여기에서는 사물의 심장부로 이전되었던 것입니다. 저 *정신*은 일반화된 어의에서 오히려 의지, 즉 목적을 지향함이란 뜻을 가집니다. 여기에서 영혼과 물질, 즉 인식하고 목적을 설정하는, 그러나 또한 의지하고 움직이고 하는 등등의 힘과 경직된 물질이라는 조야한 대립이 처음으로 철학에 끼어듭니다. 그리스 철학이 얼마나 오랫동안 이 설에 대항합니까? 이상한 일입니다. 사실 몸과 마음을 물질과 비물질로 구분하는 것은 그리스적 견해가 전혀 아니었으니까요. 우리는 지금 이런 일들을 달리 대하고 있습니다. 헤라클레이토스는 아직 이런 일들에 관해—내적이므로—원초적으로 그리스적인 고찰을 하고 있었습니다. 물질적 그리고 비물질적이라는 대립은 아직 전혀 존재하지 않습니다. 그리고 그것이 옳은 것입니다.—요컨대 아리스토텔레스의 말대로 아낙사고라스가 *정신*νοῦς을 비로소 도입했다고 해서 지성에 관한 위의 견해를 거부하는 것은 불합리합니다 (하인체, *Logos*, 35쪽).—그렇다면 우리는 연소ἐκπύρωσις에 관한 학설을 어떻게 판단해야 하는 걸까요? 헤라클레이토스는 땅이 건조해진다고 지각한 아낙사고라스에게 동의했습니다. 그리하여 불을 통한 몰락이 목전에 있습니다. 저 유희하는 세계아는 끊임없이 짓고 허물기를 계속합니다. 그러나 때때로 그 아이는 처음부터 다시 유희를 시작합니다. 충족의 순간이 있는가 하면 새로운 욕구가 있습니다. 예술가에게 창조가 하나의 욕구이듯이, 끊임없이 짓고 허무는 일은 하나의 욕구*χρησμοσύνη*입니다. *유희/παιδιά*는 하나의 욕구입니다. 때때로 충족 상태가 이루어집니다. 그러면 오로지 불 외에는 달리 아무것도 없습니다. 모든 것은 말하자면 불에 의해 삼켜집니다. *오만ὕβρις*이 아니라 새로이 깨어나는 유희 충동이 이제 다시 *질서διακόσμησις*를 추진합니다. 여기에서 모든 목적론적 세계관에 대한 혐오는 절정에 이릅니다. 아이는 장난감을 내던집니다. 그러나 유희를 하자마자 아이는 영원한 합목적성과 질서에 따라 유희를 이끌어나갑니다. ─ 필연이자 유희, 그것은 곧 전쟁이자 정의입니다.

그런데 또한 매우 특징적인 것은 헤라클레이토스가 명령법들을 동반하는 윤리를 알지 못한다는 사실입니다. 실로 모든 것은 운명*εἰμαρμένη*입니다. 개개 인간에게 있어서도 그러합니다. *인간의 운명은 그의 타고난 성격입니다ἦθος γὰρ ἀνθρώπῳ δαίμων.* 이성*λόγος*에 따라 살며 이성을 인식하는 사람들이 그다지도 소수인 것은 불이 죽을 때 그들의 영혼이 '습하기' 때문입니다. *진흙탕 속에서 즐거워하는 것βορβόρῳ χαίρειν*은 인간의 본성입니다.

"진흙이 영혼을 점유하면, 사람들에게 눈과 귀는 나쁜 증인이다."

그것이 어째서 그런지에 대해서는 의문이 제기되지 않습니다. 또 마찬가지로 어째서 불이 물이 되고 흙이 되는지에 대해서도 그러합니다. 기실 그것은 '최선의 세계'가 아니라 다만 영겁의 *세월αἰών*이 하는 유희일 뿐이라는 것입니다.

"영혼의 죽음은 습기가 되는 것이다."

그에게 인간은 본시 *비이성ἄλογος*으로 간주됩니다. 오로지 불과의 관계를 통해서만 그는 공통의 *로고스ξυνὸς λόγος*에 참여합니다. 헤라클레이토스에 대해 하인체의 책 49쪽 이하에서처럼 다음과 같이 그가 아무런 윤리도 가지고 있지 않다고 비난을 퍼붓는 것은 완전히 착각입니다.

"모든 것은 로고스에 부응하여 일어난다. 현세적인 모든 것은 이성적이다. 그런데 이 최상의 법칙이 바로 자연의 최고 현상들에서 거의 충족되지 않는다는 것은 어떻게 가능한가? 동일한 자연의 산물들로서 이성이 없는 것들과 이성이 구비된 것들 간의 시끄러운 충돌은 어디서 연유하는가? 운명εἱμαρμένη과 이성λόγος이 모든 것을 규정한다면 정의δίκη는 무엇을 심판한다는 것인가?"

이런 의견들은 순전히 오류입니다. 자연의 최고 현상은 절대 인간이 아닙니다. 그것은 불입니다. 충돌은 전혀 없습니다. 다만 인간은 불인 만큼 이성적이고, 물인 만큼 비이성적인 것입니다. 인간으로서는 법칙λόγος을 인식해야 한다는 필연은 없습니다. 헤라클레이토스에게는 왜 물이 있고, 왜 땅이 있는가 하는 물음은 왜 인간들은 그토록 어리석은가 하는 물음보다 훨씬 진지한 물음입니다. 정의라면 징벌해서는 안 됩니다. 정의는 어리석은 인간에게나 지고의 인간에게나를 막론하고 자신을 드러내는 내적인 합목적성이기 때문입니다. 전반적으로 제기되어야 할 유일한 물음은 어째서 불은 항상 불이 아닌가 하는 것입니다. 이 물음에 대해 그는 말합니다. "— 그것은 하나의 유희이다"라고. 너무 비장하게 받아들이지 말라! 헤라클레이토스는 기꺼운 마음으로εὐαρέστησις, 인식된 모든 것에 관조적으로 만족하는 가운데 현존하는 세계를 다만 기술할 뿐입니다. 인간의 본성에 관한 그의 기술에 만족하지 못하는 사람들만이 그가 음울하고 우울하고 어둡고 염세적이라고 봅니다. 근본적으로 그는 염세주의자들과는 반대됩니다. 그렇다고 그가 낙관주의자는 아닙니다. 왜냐하면 그는 고통과 비이성을 없는 것으로 부인하지는 않기 때문입니다. 투쟁은 그에게 세계의 영원한 과정으로 드러납니다. 그러나 그는 영원한 *운명*είμαρμένη에서 평정을 얻으며, 그것이 모든 것을 조망하는 까닭에 그것을 *이성*λόγος, *지성*γνώμη이라 부릅니다. 이것은 진정 그리스적입니다. 그 안에는 하나의 조화*ἁρμονία*가, 그러나 *대립에 근거하는*παλίντροπος 조화가 있습니다. 그 조화는 오로지 관조하는 신과 그 신과 유사한 인간만 인식할 수 있습니다.

§11. 파르메니데스와 그의 선구자 크세노파네스. 파르메니데스와 헤라클레이토스는 같은 시대를 살다 간 인물들입니다. 아폴로도로스는 그들의 절정기를 올림피아력 제69기(기원전 504~500)로 산정했습니다. 여기에서 우리는 그가 최근에 이르기까지 혼돈을 야기했던 진술을 이미 비판했다는 사실을 알게 됩니다. 즉 플라톤은《파르메니데스》, 127A,《테아이테토스》, 183E,《소피스테스》, 217C에서 소크라테스가 성급하고 *미숙한 젊은이*σφόδρα νέος로서 판아테나이아 축제 때 아테네에서 파르메니데스와 제논을 만났다는 것을 전제하고 있는데, 그 당시 파르메니데스는 65세, 제논은 40세였다는 것입니다. 그런데 사람들이 계산을 해보니, 그 당시 소크라테스가 15세였다면 파르메니데스는 기원전 519년이나 520년에 태어난 것이 됩니다. 그렇기 때문에 아마 에우세비오스(올림피아력 제80기 연대기)와 신켈로스(259C)는 그의 절정기를 10 올림피아력 주기로

늦추어 잡았던 것 같습니다. 그래서 소크라테스가 데모크리토스, 고르기아스, 프로디코스, 그리고 히피아스와 같은 시대를 살았던 것으로까지 나타납니다. 그러나 플라톤에 근거해서 도출된 모든 결론은 부인되어야 합니다. 그리고 그것은 이미 아폴로도로스에 의해 그렇게 되었습니다. 플라톤은 전적으로 비역사적인 천성의 소유자입니다. 그의 시대 착오는 시인의 의식적인 특허로 판단될 성질의 것이 아닙니다. "고의적인 위조"(브란디스Brandis)로 판단될 일은 더더욱 아닙니다. 고대 후기에서는(일례로 아테나이오스, 505) 이 점이 완전히 왜곡되어 다루어집니다. 그것이 플라톤이 숨쉬는 저 신화적 대기입니다. 그 안에서는 역사적 엄밀성 같은 것은 전혀 문제가 되지 않습니다. 그래서 플라톤은 소크라테스의 상(像)을 고수할 의도가 없는 것입니다. 그는 그 상을 자신의 사상 전개에 대응하는 상들로 항상 다시 새롭게 산출합니다. 그가 엘레아 학파의 조류를 받아들였을 때 그의 소크라테스 역시 파르메니데스의 문하에 들지 않을 수 없었던 것입니다. 그 어떤 역사적 감각도 그를 저지하지 않았습니다.—아폴로도로스는 우리가 전에 추정한 바대로 파르메니데스가 절정기ἀκμή에 예순네 살쯤이었을 거라고 가정합니다. 파르메니데스는 아낙시만드로스의 절정기인 올림피아력 제58기 2년에 그의 문하에 있었습니다. 그러니 그는 대략 올림피아력 제53기에 태어났음이 분명합니다. 그것이 테오프라스토스와 아폴로도로스의 견해입니다.* 이 견해에 대한 유일한 반박은, 이 경우 파르메

---

* 올림피아력. 69
  12
  57 출생 : 불가능하다! 따라서 그는 58, 2 이후 즉시 세상을 떠나는 아낙시만드로스의 문하에 들 수 없다.

니데스가 엘레아 태생일 수 없을 것이라는 겁니다. 왜냐하면 엘레아는 올림피아력 제61기가 되어서야 비로소 건설되었기 때문입니다. 그런데 그가 올림피아력 제61기 이후에야 태어났다면, 그가 이미 올림피아력 제69기에 절정기에 있었다는 것은 어불성설입니다.

5 그러므로 아폴로도로스는 그가 30세경에 엘레아에 이주했다는 것, 따라서 그가 다른 지역 출신이라는 것을 가정했음에 틀림없습니다. 그런데 그가 아낙시만드로스의 문하생이라면 우리는 틀림없이 밀레토스를 염두에 두어야 할 것입니다. 따라서 그가 다만 엘레아 사람으로 불리고 있지만, 그의 경우 역시 사실상 콜로폰 출신인 크세노파네스의 경우와 같습니다. —크세노파네스의 시대는 아폴로도

10 로스에 의해 다음과 같이 표현되고 있습니다. 클레멘스, *Str.* I, 301C.

"그는 올림피아력 제40기에 태어났다고 하는데, 다레이오스와 키로스의 시대까지 이어질 만큼 아주 오래 살았다고 전해진다."

15 보다 정확히 하자면 여기의 두 이름은 순서가 바뀌어야 합니다. 키로스는 올림피아력 제62기 4년에 죽었고, 다레이오스는 올림피아력 제64기 4년에 집권합니다. 아폴로도로스는 이와 같이 크세노파네스가 다레이오스를 아직 경험할 수 있도록 그를 96세로 생각했습니다. 즉 올림피아력 제40기에 24 올림피아력 주기(=96년)를 더

20 하면 올림피아력 제64기가 됩니다. 이것은 라에르티오스의 증언과도 일치합니다(IX, 19. Bergk, 480쪽).

"내가 근심에 짓눌리며 그리스의 땅을 전전한 지도
이미 67년이 흘렀다.
내 기억이 정확하다면, 내 계산으로는

태어난 해로부터 약 25년이 추가된다."

근심φροντίς은 라틴어의 근심cura과 같이 시적이고 철학적인 명상에 대한 표현인데, 그렇다면 그는 25세에 자신의 시를 '이리저리 던지기' 시작했습니다. 즉 음유 시인으로 그것을 유포하기 시작했던 것입니다. 그는 위의 시를 92세에 지었습니다. 약 여든넷이라는 고령이 되어서야 그는 방금 건립된 도시 엘레아에 정착합니다. 이제 그곳에서 크세노파네스와 서른 살쯤 된 파르메니데스가 서로 교류합니다(파르메니데스가 올림피아력 제61기 이후에 태어났다면 그가 크세노파네스의 문하생이 되는 것은 전혀 불가능했을 것입니다). 파르메니데스는 전에 이미 아낙시만드로스의 문하에서 가르침을 받았었고, 그의 철학은 아낙시만드로스의 문제들을 전제로 합니다. 크세노파네스에서 시작되어 독자적으로 성장한 엘레아 학파에 대해서는 이야기하고 있지 않습니다. 두 사람, 즉 파르메니데스와 크세노파네스는 저마다 전혀 다른 문제점에서 출발하면서 하나의 본질적인 점에서 만났던 게 분명합니다. 크세노파네스는 시인, 음유 시인이고, 동시에 여행을 통해 많은 지식을 쌓은 사람입니다. 그래서 헤라클레이토스는 그에게 *박식πολυμαθίη*이라는 평가를 내리는 것입니다. 그는 피타고라스와 같은 그러한 획기적인 인물은 아닙니다. 그러나 본질적으로 종교적이며, 자신의 편력의 도상에서 인간의 개선과 정화를 염두에 두고 있었던 사람입니다. 그는 질책하고 투쟁합니다. 그의 배경은 신성(神性)을 지향하는 종교적 신비주의입니다.

사람들은 크세노파네스에 관해서 많은 것을 알지 못합니다. 그는 콜로폰에서 태어났는데, 아폴로도로스에 의하면 그는 오르토메네스의 아들이고, 다른 사람들에 의하면 덱시오스 또는 덱시노스의 아들입니다. 그는 고향에서 추방되어 잔클레, 카타나, 그리고 엘레아에서 살았습니다. 그는 콜로폰의 건설에 대해 2,000행의 시를 지었고, 엘레아의 건설에 대해서도 시를 지었습니다. 그의 마지막 주
5   저서는 《자연에 관하여 $\pi\varepsilon\rho\acute{\iota}$ $\varphi\acute{\upsilon}\sigma\varepsilon\omega\varsigma$》입니다. 이 저서에서 그는 (자신이 천문학자로서 경탄해 마지않았던, 라에르티오스, I, 23) 탈레스, 피타고라스, 나아가 에피메니데스를 논박했습니다 $\acute{\alpha}\nu\tau\iota\delta o\xi\acute{\alpha}\sigma\alpha\iota$. 어쨌든 그는 윤회설 반대자였습니다(라에르티오스, 8, 36 참조). 그는 라에르티오스, I, 111에서 에피메니데스의 수(壽)가 154세가 되
10 었다고 말합니다. 그는 57년간의 동굴 속에서의 잠에 관한 주제를 다루고 있음이 분명합니다. 또는 그는 점복술과 싸우기도 했습니다. 키케로, *de divinat*. I, 3, 5. 그러나 그의 주요 투쟁은 호메로스와 헤시오도스를 향한 것이었습니다. 이 점에서 그는 자신의 세기의 종교적-윤리적 경향과의 공통점을 보여줍니다. 그는 다신론적 속
15 신에 대항합니다. 이것은 엄청난 투쟁으로, 필시 그 때문에 그는 추방되었던 것입니다.

섹스토스, *adv. Math*. IX, 193.

"호메로스와 헤시오도스는 인간들이 나쁘게 받아들이고 질책하는 것들,

20   도둑질과 간통, 서로 속이는 일,
이 모든 일을 신들에게 전가했다."

이제 그는 누구든지 신들을 자기 자신처럼 상상한다는 것을, 그래서 흑인은 신을 검은 피부에 납작코로, 트라키아 사람들은 신을 푸른 눈에 빨간 머리칼로 상상한다는 것을 보았습니다.—말과 소

가 그림을 그릴 수 있다면 그들은 자신의 신들을 말이나 소로 그릴 것이라는 겁니다.—신이 태어난다고 말하는 자는 신이 죽는다고 생각하는 자와 마찬가지로 죄를 짓는 것입니다.

주요 문구들 : 클레멘스, *Str.* V, 601쪽.

"하나이며 유일한 신이 신들과 인간들 가운데 가장 위대한 자이다.

그는 형체δέμας로 보나 통찰력νόημα으로 보나 필멸의 인간과는 다르다."

섹스토스, *adv. Math.* 9, 144. cf. Ka. 9, 19.

"그는 전체로οὖλος 보고, 전체로 이해하고, 전체로 듣는다."

심플리키오스, 아리스토텔레스의 《자연학》, 6에서.

"정신의 노력 없이 그는 모든 것을 자신의 의식으로 조종한다."

같은 곳 :

"그는 항상 부동으로 같은 곳에 머문다.

목표에 이르기 위해 이리저리로 움직이는 것은 그에게는 어울리지 않기 때문이다."

이들 종교적 견해는 의인적 요소를 벗어나기 위한 필요에서 나온 것입니다. 그러나 이 견해들은 아직도 여전히 신들에 대한 그리스적 원초 감각을 보여줍니다. 신들은 자연이 생동감 있게 움직이는 형체들로 용해된 모습들입니다. 이 형체들을 제거하자 외경심은 하나인 자연에 고착되었고, 이 자연은 이제 가장 순수한 술어들로 장식되었습니다. 크세노파네스는 자연의 신화적인 총평을 얻고자 노력합니다. 이 엄청난 통일성이 드러납니다. 그것은 어디를 향해 나아가야 하겠습니까? 그것은 전적으로 인식이요, 전적으로 작용입니다. 플라톤의 《소피스테스》, 242D와 아리스토텔레스의 《형이상학》, I, 5는 그렇게 그의 명제를 이해했습니다. 요컨대 그것은 하나의 [비]인격적인, 세계의 바깥에 있는 신에 관한 무슨 학설이 아닙니다. 여기에는 정신과 물질, 세계와 신의 대립은 전혀 없습니다. 그는 신과 인간의 동일성을 지양하고, 이제 신을 다시 자연과 동일하게 놓습니다. 이때 격앙된 윤리적 의식이 그를 인도합니다. 이 의식은 모든 인간적인 것, 존귀하지 않은 것들을 신들에게 접근치 못하게 하고자 힘씁니다. 그의 다른 윤리적 관념들에서와 같이 여기에서 그리스 특유의 것에 대한 투쟁이 나타납니다. 그는 공공의 경연 대회들에 대한 국민의 정열적 욕구를 탐탁하게 여기지 않은 최초의 사람이었습니다. 아테나이오스, 413F. 그의 것이라고 추정되는 단편에서 그는 다음과 같이 말하고 있습니다.

갈레노스, *protrept.* II, 14.

"동물들이 올림픽 경기에 참여하는 일이 언제 일어난다면 당나귀에게 쉽사리 명예가 주어져, 승리자의 기록ἀναγραφὴ에 '당나귀가 레슬링 시합에서 장정들에게 이긴 것은 언제언제의 올림픽 경기였다' 라는 구절이 있게 될 것이다."

Rh. Mus. 4, 297.

"*장거리 경기장*δολιχός에서는 말이 승리할 것이고, 단거리 경기장에서는 토끼가 이길 것이다" 등등.

그는 육체적 강인함과 유연성에 명예가 주어지는 것을 불평하며, 맹세를 신에 대한 방자함의 찬양으로 보는 까닭에 이를 비난합니다. 그는 시인들의 신화를 가지고 심심풀이하는 일을 비난합니다. 그러는 중에 그는 시인으로서조차 매우 좋지 않은 평판을 받습니다. 키케로, *Acad.* II, 23, 74는 그에게 열등한 *시구들*minus bonos versus을 덧붙입니다. 우리는 그에게서 아직 음유 시인의 단계에 있는 윤리 교사를 봅니다. 후대라면 그는 틀림없이 소피스트였을 겁니다. 우리가 여기에서 전제해야 할 것은 비상하게 자유로운 개성입니다. 특히 그가 헤라클레이토스와는 달리 고독으로 도피하지 않고 공격적 태도로 바로 공중 앞에서 경연에 참가했다는 점에서 그러합니다. 그의 영원한 편력 생활은 그에게 당대 제일의 유명 인사들과 만날 수 있는 기회를 마련해주었습니다. 그리하여 라에르티오스, 8, 36에 보이는 다음 이야기는 피타고라스에 대한 개인적인 기억에서 전해진 것이 분명합니다.

"길을 가다가 개 한 마리가 얻어맞는 것을 보자
그는 동정심에 사로잡혀 말했다.
채찍을 치우라. 그대가 괴롭히는 그 혼은 나의 친구의 혼이다.
그 목소리에 나는 그 혼을 분명히 알아챘다."

그가 탈레스에 반대하는 견해를 피력했다면 그는 탈레스를 알고 있었던 것이 분명합니다. 어쨌든 일군의 자연과학적 명제에 대해서는 탈레스가 그의 유일한 선배입니다. 크세노파네스는 먼저 화석, 산 위의 조개 같은 것을 관찰했습니다. 히폴리토스, 1, 14. 시라쿠사, 파로스, 멜리테가 그의 관찰 장소로 일컬어지고 있습니다. 그는 땅이 유동적 상태에서 단단한 상태로 이전되었으며, 세월과 함께 다시 진흙으로 변화할 것이라고 추론했습니다. 땅의 몸체는 물에서 땅으로, 땅에서 물로 주기적으로 이전되는데, 이때 인류는 동시에 자신의 거주지와 함께 물 속으로 가라앉습니다.—구름, 비, 바람을 그는 태양열에 의해 바다로부터 탈취되는 증기들의 기운을 기반으로 설명했습니다. 해와 달과 별들, 무지개, 유성, 번개 등등은 연소하는 불기운들 외에 다른 것이 아닙니다. 그것들은 질 때 꺼지며, 떠오를 때 새로 형성됩니다. 이 기운 덩어리들은 무한하고 곧은 궤도를 따라 땅 위 공중에서 이동해갑니다. 우리에게 그 궤도가 원형으로 나타난다면 그것은 그 외의 구름들이 그런 것처럼 시각적 착각입니다. 여기에서 항상 새로운 별들이 우리의 시계로 진입하는 것이 확실하며, 서로 다르고 서로 멀리 떨어진 땅의 부분들이 서로 다른 태양들에 의해 비추어진다는 사실이 추론됩니다. 그런 종류의 모든 견해는 탈레스와의 긴밀한 관계를 드러냅니다. 원래 독창적인 것은 세계의 통일성에 대한 예감입니다. 그것은 아낙시만드로스의 *무한정자*ἄπειρον의 경우에서와 같은 유사한 이원론이었습니다. 여기에 생성과 소멸의 세계가 있고, 저기에 영원히 동일한 정지된 신적인 원소가 있습니다. 라에르티오스, IX, 19는 다음과 같이 말합니다.

"*그는 생성하는 모든 것은 가멸적임을 최초로 입증했다.*"

여기에서 그는 동시대인인 아낙시만드로스와 일맥 상통합니다. 이 공통성은 파르메니데스가 두 사람에게서 배울 수 있는 여지를 마련합니다. 파르메니데스는 *무한정자*를 크세노파네스의 신과 융합하여 양 세계관이 지니는 이원론을 제거하고자 했습니다. 진실로 존재하는 것만 있을 뿐이라면 다수란 어떻게 가능합니까? 예감에 찬 한 걸음은 이미 크세노파네스가 옮겨놓았습니다. 우리는 망상에, 속견에 맡겨져 있으며, 우리에게 절대적 진리란 없다고 그는 생각했습니다. 이와 같이 그는 우리의 인식 기관의 비판을 촉구했습니다. 단편 14.

5

"실로 그 누구도 내가 설명하는 신들과 만물에 관해
명확한 것을 본 사람은 없으며 앞으로도 없을 것이다.
완전한 것의 표현이 누군가에게서 매우 성공적으로 이루어졌다 해도
10   어떤 경우든 오로지 가정만이 있을 뿐, 그는 그것을 알고 있지 못할 것이다."

(누구든지 의견을 가질 수는 있다.)

파르메니데스는 자신이 받은 세 가지 영향을 보여줍니다. 즉 아낙
15 시만드로스, 크세노파네스, 그리고 피타고라스 학파의 한 사람인 아메이니아스의 차례로 이어지는 영향입니다. 대략 엘레아의 건설 이래 피타고라스의 영향력은 절정에 이릅니다. 어찌 되었든 파르메니데스는 엘레아 사람으로서 비로소 이 피타고라스 학파의 인물을 접하게 됩니다. 여기에서 그 영향은 다만 피타고라스적인 삶 βίος
20 Πυθαγόρειος으로서만 나타납니다. 그것은 파르메니데스적인 삶 βίος Παρμενίδειος입니다. Ceb. tab. c. 2 :
피타고라스 학파의 어떤 인물과 파르메니데스의 생활 방식을 질시해서.
피타고라스적 철학과 같은 것은 아무것도 발견되지 않습니다. 그

영향은 라에르티오스, IX, 21에 다음과 같이 서술되고 있습니다.

"그는 부유한 명문가 출신이었다. 또한 그는 크세노파네스가 아니라 아메이니아스를 통해서 영혼의 평정에 이르렀다."

그는 피레스의 아들이었습니다. 그의 영향력은 틀림없이 나중에는 매우 컸을 겁니다. 그것은 그가 엘레아 시민들에게 법을 제정해주었으며 이들이 매년 새로 이 법에 충실할 것을 맹세했다고 전해오기 때문입니다. 플루타르코스, *adv. Coloten*, 32, 2. 라에르티오스, IX, 23에서 스페우시포스. 그는 엠페도클레스와 비슷한 위치에 있습니다. 개인적 비중은 엄청납니다. 게다가 피타고라스 학파 사람들이 누렸던 신비에 찬 명망도 부가됩니다. 피타고라스적 세계관은 심플리키오스를 통해 여기저기서 드러납니다. 심플리키오스는 *Phys.* 9a에서 세계를 지배하는 파르메니데스의 신격에 대해 다음과 같이 전합니다.

"그리고 그녀[여신]는 영혼을 때로는 가시적인 것에서 불가시적인 것 쪽으로, 때로는 반대 방향으로 보낸다."

여기서 영혼의 윤회설이 보입니다.

파르메니데스 특유의 요소를 파악하기 위해서는 그의 철학적 세계관이 저마다 생성되어 나온, 크게 대별된 두 시기를 고려해야 합니다. 첫째, 아낙시만드로스적 체계의 연속, 그리고 둘째는 순수한 존재론입니다. 그의 존재론은 감각의 기만으로 다른 모든 견해, 그래서 자신의 이전의 견해까지 부인하게 만들었습니다. 그러나 그는 스스로 말할 수 있었습니다. 만약 사람들이 언젠가 다른 길로 들어선다면, 내가 이전에 가졌던 견해야말로 정당한 유일한 견해이다, 라고 말입니다. 오로지 그렇게 해서만 우리는 이 다른 견해의 주도면

밀한 전개를 그 심리적인 면에서 파악할 것입니다. 그것은 훗날 제2
권인 《자연에 관하여 $\pi\epsilon\rho\grave{\iota}\ \varphi\acute{\upsilon}\sigma\epsilon\omega\varsigma$》가 됩니다. 제1권은 그가 나중에
시작(詩作)으로 덧붙인 게 분명합니다. 그의 창작은 그가 여기에서
아직 젊음의 힘으로 충만해 있다는 것을 보여줍니다. 즉 많은 것들
이 신화적입니다. ―아낙시만드로스에게서는 존재의 세계와 되어
감의 과정(비존재)의 세계의 대립이 처음으로 대두되었습니다. 그
는 되어감의 과정에 있는 세계가 온기와 냉기의 이원적 원리에서
생겨난다고 이해했습니다. 이제 아낙시만드로스는[55] 존재와 비존재
라는 대립되는 영역들이 현존하는 세계 안에 내재하는 것으로 봄으
로써 이 첨예한 분리를 회피하는 시도를 합니다. 그는 존재와 비존
재의 대립을 세계를 설명하는 이원론적 원리로 옮겨놓습니다. 이
양 범주의 목록들은―아낙시만드로스는 거기에서 다만 온기와 냉
기 한 쌍만을 발견했습니다―다음과 같습니다.

존재자	비존재자
불, 빛	어둠, 밤
불	흙
〔얇은〕 가벼운	무거운
옅은	짙은
능동적인 것	수동적인 것
남성적인 것	여성적인 것

　　이 요소들을 연결하는 것을 파르메니데스는 세계의 중심에 군림
하고 있는 여신이라고 부릅니다.

"그리고 이들의 한가운데에서 여신은 모든 것을 조종한다.

혼합이 이루어지도록 그녀는 끔찍한 출산과 만물의 혼합을 관장한다.

남성적인 것을 여성적인 것으로 이끌면서,

5   *그리고 반대로 또 여성적인 것을 남성적인 것으로 이끌면서."*

그러므로 되어감의 모든 과정은 존재자와 비존재자의 성적 결합입니다. 파르메니데스 역시 아낙시만드로스와 같이 생성하는 모든 것은 소멸한다는 것을 믿습니다. 그것은 비존재자로 인해 몰락하는

10   것임이 분명합니다. 이 **충동**Trieb을 그는 *아프로디테*Ἀφροδίτη, 조종자κυβερνῆτις, 정의δίκη, 필연ἀνάγκη이라 부릅니다. 그런데 키케로, *d. nat. deor.* I, c. 11은 결정적으로 중요합니다.

"물론 어떤 사람은 전쟁을, 어떤 사람은 다툼을, 어떤 사람은 욕구나 그 밖의 다른 것들, 즉 질병이나 잠이나 망각이나 노쇠 때문에

15   *사라져버리는 여러 가지를 똑같은 종류의 신에게 돌릴 수 있을 것이다."*

요컨대 동일한 신격이 마찬가지로 투쟁πόλεμος 속에서, 정지στάσις 속에서, *사랑*ἔρως 속에서 자신을 드러냅니다. 즉 두 요소가 서로 당기고 서로 밀어내는 것이 세계가 되어가는 과정입니다. 수

20   면 상태나 병든 상태 등등에서, 특히 죽음의 상태에서는 서로간의 파괴, 소멸이 일어납니다. ─ 우리가 이 고찰을 헤라클레이토스와 비교해볼 때 공통점은 되어가는 과정에 있는 모든 사물에 대립적인 성질들이 작용하고 있으며 그것으로 인해 또한 그 사물들이 멸망한다는 사실입니다. 그러나 헤라클레이토스가 모든 성질에서 단지 하

나인 불의 무한한 변전을 보는 데 반해, 파르메니데스는 어디에서든 두 대립적 요소들의 변전을 지각합니다. 투쟁**πόλεμος**은 헤라클레이토스에게는 하나의 유희인데 파르메니데스에게는 증오의 표징입니다. 그러나 동시에 서로를 증오하는 요소들은 서로를 향한 욕망을 갖습니다. 이것은 매우 의미심장한 관념입니다. 헤라클레이토스의 세계는 욕망이 없는 세계였습니다. 인식과 비인식, 불과 물, 투쟁—그러나 충동을, 욕망을 설명하는 것은 그 안에 아무것도 없습니다. 그것은 심미적 세계관입니다. 여기 파르메니데스에게서 심미적인 모든 것은 멈춥니다. 증오와 사랑은 유희가 아닙니다. 그것은 동일한 *신격* **δαίμων**의 작용들입니다. 이 *다이몬* **δαίμων**에서 우리는 이원론을 극복하려는 노력을 봅니다. 그러나 그것은 오직 신화적 방식으로만 일어납니다.—그 다음으로 매우 중요한 것은 생성과 소멸을 존재와 비존재의 투쟁과 사랑으로 환원하는 관념입니다. 대단한 추상입니다!

무한정한 존재 **Ἄπειρον**의 유일한 세계에서는 되어감의 과정은 물론 전혀 도출될 수 없었습니다. 그 어떤 것이 부가되어야 합니다. 그리고 그것은 그 세계의 완전한 반대, 비존재의 세계일 수밖에 없습니다. 제3자는 없습니다. 이제 그는 이 대립을 전적으로 추상적으로 설정하지 않고 현존하는 세계 안에서 명확히 표현하여 그들을 저 원초적 대립으로 이전시키는 발걸음을 내딛었습니다. 이것은 훗날 피타고라스의 철학을 가능하게 만든 일보입니다.

그의 자연학의 구조는 아낙시만드로스의 것과 매우 유사합니다. 아낙시만드로스는 서로 둘러싸고 있는 세 영역을 상정했는데, 이는 가장 안쪽의 땅, 그것을 둘러싼 공기, 그리고 그것을 둘러싼 화환

(火環)입니다. 파르메니데스에게서는 전체는 서로를 둘러싸면서 있
는 여러 개의 구체로 이루어져 있습니다. 가장 안쪽의 것과 가장 바
깥쪽의 것은 어둡고 무거운 요소로 이루어져 있습니다. 가장 안쪽
의 것의 주위와 가장 바깥쪽의 것 바로 아래에는 어두운 것과 불타
는 것이 섞여 이루어진 여러 원환이 놓여 있습니다. 땅은 핵심이며,
별이 총총한 하늘은 혼합된 영역입니다. 별들은 *불기운의 덩어리
들*πιλήματα πυρός입니다. 이와 같이 별들의 왕국을 화환이 둘러싸
고 있고, 그 둘레에 다시 단단한 층이 있는 것입니다. 전 세계의 중
심부에는 *신격*δαίμων이 자리를 잡고 있습니다. 그러나 나는, 스토
바이오스가 *Ecl.* I, 482에서 분명하게 표현하고 있듯이, 여기에서 땅
의 가장 심층부가 아니라 중간 영역을 생각합니다.

"*함께 섞여 있는 것들 가운데 한복판에 있는 것은 다른 것들의 운
동과 생성을 낳는 자의 구실을 하는데, 이것을 일컬어 그는 다이몬
이라고도 불렀다.*"

《*비판적 연구Krische Forschungen*》, 105쪽과 첼러, 485쪽에 의해 반
박됨. 인간은 물론 온기와 냉기의 요소에서 생겨났을 것입니다. 비
록 라에르티오스, 9, 22는 "*인간의 생산은 제일 먼저 태양에서 이루
어졌다*"는 것만을 말하고 있지만 말입니다. 그러나 슈타인하르트
(*Encyclop.* Gruber Ersch)가 *태양에서, 즉 진흙에서*ἡλίου
τε καὶ ἰλύος라고 읽는 것은 옳습니다. 생명과 이성적인 것은 온기
속에 있습니다. 잠과 노년은 온기의 감소로 설명됩니다. 관념들은
이 하나인 요소가 우세를 차지하는가 아닌가에 따라 변합니다. 테
오프라스토스가 *de sensu*, 3에서, 그리고 아리스토텔레스가 《형이상
학》, IV, 5에서 지적하듯이, 그는 *사려*φρόνησις를 여전히 감

각 αἴσθησις과 일치하는 것으로 파악했습니다. 우리는 범주표에서 '정신적'과 '물질적'이라는 대립이 없다는 사실을 상기해야 합니다. 좀더 자세한 설명들 가운데 많은 것들이 소실되었습니다.

그렇듯 의미 있는 고안들로 구비된 그러한 체계가 대중의 망상들과 타협해서 고안되었을 리는 없습니다. 그것은 첫 시기의 결과였고 뒤에 가서 엠페도클레스와 피타고라스 학파의 인물들에게 계속 강력한 영향을 미쳤습니다. 그런데 최초로 도입된 존재와 비존재라는 개념들이 후기에 가서는 자기의 권리를 요청했습니다. 우리는 파르메니데스에게 아주 비상한 추상력이 있다는 것을 전제하지 않을 수 없습니다. 근본적 착상은 '오직 존재자만이 있고, 비존재자는 있을 수 없다'는 것이었습니다. 비존재자의 존재에 대해 이야기하는 것은 최대의 배리(背理)입니다. 그 표현들은 더할 나위 없이 예리합니다. 왜냐하면 그는 자신이 얼마나 오랫동안 존재자보다는 비존재자의 요소에 관해 이야기해왔는지를 자신에게서 느끼기 때문입니다. 그에게 대립자들의 깔끔한 분리가 문제시되었던 지점에서 헤라클레이토스의 체계는 그에게 그 이율배반과 함께 이중으로 가증스러운 것이었습니다. 베르나이스가 *Rh. Mus.* 7, 115에서 인식한 바와 같이, 46행에서 파르메니데스는 그를 반박합니다. 헤라클레이토스주의자들은 있을 수도 있고 없을 수도 있다εἶμεν τε καὶ οὐκ εἶμεν와 같은 명제들 때문에 *머리가 둘인*δίκρανοι 자들로 불립니다. 정립된 것을 곧바로 다시 지양하는 그러한 표현 방식들은 *하릴없음*ἀμηχανίη에서 연유합니다. 플라톤이 《크라틸로스》의 마지막 부분에서 영원한 흐름에는 인식의 항상성이 없다는 것, 그래서 앎이 가능하지 않다는 것을 상세히 설명하고 있는 것과 유사하게, 그런 표현 방식들은 무의미한 관념들 εἰδότες οὐδέν이라고 불립니다. 플라톤이 《테아이테토스》, 179쪽에서 *떠돈다*φέρονται라고 말하듯이, *모든 것은 흘러 사라진다*πάντα φέρεσθαι는 명제에 따라 그런 표현 방식들에 관해서는 말장난으로 *끌려 다닌다*φοροῦνται고 이야기됩니다. τεθηπότες : 특유의 놀라움. 헤라클레이토스주의자들은 본시 귀가 먹고 눈이 멀었으며 분별할 줄을 모릅니다. 파르메니데스는 '존재와 비존재는 동시에 같은 것이며 같은 것이 아니다'라는 명제의 과오를 지적합니다. 마지막으로 그는 명백한 암시와 함께 *모든 것의 길은 회귀하는 길이라는 것*πάντων δὲ παλίντροπός ἐστι κέλευθος을 말합니다(마치 *세계의 대립 지향적 조화*παλίντροπος ἁρμονία κόσμου처럼). 이 논쟁은 그러므로 대중의 견해를 겨냥한 것이 아니며, 따라서 자기 자신을 겨냥한 것도 아닙니다. 그는 존재와 비존재 간의 차이를 쉽사리 승인하고 지양하는 사람들을 증오합니다.

이제 존재자에서 도출되는 결론들은 다음과 같습니다. 진실로 존재하는 것은 영원한 현재 안에 있습니다. 그것에 관해서는 그것이 있었다든가 있을 것이라든가 하고 말할 수 없습니다. 시간 개념은 그것과 상관이 없습니다. 존재자는 생성된 것일 수 없습니다. 그것이 어디에서 생성되었겠습니까? 비존재자에서이겠습니까? 그러나 비존재자는 존재하지 않으며, 아무것도 만들어낼 수 없습니다. 존재자에서이겠습니까? 존재자는 자기 자신 외에는 아무것도 생산하지 않을 것입니다. 소멸의 경우에도 마찬가지입니다. 아무튼 이미 존재했던 것, 그리고 앞으로 존재할 것은 존재하지 않습니다. 그러나 존재자에 대해서는 그것이 존재하지 않는다고 말할 수 없습니다. 존재자는 분할될 수 없습니다. 왜냐하면 그것을 분할할 수 있을 제2의 것은 없기 때문입니다. 모든 공간은 오직 그것으로만 채워져 있습니다. 그것은 부동입니다. 그것이 어디로 움직여야 하겠습니까? 그것이 모든 공간을 채운다면, 그리고 그것이 철두철미 하나이고 자기 자신과 동질이며 나뉘어 있지 않다면 말입니다. 그것은 미완이어서는, *무한정자* **ἄπειρον**여서는 안 됩니다. 그렇다면 그것은 결함, 결핍일 것이기 때문입니다. 그러므로 그것은 한정되어 있어야 합니다. 파르메니데스는 이 영원하며 변화하지 않는, 모든 방향으로 균형을 유지하며 떠도는, 모든 지점에서 같은 정도로 완전한 전체를 하나의 구체에 비유합니다. 그는 존재자의 이 엄청난 추상을 크세노파네스의 신화적 유일신과의 유비에서 얻었습니다. 오직 이러한 의미에서 그들은 서로 통합니다. 양자의 뿌리는 전혀 다릅니다. 크세노파네스에게 그것은 범신론의 영원한 통일성이고, 파르메니데스에게는 모든 존재자의 통일성에 대한 추상적 주장입니다. 후자의 주장은 전적으로 참입니다. 우리는 우리의 조직적 구조상 비존재자를 생각할 수 없습니다. 모든 빈 공간에도 불구하고 우리가 세계를 확장하는 만큼 우리는 결국 다시 존재Existenz, 공간의 있음Sein을 받아들입니다. 존재하는 것으로서 온 세계는 하나이고, 동질적이고, 분리되지 않았고, 생성되지 않았고, 불멸입니다—우리의 지성이 사물의 척도라고 가정한다면 말입니다. 우리는 다만 존재자만을 생각할 수 있습니다. 비존재에 관해서는 우리는 아무런 관념도 가지고 있지 않습니다. 관념들을 가지는 것과 존재에 대한 믿음을 가지는 것은 일치합니다.—뭔가 되고자 하는 것이 된다 하더라도, 어디에서든 전제되어야 하는 존재의 통일성은 그것으로 인해 건드려지지 않습니다. 이제 파르메니데스는 한 걸음 더 나아가 다음과 같은 결론을 내렸습니다. 그러므로 되어감의 과정은 착각들의 영역에 속한다. 왜냐하면 그것은 존재의 세계에 속할 수도 없고, 또 비존재란 존재하지 않는 만큼 비존재에도 속할 수 없기 때문이다. 이를 목표로 그는 이제 우선 인식 기관에 대한 중요한 비판을 합니다. 그 철학자[파르메니데스]는 카르스텐, v. 55에서 말합니다.

"진리에 이르기 위해서는 근시안적인 눈, 울리는 귀나 혀를 좇아서는 안 되고 *사고의 힘*λόγῳ으로 진리를 파악해야 한다."

여기에 존재자 외에 다른 무언가는 있을 수 없다는 *확신의 힘*πίστιος ἰσχὺς이 있으며, 여기에서 *참된 확신*πίστις ἀληθὴς이 나옵니다. 참된 확신이 있으면 생성과 소멸은 불가능합니다. 요컨대 이성λόγος이 사물의 참된 본질을 인식하는 것입니다. 즉 추상과 감각적 지각들은 착각에 불과한 것들입니다. 근본적인 미혹은 비존재자도 있다고 하는 것이라고 그는 말합니다. 모든 다른 규정을 포기함으로써 얻어지는 지극히 추상적인 보편성들은 진실되고, 좀더 근접해 있는 모든 규정, 즉 잡다(雜多), 술어들 등의 온갖 풍요는 다만 미혹이라는 것, 그것은 매우 진기한 일보(一步)입니다. 여기에서 우리는 지성이 부자연스럽게 분리되는 것을 봅니다. 그 결과는 결국 정신(추상의 능력)과 육체(저급한 감관)의 분리일 수밖에 없고, 우리는 이미 여기에서 플라톤에게서의 윤리적 귀결―가능한 한 육체, 즉 감각에서 자신을 해방시키는 철학자들의 과제를 인식합니다. 이것은 지극히 위험한 미로입니다! 왜냐하면 저 빈 껍데기에서는 어떤 진정한 철학도 구축될 수 없기 때문입니다. 진정한 철학은 오히려 항상 현실적인 것의 직관에서 출발해야 하는 것입니다.* 그리고 철학은 생산적인 개별 통찰들로 이루어질수록 그만큼 더 높은 단계에 있는 것입니다. 그러나 저 조야한 분리는 인식 능력의 비판으로서 최고의 가치가 있습니다. 거기에서 제일 먼저 변증술이 유래하고 (그러나 개념들의 결합으로 이루어지는 철학이란 없습니다), 나중
5   에 논리학이 유래합니다. 즉 사람들은 우리의 개념, 판단, 추리들에서 추상Absraktion의 기제를 발견하는 것입니다. 나아가서 거기에는 현존하는 전 세계를 미혹으로, *전체의 반란자* **στασιώτης τοῦ ὅλου**로 설명하려는 의도가 숨겨져 있습니다. 이것은 놀라운 대담성으로, 결실을 보기도 했습니다. 다만 파르메니데스적인 것을
10 불교적인 것과 혼동해서는 안 되고, 칸트의 관념론과 혼동해서는 더더욱 안 됩니다. 부처에게 그것은 사물의 허무함, 비참함, 무상함에 대한 윤리적·종교적 확신입니다. 세상은 부처의 꿈입니다. 칸트에게는 물자체와 현상의 세계의 대립은 인식에 대한 거의 반대되는 비판에서 생겨났습니다. 칸트는 파르메니데스가 자신의 존재자
15 에게 보류해두었던 바로 그 술어들, 즉 시간, 공간, 실체를 표상의 세계에 대한 우리의 필연적인 전제로 본 반면, 물자체는 오히려 *한정되지 않은 것*ἄπειρον으로, 우리의 인식에게는 질적인 특성을 나타내지 않는 것으로 서술했습니다. 물자체로 말하면 파르메니데스는 이를 즉각 부인했을 것입니다. 그에게는 그것이 실로 있어서는
20 안 될 비존재자로 여겨졌을 것이기 때문입니다. 이렇게 그것은 범신론적 통일성에 대한 신화적 확신도 아니고, 허망한 꿈으로서의 세계에 대한 윤리적 경멸도 아니며, 마지막으로 칸트적 관념론도

---

* 직관적 인식은 우리 통찰의 고갈되지 않는 원천이다. 개념들의 소유권은 그것에서 빌려온 것이다.

아닙니다. 그것은 존재자의 개념에서 얻은 매우 냉철하게 고려된 추상입니다. 그 증명은 직관적으로 발견된 관념에 대해 추후에나 구해진 그런 것이 아닙니다. 그렇다기보다는 이전의 체계에서 존재자와 비존재자를 좀더 소박하게 도입한 것이 그를 "비존재자는 존재할 수 없다"라는 하나의 사유로 인도했던 것입니다. 이전에 그가 생성을 존재자와 비존재자의 연결로 설명했었고, 이 경우 존재자는 작용하는 것으로, 비존재자는 물질로, 즉 생명 있는 것과 그 자체에게 생명이 없는 것으로 이해했었다면, 이제는 그는 범주표 전체를 감각의 미혹으로 설명했습니다. 왜냐하면 사유할 수 있는 것만이 존재하기 때문입니다. 생성은 사유할 수 없습니다. 따라서 그것은 존재하지 않습니다. 그러므로 그것의 요소들은 미혹입니다. 그러나 그와 함께 생성의 문제가 아직 제거된 것은 아니었습니다. 왜냐하면 사유 안에서는 그에게 아직 생성과 소멸이 있었기 때문입니다. 여기에서는 그는 아직 *반란자* **στασιώτης**가 아니었습니다. 그리고 또 가상은 어디에서 유래하는 것입니까? 미혹은 어디에서 유래합니까? 감각은 어디에서 유래합니까? 모든 것이 다만 하나라면 말입니다.

이전에 이루어진 그의 설에 의하면 생성은 생명 있는 것이 생명 없는 것을 사로잡을 때 생겨난 것이었습니다. 후에 이루어진 설에 의하면 생성이란 다만 감각의 현혹일 뿐이었습니다. 이와 함께 설명된 것은 아무것도 없습니다. 그렇기 때문에 소장 자연철학자들은 생성을 이전에 이루어진 설과의 연관 아래 파악하려고 노력합니다. 그래서 아낙사고라스는 *정신* **Νοῦς**(살아 있는 것)과 동질소 Homoeomerien(살아 있지 않은 것)를 통해서, 엠페도클레스는 *사랑* **φιλία**과 *투쟁* **νεῖκος**(살아 있는 것), 그리고 4원소(살아 있지 않은 것)를 통해서, 피타고라스주의자들은 유한한 것(살아 있는 것)과 무한한 것을 통해서 파악합니다. 아낙시만드로스에서 시작해서 원리들의 이원론이 계속 이어집니다. 일원론자는 오로지 헤라클레이토스와 파르메니데스뿐이고, 다원론자는 한편으로는 원자론자들, 다른 한편으로는 플라톤입니다. 그러나 모든 입장 가운데 파르메니데스의 후기의 입장이 가장 내용이 공허하고, 아무것도 설명하지 않으므로 가장 비생산적입니다. 아리스토텔레스가 그를 가리켜 *부자연스럽다* ἀφυσικός고 하는 것은 정당합니다. 직관 없이 이루어진 유일한 것으로서 그것은 변증술적인 예리한 감각에 대한 증거이기는 하지만 심오한 감각이나 명상에 대한 증거는 아닙니다. 그러므로 그의 학파는 즉시 쟁론적 변증술로 넘어갔던 것입니다. 그럴수록 그의 첫 번째 체계는 강력한 영향력을 발휘합니다. 그러나 그것은 다만 아낙시만드로스의 이원론을 상술(詳述)한 것일 뿐이었습니다. 말하자면 아낙시만드로스를 통해서 생성의 문제가 철학에 도입된 것이지 엘레아 학파의 철학자들을 통해 비로소 도입된 것은 아니지요. 그들이 그것을 부인하는 것은 지극히 민첩하기는 하나 지극히 비계몽적인 타개책입니다. 이와 함께 모든 자연 관찰, 사물들에 관한 모든 학습 의도는 종식되었습니다. 그럴 경우 감각이라는 장치가 설명될 수 없다는 원칙상의 오류가 남습니다. 감각 장치는 움직입니다. 그것은 잡다 속에 있습니다. 그것 자체가 미혹이라면 어떻게 그것이 제2의 미혹의 원인이 될 수 있습니까? 감각들은 기만한다고 합니다. 그런데 이제 감각들이 존재하지 않는다면! 이들이 어떻게 기만할 수 있겠습니까?―잡다와 감각들의 움직임이 존재하는 게 확실한 이상, 움직여진 다른 모든 것과 다수는 분명히 존재할 수 있습니다.

　§12. 제논. 엘레아 출신이며 텔레우타고라스의 아들. 아폴로도
로스에 의하면 그는 심지어 파르메니데스의 양아들. 그의 시대는
라에르티오스, IX, 29에서 올림피아력 제79기로 이전됨(《수다》에는
올림피아력 제78기). 물론 우리가 전혀 중요시하지 않는 플라톤의
계산에 따르면 그의 나이는 파르메니데스보다 스물다섯 살 더 아래
였고, 455~450년에 대략 마흔이었습니다. 즉 그는 495~490년, 말
하자면 올림피아력 제70기나 제71기에 태어났어야 합니다. 그러한
산정들이 예를 들어 에우세비오스한테 기준이 되었음이 분명합니
다. 이 경우 올림피아력 제80기가 그의 *절정기*/ἀκμή이니, 그렇다면
그의 나이 40세로, 이것은 바로 플라톤에 의거한 위의 시기가 됩니
다. 올림피아력 제79기와 제78기 역시 같은 것을 의미할 수밖에 없
습니다(아마 그렇기도 하고 그렇지 않은 것 같기도 합니다). 이 연
대에 대한 근거는 약합니다. 올림피아력 제69기가 파르메니데스의
*절정기*라면, 그가 페리클레스 시대에 아테네에 머물렀다는 것 외에
는 그 이상의 어떤 시대 규정도 없습니다. 그런데 페리클레스는 올
림피아력 제77기 4년에 통치를 시작합니다. 아폴로도로스는 아마
도 그것에 따라서 계산을 했을 겁니다. 그 날짜는 라에르티오스에
의해 명백히 제시되어 있습니다. 페리클레스와의 접촉이 바로 하나
의 *정점*ἀκμή입니다. 그런데 다른 한편 그 제보 전부에 대해 라에르
티오스가(IX, 28) 의문을 제기하고 있기는 합니다. 즉 그는 고향에
대한 애착 때문에 아테네를 방문조차 한 적이 없고 오로지 엘레아에

서만 살았다는 것입니다. 그러나 그것은 고향에 대한 애착 때문에 전혀 체류하지 않았다οὐκ ἐπιδημήσας τὸ παράπαν πρὸς αὐτούς라고 잘못 읽었을 경우에만 그러합니다. *대부분*τὰ πολλά이라고 읽는 것이 옳습니다. 그는 아테네에 자주 체류하지 않았습니다(*전혀* τὸ παράπαν는 틀림없이 Cobet.의 판독일 뿐일 겁니다). 그의 생애에 대한 것은 하나도 알려져 있지 않고, 그의 죽음은 일찍부터 이미 수사학의 화려한 주제였습니다. 그는 참주에게 대항을 기도하다가 체포되었으며 고문을 용감히 견디면서 죽었습니다. 엘레아는 압제 아래 있었던 것 같습니다. 그 참주는 디오메돈 또는 네아르코스 또는 다른 이름으로 불립니다.

플라톤에게서 정확히 하나의 글이 묘사됩니다(*저작* τὸ σύγγραμμα으로서, 여하튼 존재했던 유일한 것으로서). 그것은 여러 주제들(Themata)λόγοι로 나뉘어 있었고, 그 하나하나에는 다시 여러 *전제들*ὑποθέσεις이 포함되어 있었는데, 그것은 이 전제의 정립이 불합리하다는 것을 논증하기 위해서였습니다(간접 증명). 짐작건대 문답이 이루어졌던 것 같습니다. 그런 까닭에 아리스토텔레스는 언젠가, *제논은 분리하기도 하고 연결하기도 하면서*καὶ ὁ ἀποκρινόμενος καὶ ὁ ἐρωτῶν Ζήνων라고 말합니다. 그래서 후대 사람들은 제논이 대화편의 최초의 편자라고 말할 수 있었던 것입니다(라에르티오스, III, 48). 이에 반해 아리스토텔레스에 의해서는 그는 변증술의 발명자라 불립니다. 엠페도클레스가 수사학의 발명자로 불리는 것과 같이 말입니다. 플라톤은《파이드로스》, 261에서 그를 '엘레아학파의 파르메니데스'라고 부릅니다. 요컨대 근거와 반대 근거, 질문과 답변으로 이루어지는 대화술이 그에 의해 최초로 철학에 도입되었던 것입니다. 전혀 새로운 자질입니다! 그때까지의 철학은 본질적으로 독백과 같은 것이었습니다.—다른 글들은 없습니다. 《수다》는 《쟁론*Ἔριδες*》, 《엠페도클레스 해석*ἐξήγησις Ἐμπεδοκλέους*》, 《철학자들을 위하여*πρòς τοὺς φιλοσόφους*》, 《자연에 대하여*περὶ φύσεως*》를 들고 있는데, 그것은 모두 불가능합니다(아마 《쟁론*Ἔριδες*》을 제외하고는). 우리는 또 다른 한 사람의 제논을 생각해야 합니다. 스토아 철학자 제논은 아닙니다. 우리가 그의 저술들을 알고 있기 때문입니다. 크리시포스[56]의 제자일 가능성이 있는데, 그는 책은 몇 권 쓰지 않았지만 많은 제자들을 남긴 사람입니다. 그러나 여덟 번째로 언급된 시돈 출신의 인물일 가능성이 가장 많습니다. 그는 에피쿠로스 학파의 철학자였으며 사고의 내용과 서술에서 명확성을 보여주었습니다. 라에르티오스, VII, 35. 그렇다면 《수다》에서는 동명이인*Ὁμώνυμοι*이 오인된 것입니다. 그리하여 에피쿠로스 학파의 헤르마르코스[57]는 22권으로 된 《엠페도클레스에 대하여 *περὶ Ἐμπεδοκλέους*》(베르나이스, *Theoph. über Frömmigkeit*, 8쪽)를 적대적 의미에서 썼습니다. 엠페도클레스와 에피쿠로스, 그것은 대립되는 세계관들입니다.—플라톤은 첫 번째 가설을 이렇게 표현합니다.

"존재하는 사물들이 다수라면 그것들은 같기도 하고 다르기도 해야 할 것이다(존재자로서는 같고, 다수의 것들로서는 달라야 할 것이다). 그것은 불가능하다. 왜냐하면 다른 것이 같다고도, 또 같은 것이 다르다고도 말할 수 없기 때문이다. 따라서 다수는 불가능하다. 왜냐하면 다수가 가능하다면 그것에 관해 어떤 불가능한 것을 말하지 않을 수 없을 것이기 때문이다."

다수가 없다는 것, 그것이 그의 저작의 본래 내용이라는 것입니다. 그것은 다만 모든 것은 *하나다*ἓν εἶναι τὸ πᾶν라는 파르메니데스의 명제를 뒤집어 말한 것일 뿐이라는 겁니다.

제논이 파르메니데스의 '존재자das Seiende' 에 덧붙여 고안해낸 개념은 고귀한 태생의 형제와도 같은 '무한자das Unendliche' 라는 개념입니다. 이로써 그는 사물의 다수성을 반박하고, 다음으로는 사물의 운동을 반박합니다.

다수성에 반대하는 네 가지 증명(첫 번째 증명은 플라톤에게서 보임).

두 번째 증명 : 존재자가 다수라면, 그것은 무한히 작은 동시에 무한히 커야만 할 것이다. 이것은 모순이다. 어째서 그런가?―무한히 작다고 할 경우 : 모든 다수성은 단일자들로 구성되는데, 진정한 단일자는 분할이 불가능하다. 분할 불가능한 것은 크기를 가질 수 없다. 왜냐하면 크기를 가진 모든 것은 끝없이 분할될 수 있기 때문이다. 다수를 이루는 개개 부분들은 따라서 크기를 갖지 않는다. 다수에 부분들을 보태도 그것은 더 커지지 않으며, 부분들을 덜어내도 더 작아지지 않는다. 그런데 다른 것에 추가되면서도 그것을 더 크게 만들지도 않고, 그것에서 제거되어도 그것을 더 작게 만들지도 않는 것은 아무것도 아닌 것이다. 다수는 그러므로 무한히 작다. 왜냐하면 모든 구성 부분은 아무것도 아닐 만큼 작기 때문이다. 그러나 다른 한편 이들 부분은 무한히 크지 않으면 안 된다. 왜냐하면 크기를 갖지 않은 것은 아무것도 아닌 것이므로, 다수들은 존재하기 위해서는 크기를 가져야 하고 그 부분들은 따라서 서로 떨어져 있어야 하기 때문이다. 즉 다른 부분들이 그 사이에 놓여 있어야 하는 것이다. 그런데 다른 부분들에 관해서도 같은 것이 타당하다. 그들 역

시 하나의 크기를 가져야 하며, 그 밖의 것들에 의해 계속 다른 것들로부터 분리되어야 한다. 그러한 과정은 무한대로 이어진다. 이렇게 해서 우리는 무한히 많은 크기들 또는 하나의 무한한 크기를 얻는다.

세 번째 증명 : 다수는 수적으로 제한되어 있기도 하고 그렇지 않기도 해야 한다. 제한되어 있다. 왜냐하면 그것은 있는 만큼의 수 이상도 이하도 아니게 많은 것이기 때문이다. 무제한이다. 왜냐하면 두 개의 사물은 서로 떨어져 있을 때만 둘인데, 그들이 서로 떨어져 있기 위해서는 그들 사이에 무엇인가가 있어야 하고, 이 무엇과 그 둘 각자에 있어서도 매한가지이기 때문이다. 이와 같이 항상 분리된 둘 사이에 제3자가 삽입되는 과정이 계속 이어진다. 옛 사람들은 이 증명의 형식을 *이분법*διχοτομία으로부터의 증명이라고 부릅니다(그런 까닭에 원자론자들 : 크기들은 무한히 분할 가능한 것이 아니다).

네 번째 증명 : 존재하는 모든 것이 공간 안에 있다면, 공간 자체 역시 다시 하나의 공간 안에 있어야 할 것이다. 이러한 상황은 무한대로 이어진다. 이것은 사유 불가능하므로 존재자는 도대체 공간 안에 있을 수 없다. (공간 안에 있다면, 공간 역시 존재하는 무엇인데, 그렇다면 그 공간은 또다시 하나의 공간 속에 있어야 하는 등등으로 이어지기 때문이지요.)

운동에 대한 반대 증명.

1) 움직여진 물체가 목표 지점에 이를 수 있기 전에 그 물체는 우선 그 길의 중간 지점에 이르러야 한다. 이 중간 지점에 이르기 전에 첫 번째 반의 중간 지점에 이르러야 한다. 이곳에 이르기 전에 첫 번째 4분의 1의 중간 지점에 이르러야 한다. 이렇게 계속 이어진

다. 따라서 모든 물체는 한 지점에서 다른 지점으로 이동할 수 있기 위하여 무한히 많은 공간들을 통과해야 한다. 그런데 무한한 것은 어떤 시간에도 통과되지 않는다. 따라서 한 지점에서 다른 지점에 이르는 것은 불가능하고, 운동은 불가능하다.—이 증명에 관해 널리 알려진 형태는 이른바 아킬레우스입니다. 가장 느린 동물인 거북이가 먼저 출발할 경우, 거북이는 가장 발빠른 자인 아킬레우스에게 추월당할 수 없습니다.

2) 움직여진 모든 것은 매 시점에 그것이 정지해 있는 확고한, 정해진 위치를 갖는다. 그런데 운동은 정지된 하나하나의 순간에 지나지 않는 것들에서는 성립될 수 없다. 날아가는 화살은 비상하는 순간순간마다 정지해 있다. 누가 이 순간 화살이 어디에 있느냐고 묻는다면 다만 A라는 공간에 있다고 말할 수 있을 뿐, 'A라는 공간에서 B라는 공간으로 이르는 길'이라고 말할 수는 없다. 다만 함께 보태졌을 뿐인 정지된 순간들에서 운동이 나올 수 없는 것은, 함께 보태진 점들에서 선분이 생겨날 수 없는 것과 마찬가지다. 비상 궤도의 매 순간은 무한히 작다. 우리는 최소의 운동조차 일어나게 할 수 없다. 왜냐하면 무한소의 무한히 많은 합산을 통해서는 여전히 아무런 크기도 얻을 수 없기 때문이다.

이 모든 증명은 공간과 시간이 절대적 실재성을 가졌다는 가설 아래 이루어졌습니다. 이것이 반박되면서, 그렇다면 시간과 공간은 전혀 아무런 실재성도 갖지 않는다 하는 비약이 이와 함께 이루어집니다. 여기에는 본질적 가능성이 아직 남아 있었는데, 그것은 물론 지성의 심도 있는 비판에서만 인식될 수 있는 것이었습니다. 즉 필연적 사유 형식으로서의 시간과 공간이 우리의 표상 안에서 실재성을 갖는다는 것이 그것입니다. 이때 비록 여기에 모순이 개재된 것처럼 보이기는 합니다. 우리는 한편으로는 우리의 기관을 통해 모든 것을 시간과 공간의 형식 아래 파악하도록 강요당하고 있습니다. 그런데 그 동일한 기관이 우리로 하여금 절대적 실재성에 대한 반대 증명을 하게끔 한다는 것이 어떻게 가능합니까? 이것은 존재자나 무한자와 같은 추상들 덕분에 일어납니다만, 이런 것들을 우리는 도무지 더 이상 표상할 수 없습니다. 그것들은 규정된 모든 술어를 제거함으로써 순전히 부정적으로 파악되는 개념들이니까요. 현존하는 세계는 우리에게 절대적으로 존재하는 그 어떤 것도, 무한한 어떤 것도 제공하지 않습니다. 세계는 우리에게 생명과 지속을 줍니다. 매우 상대적으로 말입니다. 세계는 우리에게 한정된 숫자들을 제공합니다. 절대적인 지속과 불멸, 그 끝에 우리가 결코 다가갈 수 없는 수, 결코 끝나지 않을 공간, 결코 경계에 이르지 않을 시간 등은 경험적이 아닌 독단적 성질의 관념들입니다. 우리는 그 안에서 우리의 모든 관념 형상의 상대성을 간과하는 것입니다. 그러나 우리가 이러한 독단적 관념들에서 출발한다면, 우리는 그 관념들과 철두철미하게 상대적인 우리의 통상적 관찰 방식 간의 모순을 발견합니다. 그 결과 제논은 후자의 정당성을 부인하는 것입니다. 이와는 반대로 우리는 칸트 이래 다음과 같이 말합니다. 공간과 시간의 통속적인 관찰 방식은 합당하다. 그것들은 우리에게는 경험적 실재들이다. 이에 반해 무한한 시간, 무한한 공간, 그리고 그것들의 모든 절대적 실재성 일반은 전혀 실증할 수 없는 것들입니다. 모순들은 지극히 상대적으로 생각된 것을 세계 법칙으로 독단적으로 고쳐 해석하는 데서 연유합니다. 예를 들어 하나의 사물이 다른 사물을 향해 움직이는 것은, 그 둘 사이에 절대적으로 실재하는 공간이 놓여 있다면 불가능합니다. 그렇다면 곧 어떤 무한한 것이 그 사이에 놓여 있는 것이기 때문이지요. 그런데 실제로는 하나의 사물은 다른 사물을 향해 움직입니다. 그러나 움직임에 있어서의 이 사물의 실재성은 어떤 관계에서도 그들 사이의 공간보다 더 실재적이지는 않습니다. 이것이나 저것 모두 우리의 관념입니다. 우리는 사물이 존재하는지, 또는 운동이나 공간이 존재하는지 그 자체로는 알지 못합니다. 그렇다고 어떤 것을 독단적으로 고수하고 다른 것을 고수하지 않는다면, 그 역시 모든 것의 독단적 실재성을 주장하는 것과 마찬가지로 부당한 일입니다. 그러나 중요한 것은 물론 오랜 철학이 어찌해볼 도리를 몰랐던 인식, 즉 우리의 표상들을 *영원한 진리들*aeternae veritates로 보는 모든 방식은 모순으로 이끈다는 인식입니다. 절대 운동이 있다면 공간은 없다, 절대 공간이 있다면 운동은 없다, 절대 존재가 있다면 다수는 없다, 절대 다수가 있다면 하나는 없다, 등등. 여기에서 우리가 그러한 일반적 개념들로는 얼마나 사물의 핵심을 건드리지 못하는가 하는 것이 명백해져야 할 겁니다. 그리고 엘레아 학파에게 깊은 통찰력의 싹이 있었다면 이 학파는 이로부터 칸트의 문제점을 예감했어야 했을 것입니다. 그러나 엘레아 학파는 위와 같이 쟁론술과 변증술에 빠져들어, 마침내는 파르메니데스와 같이 모든 사물에는 모든 술어와 그 반대되는 것이 종속된다는 논증 방식에까지 이르렀던 것입니다.

§13. 아낙사고라스. 클라조메나이 태생. 헤게시불로스ʹΗγησίβ-ουλος(또는 에우불로스Εΰβουλος)의 아들*로서 고귀하고 부유한 가문 출신. 일반적으로 그는 아낙시메네스의 문하생으로 불립니다만, 그것은 전혀 가당치 않습니다. 왜냐하면 아폴로도로스에 의하면 올림피아력 제70기에 아낙시메네스가 죽고 아낙사고라스가 태어나기 때문입니다. 아폴로도로스의 기록들은 올림피아력 제70기에 태어난 아낙사고라스에 해당합니다. 크세르크세스[58]가 그리스로 건너왔을 때 그의 나이 20세였으니, 그는 올림피아력 제70기 1년(기원전 500년)에 태어난 것이 됩니다. 죽은 것은 올림피아력 제88기 1년(기원전 428 또는 427년, 72세의 나이로)입니다. 아주 확실한 기록들입니다. 헤르만H. F. Hermann은《이오니아 시대 철학에 대하여de philosoph. Ioniorum aetatibus》, 10쪽 이하에서 이에 대해 의구심을 보이고 있는데, 이는 매우 부당합니다. 물론 후계설διαδοχή을 고수하는 사람들은 연대를 소급해서 잡지 않으면 안 되었습니다.** 다른 모든 오산된 근거는 첼러에 의해 de Hermodoro, 10쪽(마르부르크, 1859)과 I, 783(3)쪽에서 반박되었습니다. 다만 아낙사고라스에 관한 기록에서 일반적으로 한 가지만은 오해되고 있습니다.

라에르티오스, II, 7.

"그가 아테네에서 철학자로서 처음 부상한 것은 팔레레우스 출신 데메트리오스가 자신의 집정들의 기록에서 말하고 있는 바와 같이 칼리아스의 집정기로, 그의 나이 20세 되었을 때였다. 거기에서 그

---

* 또는 에우페모스, 테오페모스, 이오카스테, 에피카스테, 스카몬.
** 그가 죽은 해인 올림피아력 제88기 1년에 관해서 히폴리토스는 lib. I, 8에서 정년(停年)의 나이였다ἤκμησεν고 말함.

는 30년간 머물렀다고 한다."

이를 칼리아데스라고 추측해서 정정할 필요는 없습니다. 그것은 같은 이름들입니다. 480년에 칼리아데스는 집정이었습니다. 그런데 데메트리오스는 무엇을 기록했던 것일까요? 또는 기록된 것을 발견했던 것일까요? 분명 먼 곳인 클라조메나이에서 한 청년이 철학을 하기 시작했다는 것은 아니겠지요? 그것은 거기 씌어 있는 것, 그러나 결코 사람들이 믿지 않는 것, 즉 그가 아테네에서 공공연하게 철학하기 시작했다는 사실입니다. 요컨대 하나의 *조숙한 천재* ingenium praecox입니다. 한데 그는 어떻게 아테네로 오게 되었을까요? 그 이유를 바로 아폴로도로스가 말하고 있습니다. 그는 분명 페르시아 사람들에게서 도피했던 것입니다. 첼러는 그가 왜 수십 년간 이렇다 할 아무 철학자도 없었던 아테네로 갔는지 의아해합니다. 그것은 배움을 위한 여행이 아니라 도주였습니다. 물론 그는 자연 연구가로 등장했습니다. 그것이 그의 재능이었습니다. 그는 자신의 재산을 소홀히 했고 이후에 그것을 자신의 친척들에게 양도했습니다. 아리스토텔레스는 *Eth. Eud.* I, 5에서 말하기를, 삶이 어째서 가치가 있느냐는 물음에 아낙사고라스는 "하늘을 관찰하기 위해서, 그리고 온 우주에 질서를 부여하기 위해서"라고 대답했다고 합니다.

라에르티오스, II, 7.

"사람들이 '당신은 조국을 염려하고 있지 않습니다'라고 하면서 그를 비난하자 그는 '나를 좀 내버려두시오. 내가 조국보다 더 염려하는 것은 없습니다'라고 말하면서 하늘을 가리켰다."

그런데 그가 아직 새파랗게 젊은 청년으로 아테네에서 철학적 강연을 하기 시작했다면, 그것은 목록에 기입해야 할 사건이었습니다. 그런데 그 구절의 통상적인 해석과 교정에서 나는 그것이 무엇 때문에 기록되었는지 파악할 수가 없습니다. 물론 나의 해석은 교정이라는 결과를 초래합니다. 아낙사고라스는 자신의 죽음을 몇 년 남겨놓지 않았을 즈음에야 아테네를 떠났습니다. 펠로폰네소스 전쟁이 발발하기 직전 페리클레스에게 퍼부어졌던 공박들 가운데에는 아스파시아[59]와 아낙사고라스에 대한 고소도 있었습니다. 헤르미포스[60]는 아스파시아가 아낙사고라스의 신성 모독에 참여했다는 것을 이유로 그녀를 고발합니다. 그녀는 페리클레스의 연설을 통해 혐의를 벗습니다. 그러나 페리클레스는 아낙사고라스의 경우 그것을 심의에 부치는 모험을 하지 않았습니다. 아낙사고라스는 아테네에서 물러나 람프사코스로 도피합니다. 바로 그 후 그는 그곳에서 세상을 떠납니다. 그 자초지종은 라에르티오스, II, 12 ; 플루타르코스, *Pericles* c. 16~32 ; 플루타르코스, *Niklas* c. 23에서 매우 다양하게 전해지고 있습니다. 하지만 이들 전승에 따르면 아낙사고라스는 아테네에 30년이 아니라 50년간 체류했습니다.

같은 곳 I c.

"전해오는 말에 따르면 거기서 그는 50년간 머물렀다."

아주 미미한 수정입니다. 그리하여 아낙사고라스는 진실로 아테네의 사실상의 주요 철학자입니다. 희극 작가들은 부지불식간에 그를 철학적 자유 사상의 전형으로 간주합니다. 아리스토파네스의 소크라테스는 아낙사고라스의 본질적인 특성들을 부여받습니다. 그는 페리클레스, 피디아스, 아스파시아와 더불어 가장 고귀한 사회의 동료입니다. 그의 위대한 품격이 찬양됩니다. 페리클레스는 자신의 진지한 품성을 그와의 교제에서 얻게 되었다고 합니다. 그는 웃는 법이 없습니다. "*그대는 아테네 사람들을 잃었다*"라는 지적에 대해 그는 "*그런 것이 아니라 그 사람들이 나를 잃은 것이오*"라고 대꾸합니다. 그가 추방되어 생을 마쳐야 할 것이라며 사람들이 그를 고소하자, 그는 "지옥에서는 어디든지 똑같이 멀리 떨어져 있다고 한다"고 말합니다. 어쨌든 우리는 여기에서 그가 아테네 사람으로 간주되었음을 봅니다.

소장 자연 연구가 전(前) 세대는 생성에 대한 일정한 견해에서 출발합니다. 그들은 진정한 생성과 소멸을 부인합니다. 무(無)에서는 어떤 것이 생성될 수 없습니다. 존재하는 어떤 것도 소멸될 수 없습니다. 그러므로 진실로 존재하는 것은 영원해야 합니다. 심플리키오스, *Ar. Phys.* f. 34b. 그는 다만 혼합된 것**συμμίσγεσθαι**과 분리된 것**διακρίνεσθαι**만을 받아들입니다. 이러한 생성과 소멸의 이론을 최초로 정립한 인물은 아낙시메네스입니다. 그러나 그것은 다만 대략적인 것으로, **μάνωσις**와 **πύκνωσις**, 즉 희석과 응축의 이론입니다. 두 번째 가설은 혼합**μῖξις**과 분리**διάκρισις**입니다. 그런데 이전의 이론은 하나의 요소가 모든 사물을 설명한다는 것, 그것이 공기가 되었든 불이 되었든, 모든 성질은 근본적으로 하나의 성질로 환원된다는 것이었습니다. 이에 반해 이제 아낙사고라스는 혼합**μῖξις**과 분리**διάκρισις**에 대한 자신의 이론에 따라 다음과 같이 주장합니다. 같은 것이 아무리 많이 혼합된다 해도 그러한 노력으로는 어떤 다른 것을 얻을 수는 없다. 희석과 응축은 성질을 변화시키지 않는다. 세계는 매우 다양한 성질들로 꽉 차 있다. 이 성질들은 존재한다. 따라서 그들은 영원히 존재하는 게 틀림없다. 이렇게 그는 현존하는 세계를 진실로 존재하는 것으로 받아들입니다. 이 세계의 모든 성질은 항상 존재하는 게 분명합니다. 더 많게 존재하는 것도 더 적게 존재하는 것도 아닙니다. 심플리키오스, 1. c. 33b. 여기에서 우리는 엘레아 학파 철학자들의 영향들을 봅니다. *존재자* ὄν라는 의미에서 그들은 일치합니다. 그러나 아낙사고라스에 의하면 무수한 *존재자들* ὄντα이 있습니다. 아리스토텔레스, *Met.* I, 3. 그의 글은 거기에서 출발합니다. 생성과 소멸은 없고, 모든 것은 항상 동일합니다. 모든 차이는 운동에서 나옵니다. 그러므로 원래 생동하는 것은 운동입니다. 그런데 현존하는 세계에서는 혼돈이 아니라 질서와 아름다움, 특정한 합법칙성 등이 나타납니다. 우연은 그러한 것을 설명할 수 없다고 아낙사고라스는 말합니다. 그렇다면 '영원히 존재하는 것들ewig Seienden'을 그렇게 질서 지어 합법칙성으로 분류하는 것은 무엇입니까? 우리는 지속적으로 그것의 활동을 봅니다. 그렇기 때문에 물론 그것 역시 어떤 '영원히 존재하는 것' 입니다. 하지만 그것은 다른 *존재자*들과는 일치하지 않는 것입니다.

아낙사고라스를 통한 전혀 새로운 입장 : 교양 계층에 있어 종교의 대용물.
대중 종교와는 반대로 식자의 비밀 제의로서의 철학.
피디아스의 경우에서처럼 건축가, 조형가로서의 *정신* νοῦς.
단순성의 위엄, 부동의 아름다움―웅변가로서의 페리클레스.
가능한 한 단순한 수단.
많은 *존재자들* ὄντα, 무수하게 많은 존재자들. 아무것도 없어지지 않는다.
운동의 이원론.
전체 *정신* νοῦς은 움직인다.
파르메니데스에 대한 반박 : 그는 감각, 의지를 다 같이 *정신* νοῦς에 포함시킨다.
그러나 이제 새로운 구분에, 식물성과 동물성의 구분에 착수해야 한다.

왜냐하면 그것은 바로 이들 존재자들에게 질서를 부여하는 존재이며, 따라서 독립되어 있기 때문입니다. 그런데 그러한 존재가 생명을 가진 모든 것 가운데 *지성*(Intellekt) **νοῦς**입니다(**νοῦς**는 지성 Intellekt도, 오성Verstand도, 이성Vernunft도 아님. 언어의 힘은 순전히 그리스적!*). 오로지 그것, 즉 **νοῦς**가 생명 가진 모든 것을 움직입니다. 그렇다면 무기물의 세계에서의 운동도 그러한 지성의 영향일 게 분명합니다. 그래서 그는 *지성***νοῦς**이 움직임에 동인을 제공했다는 것을 인정합니다. 지성은 무기물 집단의 한 지점에 *회전운동***ἡ περιχώρησις**을 불러일으켰는데, 이것은 즉시 확장되어 점점 더 큰 부분들을 자신의 영역으로 끌어들이고, 나아가서 더 많은 부분들을 장악하게 될 것입니다. 사물들은 처음에는 농도가 짙은 것과 옅은 것, 찬 것과 더운 것, 어두운 것과 밝은 것, 습한 것과 건조한 것 등 일반적인 구분에 따라 두 집단으로 분리되어나갑니다. 따뜻하고 밝고 농도가 옅은 모든 것을 그는 에테르라 부르고, 차갑고 어둡고 무거운 모든 것을 공기라고 부릅니다. 회전할 때, 짙은 농도의 것과 습한 것은 가운데로 쏠리고, 옅은 농도의 것과 따뜻한 것은 바깥으로 내몰립니다. 주지하다시피 다른 경우에도 물이 선회하며 소용돌이칠 때 좀더 무거운 것이 가운데로 쏠리듯 말입니다. 아랫부분의 기운 덩어리에서 물이 분리되고, 물에서 흙이 분리되며, 흙에서는 냉기의 작용으로 돌이 분리되어 나옵니다. 몇 개의 돌덩어리들은 회전의 위력으로 땅에서 떨어져 나가 에테르에서 불로 달

---

* "**χαῖρε νόῳ** 그는 마음속으로 기뻐했다." 《오디세이아》, 8, 78 / "**χόλος νόον οἰδάνει** 노여움이 영혼을 부풀린다." 《일리아스》, 9, 554 / "**ταύτῃ ὁ νόος φέρει** 그의 소망, 의지는 그리로 향한다." Her. 9, 120. "**κατὰ νοῦν** 뜻대로."

아올라 땅을 비춥니다. 그것들이 태양과 별들입니다. 땅은 원래 진흙과 같습니다. 태양으로 인해 땅은 건조해지고, 남은 물은 쓰고 짜집니다.—여기에서는 '생성'에 대해서는 어디서도 이야기되고 있지 않습니다. 모든 것은 다만 분리되어 나올 뿐입니다. 우선 좀더

5 일반적인 성질들이, 다음에는 좀더 특수한 성질들이 분리되어 나옵니다. 그러나 모든 것은, 가장 특수한 것들도 처음부터 태초의 덩어리 Urmasse 안에 존재하고 있습니다. 확산되는 회전 운동은 이 혼돈스러운 덩어리에 질서를 부여하는 원리를 제공합니다. 세계의 모든 질서와 규칙성을 설명하기 위해서는 회전 운동으로 충분하다는 것,

10 그것이 아낙사고라스의 중요한 생각입니다. 오로지 회전 운동을 통해서만 이성Noῦς은 질서를 부여하는 작용을 합니다. 그래서 아리스토텔레스는 *Met.* I, 4에서 말하기를, 아낙사고라스는 자신의 이성을 세계 생성의 정보 수단으로 끌어들인다는 것입니다. 그러나 그 밖의 경우에는 그는 *이성*voῦς보다는 오히려 다른 모든 것을 원인으로

15 들고 있습니다. 그러므로 그는 사실 **목적론자들**과 당장에 혼동될 수는 없습니다. 그가 *이성*voῦς에 있어서 합목적성의 의도를 예고하고 있는 것은 아니니까요. *이성*은 개별적인 모든 경우에 작용하지 않습니다. 그와는 달리 질서는 영원히 계속되는 합목적성인 유일한 원환 형태의 운동의 결과인 것입니다. 거기에서 나머지 모든 결론이 나

'정신', 뇌의 산물을 초자연적인 것으로 간주하고 신격화하기까지 하는 것―그것은 얼마나 어리석은 일인가! 인간은 지극히 복잡한 기계 장치, 즉 뇌의 작용들을 태초 이래 같은 방식의 작용들이기라도 한 것처럼 받아들인다. 이 복잡한 기계 장치가 이해력을 가진 어떤 것을 짧은 시간 내에 만들어내므로 그는 세계가 매우 짧은 역사를 가졌다고 간주한다. 창조자에게 그리 많은 시간이 걸렸을 수는 없을 것이라고 그는 생각하는 것이다.

옵니다. 아리스토텔레스에 의하면 *이성*은 오직 이러한 의미에서 〔목적〕 *작용인*causa efficiens이자 동시에 *목적인*causa finalis입니다. *Met*. I, 4 : "(아낙사고라스의) 견해에 따르면, 그것으로 인해 세계가 선한 원인과 세계가 움직이는 원인이 동시에 존재자의 원리가 될 것이다. 두 종류의 원인 δύο τρόποι τῆς αἰτίας(아리스토텔레스, *de. part. anim*. I, 1) : 목적과 필연성 τὸ οὗ ἕνεκα καὶ τὸ ἐξ ἀνάγκης. 아낙사고라스의 생각은 모든 사물 하나하나가 직접적인 목적 의도Zweckabsicht를 가지고 있다는 것과는 거리가 멀었습니다. 그리고 이 점이 플라톤(《파이돈》에서)과 아리스토텔레스가 그를 비난하는 부분입니다. 그는 자신의 원칙을 이용할 줄을 몰랐다는 것입니다. 그것은 다만 *기계 장치의 신*θεὸς ἐκ μηχανῆς일 뿐이라는 것입니다. 이와는 반대로 우리는 거기에서 그의 자연과학적 사고의 엄밀성을 봅니다. 그는 가능한 한 비물리적이 아닌 이론들을 적용하여 현존하는 세계를 설명하고자 했던 것입니다. 그에게는 위에 언급한 회전 운동으로 충분했습니다. 그가 즉각 지속적인 목적 의도를 가진 *이성*을 지어냈다면 그것은 신화적인 존재, 하나의 신이 되었을 것입니다. 바로 그것을 그는 부인했던 겁니다. 인간과 생물에서 그는 움직이는 것으로 〔지성intellekt〕 *이성*νοῦς을 발견했습니다(무슨 의식적인 지성과 같은 것이 아닙니다. 왜냐하면 그는 식물과 동물들에서도 그것을 발견하기 때문입니다). 그것은 위험한 구분이었습니다. 인간에게서 원래의 의미에서 움직이는 모든 것을 그는 *이성*이라고 불렀던 것입니다. 그는 이러한 *이성*이 영원하다고 생각했습니다. 그것이 존재하기 때문입니다. 이성은 자체 안에 움직임을 가지며 따라서 사물들의 영원히 경직된 혼돈을 움직이는 데 사용할 수 있는 유일한 것입니다. 다른 모든 것은 움직여지는데 *이성은 스스로 움직입니다.* 그것과 몸의 관계는 그에게 전 세계의 표본으로 간주됩니다. **모든 것이 *이성*을 가진 것은 아닙니다.** 그것이 이성을 다른 모든 것과 원칙적으로 구분합니다. 다른 모든 것은 혼합되어 있습니다. 저마다 모든 것으로부터 무엇인가를 자신의 내부에 가지고 있습니다. 오로지 *정신*vοῦς⁶¹⁾만이 혼합되지 않았습니다. 정신이 어떤 것에 혼합되었다면 그것은 모든 것에 혼합되었을 것입니다. *정신*[Geist] **vοῦς**이 몸에 대해 취하는 태도는 어떤 다른 존재자*ὄν*가 다른 모든 존재자에게 취하는 태도와는 다릅니다. *존재자 ὄν* 하나하나는 모든 것의 부분들을 자신 안에 갖습니다. 그것은 어떤 것이 압도적인가에 따라 금, 은 등으로 불립니다. *정신*[Geist] **vοῦς**은 순수하며 혼합되지 않았습니다. 어떤 사물에도 *정신*[Geist] **vοῦς**은 혼합되지 않았습니다. 정신이 있는 곳에서는 정신은 다른 것을 지배하고 움직입니다. *정신*[Geist] **vοῦς**은 어디서든 완전히 같은 방식으로 있습니다. 다만 정도에 맞게 사물들이 구분됩니다. "살아 있는 모든 존재는 활동적 오성[Verstand] **vοῦς**을 가지고 있다. 그러나 모두가 수동적 오성을 가지고 있지는 않다" Placit. V, 20, 3. 첼러, I, 823[3]은 부당하게도 이것을 부인합니다. 모든 해설자가 누스**vοῦς**를 올바로 파악하지 못하고 있습니다. 그것은 생명이지 의식적인 인식이 아닙니다. 움직임의 원리는 활동적 **vοῦς**이고, 수동적 **vοῦς**는 인식인 것이지요. 오직 몇몇 사람들만이 이것을 파악하고 있습니다. 움직임을 산출한 **vοῦς**에 관해서 말하려 한 바는 다만 그것이 활동적 **vοῦς**라는 것입니다. 여기에서 우리는 아낙사고라스가 '의지 행위'를 다른 것을 향한 **vοῦς**의 중심적 표현으로 생각하고 있음을 봅니다. 그는 예를 들어 식물에서와 같은 기계적이지 않은 행동을 보는 곳이면 어디에서나 활동적 νοῦς를 가정합니다. 연장이 좋으면 좋을수록 νοῦς는 그만큼 더 두드러지게 나타나 자기를 드러내 보일 수 있습니다. 일례로 아리스토텔레스, *de. part. anim.* IV, 10.

"사람은 두 손이 있기 때문에 생명체들 가운데 지성 능력이 가장 뛰어나다."*

'가장 사려 깊은 존재'는 자신 안에서 *정신*/νοῦς이 가장 잘 드러날 수 있는 존재입니다. 왜냐하면 근본적으로 그것은 어디서나 동일한 *정신*/νοῦς이기 때문입니다. *지성*[Intellekt] νοῦς의 차이들은 따라서 물질을 통해 산출되는 것입니다. *정신*/νοῦς이 물질을 지배합니다. 그러나 물질이 행위를 위해 합목적적으로 구성되어 있으면 있을수록 정신은 그것을 더욱더 잘 조종하게 됩니다. 살아 있는 존재들, 식물들의 배아 역시 물론 영원합니다. 그것들의 생성은 다른 모든 것과 마찬가지로 *회전 운동*περιχώρησις에 달려 있습니다. 그는 인간, 식물 등등이 영원하다는 것을 금의 영원성과 같은 방식으로 인정합니다. 번식은 생명의 *정신*/νοῦς을 새로운 존재로 이전하는 것입니다. 근본적으로는 그러나 아무것도, 사물도 *정신*[Geist] νοῦς도 변하지 않습니다. 세상에는 항상 같은 양의 정신이 있습니다. 그것은 결코 절멸할 수 없습니다. 정신의 인격성에 관해 이야기하는 것은 어리석은 일입니다. 현재 살아 있는 모든 존재 안에 있는 정신, 그것은 물론 언젠가 움직임에 원동력을 부여했던 정신이기도 합니다. 힘의 보존에 관한 법칙과 물질의 불멸성에 관한 법칙은 그에 의해 발견

---

* 그는 자신을 위해 최선의 도구를 만들었다. 그것은 그가 대부분의 *정신*/νόος을 가졌기 때문이다.

되었습니다. 모든 운동은 직접적이거나 간접적인 운동입니다. 간접적 운동은 항상 기계적입니다. 이때 견지해야 할 것은, 물질과 정신의 대립은 그의 경우에는 존재하지 않는다는 것입니다. *정신* νοῦς은 다만 모든 *존재자* ὄντα 가운데 *정련된 것* λεπτότατον이자 순화된 것 καθαρώτατον으로서 모든 것에 대한 *이해력* γνώμην περὶ παντὸς πάσην ἴσχει을 갖습니다. 인식은 이 *존재자* ὄν가 가진 특성의 하나입니다. 관념과 욕망은 둘 다 *정신* νοῦς (그리고 *영혼* ψυχὴ)이라는 하나의 개념에 총괄되어 있습니다. 양자는 생명력의 작용들인데, 이 생명력은 모든 사물에서 하나입니다. 즉 그것은 완전히 동질적인 유일한 것입니다. 다른 모든 것은 동질적인 게 아니고 혼합된 것입니다. *정신* νόος만이 "*오로지 자립적으로 존재한다* μοῦνος αὐτὸς ἀφ' ἑωυτοῦ ἐστι". *정신* νοῦς 이 무한한 시간 동안 작용 없이 있을 수 있었고 어떤 정해진 순간 *존재자들* ὄντα을 움직일 수 있었기 때문에 세계 창조는 언젠가 시작될 수 있었던 것입니다. 정신은 유일하게 자의적인 것입니다. 아낙시만드로스와의 연관성 : 모든 성질을 나누지 않고 뒤섞은 것으로 *무한정자* ἄπειρον가 좀더 상세히 규정됨 : 창조의 시작은 *정신* νοῦς을 통해서 : 그 과정은 점진적으로 분리되어나가는 과정. 시작은 이원론과 함께.

헤라클레이토스와의 연관성 : 생성은 부정됩니다. 그것은 하나의 성질을 다른 성질과 바꾸는 것이 아닙니다. 하나의 요소가 살아 있는 것이 아닙니다. 이원론 : 헤라클레이토스의 불에서와 같이 물질은 동시에 생동하는 것이 아닙니다. 그는 진정한 적수입니다.

엘레아 학파 철학자들과의 연관성 : 존재자에 관해서는 일치, 모든 비존재자는 부정. 아무것도 생성할 수 없고, 아무것도 소멸할 수 없습니다. *정신*〔Geist〕νοῦς 은 움직입니다. 모든 것에 대해 정신이 모든 운동의 근원이어야 합니다.

둘 중 하나입니다. 엘레아 학파 철학자들이 옳다면 다수와 운동은 존재하지 않습니다. 반면 아낙사고라스가 옳다면 무수한 *존재자들*ὄντα이 (불멸이며, 부동이며, 영원히) 있으며(아리스토텔레스, 《자연학》, IV, 6), 빈 공간은 없고 운동은 있습니다. 그의 존재자들에 대해서는 엘레아 학파 철학자들의 엄밀한 모든 술어가 타당합니다. 그것들에 대해서는 '그것이 있었다', '그것이 있을 것이다'라고 말할 수 없습니다. 그것들은 생겨났을 수도 없고 소멸할 수도 없습니다. 그에 반해 하나의 *존재자*ὄν는 무한히 분할될 수 있습니다.

fr. 5 :

"존재자가 무한히 분할되어 없어진다는 것은 불가능하다."

엘레아 학파 철학자들은 그 하나의 *존재자*에 대해 불가분성을 주장합니다. 그것이 무엇을 분할해야 하느냐는 겁니다. 그런데 아낙사고라스는 시종일관 그의 수많은 *존재자들*ὄντα의 무한 가분성을 주장합니다. *존재자*das Seiende 외에는 아무것도 없습니다. 그러므로 *존재자들*ὄντα의 집단은 무한대입니다. 아낙사고라스는 엘레아 학파 철학자들로부터 무한소(無限小)das Unendlich-Kleine와 무한다(無限多)das Unendlich-Viele의 개념을 도입합니다. 그들에 의하면 *잡다*(雜多)πολλά와 생성의 미혹을 산출하는 것은 *정신*νοῦς(특히 *감각*αἰσθήσεις)이었습니다. 아낙사고라스에 의하면 경직된 *잡다*πολλά를 움직여서 생명을 불러오는 것은 실제로 *정신* 자신입니다. 세상의 모든 움직임은 유기적이고 혼이 깃든 생명의 결과로 생각됩니다. 그는 엘레아 학파 철학자들을 향해 그들 역시 경직되고 부동이며 생기 없는 단일성으로 용해되지 않은 정신의 생동성을 남겨 두고 있었다고 반박할 수 있었습니다. 그런데 현재 살아 있고, 따라서 존재하는 것은 또한 모든 영원 가운데 살았고 존재했던 것이 분명합니다. 이와 함께 세계 운동의 과정이 설명된 것입니다. 실로 아낙
⁵ 사고라스야말로 엘레아 학파 철학자들의 학설을 배경으로 하고 있는 겁니다.

정신의 귀결은 운동이고, 운동의 귀결은 질서입니다. 정신이 작용하기 이전 저 *존재자들의* 집단은 어떤 상태였습니까? 움직임도 없고 질서도 없이 하나의 혼돈이었습니다. 그런데 모든 질료는 무
¹⁰ 한히 분할이 가능했기 때문에 절대적 무질서는 모든 것의 모든 것 안에서의 혼란과 동일한 것이었습니다.

심플리키오스, *ad. Phys.* 33b.

"모든 사물은 함께 모여 있었는데, 그 크기πλῆθος로 보나 미세함σμικρότητα으로 보나 한이 없었다. 왜냐하면 작은 것은 한없이
¹⁵ 작았기 때문이다. 그리고 그것들이 모두 함께 모여 있는 동안에는 그 미세함으로 인해 아무것도 명확히 인식될 수 없었다. 왜냐하면 운무와 에테르, 이 두 무한한 질료가 모든 것을 덮고 있었는데, 그것은 이들이 모든 사물의 전체 가운데 포함된 질료로서 그 수로 보나 외연으로 보나 가장 큰 것들이었기 때문이다."

²⁰ 세계는 무한하고, 공기와 에테르는 무한대로 확장되어 있습니다. 이들은 근원적 혼돈의 가장 큰 구성소들입니다. 모든 것은 무한한 작은 부분들 속에서 혼란스럽게 섞여 있습니다. 그리하여 혼돈은 그 크기로 보나 미세함으로 보나 끝이 없습니다. 여기에서 πλῆθος 는 '수량'이 아니라, 예를 들어 헤로도토스 I, 203에서처럼 공간에

서의 연장, 넓이, 거리를 말합니다.

"산맥은 규모가 가장 크고 높다ὄρος πλήθει μέγιστον καὶ μεγ-
άθεῖ ὑψηλότατον."

καὶ πλήθεῖ καὶ μεγάθεῖ란 '넓이와 높이에서의 연장에 의하면' 이
라는 뜻이며, **πλῆθος καὶ σμικρότητα**란 '크기와 미세함' 이라는 뜻
입니다.

"그렇다면 분리된 것이 모여서 이루어지는 모든 사물에는 다양한
것도 전체도 모두 포함되어 있다는 것, 즉 온갖 형체들뿐만 아니라
온갖 색과 맛[내지 향기]을 가진 모든 사물의 종자들이 포함되어 있
다는 것을 인정해야 한다."

'모든 사물의 종자들' 은 이와 같이 여러 가지 형체와 색과 냄새를
가집니다. 이것이 예를 들어 히폴리토스, IX, 10에 보이는, 헤라클
레이토스에게서와 같은 쾌락ἡδονή입니다. 여기에는 필시 취미
Geschmack도 포함되어 있을 겁니다. 사물들의 이 모든 상이한 종
자는 배아의 특수성을 알아볼 수 있을 정도로 가장 미세한 부분들
안에 완벽하게 혼합되어 있습니다. 아낙사고라스는 이를 서술하고
다음과 같은 결론을 내립니다.

"그렇다면 하나 안에 모든 사물이 포함되어 있다는 것을 인정해야
한다."

이 하나는 아낙시만드로스의 무한정자ἄπειρον를 상기시킵니다.
그리고 테오프라스토스는 이 유사성에 주의를 환기시킵니다(심플리
키오스, 6b에서). 규정되고 질적으로 다른 질료들의 혼합은 규정된 특
성이 없는 하나의 질료, 규정 없는 동일한 본성μία φύσις ἀόριστος
으로 실제로 귀착됩니다. 그런데 그것은 아낙시만드로스의 무한정

자 ἄπειρον입니다. 아리스토텔레스는 *Met.* I, 8에서 다음과 같이 말합니다.

"분리가 일어나기 전에는 저 실체에 관해서 분명 아무것도 말할 수 없었다. 그것은 예를 들어 희게도, 검게도, 회색으로도, 또는 그 밖의 어떤 색으로도 채색되어 있을 수 없었다. 채색되었다면 그것은 이 색들 가운데 하나의 색을 가져야 했을 것이다. 마찬가지로 그것에는 맛의 성질도 없었고, 그와 같은 성질들 가운데 어떤 다른 성질들도 없었다. 왜냐하면 그것은 양적으로나 질적으로 규정될 수도, 또는 그 무엇일 수도 없었기 때문이다. 그러한 것이었다면 그것에는 어떤 개별적인 규정된 형태가 종속되었을 것이다. 그러나 그것은 모든 것이 아직 혼돈스럽게 섞인 상태에 처해 있는 한 불가능한 일이었다. 그렇지 않았다면 이미 분리가 이루어졌을 텐데 아낙사고라스는 이것을 부인한다."

그러나 현재의 사물들 안에도 여전히 다른 모든 종자가 혼합되어 있습니다. 오로지 그렇게 해서만이 생성은 현재에 있어서도 설명됩니다. 예를 들어, 영양을 섭취할 때 몸에 포함된 다양한 요소들은 같은 식품들에서 분리되어 나오는 방식으로 구성됩니다. 즉 이들 식품은 다양한 모든 성분을 포함해야 합니다. 그러나 이 성분들은 미세하므로 지각될 수는 없습니다. Placit. I, 3, 8. 아리스토텔레스, 《자연학》, III, 4와 I, 4. 눈[雪]에도 검은 눈이 있다고 합니다. 눈을 이루고 있는 물이 검기 때문이라는 겁니다(키케로, *Acad.* II, 23, 31). 그리하여 아리스토텔레스는 《자연학》, I, 4에서 다음과 같이 말합니다.

"모든 것에서 모든 것이 생성된 것을 관찰한 후, 그로 인해 그들은 모든 것은 모든 것의 혼합이라고 가르쳤다."

그러나 우리는 "무한히 다양한 것의 혼합 안에 있는 특정한 요소들의 혼합이 각각 양적으로 우세하다는 사실을 근거로" 사물들을 부릅니다. 모든 사물 안에 있는 이들 미세한 원초적 부분들을 아리스토텔레스는 동질소ὁμοιομερῆ라고 부릅니다. 루크레티우스는 I, 830에서 처음으로 동질적인 부분, 호모이오메리아ὁμοιομερία라는 말을 사용하고 있습니다 : "이제 아낙사고라스의 동질소를 살펴보자. 이것은 그리스 사람이 쓴 말인데" 등등. 그렇다면 정신νοῦς은 결코 절대적 질서라든가 전적인 분리를 산출한 것이 아니라, 일반적인 차이들에 따라 사물들이 덥거나 찬 것, 밝거나 빛나는 것 등으로 분리되어나가게 한 운동을 산출했을 뿐입니다. 정신은 하나의 요소의 우세를 창출했을 뿐이지 더는 아닙니다. 거기에서는 그 어떤 합목적성에 관해서도 이야기되고 있지 않고, 다만 운동에 관해 이야기되고 있습니다. 이 운동은 **규칙적인 운동**이며 그것이 모든 질서의 원천입니다. 그것은 영원히 지속되는 포괄적인 회전 운동으로서, 우주는 끝도 없이 회전 운동을 하는 것입니다.

"그리고 앞으로 어떠할 것이며 이전에 어떠했으며 지금은 어떠하고 앞으로는 어떠한지, 그 모든 것을 정신이 안배한다. 그리고 지금 별들과 해와 달이 하고 있는 회전 운동을 비롯하여 분리되어 나오는 공기와 에테르 또한 정신이 안배한다"(심플리키오스, *Phys.* 33b).

"정신이 그것을 움직이기 시작하자 움직이는 모든 것에서 분리가 일어났다. 그리고 정신이 움직이게 하는 만큼 모든 것이 서로 분리되었다. 그런데 그것들이 움직이고 분리되는 동안 회전 운동은 그것들이 훨씬 높은 강도로 서로 분리되도록 작용했다"(심플리키오스, *Phys.* 67a).

정신voῦς에 대해서는 frt. 33b에 "앞으로 있을 것이며, 현재 있으며, 이전에도 있었던 정신ὁ δὲ νόος ὅσα ἔσται τε καὶ νῦν ἔστι καὶ ἦν"이라고 되어 있습니다.

살아 있는 존재들의 생성에 관해서는 그는 이렇게 생각했습니다 : 식물들의 배아는 공기에서 온다. 그 배아들은 물과 결합하여 식물을 형성한다. 동물의 혼의 배아는 에테르에서 오는데, 그것들은 진흙 같은 흙과 결합한다. 그리하여 에우리피데스의 *Chrysippos. fr.* 6에서 아낙사고라스는 다음과 같이 말합니다 : "영혼은 에테르의 종자에서 나온다고 하며, 사후에는 마치 육신이 자기가 나온 땅으로 돌아가듯이 에테르로 돌아간다고 한다." 이 최초의 생산 이후 다른 모든 생산은 상호간에ἐξ ἀλλήλων 이루어집니다.

아낙사고라스는 감각적 느낌을 식물들에게도 귀속시킵니다. 그는 식물들에게 쾌ἥδεδθαι와 불쾌λυπεῖσθαι를 종속시킵니다. 모든 감각적 느낌이 일종의 불쾌와 연관되어 있다는 특이한 이론입니다.

테오프라스토스, *de sensu*, I § 29.

"모든 지각은 동시에 고통스러운 느낌이라고 한다."

헤라클레이토스의 범례에 따르면, 감각적 느낌은 이를테면 동류의 것을 통해서가 아니라 대립되는 것을 통해서 발동됩니다. 동류의 것은 동류의 것에 아무런 인상도 주지 않는다는 것입니다. 예를 들어 우리는 안구(眼球)에서의 대상들의 반영(反映)을 봅니다. 그러나 이 반영은 오직 다르게 채색된 것에서만 형성됩니다. 눈의 색이 짙기 때문에 우리는 낮에 사물을 봅니다. 우리는 단 것은 신 것을 가지고 느끼며, 염분이 들어 있지 않은 것은 우리 안의 염분을 가지고 느낍니다. ─이 모든 것은 명백히 수동적인 정신voῦς입니다.

활동적인 정신은 움직이는 정신으로서, 무엇보다도 의지에서 관찰할 수 있습니다.

마지막으로 아낙사고라스보다 앞선 선도적 인물이 있었다는 사실에 대해 언급해야 합니다.

5 아리스토텔레스, 《형이상학》, I, 3.

"클라조메나이 출신 헤르모티모스가 이미 *정신*νοῦς에 관한 명제를 수립했다고 한다. 클라조메나이에는 헤르모티모스를 위해 세워진 성소가 있었다. 그에게는 영혼이 종종 긴 시간 몸을 떠났다가 되돌아오면서 멀리 떨어진 사물들에 대해 이야기하는 그런 천부적인 10 재능이 있었다고 한다. 그의 적들은 그의 육신을 태워 죽이기 위해 그러한 상태를 이용했다. 피타고라스의 영혼은 전생이 윤회하는 동안 그의 안에서 살았다고 한다."

여기에서 우리는 명백히 아낙사고라스 자신이 그의 고향에 널리 알려진 전설에 부여한 해석을 만납니다. 그는 말하자면 여기에서 15 육신으로부터의 *정신*νοῦς의 분리를 예증한 것입니다(카루스 Carus, 유고, IV, 330 이하). 바로 아낙사고라스주의자들에게 있어 신화 해석은 보편적인 것이었습니다. 예를 들어 아낙사고라스 자신이 호메로스를 일컬어 그의 작품이 *덕과 정의에 관한*περὶ ἀρετῆς καὶ δικαιοσύνης 시작(詩作)이라고 말했다고 전해집니다. 그가 제 20 우스에게서는 *정신*νοῦς을, 아테네에게서는 *기술*τέχνη을 재인식했다는 것 등등이 알려져 있습니다. 이것은 그의 문하생인 메트로도로스에게 가장 강력히 계승되고 있습니다. 자연과학적 해석은("아가멤논은 에테르라고 한다") 이제 계몽의 징표입니다. 호메로스와 신화는 다만 철학적 학설들을 비유적으로 고쳐 쓴 것으로만 다루어집니다. 자연과학적 원리들은 에테르, 구름 등등이 대중에게 새로운 신격들로 나타날 만큼 매우 경건하게, 실로 거의 종교적으로 다루어지고 있습니다. 그리고 그것은 예를 들어 아리스토파네스의 《구름》에서 신랄한 조롱의 대상이 되고 있습니다. 그러나 어쨌든 자연 현상들에 대한 열광적인 파악은 아낙사고라스의 *사고 방식* ἦθος에 속합니다. 실제로 종교적 감정도 그에게서는 이러한 형식으로 발산되었던 것입니다. 페리클레스와 에우리피데스 등의 경우에도 그러했던 것처럼 말입니다.

§14. 엠페도클레스는 영화로운 아그리겐툼 출신입니다. 그의 족보는 다음과 같습니다.

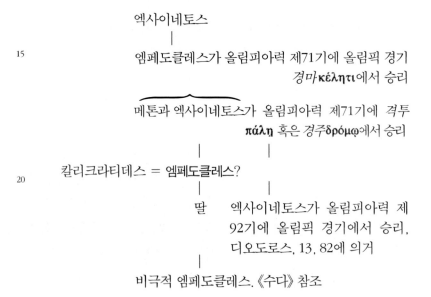

엑사이네토스
|
엠페도클레스가 올림피아력 제71기에 올림픽 경기 *경마*κέλητι에서 승리

메톤과 엑사이네토스가 올림피아력 제71기에 격투 πάλη 혹은 *경주*δρόμῳ에서 승리
|
칼리크라티데스 = 엠페도클레스?
| |
딸   엑사이네토스가 올림피아력 제92기에 올림픽 경기에서 승리, 디오도로스, 13, 82에 의거
|
비극적 엠페도클레스.《수다》참조

그는 곧잘 그의 조부와 혼동되었습니다. 비극과 관련해서는 아마 그의 손자와도 혼동되었지요. 그의 가문은 매우 고귀하고 부유했으며, 특히 말 사육으로 유명했습니다. 엠페도클레스가 힙사스 강줄기를 바꾸는 일을 자신의 재력으로 떠맡았다는 것 또한 그의 부를 말해줍니다. 조부와 숙부가 올림픽 경기의 승리자였으므로, 그의 가문은 대단한 명망을 누리고 있었습니다. 그의 절정기는 아폴로도로스에 의하면 올림피아력 제84기입니다. 그것이 어떤 시점을 의미하는지는 라에르티오스, VIII. 52에서 밝혀집니다. 즉 그는 투리오이가 건설된 직후(올림피아력 제83기 4년) 이 도시를 방문합니다. 이 진술에 이어 아폴로도로스는 엠페도클레스가 아테네에 대항하는 시라쿠사인들의 전쟁(기원전 415년 등)에 참가했다는 기록을 반박합니다. 그가 당시 이미 세상을 떠났거나 고령이었기 때문이라는 겁니다. 왜냐하면 아리스토텔레스에 따르면 엠페도클레스는 (헤라클레이토스와 마찬가지로) 60세에 세상을 떠났기 때문입니다. | 〔이에 의거해 아폴로도로스는 그가 기원전 475년경에, 또는 그보다 몇 해 전에 태어났다고 생각했습니다. 그렇다면 그의 절정기는 아폴로도로스에 의해 이미 30~34세로 확정된 것일 겁니다. 네안테스는 이에 반대해 (첼러가 생각하는 것처럼 파보리누스가 아니라) 그가 77세까지 살았다고 말합니다. 그리하여 그는 어쨌든 생년을 좀더 일찍, 492년경으로 잡습니다. 그것은 에우세비오스의 경우 그의 절정기가 올림피아력 제81기로 확정된 것과 일치합니다. 신켈로스의 경우도 마찬가지입니다. 이를테면 그렇게 해서도 역시 그의 절정기는 그가 서른다섯 살쯤 되던 해로 이전되는 것입니다. 이것은 그가 기원전 500년에 태어난 아낙사고라스보다 그다지 어리지 않다는,

즉 약 8년쯤밖에 차이 나지 않는다는 심플리키오스, *Phys.* 6b의 말과도 부합합니다.

아폴로도로스에 의하면 :	네안테스에 의하면 :
475년경 출생	492년경
절정기는 444년경	456년경
사망은 416년경 또는 더 이전,	415년경, 그러나 77
약 60세	세의 나이.

아리스토텔레스는 《형이상학》, I, 3에서 분명히 다음과 같이 말합니다.

"아낙사고라스로 말하면 — 엠페도클레스보다 연장이었지만, 그

415년에 그는 약 90세였을 것. 즉

아낙사고라스	500년에 출생	505
엠페도클레스	490년에 출생	− 60
	430년에 출생	445년에 대략 사망
	415년 대단한 고령	
	75세?	
엠페도클레스	495년 출생 올림피아력 제72기 출생.	84세에 절정기
	435년 사망	48세에 절정기
	415년에 그는 80세가 되었을 것.	

그는 아낙사고라스보다 어렸으며 415년에는 아주 고령이 되었다.
48세에 절정기. 라에르티오스, II, 2. 아폴로도로스에 의거한 아낙시만드로스의 절정기.
아리스토텔레스는 《수사학》, II, 14에서 지력(智力)의 정점을 49세까지 연장한다. 30~49세의 시점이라는 뜻이다.

가 글로 두각을 나타낸 것은 나중의 일이었다*ὕστερος*."*

아폴로도로스의 계산에 따르면 엠페도클레스는 약 스물다섯 살이 어렸습니다. *나중에ὕστερος*란 결국은 '좀더 성숙한, 좀더 앞선'을 뜻합니다. 그것은 아리스토텔레스가 전반적으로 엠페도클레스를 홀대했음을 보여줍니다. 이 문구에서 아리스토텔레스는 엠페도클레스를 단순히 상대(上代)의 자연철학자들에 속하게 했으며, 시대순은 아니지만 가치 근거에 따라 그의 뒤에 아낙사고라스를 놓았습니다.

우리가 엠페도클레스의 학설에 관해 알고 있는 것은, 그가 자신 이전의 모든 철학적 유명 인물을 경쟁심을 가지고 본다는 게 전부입니다. 파르메니데스에 대해서 테오프라스토스는 말하기를(라에르티오스, 8, 55), 엠페도클레스는 그의 흠모자*ζηλωτὴς*였으며, 그의 시를 자신의 모범으로 삼았다*καὶ μιμητὴς ἐν τοῖς ποιήμασι*고 합니다. 헤르미포스에 의하면(라에르티오스, VIII, 56), 그는 파르메니데스가 아니라 크세노파네스의 모방자*μιμητὴς*(그의 시작 방식을 모방하는 것*μιμήσασθαι τὴν ἐποποιῖαν*)라고 되어 있습니다. 에페소스 사람인 디오도로스에 의하면(라에르티오스, VIII, 70), 그는 아낙시만드로스의 비극적인 웅장한 언변과 그의 장중한 의상을 받아들임으로써 그를 모범으로 삼았다*ἐζηλώκει*고 합니다. 알키다마스에 의하면(라에르티오스, VIII, 56), 그는 피타고라스에게서는 그의 처신과 태도에서 드러나는 장중한 존엄성, 그리고 아낙사고라스에게서는 그의 자연철학을 자신의 모범으로 삼았다고 합니다. 그

---

* 테오프라스토스 또한 "아낙사고라스보다 좀 뒤에 태어난"이라고 말하고 있다.

는 투지만만한 가문 출신입니다.* 실제로 올림픽 경기에서 그는 세인의 이목을 가장 많이 받기도 했습니다(VIII, 66). 그는 자줏빛 의상에 금띠를 두르고 청동 구두를 신고 머리에는 델포이의 관을 쓴 차림으로 돌아다녔습니다. 머리카락은 길었습니다. 그의 모습은 항상 변함없이 음울했습니다. 그가 등장하는 곳에는 항상 시종이 따랐습니다. 올림픽 경기에서는 음유 시인이 그의 *정죄가*καθαρμοί를 노래했습니다. 어떤 승리 의식에서는 그는 자신의 원칙을 어기지 않기 위해 밀가루와 꿀로 구워낸 황소 한 마리를 제물로 바쳤습니다(첼러, 659쪽 adn. 부당하게). 그것은 명백히 전 그리스인을 새로운 피타고라스적 생활 방식과 세계관으로 이끌려는 시도였습니다. 외면적으로는 그것은 희생 제의의 개혁이었습니다. 이 *정죄가*καθαρμοί는 아그리겐툼의 친구들에게 하는 인사말로 시작되었습니다.

"안녕! 필멸자가 아닌 불멸의 신으로

모든 사람 가운데 의당 받아야 할 존경을 받으며

띠 장식과 푸르른 관으로 치장하고 나 배회하노라.

그리하여 선남선녀를 동반하고 꽃피는 도시들로 오면

사람들은 신인 듯 나를 경배한다.

오랜 동안 잔혹한 고난으로 고통당한 끝에 수만 명씩 무리 지어

구원의 길이 어디로 향하는지 탐색하며 나를 따라 나선다.

어떤 이들은 예언을 갈구하면서, 또 어떤 이들은

---

* 투지에 찬 개인이 당하는 고통의 시인 소포클레스. 《필록테테스*Philoktetes*》는 유배의 노래.

도에 넘치는 개인의 이기심에 대적하는 수단들 : 고향 본능, 경연의 공공성, 사랑.

갖가지 병고에 대한 치유의 말을 듣기를 기원하면서*"

"— 그러나 거기에서 강조할 게 뭐가 있단 말인가,

마치 내가 가련한 필멸자인 인간들보다 월등하다면εἰ θνητῶν πε-
ρίειμι πολυφθορέων ἀνθρώπων.

그것이 무슨 대단한 일이나 되는 것처럼."

이제 그는 모든 생명이 하나라는 사실, 이를테면 어째서 육식이 일
종의 자기 자신을 먹는 일인가, 말하자면 가장 가까운 친척 살해인
가 하는 것을 철저하게 각인시키고자 합니다. 그는 인간의 엄청난
정화를 의도했습니다. 또 콩과 월계수의 금식도 의도했습니다.

아리스토텔레스, 《수사학》, I, 13.

"엠페도클레스는 살아 있는 것을 죽여서는 안 된다고 말한다. 살
생은 어떤 경우에는 옳고 어떤 경우에는 옳지 않은 그런 것이 아니
라καὶ ὡς Ἐμπεδοκλῆς λέγει περὶ τοῦ μὴ κτείνειν τὸ ἔμψυχον·
τοῦτο γὰρ οὐ τισὶ μὲν δίκαιον, τισὶ δ' οὐ δίκαιον, 모든 것에 대
한 법률로서, 광활한 에테르와 측량할 수 없는 광휘의 하늘을 가로
질러 펼쳐져 있다."

자세한 것은 테오프라스토스가 전합니다(베르나이스, 80쪽).

"사랑 그리고 친척처럼 서로 연관되어 있다는 느낌이 모든 존재

---

* 괴테가 라바터Lavater에게 : "나는 비법(秘法)을 신임하지 않습니다. 우리의 도
덕적이고 정치적인 세계는 흔히 대도시가 그렇듯이 지하의 통로들과 지하실들, 그리
고 하수구들로 패어 있습니다. 그것들이 어떻게 연관되어 있고, 거주와 그것들의 관
계가 무엇인지에 대해서는 실로 아무도 생각하거나 궁리하지 않습니다. 다만 거기에
서 바닥이 한번 가라앉고, 저기에서 연기가 한번 솟고, 여기에서 이상한 소리가 들린
다면, 그것은 그런 것들에 대한 얼마간의 정보를 가지고 있는 사람에게는 훨씬 이해
가 쉬울 것입니다."

안에서 지배했기 때문에 당연히 아무도 그 어떤 피조물을 살해하거나 하는 일은 없었다."

이 점에서 엠페도클레스의 온갖 열정은 살아 있는 모든 것은 하나라는 사실에 의거합니다. 신들과 인간과 동물들은 그 안에서 하나입니다.* 섹스토스 엠피리코스, *adv. Math*. IX, 127은 매우 명시적입니다. 즉 *하나인 숨*ἕν πνεῦμα은 온 세상에서 영혼이라는 것입니다. 그것은 또한 우리를 동물들과 하나로 만든다는 것입니다. '생명이 하나라는 것'은 존재자들이 하나라는 파르메니데스의 사유를 훨씬 더 생산적으로 변용한 것입니다. 여기에는 전 자연과의 가장 내적인 공생, 넘치는 동정심이 추가되어 있습니다. 그의 삶의 과제로 부각되는 것은 *미움*νεῖκος이 그르친 것을 다시 회복하는 일, *미움* νεῖκος의 세계 가운데에서 사랑 안에서의 통일성이라는 사상을 선포하고, 미움의 결과인 고통을 그가 발견하는 곳에서 스스로 돕는 일입니다. 그는 이 고통과 대립의 세상에서 어렵게 삶을 꾸려갑니다. 자신이 이 세상에 존재하고 있다는 것을 그는 다만 하나의 과실의 결과로 설명할 수 있을 뿐입니다. 그는 언젠가 범죄나 살인을 저질렀든지 아니면 위증을 했음이 분명합니다. 그러한 세상 속에서의 현존에는 책임이 따릅니다.

이상하게도 그의 정치적 신조 또한 이러한 정조에서 설명됩니다. 히메라에 승리를 거둔 이후 겔론과 연합했던 도시들은 전쟁의 획득물로 넘치도록 풍부한 보답을 받았습니다. 특히 아그리겐툼은 엄청

---

* 괴테 : "그리하여 모든 피조물은 대체로 연구되어야 할 큰 조화(調和)의 음향, 명암일 뿐입니다. 그 외에 모든 개체는 죽은 문자들입니다."

나게 많은 공노(公奴)를 얻었습니다. 70년에 걸친 아그리겐툼 역사의 가장 행복한 시대가 시작됩니다. 개인은 저마다 500명의 노비를 거느립니다. 매우 웅장한 건축이 이루어집니다. 엠페도클레스는 그들에 대해 다음과 같이 말합니다(라에르티오스, VIII, 63).

"아그리겐툼 주민들은 마치 내일이면 죽어야 하는 사람들처럼 향락에 자신들을 맡기며, 마치 영원히 살기라도 할 것처럼 집들을 짓는다."

겔론은 그 당시 시라쿠사와 겔라의 통치자였으며, 테론은 아그리겐툼의, 그리고 그의 아들 트라시다이오스는 히메라의 통치자였습니다. 겔론이 죽은 뒤, 권력은 사실상 히에론의 손아귀에 들어갑니다. 그는 대단한 예술 수호자로서, 핀다로스, 시모니데스, 바킬리데스, 에피카르모스, 〔엠페도클레스〕, 아이스킬로스 등이 등장합니다. 472년에 테론이 죽음으로써 시칠리아에는 중요한 변화들이 일어났습니다. 스무 살쯤이었던 엠페도클레스는 이 변화들을 함께 겪습니다. 이제 아그리겐툼의 통치자이기도 한 트라시다이오스는 난폭하고 피비린내 나는 자신의 본능을 충동질하여 용병대의 수를 2만 명까지 늘립니다. 무모하게도 그는 이웃인 히에론에게 도전합니다. 엄청난 혈투가 벌어지고, 시라쿠사 측에서는 2,000명이, 아그리겐툼 측에서는 4,000명이 목숨을 잃습니다. 디오도로스, XI, 53에 의하면 대부분이 그리스인들입니다. 트라시다이오스는 완전히 패배해서 그리스 본토인 메가라로 도주하여 거기에서 사형 선고를 받습니다. 히에론은 두 도시가 함락된 것으로 간주하고 많은 사람들을 추방합니다. 그리하여 아그리겐툼 주민들은 민주적 정부를 세우게 되는데, 이제 메톤은 분명 이 정부의 가장 영향력 있는 설립자들 중 하나입

니다(라에르티오스, VIII, 72). 청년 엠페도클레스는 이 국민 정치로
의 이행을 몸소 경험합니다. 그의 부친이 죽은 후 참주 정치의 기운
이 다시 일기 시작합니다. 중요한 권력은 천 명의 의원들에게 있습
니다. 그러나 그 밖에 특히 겔론 가(家)의 실권(失權) 이후 시칠리아
로 귀환하는 추방자들이 적대적인 야당을 형성했을 가능성이 있습
니다. 주지하다시피 엠페도클레스는 청년 시절에 참주 정치의 시도
를 억압한 적이 있습니다. 그것이 그의 첫 번째 정치적 등단이었습
니다. 물론 동시에 웅변가로서였습니다. 엠페도클레스는 (천 명의)
권력가 가운데 한 인물이 여는 만찬에 초대됩니다. 그런데 어떤 명
망가의 도착을 기다리느라 식사 시작이 지연됩니다. 그는 이 사실에
분노합니다. 이 명망가가 도착하자 그는 *만찬의 주석συμποσίαρχος*
으로 추대됩니다. 그러고 나서 그는 *건배ἑωλοκρασίαν*를 부릅니다.
그것은 어쨌든 그에게 불복하는 자들이 거슬리기 때문입니다. 이를
테면 마시느냐, 아니면 자기 머리에 술을 끼얹는 수모를 당하느냐
의 선택입니다. 어쩌면 그와 동시에 상징적으로 어떤 암시가 이루
어졌을 수도 있습니다. 엠페도클레스는 침착을 잃지 않습니다. 다
음날 그는 그 두 사람을 법정에 출두시키고 그들에게 사형을 선고
합니다. 여기에서 우리는 참주제에 대한 그의 격렬한 증오를 알게
됩니다. 그런데 그는 이에서 더 나아가 천 명으로 구성된 의회를 해
체합니다. 이것은 분명 그가 혐의를 받게 되었기 때문일 겁니다. 이
때 사람들을 열광시키는 그의 대단한 언변이 한몫 했습니다. 티몬
플리아시오스는 그를 연설을 위한 말을 엮는 *자ἀγοραίων χηλητὴς*
*ἐπέων*라고 부릅니다. 대화편 《소피스테스》에서 아리스토텔레스가
그를 최초의 수사학 발명자*πρῶτον ῥητορικὴνκεκινηκέναι*라고 했

듯이 거기에서 수사학이 생겨났습니다. 라에르티오스, VIII, 57 ; 섹스토스 엠피리코스, VII, 6 참조. 고르기아스는 그에게서 수학했습니다. 아그리겐툼의 폴로스[62]는 *기술적 방법* τέχνη을 기획합니다. 그 방법의 도움으로 그는 아그리겐툼 주민들이 *당파 싸움을 포기하도록* ἰσότητα πολιτικὴν ἀσκεῖν 설득합니다. 라에르티오스, VIII, 72. 그는 매우 부유했으므로 지참금이 없는 가난한 여성 시민들을 도와 혼사를 치르게 해줄 수 있었습니다. 그는 공공연히 재산의 차이를 지양하는 데 진력합니다. 그는 사람들에게 큰 사랑을 받아, 그에게 *왕국* βασιλεία이 제공될 정도입니다. 그는 그것을 거절합니다. 〔그러나 이때 그가 등단하는 온갖 방식은 장기적으로 볼 때 그로 하여금 혐의 없이 남아 있도록 하지는 못하는 방식입니다.〕 그러나 그는 아그리겐툼의 질서를 수립한 후 이제 다른 도시들도 돕고자 합니다. 그는 이제 세상을 주유하기 위해 아그리겐툼을 떠납니다. 올림피아에서 그는 아그리겐툼의 주민들에게 작별을 고하는 *정죄가* καθαρμοὶ를 부릅니다. 그는 투리오이, 메세네, 펠로폰네소스, 아테네, 셀리눈트에 나타나는데, 셀리눈트에서는 자비를 들여 두 줄기의 강을 힙사스 강과 연결함으로써(브리지 체계) 흑사병을 퇴치합니다. 셀리눈트의 주민들이 강가에서 기쁨의 축제를 벌입니다. 그가 나타나자 그들은 그의 앞에 엎드려 마치 신처럼 그를 경배합니다. 그의 형상을 각인한 동전이 주조됩니다(카르스텐, 23쪽). 그가 마부로서 아폴론 수레의 말을 끄는 모습입니다. 이제 티마이오스는 라에르티오스, VIII, 67에서 이렇게 말합니다.

"그러나 뒤에 가서 그가 태어난 도시인 아크라가스가 그에게 동정심을 보이자 그의 적들의 후손들이 그의 귀환을 저지했다. 그러한 이유 때문에 그는 펠로폰네소스로 돌아가 거기에서 생을 마쳤다."

그가 귀향해서는 안 되는 이유는 무엇이었을까요? 추측하건대 '그가 아그리겐툼을 동정하는 것이 마땅하다고 선언했기 때문'이 아닐까요? 아니면 그것은 이전에 추방되었던 자들, 즉 천 명의 의원들과 연관되는 것일까요? 또는 '아그리겐툼이 식민지를 건설 oἰκίζοντος했기 때문'일까요? '그래서 사람들이 그를 식민지의 지도자로 소환했기 때문'일까요? 그의 죽음에 관해서는 온갖 전설들이 있습니다. 확실한 것은 그가 어디에 묻혔는지를 아무도 제시할 수 없었다는 겁니다. 어쨌든 그는 티마이오스가 말하는 것처럼 시칠리아가 아니라 펠로폰네소스에서 세상을 떠났습니다. 그에 관해서는 일반적으로 다음과 같은 그의 말이 타당합니다.

카르스텐, v. 384 이하.

"마침내 그들은 지상에 거주하는 인간들에게

예언자, 시인, 의사와 제후가 된다. 거기서부터 그들은

최고의 명예를 가진 신들로 성장한다."

이것이 그의 믿음이었습니다. 그는 이미 신의 지위로 넘어갔습니다. 여러 우화가 이것을 부분적으로는 진지하게, 부분적으로는 풍자적으로 표현하고 있습니다. 그는 예언자이자 시인이며 제후(비교적 일반적인 말. 참주τύραννος가 아님)입니다. 세상을 주유한 이래 이제 그 또한 신이지 더 이상 유한한 인간이 아닙니다θεός, οὐκέτι θνητός. 그런데 그가 어떻게 다른 신들이 있는 곳으로 넘어가 그들과 식탁을 공유하며 근심 없이, 죽음도 노화도 없이 살게 되는 것일까요(v. 387~388)? 그가 에트나의 분화구에 몸을 던지는 것은 자

신이 신이라는 주장을 강조하기 위해서입니다. 그 직전에 일어났던 사건은 셀리눈트 주민들의 경배든가 아니면 아그리겐툼의 여인 판테이아의 치유입니다. 티마이오스는 그가 펠로폰네소스에서 돌아오지 않았다는 것을 이유로 이를 반박합니다. 가장 신화적 색채가 약한 것(하지만 그렇기 때문에 아직도 전혀 신빙성이 없는 것)은 네안테스(VIII. 73)의 이야기입니다. 그가 잔치 모임에 참석하기 위해 메사나[63]로 갔는데, 거기에서 갈빗대가 하나 부러져 그 때문에 목숨을 잃었다는 것입니다. 그러나 이번에도 그는 시칠리아에서 죽습니다. 메가라에는 그의 것이라는 무덤이 있습니다. 물론 시칠리아의 메가라입니다. 믿음이 깊은 전설은 그를 사라지게 하고, 풍자적인 전설은 그로 하여금 에트나에 몸을 던지게 하고, 실용적인 전설은 그로 하여금 갈빗대를 부러뜨려 메가라에 묻혀 있게 합니다.

그는 비극적인 철학자로서, 아이스킬로스와 같은 시대 사람입니다. 그에게서 가장 눈에 띄는 것은 그의 심상치 않은 염세주의입니다. 하지만 그것은 그에게 정관(靜觀)적으로 작용하는 것이 아니라 매우 활동적으로 작용합니다. 그의 정치적 견해가 민주적이라 할 때, 그 원래의 근본 관념은 사람들을 피타고라스 추종자들의 결사(結社)κοινὰ τῶν φίλων에 이르도록 인도하는 것, 말하자면 사유재산 폐지를 수반하는 사회 개혁인 것입니다. 사랑의 완전한 지배가 아그리겐툼에서 실현되지 않자, 그것의 근거를 마련하기 위해 그는 방랑 예언가로 주유합니다. 그의 영향력은 그 세기에 절정기를 맞고 있는(그러나 시칠리아에서는 아닙니다) 피타고라스의 영향권에 속합니다. 기원전 440년에 피타고라스 추종자들은 도처에서 추방되어 레기온으로 퇴거합니다. 피타고라스 추종자들의 패배는 엠페도클레스의 추방, 그리고 펠로폰네소스에서의 그의 종말과 연관이 있음이 분명합니다. 이 경우 그가 피타고라스 추종자들과 아무런 직접적 연대가 없을 가능성도 충분히 있습니다. 훗날 그는 원래의 비밀을 발설했다는 혐의를 받았습니다. 또한 피타고라스주의적-오르페우스 비교(秘敎)적 신비주의와 그의 관계가 그리스 신화와 아낙사고라스의 관계와 대동소이하다는 것이 사실입니다. 그는 그 종교적 충동들을 자연과학적 설명들에 연결하고 그것들을 좀더 학적인 이러한 형태로 전파합니다. 그는 계몽주의자입니다. 그러므로 그는 믿음에 의지하는 사람들에게는 환영받지 못합니다. 게다가 그는 온갖 신들과 정령들의 세계마저 넘겨받는데, 그것의 실재성에 관해서는 그는 인간들의 실재성에 못지않은 믿음을 가지고 있습니다. 스스로는 자신을 추방된 신이라고 느낍니다. 그는 그 어떤 명예와 행복의 정상에서 자신이 추락했는지를 한탄합니다.

"범상치 않은 장소를 보았을 때 나는 울며 통곡했다."

그는 자신이 피로 물든 만찬에 입을 댔던 날을 저주합니다. 그의 불경한 행위, 살육φόνος으로 자신이 더럽혀지는 행위처럼 보입니다. 그는 불경을 범한 저 원조(元祖)들의 수난을 서술합니다. 에테르의 분노는 그들을 바다로 내몰고, 바다는 그들을 다시 육지로 뱉어냅니다. 육지는 그들을 태양의 불꽃들로 밀어 올리고, 이 불꽃들은 그들을 다시 에테르로 밀어 올립니다. 그렇게 하나가 다른 것에서 그들을 넘겨받지만, 모두가 그들을 증오합니다. 마침내 그들은 필멸의 인간들이 되는가 봅니다.

"오, 그대 비참한, 실로 불행한 필멸자의 족속이여, 그 무슨 불화에서, 그 무슨 비탄에서 그대들은 생겨났는가!"

이에 따라 필멸자들은 그에게는 추락하여 벌받은 신들처럼 보입니다! 땅은 어두운 동굴, *재앙의 목장*λειμὼν ἄτης입니다. 여기에는 살육, 원한을 비롯하여 그 밖의 존재들인 파멸의 여신들, 질병, 부패가 거주하고 있습니다. 인간은 〔피비린내 나는〕 *불화*Deris와 〔고요하고 진지하게 조망하는〕 *조화*Harmonia, *아름다움*Kallisto과 *추함*Aischre, *기민함*Thoosa과 *태만함*Denaie, 〔자비로운〕 *확실함*Nemerte과 〔멍한 눈의〕 *혼란함*Asapheia 등등, *생장*Physo과 *멸망*Phtimene(자연과 몰락)이라는 대립된 정령들의 무리 속으로 뛰어듭니다. 그러나 인간 자체로서는 사지(四肢)의 힘들이 약합니다. 많은 재앙이 위협하고 무디게 만듭니다. 살아서는 안 될 삶의 한 조그만 부분을 투쟁으로 보내고 나면, 이른 운명이 그들을 낚아채가서 연기처럼 흩어지게 합니다. 그들이 방금 부딪치고 있는 것, 그것만을 그들은 진실이라고 여깁니다. 그러나 허망하게도 누구나 전체를 찾았다고 자부합니다. 하지만 전체는 인간들에게는 보이지도, 들리지도, 또는 감각으로 파악되지도 않습니다. 엠페도클레스는 극렬하게 이 무지를 그려냅니다. "*종종 내 눈에 제정신이 아닌 듯 보일 정도로*"라고 키케로는 *Acad.* II, 5에서 말합니다. 플루타르코스는 그의 시작(詩作)의 전체 성격을 "*환상, 신화, 주술적인 발언으로 가득 차 있고 큰 광기에 사로잡혀 있다*"라고 묘사합니다. *de Genio Socratis*, 580쪽(VIII, 292쪽, Reiske).

불화, 고통, 대립의 이 세계에서 그는 자신에게 전혀 다른 세계 질서를 보증하는 오직 하나의 원리를 발견합니다. 그는 아프로디테를 발견합니다. 누구나 이 여신을 알고 있습니다. 그러나 아무도 우주적 원리로는 알고 있지 못합니다. 성생활은 그에게 최상의 것이

자 가장 고귀한 것으로서, 불화의 충동에 대한 최대의 반대입니다. 분리된 요소들이 무엇인가를 생산하기 위해 접근하려는 열망이 여기에서 가장 뚜렷이 나타납니다. 같은 것에 속하는 것은 언젠가 서로 떨어지게 된 것으로, 그것이 이제 다시 합일되기를 갈망하는 것입니다. *사랑*φιλία은 *미움*νεῖκος의 왕국을 극복하고자 합니다. 그는 그것을 *우정*φιλότης, *애정*στοργὴ, *키프리스*Κύπρις, *아프로디테*Ἀφροδίτη, *하르모니에*Ἀρμονίη라고 부릅니다. 이 충동의 핵심은 같은 것에 대한 동경입니다. 서로 다른 모든 것에서는 불쾌감이 일어나고, 같은 모든 것에서는 쾌감이 일어납니다. 이런 의미에서 같은 것을 향한 충동, 같은 것에서의 쾌감, 그리고 역으로 서로 다른 것에서의 불쾌감을 느끼는 한 모든 것에는 혼이 깃들어 있습니다. 우리는 흙은 흙을, 물은 물을, 에테르는 에테르를, 불은 불을, 사랑은 오로지 사랑을, 증오는 오로지 증오를 수단으로 하여 바라봅니다. 그런데 원래의 엠페도클레스적 관념은 사랑하는 모든 것의 통일성입니다. 모든 사물에는 이들을 혼합과 통일로 밀어붙이는 한 부분이 있습니다. 그러나 그와 마찬가지로 이들을 서로 분리시키는 적대적인 힘도 있습니다. 양 충동은 서로 투쟁합니다. 이 투쟁이 모든 생성과 소멸을 야기합니다. *미친 듯이 격렬한 싸움에 의지하면서*νείκεϊ μαινομένῳ πίσυνος *미움*νεῖκος의 지배를 받는다는 것은 끔찍한 형벌입니다. 모든 요소를 가로지르는 편력은 피타고라스가 말하는 *혼의 전이*Metempsychose의 자연과학적 상응 현상입니다. 그는 자신이 이미 새, 관목, 물고기, 소년, 그리고 소녀였다고 주장합니다. 그러한 경우에 그는 피타고라스 추종자들의 신화적 표현을 사용합니다. 그에게 신화적 사유와 학문적 사유가 병행한다는 사실은 그의 사상의 이해를 아주 어렵게 만듭니다. 그는 이리저리 건너 뛰면서 두 마리의 말을 타고 달립니다. 여기저기에서 이미 신화 대 신 비유를 알아볼 수 있습니다. 이렇게 그는 모든 신을 믿지만, 그 의 자연과학적 요소들을 이러한 이름들로 부르는 것입니다. 특별히 주의할 만한 것은 그의 아폴론 해석인데 그는 아폴론을 정신으로 이해했습니다.

Ammon. *de interpretat.* 199.

"그에게 가까이 다가갈 수도 없고, 손으로 그를 잡을 수도 없다. 그의 몸통 위에는 머리가 없고, 등에서 아래로는 두 가지가 뻗어 있 지 않으며, 발도, 빠른 무릎도, 생식기도 없다. 오히려 그는 다만 신 속하게 사유하며 온 세상을 활주하는, 성스럽고 말할 수 없이 위대 한 *정신*(Geist) **φρὴν**이 되었다."

이와는 반대로 모든 신은 생겨난 존재들로서 그들의 삶 또한 영원 하지 않습니다(그들은 다만 *장수하는 존재들* **μακραίωνες**일 뿐입니 다). 그러나 위에서 말한 *정신* **φρὴν**은 아낙사고라스가 생각했듯 움 직이게 하는 어떤 것이 아닙니다. 엠페도클레스에게는 모든 운동을 이해하기 위해서는 증오와 사랑을 가정하는 것으로 족합니다. 아낙 사고라스와 비교해볼 때, 우리는 여기에서 엠페도클레스가 이미 정 신으로부터 모든 운동을 설명하기 위해 최소한의 *정신* **νοῦς**을 인정 하려 애쓰는 것을 봅니다. 정신이라는 개념은 그에게는 역시 너무 도 다의적이며 가득 채워져 있었습니다. 쾌와 불쾌라는 삶의 최종 현상들이면 충분했습니다. 이 둘은 인력과 척력이라는 충동의 결과 로 나온 현상들입니다. 이들이 요소들을 엄습하면 모든 것이 거기 에서 설명됩니다. 사유 역시 설명됩니다. 규정되지 않은 *정신* 대신 좀더 규정된 사랑과 증오가 엠페도클레스에 의해서 정립되었습니다. 그러고 나서 물론 그는 모든 기계적 운동을 폐기합니다. 아낙사고라스가 다만 운동의 시초만을 정신에 귀속시키고 그에 이어지는 모든 운동은 간접적인 작용들로 파악했던 것과는 달리 말입니다. 이 것은 논리적 필연이었습니다. 어떻게 어떤 죽은 것, 경직된 존재자 ὄν가 다른 경직된 존재자에게 영향을 미치겠습니까? 운동의 기계적 설명은 전혀 존재하지 않습니다. 다만 충동들에서, 유정물(有情物)이 되는 사태들에서 이루어지는 설명이 있을 뿐입니다. 오로지 이들만이 움직임을 불러일으킵니다. 요컨대 한 번이 아니라 지속적으로, 그리고 어디에서든 움직이게 합니다. 그런데 그의 주안점은 다름 아니라 질서 정연한 세계를 그 어떤 목적도 정신νοῦς도 없이 위에 언급한 대립적 충동들에서 생겨나게 하는 것입니다. 그리고 이 경우 그에게는 수많은 기형의 생명들과 생명이 불가능한 것들 가운데 합목적적이며 생명이 가능한 몇몇 형태들도 생겨난다는 의미심장한 생각으로 충분합니다. 여기에서 존속하는 것의 합목적성이 합목적적인 것의 존속으로 환원됩니다. 유물론적 체계들은 끝내 이 생각을 다시 포기하지 않았습니다. 지금 우리는 다윈의 설에서 그것이 특수한 방식으로 적용된 예를 가지고 있습니다. 요컨대 사랑은 결합할 때 어떤 합목적적인 방식을 취하는 것이 아니라 다만 연결할 뿐입니다. 사랑은 모든 것을 서로 맺어줍니다. 황소의 몸통들을 인간의 머리와, 인간을 황소의 머리통들과, 양성(兩性) 구유의 존재들과 모든 가능한 괴물들을 연결시킵니다. 같은 것을 향한 충동에 항상 이끌려, 이제 차츰 그 지체(肢體)들이 조화롭게 결합됩니다.

그런 것들이 운동의 힘들입니다. 그런데 움직여지는 것은 파르메니데스가 표상하는 바에 의하면 존재자들ὄντα입니다. 그것들은 불생, 불멸, 불변입니다. 하지만 아낙사고라스가 모든 성질을 실재인 것으로, 그리고 이에 따라 영원한 것으로 간주한 반면, 엠페도클레스는 오직 네 가지의 참된 실재들, 따라서 또한 네 가지의 참된 성질들과 그들이 혼합된 것들만을 인정합니다. 그것은 흙, 불, 물, 공기입니다. 제우스는 불, 아이도네우스는 흙, 헤라는 공기이며, 시칠리아의 신격의 하나인(II, I, 1180쪽, Eustath.) 네스티스Νῆστις는 물로서 흐르다νάω에서 유래했습니다. 섬 νῆσος, 둥둥 떠도는 섬 πλωτῇ ἐπὶ νήσῳ(x. 3)은 낙소스Νάξος = 네키오스Νήκιος, 네레우스Νηρεύς, 네이아스Νη-ιάς입니다. 이러한 신화적 명칭들과 나란히 1. 불πῦρ, 햇빛ἥλιος, 빛나는 태양ἠλέκτωρ, 헤파이스토스 Ἥφαιστος, 2. 에테르αἰθήρ, 하늘οὐρανός, 3. 땅γῆ, 흙χθών, 육지 αἶα, 4. 물ὕδωρ, 비ὄμβρος, 바다πόντος, 소금 바다θάλασσα와 같은 말들도 보입니다. 이 네 개의 기본 질료들은 모든 질료를 내포하는데, 질료는 늘어날 수도 줄어들 수도 없습니다. 이들 질료는 2,000년을 거쳐 물리학에 남아 있습니다. 이 원소들의 결합은 그 성질들을 변화시키지 않습니다. 원소들의 혼합은 한 물체의 부분들이 다른 물체의 부분들 사이의 공간들로 진입함으로써 이루어집니다. 완전한 혼합에서도 실제로는 입자들의 범벅만이 있을 뿐입니다. 그 반대도 마찬가지입니다. 하나의 물체가 다른 물체에서 생겨나면, 하나가 다른 것으로 변모하는 것이 아니라, 다만 그 성분들이 그들의 지금까지의 결합에서 벗어나는 것일 뿐입니다. 두 개의 물체가 실체상 서로 분리되어 있음에도 불구하고 서로에게 작용을 미친다면, 이것은 오로지 보이지 않는 미립자들이 분리되어 상대방의 틈새들로 스며들어감으로써 일어나는 것일 뿐입니다. 한 물체의 틈새들이 다른 물체의 유출물들과 부분들에 완벽하게 상응하면 할수록 그 물체는 이 물체와 더욱더 잘 혼합될 성향을 갖추게 될 것입니다.

5 그래서 엠페도클레스는 동류의 것과 쉽게 섞을 수 있는 것은 서로 친화적이며, 같은 것은 같은 것을 향한 열망을 가진다고 말하는 것입니다. 섞이지 않는 것은 서로 적대 관계에 있다는 것이지요. 그러나 원래 움직이게 하는 것은 여전히 *사랑*φιλία과 *미움*νεῖκος입니다. 말하자면 이들의 작용과 사물들의 형체 사이에는 필연적인 관계

10 가 있는 것입니다. 성분들은 유사하고 서로 상응하도록 혼합되고 형체가 주어져야 합니다. 그러고 나서 *사랑*φιλία이 추가됩니다. 그런데 사물들에 형체를 부여하는 것은 본시 우연, 즉 *아낭케*ἀνάγκη인 것이지 그 어떤 현명함이 아닙니다. *사랑*φιλία 역시 어리석습니다. 사랑은 단지 유일한 충동, 동류의 것을 향한 충동밖에는 가지고

15 있지 않습니다. 따라서 엠페도클레스에 의하면 모든 운동은 비기계적으로 생겨났지만 오로지 기계적인 결과에 귀착될 뿐입니다. 유물론적 표상들과 관념론적 표상들의 야릇한 결합입니다. 여기에서 우리는 아낙사고라스의 영향을 봅니다. 즉 모든 사물은 원소들이 뒤범벅된 것이라는 게 그것입니다. 그러나 더 이상 무수한 원소들이

20 아니라 네 개의 동질소(同質素)ὁμοιομερῆ입니다. 그러고는 그는 아낙사고라스가 인정했던 위에서 언급한 운동의 이원론, 즉 *정신*νοῦς의 작용으로서의 운동과 충격으로서의 운동의 이원론을 지양하려는 시도를 합니다. 왜냐하면 엠페도클레스는 절대적으로 다른 두 *존재자들*ὄντα 상호간에는 어떤 충격 작용도 있을 수 없음을 제

대로 통찰했기 때문입니다. 그러나 그에게는 위에서 언급한 원초적 운동의 힘을 이후의 모든 운동에서 다시 인식한다는 것이 쉽지가 않았습니다. 움직임을 산출하는 원리들로는 어디에서나 *사랑*φιλία 과 *미움*νεῖκος이 있을 뿐입니다. 결론은 이러합니다. 오로지 *사랑* φιλία만이 작용하고 있다고 생각한다면, 잠시 동안 어우러지는 운동 뒤에 모든 것은 다시 고요합니다. 오직 *미움*νεῖκος만이 작용하고 있다고 생각하면, 절대적인 분리 이후 모든 것은 다시 고요합니다. 따라서 양자는 서로 투쟁해야 합니다. 여기에서 그는 만물의 아버지로서의 *투쟁*Πόλεμος에 헤라클레이토스가 바친 예찬에 가까이 다가갑니다. 그런데 양자의 힘이 같고 동시에 활동하는 것이라 생각한다면 다른 한편 아무런 운동도 일어나지 않습니다. *천체* σφαῖρος에는 원래 조화와 정적이 지배합니다. 그러자 *미움*νεῖκος 이 일기 시작했습니다. 모든 것은 뿔뿔이 흩어집니다. 이제 사랑이 일기 시작했습니다. 요소들이 서로 혼합되어 자연물을 하나하나 산출하는 소용돌이가 형성되었습니다. 차츰 미움이 줄어들고 사랑에 주도권을 이양합니다. 그리고 이런 일들이 되풀이됩니다. 그런데 이때 많은 문제가 명확하지 않습니다. 유사한 것은 *사랑*φιλία의 결과일까요, 아니면 유사한 것에 직면해서 *사랑*이 생겨나는 것일까요? 그렇다면 도대체 유사한 것은 어디에서 연유하는 것일까요? 엠페도클레스에게는 순전히 원자론적–유물론적인 고찰의 배아들이 분명히 존재합니다. 우연한 형태들, 즉 요소들의 가능한 무의미한 모든 연결에 관한 이론은 여기에 속합니다. 그 연결들 가운데 몇몇은 합목적적이고 생존 가능합니다. *사랑*과 *미움*의 힘은 측정할 수 없기 때문에 엠페도클레스는 근본적으로는 아무것도 설명하지 않습니다. 그 두 힘 중에서 어느 것이, 그리고 얼마만큼 더 강력한지는 알 수 없습니다. 도무지 엠페도클레스의 상이한 근본 개념들 간에는 올바른 조화가 없습니다. 사물들의 잡다(雜多)는 *사랑*과 마찬가지로 *미움*으로도 환원됩니다. 비관주의는 단적으로 지구가 미움의 현장일 뿐이라는 고찰의 하나입니다. 인류의 어떤 낙원 시대에 대한 관념은 여기에 맞지 않고 그의 우주론에도 도무지 맞지 않습니다. 우연의 영역은 전혀 규정되어 있지 않습니다. *유출* ἀπορροαί에 관한 학설에는 허공이 전제되어 있습니다. 그런데 바로 이 허공을 그는 아낙사고라스와 함께 부정합니다. 그 대신 그의 위대함은 그가 엄밀한 원자론을 준비했다는 데 있습니다. 그는 아낙사고라스를 훨씬 넘어갔습니다. 당연한 결론을 하나 내려야 했습니다. 그것은 위에 언급한 *사랑*과 *미움*의 세력들을 사물들의 내부에 있는 힘으로 되돌리는 것이었습니다. 그리고 중력과 형태는 데모크리토스가 충분히 발견했습니다. 마찬가지로 반드시 필요한 것은, 유출을 생각해내고 난 뒤에 데모크리토스처럼 허공을 인정하는 일이었습니다. 특히 빛나는 업적은 합목적적인 것의 생성에 대한 가설입니다. 그는 원자론의 모든 근본 개념을 발견했습니다. 즉 고대인의 학문적 자연 관찰의 근본 가설을 발견한 것인데, 이 가설은, 철저히 계승된다면, 스스로를 지양하는 가설입니다. 현대의 여러 자연과학에서 우리가 체험한 바와 같이 말입니다. 그는 아낙사고라스와의 경쟁에서 결정적으로 승리했습니다.* 다만 한 가지 점에서는 그는 아낙사

---

* 아낙사고라스에 반대하여 :
우리가 무한한 부분들을 인정해도 좋다면 어째서 수많은 *존재자들* ὄντα 인가?
그러니 참된 성질들의 수를 줄여라.

고라스를 능가하기는 했으나 극복하지는 못했습니다. 이원론적 운동을 제거하기 위한 *사랑*과 *미움*에 관한 그의 원리들이 그것입니다. 아낙사고라스에게서는 단 한 번 *정신*의 불가사의한 주재(主宰)로의 비약이 이루어졌었습니다. 엠페도클레스는 그러한 불가사의하고 꿰뚫어볼 수 없는, 비학문적인 주재를 계속 인정했습니다. 그것으로 자신을 만족시키지도 못한 채 말입니다. 모든 운동을 파악할 수 없는 힘들의 작용에, 애착과 거부감에 환원시킨다면, 학문은 틀림없이 마술에 용해된 것입니다. 그러나 엠페도클레스는 계속 이 경계에 서 있습니다. 그리고 거의 모든 사물에 있어서 그는 그러한 극단의 인물입니다. 그는 의사와 마술사, 시인과 수사가, 신과 인간, 학문적 인간과 예술가, 정치가와 사제, 피타고라스와 데모크리토스 사이에서 떠돕니다. 그는 상고대 철학에서 가장 현란하게 채색된 인물입니다. 그와 함께 신화, 비극, 비밀 제의 시대가 작별을

움직임만이 문제가 된다면 어째서 의지뿐만이 아니라 *정신*인가?

모든 존재들 안에 운동을 위한 힘이 없다면 어떻게 운동인가?

합목적성을 설명하는 데 목적들은 필요하지 않다. 그렇다면 *정신*은 불필요하다. 생존 가능한 것.

운동은 유기체를 설명하기에는 충분하지 않다. 아낙사고라스에게서는 정신이 이용된다. 모든 사물을 통일적으로 설명하는 것이 더 낫다.

생명은 영원한 것이 아니라, 모종의 원자들이 모이면 산출되는 것이다. 생명이라는 새로운 성질의 화학적 등장.

생명 있는 모든 것의 동일성, 그것은 엠페도클레스에게서 어떻게 도출되는가? 그것은 가장 드물게 산출되는 바로 그 하나의 성질이다.

원초적 혼합의 상태는 엠페도클레스에게는 가장 축복된 상태이며, 아낙사고라스에게는 혼돈이다.

엠페도클레스에게서 주기적인 것 : 정신이 분리를 끝마치면 아낙사고라스에게 무슨 일이 일어나는가?

생명은 다만 형태에, 원자들의 배열에 있다.

고합니다. 그러나 그의 안에서는 동시에 민주적 정치가, 연설가, 계몽가, 우화 작가, 학문적 인간으로서의 좀더 새로운 그리스인이 출현합니다. 그의 안에서 두 시대가 투쟁합니다. 그는 철두철미 경쟁적 투지에 찬 인간입니다.

⁵

§15. 레우키포스와 데모크리토스. 레우키포스에 관해서는 아무것도 알려져 있지 않습니다. 그는 압데라 또는 밀레토스 출신이라고 합니다. 아리스토텔레스는 《형이상학》, I, 4에서 데모크리토스를 레우키포스의 동료ἑταῖρος라고 부릅니다. 다소 일반적인 말입니다. 데모크리토스도 압데라 아니면 밀레토스 태생이라고 합니다. 필시 알려진 것에서 알려지지 않은 것을 추론한 것뿐입니다. 그가 엘레아 사람으로 불린다면(테오프라스토스와 심플리키오스, *Phys.* 7a는 파르메니데스를 그의 스승이라고 지적합니다), 원자론과 엘레아 학파 철학자들의 관계에는 의심의 여지가 없습니다. 다만 거기에 어떤 사제 관계를 전제할 필요가 전혀 없을 따름입니다. 아리스토텔레스, *de Melisso*, c. 6에서는 "레우키포스의 것으로 알려진 말에서"라는 문구가 인용됩니다. 그것은 원래의 저작이 아니라 그의 학적 명제들을 짤막하게 열거한 것을 의미하는 게 분명합니다. 탈레스에 대해서도 어떤 같은 것을 우리가 가정했던 것처럼 말입니다. 라에르티오스, IX, 46에 의하면 테오프라스토스는 《세계의 대질서 μέγας διάκοσμος》를 레우키포스와 연관시켰습니다. 레우키포스를 인용하는 부분들에서 아리스토텔레스가 레우키포스를 데모크리토스에게서 예리하게 떼어내는지 그러지 않는지를 판별하는 시도

는 아직 없습니다. 한 구절을 근거로 사람들은 아리스토텔레스가 이들이 제시한 모든 판단의 절대적 동일성을 주장한다는 결론을 내렸습니다. 그것은 거기에 적혀 있지 않습니다.

《생성과 소멸에 대하여*περὶ γενέσ*》, I, 8.

"그 방법에 있어서 레우키포스와 데모크리토스는 모든 현상을 한 가지 이론으로 설명하려고 했다."

"그들은 모든 현상을 동일한 원리들로 학적으로 엄밀하게 설명했다."

그렇다면 예를 들어 라에르티오스, IX, 30에 보이는 레우키포스의 학설에 대한 진술은 어디에서 온 것인가 하는 점이 의문스럽습니다. 테오프라스토스의 저작인 《자연에 대한 연구*ἡ φυσικὴ ἱστορία*》가 그 전거라는 것이 전제된다면, 아마도 테오프라스토스는 그 안에 《세계의 대질서*μέγας διάκοσμος*》를 발췌해 제시하고 있을 것입니다. 이것을 주의해야 합니다.

데모크리토스는 압데라 또는 밀레토스 출신(이것은 그의 집안이 그곳에서 이주해 왔다는 것을 의미할 겁니다). 그의 조상은 헤게시스트라토스, 다마시포스(두 사람의 다마소스와 친척 관계), 아테노크리토스입니다. 사람들은 이름을 잃어버렸음이 분명합니다. 시대 규정은 아마 이 조상들의 이름에 반영되어 있을 겁니다. 조부와 손자가 헷갈립니다. 우리는 아폴로도로스를 따르고자 합니다. 그는 데모크리토스가 올림피아력 제80기에 태어났다고 말합니다. 그렇다면 그것은 아낙사고라스보다 40년 후가 됩니다. 이 시대 설정은 《세계의 소질서*μικρὸς Διάκοσμος*》에 있는 데모크리토스의 진술의 도움으로 이루어진 것입니다.

라에르티오스, IX, 41.

*"그 시대로 말하자면, 데모크리토스 자신이 《세계의 소질서》에서
말하고 있듯이, 아낙사고라스가 연로했을 때 그의 나이는 아낙사고
라스보다 마흔 살 아래였다. 그의 말로는 이 《세계의 소질서》는 트
로이 멸망 후 730년이 되던 해에 씌어졌다."*

기원전 440년에 아낙사고라스가 60세였다고 가정한다면, 그 당
시 데모크리토스는 20세였던 것이 됩니다. 엠페도클레스가 다음 10
년 안에 이미 죽었다 해도, 데모크리토스는 어쨌든 분명히 엠페도
클레스를 공부했을 겁니다. 그러나 반대의 경우는 있을 수 없습니
다. 왜냐하면 데모크리토스 자신이 정신계의 모든 유명 인사를 찾
아가 그들과 알게 되었다고 스스로 증언하고 있기 때문입니다.

클레멘스, *Alex. Strom.* 1, 357쪽. Pott.(121쪽, Sylb).

*"나는 동시대 사람들 가운데 가장 여러 지역을 여행하면서 가장
먼 곳까지 탐사했다. 헤아릴 수 없이 많은 풍광과 지세를 보았고 수
많은 사람들의 말을 들었으며, 기하학적인 증명에서는 나를 능가할
자가 하나도 없다. 이집트의 이른바 '끈을 묶는 자들'(기하학자들)
도 나를 따르지 못한다. 그 밖에도 나는 각 처의 사람들과 함께
ἐπὶ πᾶσι 교류하면서 80년 동안 나그네의 삶을 살았다."*

(ἐπίπασι를 나는 '그들 모두와 함께' 라고 읽습니다. inscr. Cret.
뵈크, tom. II, 409쪽, 18.) '80년이라는 세월을 넘어'. 어쨌든 클레
멘스는 이집트에서의 체류와 연관시켜 시대를 설정하지 않았습니
다. 왜냐하면 그는 이어서 다음과 같이 말하고 있기 때문입니다.

*"나는 바빌론, 페르시아, 이집트에 가서 술사 및 제사장들과 함께
연구했다."*

다른 경우에 *ἐπὶ πᾶσι*는 '그 모든 것에 더하여, 그 위에 덧붙여'라는 뜻입니다. 나는 이것을 80세 된 사람이 쓰는 거라고 생각합니다. 즉 그 해는 380년인 것입니다. 그것이 《세계의 소질서》의 한 부분이라고 가정한다면, 그것에 의거하여 데모크리토스의 트로야[64] 시대는 380년+730년, 즉 기원전 1110년이 될 것입니다. 그러나 위의 문구는 다만 "그들 모두와 함께 나는 80년의 생애 동안 타향에 머물러 있었다"라고 되어 있을 뿐입니다. 흔히 *다섯πέντε*을 의미하는 π가 80이라는 수의 표시인 π′와 혼동된 것이라고 추측됩니다 (물라흐, *Dem*. 19). 그렇다면 디오도로스는 I, 98에서 데모크리토스가 이집트에 5년간 체류했다고 말하는 것이 됩니다. 이 기회에 아낙사고라스에 대해 언급하면서 그는 또한 파보리누스가 보고한 사실(라에르티오스, IX, 34 이하), 즉 데모크리토스가 아낙사고라스의 생성과 *정신*에 대한 학설을 날카롭게 논박하면서 그를 적대시한다는 이야기도 전했습니다. 스승들에 관해서는 우리는 아는 바가 없습니다. 왜냐하면 레우키포스와 관련해서는 알지 못할 사정이 있기 때문입니다. 그가 피타고라스 학파 철인 가운데 한 사람의 문하에 있었다는 것은 그와 같은 시대 인물인 레기온 출신의 글라우코스가 주장했다고 합니다(라에르티오스, IX, 38). 그런데 그에게서든 엠페도클레스에게서든 피타고라스 학파의 **철학**을 상기시키는 그 어떤 것도 찾아볼 수 없습니다. 그에게서 수의 개념은 동시대 인물인 필롤라오스에게서와 같은 의미가 아닙니다. 피타고라스 학파의 **철학**은 이 필롤라오스와 함께 시작하는 것처럼 보입니다. 그의 생애에 대해 알려진 것은 거의 없습니다만, 우화는 무더기로 있습니다. 엄청난 여행들, 빈곤해짐, 고향 시민들에게 받은 표창, 크나큰 고독과 작업의 힘이 그것입니다.* 그가 모든 것을 비웃었다는 의견은 나중의 것입니다. 스토바이오스의 《사화집*Florilegium*》에서 소티온 Sotion, 20, 53. 호라티우스, 《서한*epist*.》, II 1 v. 194u. a. —그는 위대한 저술가입니다. 할리카르나소스의 디오니시오스는(《단어들의
구성에 대하여*De compositione Verborum*》, c. 24) 그를 플라톤과 아리스토텔레스와 나란히 모범적인 저술가라고 일컫습니다. 키케로는 《웅변가에 대하여*de Oratore*》, I, 11에서 그의 활발한 기세와 명예로운 출신*ornatum* genus dic.을 이유로 그를 플라톤의 위치에 세우고 있고, 《예언에 대하여*de devinat*.》, II, 64에서는 그의 명확성을 찬양하며, 플루타르코스, *Sympos.* V, 7, 6은 그 명확함의 활발한 기세를 찬탄합니다. 그의 저술 목록에 대해서는 라에르티오스에 있습니다(《슐라이어마허 전집*Schleiermacher Gesante Werke*》, 3. Abth. III, 193쪽 이하). 1870년의 나의 계획은 : 22쪽. [Bd. I, 2, 이 판본의 224~231쪽.] 이것은 피타고라스 학파의 트라실로스에 의해 4부작의 견지에서 정리된 것입니다. 56권의 책을 하나하나 망라하는 13편의 4부작입니다. 그렇다면 플라톤만큼이나 많은 분량입니다. 다만 플라톤에게는 9편의 4부작이 있을 뿐입니다. 전편은 다섯 부분으로 나뉘어 있습니다. 라에르티오스, IX, 37에 데모크리토스가 5종 경기의 투사와 비교된다는 대목이 보이는데, 그것은 윤리학 ἠθικὰ, 물리학φυσικὰ, 수학μαθηματικὰ, 음악μουσικὰ, 기술

---

* 외서Oeser에 대해 괴테 : "세상이 어떻게 돌아가는지, 자신이 무엇을 하고자 하는지를 알고 있으며, 이 삶을 향유하기 위해 그 어떤 초월적 비상(飛翔)도 필요로 하지 않고 윤리적이며 감성적인 자극의 순수한 생활권 안에서 삶을 영위하는 올바르고, 이해심 있고, 현명한 사람과 사귀는 것은 얼마나 감미로운가."

$τεχνικά$ 이 다섯 가지입니다. 다시 그의 단편들을 수집하도록 고무할 만합니다. 사이비 문서들의 문제도 전혀 해결되지 않았습니다. 일례로 로제Rose는 모든 《윤리학$ήθικά$》이 위서라고 간주합니다.

데모크리토스와 레우키포스의 출발점은 엘레아 학파 철학자들의 명제들입니다. 단 데모크리토스는 운동의 **실재성**에서 출발하는데, 그것은 사유가 운동Bewegung이기 때문입니다. 이것은 사실상 논박되어야 할 점입니다.

"운동이 있다. 그것은 내가 사유하기 때문이다. 그런데 사유는 실재성을 가진다."

그러나 운동이 있다면 허공도 있어야 합니다. 또는 '비존재자는 존재자만큼이나 실재적'입니다. 즉 *아무것도 아닌 것*$ουδὲν$은 그 무엇$δέν$보다 결코 덜 실재하는 것이 아닙니다.* 꽉 찬 공간에서는 운동은 불가능합니다. 그 이유는 다음과 같습니다.

1) 공간적 운동은 빈 공간 안에서만 일어날 수 있습니다. 왜냐하면 꽉 찬 것은 어떤 다른 것도 자신 안에 수용할 수 없기 때문이라는 것입니다. 두 개의 물체가 같은 공간 안에 있을 수 있다면, 수많은 물체도 마찬가지로 그 안에 있을 수 있으며, 가장 작은 물체가 가장 큰 물체를 자신 안에 수용할 수 있을 겁니다.

2) 희석과 응축은 오로지 빈 공간을 통해서만 설명할 수 있습니다.

3) 성장은 오로지 영양분이 몸체의 빈 틈새들로 스며든다는 사실에서만 설명됩니다.

---

* 알카이오스는(fr. 76 Zenob. im Et. M. 639) 다음과 같이 어원이 추적된다고 믿습니다 : $δείς$, $δέν$은 $δεῖνα$와 어원이 같습니다. $ουδεμία$에 관해서는 맞지 않는 유추입니다. $ούδὲ εἷς$는 ne unus quidem. c. $δὲ δὴ δεῦρο δῆτα$.

4) 재가 채워진 그릇은 그것이 비어 있을 때와 마찬가지 분량의 물을 수용할 수 있어 재가 물의 빈 틈새들로 사라지도록 합니다.

그렇다면 비존재자는 — 꽉 찬 것 ναστόν (νάσσω = '꽉 누르다') = 고체 στερεόν입니다. 꽉 찬 것은 어떤 허공 κενòν도 포함하고 있지 않은 것이 특징입니다. 모든 크기가 끝없이 분할 가능하다면 도무지 어떠한 크기도 남지 않게 됩니다. 그렇다면 존재자란 없을 것입니다. 어떤 꽉 찬 것, 즉 존재자가 어떻게든 있으려면, 분할이 무한대로 이루어져서는 안 됩니다. 그러나 운동은 존재자와 마찬가지로 비존재자도 증명합니다. 비존재자가 홀로 있다면 운동은 없을 겁니다. 그리하여 분할 불가능한 것 ἄτομα이 남습니다. 존재자란 분할이 불가능한 통일성입니다.—그런데 이들 존재자들이 충돌을 통해 서로 작용해야 한다면, 그들은 완전히 동질적이어야 합니다. 그리하여 데모크리토스는 파르메니데스의 말, 즉 존재 ὄν는 모든 지점에서 절대적으로 동질적이어야 한다는 말을 고수합니다. 존재는 어느 지점에도 다른 지점보다 더 귀속되지 않습니다. 한 원자가 다른 원자가 아닌 어떤 것이라면 그것은 존재하지 않는 것, 즉 모순되는 무엇일 겁니다. 다만 우리의 감각이 우리에게 질적으로 규정된 다양성을 가진 사물들을 보여줄 뿐입니다.

"규정에 따라 단 것이 있고, 규정에 따라 쓴 것이 있고, 규정에 따라 따뜻한 것이 있고, 규정에 따라 찬 것이 있고, 규정에 따라 색깔이 있다. 그러나 실제로는 오로지 원자들과 허공이 있을 뿐이다. 이것이 의미하는 바는 다음과 같다. 지각의 대상들을 믿고 또한 인정하기는 한다. 그러나 실제로는 이들이 아니라 다만 원자들과 허공만이 존재하는 것이다."

그들은 또한 형상들ἰδέαι 또는 형태들σχήματα이라고도 불립니다. 모든 성질은 *규정에 의한*νόμῳ 것이며, 존재자들ὄντα은 양적으로만 다를 뿐입니다. 그래서 모든 성질은 양적 차이들로 환원되어야 합니다. 성질들은 오로지 *리듬*ῥυσμός[65](*형태* σχῆμα), *순서* διαθιγὴ(*배열*τάξις), *전향*τροπὴ(*정립*θέσις)을 통해서만 구분됩니다. A는 *형태상*σχήματι N과 구별되고, AN은 *순서상*τάξει NA와 구별되며, Z는 *정립에 있어*θέσει N과 구별됩니다. 주요 차이는 모습, 그러므로 또한 형태들σχήματα이며, 이와 함께 크기와 중력에서 차이가 있게 되는 것입니다. 중력은 모든 물체 자체 하나하나에 귀속됩니다(모든 분량에 대한 기준 관계로서). 모든 존재자들ὄντα은 동질적이므로 그들은 모든 물체에 같은 방식으로 귀속되어야 합니다. 즉 같은 부피에 같은 무게라야 합니다. 이와 같이 존재ὄν는 여기에서 꽉 차고 형체와 무게를 가진 것으로 그려집니다. 말하자면 물체와 이들 술어들은 동일한 것입니다. 여기에서 우리는 로크Locke에게서 재현되는 구분을 발견합니다. 그것은 우리의 관념 밖에서 사물들 자체에 귀속되는 일차적 특성들인 연장, 불가입성, 형태, 수입니다. 그 밖의 모든 특성은 이차적인 것, 즉 위의 일차적 특성들이 우리의 감각 기관에 미치는 작용의 산물들로서 이들 감관 내에서 일어나는 단순한 느낌들로 따르는데, 색, 소리, 맛, 냄새, 딱딱함, 유연함, 매끄러움, 거칠음 등과 같은 것들입니다. 감관 신경의 활동인 것은 이렇게 사물의 성질에서 제외됩니다.

원자들의 복합체가 형성되면 물체가 생겨나고, 그 복합체가 해체되면 물체는 소멸합니다. 장소와 위치가 바뀌거나 한 부분이 다른 부분들로 대체되면 물체는 변화하고, 새로운 원자들이 추가되면 물체는 자랍니다. 한 물체가 다른 물체에 미치는 모든 작용은 원자들의 충격을 통해 일어나는 것입니다. 공간적으로 떨어져 있는 경우에는 유출물들ἀπορροαί에 관한 이론이 도움이 되었습니다. 우리는 일반적으로 엠페도클레스의 설이 근본적으로 활용되고 있음을 봅니다. 엠페도클레스는 아낙사고라스에게서 운동 양식의 이원성을 인식해 그 마술적 작용을 이용했습니다. 데모크리토스는 반대 입장을 취했습니다. 엠페도클레스는 네 원소를 내세웠는데, 데모크리토스는 이 원소들을 자신의 동질의 원자들로 특징지으려 힘썼습니다. 불은 작고 둥근 원자들로 이루어집니다. 다른 원소들에는 상이한 종류의 원자들이 섞여 있습니다. 이 원소들은 오로지 그 부분들의 크기로 구별됩니다. 그렇기 때문에 물, 공기, 흙 역시 각각 분리를 통해 생겨날 수 있는 겁니다. 엠페도클레스와 더불어 데모크리토스는 오직 같은 것만이 같은 것에 영향을 미칠 수 있다고 믿습니다. 미세한 구멍들과 유출물들ἀπορροαί에 관한 이론을 통해 허공κενὸν의 이론이 확산되었습니다. 엠페도클레스와 아낙사고라스의 공통점은 운동의 실재성에서 출발한다는 것입니다. 사유의 실재성에서 도출하는 점도 분명 공통점일 겁니다. 아낙사고라스와 공통된 점은 무한정자들ἄπειρα인 원질들Urstoffe입니다. 특별히 큰 영향력을 행사하며 모든 근본 관념을 지배하는 것은 물론 파르메니데스입니다. 세계가 존재자와 비존재자로 구성된다는 그의 비교적 초기의 체계는 여기에서 정당성을 다시 인정받습니다. 헤라클레이토스와 일치하는 것은 운동에 대한 절대적 믿음입니다. 그것은 모든 운동은 반대를 전제한다는 것, 투쟁은 만물의 아버지라는 것입니다.

비교적 오래된 모든 체계 가운데 데모크리토스의 체계가 가장 일관성 있습니다. 모든 사물에 지엄한 필연성이 내재한다는 것이 전제되어 있기 때문입니다. 자연의 운행이 갑작스럽거나 기이하게 중단되는 일은 없습니다. 신화의 모든 의인적 세계관은 이제야 비로소 극복되었으며, 이제야 비로소 학적 엄밀성을 보장하는 유용한 가설을 가지게 되었습니다. 그러한 것으로서 유물론이 항상 가장 유익했습니다. 그것은 지극히 냉철한 관찰입니다. 이 관찰은 물질의 실제적 특성들에서 출발하며, 가장 단순한 힘들을 정신νοῦς이나 아리스토텔레스의 목적인들을 통해서 건너뛰는 것처럼 즉각 건너뛰지 않습니다. 질서와 합목적성, 무수한 성질들의 저 전체 세계의 원인을 가장 아래 종류인 하나의 힘의 표현으로 돌리는 것은 위대한 생각입니다. 가장 보편적인 법칙에 따라 움직이는 물질은 맹목적인 역학을 통해 가장 고귀한 지혜의 기획인 듯 보이는 결과들을 산출합니다. 칸트의 《하늘의 자연사 *Naturgeschichte des Himmels*》, 48쪽, 로젠크란츠를 읽어보십시오.

"나는 모든 세계의 물질을 일반적인 분산 상태에서 받아들여 거기에서 완벽한 혼돈을 만들어낸다. 나는 의심의 여지가 없는 인력의 법칙들에 따라 물질이 형성되고, 척력을 통해 물질이 그 운동을 변경하는 것을 본다. 나는 자의적 허구들의 도움 없이 확실한 운동법칙에 이끌려 질서정연한 전체가 창출되는 것을 보는 즐거움을 누린다. 그것은 〈우리의 눈앞에 보이는〉 우주의 체계와 매우 유사하게 보이기 때문에 나는 그것을 동일한 것으로 간주하지 않을 수 없다.—나는 루크레티우스나, 그의 선구자들인 에피쿠로스, 레우키포스, 데모크리토스의 이론이 나의 이론과 유사한 점이 많다는 것을 부정하지 않겠다.—사람들은 여기에서 어떤 의미에서는 주제넘지 않게 다음과 같이 말할 수 있을 것이라고 내겐 생각된다 : '내게 물질을 다오. 나는 그것에서 너희에게 하나의 세계를 지어주겠다.'"

추천할 만한 책으로는 랑에Fr. Alb. Lange의 《유물론의 역사 *Geschichte des Materialismus*》.

5   우주의 형성에 관해서는 데모크리토스는 다음과 같이 생각했습니다. 무한한 공간에서 원자들이 영원한 운동을 하며 떠돕니다. 이 출발점은 고대에는 흔히 비난의 대상이 됩니다. '우연'에서, *어떤 우연적 충돌에 의해*concursu qoudam fortuito N. D. 1, 24 우주는 움직여졌고 생겨났다는 겁니다. '맹목적인 우연'이 유물론자들의
10 의견에서 지배적이라는 겁니다. 이것은 완전히 비철학적인 표현 방식입니다. 그것은 목적 없는 인과성, 목적 의도 없는 필연ἀνάγκη이라고 불러야 합니다. 여기에는 실로 우연은 전혀 없고 가장 엄격한 합법칙성이 있습니다. 다만 그것은 이성적 법칙들에 의거한 합법칙성은 아닙니다.

15 이제 데모크리토스는 모든 운동을 허공과 중력으로부터 도출합니다.* 무거운 원자들은 가라앉고, 압력을 받으면 비교적 작은 원자들이 솟아오릅니다. 가장 원초적인 운동은 물론 수직 운동입니다. 공간의 무한성 안에서 이루어지는 균등한 영원한 하강 : 속도는 제시될 수 없습니다. 공간이 무한하고 하강이 완전히 균등하게 이루
20 어지는 상황에서 속도에 대한 어떠한 기준도 존재하지 않기 때문입니다. 지구가 정지해 있는 듯이 보이는 것은 운동의 공통성 때문입니다(에피쿠로스). 정확히 말하자면 위도, 아래도 없습니다. 그런데

---

* 비판 : 비어 있는, 무한한 공간 안에서의 중력이란 무엇을 말하는가? 그 다음, 무한한 시간에서는 운동은 결코 시작된 적이 없다(정지 상태).

법칙에 따라 해체되고 새롭게 형체를 이룬 결합들 가운데에서 어떻게 원자들이 측면 운동이나 회전을 하게 된 것일까요? 모든 것이 같은 속도로 떨어진다면, 이것은 절대 정지와 같은 것일 겁니다. 서로 다른 속도일 때 그것들은 서로 맞부딪치고 어떤 것들은 튀어나가면서 원환 운동이 생겨납니다*. 그것을 라에르티오스는 IX, 31에서 좀더 자세히 기술합니다. 회전을 통해 우선 동질의 것이 한 곳으로 모입니다. 균형 상태에 있는 것들이 그 많은 분량 때문에 더 이상 이리저리 내몰릴 수 없게 되면, 더 가벼운 것들은 마치 밖으로 튀어나가듯 밖의 허공으로 모여들고, 나머지는 같이 남아 서로 엉켜져 덩어리를 만들었습니다. 그는 상승 운동을 일컬어 *온전하다*σοῦς**고 했고, 원자들의 *결합*συμπλοκὴ은 ἐπάλλαξις(횡단, 교

5

10

---

* 에피쿠로스의 유명한 결론. 그는 수직 하강으로부터 약간 빗나가는 것, 즉 자의적인 측면 운동을 인정했다. 왜냐하면 아직 어떠한 원자도 다른 원자들에 섞이지 않았고 어떤 원자도 다른 원자보다 더 아래로 하강하지 않은 상태에서 모든 원자는 충돌하는 일 없이 평면에 나란히 위치해 있었을 게 분명하기 때문이다. 이제 그 원자들이 어떤 시점을 기준으로 모두 하강하기 시작한다 해도 충돌은 없을 것이다. 그것들은 서로 접촉하는 법이 없을 것이다. 왜냐하면 그것들은 서로를 지나 무한대로 하강할 것이기 때문이다. 말하자면 모든 원자는 수직 하강에서 무한한 공간을 관통하며 무한히 긴 선을 그릴 것이 분명하기 때문이다. 어떤 다른 원자가 이 선상에 들어온다면 그런 일은 어떻게 가능한가? 사실상 그것은 같은 선상에 두 개의 원자가 있을 경우에만 가능하다. 그들의 무게가 같다면 그들이 서로에게 이르는 일은 없을 것이다. 따라서 서로 충돌하기 위해서는 그들의 무게가 달라야 한다. 즉 위의 것이 아래의 것보다 무거워야 할 것이다. 그러나 그것은 불합리하다. 어떻게 더 가벼운 원자가 더 무거운 원자보다 이미 더 멀리, 그리고 더 깊이 아래에 있을 수 있겠는가?—따라서 수직 하강 때 그들은 결코 서로 충돌하지 못한다.

** *위쪽으로 돌진함*σόος σόομαι, '격렬하게 움직임'(반대는 ῥιπὴ, 즉 '아래로'), 원래 σόƑος가 σοβαρὸς, 즉 '격렬한'으로, subidus '흥분된'(흥분되지 않은 insubidus 근심 없는securus)으로.

차)라고 표현했습니다. 원 물체의 덩어리에서 분리되는 모든 전체
는 하나의 우주입니다. 이를테면 무수한 우주가 존재하는 것이지
요. 그것들은 생겨났으나 또한 멸망의 운명에 맡겨져 있습니다. ―
그런데 개별적 우주는 다음과 같이 생겨납니다. 다양한 종류의 원
자들이 충돌함으로써 하나의 덩어리가 떨어져 나왔습니다. 그 안에
서 비교적 가벼운 부분들은 위쪽에 몰립니다. 대립되는 힘들이 충
돌하는 작용을 통해 그 덩어리는 회전하게 되고 위로 몰린 물체들
은 일종의 외피로서 바깥에서부터 쌓입니다. 그 외피의 부분들이
운동을 통해 점점 더 가운데로 밀려듦으로 해서 덮개는 점점 더 얇
아집니다. 가운데에 있는 원자들에서 땅이 형성되고, 위로 오르는
원자들에서는 하늘과 불과 공기가 형성됩니다. 그것에서 여기저기
에 좀더 밀도가 높은 덩어리들이 뭉쳐집니다. 그런데 덩어리들을
이리저리 끌고 다녔던 공기는 노도 같은 선회 운동의 상태에 있습
니다. 그 안에서 그들은 점차 습기가 말라 빠른 운동을 통해 점화됩
니다(별들). 이렇게 바람과 별들을 통해 땅의 몸체에서 비교적 미세
한 부분들이 짜내어져 물이 되어 흘러나와서는 저지대로 모여듭니
다. 땅은 그렇게 해서 점점 더 굳어졌습니다. 차츰 땅은 우주 한가
운데에서 확고한 위치를 차지합니다. 땅은 아직 작고 가벼웠던 초
기에는 이리저리 움직였습니다. 태양과 달은 좀더 초기의 형성 단
계에서 곡선을 그리며 중심이 되는 땅 주위를 움직이는 덩어리들에
붙잡혔고, 그렇게 해서 우리의 우주계에 편입되었다는 것입니다.

　　유정물의 생성. 혼의 본질은 생기를 주는 힘에 있습니다. 그것은
유정물을 움직이는 바로 그것입니다. 사유는 운동입니다. 그렇다면
혼은 가장 잘 움직이는 요소, 정교하고 매끄러우며 둥근 원자들로

(불로) 구성되어 있음이 분명합니다. 이 불의 입자들은 온몸에 확산되어 있습니다. 몸은 두 개의 몸 원자 사이마다 혼의 원자를 밀어 넣습니다. 몸 원자들은 지속적으로 운동합니다. 그런데 이제 그 원자들에게는 그 미세함과 운동성 때문에 주위를 둘러싼 공기에 의해
5 몸에서 밀려나는 위험한 일이 벌어집니다. 이 위험으로부터 들숨이 우리를 보호합니다. 들숨은 빠져나간 원자들을 보충하고 반대 기류로 몸 안에 있는 원자들이 밖으로 나가는 것을 막으면서 항상 새로운 불과 혼의 요소를 공급합니다. 호흡이 막히게 되면 내부의 불이 새어 나갑니다. 죽음이 그 뒤를 따릅니다. 이것은 한 순간에 일어나
10 는 것이 아닙니다. 혼의 요소의 한 부분이 상실된 후 생명 활동이 재개되는 일이 일어날 수도 있습니다. 수면—의사 죽음. 〈하데스에 존재하는 것에 대하여 περὶ τῶν ἐν ᾅδου〉라는 글에서 그는 어떻게 죽은 상태에 있던 사람이 되살아날 수 있는가 πῶς τὸν ἀποθανόντα πάλιν ἀναβιῶναι δυνατόν 하는 문제를 다룹니다.—그에게 영혼은
15 인간의 가장 본질적인 것이며, 몸은 영혼의 그릇, 집 σκῆνος입니다. 그런데 온기와 혼(魂)적인 것은 온 우주에 확산되어 있습니다. 공기 속에는 아주 많습니다. 그렇지 않다면 우리가 어떻게 공기에서 혼적인 것을 흡입할 수 있겠습니까?

감각적 지각의 이론. 아리스토텔레스, *de sensu*, c. 4는 모든 감각
20 물을 접촉의 대상으로 πάντα τὰ αἰσθητὰ ἁπτὰ ποιοῦσιν, 촉각 ἁφή의 아류들로 여긴다고 말합니다. 접촉은 직접적인 것이 아니라 유출물들 ἀπορροαί을 통해 매개됩니다. 이 유출물들은 감각을 통해 몸체로 스며들어, 몸체의 모든 부분을 관통하여 확산됩니다. 그렇게 해서 사물의 관념이 생겨납니다. 그러기 위해서는 두 가지가 필요합

니다. 하나는 인상Eindruck의 일정한 강도이고, 다른 하나는 그에 대응하는 기관의 상응하는 성질입니다. 오직 동일한 것만이 동일한 것에 의해 지각됩니다. 우리는 모든 사물을 우리의 본성 가운데 그 것과 친연성이 있는 부분을 통해 받아들입니다. 지각할 수 있는 많

⁵ 은 것이 우리의 감각에 상응하지 않기 때문에 우리에게 지각되지 못하며, 또 우리와는 다른 감각을 가진 존재가 있을 수 있다는 것은 필연적인 결론입니다. 시각에 대해서는 그는 가시적인 사물들로부터 그 사물들의 형체를 고수하는 유출물이 분리되어 나온다고 말합니다. 이 유출물들은 눈에 반사됩니다. 그런데 대상들과 우리 사이

¹⁰ 의 공간이 공기로 채워지므로, 분리되어 나오는 그 형상들은 직접 우리의 눈에 이를 수 없고, 눈 자체가 접촉하는 것은 그 형상들에 의해 움직여져 그것들의 복제가 된 공기일 뿐입니다. 이와 동시에 우리의 눈에서는 유출물이 흘러나와 형상을 변화시킵니다.

아리스토텔레스, *de anima*, I, 7.

¹⁵ "중간의 틈새가 비었다면 하늘에 있는 개미 한 마리까지 명확하고 뚜렷하게 보일 것이라고 데모크리토스는 생각한다."

그는 영상도 유출물을 통해 설명합니다. 이렇게 눈은 사물을 여전히 있는 그대로 제시합니다. ─음향의 경우에는 울리는 물체에서부터 원자들의 흐름이 시작되는데, 이 흐름은 물체 앞에 있는 공기

²⁰ 를 움직이게 합니다. 이 흐름 속에서 같은 모양의 원자들이 만납니다. 이 원자들은 혼의 원자에 이릅니다. 음향은 온 몸체를, 특히 청각을 파고드는 반면, 몸체의 다른 부분들은 지각되기에는 너무 부족한 수의 원자들을 통과시킵니다.

지각하는 것과 사유하는 것은 동일합니다.

아리스토텔레스, *de anima*, I, 2.

"그는 영혼과 정신을 아무 조건 없이 똑같은 것으로 보았다. 지각된 것은 참이라고 생각했기 때문이다. 그러므로 호메로스의 시구는 적절하다 : 헥토르는 생각을 달리하면서 (정신이 나간 상태로) 누워 있었다." (사려 없는ἀφρονῶν이 아니라, 정신이 나간 자들도 정신이 있는 듯ὡς φρονοῦντας καὶ τοὺς παραφρονοῦντας.《형이상학》, IV, 5 참조.)

양자는 혼의 요소의 기계적 변화들입니다. 영혼이 이 운동을 통해서 알맞은 온도가 된다면, 영혼은 대상을 올바로 파악할 것이며 사유는 건전합니다. 사유가 운동을 통해 과열되거나 냉각되면, 사유는 올바르지 않은 것을 표상하여 병적이 될 것입니다.―여기에서 항상 유물론 고유의 곤경이 시작됩니다. 그것은 유물론이 여기에서 자기의 *최초의 착각*πρῶτον ψεῦδος을 예감하기 때문입니다. 객관적인 모든 것, 연장된 모든 것, 작용하는 모든 것, 즉 유물론이 가장 견고한 기초로 간주하는 모든 물질적인 것―그것은 그러나 기껏해야 간접적으로 주어진 것, 기껏해야 상대적으로 현존하는 것일 뿐입니다. 이 물질적인 것은 뇌의 기계 장치를 통과하여 시간, 공간과 인과율이라는 형식들로 틀지어져 있으며 이 형식들 덕택에 공간 안에서 연장되고 시간 안에서 작용하는 것으로서 스스로를 제시하는 겁니다. 그러한 식으로 주어진 것에서 이제 유물론은 유일하게 직접적으로 주어진 것, 관념을 이끌어내고자 합니다. 그것은 엄청난 거짓 원인의 오류입니다. 즉 마지막 연결 고리가 이미 사슬의 첫 연결 고리가 걸렸던 출발점인 것으로 돌연 드러납니다. 그런 까닭에 유물론자를, 말을 탄 채 물에서 헤엄치면서 다리로는 말을 끌어올리고 자신은 앞쪽으로 드리워진 자신의 머리채를 잡고 끌어올리는 뮌히하우젠 백작에 비유했습니다. 그 황당무계함은 그가 객관적인 것에서 출발한다는 데 있습니다. 그런데 사실 객관적인 모든 것은 인식하는 주관에 의해 다양한 방식으로 한정되어 있고 따라서 주관을 제거하면 전적으로 사라지는 것입니다. 그에 반해 유물론은 상대적 진리로서의 귀중한 가설입니다. *최초의 착각*πρῶτον ψεῦδος이 발견된 후에도 그것은 자연과학에는 안도감을 주는 관념입니다. 그 관념의 모든 귀결은 비록 절대적인 것은 아니나 우리에게서는 진리성을 유지합니다. 그것은 바로 우리의 세계이고, 우리는 그것을 산출하는 데 항상 종사하고 있는 것입니다.

§16. 피타고라스 학파의 인물들. 이들의 철학은 아리스토텔레스가 정한 순서에 따라 이제까지의 모든 철학의 마지막에, 그리고 플라톤의 이데아론 전에 논의될 수 있습니다. 《형이상학》은(13B) 이 철학의 근본 관념이 대단히 다양한 발전을 이루어낸 사실과 함께 새로운 모든 체계에 영향을 주는 이 철학의 힘을 증명합니다. 그런데 그 기원은 아마 원자론보다 얼마간 더 위로 소급되는 것 같습니다만, 어쨌든 엠페도클레스도, 원자론도 이 철학에 대해서는 아무것도 알지 못한다는 것으로 우선 충분합니다. 첫 번째 체계는 아마도 세 권으로 된, 뒤에 가서는 신화적 이름인 *바카이*Βάκχαι로 불리는 필롤라오스의 저술 《*자연에 대하여* περί φύσεως》를 통해 알려졌던 것 같습니다. 그는 타렌툼 태생으로 기원전 5세기의 마지막 수십 년을 테바이에서 보냅니다. 리시스, 티마이오스와 대략 같은 시기입

니다. 필롤라오스의 문하생으로는 에우리토스가 있습니다. 필롤라오스와 에우리토스의 문하생들을 마지막으로 학문적 학파는 이를 아직 부분적으로 대면한 아리스토크세노스 이후 단절됩니다. 라에르티오스, VIII, 46. 크세노필로스, 판톤, 에케크라테스, 디오클레스, 폴림나스토스. 이들 중 에케크라테스는 《파이돈》에 등장하는 인물입니다. 그것은 대략 두 세대에 걸친 기간입니다. 뵈크, 《피타고라스주의자 필롤라오스의 학설. 그의 저작의 단편들에 곁들여 *Philol⟨aos⟩ des Pythagoreers Lehren nebst den Bruchstücken seines Werkes*》 (베를린, 1819). 샤르슈미트, 《소위 필롤라오스의 저술 활동*die angebliche Schriftstellerei des Philolaus*》(본, 1864). 첼러의 세세한 명제들 또한 논박됨. 모두 로제에게서 참조.

　근본 원리들을 이해하기 위해서는 어쨌든 엘레아 학파의 학설에서 출발해야 합니다. 다수는 어떻게 가능합니까? 비존재자 또한 존재를 가졌다는 사실을 통해서만 오로지 가능합니다. 그런데 비존재자를 그들은 아낙시만드로스의 무한정자ἄπειρον, 절대적으로 규정되지 않은 것, 전혀 아무 성질도 갖지 않은 것과 동일시했습니다. 그것에 절대적으로 규정된 것, 즉 페라스πέρας가 대립해 있습니다. 그런데 하나die Eins는 규정된 것들로 이루어져 있습니다. 즉 이 하나에 대해 그것이 끝다거나 끝지 않다거나, 제한되었다거나 제한되지 않았다거나, 성질들이 없다거나 성질들이 있다거나 하는 것을 말할 수 있는 것입니다. 그리하여—엘레아 학파의 학설에 반대하여—그들은 말했습니다 : 그 하나가 존재하는 것이라면, 그것은 여하튼 두 원리로 이루어졌다. 그런데 다수도 존재한다. '단일성Einheit'에서 산술적(단자적) 숫자의 계열이 산출되고, 그리고 나서

기하학적 숫자 또는 크기(공간 구조)가 생겨난다. 요컨대 단일성이
란 생성된 어떤 것이며, 따라서 다수도 존재한다. 먼저 점, 선, 평면
과 입체가 우리에게 있으면 물질적 대상도 있다. 수는 사물의 고유
한 본질이다. 엘레아 학파 철학자들은 말합니다 : "비존재자인 것은
하나도 없다. 따라서 모든 것은 하나의 단일성이다." 피타고라스 학
파의 철학자들은 말합니다 : 단일성 자체가 어떤 존재하는 것과 존
재하지 않는 것의 결과이다. 따라서 어찌 되었든 비존재자는 있는
것이고, 그렇다면 다수 또한 있는 것이다.

이것은 일단 완전히 생소한 사변입니다. 그 출발점은 내게는 엘
레아 학파 철학에 반대하여 수학적 학문을 변호하는 것 이상은 아닌
듯 보입니다. 우리는 파르메니데스의 변증론을 기억하고 있습니다.
거기에서는(다수가 존재하지 않는다는 설정 아래) 단일성에 대해
이야기합니다.

1) 그것에는 부분들이 없고, 그렇다고 그것이 전체도 아니다.

2) 그렇다면 그것에는 제한 또한 없다.

3) 그렇다면 그것은 아무 데도 존재하지 않는다.

4) 그것은 움직일 수도, 정지할 수도 없다, 등등.

그리고 다시

1) '존재하는 하나seiende Eins' 로서, 이로부터 '존재 Sein' 와
'하나die Eins' 가 나온다.

2) 그러므로 차이가 있다.

3) 그러면 많은 부분들과 수, 존재의 다수가 있다.

4) 그러면 '제한성Begrenztheit' 이 있다, 등등.

그것은 다음과 유사한 어떤 것입니다. 즉 '존재하는 단일성

seiende Einheit'의 개념은 대립되는 술어들을 귀속시키는 어떤 것으로서, 이를테면 스스로 모순되는 사물, '사물 아닌 사물Unding'로서 논박됩니다. 수학적 피타고라스주의자들은 자신들에 의해 발견된 법칙들의 실재성을 믿었습니다. 그들은 하나의 존재가 주장되었다는 것으로 충분했습니다. 거기에서 다수도 도출되었던 것입니다. 뿐만 아니라 그들은 자신들이 모든 사물의 진정한 본질을 그것의 수적 관계에서 인식했다고 믿었습니다. 요컨대 근본적으로 성질은 없고 분량만 있을 뿐입니다. 그러나 (물, 불 등등) 요소들의 분량이 아니라, 제한되지 않은 것das Unbegrenzte, 즉 *무한정자*ἄπειρον가 제한된 것들Begrenzungen의 분량입니다. 그것은 아리스토텔레스가 말하는 질료ὕλη의 그저 가능태적인 존재와 유사한 어떤 것입니다. 그리하여 모든 것은 두 요인, 두 개의 대립자에서 생겨납니다. 여기에 다시 이원론이 있습니다. 아리스토텔레스의《형이상학》, I, 5의 주목할 만한 범주표 : 한계와 한계 없음, 홀수와 짝수, 하나와 여럿, 오른편과 왼편, 남성적인 것과 여성적인 것, 정지해 있는 것과 움직이는 것, 곧은 것과 굽은 것, 빛과 어둠, 선과 악, 정사각형과 직사각형. 여기에서 한계 · 홀수 · 하나 · 오른편 · 남성적인 것 · 정지해 있는 것 · 곧은 것 · 빛 · 선 · 정방형이 한쪽을 이루고, 한계 없음 · 짝수 · 여럿 · 왼편 · 여성적인 것 · 움직이는 것 · 굽은 것 · 어둠 · 악 · 직사각형이 다른 한쪽을 이룹니다. 이것은〔피타고라스〕파르메니데스의 모범적인 표를 상기시킵니다. 빛, 즉 엷고 따뜻하고 활동적인 것으로서의 존재자와 밤, 즉 짙고 차갑고 수동적인 것으로서의 비존재자가 그것입니다.

　질적인 모든 것은 다만 양적인 것일 뿐이라는 주장은 음향 효과에서 출발합니다. 〔그가〕 길이와 굵기가 같은 두 줄의 현을 가지고 거기에 차례로 다른 무게를 매달아보았더니 그 소리가 일정한 수의 비율로 각각 환원됨을 알게 되었습니다. 그러고 나서 당겨진 유일한 현 아래 가변적인 *줄받침* **μαγάδιον** 을 장치하고, 이 줄받침을 서로 다른 두 곳으로 밀었습니다. 그가 현을 같은 길이가 되게 반으로 양분하면, 양분된 각각의 현은 나뉘지 않은 현보다 한 옥타브 높은 음을 냈습니다. 양 부분이 2 : 3의 비율이 되면 (*1.5배의 비율* **λόγος ἡμιόλιος**) 5도 음정 **διὰ πέντε** 을 듣게 됩니다. *3 : 4의 비율* **ἐπίτριτος** 에서는 *4도 음정* **διὰ τεσσάρων** 을 듣습니다. 악기는 카논 **κανών**[66])이라 불렸습니다. 피타고라스는 현 아랫부분에 있는 면을 열두 부분으로 나누어 이를 통해 옥타브, 4도 음정, 5도 음정, 1도 음정에 대한 현의 길이의 측정치로 6, 8, 9, 12의 숫자들을 얻었다고 합니다. 그런데 5도 음정은 4도 음정보다 온음 하나만큼이 더 높습니다. 그 때문에 피타고라스는 그의 카논에서 *온음* **τόνος** 의 수의 비율인 *8 : 9의 비율* **ἐπόγδοος λόγος** 도 알게 되었습니다.

도리아 조(調)

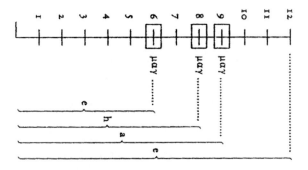

여기에서 다음과 같이 성스러운 숫자들이 도출됩니다. 1, 2, 3, 4 의 숫자는 조화를 불러일으키는 음정들, 즉 *화음들* **σύμφωνα**을 포함합니다. 1 : 2는 옥타브, 2 : 3은 5도 음정, 3 : 4는 4도 음정입니다. 그것들은 함께 *4면체* **τετρακτύς**를 형성합니다. 그것에 내재해 있는 단위들을 더하면 *10의 숫자* **δεκάς**가 나옵니다. 그 숫자들에 온음의 음정을 포함했던 8과 9의 숫자를 더하여 계산하면 1＋2＋3 ＋4＋8＋9＝27이 되었습니다. 합산되어야 할 개개의 숫자는 총계와 함께 성스러운 숫자 7을 가져왔습니다. 플라톤은 《티마이오스》에서 우주혼을 구성하는 데 이 숫자 7에서 출발합니다(베스트팔 Westphal, 《리듬과 화성*Rhythmik und Harmonik*》, 64쪽 참조).

음악은 실제로 피타고라스 학파 철학자들이 의미하는 것에 대한 가장 좋은 예증이 됩니다. 그러한 것으로서 음악은 오로지 우리의 청각 신경과 뇌에만 존재합니다. 청각 신경과 뇌의 밖에서나 그 자체로는(로크의 의미에서) 음악은 순전한 수의 비율로서만 구성됩니다. 즉 우선 양적으로 박자의 관점에서, 그리고 질적으로 음계의 등급의 관점에서, 요컨대 리듬의 요소뿐만 아니라 화성의 요소에서도 그러합니다. 같은 의미에서 음악을 모상(模相)으로 하는 우주의 전체 본질은, 사실상 한 측면에서는, 순전히 수로 표현될 수 있을 것입니다. 그리고 이제 엄밀히 말해 이것이, 즉 관통이 절대적으로 불가능한 힘들에 대해 어디서나 수학적 형식을 발견하는 일이 화학과 자연과학의 분야인 것입니다. 이러한 의미에서 우리의 과학은 피타고라스적입니다. 우리의 화학은 고대에 에크판토스[67]가 준비했다는 원자론과 피타고라스주의가 결합된 것입니다.

그렇게 피타고라스 학파의 철학자들은 통틀어 말해 어떤 매우 중요한 것을 추가로 고안해냈습니다. 그것은 수의 의미, 말하자면 물리적 사물들을 매우 정교하게 탐구할 수 있는 가능성입니다. 다른 물리학적 체계들에서는 항상 원소와 그것들의 연결이 문제되었었습니다. 화합과 분리에서 서로 다른 성질들이 생겨나야 했습니다.

5 이제 마침내 상이한 성질들이 오로지 비율의 차이에서 나온다는 것이 언명됩니다. 그런데 이 관계에 대한 예감에서 엄밀한 수행으로까지 가는 길은 아직 엄청난 도정이었습니다. 한동안 사람들은 환상적인 유추로 만족합니다. 아리스토텔레스는 《형이상학》, I, 5에서 그것을 다음과 같이 서술합니다.

10 "수학에서 수는 그 본성상 '제일자das Erste'이다. 그래서 그들은 불, 흙, 물에서보다는 수에서, 존재하고 일어나는 것과 유사한 많은 것을 발견해낼 수 있다고 믿었다. 그렇기 때문에 그들은 특정한 성질을 가진 하나의 수를 정의(正義)로 간주했으며, 어떤 다른 수는 영혼과 이성으로, 그리고 또 다른 어떤 수는 호기(好機)καιρὸς로

15 간주했다. 또한 그들은 변화의 형태와 화음의 비율이 수에 기인한다고 본다. 이와 같이 그들이 모든 사물에서 그 본성상 수의 모상을 인식하고 수를 전 자연에서 제일자로 간주했기 때문에, 그들은 수라는 요소가 존재하는 모든 것의 요소이며 전 우주는 조화와 수라고 생각했다."

20 "예를 들어 그들은 10이라는 수를 완전한 것으로, 그리고 숫자들의 전체 본질의 총체로 간주했기 때문에, 하늘을 운행하는 천체도 열 개가 있다고 주장한다. 그러나 이 천체 가운데 아홉 개만 보이므로 그들은 거기에다가 열 번째 별로 '반(反)지구Gegenerde'를 만들었다."

"그들에게는 수의 요소로 짝수와 홀수가 있다. 그 둘 가운데 짝수는 무한정하고 홀수는 한정되어 있다고 한다. 반면 단일성은 짝수이기도 하고 홀수이기도 하면서 이 양자로 구성된다고 한다. 이 단일성에서 수가 생겨났으며, 이들 숫자로 우주가 구성된다고 한다."

5 　모든 숫자는 짝수ἄρτιος와 홀수로 나뉘고, 하나하나 주어진 숫자는 일부는 짝수의, 일부는 홀수의περισσός 요소들에 융해됩니다. 여기에서 그들은 홀·짝이 사물들의 보편적 구성소라는 결론을 내렸습니다. 그들은 이번에는 홀수를 한정자와, 짝수를 무한정자와 동일시했습니다. 그것은 홀수는 이분하는 데 한계를 부여하고 짝수

10 는 그렇지 않기 때문입니다. 이렇게 해서 모든 것은 한정자와 무한정자로 구성됩니다. 한정자와 홀수는 완전한 것으로 간주됩니다(민간에서 홀수에 의미를 부여하는 것은 그래서입니다). 이 홀수들을 그들은 또 그노몬들γνώμονες이라고도 불렀습니다. 그노몬이란 제곱수에 첨가되어 다시금 제곱수를 초래하는 숫자를 말합니다. 그런

15 데 이것은 모든 홀수의 특성입니다. $1^2+3 = 2^2$, $2^2+5=3^2$, $3^2+7=4^2$. 하나에다 홀수를 더함으로써 이번에는 순전히 제곱수들, 즉 $1+3=2^2$, $1+3+5=3^2$ 등등과 같은 한 종류의 숫자들이 생겨납니다. 이와는 달리 각각 상이한 방법으로, 이를테면 하나에다 짝수를 더하거나 짝수와 홀수를 합하거나 해서 서로 다른 온갖 종류의

20 숫자들을 얻습니다―이제 피타고라스 학파 철학자들은 반대되는 특성들이 지각되는 곳에서 좀더 나은 것은 규정자이자 홀수인 것으로, 그리고 좀더 못한 것을 무규정자이자 짝수인 것으로 간주했습니다. 그런데 사물들의 근본 구성소들이 서로 반대되는 성질을 가지고 있다면, 그것들로부터 무엇인가가 생겨나야 한다고 할 때 연결 고리

가 필요했습니다. 필롤라오스에 의하면 그것은 조화Harmonie입니다.

"그것은 다양한 것의 통일이자 불화의 성향이 있는 것의 화합이다."

모든 것의 내부에 요소들의 대립이 있다면, 조화도 모든 것에 내재해 있습니다. 모든 것은 수이고, 조화입니다. 왜냐하면 특정한 모든 수는 짝수와 홀수의 조화이기 때문입니다. 조화는 옥타브로 특징지어집니다. 옥타브는 1 : 2의 비율을 갖습니다. 근원적 대립이 조화로 해소됩니다. 이 관념에서 우리는 헤라클레이토스의 영향을 알아볼 수 있습니다.

그들의 비교 방식의 특성으로 언급되어야 할 것이 있습니다. 그것은 정의(正義)가 같은 것에 같은 것을 곱한 수, 즉 제곱수로 구성된다는 것입니다. 그렇기 때문에 4나 특히 9(첫 번째 홀수 제곱수)가 정의로 불렸던 것입니다. 5(첫 번째 남성 수와 첫 번째 여성 수의 결합)는 부부 관계, 단일성Emheit은 불변하기 때문에 이성, 이원성Zweiheit은 가변적이고 규정되지 않았기 때문에 견해입니다. 이런저런 관념들은 세상의 이런저런 영역에서 위치를 차지합니다. 일례로 견해는 땅의 영역에 위치하고(왜냐하면 땅은 천체들의 대열에서 두 번째 위치를 차지하기 때문에), 호기καιρός는 태양의 영역에(둘 다 7의 수로 표현됩니다) 위치합니다. 정방형의 내각들은 레아, 데메테르, 헤스티아[68], 땅의 신격들에게 바쳐져 있습니다. 그까닭은 정방형이 주사위의 경계면을 형성하는데, 필롤라오스에 따르면 주사위란 땅의 근본 형태이기 때문이라는 것입니다. 삼각형의 내각은 파괴적 신격들인 하데스, 디오니소스, 아레스[69], 크로노스에게 바쳐져 있습니다. 그것은 네 개의 정삼각형에 의해 경계지어진 사면체가 불의 기본 형태이기 때문입니다. 특히 중요한 것은 **십진법**입니다. 그들에게는 10 이후의 모든 숫자는 첫 번째 열 숫자들이 반복된 것으로만 비친 까닭에 숫자의 모든 힘이 10에 집중된 것처럼 보였습니다. 10은 위대하고 전능하고 모든 것을 완성하며, 신적인 삶과 이승적인 삶의 시작이자 지도자라 불립니다. 그것은 완전자입니다. 그래서 실재하는 것의 총체가 표시되어야 하는 곳에서는 십진법으로 계산됩니다(대립되는 것들의 표, 천체의 체계). *4면체*τετρ-ακτὺς에 관해서는 이렇게 말합니다.

"오오, 영원히 유동하는 자연의 원천과 뿌리를 간직하고 있는 4면체를 인류에게 건네준 자의 이름으로 맹세하노라."

사람들은 사물들을 네 부분의 계열로 나누어 질서짓는 것을 좋아합니다. 예를 들어 트라실로스가 그러합니다. 첫 번째 계열은 하나입니다. 거기에서 모든 숫자가 생겨난 것입니다. 따라서 거기에는 대립되는 특성들도 결합되어 있어야 합니다.

"(1은) 짝수에 더해지면 홀수를 만들어내고, 홀수에 더해지면 짝수를 만들어내기 때문이다. 이런 일은 (1이) 둘(홀수와 짝수)의 본성을 모두 가지고 있지 않다면 가능하지 않을 것이다."

그들은 기하학적 양(量)들을 도출하는 데 단일성을 점과, 이원성을 선과, 삼원성을 평면과, 4의 수를 입체와 동일한 것으로 취급했습니다. 그러나 그들은 모습과 함께 입체적인 것 자체를 도출했다고 믿었습니다. 그런데 입체의 기본 성질은 그 형체에 의존해야 합니다. 그는 같은 면을 가진 다섯 개의 입체들 가운데 지구에는 입방체를 할당했고, 불에는 정사면체를, 공기에는 정팔면체를, 물에는 정이십면체를, 그 밖의 모든 요소에는 정십이면체를 할당했습니다.

즉 그는 이러한 서로 다른 질료들의 가장 작은 구성소가 방금 제시된 형체들을 가졌다고 믿었던 것입니다. 근본 질료의 수 다섯에는 엠페도클레스 이후의 시기가, 즉 필롤라오스에 대한 엠페도클레스의 영향이 전제되어 있습니다. 그들은 다음과 같이 우주생성론을 생각했습니다. 제일 먼저 전체 우주의 핵심(일자das Eins 또는 단일자Monas라 불리며, 우주의 중심지, 제우스의 성채의 초소입니다)에 불이 일어납니다. 여기서 가장 가까이 있는 *무한정자*의 부분들이 끌어당겨져 한정되고 규정되었다는 것입니다(나는 아낙시만드로스의 무한정자 ἄπειρον 개념에 대한 기억을 환기시키는 바입니다). 이 작용은 우주의 건축이 마무리될 때까지 계속 진행됩니다(아낙시만드로스의 *무한정자* 개념에서 일정한 세계가 산출되도록 하기 위해 헤라클레이토스의 불이 사용됨). 이 우주는 구체(球體)이며 (엠페도클레스 또는 파르메니데스의 구체), 그 중심점에는 중앙화 (中央火)가 있고 그 주위에서는 열 개의 천체가 서에서 동으로 윤무하며 공전하는데, 가장 멀리에는 항성들의 하늘이 있고, 그것의 가장 가까이에 다섯 개의 행성(토성, 목성, 화성, 금성, 수성)이 있으며, 이에 이어 태양과 달, 지구, 그리고 열 번째의 것으로 반(反)지구가 있습니다. 가장 바깥의 경계는 화환(火環)에 둘러싸여 있습니다. 중앙화의 둘레를 지구가, 그리고 이 양자 사이에서 반지구가 움직이고 있는데, 지구가 반지구와 중앙화에 항상 같은 쪽을 향하는 방식으로 움직이고 있기 때문에, 그 다른 쪽에 살고 있는 우리는 중앙화의 광선을 직접적으로 지각하는 것이 아니라 태양을 통해 간접적으로 비로소 지각할 수 있습니다. 피타고라스 학파의 철학자들은 땅의 형체가 구형이라고 생각했습니다. 매우 의미 있는 천문학적 발전입니다. 이전에는 땅의 몸체를 정지되어 있는 것으로 전제했고 낮시간이 바뀌는 것을 태양의 운동에서 찾았다면, 여기에서는 그것을 지구의 운동에서 설명하려는 시도가 보입니다. 다만 중앙화를 포기했다면 반지구를 지구와 융해시킨 것이 되고, 그러면 지구는 자전하는 게 될 것이었습니다. 코페르니쿠스는 자신의 근본 관념을 바로 키케로의 *Acad.* II, 39와 플루타르코스의 *de placit. philos.* III c. 13(필롤라오스에 대하여)에서 〈이끌어냈다고 합니다.〉

별들의 운동에서 하나의 귀결을 이끌어낼 수 있는데, 그것은 천체의 화음에 대한 학설입니다. 빠르게 움직이는 모든 물체는 소리를 냅니다. 별들은 다 같이 옥타브 또는, 같은 것이지만, 화음을 형성합니다. 따라서 우리가 의미하는 것과 같은 화음이 아니라 옛 칠현 악기의 조율된 현입니다. 모든 옥타브의 음향이 동시에 울리면 오히려 아무런 '화음'도 없습니다. 우리가 그것을 듣지 못하는 사실을 그들은 이렇게 설명합니다. 즉 우리에게는 대장간의 주민들에게 일어나는 것과 같은 일이 일어난다는 것입니다. 우리는 태어나서부터 같은 소리를 들어온 것입니다. 우리는 고요함에 대립해서 그 소리가 있다는 것을 끝내 알아챌 수 없는 것입니다. 그런데 이 생각은 원래는 다만 행성들에만 관련된 것이었습니다. 왜냐하면 그렇지 않은 경우라면 결과적으로 열 개의 음이 생겼을 것인데, 화음에는 7도 음정에 따라 일곱 개의 음이 있기 때문입니다. 별들을 관찰하여 눈이 보는 것을 귀는 화음으로 듣습니다—주위를 선회하는 불은 우주를 하나로 지탱하는 임무를 가지고 있었습니다. 그런 까닭에 그들은 그것을 필연ἀνάγκη이라고 불렀습니다. 뵈크는 이와 함께 그들이 은하수를 말하고 있다는 것을 증명했습니다. 화환의 저편에는 무한정자ἄπειρον가 있습니다. 아르키타스는 우주의 가장자리에서 팔이나 막대기를 내밀 수 있을까 하는 의문을 제기했었습니다. 그런데 그럴 수 있다면 바깥에 무엇인가가, 즉 물체σῶμα, 무한정자, 그리고 장소τόπος가 있어야 한다는 것이니, 그것은 하나로 귀결된다는 것입니다. 두 번째 이유는 이렇습니다. 운동이 이루어져야 한다면, 움직이는 물체들을 위해 공간을 확보하려고 다른 물체들은 우주의 경계 너머로 나가야 할 것이니, 전체 우주는 넘쳐날 게κυμανεῖ τὸ ὅλον 분명하다는 것입니다.

피타고라스 학파 철학자들은 우선 우주에서의 위와 아래라는 개념을 포기하고 그보다는 중심에서 멀거나 가까운 거리의 개념을 받아들였습니다. 중심에 더 가까이 놓여 있는 것을 그들은 우측이라 하고, 더 멀리 떨어져 있는 것을 좌측이라 했습니다. 천체의 운동은 말하자면 앞을 향해 서에서 동으로 일어납니다. 중심은 천체의 우측에 명예석을 가지고 있습니다. 그들은 우주의 윗부분들을 더 완전한 것들로 간주했습니다. 그들은 바깥의 화환을 별들의 원환들과 구분했으며, 별들의 원환 가운데서는 달의 위에 있는 것들과 아래에 있는 것들을 구분했습니다. 올림포스가 가장 바깥의 원환이고, 코스모스가 별들의 하늘, 그리고 우라노스가 아래 영역입니다. 1에는 완전히 순수한 요소들(즉 한정자와 무한정자)이 있고, 2는 질서정연한 운동의 장소이며, 3은 생성과 소멸의 장소입니다—언젠가 별들이 다시 완전히 같은 위치를 점유하면, 같은 인물들뿐만 아니라 같은 행위들도 다시 등장할 것입니다.

영혼의 문제와 인식론의 문제에 관해서는 별로 할말이 없습니다. 필롤라오스가 물리학적 성질을 5에, 생기를 6에, 이성, 건강, 그리고 그 아래 흔히 말하듯 인간*tò ὑπ' αὐτοῦ λεγόμενον φῶς*을 7에, 사랑, 우정, 현명함, 독창력을 8에 환원시킨다면 말입니다. 그 다음으로는 영혼이 조화라는 명제, 말하자면 영혼에 속한 육체의 조화라는 유명한 명제가 있습니다. 이성은 뇌에, 생명과 감각은 심장에, *뿌리내리기ῥίζωσις*와 *싹틔우기ἀνάφυσις*는 배꼽에, 생식은 생식기에 중심이 있습니다. 첫 번째 것에는 인간의 배아, 두 번째 것에는 동물의 배아, 세 번째 것에는 식물의 배아, 네 번째 것에는 만물의 배아가 있습니다. 수가 없이는 어떤 앎도 가능하지 않습니다. 수는 진리가 아닌 어떤 것도 받아들이지 않으며, 오로지 수만이 사물의 관계를 인식할 수 있게 합니다. 모든 것은 한정되었거나 한정되지 않았거나 또는 둘 다여야 합니다. 그러나 한정됨 없이는 아무것도 인식할 수 없습니다.

피타고라스의 철학과 가까운 관계에 있는 것에 대해 묻는다면 우리는 우선 원리들의 이원성에서 모든 사물이 생성한다고 보았던 파르메니데스의 초기 체계를 찾을 수 있습니다. 그 다음으로는 헤라클레이토스의 불을 통해 아낙시만드로스의 *무한정자ἄπειρον*가 작동되고 한정되는 것을 발견합니다. 그러나 그것들은 명백히 보조적인 철학소들일 뿐입니다. 근원적인 것은 우주에서의 수의 유추들 Zahlenanalogien에 대한 인식으로, 그것은 완전히 독창적인 관점입니다. 엘레아 학파 철학자들의 유일자설에 맞서 이 인식을 옹호하기 위해 그들은 수의 개념을 형성해야만 했고, 하나Die Eins 역시 생성된 것이어야 했습니다. 여기에서 그들은 헤라클레이토스가 주장한 만물의 아버지로서의 *투쟁πόλεμος*의 관념, 그리고 대립되는 특성들을 연결하는 *조화ἁρμονία*의 관념을 채택했습니다. 파르메니데스는 이 힘을 아프로디테 'Αφροδίτη라고 명명했습니다. 이 여신은 옥타브에서 모든 사물이 생성되는 관계를 상징했습니다. 수가 생성되는 두 적대적 요소를 그들은 짝수와 홀수로 나누었습니다. 이러한 개념을 그들은 이미 일반적으로 사용되고 있는 철학적 용어들과 동일시했습니다. 짝수를 무한정자로 지칭한 것은 그들의 가장 심한 비약이었는데, 그것은 홀수인 그노몬들 γνώμονες만이 한정된 수열, 즉 제곱수들이 생겨나도록 하기 때문입니다. 이로써 그들은 아낙시만드로스로 이어지는 다리를 놓습니다. 그는 여기에서 마지막으로 등장합니다. 그런데 그들은 한정자를 헤라클레이토스의 불과 동일시합니다. 한정자의 과제는 이제 무한정자를 순전히 규정된 수의 비율에 용해하는 것입니다. 그것은 본질적으로 계산하는 능력입니다. 그들이 로고스 λόγος라는 표현을 헤라클레이토스에게서 취했더라면 그들은 바로 로고스라는 개념 아래 비율 proportio을 이해했을 것입니다(즉 πέρας가 '한계를 설정하는 Grenze setzend'이라는 뜻이듯, 비율을 창조하는 propor-tionenschaffend이라는 뜻으로). 근본 사상은, 전적으로 성질이 없는 것이라고 생각된 물질은 오로지 수의 비율을 통해서만 이러저러한 특정한 성질이 된다는 것입니다. 아낙시만드로스의 문제점은 그렇게 답을 얻었습니다. 생성은 계산으로 나타났습니다. 이것은 음악은 자기 자신을 헤아릴 줄 모르는 정신의 은밀한 산수 연습 exercitium arithmeticae occultum nescientis se numerare animi이라는 라이프니츠의 문구(epistol. collectio Kortholti ep. 154)를 상기시킵니다. 피타고라스 학파 철학자들은 분명 우주에 관해서도 이렇게 말할 수 있었을 것입니다. 물론 본래 무엇이 계산하는가는 말할 수 없었을 테지만 말입니다.

§17. 소크라테스. 데모크리토스는 올림피아력 제80기에 태어났습니다. 그렇다면 그는 소크라테스보다 열 살가량 아래입니다. 소크라테스에 관해서 라에르티오스, II, 44*는 명시적으로 말하고 있습니다. 아폴로도로스에 의하면 소크라테스는 올림피아력 제77기 4년 타르겔리온 달 6일, 압세피온의 집정기에 태어났는데, 이 날은 여신 아르테미스의 탄신일로 *아테네 시민들이 속죄를 통해 도시를 정화하는*ὅτε καθαίρουσι τὴν πόλιν Ἀθηναῖοι 날이었습니다(그렇다면 압세피온의 집정 이래 열한 번째 달). 소크라테스는 올림피아력 제95기 첫 해에 70세의 나이로 세상을 떠났습니다. 팔레론 출신 데메트리오스의 보고에 그렇게 나타나 있습니다(라케스의 집정 시기, 그의 집정 이래 열한 번째 달인 타르겔리온 달 말에). 라에르티오스, 같은 곳. 즉 399년 타르겔리온 달에 그는 생후 70번째 해를 맞이했습니다. 아폴로도로스에 의하면 468년에 출생. 나는 아폴로도로스를 신뢰합니다. 특히 그의 보증인인 데메트리오스도 신뢰합니다.** 뵈크는 아폴로도로스의 가설에 대해 논박(C. I. II 321쪽. C. F.

---

* 고대에는 이에 대한 단 하나의 기록이 있습니다. 아폴로도로스가 간과한 올림피아력 제77기 4년이라는 진술. 라에르티오스, IX, 41(여기에는 데모크리토스가 소크라테스보다 한 살 연상이라고 되어 있습니다).

** 팔레론 출신 데메트리오스, 테오프라스토스의 문하생으로 대략 345년경에 출생. 여기에서 *그렇게*ταῦτα 가 생년에도 결부된다는 결론은 다음의 사실에서 나온다. *어떤 사람들은 그가 60번째 해에 생을 마감하도록 한다*(즉 *60세의 나이로* ἑξηκοντούτης sexagenarius). 그렇다면 그 앞의 기록은 70세의 소크라테스를 특징

헤르만, *Plat. Phil.* 666쪽. 위버베크, 86쪽). 이들은 플라톤의 《변명》, 17D를 전거로 삼고 있는데, 거기서는 소크라테스가 *태어난 지 이미 70년이 넘었다*ἔτη γεγονὼς πλείω ἑβδομήκοντα고 말하고 있습니다. 이에 따른다면 그는 분명 기원전 469년 이전에 태어났을 겁니다. 그리고 다음으로 《크리톤》, 52쪽 E에서는 아테네의 법률이 이렇게 말합니다.

"소크라테스여, 우리에게 불만을 품고 있었다면 당신이 아테네를 떠나는 일은 70년이란 세월 동안 당신의 자유에 맡겨져 있었다."

따라서 올림피아력 제77기 1년이나 2년을 그가 태어난 해로 인정할 수 있을 것입니다. 그리고 다음으로는 판아테나이아 대축제 때 있었다는 소크라테스와 파르메니데스의 만남에 의거할 수 있습니다. 시네시오스[70]에 의하면 올림피아력 제83기 3년 당시 그가 25세였다니, 생년은 올림피아력 제77기 2년이 됩니다. 이 마지막 가설

짓는 것이어야 한다.

77. 4 압세피온 집정기 제61회 타르겔리온 제전 (열한 번째 달

95. 1 라케스 집정기 열두 번째 달) 399년 5월이나 6월

78 79 80 81 82 83 84 85 86 87 88 89 90 91 92 93 94 즉 17×4=68

 1 2 3 4 5 6 7 8 9 10 11 12 13 14 15 16 17 올림피아력

올림피아력 77. 4 타르겔리온 6일(69년)에서 올림피아력 95. 1 타르겔리온 6일까지

올림피아력 94. 1 타르겔리온 6일부터 월말까지, 따라서 20여 일.

따라서 69년 20일 :

그가 태어난 해가 올림피아력 제77기 3년이라면, 그가 산 햇수는 70년 20일일 것.

제77기 2년이라면, 그가 산 햇수는 71년 20일

제77기 1년이라면, 그가 산 햇수는 72년 20일

플라톤의 기록 : 사형 선고의 시기(무니키온 달)에 70세 이상(아폴로도로스에 의하면 그는 아직 만 69세에 이르지 못했음). 《크리톤》에는 70세.

은 일고의 가치도 없습니다. 《크리톤》에서 제시된 두 번째 가설은 바로 70세 설에 대한 변호이고, 첫 번째 가설은 변론에 보이는 플라톤의 과장입니다. 어떻게 플라톤의 진술이 데메트리오스와 경쟁할 수 있겠습니까! 아폴로도로스의 가치는 바로 그가 다른 여러 전승들 가운데서 그 가치에 따라 선택을 했다는 데 있습니다. 여기에서 우리가 강조해야 할 것은 다만 *태어난 시기*γεγονὼς가 어쨌든 엄밀히 계산될 수 있다는 것입니다. 70세라는 것은 그가 69회째 생일을 치르고 70회째의 생년을 시작한다는 의미입니다. 요컨대 그가 70번째 해에 발을 들여 살았던 25일이 여기에서 언급되는 70번째 해에 해당하는 것입니다. 만기가 되지 않은 해는 만기로 간주됩니다. (몇몇 전승에 의하면 60세의 나이로 세상을 떠났으며 올림피아력 제80기 2년에 태어남. 라에르티오스, II, 45.)

그의 아버지 소프로니스코스는 다이달로스 가문 출신이며, 그의 어머니 파이나레테는 산파. 그가 이전의 다른 모든 철학자들과 구별되는 점은 그가 서민 계급 출신이며 보잘것없는 교육을 받았다는 사실에 있습니다. 그는 온갖 문화와 예술에 항상 적대적이었습니다. 자연과학에 대해서도 마찬가지였습니다. 천문학은 그에게는 신성한 비밀들 가운데 하나였습니다. 그것을 탐구하는 일은 미친 짓이라는 겁니다. 비록 항해와 육로 여행, 그리고 야간 순찰시 길잡이로서 천체의 운동을 아는 것이 유리하기는 하지만, 그 정도의 지식은 항해사나 보초들에게서 쉽사리 얻을 수 있는 것이며, 이를 넘어서는 모든 것은 아까운 시간 낭비라는 것입니다. 기하학은 토지를 매매하거나 분배할 때 모든 사람이 이를 올바르게 처리하도록 돕는 한에서는 필수적이지만, 그것이 복합적인 수학적 도형들로 인도한다면 어리석고 무가치하다는 것입니다—보통 수준의 주의력이 있는 사람이라면 스승 없이도 이것을 배운다는 거지요. 그는 다음과 같이 말하면서 물리학 전체를 폐기합니다.*

"이러한 탐구가들은 인간적인 관계에 대해 충분히 안다고 생각해서 신적인 관계에 간섭하기 시작하는 것인가? 그들은 임의로 바람이 일게 하거나 비가 내리게 할 수 있을 것이라 생각하는가, 아니면 다만 한가한 호기심이나 충족시키려는 것인가? 그들은 가장 위대한 인물들이 어떻게 서로 어긋나는 성과를 보이면서 마치 미치광이들처럼 의견을 내세우는가를 기억해야 할 것이다."

소크라테스는 물리학을 접해본 적이 없습니다. 플라톤이 《파이돈》, c. 97D 이하 등등에서 아낙사고라스의 연구에 대해 이야기하는 것은 어쨌든 플라톤의 발전사일 뿐이기 때문입니다. 마찬가지로 그는 예술 또한 아무것도 아닌 것으로 여겼습니다. 그는 예술을 실제적이고 안락한 면에서만 파악했으며, 비극을 경멸하는 사람들 가운데 하나였습니다. 그래서 아리스토파네스는 자신의 희극 《개구리》, 1491에서 다음과 같이 말하고 있는 것입니다.

"소크라테스 곁에 앉아 | 예술을 배척하고 | 비극 짓는 기술의 | 더없이 위대한 일들을 무시하면서 | 수다를 떨지 않는 것이 좋은 일이다. | 성스러운 말들과 | 장광설을 늘어놓으며 | 하는 일 없이 분주해하는 것은 | 정신나간 놈이 할 일이다."

"비비 꼬인 놈팽이를 위한 것." 시를 통해 정신과 마음을 활기차

---

* Apol. c. III. 그는 물리학과 천문학에 관해서는 조금도, 많이도, 아무것도 이해하지 못한다고 말한다. 아무도 그가 그것에 대해 이야기하는 것을 듣지 못했다고 전해진다. 이것은 크세노폰과는 상반되는 플라톤의 진술.

게 교육하는 일은 소크라테스를 통해 이루어지는 인기 있는 철학적 훈련보다 훨씬 더 선호되어야 합니다. 그 때문에 아이스킬로스가 승리하고 에우리피데스가 패배하는 것입니다.

소크라테스는 서민 계급 출신입니다. 그는 교육을 받지 않았으며 또한 놓친 청년기 수업을 독학으로 만회한 적도 없습니다. 게다가 그는 유별나게 추한 외모와 함께 그 자신이 말하듯 천성적으로 매우 격한 열정의 소유자였습니다. 그는 납작코와 두꺼운 입술에 불거져 나온 눈을 가진 모습이었습니다. 그의 불끈거리는 성향에 대해서는 아리스토크세노스가 전하고 있습니다(아리스토크세노스의 아버지 스핀타로스는 소크라테스와 친분이 있었습니다). 그는 윤리적 독학자로서 그에게서는 도덕적 기운이 전류처럼 방출됩니다. 엄청난 의지의 힘이 윤리적 개혁에 조준되어 있습니다. *나쁜 일도 좋은 일도 모두 집안에서 일어나기 때문에*ὅττι τοι ἐν μεγάροισι κακόν τ' ἀγαθόν τε τέτυκται 그것이 그의 유일한 관심사입니다. 그러나 특이한 것은 이 윤리적 개혁의 수단입니다. 이러한 개혁 자체는 물론 피타고라스 추종자들도 추구합니다. 그러나 그 수단인 *인식*ἐπιστήμη이 소크라테스를 특별하게 만듭니다. 덕을 향한 길로서의 인식—그것이 그의 철학적 특성을 구별시킵니다. 유일한 길로서의 변증술. *귀납적 논증*ἐπαγωγικοὶ λόγοι과 *정의(定義)*ὁρίζεσθαι. 쾌락, 욕망, 분노 등등에 대한 투쟁은 근저에 놓여 있는 *무지*ἀμαθία에 대항하는 것입니다. 그는 최초의 **삶**의 철학자Lebensphilosoph이며, 그로부터 유래되는 모든 학파의 철학은 무엇보다 삶의 철학입니다. 사유에 의해 지배되는 삶! 사유가 삶에 봉사합니다. 이와는 달리 소크라테스 이전의 모든 철학자에게서는 삶이 사유와 인식에 봉사했

습니다. 삶의 철학에서는 올바른 삶이 목적으로 나타나며, 이전의
철학에서는 최고이며 올바른 인식이 목적으로 나타납니다. 그렇게
소크라테스의 철학은 절대적으로 **실제적입니다**. 그의 철학은 윤리
적 결과에 결부되지 않은 모든 인식에 대해 적대적입니다. 그의 철
학은 모든 사람을 위한 것이며 대중적입니다. 그것은 그의 철학은 덕
을 가르칠 수 있는 것이라고 보기 때문입니다. 그의 철학은 천재적
정신과 최고의 인식 능력에 호소하지 않습니다. 그때까지는 단순한
관습이나 종교적 규정이면 충분했습니다. 일곱 현자들의 철학은 그
리스 도처에서 존중되고 살아 있는 실제적 도덕이 다만 정형화된
것이었을 뿐입니다. 이제 도덕적 본능이 해체되기 시작합니다. 그
래서 밝은 인식을 유일한 공덕으로 삼아야 하는 것입니다. 그런데
밝은 인식을 소유하는 인간에게는 또한 덕이 있습니다. 왜냐하면
인식과 도덕은 일치한다는 것이 본래 소크라테스가 믿는 바이기 때
문입니다. 그런데 이 명제의 역전은 엄청나게 혁명적입니다. 밝은
인식이 없는 곳에는 어디나 *재앙*τὸ κακόν이 있습니다. 여기에서
소크라테스는 자기 시대의 비판자가 됩니다. 그는 자신의 시대가 어
느 정도 어두운 충동으로 행동하고, 어느 정도 인식에 의해 행동하
는가를 탐구합니다. 이제 가장 저급한 수공업자들이 그 시대의 정
치가, 연설가, 예술가들보다 격이 높다는 민주적 결론이 나옵니다.
목수, 구리 세공인, 항해사, 외과 의사를 한 사람씩 붙들고 그들의
전문 지식을 시험해보십시오. 이들은 자신들이 전문 지식을 배운
인물들과 방법들을 제시할 수 있습니다. 이에 반해, 누구나가 '무엇
이 정의인가? 무엇이 경건함인가? 무엇이 민주주의인가? 무엇이
법인가?' 하는 물음들에 대해서는 자기 의견을 가지고 있다고 믿었

습니다. 그러나 소크라테스는 자만과 무지*ἀμαθία*만을 보았을 뿐입니다. 소크라테스는 배우는 자의 역할을 고수합니다. 그러나 그는 자신의 대화 상대자들에게 그들만이 갖고 있는 무분별함을 확신시킵니다. 그리하여 그의 다음 요청은 도덕적, 사회 · 정치적 영역에서 정의(定義)를 얻는 것이었습니다. 이때 그의 방법은 변증술적이거나 귀납적이었습니다. *인간적인 것ἀνθρώπινα*의 온 세계는 그에게는 무지*ἀμαθία*의 세계로 나타났습니다. 단어는 있었지만 그것과 확고하게 연결된 개념은 없었습니다. 그가 추구한 것은 이 세계에 질서를 부여하는 일이었습니다. 이 세계에 질서가 잡힌다면 인간은 유덕한 삶을 영위하지 않을 수 없을 거라는 생각에서였습니다. 도덕적 자산의 학적 체계, 즉 윤리적 세계에서의 일종의 산술학과 도량술은 모든 소크라테스 학파의 목표입니다. 이전의 모든 철학은 아직 윤리적 충동이 단절되지 않은 시기에 속합니다. 그리스의 인륜성은 헤라클레이토스, 아낙사고라스, 데모크리토스, 〔피타고라스〕, 엠페도클레스를 호흡합니다. 하지만 그것은 그리스적 윤리의 상이한 형태들에 의거합니다. 이제 우리는 순수하게 인간적인, 앎의 기반에서 나온 윤리를 향한 탐구를 하게 되었습니다. 즉 윤리가 **탐색되는** 것입니다. 이전 철학자들에게서는 윤리란 살아 있는 숨결로 거기에 있었습니다. 이 탐색된, 순수하게 인간적인 윤리는 우선 전통적인 그리스적 윤리의 관습에 대해 적대적으로 등장합니다. 관습은 다시 인식 행위로 용해되어야 하는 것입니다. 우리는 해체 시기와 관련해서는 소크라테스의 윤리가 역시 그 목표에 적절히 맞았다고 말해야 할 것입니다. 가장 탁월하며 사려 깊은 인물들은 오직 철학적 윤리에 의거해서만 삶을 영위했으니까요. 이와 같이 소크라

테스로부터 윤리적 조류가 분출됩니다. 이 점에서 그는 예언자적이
며 사제적입니다. 그는 사명감을 가지고 있습니다.

　소크라테스의 생애에서 가장 중요한 시점은 짐작건대 열광적인
카이레폰이 델포이 신탁의 대답을 듣는 시점입니다. 《소크라테스의
5　변명》, 21A쪽에서 소크라테스는 이 문답의 사실성을 증명하기 위해
카이레폰의 동생의 증언을 증거로 제출하겠다고 나섭니다.

　"그는 혹 어떤 사람이 나보다 더 지혜로울까, 물었습니다. 그러자
피티아는 누군가가 나보다 더 지혜로울 것이라는 사실을 부인했습
니다."
10　그리고 다음에

　"내가 가장 지혜롭다는 주장과 함께 그는 도대체 무슨 말을 하려
는 것인가."

　이 행은 지혜에 관한 한 아무도 소크라테스와 겨룰 수 없다
ἀνδρῶν ἀπάντων Σωκράτης σοφώτατος는 것을 에둘러 표현한 것
15　περιφερόμενον이라고 라에르티오스는 II, 37에서 말합니다(볼프G.
Wolff, *de Porphyrii ex oraculis philosophia*, 76~77쪽). 더 자세히는
Schol. : 플라톤, *Apolog.* 21A에 관하여.

　"스페티오스의 카이레폰이 얻은 소크라테스에 관한 신탁. 소포클
레스는 지혜롭고, 에우리피데스는 더 지혜로우며, 소크라테스는 모
20　든 사람 가운데서 가장 지혜롭다"(Schol. 아리스토파네스, 《구름》,
144).

　〔물론 두 번째 위치의 단단장격Anapäst은 옳지 않다. 그것은 이
렇게 시작된다 : 소포클레스는 *지혜롭다. 더 지혜로운 자는―* Σοφο-
κλῆς σοφός, σοφώτερος―〕

이미 아폴로니오스 몰론[71]은 그것이 참말이라는 것을 논박했습니다(I J. v. C. G.). 단단장격. 고유 명사(인물) 〈:〉 Wl. 89에. 또한 반드시 둘째와 첫째 운각(韻脚)에도. 단장격Jambus은 그러한 두 이름에서는 필수적이었습니다—커다란 당혹감과 고통스러운 혼란. 드디어 소크라테스는 다른 사람들의 지혜를 자신의 지혜와 견주어보기로 작정합니다. 그는 현명하다고 평판이 난 정치가를 한 명 선정해 시험대에 올려놓고 질문을 합니다. 소크라테스는 이 사람의 표면상의 지혜가 아무런 지혜도 되지 못한다는 것을 발견합니다. 그는 그 정치가에게 아직 지혜가 얼마나 모자라는지를 증명해 보이려 합니다. 하지만 그것은 불가능했고 그는 다만 적대감만을 불러일으켰습니다.

"나나 그나 무엇이 선하고 명예로운지 알지 못했습니다. 그러나 차이가 있다면, 그의 경우 그것을 안다고 믿었던 데 반해 나는 나의 무지를 전적으로 의식하고 있었다는 점이지요. 이러한 방식으로 나는 그보다 지혜로웠습니다. 왜냐하면 나는 이 근본 오류에서 자유로웠기 때문이지요."

그는 이 경험을 우선 정치가와 연설가들에게서 반복하고, 이어 시인과 예술가들에게서 반복합니다. 그는 알아차립니다.

"그들의 시작(詩作)은 지혜로 이루어지는 것이 아니라, 예언자나 신탁 사제들의 경우에서처럼 천부의 재능이나 접신 상태에서 이루어지는 것이다. 왜냐하면 이들 역시 아름다운 것들에 대해 많은 것을 말하지만 그들이 말하는 것에 관해 아는 건 하나도 없기 때문이다."

그러고 나서 소크라테스는 그들이 자신들의 시작(詩作)을 이유로 다른 관계에서도 가장 지혜로운 사람들 가운데 속하는 것으로 믿고 있다는 사실을 알아챕니다. 그는 이번에는 장인(匠人)들에게 갑니다. 그들은 비교적 만족스러웠습니다. 그들은 소크라테스 자신보다 더 많은 것을 알고 있으며 더 지혜롭습니다. 다만 이들 역시 근본 오류로 수난을 당하고 있습니다. 그것은 저마다 자신의 일에 훌륭하게 숙련되었으므로 다른 점에서도 자신이 지혜롭다고 믿는 오류입니다. 이 오류는 그들의 숙련됨을 훨씬 능가하는 것이었습니다— 그리하여 소크라테스는 아폴론이 말하고자 한 바는, 인간의 지혜란 하잘것없는 것이며, 지혜와 관련해서 자신의 무가치함에 대한 확신을 가진 사람이야말로 진실로 가장 지혜로운 사람이라는 것이라는 확신에 이릅니다. 그 결과 그는 매우 가난한 삶을 영위하고, 여기저기에서 증오의 대상이 됩니다. 죽기까지 그는 지혜 사랑Philosophie 과 시험이라는 자신의 직책을 충족시키고, 사람들에게 경종을 울리는 사람으로서, 마치 등에처럼 사람들의 목덜미를 물고늘어지는 역할을 떠맡는 자로서 남고자 합니다. 너희가 나를 저주하면 너희 자신이 그에 대한 수난을 당할 것이다. 내 쪽에서 침묵을 지키는 일은 신에 대한 불복일 것이다. 매일 덕과 같은 문제들을 설명하는 일은 한 인간에게 주어질 수 있는 가장 큰 행복이다.—그러한 탐구 없는 삶은 아무런 삶도 아니다. 그는 그 모든 것이 얼마나 믿을 수 없고 이상하게 들리는가 하는 것을 느낍니다—덕의 길로서의 인식. 그러나 학자로서가 아니라 마치 *저편*으로 인도하는 *신* θεὸς ὢν τις ἐλεγκτικός처럼(플라톤, 《소피스테스》, c. 1) 주위를 돌아보고 시험하면서. 지혜를 추구하는 일은 *지자*σοφοί를 찾아 나서는 형태로 나타납니다. 이와 함께 *탐구*ἱστορία가 연관되어 있습니다. 이와는 달리 헤라클레이토스의 *지혜*σοφίη는 자족했으며 모든 *탐구*를 경멸했습니다. 표면적인 앎에 대한 믿음, 악평이 자자한 무지, 알지 못하는 것을 안다는 자만(自慢) ἡ ἀμαθία αὐτὴ ἡ ἐπονείδιστος ἡ τοῦ οἴεσθαι ἃ οὐκ οἶδεν(《소크라테스의 변명》, c. 17, 29쪽 B)은 가장 나쁜 것으로 나타납니다. 크세노폰의 *Memor.* III, 9, 6은 다음
5 과 같이 말합니다.

"자신을 스스로 인식하지 못하며, 자신이 알지 못하는 것에 대해 안다고 믿고 받아들이는 것, 그것은 그의 의견에 따르면 광기에 매우 가까운 것이었다."

여기에서 우리는 이제 소피스트들에 대한 논박 또한 이해합니다.
10 그것은 한 단독자의 과감한 위치였습니다. 소피스트들에 관해서는 그로트가 제67장에서 밝혔습니다(제4권, M.). 일반적 관념에 따르면 그들은 하나의 분파입니다. 그로트에 의하면 그들은 하나의 계급, 하나의 신분입니다. 통상적 견해로는 그들은 도덕을 파괴하는 학설, '소피스트적 원칙들'을 유포합니다. 그로트에 의하면 그들은
15 규칙적인 관습의 교사들이었으며, 그 시대의 표준 이상도 이하도 아니었습니다. 통상적인 견해에 의하면 플라톤과 그의 계승자들은 인가된 교사들, 즉 그리스의 국가에서 확고한 위상을 가진 계급이었고—그리고 소피스트들은 이단자들이었습니다. 그로트에 의하면, 소피스트들이 인가된 계급이었고 플라톤이 이단자—하나의 특
20 별한 분파로서가 아니라 사회에 존립하는 계급의 하나로서의 소피스트들을 (소크라테스가 시인들과 정치가들을 공격한 것처럼) 공격하는 사회주의자였습니다. 교육받지 않은 대중에게는 소크라테스는 소피스트들과 동일시되었습니다. 아주 소박한 관습에는 어떤 스승도 필요 없습니다. 그러한 관습에는 고귀한 스승은 거슬리는 것

이었습니다. 거기에는 비극과 희극이면 충분했습니다. 그것이 아리스토파네스의 입장입니다. 그는 소크라테스에게서 계몽가 상을 고안해냅니다. 소피스트들과 아낙사고라스의 특성들이 그에게 전이됩니다—그러나 소피스트들이 욕구에 완전히 상응한다는 점, 자신들이 약속하는 바를 이행한다는 점에서 그들은 구별됩니다. 이와는 달리 소크라테스가 왜 가르침을 펴는지는 그 자신을 제외하고는 아무도 말할 수 없었습니다. 가는 곳마다 그는 무지/ἀμαθία를 느끼게 했고, 사람들을 격분시켜 그들로 하여금 앎을 갈구하도록 만들었습니다. 사람들은 전기뱀장어와 접촉하는 것과 같은 느낌을 받았습니다. 사실 소크라테스는 다만 시대를 그 무지에서 이끌어냄으로써 교화를 준비할 뿐입니다. 앎의 온 조류가 그에 의해 교시된 궤도로 조종됩니다. 그에 의해 던져진 간극은 이전의 옛 철학자들에게서 유래하는 모든 조류를 삼켜버립니다. 어떻게 모든 것이 점차 동일한 궤도에 합류하는가를 보는 것은 진기합니다. 그는 이 간극을 잠정적으로 메우는 모든 것을 증오했습니다.

그리고 이런 까닭에 그는 교육과 학문의 고지식한 대변자들인 소피스트들을 증오했습니다. *지혜*/σοφία를 가졌다고 망상하는 것이 *광기*/μανία와 같은 것이라면 그러한 망상으로 가득 찬 지혜의 교사들은 광기를 부추기는 자들인 겁니다. 그들과의 투쟁에서 소크라테스는 전혀 지칠 줄을 몰랐습니다. 여기에서 그는 그리스의 교육 전반에 대적하고 있었습니다. 이 교육과 비교할 때 어떻게 그가 결코 현학자의 인상을 주지 않는지 참 이상합니다. 그의 방편은 우선 배우는 자이자 묻는 자의 역할에서의 아이러니입니다. 그것은 점진적으로 정교하게 양성된 기교적 방편입니다. 그 다음으로는 극적인

관심과 더불어 간접적인, 빙 둘러대는 언동과 연관된 방식, 그 다음
으로는 대단히 사람의 마음을 끄는 음성, 그리고 마침내 실레노스
와 같은 그의 유별난 인상 같은 것들입니다. 그의 표현 방식조차 매
혹적이면서 추한 것, 그리고 서민적인 경향을 갖고 있었습니다.

5   스핀타로스의 증언(아리스토크세노스, 단편 28. 뮐러Müller에).
    "그는 자기보다 더 설득력 있는 말을 하는 사람들은 만나지 못했
다고 말한다. 그의 목소리, 입 모양, 겉으로 드러난 태도, 그리고 이
모든 것에 덧붙여 무학자인 듯한 외모는 이러했다."

    그에게 어떤 생각이 떠올랐을 때는 그야말로 마술 같은 힘이 일
10   어났으며, 사람들이 마치 노예라도 되는 듯한 느낌(*Mem.* IV, 2. Pl.
Symp. c. 39), 극도의 수치감, 그리고 그 결과로 선한 생각을 품게
되는 상황이 야기되었습니다. 산파술μαιευτικὴ τέχνη, 출산시 보
조 역할을 하고, 찾아오는 자들을 면밀히 시험해서 그가 불구라면
리쿠르고스의 유모처럼 비정하게 내던져버리는 것입니다.

15   그것에 대해 엄청난 적대감이 차츰 누적되어 갔습니다—수많은
개인적인 적들, 아들들 때문에 기분 상한 아버지들, 그리고 많은 중
상모략이 생겨났으며, 그로 인해 소크라테스는《변명》, 28A에서 다
음과 같이 말하게 됩니다.

    "그리고 내가 패배를 당한다면 나를 패배시키는 것은 멜레토스도
20   아니토스도 아닌, 대중의 악평과 질시입니다."

    그에게 적개심을 품고 있는 사람들의 높은 신분은 더 큰 위험 부
담을 안겨주었습니다. 그러한 포교를 그렇게도 오래 인내하는 아테
네와 그 민주 정치의 놀라운 개방성! 그곳에서는 언론의 자유가 신
성한 것으로 존중되었습니다. 소크라테스의 기소와 사형은 거의 이

보편적 명제에 대한 반증이 되지 못합니다. 아니토스는 자신의 아들 문제로 분격해 있는데다 더욱이 소크라테스를 알키비아데스와 크리티아스의 교육자로 여겼기 때문이었습니다. 멜레토스는 시인으로서, 리콘은 수사가로서 격분하고 있었습니다. 아니토스는 말하기를, 소크라테스는 청년들에게 기존의 정치적 헌법을 멸시하도록 가르친다는 것입니다(그 예로 30인 가운데 가장 도적 같은 인물이자 민주 정치의 치욕인 알키비아데스). 그리고 청년들은 그들 자신의 지혜에 대한 자부심과 더불어 조상을 모욕하는 관습을 배운다는 것, 나아가서 소크라테스에게는 제일 가는 시인들의 문구들을 해롭게 해석하는 습관이 있다는 것입니다. 또한 그는 새로운 신격들을 도입하고(경고하는 다이몬Dämonion[72]) 옛 신격들을 소홀히 했다는 것입니다(아낙사고라스의 경우와 같은 신성 모독 ἀσέβεια). 크세노폰이 *Mem.* IV, 8, 4에서 진술하는 바와 같이, 소크라테스는 애초부터 자신이 단죄되리라 믿었으며 그것에 대비하지 않았습니다(다이몬에 의해 만류되었음). 말하자면 그는 그때가 자신이 죽기에 합당한 시점이라고 믿었던 것입니다. 더 오래 산다면 그의 나이가 그로 하여금 길든 자신의 삶의 방식을 불가능하게 만들 거라는 겁니다. 나아가 그러한 죽음을 통해 인상적인 가르침을 베푼다는 믿음이 있었습니다. 그의 위대한 변명은 그렇게 고찰되어야 합니다. 그는 후대의 면전에서 말합니다. 그의 유죄를 결정하는 얼마 되지 않는 표차는 얼마나 기이합니까! 557인 가운데 과반수를 6, 7인 정도 넘었을 뿐입니다! 무엇보다도 그들은 분명 법정 모독의 비난을 느꼈던 것입니다. *Mem.* IV, 4에서 크세노폰은 "그가 그러한 종류의 행동들을 적당한 정도까지만 했다면 배심원들에게서 쉽사리 놓여

났을 것임에도"라고 명백히 말하고 있습니다. 소크라테스는 그 판결을 의도적으로 자신에게 유도한 것입니다—부과된 형은 이제 배심원들의 특별한 판결을 통해 결정되었습니다. 원고가 먼저 그에게 합당한 벌을 지정합니다. 여기에서 그는 더욱더 당당한 음성으로 말하면서 시청에서의 식사를 권유합니다. 벌금으로 원고는 1미네[73] 를 부르는데, 플라톤과 그의 친지들은 30미네를 권하고 이를 보증합니다. 그가 더 이상 무례를 범하지 않고 다만 이 30미네를 제시하기만 했다면 그는 석방 판결을 받았을 것입니다. 그러나 법정은 깊이 상처를 입었다는 느낌을 받았습니다. 소크라테스는 자신의 행위를 알았습니다. 그는 죽음을 원했던 것입니다. 그는 인간적 공포와 허약함에 대한 자신의 우세와 더불어 자신의 신성한 사명의 존엄성도 보여줄 절호의 기회를 포착했던 것입니다. 죽음은 마치 열대 지방의 일몰에서처럼 충만한 위대성과 영광 가운데 그를 거두어갔다고 그로트는 말합니다. 본능은 극복되었습니다. 정신적 광명이 삶을 지배하여 죽음을 선택합니다. 고대의 모든 도덕 체계는 이 행위의 고지에 이르거나 이를 파악하려는 노력을 경주합니다. 죽음의 공포를 몰아내는 자로서의 소크라테스는 우리가 만나게 되는 현자의 마지막 전형입니다. 즉 *지혜*σοφία를 통해 본능에 대한 승리를 쟁취하는 자로서의 현자입니다. 이로써 독창적이며 전형적인 *현자*들σοφοί의 대열은 끝났습니다. 헤라클레이토스, 파르메니데스, 엠페도클레스, 데모크리토스, 소크라테스를 생각해보십시오. 이제 *현자*들의 새로운 시대가 도래하는데, 이는 플라톤에게서 시작되며 좀더 복합적인 인물들로 구성됩니다. 이 새로운 시대는 독창적이며 일면적인 *현자*들에게서 연원하는 흐름들이 통일됨으로써 형성됩니다.

이 정도로 이번의 나의 목표는 달성되었습니다. 앞으로는 그리스적 삶의 의미와 연관해서 소크라테스 학파들을 다루기로 하겠습니다.

부록 : 파르메니데스에 추가해서 특유한, 상징이 풍부한 그의 발전 단계 서술. *Rhein. Mus.* IXX, 513 참조. 소크라테스에 관해서는 리히텐베르크Lichtenberg, I, 65.

명령 : 탈레스에 추가해서 : 사실들의 자세한 관찰. 아낙시만드로스에 관해서는 : 모든 평이한 현상들에서의 형이상학적인 것. 아낙사고라스에 관해서는. 무한히 작은 것. 모든 확고한 기준의 결여.

리히텐베르크, I, 58, 52

유기적 세계가 인간에서 시작되었고, 인간에서 동물이, 동물에서 식물이 되었다고는 생각할 수 없을까?

라에르티오스와 《수다》의 전거들
의사격언Pseudepigraphie
후계/$\delta\iota\alpha\delta o\chi\alpha\acute{\iota}$
아폴로도로스에 따른 연대표

프로타고라스

a)　70세　　　　　74

$$\frac{4}{30}$$ 18 또는 7　　$\frac{18}{102}$　　[500년 출생] 48

올림피아력 제84기 절정기(440)

그러면 태어난 것은 올림피아력 제74기(480) 아폴로도로스에 따르면

죽은 해는 올림피아력 제102기 또는 제101기(410?)

5 이오니아의 철학과 이탈리아의 철학의 구분은 어디에서 연유하는가?

마지막은 크리시포스, 에피쿠로스, 클레이토마코스, 테오프라스토스.

라에르티오스, II, 2 : "그의 절정기는 대략 폴리크라테스의 시기이다", Bergk, c. 48~50에 반대하여.

10 심플리키오스에게 있어서의 사제 관계는 테오프라스토스에 의거한 것이 아니다.

유일하게 긍정적인 것, 파르메니데스 : 들으라 *ἀκοῦσαι*. 아낙시만드로스, 거기에 없음.

15 테오프라스토스는 파르메니데스에 대해 조심스럽게 말한다.

τούτῳ δ'ἐπιγενόμενος

그를 따라 살면서.

엠페도클레스가

파르메니데스와 *비슷한 시대 사람***πλησιαστής**이

20 라고 하는 것은 실없는 일.

파르메니데스의 절정기는 올림피아력 제69기/올림피아력 제72기. 그러나 엠페도클레스는 이때야 비로소 태어남. 올바른 것은 라에르티오스, VIII, 55에 나와 있음. 즉 추종자*ζηλωτὴς*의 하나.

아리스토텔레스 수사학 I
수사학 제3권

〔1874~1875 겨울학기, 1875 여름학기,
1877~1878(?) 겨울학기〕

아리스토텔레스 수사학 I

웅변술Kunst zu reden은 변증술Kunst sich zu unterreden과 짝 ⟨1354ᵃ⟩
을 이룬다.*¹⁾ 왜냐하면 양자가 대상으로 하는 것은 어느 정도까지
는 모든 사람의 인식의 공유물이어서, 서로 구분된 어떤 학문에도
속하지 않는 방식의 사물들이기 때문이다. 그러므로 모두가 {이 기
술에} 또한 한몫을 하고 있는 것이다. 왜냐하면 어느 정도까지 남의
주장들을 검토하고 자신의 주장들을 변호하거나, 때때로 자신을 방
어하고 남을 공격하는 시도를 하지 않는 사람은 없기 때문이다. 이
때 대다수 사람들은 이런 일을 단지 맹목적으로 하는 것이고, 그 밖
의 다른 사람들은 이를 연습 삼아 하거나 습관적으로 해서 이에 대
한 소질**을 가지는 것이다. 그런데 그 일이 두 가지 방식으로 가능

---

   * 플라톤은 《고르기아스》, 465d에서 웅변술은, 마치 요리법이 의술에 관계하는 것
처럼, 법과 법칙을 부여하는 기술에 관계한다고 말하면서, 영혼과 웅변술의 관계가
육신과 요리법의 관계인 한에서 웅변술은 요리법에 상응한다ἀντίστροφον ὀψοποι-
ίας ἐν ψυχῇ ὡς ἐκεῖνο ἐν σώματι고 웅변술을 수학 용어로 지칭한다. 이에 대해
아리스토텔레스는 다음과 같이 논박한다. 나의 스승 플라톤은 언젠가 웅변술이 요리
법과 짝이 되는 것이라고 말했다. 웅변술은 물론 그런 것은 아니다. 그러나 웅변술은
하나의 기술, 즉 담화의 기술인 변증술과 짝을 이룬다. 나는 여기에서 출발하고자 한
다…….
   ** *친성에 따라서*ἀπὸ ἕξεως는 내가 보건대 잘못된 듯하고, *행한다*δρῶσιν 뒤
에 와야 하는 것이다. 우리가 다루는 이 부분을 묘사하는 율리우스 빅토르Iulius

하다면, 그것에 대해 모름지기 학문적으로 가르침이 되는 어떤 것 또한 말할 수 있어야 하겠다. 왜냐하면, 어째서 혹자는 연습과 습관을 통해서야 비로소 그 일을 잘 해내고 혹자는 단지 즉각적으로 해내는가 하는 데는 까닭이 있어서, 그에 따라 고려될 수 있기 때문이다. 그런데, 누구든 내게 동의하겠지만, 그러한 것은 학문의 본분이자 용건이다. 아무튼 수사학을 정립한 사람들도 있지만,* 그것은 사실상 그 학의 일부에 지나지 않는다. 왜냐하면 논증에 관한 학설이 이 학문의 주안점이고 나머지 모든 것은 단지 부차적인 것이기 때문이다. 그러나 그들은 수사 추론Gedanken[2] 자체에 대해서는, 즉 모든 논증의 본래 내용에 대해서는 아무런 언급도 하지 않고 순전히 피상적인 것들을 장황하게 다룬다. 왜냐하면 사람들이 어떻게 의심을 품는가, 어떻게 동정, 분노 등과 같은 종류의 열정들을 자극하는가 하는 것은 모두 그 일 자체가 아니라 오직 판관에게만 연관된 것이기 때문이다. 그래서 조목조목 특별히 잘 정비된 오늘날의 국가들의 경우에서와 같이, 법정 연설과 관련해서 이성적 법률들이 도처에 존재한다면 저들은 즉시 입을 다물지 않으면 안 될 것이다. 실제로 누구나 또한 바로 그러한 것, 즉 법정에서 소송 사건 자체에

Victor의 서론에도 역시 다음과 같이 되어 있다. "어떤 사람들은 그런 일을 아무런 관찰이나 훈련 없이 자연스럽게 하는데, 이는 마치 무기 사용법을 배우지 않은 사람도 다른 사람을 공격하고 자신을 방어하는 것과 같다. 몸과 마음의 움직임은 어느 정도는 자연적인 것이어서, 그것들을 통해 우리는 다른 사람을 제압하고 우리 자신을 방어하기 위해 싸울 수 있다. 이것이 ἀπὸ ἕξεως의 묘사이다.

  * 여러 판본들에는 창안했다πεποιήκασι라고 씌어 있고, 판본 A의 여백에는 도입했다πεπορίκασι라고 씌어 있다. 슈펭겔Spengel은 길 위에 올려놓았다ὡδοποιή-κασιν라고 읽는다.

서 벗어나는 일이 절대로 허용되어서는 안 된다는 것을 법률이 언
명해야 한다고 믿고 있다. 그리고 이곳저곳에서 사람들은 또한 이
믿음에 따라 살고 있으며, 그것에는 사실 그 나름대로의 상당한 근
거가 있다. 예를 들어 아레오파고스 법정과 그 규정들을 생각해보
라. 그것은 사람들이 판관을 분노나 질투, 동정심의 상태에 놓음으
로써 그를 용건에서 떼어놓아서는 안 되기 때문이다.* 그것은 사용
하고자 하는 잣대를 미리 구부리는 것과 무엇이 다르겠는가. 게다
가 법정에서 어떤 것을 대변하는 사람이 도대체 무엇을 해야 할 것
인가는 실로 명백하다. 즉 어떤 것이 있는가 없는가, 있었는가 없었
는가를 보여주는 것, 오직 그것이다. 그러나 그것이 큰가 작은가,
정당한가 부당한가 하는 것은―그것이 이를테면 법을 통해 이미
규정되어 있지 않은 이상―바로 판관 자신이 식별해야 할 것이지,
당사자들에게서 알아내어서는 물론 안 될 것이다. 그러므로 훌륭한
입법은 당연히 스스로 가능한 한 많은 것을 미리 결정하고 판관에
게는 가능한 한 적은 활동의 여지를 허용할 것이다. 무엇보다도 그
것은, 신뢰할 만한 판단력의 소유자이자 법안을 마련하거나 판결을 ⟨1354ᵇ⟩
내리는 데 정통한 한 사람, 어쩌면 몇몇 사람을 얻는 것은 비교적
손쉽고 있을 법한 일이지만 그런 사람을 수적으로 많이 얻는다는
것은 어렵기 때문이다. 그리고 다음으로는, 법률은 오래 숙고한 끝
에 주어지지만 판결 선고는 즉석에서 이루어지는 만큼 판관으로서

---

* 그것은 허락되지 않았다. 서론을 늘어놓거나 동정심을 구하는 일은 허락되지
않았다προοιμιάζειν δὲ οὐκ ἐξῆν οὐδὲ οἰκτίρεσθαι. 전령사는 서론을 늘어놓지
도, 뒷말을 덧붙이지도 말라고μὴ προοιμιάζου μηδὲ ἐπίλεγε 선포했다. 앞말도
뒷말도 안 된다!

공정하고 유익하게 판결하기가 어렵기 때문이다. 이제 가장 중대한 것이 좀더 추가된다. 입법자는 오직 일반적인 경우들에 대해서만 판결을 내리고 당면 사안에 대해서는 아무런 판결도 내리지 않는데 반해, 국민 의회와 판관들은 개별적인 것과 당면 사안에 대해 판결을 내린다. 그러므로 사랑, 증오 그리고 개인적 이익이 이미 그들의 영혼에 얽혀 있는* 일이 너무 잦아 마땅히 그래야 할 방식으로 진실을 볼 수 없게 되면서 그들의 판단은 개인적 감정이나 쾌 · 불쾌로 인해 어두워진다. 어떤 일이 일어났는가 일어나지 않았는가, 있을 것인가 없을 것인가, 도대체 있는가 없는가 하는 것은 필연적으로 판관의 판단에 맡겨진다. 왜냐하면 그것에 대해서 입법자는 아무것도 예견할 수 없기 때문이다. 그러나 다른 모든 것에 대해서는 판관들은 가능한 한 적은 권력을 가지고 있어야 한다. 사정이 그렇다면, 예컨대 무엇이 서론에 또는 이야기에 속하는가, 그리고 도대체 무엇이 웅변의 각 부분들에 속하는가를 규정하는 경우, 어떻게 모든 웅변술 교사가 사물 자체에 대해서가 아니라 오로지 피상적인 것에 대해서만 이야기하는가가 물론 명백해진다. 왜냐하면 판관들은 이 경우 어떻게 하면 판관의 의견을 이러저러하게 조율할 수 있을까 하는 일 외에는 아무것도 염두에 두지 않기 때문이다. 그래서 바로 주안점, 즉 논증에 관한 가르침, 누군가로 하여금 필요한 수사 추론에 이르도록 하는 수단은 설명되지 않은 채 남는다. 그것은 나쁜 결과를 초래했다. 정치적 능변으로 인도하는 길이 법정 연설의

---

* 그것들과 얽혀 있다 **πρὸς οὓς συνήρτηται** 는 아마도 **παρόντων** (남성 명사) '그것과 관련하여' 또는 **πρὸς οἷς** '그밖에' 에 걸릴 것이다.

성공에 이르는 다른 길과 근본적으로 차이가 없는데도, 정치 연설가가 실로 자신의 과제를 허다한 협상들보다 훨씬 고결하고 공동의 최선에 더 보탬이 되게 해결할 수 있는데도, 저들은 바로 이러한 가장 중요한 능변의 방식에 대해서는 어떤 가르침의 말도 하지 않고,

5   저 다른, 훨씬 무가치한 방식인 소송 기술을 가르치는 일이라면 한 사람도 빠짐없이 모두가 최대의 노력을 기울이니 말이다. 그것은 정치적 연설에서 용건에서 벗어나는 것이 얼마나 쓸모 없는 일인지, 그리고 전반적으로 법정 연설에 비해 정치 연설에 술책과 음모를 획책할 기회가 얼마나 덜한지를 그들이 실로 잘 알고 있기 때문

10   이다. 왜냐하면 정치 연설에서 더 문제가 되는 것은 공공의 안녕인데, 그와는 달리 법정에서 자신의 판단을 말하는 사람은 〔많은 경우/누구나〕 개인적으로 자신의 문제를 거론하기 때문이다. 그렇기 때문에 정치 연설에서는 공공의 조언자가 그것은 이러이러하다고 말하는 것에 대한 증거를 제시하기만 하면 된다. 다시 말하면 정치 연

15   설에서는 주제에 머물러도 되는 것이다. 이것이 바로 법정 소송의 경우에는 충분하지 않다. 여기에서는 어떤 용건을 진전시키기 위해 청자를 자기 편으로 만들어야 한다. 왜냐하면 여기에서는 청자가 〔그것에 대해〕 자신이 애초에 무관심한 남의 사안들에 관해 결정을 내려야 하기 때문이다. 그런데 그럼에도 불구하고 그가 그 남의 용

20   건을 자신의 것으로 받아들이게 되면 그는 통상적으로 더 이상 판 〈1355ᵃ〉
관이 아니라 당사자의 일원이 될 것이고, 싸우는 자들 가운데 하나를 위해, 마치 음악가들의 경연에서처럼 열정에 빠져들게 될 것이다. 이런 폐해 때문에 많은 곳에서는 용건에서 벗어나는 것을 법률이 절대 허용하지 않는다. 그러나 저기에서는, 무슨 말이나 하면, 공

적인 정치 연설에서는, 결정을 내리게 되어 있는 사람들이 그런 일이 일어나지 않도록 스스로 그것에 충분히 주의를 기울인다.

그리하여 수사학의 진정한 기교론은, 이제 실로 명백하거니와, 오직 확신을 얻는 방법과 관련되어 있다. 그 주요 수단은 이른바 논증이다. 왜냐하면 어떤 사실은 그것이 증명되었다고 우리가 생각해야 대부분 우리에게서 신뢰를 얻기 때문이다. 수사학적 방식의 논증을 우리는 '수사 추론'이라 부른다. 그리고 간단히 말해 이 수사 추론에 누군가에게 확신을 주는 가장 본질적인 힘이 있다. 수사 추론은 일종의 삼단논법이다. 삼단논법은 주지하다시피 변증술이 다루고 있는데, 변증술은 그 자체가 전체적으로나 상당 부분에 있어서나 다름 아닌 추론의 학이다. 그런데 어떤 사람이 이에 정통해서 어떤 소재로, 그리고 어떤 방법으로 추론이 구성되는지를 이해한다면, 그런 사람은 또한, 그가 어떤 대상들에 바로 수사학적 추론이 미치며, 그것은 순수하게 논리적인 추론들과 어디까지 다른가에 대한 학설을 추가한다는 전제 아래, 필요한 이론적 관념들을 아마 누구보다도 유능하게 얻을지도 모른다.[3] 말하자면—변증론자가 그런 능력을 가진 것처럼—참인 것을 관조할 능력이 있는 사람은 모든 수사학이 토대로 하고 있는 개연적인 것도 인식하게 될 것이다. 그것에는 하나이자 같은 능력이 속한다. 더 나아가 인간은 본성적으로 진리에 대한 감각을 가지고 있어 대부분의 경우 이를 파악한다. 그렇다면 참인 것을 헤아려 아는 데 숙달된 사람, 이른바 숙련된 변증론자는 예컨대 모든 수사학에서 문제가 되는 개연적인 것도 헤아려 알 것이라는 사실이 드러난다.

어떻게 다른 기술의 교사들이 피상적인 것들에만 관계할 뿐 주안점에는 관계하지 않으며, 어째서 그들이 법정 연설에 대해 저 예사롭지 않은 애착을 보이는가 하는 것, 그것이 내가 지적하고자 했던 첫 번째 사항이다. 두 번째로 나는 수사학의 효용에 대해 말하고자 한다. 참된 것과 옳은 것이 본성적으로 반대되는 것보다 강하기는 하다. 그러나 본성적으로만 그러하다. 판결들이 적당한 방식으로 이루어지지 않으면 진리와 정의는 패배할 수밖에 없다. 따라서 이 경우 질책과 감시는 매우 적절하다. 그리하여 수사학은 첫째, 정의와 진리의 대변자로서 유용하다. 그리고 둘째로는, 엄격한 가르침의 형태가 불가능한 특정 청중을 대상으로 하는 정의와 진리의 대변자로서 유용하다. 즉 앞에서 말한 것과 같은 사실을 알고 있음에도 불구하고 자신의 청중들로 하여금 바로 그들의 특정한 성질 때문에 어떤 사실을 믿게끔 하는 것이 쉽지 않은 경우에 그러하다. 또《토피카 *topica*》에서도 상술했던 것처럼, 오히려 좀더 일반적인 관점들에서 우리의 근거와 증거를 취하는 것이 필요한 곳에서, 즉 어떻게 대중과 교류해야 할 것인가 하는 문제에서 그러하다. 뿐만 아니라 우리는 반대되는 견해들을 설득하는 방법도 터득하지 않으면 안 된다. 꼭 마치 변증술에서 추론을 할 때 그것을 터득하고 있어야 하는 것처럼 말이다. 그것은 두 가지를 실제로 하기 위해서는 아니고— 나쁜 일에 대한 믿음을 불러일으켜서는 안 된다 —, 다만 그것이 어떻게 형성되는지를 알기 위해서, 그리고 다른 사람이 연설을 오용하는 일이 있을 경우 우리가 그것을 알아채고 공공연히 쳐부술 수 있기 위해서다. 다른 어떤 학문도 하나의 사실을 동시에 찬성하고 반대하는 추론은 하지 않는다. 이러한 추론을 하는 것은 오로지 수사학과 변증술뿐이다. 양자는 같은 방식으로 반대되는 주장들과 관계를 맺고 있다. 물론 이런 주장들이 관계하는 대상들이 같은 상태로 있는 것은 아니다. 오히려 참된 추론들과 더 큰 신빙성은 이미 본성적으로 항상 진리와 더 나은 사실의 편에 있다. 거기에는 아무 것도 폄훼할 것이 없다. 어째서 수사학이 유용한지 좀더 부언하자.

5 누군가가 육신의 힘으로 간난과 위험에서 벗어난다면 아무도 이를 치욕으로 여기지 않는다. 그런데 어떤 사람이 연설로도 이것을 할 〈1355ᵇ〉 능력이 있다면 어째서 그것이 치욕스러운 것이겠는가? 그것은 정말이지 그의 몸을 사용하는 것보다 더욱 진정한 의미에서 인간적이다. 물론 그 능력을 오용하는 자는 큰 해악을 끼칠 수 있을 것이다.

10 그러나 그것은 모든 능력과 힘들에서도 마찬가지다(오용될 수 없는 유일한 것인 덕의 능력을 제외하고는). 저명한 인물들에게 가장 큰 효용을 가져오는 바로 그런 능력들은 세 가지 덕목을 가지고 있는데, 예컨대 최고 사령관의 유능함인 힘과 건강과 부가 그것이다. 이모든 것의 효용은 그것들이 올바로 사용될 경우 엄청나지만, 오용

15 될 경우 그 해악 또한 그만큼 크다.

그런데 수사학이 변증술과 관계를 맺고 있다는 사실─양자가 말하자면 다른 학문들처럼 한정된 종류의 대상들에 제한되지 않는 한─, 또 수사학 역시 유용하다는 사실(그래서 나의 위대한 스승이 생각하듯 해가 되는 것이 아니라는 것), 이 두 가지 사실은 이제 정

20 말 명백해졌다. 그것은 아마 수사학 고유의 용무는 확신을 불러일으키는 일이라기보다는(더 오랜 과거의 모든 기술의 교사들이 그렇게 말했지만), 오히려 우리로 하여금 모든 사물에서 확신을 불러일으킬 수 있는 것에 주목하게 하는 일이라는 의미이기도 할 것이다. 이 점에서는 다른 모든 학문과 사정이 같다. 의술의 용무는, 실제로

건강하게 만드는 것이 아니고, 다만 어떤 사람이 건강을 가능한 만큼 호전시키는 것이다. 치유가 불가능한 사람들의 경우에도 의술의 임무는 말하자면 올바른 치료를 통해 손을 쓰는 것이다. 이에 보충해서 말한다면, 의술은 모든 경우에 확신을 불러일으킬 수 있는 것만이 아니라 확신을 불러일으키는 것처럼 보이는 것까지도 참작해야 한다는 것이다. 수사가는 이 두 가지 능력을 겸비해야 하는데, 이 경우 수사학이 진정한 추론뿐만 아니라 외견상의 추론까지 고려하는 만큼, 재삼 변증술과의 유사점에 유의해야 한다.[4] 그러나 역시 명칭들에 관련된 차이는 남는다. 그럼에도 사람들은 한 사람, 즉 웅변가를 두고 궤변론자와 변증론자라는 이름을 말한다. 결국 거짓 추론을 하는 능력이 아니라 다만 그것을 사용하려는 의도를 두고 궤변론을 말하는 것이다. 그런데 여기 수사학의 영역에서는 이 사람이나 저 사람이나, 그가 그와 같은 기만적인 것들에 대한 지식만을 가지든 실제로 그런 의도를 가지든 간에, 수사가로 지칭된다. 이에 반해 변증술 안에서는 두 가지 다른 칭호가 사용된다. 즉 의도 없이 오로지 위의 지식만을 가지고 있는 사람은 변증론자라고 부르고, 그것에 대한 의지도 또한 가지고 있는 사람은 궤변론자라고 부른다. (결국 궤변론자와 변증론자는 똑같이 거짓 추론에 능하지만, 전자는 그러한 의도 역시 가지고 있고 후자는 그렇지 않은 것이다. 그래서 누가 변증술을 올바르게 사용하면 사람들은 그를 변증론자라 부르고, 그것을 오용하면 궤변론자라 부르는 것이다. 그러나 수사학 안에서는 이름을 가지고 구별하지 않아, 어떤 사람이 그것을 올바르게 사용하든 그릇되게 사용하든 그는 수사가라 불린다.) 이제 우리의 목적을 수행할 수 있는 수단과 방법에 대해 논의해보자.

그러면 통례대로 다시 한번 '수사학'의 개념 규정에서 출발하기로
하고, 그런 후에 나머지를 다루도록 하자.

제2장
　　수사학은 모든 사물에서 그것이 어떤 방식으로든 가능한 한 신빙
성 있는 것이 되는 모든 수단을 알아보는 능력이라고 정의할 수 있
을 것이다. 결국 이것은 어떤 다른 기술에도 속하지 않는 일이다.
왜냐하면 다른 모든 기술은 그 자체로서 자신에 고유한 소재를 가
지고 있어 오로지 이 소재와 관련해서만 지침을 주고 오로지 이 소
재만을 확신시키기 때문이다. 예를 들어 의술의 경우에는 이 소재
가 건강하거나 병든 상태에 있고, 기하학의 경우에는 대소 관계에,
산술의 경우에는 수의 관계에 있다. 그리고 다른 모든 기술과 학문
들의 경우에도 전적으로 이와 같다. 오직 수사학만이 임의로 주어
진 온갖 대상에서, 이를테면 그 대상이 신빙성 있게 되는 수단을 찾
아낼 수 있다. 바로 그런 까닭에 우리는 수사학의 기술 영역이 보편
적이지, 특정 종류의 소재들에 국한되는 것이 아니라고 생각하는
것이다.
　　〔확신을 불러일으키도록 하는 수단들 가운데 한 종류는 기교론에
속하고 다른 종류는 그렇지 않다. 두 번째 종류에 속하는 것으로 내
가 간주하는 것들은 우리를ㅣ기술의 교사들을ㅣ통해서 제공된 것
들이 아니라 고문, 증언, 증거와 같은 것들이 그러하듯 처음부터 이
미 현전해 있는 모든 것이다. 기교론 안에는 학문적인 방법으로, 그
리고 우리를 통해 마련할 수 있는 다른 모든 것이 있어, 사람들은

그것들을 다만 적용하거나 찾아내기만 하면 된다.]⁵⁾

연설들에서 나타나는, 믿음에 영향을 끼치는 수단들에는 세 종류 〈1356ᵃ〉
가 있다. 그 하나는 연설자의 성격에서 나오고, 두 번째 것은 청중의
느낌이 이러저러하게 조율된다는 것에서 나오며, 세 번째 것은 결
국 연설 자체, 말하자면 논증들에 맡겨져 있는데, 물론 의사 논증들
도 마찬가지다. 연설자가 신빙성 있는 인물로 보이도록 연설이 이
루어지면 성격으로 인한 효과가 나타난다. 왜냐하면 사람들은 모든
사물, 특히 명확히 보지 못하고 의심스러운 사물들일 경우 일반적
으로 유능하고 정직한 사람들을 더 크게, 더 빨리 신뢰하기 때문이
다. 그러나 이러한 효과도 연설에 의해 유발되어야 하는 것이지, 이
러저러한 사람이라는, 연설자에 대한 선입견을 통해 유발되어서는
안 된다. 그러한 선입견을 통해 유발된다면 그 효과는 전혀 수사학
의 이론에 적합한 것이 아니다. 이 점은 이렇다. 몇몇 기술의 교사
들이 내세운 것, 즉 연설자의 공정성이 하나의 용건을 신빙할 만한
것으로 만드는 데 전혀 아무런 기여도 하지 않는다는 것은 결국 옳
지 않다. 오히려 성격이야말로 첫째로, 그리고 근본적으로 확신에
영향을 미친다고 거의 말할 수 있을 것이다. 청중으로 인한 효과들
은 그들이 연설에 의해 열정적으로 격앙되었을 때 나타난다. 그것
은 우리가 사랑과 증오, 기쁨과 슬픔 가운데에서는 똑같은 방식으
로 판단을 내리지 않기 때문이다. 그리고 이것은 오늘날의 화술의 교
사들*이 온갖 노력을 기울여 다루고자 하는 관점이다. 우리는 이미
그것을 언급했다. 이에 대해서는 우리가 정념들에 관해 논하게 될

---

* 어떤 기교가들에 대항해서?

때 아주 조목조목 명백히 밝히고자 한다. 마지막으로, 모든 사물이 가진 확신적 요소에서 확신을 불러일으킬 수 있는 것에서 우리가 어떤 것을 참이라거나 개연적이라고 증명할 경우, 연설 자체를 통한 효과들이 생겨난다. 이것이 서로 다른 세 가지 수단들이다. 그런데

첫째, 추론을 구성하여 무엇을 증명할 수 있는 사람, 둘째, 관습·성격·덕목들에 정통한 사람, 셋째, 같은 것을 인간의 정념들과 관련해서도 배운 사람, 즉 모든 정념은 어떤 것인가, 어떤 계기에서 정념이 생겨나며 그것이 어떻게 표현되는가를 인식하는 것을 배운 사람은 그 수단들을 장악하게 될 것이다. 그런데 이제 이 모든 것이

올바른 웅변가의 임무라면, 수사학은 지금까지 우리가 간주해온 것처럼 변증술의 부산물일 뿐만 아니라 윤리학의 부산물이라는 결론이 나온다. 윤리학은 좀더 보편적으로 사실상 정치라고 일컬을 수 있을 것이다. 그러므로 수사학은 마치 그것이 정치 자체이기라도 하듯이, 부분적으로는 철학적 교육의 결여에서, 또 부분적으로는 허

풍이나 그 밖의 기껏해야 인도적(人道的) 동인(動因)들에서 바로 이러한 정치적 모습을 흔히 취하기도 한다. 하지만 이와는 반대로 수사학은 사실상—서두에서 말한 것을 바로 상기하자면, 다만 변증술의 한 부분이며 그것과 유사하다. 왜냐하면 수사학과 변증술 중어느 하나도 오직 그 자체에만 속하는 특정 종류의 대상들을 가지

고 있지 않기 때문이다. 사람들은 양자를 통해 다름 아닌 연설을 위한 형식적 능력을 얻을 따름이다. | 이러한 일반적인 사항들은 우리에게 이 양자에 어떤 능력이 있으며, 또 그것들이 서로 어떤 관계에 있는지를 말해준다. 그러나 그것은 이미 충분할 만큼 자주 이야기했다. 이제는 거기에서 세부로 이어지는 결론들을 도출할 차례다.

변증술에는 세 가지 논증 수단, 또는 논증과 유사한 수단이 있다. 〈1356ᵇ〉
그것은 귀납, 추론, 외견상의 추론이다. 수사학 또한 바로 이 세 가
지를 예증, 수사 추론, 외견상의 수사 추론이라는 명칭들과 함께 가
지고 있다. '수사 추론'이라는 말과 함께 나는 여기에서 수사학적
추론을, '예증'이라는 말로는 수사학적 귀납을 지칭한다. 그런데 예
증이나 수사 추론은 어떤 것을 확신시키려는 사람이라면 누구나 적
용하는 논증의 유일한 방식들이다. 그 외에는 아무것도 없다. 논증
되어야 하는 곳이라면 어디서나 이것은 추론이나 귀납을 통해 일어
난다. 주지하다시피 우리는 그것을 분석론에서 알고 있다. 그러므
로 그것은 변증술에도 수사학에도 타당해야 한다. 어디에서 예증과
수사 추론 간에 차이가 생기는지는 토픽에서 배운다. 왜냐하면 토
픽에서는 추론과 귀납이 다루어져 있는데, 그 사이에는 사실상 동
일한 관계가 성립하기 때문이다. 간단히 반복하자면, 유사한 많은
사물들의 예에서 어떤 사람이 우리에게 사태가 이러이러하다는 것
을 보여주면 우리는 그것을 귀납이라고—그렇다면 여기 수사학에
서는 예증이라고—부른다. 그와는 반대로, 어떤 것이 이러이러하
다, 그리고 다른 어떤 것이 대체로 보아 마찬가지로 그러하기 때문
에 다른 어떤 것이 나타나야 한다, 일어나야 한다는 것을 누가 보여
주면 사람들은 그것을 추론이라고—그렇다면 수사학에서는 수사
추론이라고—부른다. 다만 우리는 이 두 가지 방식, 즉 예증과 수
사 추론 모두 장점이 있다는 것을 스스로에게 분명히 해야 할 것이
다. 왜냐하면 변증법의 방법론에서 읽을 수 있는 것과 같은 상황이
다시 수사학의 상황이고, 또 사실상 기교의 방법론들은 부분적으로
는 예증에, 부분적으로는 수사 추론에 우위를 부여하기 때문이다.

이것은 마치 연설자들 역시 어떤 것 또는 어떤 다른 것을 선호하는 데 따라 구별되는 것과 같다. 어떤 것을 확신시키는 데는 논증들도 마찬가지로 좋은 공헌을 했다. 하지만 사람들은 물론 수사 추론으로 훨씬 효과적으로 목표에 이른다. 이 현상의 원인, 그리고 이런저런 절차의 적절한 적용에 대해서는 아래에서 이야기할 것이다. 우리는 우선 사실들 자체를 우리에게 제시하고 그것들에 정확한 개념을 부여하고자 한다.

[확신에 작용한다는 것은 결국 어떤 특정 인물에 대한 확신에 작용한다는 뜻이다. 마치 그러한 작용이 직접적으로, 말하자면 전적으로 확신할 만한 것들을 통해 초래되거나, 아니면 저들 그 자체로서 명료하게 이해되는 것들로 환원됨으로써 비로소 간접적으로 초래될 수 있듯이 말이다. 그런데 어떤 기술의 교사들도 전적으로 개별화된 경우들은 고려하지 않는다.][6] 예컨대 오직 소크라테스나 칼리아스만을 건강하게 만드는 것은 의술과 관계가 없고, 오로지 어떤 특정 부류의 환자들을 건강하게 하는 것만이 의술과 관계 있는 것이다. 이를테면 오로지 보편적인 경우에만 기술 일반의 임무가 있는 것이지, 무한히 다양할 수 있기 때문에 인식 가능성을 동시에 넘어서는 개별적인 경우에는 그렇지 않은 것이다. 그렇다면 이제 수사학 역시 한 개인에게만, 예컨대 한 사람의 소크라테스나 히피아스에게만 참된 것으로 보이는 것이 아니라—변증술에서도 통용되는 것에 전적으로 상응하여—어떤 특정 부류의 사람들에게 그렇게 보이는 것을 고려해야 할 것이다. 변증술은 또한 추론의 자료를 아무 데서나 취하지 않고(예컨대 광인들의 관념들에서 취하지 않고), 설명이 필요하다고 인정된 사물들에서 찾아낸다. 그리하여 수

사학은 사람들이 습관적으로 상의 대상으로 삼는 경우들에서 자신
들의 자료를 취한다. 수사학의 용무는 사람들이 상의하는 것들, 그
리고 그것을 대상으로 하는 특정 학문을 갖지 않은 것들로 확장된
다. 그래서 수사학은 제대로 내용을 종합할 줄도 모르고 광범위한
추리 연결에도 능통하지 못한 청중을 내심 선택한다. 그런데 사람
들은 그럴 수 있는 것처럼 보이기도 하지만 그렇지 않을 수도 있는
것들을 놓고 상의를 한다. 어떤 일이 또한 다르다고 생각하는 것이
불가능할 경우에는 역시 아무도 그 일에 대해서 상의하지 않는다.
사람들은 더 멀리는 가지 않는다. 그런데 추론에서 추론을, 결론에
서 결론을 이끌어내는 일은 어쨌든 가능하다. 또한 아직 아무런 결
론이 나지는 않았지만 앞으로 결론이 내려져야 하는 사물들에서도
결론을 이끌어내는 일이 가능한데, 그것은 그 사물들의 참이 곧바
로 저절로 이해되는 것이 아니기 때문이다. 전제되어 있는 청중을
염두에 둔다면 두 방법에는 어려움이 있다. 첫째 방법이 어려운 까
닭은, 이 경우 추론의 장황함으로 인해 따라가기가 쉽지 않을 것이
기 때문이고(즉 이미 말한 바와 같이 단순한 사람이 청자라고 생각
한다면), 둘째 방법이 어려운 까닭은, 이 경우 인정이 되거나 그 자
체로서 자명한 아무런 것도 그 기초에 깔려 있지 않기 때문이다. 따
라서 이 방법은 확신에 충분히 영향을 미치지 못한다. 여기에서 수
사학에서 가능한 수사 추론이나 논증들의 내용과 형식을 위한 어떤
결과가 도출된다(수사 추론을 추론으로, 논증을 귀납으로 간주했을
때). 첫째, 이들은 대체로 부분적으로는 다를 수도 있는 사물들로
구성되어야 한다. 둘째, 범위가 좁아야 하며, 경우에 따라서는 첫째
방식에서의 추론보다 열등해야 한다. 추론의 사슬의 연결 고리가

하나하나 이미 알려졌다면, 그 고리를 위의 청중 앞에서 미리 알려서는 안 된다. 청중은 어차피 그 고리를 첨가할 것이다. 예를 들어 도리에우스가 경기에서 승리관을 얻었을 경우, 어떤 연설가가 올림픽 경기에서 그가 승리했다고 말한다면 그것으로 충분하다. 거기에서 승리자에게 관이 수여된다는 것은 누구나 아는 사실이니 말이다. 그러니 더 이상 아무 말도 덧붙일 필요가 없는 것이다. 〔그렇다면 연설가적 추론들이 구성되는 자료가 이제 그 자체로서 필연적인 것, 그렇게 있을 뿐 달리 있지는 않은 것의 특성을 가진다고 생각해 보라. 판결과 고려에 동기를 부여하는 것은 대부분 어쩌면 그렇기도 하고 또 어쩌면 다르기도 한 것들이다. 그러면 이것은 무엇인가? 바로 인간들의 행동에는 필연적인 것의 특성을 지니고자 하는 의도는 거의 없다.〕[7] 그런데 필연적인 것에서 필연적인 것을 추론하는 것이 당연하듯이, 우리에게 대체로 사실이고 가능한 것이 되는 모든 것도 다시 우리에게 대체로 사실인 것에 따라 논증된다는 것은 당연하다. 그리고 그렇게 우리는 그것을 분석론에서 배운다. 거기에서 도출되는 결론은, 단지 일부 관념들만을 논리적으로 필연적인 것의 영역에서 이끌어낼 수 있을 뿐, 훨씬 더 큰 부분은 우리에게 대부분 사실인 것의 영역에서 이끌어낸다는 것이다. 우리는 후자를 개연적인 것이라고 부르고, 전자를 반박될 수 없는 참이라고 부르고자 한다. 즉 대부분 사실인 것은 개연적이다.

83.35—100.36쪽. 제2장의 마지막은 빠져 있다. 내게 너무 어렵다.

제3장

수사학에는 수적으로 보면 세 종류가 있다. 그것은 바로 같은 수의 종류가 청중에도 있기 때문이다. 다시 말해 세 가지가 연설에 속하는데, 그것은 연설하는 사람 자신, 그의 대상, 그리고 그의 청중 〈1358ᵇ〉이다. 연설자의 목표는 청중에 있다. 청자로 말하면 그는 잔치의 손님, 즉 예술 감정가? 아니면 판관이어야 하며, 좀더 정확히 말하면 지나간 것이나 앞으로 올 것에 대한 판관이어야 한다. 청자 중 하나는 국민 의회의 의원처럼 미래에 대해 판단하고, 다른 한 청자는 판사 협회의 회원처럼 과거에 대해 판단하며, 세 번째 청자는 그를 능력 면에서 {인지한다/본다}. 그리하여 연설에는 필연적으로 세 종류가 있게 되는데, 정치적beratende 연설, 법정과 관련된 연설, 그리고 식사(式辭) 내지 미사여구를 늘어놓는 연설이 그것이다. 정치 연설에는 한편으로는 권고가 있고, 다른 한편으로는 만류가 있다. 그러니까 사람들은 말하자면, 개인적 관계에서 충고를 하든 공적으로 대중을 향해 말하든, 항상 두 가지 중 하나를 하는 것이다. 법정 연설에는 우선 고소가 있고, 그 다음에는 변호가 있다. 왜냐하면 상대편 각각은 두 가지 중 하나를 법정에서 해야 하기 때문이다. 식사(式辭)에는 찬양과 비난이 있다. 시간상으로 보면 정치 연설가가 목전에 두고 있는 것은 미래이다. 왜냐하면 그는 나중에야 일어날 어떤 일과 관련해서 무엇을 만류하거나 권고하기 때문이다. 판관은 과거를 목전에 두고 있다. 왜냐하면 고소를 하든 변호를 하든, 그는 이미 일어난 어떤 일과 관련해서 그것을 하기 때문이다. 식사에서는, 최소한 그 가장 본질적인 면에서는, 현재가 고려된다. 왜냐하면 항상 목전에 두고 있는 어떤 것과 관련해서 찬양이나 비난이 이루어지기 때문이다. 그렇지만 사람들은 왕왕 기억의 도움으로 어떤 지나간 일을 추가하기도 하고, 예견하면서 어떤 미래의 일을 추가하기도 한다.—세 종류가 가지고 있는 목적은 각기 다르다. 그래서 세 종류의 목적이 있다. 정치 연설가에게는 유익한 것과 해로운 것이라는 관점이 있다. 왜냐하면 무엇을 권고하는 자는 어떤 것을 더 이득이 되는 것으로 권하는 반면, 무엇을 만류하는 자는 어떤 것을 더 손해가 되는 것으로 보기 때문이다. 정의나 불의, 찬양받을 만한 것이나 비난받아 마땅한 것 등의 다른 관점들은 기껏해야 그 위에 추가되는 정도이다. 이와는 반대로 판관에게는 정의나 불의가 주요 관점이고, 거기에 부차적으로 다른 관점들도 부가된다. 그러나 찬양하고 비난하는 자는 무엇보다도 찬양받을 만한 것과 비난받아 마땅한 것을 목전에 두고 있으며, 마찬가지로 단지 부차적으로 다른 관점들도 가지고 있다. 이들 세 종류에 모두 여기에 명시된 주요 목적이 있다는 것을 증명할 수 있다. 즉 어떤 경우에는 사람들은 부차적 목표들은 논쟁에 내맡길 테지만 주요 목적을 내맡기는 일은 결코 없을 것이다. 예컨대 어떤 사람이 무슨 일이 일어나 자신이 손실을 초래했다는 사실을 법정에서 전혀 부인하지 않으면서도, 그것으로 인해 자신이 정의롭지 못하다는 사실은 결코 시인하지 않는 경우가 그러하다. 왜냐하면 그가 이를 시인한다면 소송을 더 길게 끄는 일은 전혀 불필요할 것이기 때문이다. 이에 전적으로 상응해서, 정치 연설가도 번번이 그 밖의 다른 관점들은 포기하지만, 자신이 해로운 것을 권고한다거나 이로운 것에서 손을 떼라고 만류한다는 사실은 결코 시인하지 않을 것이다. 그러나 그들은 왕왕 아무 짓도 하지 않은 인접 국가의 백성을 노예로 만드는 것이 전혀 부당하지

않은 짓인 듯 행동하고, 더 이상 그 일에 신경쓰지 않는다. | 마찬가
지로 누군가를 칭찬하거나 비난하는 자는 그 누군가가 자신이 한
일에서 이득을 보았는가 손해를 보았는가 하는 데는 주의하지 않는
다. 사람들은 어떤 사람이 자기의 개인적 이득을 돌보지 않고 오직
찬양받을 만한 일만을 했다는 것을 흔히 그의 명예로 여긴다. 예컨
대 아킬레우스가 자신이 죽어야 한다는 것을 알면서도 친구가 살
수 있다는 생각에 친구 파트로클로스를 도우러 온 것을 사람들이
찬양하는 것처럼 말이다. 삶을 지속하는 것은 그에게 다만 비교적
유리한 것이었을 뿐인 데 반해, 바로 그러한 죽음이야말로 훨씬 명
예로웠던 것이다.

지금까지 언급한 모든 것에서 이제 명백해지는 것은 무엇보다도
세 가지 것들에 대해 명제가 마련되어 있어야 한다는 것이다. (필연
명제 **τεκμήρια**, 개연 명제**εἰκότα**, 징표 명제**σημεῖα**가 이를테면 논
증의 명제들을 구성한다. 왜냐하면 추론은 전적으로 명제들로 이루
어져 있는데, 사고는 지칭된 종류의 명제들로 구성되는 추론이기
때문이다.) 우선 **가능성과 불가능성**에 대한 명제들. 불가능한 것은
이루어져 있을 수도, 앞으로 이루어질 수도 없다. 그리고 이루어져
있을 수도, 앞으로 이루어질 수도 없는 것은 일어난 것일 수 없고,
또 결코 일어나게 되지도 않을 것이다. 따라서 법정 연설가나 식사
연설가와 마찬가지로 정치 연설가에게도 무엇이 가능하고 무엇이
가능하지 않은지, 말하자면 어떤 일이 도무지 일어났는지 아닌지,
어떤 일이 일어날 것인지 아닌지에 대한 명제들이 반드시 마련되어
있을 필요가 있다. 둘째로 **양적 차이들**에 대한 명제들. 왜냐하면 찬
양하거나 비난하고, 권고하거나 만류하고, 공격하거나 방어하는 사

람은 누구나 방금 지칭된 것, 즉 무엇이 존재한다는 것뿐만 아니라, 이로운 것의 관점에서건 해로운 것의 관점에서건, 명예로운 것의 관점에서건 치욕스러운 것의 관점에서건, 정의의 관점에서건 불의의 관점에서건 또한 그것이 큰가 작은가 하는 것, 뿐만 아니라 그

5 자체로서 큰가 작은가, 아니면 서로 비교해서 그러한가 하는 것을 논증하려 하기 때문이다. 따라서 사람들이 일반적으로나 특별하게, 예컨대 어떤 것이 비교적 큰, 또는 비교적 사소한 장점인가, 어떤 것이 비교적 큰, 또는 더 비교적 사소한 불의인가, 어떤 것이 비교적 큰, 또는 비교적 사소한 정의인가 하는 식으로 다른 모든 것에서

10 도 그런 식으로 대소(大小)와, 그리고 그 정도에 관한 원칙들을 갖추고 있어야 한다는 것은 명백하다.

　명제들을 갖는 것이 반드시 필요하다는 것과, 그것이 어떤 것에 관한 것들이어야 하는가에 대해서는 일반적으로 그 정도만 일러두겠다. 그러면 이제 정치 연설은 어떤 명제들을, 식사(式辭)는 어떤

15 명제들을, 셋째로 법정 연설은 어떤 명제들을 필요로 하는지를 알아보기 위해 모든 종류의 연설을 하나하나 살펴보기로 하자.

제4장

20 　우선 정치 연설가의 조언이 어떤 종류의 유리한 것과 불리한 것에 오로지 관계될 수 있는가 하는 문제가 고찰되어야 한다. 그것은 말하자면 일체의 것에 모조리 관계되는 것이 아니라 다만 혹시 나타날 수 있거나 없는 것에 관계되는 것이다. 반면 필연적으로 존재하거나 존재하게 될 모든 것, 그리고 존재하거나 존재했을 가능성이

없는 모든 것은 전혀 이 논의의 대상이 되지 않는다. 모든 가능한 것조차 단연 논의되지 않는다. 우리의 몫이 될 수 있기도 하고 없기도 하지만, 그것이 우리의 의지가 아니라 전적으로 본성과 우연에 의존하는 그러한 특정한 재화는, 이를테면 논의하기에는 적당하지 않은 것이다. 왜냐하면 이 경우 논의는 전혀 무용할 것이기 때문이다. 물론 어떤 것들이 논의하기에 적당한가는 명백하다. 요컨대 원인이 우리에게 소급되는 모든 종류의 일들, 그리고 일어나고 일어나지 않는 것이 우리의 권한 아래 있는 일들이 그러하다. 왜냐하면 ⟨1359^b⟩ 우리는 무엇을 하거나 하지 않는 것이 우리의 권한에 달려 있는지 없는지를 알아낼 때까지 계속 숙고하기 때문이다.

그런데 사람들이 공적으로 협상하는 데 습관이 되어 있는 대상, 그 대상을 하나하나 정확하게 열거하고 분류하는 일, 나아가 가능한 한 올바른 결정을 내리는 일, 이 모든 사항에 관한 연구는 당장은 여기에 속하지 않는다. 왜냐하면 그것은 수사학의 문제가 전혀 아니고, 훨씬 더 진지하고 비교적 덜 외관 지향적인 기술의 문제일 것이기 때문이다. 여하튼 그것에는 이미 너무도 많은 엄밀하게 학문적 의문들이 할당되었다. 왜냐하면 우리가 이미 위에서도 언급한 것, 즉 수사학은 분석론과 윤리학으로 이루어진다는 것, 그리고 수사학이 부분적으로는 변증술과 유사하게 관찰하고, 부분적으로는 궤변론과도 유사하게 관찰한다는 것이 온전히 참이기 때문이다. 그러나 어떤 사람이 변증술과 수사학을 기교로서가 아니라 학으로서 정립하려 하면 할수록 그는 부지불식간에 양자의 본성에 대한 인식을 불가능하게 만들 것이다. 그것은 그가 지반을 떠남으로써 양자를 근저에 놓여 있는 어떤 대상들에 관한 학으로 서술할 뿐, 양자의

진면목인 담화의 학으로는 서술하지 않기 때문이다. 그러므로 우리
는 연구하는 일이 유익한 한, 그리고 이를 고려하는 일이 정치학의
소임이 되지 않는 한에서 이제 또한 그것, 즉 공적으로 협상하는 데
사람들이 습관이 되어 있는 대상에 대해 논하고자 한다.

5 | 누구나 상의를 하고 모든 정치적 조언자가 주로 거론해야 하는
대상에는 대략 다섯 가지가 있다. 즉 국고 수입에 관한 것(국가 예
산), 전쟁과 평화에 관한 것(대외적 용무들), 나아가 국방에 관한
것(군대), 수출과 수입에 관한 것(무역), 그리고 입법에 관한 것이
다. 국가 예산과 관련해 조언하고자 하는 사람은, 어떤 종류의 소득
10   이 탈락되었으면 그것이 첨가되고, 또 어떤 종류의 소득이 너무 적
으면 증가되도록, 한 국가의 소득과 관련된 모든 것에 대해 그 양과
규모를 알아야 한다. 나아가 무용한 지출은 없애고 과대한 지출은
경감하기 위해 국가의 모든 지출을 알아야 한다. 왜냐하면 현존의
것을 늘리는 일만이 아니라 지출을 없애는 일을 통해서도 더 부유
15   해지는 것이기 때문이다. 이것을 사적인 한 개인으로서의 그의 경
험에서 판단하기는 불가능하다. 여기에서 조언을 할 수 있기 위해
서는 다른 사람들의 경우에는 어떤 결과가 나왔는지를 반드시 알아
보아야 한다.

전쟁과 평화에 관해 조언을 하기 위해서는 기존의 국력이 얼마나
20   강한지, 그리고 아직 얼마나 더 성장할 가능성이 있는지, 그것이 현
재 어떤 종류의 것이며 추가 국력은 어떤 종류의 것이 될 것인지,
그 밖에 국가가 지금까지 어떤 전쟁들을 치렀으며 거기에서 어떤
경험들을 했는지 하는 것을 알아야 한다. 이 모든 것을 자신의 도시
국가에서뿐만 아니라 이웃 국가들과 관련해서도 알아야 한다. 마찬

가지로 상호간에 전쟁이 일어날 조짐이 보이는 상대들과 관련해서
도, 이를테면 그들이 우세할 경우 평화 유지를 위해서, 또는 그들이 〈1360ᵃ〉
열세일 경우 그들에 대항해 전쟁을 시작하기 위해서 이 모든 것을
알아야 한다. 나아가 병력이 균형 상태에 있는지 불균형 상태에 있
5 는지, 병력 또한 알아야 한다. 여기에도 득실이 있기 때문이다. 이
목적을 위해서는 자국이 치른 전쟁들과 그 성과뿐만 아니라 다른
나라들이 치른 전쟁들까지도 고려하는 일이 완료되어야 한다. 왜냐
하면 같은 원인이 같은 결과를 초래하는 것은 당연하기 때문이다.

나아가 국방과 관련해서. 이 경우에는 나라가 어떻게 방어되어야
10 하는가를 몰라서는 안 되며, 그것을 위해 필요한 군병력, 요새의 종
류와 위치를 알아야 한다. 이것은 군대가 빈약하면 강하고, 필요 이
상으로 규모가 크면 축소하기 위해서, 그리고 어떤 장소들이 이에
더 적합한지를 더욱 면밀히 주시하기 위해서인데, 그것은 나라 자
체에 관한 정확한 경험이 없으면 불가능하다.
15 나아가 식량 및 그와 유사한 것과 관련해서. 이 경우에는 나라에
충분한 수요가 얼마나 되는지, 이 수요에 대해 나라 자체가 무엇을
충당하고 무엇을 수입해야 하는지, 어떤 나라들로 수출을 하고 어
떤 나라들에서 수입을 해야 할 필요가 있는지를 이들 나라와 동맹
및 무역 협상을 타결하기 위해서는 알아야 한다. 요컨대 두 가지 관
20 점에서, 즉 더 우세한 상대들이라는 관점에서, 그리고—여기에서
우리에게 문제가 되는 것으로—우리의 무역에 이익이 되는 국가들
이라는 관점에서, 사람들은 그들 국가와 관련해 그 국민의 감정을
자국민이 자극하는 것을 막아야 한다.

자국의 안전을 확보하기 위해서는 이 모든 것이 고려되어야 한

다. 그리고 마지막으로 입법에 대한 정통한 이해의 적잖은 부분이 이에 속한다. 왜냐하면 헌법에 국가의 안전이 놓여 있기 때문이다. 그러므로 얼마나 많은 종류의 헌법들이 있는가, 무엇이 개개의 헌법들에 유용한가, 그리고 그 부패는 어디에 기인하는가, 더 정확히 말해 안으로부터의 부패인가 아니면 밖으로부터의 부패, 적대적 세력들을 통한 부패인가 하는 것을 알아야 한다. 헌법은 안으로부터 파괴될 수 있다고 나는 생각한다. 왜냐하면 모든 헌법은(이상적 헌법들을 제외하고는) 해이해짐으로써, 아니면 지나치게 긴장함으로써 파괴되기 때문이다. 그래서 예컨대 민주제는 해이해지면서 약화되어 종국에는 과두제로 넘어간다. 그러나 민주제는 또한 지나치게 엄하게 받아들여지는 경우에도 약화된다. 그것은 마치 매부리코나 주먹코의 만곡이 느슨해져서만 어떤 중간 상태로 넘어가는 것이 아니라, 지나치게 강하게 밖으로나 안으로 휨으로써도 그 때문에 코가 더 이상 코가 아닌 것처럼 보이는 어떤 형상이 생겨나는 것과 같다.

〔입법과 관련해서는 과거의 역사를 고찰하고 어떤 종류의 헌법이 유익한지에 대해 정통한 견해를 가지는 것이 유익하다. 그러나 다른 기존의 종류들과 아울러 특정 민족들에게 어떻게 특정 종류의 헌법들이 바로 부합하는가 하는 것도 알아야 한다.〕[8] 그러므로 입법과 관련해서 좀더 큰 규모의 여행을 하는 것이 유익함을 알 수 있다. 왜냐하면 거기에서 다른 민족의 법률들을 접해 배울 수 있기 때문인데——정치적 조언을 위해서는 역사에 관한 저술들과 거기에 기록된 사실들에도 정통해야 한다. 그러나 이 모든 것은 수사학이 〈1360b〉 아니라 정치학에 속한다. 요컨대 이것이 가장 주요한 사항들로, 정치적 조언자는 이것들에 대한 지식을 갖고 있어야 한다. 이제 다시

돌아가 이 점에 있어서나 그 밖의 다른 경우, 사람들은 권고나 만류의 근거들을 어디에서 취하는가 하는 것을 제시하고자 한다.

제5장

내 생각으로는 누구나 저마다, 그리고 모두가 다 함께 자신들이 선택하거나 거부하는 모든 것에서 추구하는 특정 목표가 있다. 이것은 요약하면 행복과 행복의 각 구성 요소들이다. 그래서 우리는 원래 무엇이 가장 단순히 표현해 행복인가, 그리고 그 구성 요소들은 무엇인가를 예를 들어 고찰하고자 한다. 모든 권고와 만류는 어쨌든 행복 외에는, 그리고 무엇이 행복을 불러올 것이며 무엇이 행복에 적대적인가 하는 것 외에는 어떤 것과도 관련이 없으니 말이다. 왜냐하면 행복을 얻게 하거나, 부분적으로 행복을 얻게 하거나, 행복을 줄이는 대신 늘리는 모든 일은 의당 해야 하는 반면, 행복을 파괴하거나, 저해하거나, 적대시하는 모든 일은 반대로 삼가야 하기 때문이다.

행복은 결국 번영과 덕의 결합, 또는 삶의 자족함, 또는 현존 Dasein의 최대한의 쾌적과 안전, 또는 벌어들인 것을 지키고 새로운 것을 벌어들이는 힘과 연결된 넘치는 건강과 재산이라고 정의할 수 있을 것이다. 모든 사람이 수긍하는 바에 따르면 이들 중 하나나 여럿이 행복이라는 말이다. 그런데 행복이 그러한 종류의 것이라면 거기에는 필연적으로 그 구성 요소들이 있어야 한다. 그것들은 고귀한 태생, 수많은 친구들, 유능한 친구들, 부, 훌륭한 자손, 많은 자손, 행복한 노년, 게다가 또 건강, 미모, 강한 힘, 큰 체격, 경기를 위한 기량과 같은 신체상의 장점들, 그리고 좋은 평판, 명예, 우연의 총애, 덕이다. 왜냐하면 어떤 사람이 일신상의 자산과 함께 외적인 자산도 소유하고 있다면 위에서 말한 자족한 상태에 이르지 않는 일은 없을 것이기 때문이다. 이들 자산 외에 더 가질 것은 아무것도 없기에 말이다. 몸과 마음의 자산들은 일신상의 자산들이고, 고귀한 태생, 친구들, 재산, 명성은 외적 자산들이다. 나아가 우리는 그에게 힘과 행운이 결여되어서는 안 될 것이라고 생각한다. 왜냐하면 삶은 그렇게 해서 모든 면에서 안전을 보장받기 때문이다. 그러면 이제 이들 항목 하나하나에 대해서 그것이 무엇인지 정확히 알아보자.

한 민족이나 도시 국가 공동체에서 고귀한 태생이란, 토착민이거나 국내에서 오랜 옛날부터 기반을 잡고 있으며, 유명한 인물들이 우두머리로 있는 가문 출신이고, 많은 훌륭한 인물들, 특히 선망과 경쟁심의 대상이 되는 것들과 관련된 훌륭한 인물들과 동일한 가문 출신이라는 것을 뜻한다. 개인들에게 있어서 고귀한 신분은 바로 도시 국가 공동체에서와 같이 고귀한 남성이나 여성의 후예라는 사실, 특히 두 가지 관점에서 고귀한 혈통의 소생이라는 사실에 기인하는데, 그것은 첫째, 조상들 가운데 덕이나 부 또는 그 밖에 명예로운 어떤 것에서든 저명한 이름들이 있으며, 둘째, 남녀노소를 막론하고 많은 주요 인물들이 같은 집안에서 배출된 경우다.[9]

자손 복과 자손의 풍요가 의미하는 바가 무엇인지는 누구나 알고 있다. 공동체에게 그것은 많은 수의 유능한 청년들을 의미한다. 그 〈1361ª〉 들은 신체적인 면에서 볼 때는 장대한 체격, 미모, 체력, 경기 능력으로, 영혼의 면에서 볼 때는 자기 통제와 용맹으로 유능한 청년들

로서, 그런 것들이야말로 젊은이들의 덕목인 것이다. 한 개인에게
는 자손 복과 자손의 풍요란 나 자신의 많은 자손과 축복받은 부류
의 자손을 두는 것이다. 아들과 딸을 골고루 두는 것을 의미한다.
여식들의 신체의 덕목은 미모와 큰 체격, 영혼의 덕목은 자기 통제
와 근면이다(하지만 노예적 근면은 아니다). 그런데 국가나 개인의
안녕을 위해서는 이러한 특성들이 남성들에게나 여성들에게나 모
두 있는지 주의를 기울여야 한다. 예컨대 라케다이몬 사람들의 경
우처럼 여성들의 형편이 좋지 않은 곳에서는 내가 보건대 태반의
행복은 놓친 것이다.

부의 구성 요소들은 거액의 돈, 토지와 영지, 나아가 동산, 가축,
노예들을 소유하는 것, 뿐만 아니라 이 모든 것을 다량, 그리고 월
등하게 큰 규모의 훌륭한 것들로 소유하는 것이다. 그 위에 전 재산
이 안전하고 고귀하고 유익한 것이다. 이때 유익한 것이라는 말은
적당한 소득을 가져오는 것이라는 말이며, 고귀한 것이라는 말은
자유 시민으로 태어난 고귀한 남성에게 즐거움이 되는 것이라는 말
이라고 나는 이해한다. 내가 보건대 전자는 수입의 원천이 되는 모
든 것이고, 후자는 더 이상 아무런 이렇다 할 수입의 대상이 되지
못하고 단지 낭비와 소모의 대상이 될 수밖에 없는 것이다. 안전은
현장에서 어떤 것을 소유함으로써, 그리고 그것을 우리의 권한 내
에서 사용할 수 있는 방식으로, 이를테면 우리의 권한으로 그것을
처분할 수 있을 경우 그것이 우리의 소유로 남을 것인가 아닌가 하
는 방식으로 규정된다.[10] 나는 처분한다는 말을 기부와 매각이라고
이해한다. 일반적으로 실질적인 부는 소유 자체보다는 소비 능력에
있다. 왜냐하면 그것으로써 작용하고 그것을 사용하는 것, 바로 그

것이 부이기 때문이다.

　좋은 평판은 모든 사람이 존경할 만한 사람으로 여기는 데 있거나, 사람들이 열심히 추구하는 것, 더욱이 모든 사람이나 대부분의 사람들이나 가장 훌륭한 사람들이나 가장 현명한 사람들이 열심히 추구하는 것을 우리가 소유하고 있다고 남들이 인정하는 데 있다. 명예란 훌륭한 행위로 인한 좋은 평판의 표시이다. 대체로 이미 훌륭한 일을 한 사람들은 의당 존경을 받지만, 그러한 일을 할 능력이 있는 사람 역시 존경의 대상이 된다. 훌륭한 행위는 삶의 보호와 보전, 그리고 어떤 것이 살아 있다는 사실의 원인이 되는 모든 것, 또는 일반적으로도, 특정 장소에서도, 특정 관계에서도 얻기 힘든 부나 어떤 다른 종류의 재산과 관련된다. 왜냐하면 많은 사람들이 하찮아 보이는 것들을 통해 명예를 얻는데, 그것은 바로 장소와 상황에 달려 있기 때문이다. 명예의 구성 요소들에는 희생, 시구나 산문으로 장식된 기념비, 특권, 성소,[11] 의장직, 묘, 화상, 공적 환대, 그리고 야만인들에게만 있는 많은 것들, 바닥에 입을 맞추면서 몸을 던지거나 수행(隨行)함으로써 어떤 사람을 존경하는 것, 그리고 누구에게라도 값진 선물들이 있다. 왜냐하면 선물은 항상 재산의 수여이고 나아가 명예의 표시이다. 그래서 소유욕이 있는 사람이나 명예욕이 있는 사람 모두 그것을 추구한다. 그것은 양자에게 선물은 그들이 욕구하는 어떤 것을 포함하고 있기 때문이다. 선물은 실로 소유로서는 소유욕 있는 자들이 추구하는 것이고, 명예로서는 〈1361ᵇ〉 명예욕 있는 자들이 추구하는 것이다. |

　탁월한 육체는 건강에서 나오는데, 그것은 자신의 몸을 사용할 수 있다는 것과 병들지 않았다는 것을 말한다. 사실 많은 사람들은 단지 헤로디코스[12] 식의 건강만을 지니고 있는데, 실제로 아무도 그들이 그 때문에 행복하다고 말하지는 않을 것이다. 왜냐하면 그들은 그 밖의 인간적인 방식의 것은 모두 또는 대부분 단념해야 하니 말이다. 아름다움은 연령에 따라 다른 어떤 것이다. 청년의 아름다움은 달리기를 할 때와 육체적 힘을 표출할 때 보이는 유능한 노고에 있는데, 그때 동시에 향락의 관점에서 그를 바라보는 것은 유쾌한 일이다. 오종 경기의 투사들이 가장 아름다운 청년들인 까닭은 그들이 힘과 속도를 자신들의 본성 안에 아우르고 있기 때문이다. 원숙한 장년의 아름다움은 전쟁에서 보이는 노고의 유능함에 있는데, 그는 이때 호감이 가면서도 경외심을 자아내는 모습으로 나타난다. 노년의 아름다움은 반드시 해야 할 수고에는 유능하면서도, 고령을 성가시게 하는 그 밖의 모든 것에서는 자유롭기 때문에 동시에 짜증 없이 사는 것이다. 육체의 힘이라는 말은 어떤 다른 것을 잡아당기고, 밀어내고, 들어 올리고, 내리누르고, 잡아쥐면서 임의로 움직이는 능력으로 이해된다. 그래서 힘센 자는 그 모든 것 또는 그 가운데 어떤 것에서 강하다. 큰 체격의 덕은, 큰 키나 이해의 깊이나 벌어진 어깨는 대다수 사람들을 능가하면서도 이 과도함으로 인해 움직임이 방해받지 않는 데 있다. 육체적 경기에서 유능함이란 큰 체격, 강한 힘, 속도에 있다. 왜냐하면 속도가 빠른 사람은 힘도 세기 때문이다. 그가 이러이러하게 걸음을 내딛고, 다리를 뻗어 멀리 움직일 줄 안다면 그는 달리기 주자요, 내리누르고 꽉 붙잡을 수 있다면 레슬링 선수요, 치고 받을 수 있다면 권투 선수요, 두 가지에 능숙하다면 2종 경기 선수요, 모든 것에 능숙하다면 오종 경기 선수이다.

좋은 노년이란 짜증 없이 천천히 다가오는 노년을 말한다. 그러므로 늙음이 빨리 오거나, 또는 천천히 오기는 하지만 짜증스럽게 온다면 그것은 좋은 노년이 아니다. 그것은 가장 쉽게는 유능한 수완과 행운에서 온다. 왜냐하면 어떤 사람에게 병이 없지 않고 신체도 강건하지 않다면 그에게는 고통 또한 없지 않을 것이며, 행운 없이는 아무도 근심에서 자유롭지 못하고, 또 장수하지도 않을 것이기 때문이다. 건강과 신체적 강함 없이 오래 살 수 있는 능력도 있다. 왜냐하면 많은 사람들은 고령이 되기는 하면서도 신체적 장점들은 전혀 갖고 있지 못하기 때문이다. 그러나 그것에 대한 언급은 당면 과제가 아니다.

친구들이 많다는 것은 무엇인가, 그리고 좋은 친구들이 있다는 것은 무엇인가의 문제는 친구란 무엇인가의 정의, 즉 친구란 어떤 사람을 위해 좋다고 인정하는 모든 것을 실제로도 그를 위해서 하는 사람이라는 정의가 내려져 있을 경우 더 이상 숨은 문제가 아니다. 어떤 사람에게 그러한 친구들이 많으면 그것은 친구들이 많다는 것에 해당하고, 이러한 친구들 가운데 성실한 사람들이 있다면 그것은 좋은 친구들이 있다는 것에 해당한다.

행운에 대해서는, 재보(財寶)들이 우연히 우리의 몫이 되거나 우리에게 속하게 되는 경우에, 특히 이러한 재보 모두가, 또는 그 중 대부분의 것이나 가장 중요한 것들이 우리의 것이 될 때 이야기하게 된다. 그런데 우연은 가끔 인공적으로도 조달될 수 있는 재보들을 가져다 준다. 그러나 예컨대 자연의 산물인 모든 재보를 인공적으로 조달할 수 없는 것처럼, 대부분의 것들은 그렇게 하지 못한다. 예컨대 건강이 기술의 작업이라면, 사실 어떤 것들은 실로 자연에 〈1362ᵃ〉

대항해서조차 조달될 수 있다. 이와는 달리 미모와 큰 체격은 자연의 산물이다. 일반적으로 그러한 모든 것은 사람들이 부러워하는 행운의 재보들이다. 예컨대 어떤 사람의 다른 형제들은 추한데 그 사람은 아름다운 경우처럼, 예측을 뒤엎고 나타나는 재보들의 경우에서도 원인은 우연이다. 또는 다른 사람들이 보물을 찾아냈는데 제삼자가 이것을 손에 넣은 경우나,[13] 화살이 어떤 사람은 맞히지 못했지만 그의 이웃을 맞혔을 경우에도 그러하다. 또는 어떤 사람이 단지 자신이 항상 지나 다니던 길로 가지 않았을 뿐인데 그 길로 전혀 지나 다니지 않던 사람들이 거기에서 해를 입게 된 경우에도 그러하다. 이런 모든 것은 행운의 선물들이다. 덕에 대해서는, 우리가 찬사에 대해 말할 때 어느 정도 규정하려 한다. 그 즈음이 적당하기 때문이다.

<h2 style="text-align:center">제6장</h2>

이제 연설가로서 어떤 것을 권고하거나 만류할 경우 무엇을 목표로 해야 하는지는 참으로 분명하다. 권고하는 경우에는 다음의 것들이 모두 현존하거나 기대할 수 있어야 하며, 만류하는 경우에는 그 반대다. 요컨대, 정치 연설가의 주요 관점은 이익이다. 그러나 목표 자체에 대해서가 아니라 목표를 위한 수단들에 대해서, 따라서 결국 이른바 유익한 행동들에 대해서 상의가 이루어지는 것이다. 그런데 유익한 것은 좋은 것이므로, '좋다' 나 '유익하다' 에 관해 최초의 원칙들이 수립되어야 한다는 결론이 나온다. 그래서 '좋다' 란 그 자체로 선택할 만한 가치가 있는 것, 그리고 그것 때문에

우리가 어떤 다른 것을 선택하는 것, 그리고 누구나, 즉 느낌이나 이해력을 가진 모든 사람이 추구하는 것, 또는 이해력을 가졌다면 누구나 추구하는 것을 의미한다는 것이다. 요컨대 '좋다'는 것은 이성적 사려가 모든 사람에게 나누어주는 것이라는 것이다—왜냐하면 개별적으로 활동하는 이성적 사려가 각 개인의 몫으로 나누어주는 것, 그것은 모두 각 개인에게는 좋은 것이기 때문이다 —. 그것은 그 존재로 인해 기분이 좋고 만족스러운 것이며, 만족을 주는 것이며, 무엇을 직접 창조하거나 유지하거나 그런 종류의 어떤 것이 결과로 나타나는 것이며, 적대적 영향들을 제어하고 파괴하는 것이라는 것이다. 그런데 이중적 방식으로, 즉 동시적으로 또는 순차적으로 어떤 것이 결과로 초래된다. 예컨대 배움에는 이해가 따른다. 시간적 선후 관계다. 건강에는 삶이 따른다. 시간적 병행 관계다. 그러한 성질의 것을 창조하는 일은 세 가지 방식으로 이루어질 수 있는데, 예컨대 마치 건강이 건강함을 창조하는 것과 같은 방식이 그 첫째요, 마치 음식이 건강을 창조하는 것과 같은 방식이 그 둘째요, 마치 체조 연습이 대부분 건강을 창조하는 것과 같은 방식이 그 셋째이다. 사정이 그렇다면, 좋은 것을 얻는 것도 나쁜 것을 잃는 것도 무언가 좋은 것임이 분명하다. 왜냐하면 전자의 경우 나쁜 것을 소유하지 않는다는 것이 동시적 결과로 초래되고, 후자의 경우 좋은 것을 소유하는 일이 나중 결과로 초래되기 때문이다. 그래서 더 작은 선 대신에 더 큰 선을 획득하는 것, 그리고 더 큰 악 대신 더 작은 악을 획득하는 것 또한 선이다. 왜냐하면 더 큰 것이 더 ⟨1362ᵇ⟩ 작은 것을 능가하는 만큼을 한 경우에서는 얻고, 다른 경우에서는 잃기 때문이다. 그런데 덕목들은 필연적으로 선이어야 한다. 왜냐하면 덕목들을 가진 사람들은 사정이 좋은데, 그것은 덕목들이 선을 창조하고 행하는 근거가 되기 때문이다. 각 종류에 대해서 그것이 무엇이고 어떠한 것인지는 개별적으로 이야기되어야 할 것이다. 쾌락도 분명히 선이다. 왜냐하면 생명 있는 모든 것은 본성적으로 쾌락을 추구하기 때문이다. 그렇다면 쾌락적인 모든 것과 아름다운 모든 것 역시 분명히 좋은 것이다. 왜냐하면 쾌락적인 것은 쾌락을 창조하고, 아름다운 것은 부분적으로는 쾌락적이며 부분적으로는 그 자체로 선택할 만한 가치가 있기 때문이다. 하나하나를 들어 말하자면 다음의 모든 것은 틀림없이 좋은 것들에 속한다. 행복 : 행복은 그 자체로 선택할 만한 가치가 있고, 만족을 주며, 행복 때문에 사람들은 많은 다른 것들을 선택하기 때문이다. 정의, 용기, 절제, 고매한 뜻, 웅대함, 그리고 그러한 종류의 다른 모든 특성은 영혼의 덕목들이다. 또 건강, 미모, 또는 그와 같은 것. 그것들은 신체적 덕목들로서, 예컨대 건강이 우리에게 쾌락과 생명을 가져다 주듯이, 우리에게 많은 것을 가져다 준다. 건강 역시 대중이 가장 가치 있다고 여기는 두 가지인 쾌락과 생명의 근본이므로 가장 좋은 것처럼 보인다. 부 : 그것은 소유의 덕목으로, 우리에게 많은 것을 가져다 준다. 친구와 우정 : 왜냐하면 친구는 그 자체로서 이미 선택할 만한 가치가 있기 때문이다. 그는 우리에게 많은 것을 가져다 준다. 명예, 유명함 : 그것은 쾌락을 가져오며 많은 것을 가져다 준다. 게다가 대부분의 경우 존경받는 원인이 되는 그것을 소유하게 되는 결과가 나타난다. 웅변 능력, 행동 능력 : 그러한 것들은 우리에게 좋은 것들을 많이 가져다 준다. 그 위에 천부의 자질, 기억력, 탁월한 파악력, 명민한 통찰력과 같은 것들이 모두 그러한 성질의 것들이다. 왜냐하면 그러한 능력들은 우리에게 좋은 것들을 많이 가져다 주기 때문이다. 학문과 예술들도 이와 유사하다. 그리고 생명 : 왜냐하면 결과적으로 어떤 선도 생기지 않는다 해도, 그것은 그 자체로서 선택할 만한 가치가 있을 것이기 때문이다. 그리고 공

5 정한 것 : 왜냐하면 그것은 공동체에게 이익이 되기 때문이다. 이상이 대략 그것에 대해 일반적으로 의견의 일치가 이루어지는 재보들이다. 사람들의 분쟁의 대상이 될 수도 있을 것들의 경우에는 다음의 방법으로 추론이 이루어진다. 1. 나쁜 것을 그 반대의 것으로 가지는 것은 좋다. 2. 마찬가지로 : 좋은 것이란 그 반대의 것이 적

10 들에게 이익이 되는 것이다. 예컨대 비겁함이 적들에게 최대의 이익이 된다면, 자국민들에게는 틀림없이 그 반대인 용맹이 최대의 효용이 될 것이다. 3. 그리고 전반적으로 : 그 반대가 적들이 의도하는 바인 모든 것, 그 반대가 적들이 반가워하는 바인 모든 것은 명백히 이익이 된다. 그러므로 다음과 같은 말이 있는 것이다 : "참말

15 이지 그대 둘이 서로 어떻게 다투는가를 그들이 모두 알게 된다면 프리아모스가 기뻐할 것이며, 그의 소생들과 나머지 트로야의 국민들은 마음속으로 힘차게 환호할 것이다"(네스토르의 말, 《일리아스》, I, 255). 하지만 이것은 항상 그런 것은 아니고 단지 대부분의 경우에만 그렇다. 요컨대 때때로 같은 것이 적들이나 우리에게 모

20 두 이익이 되는 일이 있기 때문이다. 이를테면 같은 것이 양자에게 해로울 경우 불행은 사람들을 하나로 끌어 모은다고 하는 말은 거기에서 유래하는 것이다. 4. 나아가 : 지나치다고 느껴지지 않는 것은 좋은 것이다. 그러나 알맞은 정도 이상으로 큰 것은 나쁜 것이 〈1363ᵃ〉 다. 5. 그리고 그 때문에 사람들이 많은 수고와 대가를 지불한 것,

그것은 그렇기 때문에 이미 좋은 것으로 보인다. 그러한 것은 목적으로, 더욱이 많은 행위들의 목적으로 간주되는데, 목적은 좋은 것이다. 그러므로 다음과 같은 말이 있는 것이다 : "아르고스의 딸 헬레나 때문에 아카이아 사람들이 이미 트로야 성 앞에서 무더기로 처참하게 죽어갔건만, 그들은 과연 그녀를 프리아모스와 트로이 사람들에게 상(賞)으로 남겨두고 배신하다시피 고향으로 도주해야 하는가!"(헤라의 말,《일리아스》, II, 160). 그리고 "아카이아 사람들이 둥그렇게 포진한 함선들에 짜증을 내는 것을 두고 그들을 내가 못마땅하게 여기는 것은 아니다. 그렇지만 오랜 세월을 머물고도 빈손으로 귀향하는 것은 수치스러운 일이다"(오디세우스의 말,《일리아스》, II, 298). 여기에 속하는 것은 다음 격언이다 : "문간에서 실수로 물동이를 쏟는다." 6. 많은 사람들이 갈망하는 것, 그래서 분쟁의 대상으로 나타나는 것. 왜냐하면 분쟁의 대상이 되는 것은 모든 사람이 갈망하는 좋은 것인데, 많은 사람들은 모든 사람인 것처럼 보이기 때문이다. 그 다음 : 찬양되는 것. 왜냐하면 아무도 좋지 않은 것을 찬양하지는 않으므로. 나아가 : 적들도 역시 찬양하는 것은 좋은 것이다. 그것은 그로 인해 손해를 보는 사람들조차 그렇게 말할 경우, 마치 이미 모두가 그것에 동의하는 것처럼 보이기 때문이다. 왜냐하면 그들은 분명 그것이 모순됨이 전혀 없이 명백하므로 동의하는 것이기 때문이다. 마치 자신들의 적들조차 비방하지 않는 자신들의 친구들을 비방하는 자들이 나쁜 사람들인 것처럼 말이다. 그러므로 코린토스 사람들은 시모니데스가 다음과 같은 시를 지었을 때 그에게 능멸당했다고 생각했다 : "일리온이 코린토스 사람들을 비난하는 것은 아니다." 나아가 아테네가 오디세우스에 대해, 테세우스가 헬레나에 대해, 여신들이 알렉산드로스에 대해, 호메로스가 아킬레우스에 대해 판단을 내린 것처럼, 남자든 여자든 사려 깊은 사람*과 선한 사람이 이미 판단을 내린 것. 나아가 : 대체로 사람들이 하고자 결심하는 것. 그러나 사람들은 위에서 이야기한 것, 즉 적에게는 해로운 것, 친구들에게는 좋은 것을 하려고 결심한다. 그리고 가능한 것. 이것에는 두 가지 방식이 있는데, 하나는 어떤 경우에도 일어날 수 있는 것, 다른 하나는 쉽게 일어날 수 있는 것이다. 그런데 고통 없이 일어나거나 단시간 내에 일어나는 모든 행동은 쉽고, 고통을 수반하거나 많은 시간이 소요되는 행동은 어렵다. 나아가 어떤 것이 사람들의 의도에 부응하는 경우 그것은 좋다. 요컨대 사람들은 어떤 행동을 할 때 거기에 어떤 악한 것도 없거나, 악한 것이 선한 것보다 덜하기를 원하는데, 후자는 그행동에 대한 벌이 뚜렷하지 않거나 사소한 경우에 그러할 것이다. 나아가 소유물, 그리고 우리 외에는 아무도 가지고 있지 않은 것, 풍부하게 현존해 있는 것들은 좋은 것인데, 왜냐하면 그래야 더 큰 명예가 있기 때문이다.[14] 나아가 우리에게 적합한 것 : 그러한 종류의 것은 성별과 지위에 따라 우리에게 부여되는 것으로, 비록 하찮은 것이라 할지라도 무언가가 결여되어 있다고 사람들이 생각하는 그런 것이다. 왜냐하면 사람들은 그럼에도 불구하고 그것을 마련할 결심을 하기 때문이다. 나아가 쉽게 실행할 수 있는 일. 왜냐하면 그것은 쉬우므로 가능하기 때문인데, 모든 사람이나 많은 사람들,

---

＊ *어떤 사려 깊은 사람*τῶν φρονίμων τις? *그 대신 G. Wolff, Mus. 19, 631 어떤 천상적인 존재*οὐρανίων τις.

또는 우리와 대등한 처지에 있는 사람들, 또는 심지어 우리보다 못한 처지에 있는 사람들조차 충분히 해내는 일은 쉽게 실행할 수 있다. 나아가 그것으로 하여 친구들에게는 유쾌한 상대가, 적들에게는 혐오감을 불러일으키는 상대가 되는 것. 나아가 우리가 우러러보는 사람들이 가지려 하는 모든 것. 나아가 사람들이 훌륭한 자질과 풍부한 경험을 가진 것. 그 경우 그들은 그것을 더욱 쉽게 성취할 것이라고 믿으므로. 그리고 악인이라면 결코 하지 않는 것. 그렇다면 그것은 이를테면 이미 찬양할 만한 가치가 있는 것 이상의 것이다. 나아가 사람들이 열정적으로 추구하는 것. 왜냐하면 그것은 열정적인 것으로 보일 뿐만 아니라 실제보다 더 나은 것으로 보이기 때문이다. 그리고 예컨대 승리가 문제될 경우 승리를 추구하는 자, 명예가 문제될 경우 명예욕이 있는 자, 소유가 문제될 경우 소 ⟨1363ᵇ⟩ 유욕이 있는 자, 그리고 그 밖의 다른 사람들의 경우에도 그러한 것처럼, 각 개인이 자신의 본성에 상응해서 그러한 열망을 갖는 것은 가장 좋은 것으로 보인다.[15]

요컨대 좋은 것, 유익한 것과 관련하여 확신을 주는 데 영향을 미치는 수단들을 여기에서 끌어내야 한다.

제7장

사람들은 흔히 두 가지 것이 동시에 유용하다는 것은 인정하지만, 어떤 것이 더 유용한가에 대해서는 의견 일치를 보이지 않는다. 그래서 이제는 비교적 더 큰 선과 비교적 더 유용한 것에 관해 이야기할 차례다. 그 이상의 것은 그만큼에다 얼마간을 더한 것, 그 이하의 것은 그것에서 남아 있는 것이라고 할 수 있다. 그런데 여기에서 '비교적 크다'와 '비교적 많다'는 항상 '비교적 적다'와의 관계에서 이해되고 있으며, 크다, 작다, 많다, 적다는 대부분 사물들의 크기와의 관계에서 이해된다. 그리하여 그 이상의 것은 큰 것으로, 그 이하의 것은 작은 것으로 이해되고 있으며, 많다·적다에서도 이와 마찬가지다. 그런데 우리는 '좋다'는 것이란 다른 것 때문이 아니라 그것 자체 때문에 선택의 가치가 있는 것이라고 말했다. 그것은 모든 추구가 지향하는 것, 지성과 통찰의 힘으로 마련된 모든 것을 선택하는 것, 창조하고 보존하는 것, 또는 그러한 것이 초래하는 결과이다. 어떤 일이 일어나는 원인이 되는 것은 그 일의 목표인데, 목표란 다른 일이 일어나는 원인이 되는 것이며, 어떤 것에 좋은 것은 그것과 관련하여 그런 방식으로 목표가 되는 것이다. 이 모든 것에서 이제 필연적으로 비교적 많은 수의 선(善)은—이것은 하나의 선 이상이거나 비교적 적은 수의 선 이상인데—그 하나의 선과 비교적 적은 수의 선이 더해지는 방식으로 계산된다는 결론이 나온다(A+b〉A). 즉 그것은 그 이상이지만, 그 안에 남아 있는 것은 그 이하이다. 그리고 두 부류 가운데 한 부류에서 최대인 것의 예가 다른 부류에서 최대인 것의 예를 능가하면, 첫째 부류는 전반적으로 다른 부류를 능가한다. 그리고 한 부류가 다른 부류를 능가하면, 한 부류에서 최대인 것의 예는 항상 다른 부류에서 최대인 것의 예도 능가한다. 예컨대 : 키가 가장 큰 남성이 키가 가장 큰 여성보다 큰 것처럼, 남성들은 전반적으로 여성들보다 키가 크다. 왜냐하면 부류들과 그 부류들 가운데서 최대인 것의 예들은, 능가한다는 점에서 보면 같은 관계에 있기 때문이다. 나아가 어떤 것에서 어떤 것이 결과로 나오는데, 반대로 이 두 번째 것에서 첫 번째 것이 결과로 따라 나오지 않는다면 그 첫 번째 것이 더 크다. 왜냐하면 두 번째 것을 사용함은 첫 번째 것의 사용에 포함되어 있기 때문이다. (그런데 그것은 동시적으로 결과가 나오거나 또는 순차적으로 결과가 나오거나 또는 잠재적으로 결과가 나온다.) 동시적 결과의 예 : 건강함에서 생명이 나온다. 그러나 생명에서 건강함이 나오지는 않는다─그래서 건강함은 생명 이상이다. 순차적으로 결과가 나오는 예 : 학습의 결과로 이해가 따른다. 잠재적으로 결과가 나오는 예 : 신전 약탈은 다른 약탈을 낳는다. 왜냐하면 신전을 하나 약탈한 자는 반드시 또 다른 도둑질도 하고 **싶어할** 것이기 때문이다. 나아가 : 얼마간 더 큰 것과 동일한 것을 능가하는 것은 더욱 큰 것이 분명하다. 왜냐하면 그것은 필연적으로 얼마간 더 큰 것도 능가해야 하기 때문이다.

$$\overset{10}{A} \rangle \overset{8\ (5+6)}{B} \mid \overset{10}{C} \rangle \overset{12}{A} \mid D \rangle \overset{12}{C} \mid \text{따라서 } D \rangle A.$$

$$A = Z + a + b$$
$$\underline{B = Z + a}$$
$$A \rangle B$$

나아가 : 좀더 큰 선을 초래하는 것은 좀더 크다. 왜냐하면 그것은 다름 아니라 더 큰 것을 초래하는 것이라는 바로 그 말이었기 때문이다. 마찬가지로 좀더 큰 영향력을 가진 것은 좀더 크다. 예컨대 건강에 좋은 것이 쾌적한 것보다 더 선택할 만한 가치가 있어 좀더 큰 선이라면, 건강 또한 쾌락보다 큰 선이다. 나아가 : 그것 자체로 인해 선택해야 하는 것은 그것 자체가 아닌 것으로 인해 선택해야 ⟨1364ᵃ⟩

하는 것보다 큰 선이다. 예컨대 힘은 건강을 위한 수단보다 큰 선이다. 왜냐하면 후자는 그것 자체로 인해 선택되는 것이 아니지만 전자는 그러한 것이기 때문이다. 그리고 그것이 선에 대한 우리의 정의였다. 나아가 : 하나는 목적이고 다른 하나는 목적이 아니라면 전자가 더 큰 선이다. 왜냐하면 후자는 사실 다른 것을 위해 있고, 전자는 자기 자신을 위해 있기 때문이다. 예컨대 마치 체조가 육신의 안녕을 위해 있는 것과 같이 말이다. 나아가 : 다른 것이나 다른 사물들을 덜 필요로 하는 것은 더 큰 선이다. 왜냐하면 그것은 더 자족적이기 때문이다. 어떤 것이 다른 것에 비해 그보다 사소하거나 그보다 쉬운 것들을 필요로 한다면 그것이 필요로 하는 것은 다른 것보다 적다. 나아가 : 하나가 다른 것 없이는 존재하지 않거나, 다른 것 없이는 존재가 불가능한 반면, 다른 것은 그 하나 없이도 존재할 수 있을 때, 그 다른 것은 더 좋은 것이다. 왜냐하면 그것이 필요로 하는 것이 없다는 이유에서 그것은 자족적이며, 결과적으로 그보다 큰 선이라는 것이 명백하기 때문이다. 나아가 : 하나는 시초지만 다른 것은 시초가 아닌 경우, 하나는 원인이지만 다른 것은 원인이 아닌 경우 : 같은 근거에서. 왜냐하면 원인이나 시초 없이는 어떤 것이 존재하거나 생겨나는 일은 불가능하기 때문이다. 나아가 : 두 개의 시초가 있으면 더 중요한 시초를 이루는 것이 더 중요하고, 두 개의 원인이 있으면 더 중요한 원인이 되는 것이 더 중요하다. 그리고 다시 거꾸로 : 두 개의 시초 중에서는 더 중요한 것이 시작되는 시초가 더 중요한 시초이고, 마찬가지로 두 개의 원인 가운데서는 더 중요한 것의 원인이 더 중요한 원인이다. 언급된 것에서 어떤 것이 두 가지 방식으로 더 중요한 것일 수 있음이 이제 명백하다. 하나는 시초이고 다른 하나는 시초가 아니라면 전자가 더 중요한 것으로 나타날 것이다. 그리고 그것이 시초는 아니지만 다른 것—이를테면 목표라면 그러하다. 왜냐하면 목표는 더 중요하면서도 시초는 아니기 때문이다. 마치 레오다마스*가 칼리스트라토스에 대한 공소를 제기하면서, 조언자가 범인보다 더한 불의를 저질렀다, 그가 조언을 하지 않았다면 범행은 없었을 것이다, 라고 말한 것처럼. 그리고 또 카브리아스에 대한 공소에서는, 조언자보다 범인에게 더 큰 불의가 있다, 왜냐하면 사람들은 단지 어떤 일을 실행하도록 하기 위해 그 일을 생각해내는 것이므로 그 일을 실행할 의도를 가진 자가 없었다면 아무 일도 일어나지 않았을 것이기 때문이다, 라고 말한 것처럼 말이다. 나아가 : 드문 것은 풍부한 것보다 고귀하다. 예컨대 금은 효용이 덜하지만 은보다 귀하다. 얻기 어려운 소유물이라면 그 소유물은 값이 더 나가기 때문이다. 다른 측면에서 보면 눈앞에 풍부하게 있는 것이 더 효용이 있으므로 드문 것보다 고귀하다. 왜냐하면 자주 유용한 것은 거의 유용하지 않은 것보다 효용 면에서 우월하기 때문이다. 그러므로 최상의 것은 물〔水〕이라는 말이 있는 것이다. 그리고 일반적으로 : 더 어려운 것은 더 쉬운 것보다 낫다. 왜냐하면 그것은 더 드물기 때문이다. 다른 측면에서 보면 더 쉬운 것이 더 어려운 것보다 낫다. 왜냐하면 그것이 우리가 원하는 바이기 때문이다. 나아가 그 반대가 더 큰 것과 그 단점이 더 큰 것은 더 큰 선이다.[16] 〔나아가 : 덕은 덕이 아닌 것

＊ 아카르나이의 레오다마스. 이소크라테스의 제자, 보이오티아 당의 정치가. 활동 시기는 기원전 375~355년경. 여기 제시된 것이 유일한 단편으로, 구두로 전승된 것이다.

보다 크고, 악덕은 악덕이 아닌 것보다 크다. 왜냐하면 덕과 악덕은 (행위와 방임처럼) 목표들인데, 다른 것은 목표가 아니기 때문이다.][17] 나아가 : 그 효과가 더 훌륭하거나 더 욕된 것은 더 크며, 나아가 : 덕과 악덕들이 더 큰 곳에서는 그 효과도 더 큰데, 그것은 원인과 시초들의 경우에서처럼 결과들의 경우에서도 그러하고, 결과들의 경우에서처럼 원인과 시초들에서도 그러하기 때문이다.[18] 나아가 : 예컨대 예리하게 보는 것이 예민하게 냄새맡는 것보다 더 선택할 가치가 있듯이, 우세한 것이 더 선택할 가치가 있거나 더 훌륭한 경우. 왜냐하면 시각은 후각 이상의 것이기 때문이다. 그리고 동 〈1364^b〉 지들에 대한 애착이 소유에 대한 애착 이상의 것이듯이, 동지들에 대한 더 강한 애착은 소유에 대한 더 강한 애착보다 훌륭하다. 이제 반대로 : 더 나은 것에서 우세한 것은 더 낮고, 더 훌륭한 것에서 우세한 것은 더 훌륭하다. [나아가, 더 훌륭하고 더 나은 욕구들의 대상들은 더 큰데, 그것은 더 큰 갈망은 더 큰 주체들을 환기시키기 때문이다. 그리고 바로 그 때문에 더 아름답고 더 나은 것들의 욕구들은 그 자체가 더 아름답고 더 나은 것이다.][19] [나아가 : 더 아름답고 더 훌륭한 지식의 대상들은 그 자체로 더 아름답고 더 훌륭하다. 왜냐하면 어떤 것의 현실은 그것을 아는 일과 상응하는데, 모든 앎은 상응하는 현실에 법칙을 부여하기 때문이다. 그리고 바로 그 때문에 그에 상응하여 사정은 다음과 같다. 즉 더 아름답고 더 훌륭한 사물들에 관한 지식은 그 자체로서 더 아름답고 더 훌륭하다.][20] 나아가 : 전문가들의(특히 모든, 또는 많은, 또는 대부분의, 또는 가장 유능한 전문가들의) 판단의 대상은 전반적으로, 아니면 그들이 자신들의 전문성에 의거하여 판단을 내린 한에 있어, 필연적으로 그러해야 한다. 이것은 또한 다른 것에 대해서도 공통되는 관점이다. 즉 무엇인가, 얼마나 큰가, 어떻게 생겼는가 하는 것은 학문과 전문가들이 제시하는 것과 꼭 같다. 그런데 우리는 여기에서 그 명제를 좋은 것들Güter에 적용했다. 왜냐하면 선das Gute은, 만일 지성을 가졌다면 모든 사물이 선택하게 될 것으로 정의되었기 때문이다. 그렇다면 지성이 더 낫다고 말하는 것, 그것은 명백히 더 나은 선이다. 나아가, 예컨대 강건함보다는 용맹에 있어서 그러하듯, 더 우수한 사람들이 전반적으로나 또는 그들의 장점이 있는 데서 소유하는 것은 더 낫다. 나아가 전반적으로, 아니면 어느 분야에서 더 뛰어난 사람들이 선택할 어떤 것 : 예컨대 모욕을 주는 것보다는 모욕을 당하는 것이 더 큰 선이다. 더 공정한 사람은 후자를 택할 테니까. 나아가 덜 쾌적한 것보다는 쾌적한 것이 낫다. 왜냐하면 모든 것은 쾌적한 것과 관련되고 사람들은 대체로 쾌감 때문에 무언가를 추구하는 것으로, 이로써 선과 목표가 정의되었기 때문이다.[21] 그런데 더 쾌적한 것은 덜한 불쾌를 수반하고 더 오래 지속되는 쾌적한 것이다. 나아가 덜 아름다운 것보다는 아름다운 것이 낫다. 왜냐하면 아름다운 것은 쾌적한 것이거나 그 자체로서 선택할 만한 가치가 있는 것이기 때문이다. 나아가 사람들이 자신을 위해서나 자신의 친구들을 위해서 기꺼이 성취하고자 하는 것, 그것은 더 큰 선이지만, 절대 그렇게 하지 않으려는 것은 더 큰 악이다. 그리고 오래 가는 것은 수명이 짧은 것보다 나으며, 더 안전한 것은 불안전한 것보다 낫다. 전자는 좀더 시간의 관점에서, 후자는 좀더 의도의 관점에서 사용할 수 있는데, 요컨대 그럴 의향이 누군가에게 있다면 그는 불안전한 것보다는 안전한 것을 더 재량껏 사용할 수 있다.[22] 나아가 같은 개념들에 상응하거나 그것들과 유사한 변화들에서 일어나는 것과 같은 경우 : 예컨대 부사 '용맹하게' 가 '절도 있게' 에 비해 더 찬양할 만하고 더 선택할 만한 가치가 있다면, 또한 명사로서의 용맹은 절도보다, 술어로서의 '용맹하다' 는 '절도 있다' 보다 더 선택할 만한 가치가 있는 것처럼, 하나는 정확하게 다른 것을 따른다. 나아가 : 더 큰 선은 모두가 선택하는 게 아닌 것이라기보다는 모두가 선택하는 것이다. 다수가 선택하는 것은 소수가 선택하는 것 이상의 것이다. 왜냐하면 모두가 욕구하는 것은 선하고, 따라서 〈1365ª〉 모두가 더 많이 욕구하는 것은 더 큰 선이기 때문이다. 나아가 [한편으로] 적대적 당파나 우리의 적대자들, 또는 [다른 한편으로] 판관들이나 판관의 판결 대상이 되는 자들이 더 큰 선으로 여기는 것. 한 경우에는 모두가 그것을 승인하는 셈이고, 다른 경우에는 그것은 정통한 전문가들이 승인한다.[23] 나아가 : 어떤 경우에는 모두의 참여 대상이 되는 것이 더 큰 선이지만, 어떤 경우에는 그 누구의 참여 대상도 되지 않거나 소수만의 참여 대상이 되는 것이 더 큰 선이다. 첫 번째 경우에는 거기에 참여하지 않는 것은 수치스러운 일이며, 두 번째 경우에는 사람들은 좀처럼 없는 것을 소유한다. 나아가 더 큰 찬사를 받는 것, 그것은 더 명예로운 것이다. 나아가 더 큰 명예를 가져오는 것도 마찬가지다. 왜냐하면 명예란 일종의 가치 척도이기 때문이다. 나아가 더 큰 형벌이 부과되는 대상. 나아가 위대한 것들에서는(그것들이 위대한 것으로서 일반적으로 인정되고 있든 우리에게 위대하게 보이든) 모든 것이 더 위대하다.[24] 나아가 : 같은 사물이 부분들로 분해되면 더 크게 보인다. 왜냐하면 그렇게 해서 〈그것은〉 다수의 사물들을 전체로서 능가하는 것처럼 보이기 때문이다. 그러므로 시인은 멜레아게르의 부인이 남편에게, 적들에게 정복된 성곽 주민들에게 흔히 닥치는 온갖 참상—적들이 장정들을 학살하고, 화재가 도시를 폐허 더미로 만들며, 사람들이 아이들을 비롯해 아름다운 허리띠로 단장한 부인들을 노예로 약탈해 가는 모든 참상을 열거함으로써 마침내 그가 봉기하도록 설득했다고 말하는 것이다(《일리아스》, IX, 591). 나아가 에피카르모스가 그랬던 것처럼 어떤 사실을 끌어 모아다가 쌓아 올리면 그것은 그 사실을 더 커 보이게 하는데(예컨대 아테나이오스, II, 36쪽에 의거하면 "제물에서 향연이 생겨나며, 향연에서 주연이, 주연에서 밤놀이가, 밤놀이에서 난투가, 난투에서 소송 사건이, 소송 사건에서 유죄 판결이, 유죄 판결에서 쇠고랑, 고문, 벌금형이 생겨난다")—그것은 한편으로는 조립을 통해 전체가 많은 개개 부분을 얼마나 뚜렷이 능가하는가가 명백해지므로 분해에서와 같은 근거에서, 다른 한편으로는 그 사실이 그러한 방식으로 더 큰 사실들의 시초와 원인으로 보인다는 이유에서 그러하다. 나아가 더 어렵고 더 드문 것은 더 큰 선이므로 기회, 나이, 장소, 시간과 능력도 상황에 따라서는 위대한 것을 산출한다. 왜냐하면 어떤 사람이 자신의 능력, 연령, 자신과 동렬에 놓인 사람들이 하는 행동을 넘어서거나, 그러한 방식으로, 그러한 장소에서 그러그러한 시간에, 한다면, 그는 상황에 따라 명예롭고 고귀하고 정의로운 행위들의 위대함 또는 그 반대되는 것들에 이를 것이다. 그렇기 때문에 올림픽 경기의 승리자에게 바쳐지는 다음의 격언시가 있는 것이다(문법학자인 아리스토파네스의 증언에 따라 시모니데스에 의해서. 《오디세이아》, 14, 1761쪽 : 아리스토텔레스 자신의 c. 9 infra도 참조할 것). "나는 최근 물고기통을 매단 거친 지게를 어깨에 지고 물고기들을 아르고스에서 테게아로 운반했다." 그렇게 이피크라테스*는 어떤 상황에서 그가 현재의 지위에 이르렀는가를 털어놓으면서 자화자찬을 했다. 나아가 천부적인 것은 후천적으로 획득한 것보다 고귀한 선이다. 그래서 시인은 또한 다음과 같이 말하는 것이다(《오디세이아》, 22, 347, 페미오스의 말). "나는 나 자신의 스승이다"(핀다로스, 〈올림포스 송가〉, II, 96$^{25)}$. 현자는 천부적으로 많은 것을 아는 *사람이다*σοφὸς ὁ πολ-λὰ εἰδὼς φυᾷ). 나아가 페리클레스가 조사(弔辭)에서 말하는 것처럼 좋은 것의 가장 좋은 부분 : "청년들은 도시에서 없어졌다. 그것은 일 년에서 봄이 없어진 것과 같다." 나아가, 예컨대 노년이나 질병시에 유용한 것처럼, 더 심한 곤궁의 상황에서 유용한 것. 나아가 둘 가운데 목표에 더 가까운 것. 나아가 어떤 개인 자신에게도 일반 사람들에게도 유용한 것. 불가능한 것보다는 가능한 것, 왜냐하면 가능한 것은 어떤 개인 자신과 상관이 있지만 불가능한 것은 그렇지 않기 때문에. 나아가 생애의 마지막에 놓여 있는 것. 왜냐하면 마지막에 놓여 있는 것은 더욱더 목적이고 목표이므로. 그리고 목표인 것처럼 보이는 것보다는 실제인 목표. 사람들이 그것과 함께 〈1365^{b}〉 남의 눈에 띄지 않은 채 남아 있게 될 것이라면 선택하지 않을 그러한 것, 그것이 그렇게 목표처럼 보이는 것의 근본 규정이다. 그렇기 때문에 분명 호의를 받는 일은 호의를 베푸는 일보다 역시 더 선택할 가치가 있는 것이다. 왜냐하면 전자는 남의 눈에 띄지 않은 채로 남아 있다 하더라도 사람들은 그것을 선택하겠지만, 후자는 완전히

---

* 이피크라테스의 부친은 가죽을 다루는 노동자였다. 그의 투쟁적 활동 시기는 대략 기원전 393~357년경이다.

숨겨진 상태로 남아 있게 될 경우 아무도 그것을 선택하지 않을 것
이기 때문이다. 나아가 : 사람들이 그렇게 보이고자 하는 것보다는
그러하고자 하는 것.* 왜냐하면 실제적인 것이 더 문제이기 때문에.
그래서 정의로운 것보다는 정의롭게 보이는 것이 더 선택할 만한
가치가 있기 때문에 정의는 사소한 것이라고 하는데(트라시마코
스), 건강함의 경우는 그렇지 않다. 나아가 많은 것들에, 예컨대 삶
에, 번영에 찬 삶에, 쾌락에, 명예로운 일들을 하는 데 더 소용이 되
는 것. 그러므로 부와 건강은 가장 높은 가치들인 것처럼 보인다.
왜냐하면 부와 건강은 이 모든 것을 포함하기 때문이다. 나아가 더
적은 불쾌감과 동시에 쾌감과 연관된 것. 왜냐하면 그것은 한 가지
이상의 것이어서, 한편으로는 쾌감이 선이요, 또 한편으로는 고통
의 부재(不在) 역시 선이기 때문이다.** 나아가 둘 가운데 동일한
대상에 부가되어 그 대상을 전체로서 더 크게 만드는 것. 나아가 남
의 눈에 띄지 않은 채로 남아 있는 것 앞에서 그것의 현존이 남의
눈에 띄지 않은 채로 남아 있지 않은 것. 왜냐하면 그것은 실제를 목
표로 하고 있으므로. 그러므로 실로 (부유하면서 또한 그렇게 보이
는 것/부유한 것) 은 (부유하지 않으면서 또한 그렇게 보이지 않는
것/부유해 보이는 것) 보다 더 큰 선이다.†26)

---

* 암피아라우스 | 이이스킬로스,《테바이 공격의 일곱 장군》, 592 : 실로 그는 최고인
자처럼 보이고자 하는 것이 아니라 최고인 자이고자 한다 οὐ γὰρ δοκεῖν ἄριστος
ἀλλ᾿ εἶναι θέλει.

** 첫 번째 것 χρῆμα 1은	두 번째 것 χρῆμα 2는	세 번째 것 χρῆμα 3은
쾌ἡδονή 와	쾌ἡδονή 만을	불쾌ἀλυπία 만을
불쾌ἀλυπία 를		
포괄한다.		

나아가 사람들이 애지중지하는 것, 특히 어떤 이들은 하나만을, 어떤 이들은 다른 것도 함께 가지고 있는 것. 그러므로 어떤 사람이 외눈박이를 눈멀게 하고, 또 어떤 사람이 두 눈 가진 자를 눈멀게 할 경우 그 형벌은 같지 않다.*[27] 왜냐하면 전자는 그가 애지중지하는 것을 빼앗겼기 때문이다. 이제 이로써 권고하고 만류할 때 남을 확신시키는 데 영향을 미치는 수단들을 어디에서 취해야 할 것인지가 대략 설명되었다.

제8장

확신을 주고 좋은 충고를 할 수 있기 위한 가장 근본적이고 가장 결정적인 수단은 국가의 모든 헌법을 이해하고, 풍속, 관습, 이점(利點)들을 그 모든 것마다 명확히 하는 것이다. 왜냐하면 누구든 이익이라는 관점을 통해 설득되는데, 국가를 보존하는 것은 이익이 되기 때문이다. 나아가 : (권고와 만류에서) 관건은 결정적인 관점을 말로 표현하는 것인데, 그러한 관점들은 국가에 따라 다른 것들이다. 즉 국가의 수만큼이나 많은 결정적인 관점들이 있는 것이다.[28] 그런데 네 가지 형태의 국가가 있다. 민주제, 과두제, 귀족제, 군주제가 그것이다. 그런데 그 중 하나 또는 전체에 결정적이며 조정하는 관점이 있다.[29] 권력을 추첨에 의거해 관리하는 국가는 민주

---

† ? 틀렸다. 텍스트가 훼손됨. 그래서 : *부유해 보임 ─ 부유해 보이지 않음* πλο-υτ|οῦντα δοκ|εῖν ─ μὴ δοκεῖν 또는 Veneta와 함께, *부유하면서도 그렇게 보이거나 그렇게 보이지 않음* τοῦ πλουτεῖν καὶ δοκεῖν ─ μὴ δοκεῖν.

* (x+A)는 (y+A)보다 크다 | 따라서 x 〉y.

제, 그것을 재산의 평가에 의거해 관리하는 국가는 과두제, 교육에 의거해 관리하는 국가는 귀족제이다. 교육이라는 말과 함께 나는 여기에서 단지 법률에 기초한 교육만을 이해한다. 말하자면 법률적인 것과 관습적인 것 안에 머무는 사람들이 귀족제에서 지배하는 것이다. 이들은 여하튼 필연적으로 최선의 인물들로 드러나야 하는 것으로, 그것으로 인해 귀족제는 또한 최선의 인물들의 통치라는 명칭을 획득한 것이다. 군주제는 명칭에 따르면 한 사람이 모두에 〈1366ᵃ〉 대해 결정하는 국가 형태이다. 왕정은 특정 질서에 따른 군주제이며, 참주제는 제약되지 않은 군주제이다. 〔모든 국가 형태의 목표를 몰라서는 안 된다. 왜냐하면 사람들은 항상 이 목표로 인도하는 것을 선택하기 때문이다.〕[30] 민주제의 목표는 자유이며, 과두제의 목표는 부, 귀족제의 목표는 교육과 관습, 참주제의 목표는 안보다. 그리하여 목표를 고려하여 선택할 경우 사람들은 관습과 제도들, 그리고 모든 규약에서 이익이 되는 것의 관점들을 목표와 관련지어 스스로 명확히 해야 한다. 〔그런데 확신은 논증이라는 수단을 통해서뿐만 아니라 성격에 미치는 영향이라는 수단을 통해서도 산출되는 것이므로(왜냐하면 우리는 화자가 어떠어떠한 유의 인물로 나타난다는 사실을 통해 그를 신뢰하게 되는데, 이러한 일은 그가 유능하거나 고결하거나 또는 둘 다인 것으로 나타날 때 일어난다), 우리는 아마 모든 국가 형태가 초래하는 성격의 고유한 특성 또한 가질 필요가 있을 것이다. 그것은 이러한 고유성 안에 분명 여기 모든 규약 하나하나에서 신뢰를 느끼는 가장 강력한 수단이 있기 때문이다. 사람들은 이것을 같은 방법으로 달성할 것이다. 왜냐하면 성격의 고유한 특성들은 의도들을 통해 알려지는데, 의도는 목표들과

관련되어 있기 때문이다.][31]

이로써, 사람들은 조언가로서 미래나 현재 중 무엇을 추구해야
하는가, 그리고 이익이 되는 것과 관련해서 어디에서 자신의 논증
수단을 취하는가, 나아가 어떤 수단을 통해, 그리고 어떤 방식으로
각 국가 형태의 양식들, 풍속과 고유한 특성들을 잘 이해할 수 있는
가 하는 것이 논의되었다.─물론 이 모든 것은 다만 현재의 목적에
부합되는 경우에만 그렇다. 왜냐하면 그것에 관한 상론은 《정치학》
에서 이루어지고 있기 때문이다.

제9장

이어서 우리는 덕과 악덕, 미와 추에 관해 논하고자 한다. 이것들
은 주지하다시피 *미사여구를 구사하는*epideiktisch(찬양하거나 비
난하는) 웅변가를 위한 관점들이다. 이와 동시에, 어떻게 사람들로
하여금 우리를 성격상 어떠어떠한 종류의 사람들이라고 여기게끔
만드는가를 밝히는 작업이 이루어질 것이다. 그런데 이것은 확신을
일깨우기 위한 두 번째 수단이었다. 왜냐하면 우리는 같은 방법으
로 우리 자신이든 남이든 모두 덕의 관점에서 신뢰할 만한 인물들
로 묘사할 수 있을 것이기 때문이다. 그런데 부분적으로는 경박하
게, 부분적으로는 진지하게, 어떤 인간이나 신뿐만 아니라 무정물
(無情物)Unbeseeltes 및 다른 유정물(有情物)beseeltes Wesen들 가
운데서도 모든 임의의 것을 찬양해야 하는 일이 자주 일어나곤 한
다. 그러므로 충고하는 웅변가에게 이익이 되기 위해, 또한 미사여
구를 구사하는 웅변가의 이익을 위해서도, 우리가 이제 방금 한 것

과 같은 방식으로 이에 대한 원칙을 세워야 한다. 그래서 명확히 할 수 있는 데까지 우리는 이에 대해서도 논하고자 한다. 훌륭한 것은 그 자체로서 선택할 만한 가치가 있는 것으로 찬양할 만한 것이거나, 또는 좋으면서, 더욱이 좋기 때문에 {동시에 훌륭한/쾌적한} 것이다. 그런데 그러한 것이 훌륭한 것이라면, 덕은 훌륭한 어떤 것이어야 한다. 왜냐하면 덕은 좋은 것이면서 찬양할 만한 것이기 때문이다. 그런데 덕이란 일반적 견해에 따르면 좋은 것을 마련하고 보존하는 능력, 그리고 갖가지 좋은 것을 크게 행하는 능력, 더욱이 모든 경우에 모든 것에게 행하는 능력이다. 그런데 덕의 형태들은 $\langle 1366^b \rangle$ 정의, 용맹, 절제, 대범함, 관용, 관대함, 온유함, 통찰력, 지혜이다. 이웃들에게 가장 유용한 것들은 필연적으로 가장 큰 덕목들임이 틀림없다. 만약 그렇다면 덕이란 다름 아니라 좋은 것을 행하는 능력이다. 그래서 사람들은 정직한 자들과 용맹한 자들을 가장 존경한다. 후자의 덕은 이를테면 전쟁시에, 전자의 덕은 평화시에 이웃들에게 유용하기 때문이다. 다음에는 관대함 : 왜냐하면 이 경우 사람들은 소유와 재산을 바치고, 이웃들이 가장 흔히 추구하는 것으로 인해 분쟁하지 않기 때문이다. 정의는 모든 사람이 자신의 몫이 되는 것을 법이 의도하는 바대로 소유케 하는 덕이며, 불의는 사람들로 하여금 자신에게 생소하며 어울리지 않는 것을 법이 의도하지 않는 방식으로 소유하게 하는 것이다. 용맹은 우리로 하여금 위험한 상황에서 명예로운 행동을 하게 하는, 그리고 그것을 법이 제정한 바대로, 또 법의 봉사자로서 하는 덕이다. 비겁함은 그 반대의 것이다. 절제는 우리로 하여금 법이 명하는 바대로 신체적 즐거움들을 억제하도록 하는 덕이다. 방종은 반대되는 것이다. 관용은 큰

규모의 선행들을 베풀게 하는 덕이고, 편협함은 그 반대다. 관대함
은 금전적으로 선행을 베푸는 것이고, 인색함은 반대되는 것이다.
대범함은 사람들로 하여금 큰 씀씀이를 보이도록 하는 것이고, 소
심함과 초라함은 반대되는 것이다. 통찰력은 지성의 덕으로서, 사
람들로 하여금 지적된 모든 종류의 좋은 것과 나쁜 것에 관해 지복
의 관점에서 훌륭한 충고를 할 능력을 갖게 하는 것이다. 이로써 덕
과 악덕 일반과 그것들의 다양한 형태들에 관해 우리의 당면 목적
에 부합하는 데까지 충분히 이야기가 되었다. 이제 다른 것에 관해
서는 통찰이 어렵지 않다. 덕을 산출하는 것은 훌륭한 것이어야 한
다는 것은 분명하다. 왜냐하면 훌륭한 것이 덕으로 인도하기 때문
이다. 그리고 또 한편, 덕의 결과인 것들 또한 훌륭하다. 그와 같은
것들은 덕의 표징들이자 업적들이다. 그리고 선의 징표, 업적, 영향
들은 훌륭한 것들이므로, 용맹의 모든 업적과 징표들, 그리고 용맹
하게 수행만이라도 한 것은 **훌륭한** 것임이 분명하며, 정의로운 것과
정의롭게 수행된 것 또한 마찬가지다. (그러나 정의를 감내하는 것
은 사정이 다르다. 이 덕목에서는 정의에 의거해 일어나는 모든 것
이 항상 훌륭한 것은 아닐 뿐 아니라, 정당하게 처벌받는 것이 부당
하게 처벌받는 것보다 욕되다.) 다른 덕목들의 경우도 이에 상응한
다. 나아가 : 보상으로 명예가 주어지는 행위는 훌륭하다. 나아가
금전적 이득보다 명예가 보상으로 주어지는 행위. 나아가 선택할
만한 가치가 있는 사물들의 영역에서 어떤 사람이 자기 자신의 관
심에서 하지 않는 모든 행위. 나아가 어떤 사람이 자기 자신에 대해
생각하는 일 없이 조국을 위해 하는 선한 행위 일반. 나아가 본성적
으로 좋은 행위. 그리고 우리에게 좋은 것이 아닌 좋은 행위. 왜냐 〈1367ᵃ〉

하면 우리는 우리에게 좋은 것은 우리 자신을 위하여 하므로. 나아
가 생전보다는 오히려 사후에 우리의 몫이 될 수 있는 행위.[32] 왜냐
하면 전자는 아마 더 개인적인 관심에서 하는 것일 테니까. 나아가
우리가 남들 때문에 하는 모든 행위. 왜냐하면 그런 행위들은 대부
분 우리 때문에 하는 것이 아니기에. 그리고 남들과는 관련되지만
우리와는 관련되지 않는 선행들. 그리고 이전에 선행을 베푼 사람
과 관련되는 선행들. 왜냐하면 정의가(하지만 지성은 아니다) 그것
을 의도하므로. 그리고 그렇기 때문에 그러한 행동은 훌륭한 것이
다. 나아가 모든 선행들. 왜냐하면 그것은 우리와 관계되는 것들이
아니니까. 나아가 사람들이 수치심을 느끼는 것에 반대되는 행위.
왜냐하면 사람들은 굴욕적인 것을 말하고 행동하고 의도할 때 수치
심을 느끼므로. 마치 알카이오스가 사포에게 "나는 무언가를 말하
고자 하지만 수치심이 나를 억누릅니다"[33]라고 말하자 그녀가 다음
의 시로 대답한 것처럼. "하지만 그대가 정의롭고 선한 것을 갈망한
다면, 그리고 혀가 무언가 나쁜 말을 하려 도모하지 않는다면, 수치
심이 그대의 눈을 가리지 않을 것이며 그대는 정당한 것에 대해 자
유로이 이야기할 것입니다."[34] 나아가 사람들이 두려움 없이 열심히
노력하는 모든 것. 왜냐하면 명성으로 인도하는 좋은 것들을 할 때
사람들은 그렇게 되는 것이므로. 나아가 더 진지한 존재들의 덕목
과 행위들은 훌륭하다. 따라서 남성들의 덕목과 행위들은 여성들의
그것에 비해 더 훌륭하다. 나아가 자기 자신보다는 남들에게 즐거
움을 주는 것들. 그러므로 정의로운 것과 정의는 훌륭한 무엇이다.
나아가 적에게 복수하는 것, 그리고 그들과 타협하지 않는 것은 훌
륭하다. 왜냐하면 보복하는 것은 정의롭고, 정의로운 것은 훌륭하

며, 굴복당하지 않는 것은 용감한 자의 표징이기 때문이다. 나아가 승리와 명예는 훌륭한 것들에 속한다. 왜냐하면 그것들은 어떤 유용한 이득을 주는 것은 아니면서도 선택할 만한 가치가 있으며, 탁월한 수완을 암시하기 때문이다. 나아가 기억에 남는 것은 훌륭하고, 더욱 기억에 남는 것은 월등히 훌륭하다.[35] 나아가 어떤 사람이 더 이상 생존하지 않을 때 그를 따르는 어떤 것.[36] 나아가 명예가 따르는 것은 훌륭하다. 나아가 풍족하게 있는 것.[37] 나아가 : 어떤 사람이 혼자서 소유하는 것은 더욱 훌륭하다. 왜냐하면 그것은 더 기억에 남기 때문이다. 나아가 수익성이 없는 소유물. 왜냐하면 그것은 오히려 관대함의 표징이기 때문이다. 나아가 누구에게나 독특한 것과 누구에게나 바로 높이 평가되고 있는 모든 표징은 훌륭하다. 예컨대 라케다이몬에서는 장발을 하는 것이 자유인의 표징이므로 훌륭한데, 그것은 장발을 하고 노예의 일을 하는 것은 쉽지 않을 것이기 때문이다. 나아가 비천한 수공업에 종사하지 않는 것. 왜냐하면 남을 고려해서가 아니라 자기 자신 때문에 사는 것이 자유인의 본분이기 때문이다. 칭찬이나 비난을 할 때는, 예컨대 조심스러운 사람을 차갑다거나 음험하다고 한다든가, 단순한 사람을 얌전하다고, 둔감한 사람을 부드럽다고 일컫는 것처럼, 실제에 가까운 것도 마치 그것이 실제와 이를테면 동일한 것인 양 활용해야 한다. 그렇게 해서 모든 사람을 그들에게 동반되는 부차적 특징들에서 그 좋은 면에 따라 파악하고 묘사할 수 있다. 예컨대 격분하는 사람을 정의감 있는 사람인 양, 고집쟁이를 당당하고 위엄 있는 사람인 양, 〈1367ᵇ〉 그리고 과도한 성정에 시달리는 모든 사람을 마치 미덕의 소유자인 양 파악하고 묘사하며, 무모한 사람에 대해 예컨대 용맹하다고, 식도락가에 대해 관대하다고 하는 것처럼 말이다. 왜냐하면 대부분의 사람들이 그렇게 생각하기 때문이다. 그래서 그들은 이때 동시에 잘못된 결론을 원인에서 이끌어내는 것이다. 즉 사람들은 필요하지도 않은데 위험을 무릅쓰는 자는[38] 그런 일이 훌륭한 것일 경우에는 얼마나 더욱 그리 하겠는가 하는 결론을 이끌어낼 것이다. 또 어떤 사람이 그 누구에게든 인색하지 않게 베푼다면, 또한 그의 친구들에게는 얼마나 더욱 그렇겠는가 하고 사람들은 말할 것이다. 왜냐하면 누구에게나 친절을 베푸는 것은 사실 지나친 미덕일 뿐이기 때문이다. 그런데 우리는, 소크라테스가 "아테네 사람들의 면전에서 아테네 사람들을 칭찬하는 것은 어렵지 않다고 한다"[39]라고 했듯이, 누구의 면전에서 칭찬을 하는지에 주의해야 한다. 그런데 모든 사람들에게서 바로 존중되는 그것은, 예컨대 스키타이 사람들 가운데, 또는 라케다이몬 사람들 가운데, 또는 철학자들 가운데 존재하는 것으로 보아야 한다.[40] 그리고 높이 평가되는 것은, 훌륭한 영역들이 이미 가까이 이웃해 있다면 전반적으로 드높여야 한다.[41] 나아가 어떤 사람이 자신에게 합당하게 행동하는 그런 것은 훌륭한 것으로, 예컨대 어떤 사람이 자신의 조상과 자기 자신의 이전 행위들에 합당하게 행동한다면 그것은 훌륭하다. 왜냐하면 현존하는 명예에 명예를 추가로 얻는 것은 행복의 표징이며 훌륭한 일이기 때문이다. 나아가 어떤 사람이 자신에게 합당한 것을 넘어 더욱 선하고 더욱 훌륭한 것을 향해 전진한다면, 예컨대 행복 속에서는 신중하고 불행 속에서는 관대하다면, 또는 어떤 사람이 권세가 더 많으면서 더욱 선하고 더욱 조화롭게 된다면.[42] 이피크라테스의 "어떤 처지에서 어떤 처지로"[43]라는 말이 그러한 경우에 속하며, "이전에 나

는 어깨에 횡목을 메었었다"[44]라는, 올림픽 경기 승리자의 말이 그에 속하며, "참주의 자식, 참주의 처, 참주의 누이인 그녀"라는 시모니데스의 말[45]이 그에 속한다. (투키디데스, VI, 59. 히피아스의 딸 아르케디케*에 대한 오보구Pentameter는 다음과 같다 : 아이는 자만하는 마음을 갖지 않았다παίδων τ', οὐκ ἤρθη νοῦν ἐς ἀτασθαλίην.) 그런데 찬미는 행동과 관련된 것이고, 진지한 사람에게 특징적인 것은 의도에 따른 행동이므로, 찬미하는 웅변가는 그 행위가 의도적으로 이루어졌다는 것을 보여주어야 한다. 사람들이 이미 빈번히 그렇게 행동했다는 것이 드러난다면 그것은 이에 유용하다. 그러므로 우연적인 것과 행운도 마치 그것이 의도의 업적인 양 해석해야 한다. 유사한 많은 행위들을 제시하기만 하면, 사람들은 벌써 그것을 덕이나 의도적 행위들의 표징이라고 생각할 것이다. 찬사는 덕의 위대함을 드러내는 웅변이다. 따라서 행동들을 마치 그러한 종류의 것들인 양—즉 위대한 덕의 현현인 것처럼 주장해야 한다. 그런데 찬사ἐγκώμιον는 다만 행위들 자체와만 관련된 것이고, | 외적인 것, 예컨대 좋은 출신 성분이나 교육과 같은 것이 우리에게 그 행위들을 보증해야 하는 것이다. 왜냐하면 유능한 가문에서 유능한 인물이 나온다고 하는 것, 그리고 어떤 사람이 그러그러한 교육을 받았다면 그러그러하게 된다고 하는 것은 사실인 것 같기 때문이다. | 그러므로 우리는 찬사를 통해 오직 행위를 한 사람들만을 찬미한다. 그런데 행위들이란 내면적인 성질의 표시들이다. 그래서 사람들은 행위를 하지 않은 사람 역시 행위할 태세를 갖추

＊ 람프사코스의 참주 아이안티데스와 부부의 연을 맺었다.

고 있다고 믿는 경우, 찬양$\check{\epsilon}\pi\alpha\iota\nu\sigma\varsigma$을 통해 또한 찬미한다. 영광과 행복의 찬미들은 물론 그것들 서로간에는 같은 것이기는 하지만, 그렇다고 위의 종류들과 같은 것은 아니고, 마치 지복이 덕을 함께 포괄하듯이, 지복의 찬미는 언급한 종류의 모든 것? 찬양? 또한 포괄하는 것이다.[46] 찬양의 말과 조언의 말에는 공동의 영역이 있다. 왜냐하면 조언에서 충고의 대상이 되는 것은 다른 언어의 형태로 <1368ᵃ> 옮겨놓기만 하면 찬사가 되기 때문이다. 그러므로 우리는 사람들이 무엇을 해야 하는지, 또 그들의 품성은 어떠해야 하는지를 알 경우 이것을 충고로 표현할 수 있지만, 또한 그 형태를 바꿔 방향을 돌릴 수도 있다. 예컨대 : "요행으로 가지게 되는 것에는 자부심을 느껴서는 안 되고, 자기 자신의 힘으로 소유하는 것에만 자부심을 느껴야 한다", 이렇게 표현되었을 때 그것은 충고를 의미한다. 그러나 다음과 같은 방식으로 표현되면 칭찬이다. "그는 요행으로 갖게 된 것에는 자부심을 느끼지 않았고, 오직 자기 자신의 힘으로 소유한 것에만 자부심을 느꼈다."* 한번은 금지되는 것을 규정하고, 다음에는 금지되지 않는 것을 규정하면, 그 표현은 필연적으로 반대들을 야기한다.

그런데 우리는, 예컨대 누가 어떤 일을 혼자서, 또는 첫째로, 또는 다만 몇 안 되는 사람들과 함께, 또는 주로 했을 경우, 그것을 드높이는 여러 수단들도 이용해야 한다. 왜냐하면 그 모든 것에는 기릴 만한 훌륭한 것이 있기 때문이다. 그리고 이를테면 인습에 거슬리는 사물들의 경우, 시기와 기회에 관한 고려. 나아가 어떤 사람이 빈번히 동일한 작업을 성공적으로 마쳤을 경우. 왜냐하면 그렇게

---

* 이소크라테스의 *Euagoras*, 45쪽에서.

해서 그것이 위대해 보이고, 요행의 결과가 아니라 인물 자체의 결과로 나타나기 때문에. 나아가 우리가 누군가에게 존경을 표하기 위해 권고하는 것이 이 누군가를 위해 비로소 창안되고 기획되었을 경우. 나아가, 예컨대 히폴로코스*에게처럼 어떤 사람에게 어떤 특정 종류의 첫 번째 찬가가 바쳐졌을 경우, 그리고 하르모디오스와 아리스토게이톤 때문에 광장에 입상으로 세워지는 일이 유행하기 시작했던 것처럼.[47] 그 반대의 경우에서도 같은 식이다(드높이지 않고 격하하려 할 경우). 그리고 인물과 관련해서 할말이 많지 않을 경우에는 이소크라테스가 소송에 서툴러서 하던 습관처럼 그 인물을 다른 인물들과 대조해야 한다. 단, 그 인물을 유명한 사람들과 비교해야 한다. 왜냐하면 누군가가 유능하고 평판이 좋은 사람들보다 더 나아 보인다면 그것은 그를 격상시키고 미화하는 수단이 되기 때문이다. 드높이는 것은 충분한 근거에서 찬사의 영역에 속한다. 왜냐하면 찬사의 본질은 더욱 높은 등급에 있는데, 더욱 높은 등급은 훌륭한 것들에 속하기 때문이다. 그러므로 어떤 사람을 비교할 때는 그를 평판이 좋은 사람들뿐 아니라, 더 나아가 다른 사람들과도 비교해야 한다.[48] 그가 이들 모두와 비교하여 가지고 있는 더 높은 등급이야말로 그의 덕을 드러내는 것처럼 보이기 때문이다. 전반적으로, 모든 웅변의 종류에 공통적인 모든 형태 가운데 드

---

* 히폴로코스? 마케도니아 사람 히폴로코스가 있는데(아테나이오스. IV, 128), 그 당시 테오프라스토스의 문하생. 볼프는(*Rh. Mus.* 19, 631) 그것이 히폴리톤 Ἱππόλυτον 이라고 생각하는데, 히폴리톤은 아테네 시에 베푼 다른 선행들 가운데서[49] 디오메데스에게서 아테네 여신상을 빼앗아 아테네 시에 봉헌한 일이 있었다고 전해진다. 발렌Vahlen 그리고 *히폴리토스를 기리는 기념비가 세워졌고 첫 번째 찬가가 지어졌다.*

높이는 것이 찬사에 가장 유용하다. 왜냐하면 어떤 행위가 이루어졌다는 것을 사람들은 아무런 논쟁 없이 받아들이므로 위대함과 훌륭함을 추가하기만 하면 되기 때문이다. 예증논법Beispiel[50]들은 조언에 가장 적합하다. 왜냐하면 그 경우 우리는 과거로부터 미래에 대해 예언을 하는 방식으로 판단을 내리기 때문이다. *수사 추론*들은 법정 연설에 가장 적합하다. 왜냐하면 일어난 일이 아직 밝고 명확히 드러나 있지 않은 상황에서, 그것은 근거와 증거에 최대한 개방적이기 때문이다.

〔이상이 어째서 찬양 연설과 비난 연설이 가장 많이 행해지며, 찬양과 비난에서 사람들이 어떤 관점들을 가져야 하며, 어떤 것들에서 상과 벌의 소재를 취해야 하는가 하는 문제들이었다. 그 문제들의 사정이 이와 같다면 그것에 대립해서는 무엇이 있는지 또한 명백해지기 때문이다. 비방은 이를테면 그것에 대립되는 것들로 이루어지는 것이다.〕[51] 그러면 이제 법정 연설, 공소와 변호는 사정이 ⟨1368ᵇ⟩ 어떠한가, 그리고 이 경우 얼마나 복합적이며 어떤 성질을 가진 자료들에서 추론이 이루어지는가에 대한 논의를 계속하고자 한다. 여기에서는 세 가지 관점을 포착해야 한다. 첫째, 불의가 행해지는 원인은 무엇이며 얼마나 많은가? 둘째, 어떤 상태에서 범인은 불의를 행했는가? 셋째, 그가 불의를 범한 대상은 어떤 사람들이었으며, 그들은 어떤 상태에 놓여 있었는가? 불의를 행한다는 것이 무엇인가 하는 것만 우선 정의해놓고, 우리는 이것에 대해 차례로 논하고자 한다.

제10장

불의를 행하는 것이란 법을 거슬러 누군가를 자발적으로 해치는 것이라고 할 수 있겠다. 그런데 법은 특정법이거나 일반법이다. 나는 성문화되고 그것에 의거해 한 국가가 운영되는 것을 특정법이라고 부른다. 성문화되지는 않았지만 모든 사람에게서 고루 인정되는 것을 일반법이라고 부른다. 의지Willen로 하는 것, 그것은 알면서, 그리고 강제됨 없이 하는 것을 말한다. 의지로 하는 것은 매번 의도Absicht를 가지고 하지 않지만, 의도를 가지고 하는 것은 어떤 경우든 앎을 수반하는 것이다. 왜냐하면 아무도 자신이 의도하는 것에 대해 모르는 상태에 있지는 않기 때문이다. 그런데 해를 끼치고 법을 거스르는 나쁜 짓을 하려는 의도를 갖게 하는 수단은 악의와 방종이다. 요컨대 어떤 사람에게 하나 또는 여러 가지 악덕이 있다면, 예컨대 탐욕스러운 자가 돈이나 재산과 관련해서, 방탕한 자가 육체적인 욕망들과 관련해서, 유약한 자가 자신의 향락과 관련해서, 겁쟁이가 위험들과 관련해서 그러하듯, 그는 그가 물들어 있는 악덕의 대상들과 관련해서도 역시 정의롭지 못하다. 왜냐하면 겁쟁이는 두려움 때문에, 명예욕이 있는 자는 명예 때문에, 흥분하기 쉬운 자는 분노 때문에, 승부에 집착하는 자는 승리 때문에, 격분한 자는 복수 때문에, 얼간이는 정의와 불의에 대한 무지에서, 파렴치한은 평판에 대한 경시에서 자신과 위험을 함께하는 동지들을 위험에 방치하기 때문이다. 누구에게나 바로 자신의 악덕의 토대가 되는 것과 관련해서 보면, 다른 모든 사람의 경우에도 상황은 같다. 그러나 이런 것들에 관해서는 분명히 덕목들을 다룰 때 이미 일부 거론했고, 일부는 정념들을 다룰 때 아직 더 거론하게 될 것이다. 지금 남아 있는 일은 단 하나, 즉 무엇 때문에, 어떤 상태에서 사람들은 불의를 행하며, 또 누구에게 그것을 행하는가 하는 것을 제시하는 일이다. 이제 우리가 불의한 일을 시작하려는 경우 무엇을 얻으려 애쓰며 무엇을 회피하는지를 우선 설명하려 한다. 왜냐하면 소송인의 경우, 누구든지 이웃에게 불의를 저지르는 원인이 되는 것들 가운데 얼마나 많은 것, 그리고 어떤 것이 상대방에게 있는가를 고려해야 한다는 것, 반대로 변호인은 그 가운데 어떤 종류의 것이, 그리고 얼마나 많은 것이 상대방에게 없는가를 고려해야 한다는 것을 사람들이 잘 알고 있기 때문이다.[52] 그런데 누구든 모든 행위를 자기 스스로 하거나 자기 스스로 하지 않는다. 자기 스스로 하지 않는 행위 가운데서 하나는 우연에서, 다른 하나는 필요에서, 나머지 하나는 다시 외적 강제를 통해서든가 아니면 본성에서 일어난다. 요컨대 사람들이 스스로 하지 않는 모든 행위는 우연히, 또는 본성적으로, 또는 강제되어 일어난다. 반대로 우리 스스로 하는, 우리가 그 동기가 되는 모든 행위는 일부는 습관에서, 일부는 충동에서, 좀 더 정확히 말하면, 고려와 관련된 충동이나 무의식적인 충동에서 이루어진다. 그런데 의지는 어떤 좋은 것을 향한 충동이다. 왜냐하면 어떤 것이 좋은 것이라고 믿지 않는다면 아무도 그것을 의지하지 않기 때문이다. 노여움과 욕구는 무의식적 충동들이다. 그리하여 우리는 결과적으로 우리의 모든 행위를 일곱 가지 동기에서, 즉 우연을 통해, 본성을 통해, 폭력을 통해, 습관을 통해, 심사숙고를 통해, 노여움을 통해, 욕구를 통해 하게 된다. 여기에다 연령층, 정서 상태, 그리고 그 밖의 관점들에 따라 행위의 구분을 더 추가할 필요는 없다. 왜냐하면 청년들이 분노하거나 욕구 상태에 있는 일

⟨1369ᵃ⟩

이 일어난다면, 그들은 그러한 종류의 행위를 자신들의 젊음 때문이 아니라 분노나 욕구에서 하는 것이기 때문이다. 마찬가지로 빈곤이나 부에서 하는 것도 아니다. 그보다는, 가난한 자들의 경우에는 자신들의 필요 때문에 재산과 토지에 대한 욕구가 일어나는 것이고, 부자들의 경우에는 자신들이 가진 것 때문에 그 위에 필수적이지 않은 향락에 대한 욕구가 일어나는 것이어서, 이들 역시 부나 빈곤에서가 아니라 욕구에서 행동하는 것이다. 정의로운 자들과 정의롭지 못한 자들, 그리고 자신들의 내적 성질에 따라 행동한다고 이야기되는 다른 모든 사람의 경우도 마찬가지다. 그들은 실제로 여기 제시된 근거들, 즉 이성적 고려가 아니면 감정에서 행동하는데, 어떤 사람들은 적절한 이성적 고려와 감정에서, 다른 사람들은 그 반대에서 행동한다. 물론 어떤 종류의 사람들의 감정들과는 이런 행동이, 다른 종류의 사람들의 감정들과는 저런 행동이 연결되게끔 되어 있다. 왜냐하면 신중한 사람에게는 이 특성으로 인해 즉각 쾌적한 것과 관련된 좋은 관념들과 욕구들이 생기고, 방종한 사람에게는 동일한 사물들에 관해 상반된 관념들과 욕구들이 생기기 때문이다. 그러므로 그와 같은 구분은 제쳐놓고, 오히려 어떤 행동이 특정 종류의 인물들과 흔히 연관되는가를 고려해야 한다. 왜냐하면, 사물들의 질서가 결국 그러하듯이, 그러한 것은 어떤 사람이 흰가 검은가, 체구가 큰가 작은가 하는 것과는 관련이 없지만, 어떤 사람이 나이가 적은가 많은가, 정의로운가 정의롭지 못한가 하는 것은 물론 어느 정도 문제가 되기 때문이다.[53] 대체적으로 사람들의 성격과 관련해서 차이를 가져오는 모든 것이 문제가 된다. 예컨대 부자로 보이거나 가난하게 보이는 것은 차이가 있을 것이며, 행복하거나 불행하게 보이는 것도 마찬가지로 그러할 것이다.[54] 그것에 대해서는 나중에 논하기로 하고, 지금은 우선 아직 남아 있는 것에 대해 논하기로 하자.

근거가 불확실하며, 특정 목적 때문에 일어나는 것도 아니며, 항상 일어나는 것도 아니며, 대개 일어나는 것도 아니며, 알맞은 질서에 따라 일어나는 것도 아닌 종류의 모든 사건은 **우연적으로** 일어난다. 이에 대해 사람들은 우연의 정의에 따라 명확히 알고 있다. 원인이 우리 안에 있고 알맞은 질서에 따라 일어나는 경우에는, **본성** 〈1369ᵇ〉 에서 어떤 사건이 일어난다. 왜냐하면 그것은 항상 그렇게, 또는 대개 그렇게 일어나기 때문이다. 우리는 본성을 거슬러 일어나는 일들이 본성의 한 방식에 따라 일어나는가, 아니면 어떤 다른 근거에서 일어나는가 하는 것을 좀더 자세히 논할 필요는 없다. 우연이 그러한 종류의 사건들의 원인인 것처럼 우리에게 보일지도 모르지만 말이다. 우리 고유의 계산이나 충동을 거슬러 일어나는 모든 것은 행동의 주체인 우리 자신을 통해 강압적으로 일어난다.[55] 어떤 일이 습관적으로 일어나는 것은 사람들이 자주 그렇게 했기 때문이다. 사람들이 이성적으로 고려해서 하는 행위는 이미 위에 지적된 재보들과 관련해 유용한 것으로 보였던 행위, 더욱이 그것을 위한 목적이나 수단으로 보였던 행위로서, 요컨대 유용한 것의 관점에서 행위가 이루어질 경우에만 사람들은 그러한 방식으로 행동한다. 왜냐하면 방종한 사람도 때로는 어떤 유용한 일에 손을 대지만, 그것은 이익의 관점에서가 아니라 쾌락의 관점에서이기 때문이다. 사람들은 격정과 분노에서 행동하고 이때 복수를 하는데, 복수와 징벌은 서로 다르다. 왜냐하면 징벌은 징벌을 당하는 사람으로 인해 일어나고, 복수는 자신의 만족을 얻기 위해 행동하는 사람으로 인해 일어나기 때문이다. 분노가 무엇인가 하는 것은 정념들을 설명하면 명백해질 것이다. 욕구는 쾌적해 보이는 모든 행동이 이루어지는 원인이다. 친숙한 것과 습관들여진 것도 쾌적한 것에 속한다. 왜냐하면 사람들은 습관들여진 경우 본성적으로 쾌적하지 않은 많은 행위들을 기꺼이 하기 때문이다. 간단히 요약하자면, 우리가 스스로 하는 모든 행위는 좋거나 좋아 보이고, 쾌적하거나 쾌적해 보인다. 그런데 사람들이 자기 자신을 위해 하는 모든 행위는 자발적으로 하지만, 자기 자신을 위해 하는 것이 아닌 모든 행위는 자발적으로 하지 않기 때문에 그들이 자발적으로 하는 모든 행위는 좋거나 겉으로만 좋아 보이든지, 쾌적하거나 겉으로만 쾌적해 보일 것이다. 요컨대 나는 악덕들이나 악덕처럼 보이는 것들로부터의 해방과 마찬가지로 좀더 큰 악덕과 맞바꿔 그보다 사소한 악덕을 얻는 것도 더불어 재보들로 친다. 왜냐하면 이것들은 어떤 의미에서는 선택할 만한 가치가 있는 것들이기 때문이다. 그리고 마찬가지로 나는 고통을 야기하거나 야기하는 것처럼 보이는 것들로부터의 해방, 그리고 더 큰 그러한 것들을 좀더 작은 그러한 것들로 대체하는 것을 쾌적한 것으로 친다. 이 경우 우리는 다만 유용한 것과 쾌적한 것에는 어떠한 것들이 있는가, 그리고 얼마나 많은 종류가 있는가 하는 것을 이해하기만 하면 된다. 유용한 것에 대해서는 이미 전에 조언을 다루는 기회에 거론했고, 쾌적한 것에 대해서는 이제 거론하고자 한다. 그런데 하나의 정의가 모든 대상 하나하나와 관련하여 흐트러지지도 않고, 완전히 정확하지도 않다면, 그 정의는 충분한 것으로 간주해야 한다.[56]

제11장

그러면 이렇게 쾌락은 일종의 운동으로서, 근저에 놓인 심신의 본성적 상태로 영혼이 완전히, 지각될 수 있도록 이전(移轉)하는 것이고, 고통은 그 반대라는 견해를 받아들이도록 하자. 그런데 쾌락 〈1370ᵇ〉 이 그러한 종류의 것이라면, 방금 언급한 기분이 되게 하는 것은 쾌적하고, 그러한 기분을 지양하거나 반대 상태가 되게 하는 것은 불쾌하다는 것은 분명하다. 그러므로 어쨌든 가능한 한 넓게 본성에 상응해 진행되는 모든 것은 필연적으로 쾌적하다. 이때 본성에 상응해 일어나는 것이 그럼으로써 자신에게 고유한 본성에 이른다면 더욱 그렇다. 나아가 습관들 : 왜냐하면 습관들여진 것은 본성적인 것처럼 진행되기 때문이다. 습관은 이를테면 본성과 비슷한 무엇이다. '자주'는 '언제나'와 가깝기 때문인 것으로, 본성은 '언제나'에, 습관은 '자주'에 속한다.⁵⁷⁾ 나아가 강요되지 않은 것. 왜냐하면 강요는 본성을 거스르는 것이기 때문이며, 그러므로 필연적인 것은 괴로운 것이고, "필연적인 모든 사물은 본성적으로 불쾌하다"⁵⁸⁾는 에우에노스의 말은 옳다(《형이상학》, IV, 5에 인용됨). 그런데 나는 면밀하게, 진지하게 긴장하여 하게 되는 것들은 고통스러운 것들이라고 이해한다. 왜냐하면 그것들은 습관이 되지 않았다면 필요나 강요와 연관되어 있기 때문이다. 그 경우 그것들을 쾌적한 것들로 만드는 것은 습관이다. 그러므로 오락, 일과 근심으로부터의 자유, 농담, 휴식, 잠은 쾌적한 것들에 속한다. 왜냐하면 그 가운데 어떤 것도 필연성을 갖지 않기 때문이다. 나아가 : 우리 안에 욕구를 품고 있는 모든 사물은 쾌적하다. 왜냐하면 욕구란 쾌적한 어떤 것을 향한 충동이기 때문이다. 욕구들 가운데 어떤 것들은 (비이성적이고/숙고가 결여되어 있고), 다른 것들은 (이성적이다/숙고와 연관되어 있다). 그런데 나는 무언가를 생각하지 않고 우리가 느끼는 모든 것을 비이성적 충동들이라고 부른다. 그것은 몸을 매개로 표출되는 것들과 같은, 사람들이 '자연적 충동들'이라고 부르는 것들로, 예컨대 갈증과 허기 같은 음식에 대한 충동을 비롯해서 미각, 성적 향락, 촉각 일반과 관련되는 모든 종류의 욕구, 나아가 후각, 청각, 시각과 관련된 욕구들이 그러한 것들이다. 나는 어떤 믿음의 결과로 사람들이 욕구를 가지는 경우, 이를 숙고와 연관된 욕구라고 부른다. 왜냐하면 사람들은 어떤 것을 듣고 믿음을 갖게 되면, 그것을 거듭해서 보고 소유하려는 욕구를 갖기 때문이다. 그런데 쾌락은 인상의 지각에서 나오고 심상(心象)은 일종의 약한 지각이기 때문에, 무언가를 기억하고 기대하는 사람들에게는 분명 그가 기억하거나 기대하는 것의 심상이 항상 나타날 것이다. 사정이 그렇다면, 무언가를 기억하고 기대하는 사람들에게 만약 어떤 지각(감각)이 있다고 할 경우, 그들에게는 분명 쾌락도 있어야 한다. 따라서 쾌적한 모든 것은 필연적으로 현존하는 것에 대한 감각이나, 언젠가 일어났던 일에 대한 기억이나, 미래의 것에 대한 기대 안에 있어야 한다. 왜냐하면 사람들은 현존하는 것을 느끼고, 일어난 일을 기억하고, 미래의 것을 기대하기 때문이다. 기억 속에서 쾌적한 것 모두가 그것이 현존해 있었을 당시에 쾌적했던 것은 아니다. 그 당시에 불쾌했던 것도, 이를테면 후에 그것에 따라 생겨난 것이 좋고 아름다웠다면 쾌적한 것에 속하는 것이다. 거기에서 다음의 시구들이 유래한다 : "견디어낸 고난을 안전한 가운데 돌아보는 것은 유쾌한 일이다"(에우리피데스의 《안드로메다》의 단편), 그리고 "대장부 역시 나중에 가서는 자신이 견디어낸 많은 고통과 행위들을 회고하며 기뻐한다"(《오디세이아》, XV, 400). 그 이유는 쾌적하다는 것이 단지 몹쓸 일이 없다는 것이기도 하다는 데 있다. 기대 속에서 기쁨을 주는 것에는 현존하는 것으로서 즐거움을 주거나, 큰 이익 또는 어떤 〈1370^b〉 고통도 섞이지 않은 이익을 가져오는 모든 것이 속한다. 전반적으로, 현존하는 것으로서 쾌감을 주는 것은 대부분 기대와 기억 가운데서도 쾌감을 준다. 그러므로 분노와 관련된 호메로스의 다음의 시구처럼, 성을 내는 것 역시 유쾌하다 : "분노는 흘러드는 꿀보다도 훨씬 감미롭다"(《일리아스》, 18, 109). 왜냐하면 아무도 복수를 하기에 불가능해 보이는 사람에게는 성을 내지 않으며, 힘으로 보건대 우리보다 월등한 사람에게는 성을 내지 않거나 덜 내기 때문이다. 이렇듯 대부분의 충동들에는 일종의 쾌감이 연관되어 있다. 왜냐하면 우리는 충동을 만족시켰던 때를 기억하면서, 또는 충동을 만족시키게 될 것을 기대하면서, 예컨대 마치 열병에 걸린 환자들이 갈증이 날 때 자신들이 물을 마셨던 과거의 일을 회상하고 자신들이 물을 마시게 될 미래를 희망하면서 위안을 삼듯, 일종의 쾌감을 향유하기 때문이다. —그리하여 누군가를 연모하는 자들은 연인에 대해 말하고 글을 쓰고 또는 그와 관련해서 무언가를 하는 일을 기쁘게 여긴다. 그들은 이를테면 모든 것을 그런 식으로 회상하면서 마치 연인을 느끼는 것처럼 확신하는 것이다. 그리하여, 누군가가 현존해 있을 때뿐만이 아니라 그가 없을 때에도 그에 대한 생각으로 사람들이 기뻐하면, 그리고 그가 거기에 없다는 사실에 대한 고통이 그 위에 추가되면, 누구에게나 연모의 상태가 시작되는 것이다. 이와 유사하게, 누군가를 잃었다는 것에 대한 슬픔과 비탄 가운데서조차 같은 방식으로 일종의 쾌감이 생겨난다. 이를테면 그가 거기에 없다는 것에 대한 고통, 그러나 그를 기억하는 기쁨, 더욱이 그가 무엇을 했으며 그가 어떤 사람이었는가 하는 것까지 기억하면서 그 자신을 거의 마주 본다고 여김으로써 생겨나는 기쁨이 그것이다. 그러므로 당연히 다음과 같은 말도 있는 것이다. "그렇게 그는 말했다. 그리하여 그는 모두에게 비탄의 동경을 불러일으켰다"(《일리아스》, 23, 108). 나아가 복수하는 것은 유쾌한 일이다. 즉 달성하지 않는 것이 고통스러울 일을 달성하는 것은 유쾌하다. 복수할 수 없다는 것은 격분한 자에게는 대단히 고통스럽다. 그러나 그는 복수를 기대하면서 기뻐한다. 나아가 승리하는 것은 원래의 애호가들뿐만 아니라[59] 누구에게나 유쾌하다. 왜냐하면 그렇게 해서 우월성의 관념이 생기는데, 그것은 다만 은근하게, 아니면 더 강렬하게 누구든 열망하는 것이기 때문이다. 그런데 승리하는 것은 유쾌하므로 필연적으로 투쟁이나 경쟁과 연관된 경기들도 분명히 유쾌할 것이다. 왜냐하면 거기에서는 예컨대 아스트라갈로스 돌[60]로 ⟨1371ᵃ⟩ 하는 경기, 구기, 주사위 놀이, 그리고 장기 놀이에서처럼 반복해서 승리가 찾아오기 때문이다. 또 진지한 경기들도 마찬가지인데, 어떤 경기들은 이를테면 습관이 되고 나서야 비로소 쾌감을 주고, 어떤 경기들은, 예컨대 사냥개를 데리고 하는 사냥과 다른 모든 종류의 사냥처럼 처음부터 바로 쾌감을 준다. 왜냐하면 경쟁이 있는 곳에는 또한 승리가 있기 때문이다. 그러므로 소송하고 논쟁하는 것도 그것에 습관이 되고 그것에 대한 능력이 있는 사람들에게는 쾌감을 준다. 나아가 명예와 명성은 가장 쾌적한 것들에 속한다. 왜냐하면 그 경우 그 사람이야말로 정말 유능한 사람임이 틀림없다는

생각이 누구에게나 들기 때문이다. 더구나 진리를 말한다고 우리가
여기는 사람들이 그러한 말을 한다면 더 한층 그러하다. 그런데 그
러한 말을 하는 사람들은 동떨어져 있는 사람들이기보다는 이웃들
이며, 외지 사람들이기보다는 친척들이나 시민들이며, 미래의 사람
들이기보다는 현재의 사람들이며, 사리분별이 없는 사람들이기보
다는 있는 사람들이며, 소수의 사람들이기보다는 다수의 사람들이
다. 나중에 언급된 사람들이 그 반대의 사람들에 비해 더 진리를 말
한다는 것이 사실인 것처럼 보이니까 말이다. 그것은 그가 경멸하
는 자들 가운데서야 물론, 마치 아이들과 동물들에 있어서처럼, 이
를테면 명예 자체를 위해 명예에 관심을 두는 자는 아무도 없고, 그
래도 그런 일이 일어난다면 그것은 다른 근거에서 일어나는 것이기
때문이다.[61] 나아가 친구는 쾌적한 대상들에 속한다. 왜냐하면 친구
임은 쾌적하기 때문인데, 그것은 술을 보고 기뻐하지 않는 사람은
아무도 술의 친구가 아닌 까닭이다.[62] 그리고 사랑을 받는다는 것은
쾌적한 일이다. 왜냐하면 이 경우에도 그의 훌륭함을 알아채는 모
든 사람이 그 한 사람을 갈망하므로 그가 필시 훌륭하리라는 생각
이 지배하기 때문이다.[63] 사랑을 받는다는 것은 자신 때문에 존경을
받는다는 것을 의미한다. 나아가 아첨의 말을 듣는 것과 아첨 자체
는 쾌적한 것이다. 왜냐하면 아첨하는 사람은 표면상의 흠모자이자
표면상의 친구이기 때문이다. 나아가 똑같은 행위를 자주 하는 것
은 쾌적하다. 왜냐하면 습관들여진 것은 쾌적하기 때문이다. 나아
가 변화는 쾌적하다. 변화를 주면 자연의 방향에 따라 진행이 이루
어지는 반면, 항상 같은 것의 반복은 기존 상태의 지나친 연장을 불
러온다. 그러므로 "무엇보다도 변화는 감미롭다"(에우리피데스,

《오레스테스》, 234)는 말이 있는 것이다. 그렇기 때문에 인간들과
사물들에 있어서 일시적인 것은 쾌적한데, 왜냐하면 여기에는 현재
의 상황과 관련해서는 변화가 있으면서도 동시에 이 일시적인 것이
드물게 나타나기 때문이다.[64] 나아가 무엇을 배우는 일과 무엇에 경
탄을 보내는 일은 쾌적하다. 경탄에는 이를테면 알고 싶어하는 욕
구가 숨겨져 있기 때문에 경탄의 대상은 욕구의 대상이 된다. 이에
반해 배움에서는 사람들은 자신의 자연 상태로 이전된다. 나아가
은혜를 베풀고 입는 것은 쾌적한 일들에 속한다. 왜냐하면 은혜를
입는다는 것은 욕구하는 것을 얻는다는 것을 말하고, 은혜를 베푼 ⟨1371[b]⟩
다는 것은 소유하고 있다는 것, 그것도 현저하게 많이 소유하고 있
다는 것을 말하기 때문이다. 사람들은 이 양자를 얻으려 노력한다.
그런데 선행을 하는 힘은 쾌적한 것이기 때문에, 나아가 이웃을 선
도하고 부족한 것을 완성하는 것도 쾌적한 것이다.[65] 〔그런데 배움
과 경탄은 쾌적하므로 그러한 종류의 모든 것, 예컨대 회화, 조각,
시에 있어서 모방된 작품, 그리고 훌륭하게 모방된 모든 것 일반은,
비록 모방된 대상이 그 자체로는 쾌적하지 않더라도, 전반적으로
틀림없이 쾌적할 것이다. 왜냐하면 모방된 대상에 대해 사람들이
즐거움을 느끼는 것이 아니라, 오히려 기쁨은 "여기, 이것이 저것이
다" 하는 추론에 있고, 그러므로 거기에 배움이 있는 것이기 때문이
다.〕[66] 나아가 : 갑작스러운 운명의 전회, 위기 일발의 상태는 쾌적
하다. 그 모든 것은 경탄을 자아내므로. 나아가 : 마치 동류의 것이
본성에 따라 서로에게 쾌적하듯이 본성에 일치하는 것이 쾌적하다
면, 그런 이유에서 예컨대 인간이 인간에게, 말이 말에게, 청년이
청년에게 그러한 것처럼, 모든 동류의 것과 모든 유사한 것은 대부

분 쾌적하다. 그렇기 때문에 다음과 같은 속담들이 있는 것이다 : "노년은 노년을 즐겁게 한다", "언제나 같은 사람들에게"*[67], "짐승은 짐승을 이해한다", "탑까마귀[68]는 항상 탑까마귀의 곁에" 등등. 그런데 동일하며 유사한 모든 사물은 자기 자신에게 쾌적한 것이고, 사람들 스스로가 다른 어떤 것보다도 그들 자신에 대해 더욱 이러한 관계에 있는 것이므로, 우리 모두는 어느 정도는 우리 자신의 애호가들이어야 한다. 왜냐하면 그와 같은 모든 것은 대부분 우리 자신에 대해 타당하기 때문이다. 그런데 우리가 모두 우리 자신의 애호가들이라면, 또한 누구에게나, 예컨대 행적과 언사와 같은 자기 고유의 것은 쾌적해야 한다. 그렇기 때문에 우리는 대부분 아첨가, 흠모자, 우리의 명예와 우리의 자식들의 애호가들이다. 자식들은 우리의 업적이기 때문이다. 나아가 어떤 모자라는 것을 완성하는 일은 쾌적하다. 왜냐하면 그렇게 해서 그것은 이미 우리의 업적이 되기 때문이다. 나아가 : 지배하는 일은 아주 쾌적한 것이므로 현자라고 여겨지는 것 또한 쾌적해야 한다. 왜냐하면 사고력을 가지는 것은 지배자의 특성이며, 지혜는 경탄할 만한 많은 것들에 관한 앎이기 때문이다.[69] 나아가 우리에게는 대부분 명예욕이 있으므로, 이웃에게서 그의 명예를? 측정하고? 그를 지배하는 것 또한 필연적으로 쾌적하다.[70] 나아가 : "그래서 그는 그 안에서 그가 자신에게 최고인 것처럼 보이는 일을 하면서 그 일에 하루의 대부분을 쓴다"(에우리피데스, 《안티오페》, 단편 72쪽 Matth.) 하고 시인 또

---

* 동년배는 동년배를 즐겁게 하고, 노인은 노인을 즐겁게 한다? ἧλιξ ἥλικα τέρπε, γέρων δέ τε τέρπε γέροντα. 《오디세이아》, XVII, 218. 어떻게 신은 항상 동등한 사람을 동등한 사람에게 이끄는가! ὡς αἰεὶ τὸν ὁμοῖον ἄγει θεὸς ὡς τὸν ὁμοῖον.

한 말한 바와 같이, 자신이 가장 잘할 수 있다고 스스로 느끼는 일로 시간을 보내는 것은 쾌적하다. 마찬가지로 : 놀이와 모든 오락은 쾌적한 것들에 속하므로, 사람들이 되었든, 말이나 행동들이 되었든, 익살스러운 것 또한 필연적으로 분명히 쾌적한 것이다. 익살스러운 것에 관한 문제는 《시학》*에 따로 다루어져 있다. 이상이 쾌적한 것에 대한 고찰이다. 쾌적하지 않은 것은 그 반대이므로 명백하다.

〈1372ᵃ〉

제12장

이것이 사람들이 불의를 행하는 동기들이다. 이제부터 우리는 사람들이 불의를 행할 때 그들의 마음은 어떠한 상태에 있으며, 그들은 누구에게 불의를 행하는지를 논하고자 한다. 사람들은 그 행위가 가능하며, 바로 자신들에게 가능하다는 믿음을 가질 경우에, 나아가 그 행위로 인해 적발되지 않고 남아 있고자 할 경우에, 또는 적발되지 않고 남아 있고자 하지는 않을지라도 형벌은 회피하고자 할 경우에, 또는 형벌을 회피고자 하지는 않을지라도 자신들이나 자신들의 당이 그 행위에서 얻는 이익보다 적은 형벌을 감수하고자 할 경우에 불의를 행한다.[71] 무엇이 가능하고 무엇이 불가능한가 하는 것은 나중에 설명될 것이다. 그것은 모든 종류의 연설에 공통된 주제이다. 그런데 웅변에 능하고, 실제로 행동하려는 경향이 있고, 많은 법정 투쟁에서 경험을 쌓은 사람들은 불의를 행하고 형벌을

---

  * 우리에게 없는 《시학》의 제2부에.

회피하는 데는 자신들이 가장 능란하다고 생각한다. 나아가 많은 친구들을 가졌을 경우, 나아가 부자일 경우도 그러하다. 그리고 우리는 대부분 우리 자신에게 방금 지적된 특성들이 있을 경우에, 아니면 우리에게 최소한 그러한 특성들을 가진 친구들, 부하들이나 동지들이 있을 경우에 우리가 그러한 능력이 있다고 믿는다. 요컨대 이러한 수단들을 통해 사람들은 범죄를 행하고도 적발되지 않은 채 형벌을 피할 수 있는 것이다. 나아가 불의를 당한 자들이나 판관들과 우리가 친구 사이인 경우. 왜냐하면 친구 사이에서는 악행을 저지른 상대를 더 이상 경계하지 않고 한 사건을 계속 추적하느니 차라리 화해를 하며, 판관들은 자신들의 친구인 사람들에게 호의를 보여 그들에게 완전히 무죄를 선고하든지 경미한 벌을 부과하기 때문이다. 특정 고소들과 상반된 처지에 있는 사람들, 예컨대 약골인 사람이 남을 학대했다고 고소당한 경우나, 돈 없는 사람이나 못생긴 사람이 간통으로 고소당한 경우, 그들은 쉽사리 적발되지 않은 채 남는다. 나아가 너무나 공공연하게 목전에서 이루어지는 범죄는 쉽게 적발되지 않은 채 남는다. 왜냐하면 누구도 미처 생각지 못해 그것은 어떤 감시자도 없이 있기 때문이다. 나아가 너무나 엄청나고 끔찍해서 한 개인이 했다고는 상상할 수 없을 것 같은 범죄들에도 또한 감시자가 없다. 왜냐하면 누구나 통상적인 질병들만을 경계하듯이, 사람들은 오직 통상적인 범죄들만을 경계하기 때문이다. 나아가 적이 전혀 없거나 많은 적을 가진 자들은 적발되지 않고 남는다. 즉 전자는 아무도 그들을 경계하지 않기 때문에 들키지 않은 채 있을 것이라고 믿고, 후자는, 사람들이 어차피 그들을 경계하는 데다가 그들 또한 "우리가 그러한 모험을 했을 리가 없다" 하는 핑계를 가지고 있는 만큼 그들이 그것을 감행하지 않을 것이라고 사람들이 생각하기 때문에 들키지 않은 채로 있다. 나아가 자신들의 관습에, 또는 적절한 장소에 손쉽게 숨을 수 있는 사람들, 또는 쉽게 방책을 강구할 형편이 되는 사람들.[72] 나아가 범죄가 적발되었을 경우, 법정 심문을 피하거나 연기하거나 재판관들을 매수할 수 있는 사람들은 위험을 모면한다. 나아가 유죄 판결을 받을 경우, 형의 집행을 피하거나 이를 오랜 기간 연기할 수 있는 자들. 또는 가난 때문에 아무것도 잃을 게 없는 사람들. 나아가 이익은 확실하거나 아주 대단하거나 아주 가까운 곳에 있고, 반면 형벌은 경미하거나 불확실하거나 아주 멀리 있는 사람들. 나아가 참주의 경우에 있어 ⟨1372ᵇ⟩ 그렇게 보이는 것처럼, 형벌과 이득이 아무런 관계도 없는 사람들.[73] 나아가 범행은 이익을 가져다 주지만, 형벌은 기껏해야 욕을 얻어먹는 데 지나지 않는 사람들. 나아가, 이를테면 제논의 경우, 예컨대 동시에 아버지나 어머니를 위해 복수를 행하는 것처럼 범행이 반대로 일종의 찬사가 되나, 그에 대한 형벌은 벌금이나 추방 등과 관련되어서 이루어지는, 하지만 비방과는 연결되지 않은 사람들.[74] 양자의 방식으로, 그리고 양자의 동기에서 사람들은 범죄를 저지르는데, 다만 그들은 같은 사람들이 아니라 오히려 대립되는 성격의 사람들이다.[75] 나아가 이미 여러 번 적발되지 않은 채 있었거나 이미 여러 번 처벌을 받지 않은 사람들. 나아가 이미 여러 번 범죄에 실패한 사람들. 왜냐하면 전쟁에서 항상 다시 처음부터 전투를 개시하는 사람들이 있는 것처럼 범죄 상황에 있어서도 그런 사람들이 한두 명 있는 것이니까. 나아가 쾌적한 것은 당장, 불쾌한 것은 그 뒤에 가지는 사람들, 또는 이익은 당장 취하고, 벌은 나중으로 미루는 사람들. 그러한 종류의 사람들은 절제를 모르는 사람들인데, 사람들이 갈망하는 모든 대상에는 일종의 무절제가 있다. 나아가 싫은 것이나 벌은 당장 해결해버리고, 쾌적한 것이나 이익이 되는 것은 그 후에, 그리고 좀더 오래 지속하는 것으로 간직하려는 사람들. 자기 자신을 통제하는 사람들과 좀더 지적인 사람들은 그러한 것을 노린다. 나아가 그 행동이 우연에서, 또는 강제로, 또는 자연적 본능에서, 또는 습관에서 이루어진 듯한 착각이 일어날 가능성이 있는 사람들, 그리고 통틀어 단지 헷갈렸을 뿐 죄를 저지른 것은 아닌 것처럼 보이는 사람들. 나아가 관대한 처우를 받을 것으로 생각하는 사람들. 나아가 궁핍한 사람들. 그런데 사람들은 이중적인 방식으로 궁핍한 상태에 있다. 즉 가난한 사람들처럼 필수적인 것이 결핍되어 있든가, 아니면 부자들이 그러하듯 쓸데없는 것이 결핍되어 있다. 나아가 매우 유명한 사람들과 전혀 아무런 이름도 좋은 평판도 없는 사람들. 전자는 그들이 그런 짓을 하리라고 사람들이 믿지 않을 것이므로, 그리고 후자는 그런 행위를 통해 추호도 더 이름이 없게 되거나 좋은 평판을 잃게 되지 않을 것이므로.—좌우간 사람들은 불의를 행하고자 할 경우 그러한 마음 상태에 있다. 그런데 사람들은 다음과 같은 종류의 사람들에게나 일들에서 불의를 행한다. 우선 우리 자신이 필요로 하는 어떤 것을 소유하고 있는 사람들에게 불의를 행하는데, 그것은 궁핍해서, 아니면 더 많이 소유하기 위해서, 아니면 그것을 즐기기 위해서다. 나아가 멀리 있는 사람들과 가까이 있는 사람들에게. 후자는 재빨리 파악할 수 있고, 전자는, 예컨대 카르타고인들을 약탈하는 경우에서처럼 형벌이 느리므로. 나아가 조심성이 없거나 신변을 보호하지 않고, 반대로 선의의 신뢰에 넘치는 사람들에게. 왜냐하면 그런 경우에는 누구든 적발되지 않고 남아 있기가 쉽기 때문이다. 나아가 느긋한 사람들에게. 왜냐하면 어떤 일을 정하기 위해서는 열심일 필요가 있기 때문이다. 나아가 수줍어하는 사람들에게. 왜냐하면 그들은 이득을 놓고 싸우지 않을 테니까. 나아가 이미 많은 사람들에게 불의를 당하고도 이를 응징하지 않은 사람들에게. 왜냐하면 속담에 따르면 이들은 "미시아인들의 먹이"[76]이므로. 나아가 한 번도 불의를 당하지 않았거나 자주 불의를 당한 사람들에게. 그들은 불의에 대해 자신을 방어하지 않을 테니까. 전자는 자신들에게는 결코 무슨 일이 닥치지는 않을 것이라는 생각에서, 후자는 자신들에게는 필경 더 이상은 무슨 일이 닥치지 않을 것이라는 생각에서. 나아가 평판이 나쁜 사람들이나 쉽사리 비방이 가능한 사람들에게. 그러한 종류의 사람들은 판관에 대한 공포에서 어떤 결심도 하지 않고, 마치 사람들이 증오와 시기심을 가지고 박해하는 상대들처럼 신뢰를 얻을 줄도 모르므로.[77] 나아가, 마치 "그릇된 일은 오직 핑계 하나면 족하다"는 속담이 말하는 것처럼, 그들의 조상이나, 그들 자신이나, 그들의 친구들이 우리에게나, 우리의 조상들에게나, 우리가 안위를 염려하는 사람들에게 언젠가 나쁜 짓을 했다거나 하자 했다는 핑계를 들이댈 수 있는 그러한 사람들에게. 나아가 적들과 친구들에게. 불의를 행한다는 것이 친구들에게는 쉽고, 적들에게는 유쾌하니까. 나아가 친구가 없는 사람들에게. 나아가 말도 행동도 할 줄 모르는 사람들에게. 왜냐하면 그들은 기소에 전혀 착수하지 않거나, 화해에 응하거나, 아무것도 마무리짓지 못하므로. 나아가, 예컨대 외국인이나 수공업자들처럼, 재판과 형벌을 기다리는

⟨1373ª⟩

것이 이득이 안 되는 사람들에게. 왜냐하면 이들은 {타협해서?/적은 것을 대가로 양보해서}, 쉽게 잠잠해지므로.[78] 나아가 많은 불의를 저지른 사람들이나, 또는 바로 그들 자신이 당하는 것과 같은 종류의 불의를 저지른 사람들에게. 그 자신이 습관적으로 저지르는 불의를 어떤 사람에게 자행한다면 그것은 거의 어떤 불의도 아닌 것처럼 보이므로. 이를테면 어떤 사람이 습관적으로 폭력을 휘두르는 자를 학대하는 경우가 그렇다. 나아가 나쁜 짓을 했거나, 그러한 의도를 가지고 있었거나, 가지고 있거나, 그런 짓을 하게 될 사람들에게. 이때 거기에는 어떤 쾌적한 요소, 칭찬할 만한 요소가 있으며, 그런 사람들에게 불의를 행하는 것은 거의 아무런 불의도 저지르지 않는 것인 듯 보인다. 나아가 그들을 해치는 것이 우리의 친구들에게나, 우리가 흠모하는 이들에게나, 우리가 사랑하는 이들에게나, 우리의 주인들에게, 또는 아무튼 우리가 관계하면서 삶을 영위하는 이들에게 호의를 베푸는 일이 될 그러한 사람들에게. 나아가 우리가 양해를 얻는 사람들에게.[79] 나아가, 마치 디온과의 관계에서 칼리포스가 그랬던 것처럼(플루타르코스, 《디온》, c. 54), 사람들이 이미 고소하고 이미 전부터 갈라선 그러한 사람들에게.[80] 왜냐하면 그런 경우 역시 거의 아무런 불의도 행하는 것이 아닌 것처럼 보이므로. 나아가, 마치 참주 아이네시데모스가, 한 도시를 정복하고 그 시민들을 사로잡은 참주 겔론에게 바로 자신이 의도하고 있던 것을 그가 앞질러 완수했다는 이유로 코타베이온*을 (상 ἆθλον으로) 보냈다고 하는 것처럼, 우리 자신이 불의를 행하지 않는다면 다른 사

---

* κοτταβεῖον. 코타보스 놀이에서의 상(賞).

람들에게 불의를 당할 지경에 처해 있어 더 이상 그 일에 대한 심사숙고가 가능하지 않은 그러한 사람들에게. 나아가, 예컨대 테살리아 사람 야손이 "정의로운 많은 일을 위해 나는 약간의 불의를 저질러야 한다"고 말한 것처럼, 우리가 그것을 쉽사리 보상할 것이라는 생각에서* 그들에게 해를 입히는 일이 우리로 하여금 정의로운 일을 많이 할 힘을 주는 그러한 사람들에게. 나아가 모두 또는 다수가 불의를 행하는 경우에. 왜냐하면 이 경우 사람들은 용서받을 수 있으리라 생각하므로. 나아가 쉽게 숨길 수 있는 것. 그러한 종류의 것은 식품처럼 빨리 소모되는 것이거나, 형태, 빛깔, 혼합에서 쉽게 변하는 것이므로. [혹은 쉽게 눈에 보이지 않게 만들 수 있는 것. 그와 같은 것은 쉽게 들 수 있거나 작은 공간에 숨길 수 있는 것이다. 나아가 범죄자가 동일한, 구별되지 않는 많은 물건들을 이전에 이미 소유하고 있었을 경우.][81] 나아가, 예컨대 집안의 여자들에게나 당사자에게나 아들들에게 폭력이 행사된 경우처럼, 불의를 당한 사람이 그것을 발설하기를 부끄러워할 경우. 나아가 사건을 계속 추궁하는 사람이 소송에 중독된 것처럼 보일 경우, 그와 같은 것들은 사소하고 용서받을 만한 것들이다.[82]

5

10

15

20

제13장

이로써 사람들이 불의를 행하는 경우 그들은 어떤 상태에 있으 〈1373ᵇ〉
며, 어떠한 일들과 인물들에 대해, 그리고 왜 불의를 행하는가에 대

---

*상처를 입힌 자가 상처를 고치리라 ὁ τρώσας καὶ ἰάσεται. 격언.

한 설명이 대략 마무리되었다. 이제 우리는 모든 정의롭지 못한 행동과 정의로운 행동을 분류하고 이 분류에서 출발하고자 한다. 정의로운 것과 정의롭지 못한 것은 우선 법률과의 관계에 있고, 다음으로는 관련 인물들과의 관계에 있으며, 매 경우 다시 두 가지 관점에서 그러하다는 것이 확정된 바 있다.* 그런데 법률을 말할 때 내가 의미하는 것의 일부는 특정한 사람을 위한 특정법, 일부는 모든 사람을 위한 일반법이다. 요컨대 개개 인간들에 의해 그들 자신을 위해 확정된 것이 특정법으로, 이것은 일부는 성문화되지 않았고 일부는 성문화되었다. 일반법은 자연법으로 확정된 것이다. 왜냐하면 모두가 예감하는 바와 같이, 사회나 상호간의 협약이 성립하는 일이 없어도 정의와 불의는 원래 존재하기 때문이다. 그것은 마치 소포클레스의 《안티고네》(450행 이하) 역시 폴리네이케스의 주검을 땅에 묻는 것이 비록 금지되었다 하더라도 그것은 자연법이기 때문에 정당하다고 다음과 같이 명백히 표현하고 있는 것과 같다. "오늘이나 어제부터가 아니라 이것은 항상 살아 있다. 그리고 아무도 그것이 어디에서 생겨났는지 모른다." 또 엠페도클레스가(380행 Sturz.) 유정물을 죽여서는 안 된다는 것에 대해 자신의 생각을 말하는 것도 이와 같다. 왜냐하면 이 법칙은 어떤 존재들에게는 정당하고 다른 존재들에게는 부당한 것이 아니라, "광활하게 현존해 있는 에테르와 측량할 수 없는 대지를 관통하여 멀리까지 펼쳐진, 모두를 위한 법칙"이기 때문이다. 그리고 《메세니아코스》에서 알키다마스**가 말하는 것도 이와 같다. ─관계 인물들과 관련해서 다시

---

* ─ 이라고 확정해서 말한 바 있다 ─ ὥρισται는 위의 글의 어느 한 곳과 관련된 것이 아니라 이전의 사상가들과 관련된다.

두 가지 관점이 있다. 왜냐하면 무엇을 해야 하는가 말아야 하는가의 문제는 공동체와 관련되거나, 아니면 공동체에 참여하는 개인과 관련되기 때문이다. 그러므로 부당하거나 정당한 행위들도 이중의 관점에서, 즉 특정 개인의 관점에서, 아니면 공동체의 관점에서 불의나 정의의 행위일 수 있다. 왜냐하면 간통이나 구타는 어떤 특정한 개인에게 불의를 저지르는 것이고, 병역을 기피한다면 공동체에 불의를 행하는 것이기 때문이다.

이렇게 모든 범죄를 일부는 공동의 것에 해당하는 것들로, 일부는 개인이나 개인들에 해당하는 것들로 구분하고 나서 이제 우리는 불의를 당하는 것이란 무엇인가 하는 정의를 제시함으로써 그것에 대한 논의를 계속하고자 한다. 불의를 당한다는 것은 어떤 사람이 자의(自意)로 행하는 부당한 행동을 감내한다는 뜻이다. 불의를 행한다는 것은 자발적인 행동이라고 위에서 정의되었으니까. 〔그런데 불의를 당하는 자는 필연적으로, 그것도 의도적으로 손해를 입게 되므로, 이제 갖가지 손해의 종류를 열거해야 할 것이다. 그 종류들이 무엇인지는 위의 서술을 통해 이미 드러나 있다. 재보와 재앙들에 대해서는 이미 하나하나 거론했고, 자발적인 행위들에 대해서도 그것은 사람들이 이를테면 의식적으로 하는 행위들이라는 것을 이

** 고전 주석가에게서 입수됨. *신은 모든 사람을 자유인으로 이 세상에 보냈고, 자연은 어느 누구도 노예로 만들어내지 않았다.* 그것은 에파미논데스에 의해 복구된 메세니엔Messenien의 인준을 스파르타 사람들이 완고하게 거부한 일과 관련된 말이며, 아리스토텔레스가 에파미논데스의 정책과 테바이 사람들의 요구를 시인했다는 것을 보여준다. 아마도 승자와 패자에게 똑같이 불행한 만티네아 전투 이후에. 거기에서 인용된 다른 단편은 《수사학》, II, 23에. 그것은 엄밀한 *대중 연설* δημηγορία이 아니라, 같은 시대의 것인 이소크라테스의 《아르키다모스》와 같은 정치적 교시이다.

야기했다.]⁸³⁾ 그리하여 모든 공소 사건은 필연적으로 공공의 안녕이나 개인의 안녕에 관계한다는 것, 그리고 행위자는 의식 없이, 그래서 비자발적으로 행동했든가, 아니면 자발적으로, 그래서 의식적으로 행동했다는 것, 그리고 후자는 그 위에 의도적으로든가, 아니면 격정에 의해 행동했다는 것이 밝혀진다. 정념에 관해서는 격정을 다루는 절에서 이야기될 것이다. 사람들이 무엇을 의도하며, 어떤 상태에서 의도하는가는 이미 위에서 설명되었다. 그런데 사람들 ⟨1374ᵃ⟩
이 비록 행위를 자백하기는 하나, 그 행위를 가리키는 말* 또는 그보다 그 지칭에서 관건이 되는 것을 인정하지 않는 일이 자주 있다.⁸⁴⁾ 예컨대 가져갔지만 훔치지는 않았다, 먼저 때렸지만 학대하는 않았다, 동침은 했지만 간통은 하지 않았다, 훔쳤지만 그 물건은 신의 소유가 아니었기 때문에 신전 약탈을 자행하지는 않았다, 남의 땅을 경작했지만 공공의 토지를 경작하지는 않았다, 적들과 거래했지만 배반은 하지 않았다 하는 경우들에서처럼 말이다. 그러므로 우리가 어떤 것이 있다거나 어떤 것이 없다거나 하는 것을 지적하려면 우리는 또한, 요컨대 법적 근거를 명확히 기재할 수 있도록, 무엇이 도적질이고 무엇이 학대이며 무엇이 간통인가에 대한 정의(定義)들을 제시해야 할 것이다.⁸⁵⁾

이 모든 관점에서 볼 때 어떤 사람이 의롭지 못하고 나쁜 사람이라거나, 그런 사람이 아니라거나 하는 것은 의심스럽다. 왜냐하면 비열한 짓과 불의를 행하는 것은 의도적 행동에서 나오는데, 학대,

---

* 그렇다면 추측할 수 있는 *상황*status coniecturalis(**στάσις στοχαστική**)이 아니라 *최종 상황***στάσις ὁρική** 또는 st. finitivus.

도적질과 같은 말들은 의도를 동시에 나타내고 있기 때문이다.[86] 어떤 사람이 누군가를 때렸을 경우 그가 매번 학대를 한 것은 아니고, 그가 단지 특정한 목적을 위해, 예를 들어 누구에게 치욕을 주기 위해, 또는 자신을 기쁘게 하기 위해 때렸을 때에만 그러한 것이다. 또 그가 어떤 것을 몰래 가져갔을 경우에도 그가 매번 훔친 것은 아니고, 그가 단지 다른 사람에게 손해가 되게, 그리고 그것을 자기의 소유로 만들기 위해 가져갔을 경우에만 그러한 것이다. 나머지도 이 경우들에서와 같다.

옳고 옳지 않은 것들에는 요컨대 두 가지가 있었다. 하나는 성문화된 것들이고, 다른 하나는 성문화되지 않은 것들이다. 법률이 거론하는 것들에 대해서는 이미 다루었다. 성문화되지 않은 것들에는 두 종류가 있다. 하나는 고도의 덕과 악덕에 대한 것이다. 그것은 비방이나 찬사, 또는 명예나 선물들의 수여·박탈의 대상이 되는 행위들로서, 그러한 것들에는 예컨대 은인에게 감사하는 것, 다른 한편으로 은인에게 선행을 베푸는 것, 친구들을 기꺼이 돕는 것과 같은 행위들이 있다. 두 번째 종류는 개별적으로 성문화된 법을 이를테면 공정성의 원칙에 따라 보완한 것이다. 왜냐하면 공정한 것은 옳아 보이기 때문이다. 그런데 공정한 것은 성문화된 법과 모순되는 옳은 것이다.[87] 공정한 것의 경우들은 일부는 입법 의지와 함께, 일부는 입법 의지 없이 나타난다. 즉 입법이 어떤 것을 망각했을 경우에는 의지 없이 나타나고, 입법이 어떤 결정도 내릴 수 없었고, 사태가 실제로 어떠한가가 아니라 대체로 어떠한가를 부득이하게 다만 일반적으로 거론했을 경우에는 의지와 함께 나타난다.[88] 나아가, 예컨대 칼에 부상당했을 때, 얼마나 큰 칼로, 그리고 어떤 칼로 부상을 당했는지가 문제되는 경우처럼, 수없이 많은 경우들이 있어 어떤 확고한 결정을 내리기가 그리 쉽지 않으므로, 아마 차츰 그것을 열거할 시간이 없을 것이다. 이와 같이 개개의 경우가 결정 될 수는 없지만 그럼에도 법적으로 규정되어야 한다면, 그런 경우에는 우리는 아주 일반적으로 이야기해야 한다. 〔그래서 손가락에 쇠가락지를 끼고 어떤 사람에게 손을 들어 올리거나 손찌검을 하는 자는 법조문에 따르면 유죄이고 불의를 행하는 것이지만, 진실로 잘못하는 것은 아니다. 그것이 공정성의 경우이다.〕[89] 그런데 공정 〈1374ᵇ〉성이 방금 특징지어진 것과 같은 것이라면, 어떤 것이 모두 공정하고 공정하지 않은지, 그리고 어떤 사람들이 공정하지 않은지는 명백하다. 즉 관용을 베풀어야 하는 대상들이 그러하다.[90] 나아가 과실과 범행들을 똑같이 평가해서는 안 되며, 또 사고와 범행들도 마찬가지다.[91] 왜냐하면 사고는 예기치 않게 일어나는 것들이지 인간의 악의의 결과로 일어나는 것들이 아니며, 과실은 비록 예기치 않게 일어나는 것들은 아니나 악의에서 비롯되는 것들이 아니며, 범행은 예기치 않게 일어나는 것들이 아니고 악의의 결과들이기 때문이다. 욕구에서 나온 행위들은 악의의 결과들이기 때문이다. 나아가 인간적인 것[92]에 용서를 베푸는 것이 공정하고, 나아가 법이 아니라 법의 제정자를 고려하는 것, 그리고 말이 아니라 입법자의 뜻을 고려하고, 행위가 아니라 의도를, 부분이 아니라 전체를, 그리고 어떤 사람이 지금 무엇인가가 아니라 그가 항상, 또는 대부분 무엇이었나 하는 것을 고려하는 것이 공정하다. 나아가 나쁜 것보다는 누군가에게서 경험한 좋은 것을 잊지 않는 것, 그리고 직접 한 좋은 일보다는 좋은 일을 경험한 것을 잊지 않는 것.[93] 나아가 불의를 당했을 경우 인내심을 가지고 기다리는 것. 나아가 행위를 통해서보다는 말을 통해서 결정이 이루어지기를 희망하는 것.[94] 나아가 법정 소송으로 가기보다는 중재 심판의 절차를 밟는 것. 왜냐하면 중재자는 공정성의 관점을 가지고 있고 판관은 법의 관점을 가지고 있어, 공정성이 더 큰 힘을 얻도록 하기 위한 목적에서 중재자가 고안된 것이기 때문에.

유고(1864년 가을~1868년 봄)

[29=Mp VI 8. 1865년 3월~4월]

29[1]

예수의 생애에 관하여.

이 경우 어떠한 역사적 비판에도 전제가 없을 수 없다. 연구자에게는 세계와 신의 관계가 확고한 견해로 제시되어 있어야 한다. 그런 이후에 기적의 개념에 대한 배척이나 승인이 있다.

깊은 믿음에서 나오는 견해에 따르면 신은 생의 근거이자 세계사의 보호자로서, 그에게는 세계사의 경과에 직접적으로 간섭할 권리가, 아니 부득이 그래야 할 의무가 있다. 이 견해에 따르면 세계는 신에게서 벗어났으나 자의적이며 신적 영향력의 지배를 받는다. 그렇게 됨으로써 신이 시간의 영역에 속박되는 것은 아닌가? 세계와 신을 그렇게 분리하는 철학적 근거는 있는가?

그리스도의 삶에 교의적 형식을 부여하기 위해 그들은 그리스도의 신관을 기초로 삼는다. 그런데 성서가 우리를 기만하지 않는다면, 이 기초는 우리가 이를 좀더 진전시켜도 좋을 만큼 아주 인간적 · 인격적이었다.

이것은 완전히 신기원을 이룩하는 생애가 이를 판단하는 사람의 관점에 따라 전혀 다른 어떤 것으로 융해되는 진기한 현상이다. 거의 어떤 사건도 남아나지 않는다.

복음서와 관련된 의문은 얼마간 중단되어야 한다. 〈사도행전〉과 〈묵시록〉의 그리스도론은 출처가 밝혀져야 한다. 예를 들어, 요한의
5 그리스도론과 바울의 그리스도론의 차이점은 어디서 나오는 것인가? 〈요한복음〉과 공관복음서의 차이점들이 지나치게 극단적으로 진술되어 있는 것은 아닌가?

부활론에 관하여.

10 중요한 것은 바울. 죽은 자들의 부활은 바로 그리스도의 부활과 같다. 그리스도의 부활은 단지 그 첫 번째 경우에 해당한다. 모든 것은 죽음의 지배 하에 있다. 신의 아들조차(〈고린도전서 I〉 15 : 28).

그런데 바울은 부활을 어떻게 생각하는가?
15 바로 자신이 알고 있는 예수의 부활을 상상하듯 그렇게 생각한다.
저마다 특별한 영광과 함께 천상적인 육신과 지상적인 육신이 있다. 불후의 부활이 있을 것이다.

어떤 사람에게 자연적 몸이 있다면 그에게는 정신적 몸도 있다. 첫 번째 몸이 자연적 몸이고, 그 다음이 정신적 몸이다. 자연적 몸
20 은 지상적 몸의 형상이고, 정신적 몸은 천상적(신의) 몸의 형상이다.

살과 피는 없다. 왜냐하면 부패하는 것은 부패하지 않는 것을 이어받을 수 없기 때문이다.

그러므로 부활 이후의 예수의 몸은 천상적·정신적 몸, 신의 형

상으로, 살과 피가 없이 불멸이다. 자연과 신의 대립에 따르면 이것은 자연적인 몸의 반대이다. 따라서 예수는 영적 존재다.

다마스쿠스로 가는 길에서 예수가 나타난 일은 이에 따라 판단되어야 한다. 〈사도행전〉 22장에 따르면 그때는 정오다. 하늘에서 밝은 빛. 그는 목소리를 듣는다. 동행인들은 빛에 놀란다. 그러나 소리는 듣지 못한다. 그는 광채 때문에 아무것도 볼 수 없다.

17절. 사원에서 그는 기도를 한다. 그는 황홀경에 빠져 예수를 보고 그가 말하는 것을 듣는다.

대략 9절의 진술에 의하면 동행인들은 목소리는 듣되 아무도 보지는 못한다.

7절. 대략 9절. 도상에서 네게 나타난 주님. 27절. 그리고 그가 길 위 어디에서 주님을 봤는지를 말했다. 이렇게 이 두 보고에서 그는 광채를 본다. 그가 형체를 보았는지는 언급되어 있지 않다. 그럼에도 〈사도행전〉의 표현에 따르면, 그는 주님을 봤고, 이에 따라 사람들은 그리스도의 출현을 광채로 상상했다. 기도의 황홀경 속에서 그는 주님을 보고 그

동행자들은 빛에 놀란다. 그들은 목소리를 듣지 못한다. 다른 보고에 의하면 그들은 목소리는 듣되 아무도 보지는 못한다.

그렇다면 이것은 완전히 감각적인 현상은 아니다. 이 경우 소리와 빛의 영상은 다른 사람들에게도 보이나 형체와 말의 내용은 오직 한 사람에게만 알려진다. 따라서 여기도 감각적인 것과 정신적인 것 사이의 유령과 같은 중간이다.

가 말하는 것을 듣는다(틀림없이 몽상적으로).

23 : 11. 야밤에 주님이 그의 곁에 서서 말한다. 틀림없이 꿈이 아니면 야밤의 상념의 흥분 속에서.

23 : 9. 하지만 천사나 유령이 그와 함께 이야기를 했다면, 하고 바리새인들은 말한다―그렇다면 사람들은 그리스도의 출현을 천사나 영적 존재의 출현과 같은 것으로 상상했다.

_____

이러한 출현들은 바울에게는 〈사도행전〉의 출현들과 완전히 같다. 우리는 여기에서 성령의 출현에 대한 바울의 견해뿐만 아니라 원시 그리스도교의 견해들도 인식한다.

_____

세 번째 보고 26장에 의하면 모두가 빛을 보고 바닥에 엎드린다. 사원에서 있었던 다음 번 출현이 동시에 여기에 연관되어 있다.

〈갈라디아서〉 1 : 16. 그[하느님]가 내 안에 당신의 아들을 나타내 보이시어 나로 하여금 그를 이교도들에게 선포하게 하신 것. 이는 틀림없이 사원에서의 출현이다.

복음서의 보고들도 이와 일치한다. 누가에 의하면 그는 살과 뼈를 갖고 있고, 먹기를 청하고, 사라지고 싶으면 사라지며, 상처와 못 자국을 갖고 있다. 모든 복음서에 의하면 무덤에는 그의 시신이 없다.

그렇다면 변화가 생긴 것이다. 자연적인 몸이 천상적인 몸으로 변신한 것이다.

요한이 전하는 그리스도의 출현과 비교해보라. "그는 인간의 아들과 흡사했고, 윗옷을 걸치고 있었으며 가슴에는 금빛 띠를 두르고 있었다. 머리와 머리칼은 희고, 눈은 불타는 듯하며, 목소리는 좔좔 흐르는 물소리 같고, 얼굴은 태양처럼 빛난다. 요한은 바닥에 엎드린다." 나는 정신 속에서 주님의 날에 있었다. 나는 죽었었다. 그리하여 나는 영원에서 영원으로 살아 있다.

그리고 하느님의 오른편에 앉아 있다.

정화. 그는 기도한다. 그의 얼굴의 형체는 변했고 그의 옷은 희고 빛났다. 모세와 엘리야가 명료한 가운데 나타난다. 그러자 그들 위를 가린 구름 가운데에서 목소리가 들린다. 제자들은 마치 꿈에 취한 듯하다.

마태에 의하면 그의 모습은 태양처럼 빛났다. 제자들은 그 모습에 나자빠진다.

예수가 말한다. 너희는 인간의 아들이 죽은 자들 가운데에서 부활할 때까지는 너희가 본 것을 누구에게도 말해서는 안 된다. 마가에서도 마찬가지.

눈같이 흰 옷.

부활한 자들은 하느님의 천사들과 같다 ―.

〔35=Mp VI 15. 1865년 8월~12월〕

35〔1〕

가톨릭 중세의 세계관.

우주의 중심에는 지구가 있다. 지구의 주위에는 해와 달과 행성들을 포함한 일곱 개의 하늘이 있다. 그리고 영적인 별들과 함께 여덟 번째 천구가 있고, 아홉 번째 천구는 수정의 하늘이며, 열 번째 천구는 최고천이다. 여기서 하느님이 그 아들과 선택받은 이들과 함께 왕좌에 앉아 있다. 반면 다른 이들은 자신들의 품위에 따라 아홉 천구들에 분산되어 있다. 지구의 중심은 지옥인 동시에 정죄하는 불의 산이다. 하늘은 영적 존재들의 왕국과 함께, 땅은 악마들과 함께 있다. 인간은 그 중간에서 양쪽 모두에 관여하고 있다. 정해져 있는 세계연관Weltzusammenhang에 대해 중세는 알지 못한다. 자연은 자신에게서 분리되어 나간 영적 존재, 하느님, 이중의 영적 존재들의 무리, 그리고 인간의 노리개다. 하느님은 자기가 하려는 것을 할 수 있다. 하느님은 도덕적 목적에 따라 자연을 다스린다. 죄를 징벌하기 위해 그는 우박, 폭풍우, 지진을 보낸다. 인간 또한 영적 존재들의 무리와 제휴하면 자연에 대한 영향력을 얻을 수 있다.

최대의 마법사는 교회이다. 십자가의 표상과 예수의 이름은 마력을 가지고 있다. 교회는 빵과 기름과 포도주와 종 등등에 축복을 내리고, 그렇게 하여 그것들에 더 높은 힘들을 부여한다.

정신과 자연 간의 이원론이 이 세계관에서 본질적인 것이다. 학문과 예술, 국가와 삶은 이 이원론에 봉사한다. 땅 위에서 천상적인 정신의 국가를 체현하는 주체인 교회가 국가를 지배한다.

개신교의 세계관.

종교 개혁은 처음에는 다만 하느님과 인간의 실제적 관계의 변화였다. 물론 연옥의 불, 미사, 성자들의 힘과 같은 몇몇 조목들이 일소되기는 했다. 그러나 교리는 본질적으로 4세기에서 6세기에 이르는 옛 교회의 신앙과 일치하는 것으로 남아 있었다. 코페르니쿠스에도 불구하고 사람들은 옛 하늘, 옛 땅, 옛 지옥을 고수했다. 악마의 신화는 크게 과장되었다. 이 점에서 루터는 자기 시대의 아들일 따름이다. 마녀 심판은 이 세계관의 서글픈 폐해이다.

마이센의 영지에서는 1640~1651년에 천 명에 이르는 마녀들이 희생되었으며, 밤베르크에서는 그 수가 2년 동안 300명에 육박했다. 시칠리아에서는 150년간 3만 명에 이르렀다. 이것은 몇몇 예들일 뿐이다. 1783년에는 글라루스에서 마술을 핑계로 한 마지막 사형이 집행되었다. 토마시우스Thomasius는 재판정에서 마녀를 쫓아냈다. 1703년의 일이다. 1750년이 되어서야 마녀 신앙이 모멸의 대상이 되었다.

하느님이 태초에 역사를 손수, 또는 자신의 전령사를 통해 개시한 후, 한 민족만 제외하고 다른 모든 민족의 역사는 그들 자신에게 내맡긴다. 그 결과 이들 민족은 하느님이 다시 간섭하지 않으면 안 될 정도로 까마득하게 추락했다. 그것이 초자연주의이다. 자연과 정신적 삶은 모든 점에서 하느님과 악마의 행동들로 인해 구멍투성이가 된다. 인간의 삶은 *신적인 희극*divina comoedia이었다. 악은 인간의 책임이 아니고, 선은 인간의 행위가 아니다. 인간은 남의 죄로 악하고, 남의 공로로 정당하다. 이성은 어두워졌으며, 의지는 악하고, 욕망들은 땅에 묶여 있으며, 자연적 인간의 덕목들은 다만 가물거리는 해악이다. 그런데 누가 그리스도의 공로를 믿을 수 있겠는가? 아무도 믿을 수 없다. 유전된 악의 덕분에 십자가는 분노의 대상이다. 하느님은 인간에게 은총을 내리고, 인간에게 회오와 회개의 감정을 불러일으킨다. 하지만 하느님은 어째서 신앙을 모든 사람에게 일깨우지 않는가? 하느님은 영원으로부터 바닥 모를 자비심으로 어떤 이들은 하늘 나라의 주민으로 선택했고, 다른 이들은 지옥에 보내기로 결정했다. 이 틈새는 인류를 관통해서도 벌어진다. 거듭난 자와 거듭나지 않은 자, 은총의 그릇과 분노의 그릇. 대단하다, 그러나 야만적이다.

지상은 유배지이다. 육신은 감옥이다. 우리는 삶에 대한 증오와 구토로 가득 차 있음이 분명하다. 인간은 자신을 짓밟는 데 잔인한 기쁨을 느꼈다. 지상은 그 모든 관심사와 더불어 천상적인 것에 현저하게 대립된다.

3. 성서적 세계관이 말하는 몇 가지.

가톨릭 교회는 타락이 아니라 그 안에(성서 안에) 놓인 배아의 자연적인 전개이다. 개신교회 또한 성서적 견해의 특징들을 하나하나

포착해내 성서의 다른 면들과는 모순이 되는 하나의 체계로 정리해 냈다.

계승의 길을 통한 성령의 전파. 〈사도행전〉 8 : 14~17.

보좌 신부의 세례를 위해 〈고린도전서 I〉 15 : 29. 미사 성제는 어떤 다른 것. 즉 자격 없이 영성체를 모신 결과로 인한 질병과 죽음. 〈고린도 전서 I〉 11 : 29~30.

기적 신앙이 전 성서의 세계관을 지배한다. 〈사도행전〉 8 : 26~40. 〈마가복음〉 16 : 17. 〈사도행전〉 5 : 12, 19 : 11~12.

기적의 선물이 언제 사라졌다는 것인가? 어째서 성서의 기적 이야기들은 참이고 가톨릭의 기적 이야기들은 참이 아니라는 것인가?

악마 신앙에 관하여 : 그는 포효하는 사자처럼 지상을 배회한다. 그의 시종들은 대기의 온 공간을 가득 채우고 있다. 황무지와 사막에서 그들은 인간과 가축을 위협한다. 〈마태복음〉 8 : 28~33.

악마는 이 세계의 영주이다. 모든 왕국은 그의 것이다.

자연의 진행은 기도하는 자를 위해 변한다. 〈야고보서〉 5 : 14.

법의 영역. 〈고린도전서 I〉 6. "너희는 어찌하여 너희를 오히려 핍박받게 하지 않는가?"

결혼 생활에 대하여. 〈고린도전서 I〉 7. 아내가 없는 것이 좋다면 아내가 있는 것은 나쁘다. 그렇다면 수녀는 주부보다 성스럽다. 결혼은 욕정에 대한 치우친 사랑이다.

세속적인 영리(營利)와 소유에 관하여. 〈마태복음〉 19 : 21~24. 〈누가복음〉 12 : 33, 6 : 20. 세상에서 도피하는 것은 가톨릭의 오랜 교리이다. 정신을 세상에 심는 것은 개신교의 교리이다.

"천상도 지옥도 없다면 우리는 우리를 짐승 같은 본성에 내맡겨도 된다." 그것이 바울의 근본 사상이다.

4. 현대의 세계관.

5   코페르니쿠스적 세계관은 시대의 혈관으로 흘러들었다.

하늘과 땅의 차별은 제거된다. 이와 함께 지옥도 떨어져 나간다. 그리고 이와 함께 천사와 악마도 떨어져 나간다.

신론. 신이 이성을 가진 것이 아니라, 신은 이성이다. 선의 관념. 미의 관념. 신의 뜻을 *따르라* pati deum.

〔36＝Mp Ⅵ 16. 1865년 8월~12월〕

36〔1〕

바로 옆에 놓여 있는 것에 대한 시각, 현대를 특징적으로 지시하는 것들에 대한 시각이 얼마나 심하게 둔화되는지 유감스러운 일이다. 선입견에 가득 찬 자만(自慢) 없이 명확히 인식하며 자기의 시대 안에서 활동하는 사람에게는 유감스러운 일이다. 평범한 것과 일상적인 것은 그가 지속적으로 주목하기에는 너무도 무의미한 것으로 보이기 쉽기 때문이다. 그럼에도 바로 그것에서 현대의 고질 덩어리가 모습을 드러내는 것이다. 연구자는 오히려 특별한 애착심으로 몇몇 두드러진 사건들에 착안하면서 이들 사건에서 현대의 차이점과 장점들을 끌어내려는 시도를 한다. 잘못 생각하는 사람들은 대부분 현존하는 것을 어떤 고정된 것, 변화에 맡겨져 있지 않은 것으로 간주하고, 그렇기 때문에 주어진 여건 아래서 그럭저럭 참을 만한 삶을 설계하고자 노력한다. 좀더 적은 수의 다른 사람들, 특히 힘이 없거나 나이가 들어 본성이 약화된 사람들은 회상이 과거를 순화한다는 경험을 세계 흐름에 대한 비판으로 사용함으로써 옛 호 시절에 대립하여 현대를 불완전한 시대로 규정한다. 그렇다면 결과적으로 그들은 이번에는 그 호시절 이전에 더 좋은 시절이 있었다는 것을 당연히 인정해야 할 것이다. 하지만 그들은 여기에서 추론을 멈춘다.

그와는 반대로, 그럼에도 불구하고 전체적으로 인류는 믿어지지 않을 만큼 진보했다는 믿음이 공통적이다. 이에 기독교가 공헌했다는 것이다. 사람들은 치를 떨며 소위 중세의 야만적 행위를 회고한다. 우리가 언젠가 이교도이기까지 했다는 사실은 끔찍하다. 이 이름에 사람들은 유대교적—그리스도교적이 아닌 모든 것을 함께 포괄한다. 그리스인들이 야만인에 대해 이야기했던 것보다 훨씬 험악하게 우리는 이교도에 대해 이야기한다. 사람들은 그들에게 도덕과 고차원의 인식 능력이 있다는 것을 부인한다. 한편 오직 '이성의 빛'만이 그들에게서 빛을 발할 수 있으리라는 믿음이 지배적이다. 그러나 이성의 빛은 신에게 인도하지 않는다. 따라서 그들은 비도덕적이고, 따라서 그들에게 선교사를 보내야 할 필요가 있다. 모든 비그리스도교 종족을 가난하고 비참한 이교도라는 개념으로 묶어 버리는 이러한 태도에는 가소롭기 그지없는 야만성이 있다. 그 근저에는 유신론을 도의심과 동일시하거나, 또는 사람들이 신에 대해 가지고 있는 견해에 도덕 일반을 종속시키는, 엄청난 사고의 오류가 있다. 이제 개념들의 이러한 혼란은 사제들의 손에서 양날의 칼이 된다. 부분적으로는 사제들 자신이 그러한 혼란의 희생양이다. 그것은 그들이 자주적 사고를 교회 봉사에 바침으로써 자신들의 도덕에 자신들의 유신론과는 다른 근거를 부여하는 힘을 상실했기 때문이다. 그들은 더 이상 근거를 통해 가능하지 않은 것을 위협과 보상을 통해 성취하도록 노력하지 않을 수 없다. 그러므로 그들은 근거를 탐구하는 것은 이미 자신들의 유신론에 대한 공격이라고 선언하는 것이고, 그런 까닭에 철학, 불신, 부도덕을 동일한 것으로 간주하는 것이다. 그런 상황에서도 그들은 자기들이 계시받은 신앙이 거스를 수 없는 것임을 증명하도록 항상 강요당하며, 영감설 Inspirationslehre을 증명 수단으로 갖는다. 그런 다음에는 우리에게 초인간적 연원을 가진 책을 보라고 권유한다. 궁극적 교리의 확증에 대해 물으면 이 책 속에 있는 글의 자체적 증언을 참조하라고 지시한다. 도대체 그 힘을 인정하지 않으면 이제 세 가지 길이 있다. 불신으로 문죄를 당하거나, 사람들이 원하는 것을 최대로 확실하게 항상 증명하는 소위 종교철학을 참조하라고 지시하거나, 기독교 국가에 원조를 청한다. 위대한 시인이나 사상가들은 변장한 이교도들로 간주된다. 모든 인격의 가치는 그 신앙 고백의 정도에 따라 측정된다.

요컨대, 그리스도교 사제 계급은 이 세상의 모든 사제 계급에게 생명을 불어넣은 것과 똑같은 광신에 시달리고 있다. 비논리적 근거, 학교, 국가, 예술의 모든 관계에 주제넘게 뛰어드는 것, 근거를 향해 던져지는 권위의 말, 부적절한 자기 감정이 그 자체로서 인간의 축복에 연결된 것 등등 모든 사태가 여기저기서 다시 발견된다. 그리하여 다만 정도의 차이라도 진보는 거론될 수 없다.

사제 계급은 오로지 항상 자신만을 정당한 것으로 인정하는 자족한 종교의 표현일 뿐이다. 그러한 종교의 소재는 아무래도 좋은 것이다.

〔37＝Mp Ⅵ 17. 1865년 8월～12월〕

37〔1〕

일러두기.

나의 연구 계획은 이렇다. 나는 우선 인간을 경험적으로 알고자한다. 그리고 이때 그 어떤 기존의 믿음에도 좌우되지 않겠다. 분류의 법칙을 충족시킨 후 동질적인 것을 규정하는 일이 가능할 것이다. 그러나 나는 인간을 사물들에서 분리할 수는 없을 것이다. 그렇기 때문에 사물들이 인간 없이는 무엇인지, 그리고 인간과 함께는 무엇인지가 확정되어야 할 것이다.

관찰.

내가 눈을 감으면 :

칠흑 같은 어둠은 아니더라도 우선 어둡다. 좀더 밝고 좀더 환한 그림자가 있고, 다른 한편에는 좀더 어두운 그림자가 있다. 이들은 둘 다 정지해 있지 않아, 어둡고 밝은 그림자들은 어느 정도 움직이면서 있고, 밝은 그림자들은 그 위에 또 선회하면서도 있다. 차츰 고요해진다. 그러면 나는 계속해서 색깔이 있는지 더 밝은 빛으로 된 형체를 마치 내 눈을 가린 손을 통해 보듯이 나에게서 본다. 그 형체는 겨우 이루어지는 중이다. 그리고 이루어지자마자 변화하여 다른 형체로 넘어간다. 내가 천천히, 그리고 예리하게 주시하면 할수록 명료성은 커진다. 하루 중 늦은 때일수록 형체들은 더 자주 교체되고 더 생생하게 나타난다.

위에서 말한 형상들에 나의 의지는 작용하지 않았다. 이제 나는 어두운 배경 위에 의도적으로 하나의 형체를 그려 넣는다. 하지만 나는 획, 윤곽 외에는 아무것도 첨가할 수 없다. 색은 없다. 이제는 그려 넣은 획들을 이전 과정이 인수하여 거기에서 하나의 형상을 만든다. 또는 획들이 곧바로 다시 지워지고 이전 과정이 계속된다. 거기에다가 내가 하나의 형체를 그려 넣는 능력은 완전하지 않다. 예를 들어 나는 얼굴을 매우 정교하게 그리지 못한다. 그러나 그 과정은 현재는 정교하지 못한 획들을 미화한다. 하여튼 형상들은 차츰 내가 눈을 뜨고 가까이에서 보는 사물들만큼이나 예리하고 분명하다. 다만 이들 형상은 존속하지 않고 변하면서 다른 것들 앞에서 사라진다.

그렇다면 1) 의도 없이 형상들이 생겨난다.

의도를 가지고 내가 획을 긋는다.

두 힘들 간의 연결은 필연적인 것이 아니다. 첫 번째 힘이 더 완전하고 결정적인 힘이다. 두 힘이 그림을 그리는 배경은 같은 배경이다. 즉 위에서 말한 형상들이 출현하는 어두운 공간이다. 그런데 그림들은 크기가 작다. 그러나 윤곽은 예리하다. 주위의 전 풍경이 명함 크기에 담겨 있다.

이제 나는 눈을 뜬다.

어둡다면 그 과정은 물론 동일한 것으로 남는다.

밝다면 이제 나는 여기저기서 색깔 있는 형상들을 본다.

색깔이 없는 것은 하나도 없다. 이들 형상은 확고하고 변하지 않고 남아 있다. 내게는 아직 획을 긋는 힘이 있다. 첫 번째 힘이 있는지는 모르겠다. 그 시도를 한다면, 나는 항상 먼저 획을 그어야 한다. 이제 내가 집중해서 이 획들을 보면, 이와 함께 나는 하여간 색깔 있는 형상들을 본다. 이 형상들을 내가 주의 깊게 바라보든 다른 어떤 것, 예를 들어 두 번째 힘으로 그린 머리를 바라보든 아무것도 달라지는 것은 없다.

1) 의도 없이

　a) 도처에 색깔 있는 크고 작은 현란한 형상들. 밝은 게 분명하다.

　b) 작고 색깔 있는, 사라지는 하나하나의 형상들. 어두운 게 분명하다(밝은 데서 그것이 가능할까?)

2) 의도를 가지고.

　어두운 곳과 밝은 곳에서 형체들의 윤곽들.

1)에 관해. 공통적인 것 : 현란한 형상들. b)의 형상들은 좀더 다양하다. 획과 색채가 공통된다. 크기와 존속성에는 차이가 있다.

〔50=Mp Ⅵ 24. 1867년 3월 이후〕

50〔1〕

신들이 아직 자연신격들로 파악되는 한, 동일한 자연 대상의 대
표자는 둘로 존재하지 않는다. 추상화(抽象化)가 시작되는 시기들
에 와서야 비로소 원초적인 신격들 둘이 함께 존재할 수 있다.

50〔2〕

인간은 자신을 자연 안에 놓는다. | 거칠면 거칠수록 더욱더.
그는 멀리 떨어진 것을 먼저 본다.
예를 들어 지구를 태양보다 나중에 본다.

[56＝P I 2 : 1, 128〜129, 150〜153, 155, 157, 181
1867년 가을〜1868년 봄]

56[1]

문학사 없는 문학.
최초의 강제는 어디에서 드러나는가? 어떤 문학 장르에서 가장 나
중에 드러나는가?

최초의 연구들은

a) 찬양적(계보적 관심에서도)
b) 비난적

문학이 다른 관점들에서, 일례로 도덕적 관점에서 고찰됨.

─────────

진정한 예술 작품은 모두 역사적 전제 없이 향유 가능해야 한다.
이에 반해 모든 가치가 역사적 위치에 놓여 있는 글들이 있다.
시대를 표출하는 한, 문학사는 예술 작품들뿐만 아니라 졸렬한
작품들도 고찰한다.
문학사는 이로써 졸작과 연대 관계에 있거나 최소한 하찮은 것도

인정한다.

심미적 평가는 얼마 되지 않는 글들의 수명만을 연장해주고, 문학사적인 평가는 모든 글의 수명을 연장해준다.

그 점에서 문학의 역사는 자연의 역사와 같다. 어떤 것이 아름다운가에 대한 관심은 문학사에서는 부차적이다. 첫째 관심사는 그것이 문학 장르인가, 그리고 그것이 어떤 문학 장르인가 하는 것이다.

56[2]

위대한 사상은 오직 인간 한 사람 한 사람이 산출한다.

집단이 확신하는 것들에는 항상 어떤 불완전한 것과 모호한 것이 있다.

이에 반해 집단의 충동은 개개인의 충동보다 강하다.

모든 시대가 가진 관념의 범위와 진행을 서술해야 하는 사람은 항상 어리석음과 전체에 대한 두려움을 계산에 넣어야 한다.

민중을 지도한다는 것은 하나의 관념을 관철시키기 위하여 충동을 부추기는 것을 의미한다.

교육에서도 같은 것이 타당하다.

어떤 사람들에게는 충동인 것이 다른 사람들에게는 왕왕 직관적 관념 개념이다.

———

충동의 역사에 대립하여 사유의 역사.

윤리적 삶과 윤리적 표상들에는 어떤 필연적 평행 관계도 없다.

아리스토텔레스의 《시학》에 대한 비판은 아직 예견되고 있지 않다. 그는 여전히 *주역πρωταγωνιστής*으로 여겨지고 있다. 사람들은 비극에서 출발해야 할 것이다.

얼마간의 관념들, 예를 들어 신(神) 등등의 관념들은 충동에 의해, 즉 욕구에 의해 산출되었다. 여기에서 오류는 거의 필연적이다. 그러나 개념적 논박은 직관적 관념을 지양하기에는 충분히 강하지 않다. 욕구를 통해 욕구를 근절하는 일이 관건이다.

이것은 또한 역사에도 통용된다. 정신적으로 활동적이고자 하는 욕구는 많은 사람들을 역사로 내몬다. 역사의 유일한 업적은 대부분 역사에 몰두하는 일에 있다. 철학, 자연과학 등등에서 사정은 대체로 이보다 더 낮지 않다.
하지만 이들 연구는 무엇보다도 사람들로 하여금 인간을 수단으로 하는 실험, 사회적 개혁 등등에서 거리를 취하게 한다는 점에서 유용하다. 그리고 이들 작업은 또한 대체로 합당하다.

수많은 평범한 두뇌들이 실제로 영향력 있는 일들에 몰두하고 있음을 아는 것은 끔찍한 생각이다.

군중 속에서의 모든 정치적 노력의 미흡함과 열정이 그것을 보여준다. 신학에서도 사정은 비슷하다.

―――――――

그러나 어쨌든 그 '지극히 훌륭한' 외투를 학문에서 어느 정도 벗
겨내는 것은 유용하다. 그리스 민족과 같은 건강한 민족은 약간의
학문만을 알고 있다. 우리는 학문의 효용을 부인하지는 않는다. 그
러나 백성의 지도자는 이런 요소들이 민중에게 지나치게 침투되어
서는 안 된다는 사실을 알아야 한다. 사람들을 위축시키는 모든 것
에 대항하여 싸우라. 그러나 절대로 관념을 통해 욕구를 해체하는
것을 가르치는 방법으로 싸워서는 안 된다. 요컨대 욕구를 변형시
키라. 그 충족은 대중 스스로가 구할 것이다.

예를 들어 강력한 종교적 욕구를 윤리적 욕구로 대치하라. 정치
적 욕구는 자선의 욕구로. 향락의 욕구는 예술의 욕구로. 그러나 천
천히. 화주를 마시는 자에게 아름다운 조상(彫像)에 대한 감각을 불
어넣고자 하는 것은 부질없는 일이다. 그러나 맥주와 정치에 대한
감각이라면 말이 된다.

56[3]

자기 시대의 욕구를 충족시키는 자는 누구나 시대의 사례(謝禮)
를 기대해도 좋다.

그러나 (이제) 겨우 심어져서 그 당사자에게 으레 몰이해와 배은
망덕을 수확으로 안겨주는 욕구들이 있다. 도대체 누가 새로운 욕
구들을 산출하라고 명했단 말인가?

사람들은 요즈음 역사를 과대평가한다. 역사를 추진하는 것은 자연스러운 일이다. 왜냐하면 추진력이 역사의 존재 근원이기 때문이다. 아마도 정치가나 외교관 역시 역사에서 무엇인가를 배울 것이다. 우리 다른 사람들은 실로 개개의 사실들과 함께 여기저기에서 예증된 관념들의 발전에 어떤 허깨비 같은 요소가 있음을 느낀다. 역사적 사태에는 시인의 시선에서만 움츠러드는 어떤 마비시키는 것, 메두사적인 것이 있다. 역사적 사실들의 토막들에서 우리는 우선 조상(彫像)을 조각해내야 한다.

학문에는 무언가 죽은 것이 있다. 특히 윤리는 인간의 선한 특성들에 해롭다.

선하게 행동하려는 충동은 존재한다. 그러나 그것을 의식적으로 바라보아서는 안 된다. 보라, 그것이 아모르와 프시케다.

56[4]

하여, 내가 여기에 서술한 바의 역사란 집단의 역사에 지나지 않는다. 그러한 역사에 대해 개개의 인물은 집단에 영향력을 행사한 것만큼의 영향력을 갖는다.

그러나 일반적으로 역사란 철학과는 대조적이다.

철학이 자유로워진 개개의 욕구들의 고찰인 것과는 반대로

역사는 얽히고 설킨 욕구들의 고찰이다.

그러나 역사는 이것을 자연과학과 공유하고 있다.

결국에는 단지 사물들을 학적으로 관찰하는 방식이 있다.

다른 방식은 의지를 지향하는 방식이다. 예를 들자면 어린아이, 화가, 자연 연구가를 위한 열 개의 서로 다른 사과(沙果)들.

세 번째 방식은 예술가를 위한 방식이다.

5

'유기적' 역사가는 시인이어야 한다. 시인이 아니라면, 그는 어쨌든 무언가에 해를 끼친다.

역사적 법칙들은 윤리의 영역에서 움직이고 있지 않다. '진보'란 어떤 역사적 법칙도 아니다. 지적인 진보, 도덕적인 진보, 경제적인 10 진보 또한 그러하다.

"이교도들의 세계에서 있었던 그리스도교의 준비들." 역사 건조자(建造者)가 즐겨 다루는 주제.

15

56[5]

합법칙성은 가장 특수한 것을 간과할 줄 아는 관조하는 정신에만 존재한다. 이것은 이성적 합법칙성이 아니라, 다만 상이한 재료에 20 서 나타나는 하나의 동일한 충동일 따름이다.

그렇다면 역사가의 임무는 욕구를, 대중의 욕구를 인식하는 일이다. 이들 욕구는 왕왕 강한 정신의 소유자들을 통해 타고난 욕구들이다. 개개의 인물들은 어떤 사람들에게는 대중의 욕구의 증거들로서 가치가 있고, 다른 소수의 사람들에게는 새로운 욕구들의 산출자들로서 가치가 있다.

어떤 사건에도, 개인의 사건에도 역사의 사건에도, 필연적인 진행, 즉 이성적 필연성의 진행은 없다.

존재하는 모든 것은 근거가 있음으로써 존재하며, 이 연결 고리가 단절되지 않는다는 것은 자명하다. 이 필연성은 그 어떤 숭고한 것도, 아름다운 것도, 이성적인 것도 아니다.

예를 들어 한 민족이나 한 가정을 행복하게 만들 수 있는 어떤 사람이 쓰러지는 나무 아래에 깔려 참변을 당한다. 여기에 원인과 결과는 있어도 합리성은 없다.

위에서 말한 필연성의 자연적인 진행을 보여주는 일은 어떤 역사가도 할 수 없다. 왜냐하면 우리는 그것을 우리의 체험 하나하나에서는 할 수 없기 때문이다.

많은 사람들이 필연성의 위대한 진행을 보여주려 하는가? 그것은 착각이다.

우리는 필연성이라는 사슬의 첫 고리들을 발견할 수는 있을 것이나, 그 고리들은 아마 얼마 가지 않아 다시 끊어질 것이다.

이제 우리는 전체 안에서 고리의 부분 하나하나를 자주 다시 발견한다. 우리는 이 고리들을 모아 그러한 현상들을 발동시키는 인간들의 욕구 이론에 나타나는 근거를 탐색한다.

요컨대 우리는 이제 자연과학적 방법론을 적용해, 사물들 하나하나를 관찰할 때는 밝힐 수 없는 합법칙성을 인식한다.

바로 우리가 여러 개별적 사실들을 결합해 우리의 행동 법칙들, 즉 성격의 통찰에 이르는 것처럼.

다만, 성격 관찰에서보다 역사 관찰에서 오류가 명백하다는 사실.

그러나 무엇보다도 사슬의 고리들의 사소함을 강조해야 할 것이다.

회의론자는 여전히 법칙의 존재를 부인할 수 있다. 그는 동일한 원인이란 없고, 그러므로 동일한 작용은 없다고 말할 수 있다. 그 또한 옳은 말이다. 모든 동일성은 가상적인 것이다. 이는 자연에서도 마찬가지다. 그럼에도 불구하고 자연에는 합법칙성이 있다.

56[6]

바우어Ferd. Chr. Baur : "인식의 비판 또한 있게 된 이래, 온갖 철학적 교육을 바탕으로 역사에 다가가는 사람들은 누구나 있는 그대로의 사물과 우리에게 나타나는 것으로서의 사물이 구별되어야 한다는 사실, 우리는 오로지 우리의 의식이라는 매체를 통해서만 사물에 이를 수 있다는 사실 또한 알고 있음이 분명하다. 여기에 순전히 경험적인 관찰 방식과 비판적 관찰 방식 간의 커다란 차이가 있다. 그리고 비판적 관찰 방식은—객관적인 것 대신 단지 주관적인 어떤 것을 설정하려 하기보다는 오히려 오직 주관적 본성일 뿐인 어떤 것도 사물 자체의 순수한 객관성으로 간주하지 않는 것을 관건으로 하고 있다. 이 관찰 방식은 다만 좀더 예리해진 안목으로 사물의 본질을 근본적으로 인식하려는 것이다."

이와 반대로 : "사물들 그 자체란 전혀 도달될 수 없는 무엇이다."

역사가가 관찰할 때의 매체는 그 자신의 표상들(또한 그의 시대의 표상들)과 그가 사용하는 여러 전거의 표상들이다.

바우어는 이와는 반대로 역사의 배후에서 전개된다고 이야기되는 과정이 조망될 것이라고 믿는다. 그는 시대가 가진 두 개의 표피와 전거의 표상들뿐만이 아니라 물자체를 싸고 있는 두껍고 관통할 수 없는 표피까지 찢어 발기고자 한다.

따라서 그는 철학자가 눈앞에서 전개되는 현상에 직면해 할 수 있는 것보다 더 많은 것을 할 수 있고자 한다. 철학자가 모든 사람과 마찬가지로 귀가 먹어 풀이 자라는 소리를 듣지 못한다면, 바우어는 누가 자기에게 풀이 어디어디에서 자란다고 알려줄 경우 그것이 자라는 소리까지 들으려 한다.

우리가 우리의 현상과 전거들의 현상이 가진 '주관성'의 껍질을 벗겨내고자 한다면 우리가 할 일은 충분하다. 아니 할 일은 아마도 가능한 것 이상으로 많을 것이다. 우리가 노력해서 얻을 수 있는 '객관성'이란 객관성과는 거리가 멀다. 그것은 좀더 진행된 단계의 '주관성'에 지나지 않는다.

56[7]

역사란 무한히 다른 무수한 관심들이 스스로 생존을 위해 벌이는 투쟁이 아니고 무엇인가?

많은 사람들은 이 투쟁을 위대한 '이념들'에서 알게 된다고 믿는데, 그러한 이념들은 혼돈스러운 바다 위를 둥둥 떠다니는 크고 작은 착상들의 약화된 반영들이다. 그것들은 바다를 지배하는 것이 아니다. 그러나 종종 관중의 눈을 위해 파도를 미화한다. 그런데 그 빛이 달빛이든 햇빛이든 등잔불 빛이든 그것은 중요하지 않다. 기껏해야 파도가 때론 더 약하게, 또는 더 강하게 비춰지는 것이니까.

관념도 생존하고자 한다. 단 자주, 그것도 충동들에 있어서보다 훨씬 빈번하게 이러한 종류의 전도체들은 매끄럽다.

욕구를 충족시킨다는 것은 성과를 거둔다는 것이다. 반대로 성과를 거둔다는 것은 욕구를 충족시킨다는 것이다. 그러나 역사에서도 개개인의 생애에서도 욕구는 바뀐다. 그렇다고 충족이 너무나 명백히 드러나 보이는 욕구, 그래서 전쟁이나 문학 등등에서 충족이 드러나는 욕구가 가장 중요한 욕구는 아니다. 한 조각의 빵은 항상 한 권의 책보다 중요하다.

56[8]

헤로도토스 이전의 역사는 새로운 이념들로 관통되어야 한다.
헤로도토스의 비판적 감각과 역사적 자료들이 해명되어야 한다.

그리스인들에게 있어서 역사과학의 행보.

역사 서술에 전적으로 영향을 끼친 알렉산드리아의, 그리고 아리스토텔레스 학파의 관념들.

[62＝P I 8, 1~84와 180　1868년 4/5월]

62〔1〕

《수다》에 상형 문자로 이루어진 몇몇 기록이 알파벳 순으로 정리된 것은 오랜 전거들에 의거한 것이 아니다. 예를 들어 호메로스.

칼리마코스도 헤시오도스와 호메로스의 경우와 같다. 즉 가장 중요한 저작들이 원래 맨 앞에 배치되어 있다. 폴크만Volkmann의 입장과는 반대로.

밈네르모스의 경우에는 점호 Aufzählung가 떨어져 나가버렸다.

폴크만에 반대하여 : 칭호에 관해 적용한 그의 아이디어는《수다》에서는 아직 성공을 보지 못했다. 몇 안 되는 예는 좀더 적당한 방법으로 설명된다.

호메로스라는 표제어 아래의 순서가 어떻게 없어졌는가?

또한 시모니데스라는 표제어 아래에서도 가장 유명한 시들이 맨 앞에 배치되어 있으며, 다른 시들은 알파벳 순으로 뒤따른다. 리코프론은 본질적이다. 테오크리토스.

아르크티노스는 호메로스의 제자라고 클라조메나이 출신의 아르테몬이 주장.

F. 니체

62[2]

호메로스 문제에 관하여.

방법론 : 전승을 단계적으로 헤로도토스 이전으로까지 소급시킬 것. —학문상의 연결, 지배적인 전승을 엄격히 분리할 것. 양자는 종종 같은 원전에 결합되어 있음.

논문 계획

동시대인

호메로스와 헤시오도스에 대하여

de Homero Hesiodoque

aequalibus

〔I. 새로운 대조에 따라 경연(競演)ἀγὼν의 텍스트.〕

아니다.

62[3]

목적론에 관하여.

칸트는 우리로 하여금 자연 물체들을 미리 계획된 것으로 사유하게끔 하는, 즉 목적 개념에 의거하여 사유하게끔 하는 강제가 존재한다는 것을 증명하려 한다. 나는 다만 이것이 자신에게 목적론을 해명하는 하나의 방식이라는 것을 인정할 수 있을 뿐이다.

인간적 경험의 유추는 그 밖에 합목적적인 것이 우연히, 즉 성찰 없이 일어나는 일을 경험과 나란히 제시한다. 예를 들어 재능과 운명, 복권 당첨과 같은 것이 운 좋게 겹치는 사건에서.

5 요컨대 : 무한히 풍부한 실제 경우들 가운데는 운이 좋거나 합목적적인 경우도 분명히 있다.

칸트가 거론하고 있는 강제는 우리 시대에는 거의 존재하지 않는다. 그러나 우리는 볼테르조차 목적론적 증명을 반박될 수 없는 것으로 여겼다는 사실을 염두에 두어야 할 것이다.

10

62〔4〕

낙관주의와 목적론은 손에 손을 잡고 간다. 목적에 합당하지 않
15 은 것을 정말로 목적에 합당하지 않은 무엇으로서 논박하는 것이 양자의 관심사다.

목적론 일반에 대항해서 무기가 되는 것은 목적에 합당하지 않은 것을 입증하는 것이다.

그것을 통해 입증되는 것은 최고의 이성이 다만 산발적으로 작용
20 했다는 것, 더 열등한 이성에 해당하는 영역도 있다는 것뿐이다. 요컨대 통일적인 목적론적 세계는 없다. 그러나 창조하는 지성은 있다.

그러한 창조적 지성을 가정하는 일은 인간적 유추에 의거해 이루어진다. 어째서 무의식적으로 합목적적인 것을 창조하는 힘, 즉 자

연이 있을 수 없는가? 동물들의 본능을 생각해보라. 이것이 자연철학의 입장이다.

그리하여 사람들은 인식하는 주체를 더 이상 세계 밖에 두지 않는다.

그러나 우리는 형이상학에 틀어박혀 있어 물자체를 끌어들여야 한다.

결국 엄밀하게 인간적인 관점에서 해결이 가능할지도 모른다. 합목적적인 것이 다만 합목적적이지 않은 많은 것들 가운데 하나의 경우로 나타나는 엠페도클레스적 해결책이 그것이다.

두 가지 형이상학적 해결책이 시도되었다.

그 하나는 대충 인류학적으로 세계 밖에 하나의 이상적 인간을 설정하는 해결책이고,

다른 하나는, 마찬가지로 형이상학적인 것으로, 목적이 사물들에 내재하는 예지계(叡智界)로 도피하는 해결책.

62[5]

합목적적인 것은 예외의 경우이다.

합목적적인 것은 우연적이다.

여기서 전적인 비이성이 드러난다.

모든 목적론적 관심은 물음에서 분리해야 한다.

62[6]

칸트 이래의 목적론.

5

62[7]

자연철학적.

단순한 관념이 부분들의 잡다(雜多)와 유기체의 상태들로 분리되
어 나온다. 그러나 이 관념은 부분들과 기능들의 필연적 연결 안에
서의 통일성으로 남는다. 이것을 지성이 행한다.

유기체적인 것의 합목적성, 비유기체적인 것의 합법칙성은 우리
의 오성에 의해 자연에 이입된 것이다.

동일한 관념이, 만약 확장된다면, 외적인 합목적성을 설명해준
다. 물자체는 모든 현상의 일치 가운데 자신의 통일성을 보여주어
야 한다. 자연의 모든 부분은 상호 융화적이다. 의지가 그러한 것이
기 때문이다.

그러나 (여하튼 관념을 현시하는) 개체와 유(類)의 저 끔찍한 투
쟁이 전체 이론과 대립한다. 그러므로 설명에는 일반적으로 통용되
는 목적론이 전제되는데, 그러한 목적론은 존재하지 않는다.

어려운 점은 바로 목적론을 비목적론적 세계와 통일하는 일이다.

62[8]

문제 제기.
해결의 시도에 대한 칸트의 거부.
5   자연철학자들의 해결책.
칸트의 견해의 비판.

62[9]

10

칸트, 《보편적 자연사와 하늘의 이론》(1755).
신의 존재 증명에 유일하게 가능한 논거.
홀바흐 Holbach, 《자연의 체계》.
헤트너 Hettner II.
15   몰레쇼트 Moleschott, 《생명의 순환》.

62[10]

20   그 문제는, 사람들이 옆에 나란히 놓여 있는 가능성coordinirte Möglichkeit을 간과했기 때문에 그 해결책을 예지자의 영역에서 찾았다는 데서 인간적 의지의 자유 문제와 유사하다.

62[11]

예지계의 가정을 통해서만 필연적으로 해결되는 문제는 없다.

62[12]

목적론 : 내적 합목적성. 우리는 스스로 유지되는 복잡한 기계를 본다. 그리고 그것이 어떻게 좀더 단순히 조립될 수 있을지 다른 구조를 고안해낼 수 없다. 그러나 이것은 다만 기계가 스스로 유지되며 따라서 합목적적이라는 것을 말할 뿐이다. 우리에게는 '최고의 합목적성'을 판단할 권한은 없다. 그래서 우리는 기껏해야 이성을 추론할 수 있을 테지만, 그것을 더 고귀한, 또는 비천한 이성으로 부를 권리는 없다.

그와는 반대로 어떻게 그러한 '합목적적' 물체가 생겨나는가 하는 데 대한 자연의 방법은 우리에게 알려져 있다. 그 방법은 무의미한 방법이다. 그것에 따르면 합목적성이란 단지 생존 가능성, 즉 필수적 조건conditio sine qua non임이 입증된다. 우연은 가장 아름다운 선율을 발견할 수 있다.

둘째로 우리는 어떻게 그러한 합목적적인 물체가 유지되는가에 대한 자연의 방법을 알고 있다. 무의미한 경박함을 수단으로 하여 유지된다.

62[13]

그러나 목적론은 해결할 수 없는, 또는 지금까지 해결되지 않은 의문들을 무더기로 제기한다.

세계라는 유기체, 악의 근원은 여기에 속하지 않는다.

그러나 예를 들어 지성의 발생.

62[14]

목적론에 대항하여 하나의 **설명된** 세계를 제시하는 게 필요한가? 다만 다른 현실을 제한된 영역에서 입증할 수 있을 뿐이다.

반대 가정 : 스스로 드러나는 논리적 법칙들은 좀더 높은 단계에서는 좀더 높은 법칙들일 수 있다. 그러나 우리는 논리적 법칙들에 관해 전혀 말해서는 안 된다.

62[15]

합목적적.

우리는 목적에 이르기 위한 방법을 본다. 또는 좀더 정확히 말하면 : 우리는 현존 Existenz과 그 수단들을 보고 이 수단들이 합목적적이라는 결론을 내린다. 거기에는 높은 수준의 이성, 더구나 최고 수준의 이성에 대한 인정은 아직 존재하지 않는다.

그러고 나서 우리는 놀라운 눈으로 복잡한 것을 바라보고는 (인간적 유추에 의거하여) 그 안에 특별한 지혜가 있다고 추측한다.

원래 우리에게 불가사의한 것은 유기체적 생명이다. 그래서 이것을 유지하는 모든 수단을 우리는 합목적적이라 부른다. 무엇 때문에 비유기적 세계에는 합목적적인 것이라는 개념이 존재하기를 멈추는가? 그 이유는 여기에서 우리가 단지 단위들Einheiten만을 가질 뿐 공속하는, 서로 뒤섞여 작업하는 부분들을 갖고 있지 못하기 때문이다.

62〔16〕

목적론 제거는 실제적인 가치가 있다. 문제는 다만 더 고차원의 이성이라는 개념을 거부하는 일이다. 그것으로 우리는 이미 만족이다.

62〔17〕

인간적 관념계에 대한 가치 평가에서의 목적론의 존중.
목적론은 낙관주의와 같이 심미적 산물이다.

62〔18〕

원인과 결과의 엄격한 필연성은 무의식적 자연에 목적이 있음을 배제한다. 목적 관념들이 자연 안에서 산출된 것이 아니므로, 인과 법칙 밖에 놓여 있는, 여기저기에 삽입된 동기들로 간주하지 않을 수 없기 때문이다. 이로써 바로 엄격한 필연성이 지속적으로 중단되는 것이다. 현존은 불가사의로 점철되어 있다.

합목적성으로서의, 그리고 의식적 지성의 결과로서의 목적론은 계속 이어진다. 사람들은 이 개별적인 간섭의 목적을 묻는다. 그리고 여기에서 순전한 자의에 직면한다.

62[19]

자연에 질서와 무질서는 존재하지 않는다.

우리는 원인과 연결되었음을 우리가 보지 못하는 작용을 우연으로 돌린다.

브로케스Brockes의 우스꽝스러운 많은 것들.

슈트라우스Strauß 단편 모음을 보라.

스토아 철학자들의 경우. 첼러, B. 4.

62[20]

사물은 존재한다. 따라서 사물은 존재할 수 있어야 한다, 즉 존재를 위한 조건을 가져야 한다.

인간이 무엇인가를 제조하려면, 말하자면 존재 가능하게 만들려면, 그는 어떤 조건들 아래 이것이 이루어질 수 있는가를 고려한다. 그는 제조된 작품의 존재 조건들을 나중에 합목적적이라고 부른다.

그러므로 그는 사물의 존재 조건들 역시 합목적적이라 부른다. 말하자면 그들이 다만 인간의 작품들처럼 생겨났다는 가정 아래서만 말이다.

만약 어떤 사람이 추첨함에서 제비를 뽑아 점을 쳤는데 이것이 죽는 점(占)이 아니라면, 이는 합목적적이지 않은 것도 합목적적인 것도 아니고, 사람들이 말하듯 우연히, 즉 미리 고려되지 않고 이루어진 일이다. 그러나 그것은 그의 생존의 조건을 가리킨다.

62[21]

데모크리토스가 언어의 기원이 관습이라고 주장했다는 것이 사실인가?

62[22]

자연의 조직에는 우리가 알고 있는 그 어떤 인과율에 상응하는 것이라고는(즉 유기체) 아무것도 없다고 칸트는 말한다. 목적론적 판단력 비판, 258쪽.

유기체란 그 안에서 모든 것이 목적인 동시에 서로 수단인 것이다. 260쪽.

생명 있는 모든 존재는 개별자가 아니라 다수라고 괴테는 말한다. 그것이 우리에게 개체로서 나타나는 한이 있더라도 그것은 여하튼 생동하며 독립적인 존재들의 집합이다. 괴테, B. 36, 7쪽. 등등.
괴테, B. 40, 425쪽은 그의 자연철학의 기원이 칸트의 명제로부터라는 데 매우 중요함.

62[23]

오성이 자기의 개념을 통해 자연에서 인식하는 것은 움직이는 힘의 작용, 즉 '기계적 작용 원리Mechanismus' 일 뿐이다. 순전히 기계적으로 인식되지 않는 것, 그것은 엄밀한 자연과학적 통찰이 아니다.
기계적으로 설명하는 것은 외부적 원인으로부터 설명하는 것을 의미한다.
〈자연의〉 종별화(種別化)는 외부적 원인으로는 설명될 수 없다. 그런데 원인 없이는 아무것도 없다. 그렇다면 내재적 원인, 즉 목적, 즉 관념이다.
관찰 방식은 아직 인식은 아니다.
그러한 필연적 관찰 방식의 원리는 이성의 개념이어야 한다.
이러한 방식의 유일한 원리는 자연적인 합목적성이다.

역학적 합법칙성이라는 개념들로 세계의 구조를 설명할 수 있으나 유기체는 설명할 수 없다.

5 자연적 합목적성이 물질에 내재하는 것이라고 표상하는 것은 불가능하다.

물질은 단지 외적인 현상이다.

사물의 합목적성은 사물이 그 의도와 일치하는 지성을 고려할 때만 항상 타당할 수 있다. 그런데 그것은 우리의 고유의 지성이거나 사물 자체의 근저에 놓여 있는 외래의 지성이다. 후자의 경우 현상 속에서 드러나는 의도는 사물의 현존이다. 그 외의 경우에는 다만 사물에 대한 우리의 표상이 합목적적이라 판단하는 것이다. 이 후자의 합목적성의 방식은 다만 형식과 관련된다. (대상을 단지 관찰하는 데에서 구상력과 지성이 조화를 이룬다.)

사물의 기계적 발생 방식만이 인식 가능하다.

사물의 한 부류는 인식이 불가능하다.

우리는 오로지 기계적 작용 원리만을 이해한다.

20 사물들의 기계적 발생은 인식할 수 있다. 그러나 전적으로 다른 발생이 있지 않은가 하는 것은 알 수 없다.

우리 기관(器官)의 조직은 사물들의 기계적 발생만을 이해하도록 규정되어 있다.

그런데 우리 기관의 조직에는 우리로 하여금 유기체들에 대한 믿음을 갖게 하는 강제가 있다(칸트 참조).

　　인간적 본성의 관점에서 :
　　　　우리는 기계적 작용 원리만을 인식한다.
　　　　우리는 유기체를 인식하지 못한다.
　　그런데 기계적 작용 원리나 유기체나 모두 물자체에 귀속되는 어떤 것이 아니다.

62[25]

　　유기체는 형상이다. 형상을 도외시하면 그것은 잡다(雜多)이다.

62[26]

I. 우리 기관의 조직의 산물로서의 유기체.
II. 수학적인 것만이 인식 가능하다.
III.

62[27]

유기적 물체는 부분들이 서로 합목적적으로 연결되어 있는 물질이다.

그러므로 우리는 물질의 부분들을 합목적적으로 연결할 수 있는 원인을 요구한다.

₅　　　　　　　　　　　즉 칸트는 말한다.

목적에 따라 작용을 일으키는 것으로 생각되어야 하는, 조직하는 원인─

그런데 거기에 비약이 있다. 칸트의 관념에 있는 강제적 요소를 제거하기 위해서는 병립된 가능성을 제시하면 그만이다.

10　기계적 작용 원리가 인과론과 연결될 때 이 가능성이 제공된다.

칸트가 요구하는 것을 그는 단순한 유추에 의거해 요구한다. 왜냐하면 그의 고백에 따르면 유기체가 가진 합목적적 관계와 유사한 것은 아무것도 없기 때문이다.

합목적적인 것은 가능한 것의 특수 경우로 생겨난 것이다. 수많은 형체들, 즉 기계적 조립물들이 생겨난다. 이 수많은 것들 가운데에는 생존 가능성을 가진 것들도 있을 수 있다.

전제 조건은 기계적 조직에서 생명이 있는 것이 발생할 수 있다는 것이다. 칸트는 이를 부정한다.

실제로 한 가지 사실은 확실하다. 그것은 우리가 단지 기계적인 것만을 인식한다는 사실이다. 우리의 개념의 피안에 있는 것은 전혀 인식할 수 없다. 유기체적인 것의 발생은, 인간의 이해력이 거기에 참여하고 있었다고 우리가 상상하는 한 가설적인 것이다.

그런데 유기체적인 것의 개념 역시 인간적인 것일 뿐이다. 이에 상응하는 것이 지적되어야 한다. 즉 생존 능력이 있는 것이 그렇지 못한 무수한 것들 가운데 생겨난다. 이로써 우리는 유기체 문제의 해결에 접근한다.

우리는 생존 능력을 가진 많은 것들이 생겨나고 유지되는 것을 보면서 그 방법을 본다.

생존 능력이 있는 것과 생산하는 것과 유지하는 것에 내재하는 힘이 동일한 것이라고 가정한다면, 이것은 매우 어리석은 일이다.

그런데 이것이 목적론의 가정이다.

62[28]

작용의 관념은 전체의 개념이다.

유기체 안에서는, 작용하는 원리란 산출되어야 할 효과의 관념이다.

────────

그러나 전체의 개념은 우리의 작품이다. 여기에 목적 관념의 원천이 있다. 전체의 개념은 사물 안에 있는 것이 아니라 우리 안에 있다.

우리가 유기체라 부르는 이 단일성은 다른 한편으로는 다수이다.

실제로는 개체란 존재하지 않는다. 오히려 개체와 유기체는 추상된 것일 뿐이다.

우리에 의해 만들어진 단일성에 우리는 나중에 목적 관념을 가져다 넣는다.

62[29]

어떤 유(類)의 유기체가 산출하는 힘이 통일적인 힘이라고 가정하자.

그리고 나서 어떻게 이 힘이 유기체를 만들어내고 유지하는가 하는 방법에 유의해야 한다.

여기에서 생존 능력이 있는 것으로 입증되는 것만을 우리가 합목적적이라고 부른다는 것이 입증된다.

불가사의한 것은 '생명' 뿐이다.

이것 역시 다만 기관의 조직 안에서 규정된 관념인 것인지?

———————

엄청난 낭비가 우리를 경악하게 한다. 쇼펜하우어는 《의지와 표상으로서의 세계》, II, 375쪽에서 말한다 : 자연은 그 작품들에 어떠한 힘도 들이지 않는다. 그렇기 때문에 파괴는 냉담한 의지이다.

62[30]

쇼펜하우어는 감각 기관에 대응하는 것이 있다고 생각한다. 《의지와 표상으로서의 세계》, II, 378쪽. 의지가 운동의 주체, 의지를 움직이는 것은 동인(목적인causa finalis).

괴테의 시도들 :
변형은 유기체적인 것이 작용인(作用因)에서 나온다는 것에 대한

설명의 하나이다. 설명하는 데 적합하다.

　모든 작용인은 결국 탐구할 수 없는 것에서 나온다.

　(그 점이 바로 이것이 올바른 인간적 길임을 증명한다.)

62[31]

　비유기적 자연에서는 최종 원인들을 요구하지 않는다. 여기에서는 개체가 아니라 힘들에 주의해야 하기 때문이다.

　다시 말해, 우리는 모든 것을 기계적으로 풀 수 있어, 그 결과 더 이상 목적을 믿지 않기 때문이다.

62[32]

　우리는 개념들에 의거해 스스로 만들고 성취할 수 있는 그만큼만을 완전히 통찰한다.

62[33]

12×4 ｜ 48

12×2 ｜ 24

12×2 ｜ 24

헤시오도스에 대해 48시간
개론 24시간
문학 개론에 대해 24시간
대학에 대해 24시간

62〔34〕

잘못된 대립.

자연에 기계적인 힘들만 지배한다면 합목적적 현상들도 그렇게 만 보일 뿐인 것으로, 그들의 합목적성은 우리의 관념이다.

맹목적인 힘들은 의도 없이 행동한다. 따라서 그들은 어떤 합목적적인 것도 생겨나게 할 수 없다.

생존 능력이 있는 것은 실패한, 반쯤 성공한 시도들의 무한한 고리가 이어진 후에 만들어졌다.

62〔35〕

헤시오도스 서설.
《노동과 날들》 서설.

62[36]

생명, 유기체는 어떤 더 고차원의 지성도 증명하지 않는다. 그것은 지성의 그 어떤 보편적인 등급도 도무지 증명하지 않는다.

유기체의 현존은 다만 맹목적으로 작용하는 힘들을 보여줄 뿐이다.

62[37]

1. 목적론의 확장된 관념 제거.
2. 개념의 한계. 자연에서 합목적적인 것.
3. 합목적적인, 즉 생존 능력이 있는.
4. 다수와 단일자로서의 유기체.

원인으로 생각된 전체의 표상이 목적이다.
부기 : '전체'란 그러나 그 자체가 단지 하나의 표상이다.

62[38]

칸트 :
유기체가 순전히 기계적으로 생겨났다는 것은 가능하다.
우리가 유기체를 기계적으로 도출할 수 있다는 것은 불가능하다.

어떤 연유로?

오성은 논증적이다. 직관적이 아니다.

오성은 전체를 단지 부분들로부터 파악하고 합성할 수 있을 뿐이
다.

5   그러나 유기체에서 부분들은 전체를 통해 규정되어 있다.

그런데 오성은 직관에서가 아니라 오로지 표상에서만 그에게 주
어진 전체에서 출발하고자 한다. 요컨대 전체의 표상은 부분들을
규정해야 하는 것이다 : 원인, 즉 목적으로서의 전체의 표상.

오성이 전체를 부분들로부터 파악해야 한다면, 오성은 기계적인
10 방식을 취한다. 오성이 주어진 부분들을 전체로부터 파악해야 한다
면, 오성은 부분들을 다만 전체의 개념에서 도출할 수 있을 뿐이다.

요컨대 직관이 결여되어 있다.

———————

유기체에는 부분들이 전체를 통해 규정되어 있을 뿐만 아니라,
15 전체 또한 부분들을 통해 규정되어 있다.

그러므로 만약 유기체가 기계적으로 발생한 것이라면, 그것은 추
론될 수도 있어야 한다.

우리가 단지 한 면에만 주목하고 있다는 것은 인정한다.

이제는 부분들이 먼저 관찰되어 그것들의 부분들로 분해된다. 그
20 렇게 해서 우리는 예를 들어 세포에 이른다.

유기체가 기계적으로 발생했다는 전제 아래. 그러나 만약 목적
개념이 동시에 작용했다 하더라도, 창조는 기계적 작용 원리를 통
해 일어난 것이다(칸트가 시인하는 것처럼).

그렇다면 기계론이 입증될 수 있어야 한다.

*자연 발생*generatio aequivoca은 증명되지 않았다.

62[39]

목적인이나 기계론이나 모두 인간적 직관의 방식들이다. 오로지 수학적인 것만이 순수하게 인식된다.

(비유기적 자연에서의) 법칙은 법칙으로서 목적인과 유사한 어떤 것이다.

62[40]

자연에서 순전히 기계적인 기초로 되어 있지 않은 것은 오성의
대상이 아니다.

자연에서는 엄밀하게 수학적인 것만 설명할 수 있다.

기계적으로 설명한다는 것은 외적 원인을 근거로 설명한다는 것이다 / 이 정의는 앞으로 내적 원인을 대립시키기 위해 도입된다.

기계적으로 설명한다는 것은 오히려

"우리는 개념들에 의거하여 우리가 스스로 만들고 성취할 수 있는 그만큼만 완전무결하게 통찰한다."

요컨대 우리는 수학적인 것만을 완전무결하게 통찰할 수 있다. (따라서 형식적 통찰) 그 외의 경우 우리는 미지의 것에 대면해 있

다. 이것을 극복하기 위해 인간은 개념을 고안해낸다. 그러나 개념
은 나타나는 특성의 합을 총괄할 뿐 사물에 근접하지는 않는다.

거기에는 힘, 질료, 개체, 법칙, 유기체, 원자, 목적인이 있다.

이것은 구성적인 판단이 아니라 다만 반성적인 판단이다.

62[41]

기계적 작용 원리라는 개념 아래 칸트는 목적인이 없는 세계를
이해한다 : 인과율의 세계.

62[42]

결정화(結晶化) 역시 작용의 관념 없이는 표상할 수 없다.

_____

유기적 존재들의 발생과 보존―그것은 어디까지 목적인에 속하
는가?

62[43]

자연의 목적 : 생식, 개체와 종의 보존. 이와 함께 칸트의 《판단력
비판》, §62 참조.

이후 칸트는 거기에다 사물의 개념을 밀어 넣는다(§ 63). 그래서 합목적성의 보편적 형태를 놓친다.

이성과의 관계에서 칸트의 형식의 우연성(이성은 수정(水晶)에서도 발견된다).

"하나의 사물이 만약 그 스스로 원인이자 결과라면, 그 사물은 자연의 목적으로 존재한다." 이 명제는 추론된 것이 아니다. 개개의 경우가 취급된 것이다.

유기체가 자연의 유일한 목적이라는 명제를 도출하는 일은 성공하지 못했다.

———————

자연에서는 실로 기계 하나도 이미 목적인으로 이끌 것이다.

합목적성의 개념, 그것은 단지 생존 능력의 개념이다. 이로써는 그 안에 개시된 이성에 관해서는 어떤 발언도 한 것이 아니다.

사물을 그 내적 형식에 따라 합목적적이라고 인정하는 것과 그 사물의 존재를 자연의 목적으로 간주하는 것은 다르다고 칸트는 말한다—그러므로 하나의 유기체의 보존과 번식에서 합목적적이 아닌 방법은 그 자신의 합목적성과 전혀 분쟁을 일으키지 않는다.

이와 반대로 그 유기체가 합목적적이라고 말하는 것과 그 유기체가 생존 능력이 있다고 말하는 것은 같다. 요컨대, 그 사물의 존재가 자연의 목적인 것이 아니다. 그와는 달리, 우리가 합목적적이라 부르는 것은 우리가 하나의 사물을 생존 능력이 있는 것으로 보고 그 결과로 그 조건들이 합목적적이라고 보는 것과 다르지 않다.

자연의 자기 보존 방법이 합목적적이 아니라고 질책하는 사람은 바로 사물의 존재를 자연의 목적으로 간주하는 것이다.

자연의 목적이라는 개념은 유기체에만 달라붙어 있다.

"그러나 이 개념은 우리를 필연적으로 목적들의 규칙에 의거한 하나의 체계로서의 전체 자연이라는 관념으로 인도한다"고 칸트는 말한다.

"자연이 자신의 유기체적 산물들 안에서 제시하는 예를 통해 우리는 자연과 자연의 법칙들에서 일반적으로 합목적적인 것 외에는 아무것도 기대하지 않을 권리가 있다."

이 반성은 다음의 조건 아래 이루어진다.

1) 목적 개념에서 주관적인 것을 도외시함으로써.

2) 자연을 통일성으로 이해함으로써.

3) 자연에 수단들의 통일성도 있다고 믿음으로써.

〈칸트, 《판단력 비판》, # 267쪽.

"그리하여 우리가 자연의 합목적성을 우리에게 명백히 할 목적으로 자연과학을 위해, 그리고 자연과학의 맥락에 신의 개념을 끌어들인다면, 그리고 하나의 신이 존재한다는 것을 증명하기 위해 이후 이 합목적성을 다시 필요로 한다면, 두 학문 중 어디에도 내적 존립은 없으며, 이들 학문의 한계가 뒤죽박죽이 되면서 기만적인 순환논법이 모두를 불확실하게 만든다."

62[44]

62[45]

유기체의 보존 등등 자연의 방법에서 유기체 일반의 생성을 추론하는 것은 엠페도클레스적 견해가 아니다. 하지만 에피쿠로스적 견해이기는 하다. 그러나 이 견해는 우연이 주사위를 던져 유기적 존재들을 구성할 수 있으리라는 것을 전제한다. 그런데 여기에 바로 논쟁의 여지가 있다. 글자들이 주사위처럼 쌓여 하나의 비극이 이루어질 수 있으며(키케로에 반대하여), 운석 조각들이 주사위처럼 쌓여 하나의 지구가 형성될 수 있다. 그러나 바로 무엇이 '생명'인가, 그것이 다만 질서와 형식의 원리일 뿐인가(비극에 있어서처럼), 아니면 전혀 다른 어떤 것인가 하는 의문이 제기된다. 이와는 반대로 유기체들 상호간의 관계에서 유기적 자연의 내부에 비유기적 자연에 존재하는 원리와 다른 원리는 존재하지 않는다는 것이 인정되어야 한다. 사물을 다루는 데 있어 자연의 방법은 동일하다. 자연은 편파적이 아닌 어머니로서, 비유기적인 자식과 유기적 자식에 대해 똑같이 엄격하다.

자연에서는 무조건 우연이, 즉 합목적성의 반대가 지배한다. 사 5 물들을 휘몰아대는 폭풍은 우연이다. 그것은 인식할 수 있다.

사물을 만들어내는 힘이 사물을 보존하는 힘과 같은 것인가? 등 등의 의문이 여기에서 제기된다.

10   62[46]

유기적 존재에서 부분은 자신의 존재에 합목적적이다. 즉 부분이 합목적적이 아니라면 그것은 살아 있지 않을 것이다. 그러나 이로 써 개개의 부분에서 결정된 것은 아무것도 없다. 개개의 부분은 합 15 목적성의 하나의 형태이다. 그러나 그것이 유일하게 가능한 형태라 는 것은 결정될 수 없다. 따라서 전체가 부분을 필연적으로 규정하 는 것은 아니다. 반면 부분은 전체를 필연적으로 규정한다. 첫 번째 것도 주장하는 사람은 최고의 합목적성, 즉 부분의 합목적성의 여 러 가능태 가운데에서 선택된 최고의 합목적성을 주장하는 것이다. 20 이 경우 그는 합목적성의 단계가 있다는 것을 인정한다.

그런데 어떤 것이 작용의 관념인가? 자신에게 필요한 조건 아래 존재하는 생명인가? 그것이 모든 유기체에 공통적인 작용의 관념 인가?

자신에게 필요한 조건 아래 하나의 형태를 가진 생명? 그런데 여기에서 형태와 조건은 일치한다. 즉 하나의 형태가 원인으로 설정되면, 합목적성의 정도(程度)의 관념 또한 동시에 같이 원인에 놓인다. 왜냐하면 형태를 가진 생명은 바로 유기체이기 때문이다. 유기체란 형태, 형태가 부여된 생명이 아니고 무엇이란 말인가?

5 　그런데 우리가 유기적 조직의 부분들에 대해 그것이 필연적이 아니라고 말한다면, 우리는 그 조직의 형태가 필연적이 아니라고 말하는 것이다. 달리 말하면, 우리는 유기적인 것을 형태와는 다른 곳에 놓는 것이다. 하지만 그 밖에는 유기적인 것은 아직 생명일 뿐이다. 그러므로 우리의 명제는 다음과 같다 : 생명에는 다양한 형태,
10 즉 합목적성이 있다.

　생명은 놀랄 만큼 엄청난 무리의 형태 아래 가능하다.

　이들 형태는 저마다 합목적적이다. 그런데 무수한 형태가 존재하기 때문에 무수한 합목적적 형태도 존재한다.

　인간의 삶에서 우리는 합목적적인 것의 단계를 설정한다. 우리는
15 선택이 매우 좁혀진 상황에 임해서야 이 삶을 곧바로 '이성적'이라 규정한다. 만약 복잡한 상황에서 어떤 인간이 합목적적인 유일한 길을 발견한다면, 우리는 그가 이성적으로 행동한다고 말한다. 그러나 어떤 사람이 세계 여행을 떠나려 하면서 임의의 길로 접어든다면, 그는 합목적적으로는 행동하는 것이지만 아직 이성적으로 행
20 동하는 것은 아니다.

　이와 같이 이성은 '합목적적인' 유기체에서 드러나는 것은 아니다.

　이렇듯 작용의 관념으로서 원인인 것은 오직 생명의 형태일 뿐이다. 목적에 따라 행동하기 위해서는 생명이 전제되므로, 생명 자체는 목적으로 생각할 수 없다.

그러므로 우리가 목적 개념과 목적인에 대해 이야기한다면, 우리가 의미하는 바는 다음과 같다. 즉 생명이 있고 사유하는 존재에게서는 그 존재가 나타나고자 하는 형태가 의도된다.

달리 말하면 우리는 궁극 원인을 통해서는 생명의 설명에 전혀 접근하지 못하고, 다만 **형태**의 설명만을 제공할 수 있을 뿐이다.

그런데 우리는 하나의 생명체에서 형태들 외에는 전혀 아무것도 파악할 수 없다. 영원히 생성되는 것이 생명이다. 우리의 지성의 본성을 통해 우리는 형태를 파악한다. 우리의 지성은 지속되는 변화를 지각하기에는 너무도 무디다. 지성은 자신에게 인식 가능한 것을 형태라 부른다. 모든 점마다 무한이 도사리고 있으므로 실제로는 형태는 있을 수 없다. 사유된 모든 단일성(점)은 선을 이룬다.

형태와 비슷한 개념이 개체라는 개념이다. 사람들은 그렇게 해서 유기체를 단일한 것, 목적의 중심이라고 부른다. 그러나 단일한 것은 우리의 지성에만 있는 것이다. 모든 개체는 자신의 내부에 생동하는 무수한 수의 개체를 갖고 있다. 그것은 다만 조야한 관념일 뿐으로, 아마도 인간의 육신에서 제일 먼저 추측된 것이리라.

모든 '형태'의 주사위 놀이는 끝장날 수 있다. 그러나 생명은!

62〔47〕

원인으로서의 전체의 관념 : 이것을 통해 전체가 부분을 규정한다는 것을 이야기했다. 그 이상은 아니다. 왜냐하면 부분이 전체를 만든다는 것은 자명하기 때문이다.

우리가 목적인에 대해 이야기한다면, 그것은 단지 부분을 구성하면서 전체의 형태가 머리에 떠오른다는 것, 하나의 형태가 기계적으로 생겨났을 수는 없다는 것을 의미한다.

생식도 생명도 모두 목적인 아래 포섭되지 않은 것, 그것이다. '자기 자신의 유기적인 조직화'는 칸트에게서는 자의적으로 도출되었다.

어떤 것이 살아 있다는 것을 증명하기 위해 우리에게 목적인이 필요한가? 아니다, 다만 그것이 어떻게 살고 있는지를 설명하기 위해서만 필요하다.

사물의 생명을 설명하기 위해 우리에게 목적인이 필요한가?

아니다, '생명'은 우리에게 완전히 수수께끼와 같은 것이다. 그러므로 우리는 목적인을 통해서도 생명에 아무런 빛을 제공할 수 없다.

우리는 오직 생명의 형태들만을 명확히 하고자 한다.

우리가 "그 개는 살아 있다"라고 말하고, 이제 "그 개는 왜 사는가?" 하고 묻는다면, 그것은 여기에 맞지 않는다. 그 까닭은 여기에서 우리는 '살아 있다'를 '거기에 있다'로 이해했기 때문이다. "어째서 무엇이 존재하는가" 하는 의문은 외적 목적론에 속하기에 아예 우리의 영역 밖에 있다(칸트에게도 유치한 의인적 사례들).

우리는 그 개를 기계론적으로 설명할 수 없다. 그것은 그 개가 생명 있는 존재라는 말이 된다.

'생명'에 있어서 표면에 가시적으로 드러나는 것은 형태가 전부다.

5

따라서 목적인에 의거한 고찰은 형태에 의거한 고찰이다.

사실 우리는 무럭무럭 자라는 수정(水晶)의 경우 목적인에 대한 의문을 제기하지 않을 수 없다.

다시 말하면, 목적론적 고찰과 유기체의 고찰은 일치하지 않는다.

10 그와는 달리

목적론적 고찰과 형태에 의거한 고찰은 일치한다.

목적과 형태는 자연에서 동일하다.

_____

따라서 자연 연구가들이 하나의 유기체가 '우연'에서 생겨날 수 있다고, 즉 목적인에 따라 생겨나는 것이 아니라고 생각한다면, 이 15 것은 형태상으로 보면 받아들일 수 있다. 문제는 다만 '생명'이 무엇인가 하는 것이다.

20   62〔48〕

읽어야 할 것은

쇼펜하우어Schopenhauer,《자연에서의 의지에 관하여》.

트레비라누스Treviranus,《유기적 생명의 현상들과 법칙들에 관

598 니체전집 1

하여》(1832).

촐베Czolbe,《감각주의 신론》(라이프치히, 1855)과《인간적 인식의 한계들과 원천》(라이프치히 · 예나, 1865).

몰레쇼트Moleschott,《생명의 순환》(1862)과《생명의 통일성》(기센, 1864).

피르호Virchow,《생명과 질병에 관한 네 연설》(베를린, 1862)과《학문적 의학 논문선》(프랑크푸르트, 1856).

트렌델렌부르크Trendelenburg,《논리적 탐구》(라이프치히, 1862).

위버베크Überweg,《논리의 체계》.

헬름홀츠Helmholtz,《힘의 보존에 관하여》(베를린, 1847)와《자연력의 상호 작용에 관하여》(1854).

분트Wundt,《인간과 동물의 영혼에 관한 강의》.

로체Lotze,《논박서》(라이프치히, 1857)와《의학적 심리학》(1852).

트렌델렌부르크,《베를린 학술원 월보》(1854년 11월, 1856년 2월)와《철학에 대한 역사적 기고》(1855).

헤르바르트Herbart,《자연법과 도덕의 분석적 조명》.

셸링Schelling,《자연철학 이념》.

헤르더Herder,《인류사 철학 이념》.

비샤Bichat,《삶과 죽음에 관한 철학적 탐구》를 읽을 것.

뮐러Joh. Müller,《유기체적 생명에 대하여》와《감각의 심리학에 대하여》.

62[49]

제I장. 목적론적 고찰은 형태에 의거한 고찰이다.
제II장. 형태는 (개체들) 인간의 조직에 종속되는 동시에 종속에서 자유롭다.
제III장. 생명력. =

62[50]

하나의 사물, 예를 들어 한 마리 개가 나타나는 방식을 선재(先在)하는 것으로 이해할 어떤 권리가 우리에게 있는가? 형태는 우리에게 그래도 꽤 중요한 것이다. 우리가 그것을 원인으로 생각하면[1],
우리는 하나의 현상에 물자체의 가치를 부여하는 것이다.

62[51]

'합목적적'이라는 말은 오로지 '생명'과 관련된 것이다.
그러므로 생명의 형태들에 관해서는 말하지 않는다.
요컨대 합목적성의 개념에는 합리성에 대한 인정은 없다.

작용의 관념으로서 원인이어야 하는 것은 '생명'일 수는 없고 단지 형태일 수 있다.

즉 하나의 사물이 나타나는 방식은 선재(先在)하는 것으로, 그리고 실재인 것으로 생각된다.

5

62[52]

하나의 사물이 살아 있다―그러므로 그것의 부분들은 합목적적
10 이다. 사물의 생명은 부분들의 목적이다.

그런데 살아 있기 위하여 무한히 다양한 방식, 즉 형태가, 다시 말해 부분이 있다.

합목적성은 절대적인 것이 아니라 매우 상대적인 것이다. 다른 면에서 본다면 자주 비합목적성이다.

15 ───────

목적인이 의미하는 바는 :

전체의 관념이 원인으로 특징지어진다.

즉 하나의 나타남의 형태가 실재하며 선재하는 것으로 특징지어진다.

20 전체의 개념은 형태에만 관련될 뿐 '생명'에는 관련되지 않는다.

I. "'생명'이 산출되어야 하고, 따라서 형태가 발견되어야 하는 것"이 아니라

II. "뒤따르는 형태 가운데 '생명'이 나타나야 한다".

생명의 개념을 파악하는 일은 불가능하다. 그렇다면 생명의 개념은 전체의 관념에 속하지 않는다.

'우연', '무목적성'에서 유기적 조직이 발생할 가능성에 대하여. (기계적 작용 원리.)

칸트는 그 가능성을 시인한다. 그러나 인식의 가능성은 부인한다.

자연의 방법은 유기적 영역에서나 비유기적 영역에서나 같다.

이렇게 기계적 작용 원리의 가능성이 존재한다면, 인식의 가능성도 존재해야 한다.

그런데 우리의 오성은 논증적이다. 그러나 기계적 작용 원리가 인식되었으면 그것으로도 충분하다.

개체란 불충분한 개념이다.

우리가 생명에서 보는 것은 형체이다. 우리는 형체를 개체로 본다. 그 배후에 놓인 것은 인식 불가능하다.

생식은 목적인에 포함되어 있지 않다. 왜냐하면 생식은 무슨 목적으로 하나의 존재가 생성되어야 하는가를 묻기 때문이다. 이것은 외적 목적론, 즉 자연의 목적의 체계에 속한다.

자연의 목적의 체계에는 다음의 명제들이 대립된다.

1) 유기체 내부에 존재하는 목적 개념이 주관적인 것임은 객관적으로 받아들여진다.

2) 자연은 하나의 통일성으로 파악되고 있다.

3) 그리고 자연에 수단의 통일성이 있다고 믿어진다.

하나의 사물은, 기계적으로 생겨났다는 이유로 합목적적이 아닌 것인가?

칸트는 이를 주장한다. 어째서 우연은 어떠한 합목적적인 것도 산출할 수 없는가?

그가 옳다. 그렇다면 합목적적인 것은 오로지 우리의 관념 안에만 있는 것이기 때문이다.

_____

'생명'은 감각과 함께 출현한다. 요컨대 우리는 감각을 '유기적인 것'의 조건으로 간주한다.

'생명'이란 '의식적'으로, 즉 인간과 유사하게 존재하는 것이다.

유기체에 관한 질문은 이것이다 : 자연에서 인간과 유사한 것은 어디에서 유래하는가?

자의식이 결여된 데서?

62〔53〕

칸트, 《판단력 비판》(1790).

프리스 Fries, 《수학적 자연철학》(하이델베르크, 1822).

슐라이덴 Schleiden, 《자연과학들에서의 유물론》(라이프치히, 1863)(슐라이덴에게 있어 유기체들의 기계론적 설명 가능성).

로젠크란츠 C. Rosenkranz, 《셸링 강의》(단치히, 1843).

마이몬Sal Maimon 1790(《림A. Riem의 계몽지》, Bd. VIII, St. 1).

셸링, 《선험적 관념론 체계》.

오켄Oken, 《생식》(1805)과 《자연과학 교본》(1809, 제2판 1843).

카루스Carus, 《비교해부학과 생리학 개요》(1825).

62[54]

우리는 '생명', 즉 지각하고 성장하는 존재를 인간적 생명의 유비로서밖에는 서술할 수 없다. 인간은 자연에서 인간과 유사한 것과 인간에게 생소한 것을 몇몇 알아보고 해명을 요구한다.

나는 우리가 수면 중에도 자주 지속적으로 생각을 한다는 것을 관찰했다. 우연히 깨어날 경우 방금 생각했던 것의 파편들이 뇌리에 남아 있어 그것을 알려준다.

부분들 하나하나가 전체를 향해 무의식적으로 협력하는 것을 우리는 이해하는가?

62[55]

비유기적 자연, 예를 들어 우주의 구조에서는 합법칙성과 합목적성을 충분히 기계적 작용의 결과로 생각할 수 있다.

칸트는 거기에서 계획적 필연성, 우연의 반대를 보았다.

피셔K. Fischer, 130쪽 등등.

매우 주의할 만한 문구, 132쪽 : "어떤 의미에서는 우리는 외람됨 없이 다음과 같이 말할 수 있다고 내겐 생각된다 : 내게 재료를 달라, 거기에서 어떻게 하나의 세계가 생겨나야 하는지를 그대들에게 보여주련다" ― ― ― 등등.

62[56]

하만Hamann이 칸트의 낙관주의에 대해 하는 말은(낙관주의에 대한 몇 가지 고찰을 시도) 일반적으로 낙관주의에 타당하다 : "그의 착상들은 덤벙대는 암캐가 낳은 눈먼 강아지들이다― ―세계에 대한 판단을 내리기 위해 그는 전체를 증거로 끌어들인다. 그런데 거기에는 조각조각 끌어 모은 것이 아닌 앎이 있다. 이렇게 전체로부터 단편을 추론하는 것은 알려지지 않은 것으로부터 알려진 것을 추론하는 것과 마찬가지다.

《하만 저작 선집》, 제I부, 491쪽.

62[57]

칸트에게는 자신을 남의 철학적 결과의 입장에 놓는 일이 어렵다. 그것은 독창적인 사상가에게서 매우 두드러지는 특성이다.

목적론을 이야기할 기회에 목적론적 입장에 반대하는 미사여구.

왜냐하면 이성에게 계몽을 기대하면서도 어떤 쪽으로 이성이 필연적인 결말을 내야 하는지를 미리 이성에게 지시하는 것은 매우 불합리한 일이다.

《순수이성비판》, II절, 62쪽.

62〔58〕

강단철학에 대하여.

강단철학의 효용.

주요 폐해.

1. 정부는 종교에 반대하는 사람들을 임명하지 않는다.

결과 : 강단철학과 지방 종교의 일치. 그것은 철학의 존엄성을 손상시킨다.

예 : 헤겔 식의 철학과 그것의 몰락.

철학 교수 임명에서의 정부의 목적 : 국가적 이해 관계.

결과 : 진정한 철학은 오해받고 묵살된다.

주

언어의 기원에 관하여

1) Pierre Louis Moreau de Maupertuis. 프랑스의 자연 연구가이자 철학자. 뉴턴 물리학의 추종자로서 독일에서의 영국 경험론과 프랑스에서의 뉴턴 물리학의 개척자이다.

2) 이것은 1856년에 출간된 Friedrich W. J. Schelling의 《신화철학*Philosophie der Mythologie*》의 제1권 《신화철학 입문 *Einleitung in die Philosophie der Mythologie*》으로서, 1990년 Darmstadt, Wissenschaftliche Buchgesellschaft에서 원본대로 복사 출판된 것이다.

플라톤의 대화 연구 입문

1) 문자를 통해 전수된 지식은 불완전하다는 것을 서술하는 《파이드로스》, 275~276a의 구절들을 가리키는 것 같다.

2) Aristophanes von Byzanz. 기원전 257~180년경. 알렉산드리아 학파의 대학자로 호메로스, 헤시오도스, 핀다로스, 알카이오스, 알크만 등의 시작들을 편집·정리하고 희·비극 시인들의 작품과 플라톤의 저작도 연구했다.

3) Thrasyllos. ?~36. 알렉산드리아의 점성사. 플라톤, 데모크리토스 등의 저술들을 정리했다.

4) 이것은 기원전 3세기 말경의 인물인 디오게네스 라에르티오스의 주저 《디오게네스 라에르티오스의 유명한 철학자들의 생애와 가르침》을 가리킨다. 이후 이 책은 '라에르티오스'라고만 표기하겠다.

5) 이것은 아리스토텔레스의 《형이상학》, V를 잘못 쓴 것이다.

6) Diokles von Magnesia. 가다라의 격언 시인 멜레아그로스(절정기는 기원

전 96~95년)가 자신의 비가(悲歌) 모음집을 디오클레스에게 헌정한 것으로 보아 디오클레스는 그보다 한 세대 정도 위의 인물일 것으로 추정된다(기원전 140/150). 그가 어느 학파에 속하는지는 어디에서도 드러나지 않는다. 디오게네스 라에르티오스에 의하면 디오클레스는 최소 3권으로 이루어진《철학자들의 편력》을 저술했으며, 디오게네스는 열아홉 군데에서 이 저술의 기록들을 인용하고 있다.

7) Favorinus. 80~90년에 아렐라테에서 태어나 2세기 중반에 로마에서 생을 마감한 수사가이자 다채로운 저술가. 그리스와 로마 문학에 모두 정통했으며 유려한 표현을 구사했다. 그의 철학적 경향은 학문적 · 회의적이었다.

8) Demetrios von Magnesia. 기원전 1세기의 문법학자. 그의 저술들의 특징은 험담과 유용한 자료들이 무비판적으로 뒤섞여 있다는 것인데, 이들 가운데 많은 것들이 디오게네스의 저술에 유입되었다.

9) Antisthenes. 소크라테스의 제자로, 생존 시기는 기원전 455~360년경. 소크라테스가 죽은 후 키노사르게스의 체조장에 자신의 학교를 열고 소피스트적 변증술과 언어 연구에 진력했다. 특히 소크라테스의 모범에 따른 윤리학에 중점을 두었는데, 이 학교는 견유 학파의 진원지가 되었다.

10) Hippobotos. 기원전 3세기경에 살았으리라 추정되는 헬레니즘 시대의 인물로, 그의 저작은 오직 디오게네스의 인용을 통해서만 알려져 있다.

11) 10세기에 비잔틴에서 편찬된 대규모 백과사전.

12) Hesychios. 5, 6세기경에 살았던 알렉산드리아 출신의 그리스 문법학자로 대규모 백과사전의 편찬자.

13) Apuleius Madaurensis. 2세기의 플라톤주의자이자 소피스트. 125년에 마다우라에서 출생해 카르타고에서 자랐으며 아테네에서 대학 교육을 받았다. 이성적 탐구보다는 플라톤주의와 이시스 숭배 사이를 오가는, 경건성을 지향하는 앎을 추구했다. 플라톤주의를 통속화하여 비교(秘敎)의 위치에 놓았다.

14) Olympiodoros. 6세기 후반 알렉산드리아에서 활약한 플라톤주의 철학자. 플라톤과 아리스토텔레스 학설의 주석가.

15) Plutarchos. 보이오티아의 카이로네이아 출신의 대중적 철학자, 저술가,

전기 작가. 45년 직후 출생하여 120년 이후 사망했다. 아테네에서 수학하고 플라톤주의자가 되었으며, 아리스토텔레스 학파와 스토아 학파의 영향도 받았다. 그리스 전역, 이집트, 소아시아, 이탈리아와 로마를 여행하며 견문을 넓혔다. 50세 이후에는 델포이의 아폴론 신전의 사제로 있었고, 고령에 이르기까지 사설 아카데미의 원장으로 활약했으며, 수많은 저술을 남겼다.

16) Dion. 기원전 409~354년. 시라쿠사의 군주 디오니시오스 1세의 처남이자 사위. 오랫동안 플라톤과 정신적·감정적인 사랑을 맺었다. 플라톤이 자신의 이상 정치의 실현을 위해 시도했던 시칠리아 체류는 이 관계를 토대로 하여 이루어졌다.

17) Dionysios. 기원전 430~367년경. 시라쿠사의 참주. 고대에 시칠리아의 시라쿠사를 기점으로 가장 오래 지속되었고 가장 막강했던 참주 정치의 창시자이다.

18) Phaleron. 아테네의 중심 항구인 페이레우스 동쪽의 항만으로, 페이레우스가 준공되기 이전에는 아테네의 중심 항구였다.

19) Speusippos. 플라톤의 조카로, 플라톤 사후에 아카데미의 원장이 되었다. 기원전 340~339년에 죽었다.

20) Panaitios. 기원전 185~109년. 로도스 출신의 스토아 철학자로 129년부터 죽을 때까지 스토아 학파의 우두머리였다. 파나이티오스로 인해, 가파른 논박을 주조로 하던 스토아 학파의 철학 방식이 퇴조하고, 플라톤, 아리스토텔레스가 다시 읽히고 평가받았다.

21) 4년마다 열리는 범그리스적 축제인 올림피아 제전의 주기에 입각한 연대 규정 방식. 올림피아력 1주기는 99달로, 전반은 50달, 후반은 49달이다. 전승에 의하면 제1회 올림피아 제전은 기원전 776년 여름에 거행되었다.

22) Apollodoros. 기원전 2세기 문법학자. 알렉산드리아 체제 이후 아테네에서 활약했다. 문헌학, 역사, 신화에 관한 수많은 저술이 있다.

23) Hermippos. 기원전 3세기의 그리스 문법학자. 주요 인물들의 전기를 저술했다.

24) Neanthes. 기원전 200년 전후의 키치코스의 수사가. 특히 피타고라스와

그의 추종자들의 운명에 관심을 가졌다.

25) Athenaios. 기원전 2세기의 수사가. 출신지는 불명. 연설의 목적은 청자를 설득하는 데 있다고 보았다. 페르가몬의 아폴로도로스와 청년 키케로에게 영향을 미쳤다.

26) Hermodoros. 시라쿠사 사람으로 플라톤의 제자이며 플라톤의 글들을 시칠리아에 전파했다. 디오게네스는 그의 글에서 전기적 기록을 취했다.

27) Klearchos. 키프로스의 솔로이 출신으로 아리스토텔레스의 제자. 따라서 기원전 342년 이전 출생하여 기원전 3세기 중반까지 생존했다. 특히 전기에는 심리 문제에 관심을 가졌다. 플라톤과 단절하지 않았다는 점에서 동시대의 다른 아리스토텔레스주의자들과 구분된다.

28) Xenokrates. 플라톤의 제자로 플라톤의 뒤를 이어 아카데미 원장이 된 스페우시포스가 죽은 뒤 그의 후임이 되었다(기원전 339~312년). 태어난 해는 기원전 396~395년으로 추정된다.

29) Simplikios. 신플라톤주의자. 529년 아카데미 폐쇄령이 내렸을 당시의 아카데미 회원. 다른 회원들과 페르시아로 건너가 철학 연구와 가르침의 새로운 기반을 마련하려 했으나 실패하고 로마 제국으로 돌아왔다. 교수 활동은 여의치 않았으나 수많은 주석서를 남겼다.

30) Aristoxenos. 기원전 370년경 타렌툼 출생. 부친인 음악가 스핀타로스, 피타고라스 학파의 철학자 크세노필로스, 그리고 아리스토텔레스의 제자이다. 음악, 철학, 역사학, 교육학 등에서 많은 저술을 남겼다.

31) Chamaeleon. 기원전 300년경 헤라클레이아 출신의 아리스토텔레스 학파 철인. 호메로스와 기원전 6세기 시인들에 대한 각론을 저술했다. 후대의 연구를 위한 자료를 각론으로 편찬하는 아리스토텔레스의 방향을 계승했다.

32) Theopompos. 기원전 378~377년 출생. 키오스 출신의 역사가, 수사가로 수많은 연설문을 작성했다. 저서로《그리스 역사 *Hellenika*》,《필리포스의 역사 *Philippika*》 등이 있다.

33) Hermarchos. 미틸레네 출신이며, 에피쿠로스의 제자이자 친구로서, 그를 이어 그가 건립한 학교를 떠맡았다(기원전 281~270년).

34) Satyros. 기원전 2세기 후반에서 3세기에 알렉산드리아 등에서 활약했던 아리스토텔레스 학파의 문법학자. 유명한 왕, 정치가, 연설가, 철학자와 시인들의 전기를 썼다.

35) Aristarchos. 기원전 217~145년. 알렉산드리아의 문법학자. 스승인 비잔틴의 아리스토파네스의 뒤를 이어 그리스의 고전 문학을 편찬하고 주석했다. 특히 호메로스를 중점적으로 다루었다.

36) Philiskos. 기원전 300년 전후 밀레토스 출신의 인물. 이소크라테스의 제자로 그의 잠언을 수집하는 등 여러 저술을 남겼다.

37) Kallimachos. 키레네 출신으로 300년경 알렉산드리아로 이주하여 그곳에서 궁정 시인으로 활동했으며, 한 세대의 문법학자의 스승으로서 찬가, 경구뿐만 아니라 언어, 역사, 문학에 관한 방대한 저술을 남겼고, 특히 시인으로서 그리스와 로마에 큰 영향력을 행사했다.

38) Dionysios von Halikarnassos. 하드리안Hadrian 치하의 문법학자. 음악, 음악사, 산문 리듬에 관한 글을 썼으나 거의 소실되었다. 그의 글에는 키타라 시가와 서정시, 시인과 작곡가들에 대한 광범위한 자료들이 포함되어 있었다.

39) 메톤Meton력은 아테네의 천문학자 메톤(기원전 432년 활동)에 의해 산출된 역법으로 열두 해의 평년과 일곱 해의 윤년으로 이루어진 6,940일의 주기를 기본으로 한다. 이것은 오늘날에도 그리스도교의 부활절 계산에서 기준이 되는 역법이다. 그러나 지금 쓰이는 4년 주기 윤년의 역법에 가장 가까운 역법은 기원전 2세기 중엽에 히파르코스에 의해서 비로소 산출되었다.

40) Oktaeteris. 기원전 6세기 후반 소아시아의 천문학(탈레스)에서 연원했다고 추측되는 역법으로, 열두 달로 된 다섯 해의 평년과 열세 달로 된 세 해의 윤년으로 이루어진 8년 주기의 역법. 이 주기는 하루 반의 오차가 있어서 여러 차례 교정이 시도되었으며, 메톤력도 그 시도의 일환으로 채택되었다.

41) Periktione. 플라톤의 어머니로, 아테네 귀족 가문 출신인 글라우콘의 딸. 글라우콘의 형인 칼라이스크로스는 후에 참주가 되는 크리티아스의 부친. 훗날 30인의 참주의 몰락에서 목숨을 잃는 카르미데스는 그녀의 남동생이다.

42) Ariston. 플라톤의 부친.

43) Kritias. 드로피데스를 통해 솔론과 친척 관계에 있는 아티카의 옛 가문 출신으로, 플라톤의 어머니 페릭티오네의 사촌. 플라톤의 대화편들에 등장한다. 《티마이오스》와 《크리티아스》에 등장하는 크리티아스를 많은 주석가들은 크리티아스의 조부로 간주한다. 알키비아데스와 함께 소크라테스의 문하생인 크리티아스 역시 마찬가지로 정치에 가담, 민주정에 대해서는 과격하게 적대적이고 스파르타에 친화적이었다. 비극 시인 이온과 함께 소피스트의 영향을 받아 시, 산문, 드라마 등 많은 문학 작품을 남겼다.

44) Dropides. 330년 다레이오스의 죽음이 임해 아테네가 알렉산드로스의 수중에 들어가기 전, 코린토스 연방의 규약에 대항하여 아테네의 외교적 입지를 구축할 목적으로 동방에 파견된 아테네의 사절.

45) Aristyllos. 메세네 출신으로, 서기 2세기의 아리스토텔레스 학파 철학자. 그의 철학사 저작이 영향을 끼쳤으며, 디오게네스 라에르티오스가 여러 번 그를 원용했다.

46) Glaukon. 아리스톤의 아들, 플라톤의 동생으로. 플라톤은 《국가》에서 그를 대화 상대자로 등장시켰다. 크세노폰의 《소크라테스의 회상》에 의하면 그는 정치에 투신하고 싶어했으나 소크라테스의 만류로 저지당했다.

47) Xenophon. 고대 그리스 아티카 지방의 소읍 에르키아에서 기원전 430~425년에 출생. 소크라테스를 알게 된 것은 410년 이후. 401년 키로스의 왕위 쟁탈전에 참가했고, 399년 스파르타에 투항한 이래 스파르타의 왕 아게실라오스의 페르시아 원정에 참가하는 등 활동적인 삶을 보냈으며, 스파르타로부터 봉토를 받고 영주의 삶을 영위하면서 많은 저술을 남겼다. 키로스의 원정을 다룬 《아나바시스Anabasis》(전8권), 411~410년에서 361년까지의 그리스의 역사를 다룬 《헬레니카Hellenika》(전7권) 등의 역사서를 비롯하여, 제후들의 모습을 담은 《키로패디Kyropädie》(전8권), 시라쿠사의 참주 히에론과 시인 시모니데스의 담화 형식으로 된 《히에론》 등 교육과 기술에 관한 저술들, 그리고 무엇보다도 《소크라테스의 회상Memorabilien》을 위시한 소크라테스 관련 저술 등 많은 저작을 남겼다.

48) Theophrastos. 레스보스 섬의 에레소스 출신으로 기원전 371년 전후에 출생. 아리스토텔레스의 제자이자 후계자이다.

49) Timon. 기원전 320～230년. 회의주의 철학자. 스틸폰, 피론의 제자로 수많은 저술을 남겼으며, 특히 풍자적 운문으로 엮은 《실로이》(전3권)가 유명하다.

50) 아이올라 해변 레스보스 해협 입구에 위치한 세 개의 작은 섬 아르기누사이 부근에서 아테네와 스파르타 간에 벌어졌던 해전. 408년에 있었던 아르기누센 심판에서 풍랑으로 침몰당하거나 전사한 자들의 구조 작업을 하지 않은 데 대한 책임을 물어 아테네 법정이 사령탑에 사형을 선고했을 때, 심판관들 중 소크라테스만이 유일하게 이 판결에 이의를 제기했다.

51) Dikaiarchos. 기원전 4세기 시칠리아 출신의 아리스토텔레스 학파 철학자. 문학, 철학, 역사, 지리 등 모든 분야에 해박한 지식을 가지고 저술에 임했으며, 피타고라스 등 철학자들의 전기를 쓰기도 했다.

52) Isthmien. 포세이돈을 기리기 위해 격년으로 코린토스의 이스트모스에서 거행된 국가 제전.

53) Dithyrambos. 주신 디오니소스에게 바치는 송가.

54) 이 시구는 위에 니체가 밝힌 호메로스의 《일리아스》, 18, 392 가운데 테티스를 플라톤으로 대치시킨 것이다.

55) Archytas. 타렌툼 출신으로 기원전 4세기 전반기에 활약한 유명한 피타고라스주의자. 7회에 걸쳐 고국의 사령관 직책을 역임했다. 플라톤이 남부 이탈리아에 체류할 때 그와 친분이 있었으며, 그의 세 번째 시라쿠사 여행의 계기를 마련했고, 디오니시오스 2세와 플라톤이 알력 관계에 들어선 이래 그의 석방을 주선했다. 플라톤의 후기 저작에서 보이는 피타고라스의 영향은 주로 아르키타스에게서 온 것이다.

56) Hermogenes. 소크라테스의 주요 제자들 중 한 사람. 플라톤의 《파이돈》, 59B에서 소크라테스의 감방에 함께 있었던 인물 가운데 하나로 언급된다. 《크라틸로스》에서는 대화 상대자로 등장한다.

57) Kratylos. 헤라클레이토스의 제자 중 한 사람으로, 사물의 존속성과 사물에 대한 타당한 발언의 가능성을 부정했다.

58) Aristippos. 기원전 435～366년. 키레네 출신. 소크라테스 주변 소그룹의 일원으로 출발했으나 곧 그 영향권을 벗어나, 생의 모든 상황에서 쾌락의 극대화

를 얻는 것을 신조로 하는 철학을 전개했다. 키레네 학파의 원조로 일컬어진다.

59) Theodoros. 기원전 340년 이전의 키레네 학파 철학자. 몰년은 250년경 이후. 320년경 정치적인 이유로 키레네를 떠나 팔레론의 데메트리오스가 실권하는 307년까지 아테네에 체류했다. 이후 프톨레마이오스 1세를 보필하기도 했으며, 만년에는 키레네로 귀환했다. 신을 부정한 자들 가운데 가장 고명하고 과격한 인물로, 그의 저서 《신들에 대하여》에서 에피쿠로스가 많은 것을 원용했다고 이야기된다.

60) Kebes. 테바이 출신. 처음에는 피타고라스주의자인 필롤라오스의 제자였다가, 후에 아테네로 가서 시미아스와 함께 소크라테스의 제자가 되었다. 플라톤의 《파이돈》에서 소크라테스와의 대화 상대자로 함께 등장한다.

61) 이것은 위의 εἰδῶν φίλοι 의 번역인 것 같다.

62) Strabon. 기원전 64~63년 출생. 폰투스 갈라티쿠스의 도시 아마세이아 출신의 스토아주의적 역사가, 지리학자.

63) Mine. 100드라크마에 해당하는 고대 그리스의 주화(鑄貨).

64) Lamiskos. 타렌툼 사람. 아르키타스의 주변 인물로 피타고라스 추종자. 플라톤은 제7서한에서 어떻게 라미스코스가 아르키타스에 의해 기원전 360년에 사절단의 우두머리로 파견되어 디오니시오스 2세로부터 플라톤이 출국 허가를 받도록 주선했는지를 서술하고 있다.

65) Solon. 기원전 640년 전후의 아테네의 정치가이자 시인.

66) Lykurgos. 기원전 11~8세기에 살았으리라 추정되는 전설적 인물로 스파르타의 헌법 제정자로 일컬어진다.

67) Pindaros. 기원전 522~518년 테바이 부근 키노스케팔라이에서 태어난 시인. 마지막 시작(詩作)의 해인 446년 이후까지 살았으며, 절정기는 480년 전후다.

68) Euphorion. 에우보이아 섬 칼키스에서 기원전 275년에 출생한 시인, 저술가.

69) Galaktophagoi. 호메로스의 《일리아스》, 13, 6에 나오는 '글락토파고이'에서 유래해 꾸며내진, 발칸 반도의 북부 또는 남부 러시아에 거주했다는 스키타이족. 에라토스테네스와 아폴로도로스는 이것을 우화에 지나지 않는 종족으

로 본 반면 스토아 철학자들은 실제 종족으로 간주한다.

70) Agathyrsoi. 현재 루마니아 북부 지역에 거주하던 종족. 헤로도토스는 이 종족의 관습을 트라키아족과 전적으로 동일한 것으로 서술한다. 이웃 종족들과의 차이는 그들이 모계 질서 아래 근친 관계 속에서 풍요롭고 유화적이며 불화를 모르는 삶을 영위했다는 것이다.

71) Tyrrhenoi. 티르사노이족이라고도 일컬어진다. 이탈리아의 에트루스크족, 또는 에게 해 북방의 해적 종족으로 추측된다.

72) Armenios. 이것은 아르디아이오스Ardiaios(《국가》, 615c)의 오기(誤記)로 보인다.

73) Βενδίδεια. 아르테미스, 헤카테, 페르세포네와 비교되는 트라키아의 여신 벤디스에게 바치는 축제.

74) 뵈크Böckh의 오기(誤記).

75) Dionysos. 주신(酒神).

76) παιάν. 이름 또는 음악적 개념으로 외지에서 그리스에 이입되었다. 원래는 독립적인, 나중에는 아폴론, 아스클레피오스 등과 동일시되는 치유의 신을 부르는 이름이었다가 이들 신의 찬가로 자리잡았다. 디오니소스 찬가인 디티람보스와 나란히 그리스 가무 서정시의 가장 중요한 형태이다.

77) Alexis. 아테네의 희극 시인. 347년에 디오니소스 축제에서 장원. 106세의 수를 누리며 245편의 작품을 씀.

78) 《파이돈》, 99B.

79) 《파이돈》, 114A 이하.

80) 《아나바시스Anabasis》는 젊은 키로스가 대왕인 형 아르탁세르크세스에 대항하여 치른 원정과 그리스 용병대의 퇴각을 다룬, 전8권으로 이루어진 크세노폰의 역사서.

81) Teiresias. 그리스 상고대의 유명한 눈먼 예언자로, 호메로스의 서사시를 비롯하여 소포클레스, 에우리피데스 등의 비극에도 등장한다.

82) 헤시오도스의 《신통기Theogonie》의 서시(22행 이하). 그가 헬리콘 산기슭에서 뮤즈 여신들에 의해 시인의 소명을 받는 구절을 참조하라.

83) Stesichoros. 기원전 632~629년에 출생한 것으로 추정되는 고대 그리스의 가무 서정시인.

84) 니체의 부주의로 '아리스토파네스의 연설'이 '알키비아데스의 연설'로 오기된 듯하다.

85) Έρμαία. 헤르메스 축제.

86) 이 목적어는 원문에는 없으나 문맥상 옮긴이가 보충했다.

87) 《파이드로스》, 261d. 팔라메데스Palamedes는 나우플리아의 영웅으로, 핀다로스 이래 '현자', '지자'로 불리며, 발명가로서 프로메테우스, 오르페우스, 카드모스, 다이달로스, 토트에 비견된다. 문자, 주사위, 장기 놀이, 도량형, 봉화 신호 등이 그의 발명이라고 전해진다.

88) 소크라테스와는 동명이인인 청년으로 테아이테토스의 학우이다.

플라톤 이전의 철학자들

1) Ennius. 기원전 239~169년. 로마에서 활약한 극작가, 시인, 풍자적 문필가이자 역사가.

2) Pherekydes aus Syros. 신화 작가이자 신학적 우주론자로, 기원전 6세기에 그가 쓴 세계에 관한 종교적 교설은 가장 오래된 그리스 산문으로 간주된다.

3) lupus와 λύκος는 '늑대'라는 의미의 라틴어. 희랍어로 여기에서 p와 k가 엇바뀐 것처럼 sucus(취미)와 Σίσυφος에서는 c(k)와 φ(p)가 엇바뀐 것이다.

4) 우라노스 Οὐρανός. 하늘의 신. 헤시오도스의 신통기에서는 태모신(太母神)인 땅의 여신 가이아의 아들이자 배우자로서 티탄들의 아버지. 막내아들 크로노스에 의해 거세당했다. 땅과 하늘이 분리되는 세계 창조 신화의 그리스적 형태가 우라노스 신화의 배경이 되고 있다.

5) 오케아노스 Ὠκεανός. 땅의 서쪽 경계를 거주지로 하는(호메로스, 《일리아스》, 14, 311) 강의 신. 그는 최고(最古)의 신통기에서는 바다의 여신 테티스의 배우자이자 신들의 아버지로, 헤시오도스의 신통기에서는 우라노스와 가이아의

아들인 티탄으로 나타난다. 오르페우스교의 신통기에서는 카오스와 닉스 사이 두 번째 서열에 있는 신으로, 티탄들과 우라노스의 아버지로 나타난다.

6) Ophion. 세계의 첫 번째 지배자로, 크로노스에게 정복되어 오케아노스 또는 타르타로스로 추방되었다. 에우리노메의 배우자로 우라노스와 동일시되기도 한다. 그의 관념에서 오르페우스교와 동방적 요소가 발견된다.

7) Eurynome. 오케아노스와 테티스의 딸인 바다의 여신. 헤시오도스는 그녀와 제우스와의 결합에서 자애로운 여신들인 카리테스가 태어나게 했다. 오피온의 배우자로서는 하늘의 여왕으로 나타나며, 결국 크로노스에 의해 오케아노스로 추방된다.

8) Kronos. 추측건대 그리스 이전 시대 티탄족들의 신이다. 헤시오도스의 신통기에 의하면 우라노스와 가이아의 아들이고, 플라톤의 《티마이오스》, 40e와 호메로스의 《일리아스》, 14, 201 이하에서는 오케아노스와 테티스의 아들이다. 또한 레아의 배우자이자 제우스의 아버지.

9) Φημονόη. 델포이 신전의 첫 번째 피티아(아폴론의 여사제)로서, 육운시의 창시자.

10) Pittheus. 트로이젠의 신화적 왕이자 현자, 시인, 신탁 해석가.

11) Olen. 리키아 출신으로 반쯤 신화적인 가인. 델로스로 이주했는데, 그곳의 가장 오랜 송가는 그가 지은 것으로 알려졌다.

12) Philammon. 델포이 출신의 신화적 칠현금 연주자. 아폴론의 아들로 처녀 가무단과 칠현금 가곡의 시인. 오르페우스와 함께, 또는 그 대신 아르고 호에 탑승하기도 했다.

13) Bakis. 시빌레와 마찬가지로 예언가 계급을 일컫는다. 리디아의 바코스인 바키스와 같은 인물로 추측된다.

14) Eumolpos. 엘에우시스 비의의 조역인 목자로서, 사제 직책을 떠맡은 에우몰포스 가문과 케리케스 가문의 신화적 원조이다.

15) Pamphos. 올렌보다는 뒷시대, 호메로스보다는 앞시대의 송가 시인.

16) Linos. 신화적 인물로 아폴론의 아들. 전설에서 여러 차례 음악과 관련되어 일컬어진다. 유명한 음악가로서 아폴론과의 경합에서 아폴론에게 죽임을 당

했다든가 헤라클레스의 스승으로서 현금을 타고 있는 제자를 죽였다는 등의 일화들이 전해진다.

17) Musaios. 그리스 상고의 신화적 시인으로 달의 여신 셀레네의 아들이자 오르페우스의 제자. 최소한 3권으로 이루어진 신통기, 데메테르 송가, 디오니소스 송가 등을 지었다. 에우몰포스는 그의 아들로, 부친의 연대기를 편찬했으며 엘에우시스의 비의를 도입했다고 전해진다. 저승에 대한 무사이오스와 에우몰포스의 관념은 훗날 플라톤(《국가》, 2, 363c)의 조소 대상이 된다.

18) Epimenides. 157세 또는 299세의 수를 누렸다고 전해지는 크레타의 신학자이자 무술가(巫術家). 피타고라스, 엠페도클레스, 오르페우스교 신학자들의 경우처럼 그리스 식민지 시대에 흑해 연안으로부터 그리스에 이입된 샤머니즘의 영향을 받은 종교적 조류를 구현했다. 헤시오도스와 오르페우스교 신학자들에 이어 신통기의 저자이다. 기원전 500년경에는 아테네에서 정죄 의식의 사제로 활약했다고도 전해진다.

19) Solon. 기원전 640년 전후의 인물로, 아테네의 정치가이자 시인. 부채 경감, 부당한 노예들의 해방, 도량형과 화폐 개혁, 방대한 입법, 시작(詩作) 등을 통해 정치와 윤리의 초석을 다졌다.

20) Bias. 필로스 출신으로, 예언자인 형 멜람푸스Melampus의 도움으로 아르고스의 3분의 1을 얻고 그곳을 기반으로 한 최고 귀족 가문의 원조가 되었다.

21) Pittakos. 레스보스 섬 미틸레네의 정치가. 생년은 기원전 650년경. 법률 제정, 취중 범죄에 대한 처벌 강화, 장례식 참여에 대한 규칙 정립, 자기 아들의 살해자를 풀어주는 등의 죄수 방면, 시민들에게서 선사받은 토지의 재분배 등 선정을 베풀고, 미틸레네가 폭정과 당파 싸움, 전쟁에서 해방되자 스스로 사직했다.

22) Myson. 태고의 우화 '누가 가장 지혜로운 자인가?'의 주역. 그 대답은 '시기를 아는 것'이라야 했는데 미손은 수확 전에 쟁기를 정비함으로써 대답의 예증을 제시했다는 것. 참주에게 적대적이었던 4세기에 코린토스의 참주 페리안드로스가 일곱 현자의 명단에서 삭제되자 그 대신 명단에 들게 되었다. 그러나 팔레론의 데메트리오스 이후 확정된 명단에서는 그의 이름이 빠져 있다.

23) Chilon. 스파르타의 민선 행정감독관(기원전 556~555년). 역사적으로 윤곽이 뚜렷한 인물은 아니나, 군국화와 이에 따르는 문화적 빈곤화 등이 특징이었던 스파르타의 변혁을 주도하여 '고전적' 스파르타의 탄생에 기여한 인물로 기억된다. 플라톤 이래 일곱 현자 중 한 사람으로 확고한 위치를 부여받았다.

24) Demetrios aus Phaleron. 기원전 344년 이전에 출생한 정치가이자 철학자. 323년까지 아리스토텔레스 문하에서 수학, 철학, 역사, 수사학 등의 분야의 저술을 남겼다.

25) Periandros. 40년간(기원전 600~560경) 코린토스의 참주. 사회 질서를 정비하고 농업, 예술을 장려했다. 그의 통치 아래 코린토스는 상업, 식민 통치, 군사력 등에서 월등한 지배력을 발휘하여 국제적 세력을 획득했다.

26) Anacharsis. 현재 우크라이나 지방에 위치한 스키타이의 귀족 가문 출신. 그리스 문화를 섭렵하기 위해 그리스로 여행하는 등, 야만적인 스키타이족의 예외적 인물이었다. 기원전 4세기 이래 북방 민족을 이상화하는 풍조에 힘입어 견유 학파에 의해 오염되지 않은 자연 인간으로 찬미되었다.

27) Leandros aus Miletos. 최소한 두 권으로 된 밀레토스 지역사의 편자.

28) Akusilaos. 기원전 5세기 아르고스 출신. 신화적 도식의 산문 문학가. 헤시오도스의 전승을 이어 우주와 신들의 기원을 더 상세히 기술했다.

29) 트리푸스. 도구의 하나. 특히 솥의 받침으로 고대 그리스 시기 이래 알려졌다. 아테네의 제의나 델포이 신탁을 받는 의례시에 공양물로 바쳐졌다. 시 경연 대회에서 수상자에게 상품으로 수여되기도 했다.

30) Didymaion. 밀레토스 반도의 남쪽에 있는 아폴론 신탁의 성소.

31) Kroisos. 리디아의 마지막 왕. 전쟁을 앞두고 승패를 묻는 그에게 내려진 아폴론 신탁을 자신에게 유리하게 해석하여 치르게 된 전쟁에서 패배했다. 그의 역사는 신탁의 이중적 해석 가능성에 대한 극명한 예증으로 흔히 언급된다.

32) 이 구절은 니체의 서술만으로는 거의 이해가 불가능하다. 탈레스가 페레키데스에게 보낸 편지는 다음과 같다. "듣자하니 자네는 이오니아 사람들 가운데 최초로 신적인 사물들에 관한 의견을 글을 통해 공공연히 그리스인들 앞에 개진하려는 의도를 가지고 있다더군. 자네가 아무런 효용도 없이 그 일을 어중

이떠중이에게 내맡겨버리는 대신 글을 통해 그것을 차라리 공공의 소유로 만드는 것은 아마 전적으로 옳은 태도일 것일세. 그러니 자네만 괜찮다면 나는 청자로서 자네가 쓰는 글의 주제에 대해 배움을 청하고자 하네. 그래서 이에 대한 자네의 뜻이 어떤지 내게 알려준다면 내가 시로스로 자네를 방문하겠네. 왜냐하면 아테네에 있는 우리들, 즉 나와 솔론은 이전에 크레타의 여러 상황을 알아보기 위해 크레타에도 갔었고, 그 다음에는 이집트 사제들을 비롯해 천문학자들과 교류를 갖기 위해 이집트에도 갔었는데, 그러한 우리가 자네에게 가지 않는다면 그건 제정신이 아닌 것일 테니 말일세. 자네가 허락한다면 솔론도 자네한테 가겠다고 하니 말일세. 정말이지 자네야 어쩌다가 애국심에 붙들려서나 이오니아에 오고, 또 낯선 사람들과 교류하는 데 매력을 느끼는 대신 내가 보기엔 오로지 자네의 유일한 용무인 글쓰는 작업에 몰두하고 있지 않은가 말일세. 그런 자네와는 달리 저술을 업으로 하지 않는 우리야 그리스와 아시아를 주유한다네."

33) λόγοι에 대한 니체의 번역.

34) Alexandros von Aphrodisias. 아리스토텔레스 학파의 철학자로 198년에 아테네로 부름을 받았다. 아리스토텔레스에 대한 정평 있는 주석가로 후대에, 특히 신플라톤주의자인 플로티노스에게 영향을 끼쳤다.

35) Eratosthenes. 기원전 284~202년. 알렉산드리아의 문헌학자, 사서가, 궁정의 스승으로서 플라톤적 조류와 아리스토텔레스적 조류의 철학, 문법학, 시의 스승들에게서 수학했다. 철학, 역사, 문법, 지리, 문학에 관한 저술들이 있다.

36) Herakleides Lembos. 프톨레마이오스 6세 치하의 인물로 정계에서 활약함과 동시에 아리스토텔레스 학파 풍의 문학 연구가로 업적을 남겼다. 디오게네스 라에르티오스가 그를 직접 원용했다.

37) Sybaris. 루카 지방을 흐르는 시바리스 강가에 있던 아카시아 주민의 도시이다. 기원전 720년경에 건립되었으며, 항구가 없음에도 유리한 지정학적 위치 때문에 부강하고 인구가 많으며 정치적 주도권을 가진 도시로 유명했다.

38) Kylon. 크로톤 출신. 기원전 5세기 후반에 자신의 추종자들과 함께 피타고라스를 추종하는 무리들을 자신의 고국에서 섬멸했다.

39) Apollonios von Tyana. 1세기의 인물로 신피타고라스주의자. 피타고라

스를 모범으로 하는 삶의 실현을 시도했다. 기적을 행하고 피타고라스의 법칙성을 가르치는 교사로서의 그의 삶은 그리스도의 삶과 비교되기도 한다.

40) Ἄβαρις. 히페보레이아의 신학자, 신비한 능력의 소유자. 그의 명성은 기원전 6~5세기의 신비주의에 기인한다. 델포이의 아폴론과의 연관도 시사된다. 신피타고라스주의자들은 그를 피타고라스의 스승이자 선구자로 만든다.

41) Ζάλμοξις. 헤로도토스는 Ζάλμοξις에 관해 두 가지를 말하는데, 그 하나는 Ζάλμοξις가 트라키아족 최북단의 집단인 게타이 Γέται 부족에서 숭배되던 토양신격, 즉 생명을 부여하는 땅의 주(主)로서, 사람들은 사자(死者)들이 영원한 정복(淨福) 속에서 그에게 귀향한다고 믿었다는 것이다. 다른 하나는 합리적 성격의 설명이다. 즉 Ζάλμοξις는 피타고라스의 트라키아족 출신 노예로서 주인의 비교(秘敎)적 사상에 영감을 받았으며, 노예 신분에서 풀려난 후 트라키아 사람들에게 영혼불멸을 가르쳤고, 3년을 땅속에서 지내다가 4년째 해에 그들 앞에 나타나 그것을 확인시켜줌으로써 신격으로 추앙받게 되었다는 것이다. 그러나 헤로도토스가 말한 Ζάλμοξις 숭배가 역사적으로 훨씬 더 오래된 시기에 속하는 것으로 드러나는 까닭에 이 두 번째 설명은 신빙성이 없다. 여하튼 피타고라스주의와의 관련이 명백히 드러나는 신격이다.

42) Eudoxos. 기원전 391~338년. 크니도스 출신의 천문학자, 수학자, 의사, 철학자, 입법가.

43) Onesikritos. 견유 학파 디오게네스의 제자로 알렉산드로스 대왕의 인도 원정에도 참여했다. 대왕이 죽은 뒤 그를 견유 학파적 의미에서 모범적인 철학적 성품의 소유자이자 문화의 전수자로 묘사하는 알렉산드로스 역대기를 저술하기도 했다.

44) Philolaos. 기원전 5세기 중반의 피타고라스주의 철학자. 피타고라스 결사가 남부 이탈리아에서 해체되자 방랑 철학자로 전전하면서 시칠리아, 테바이 등지에서 피타고라스의 교설을 전파했다. 플라톤의 《파이드로스》, 61E에서 그의 이름이 피타고라스적 색채를 띤 사상과 관련되어 언급되기도 한다.

45) Satyros. 기원전 3세기 후반에서 2세기 초에 알렉산드리아에서 활약한 아리스토텔레스 학파의 문법학자. 유명한 제왕, 정치가, 웅변가, 철학자들의 전기

를 저술했다. 이들 전기는 대부분 단편으로, 아테나이오스와 디오게네스 라에르티오스를 통해 전수된다.

46) Hippobotos. 기원전 3세기경의 인물로 추측되며, 디오게네스 라에르티오스가 자주 인용하는 철학자 색인의 편찬자이다. 사제 관계를 밝히는 연대기 제시와 함께 철학자 한 사람 한 사람에 대한 일신상의 태도 묘사가 두드러진다.

47) Nikomachos von Gerasa. 신플라톤주의의 수학자로서 서기 100년 전후의 인물.

48) Porphyrios. 234~301/305. 플로티노스와 교류했고, 그의 저술을 편집하는 등 많은 저작을 남겼다. 《피타고라스의 생애》는 《철학자 이야기》 제1권의 한 부분이다.

49) Jamblichos. 4세기 칼키스 출신의 신플라톤주의자로, 포르피리오스의 제자이다.

50) ἱστορίη는 아마도 ἱστορίη의 오자(誤字)인 듯.

51) Ἐλευσίνια. 고대 그리스 전 지역에서 성행했던 축제. 엘에우시스의 주(主)인 곡물의 여신 데메테르와 그녀의 딸 코레에게 바친 풍요 축제이다.

52) λήναις. 레나이아 축제 Λήναια, 즉 아티카 지방에서 가멜리온 달(1~2월)에 벌였던 디오니소스 축제에서 신들린 가운데 디오니소스를 따르는 여인들.

53) Lukianos. 120년경 출생하여 180년 이후에 죽은 사모사타 출신의 소피스트이자 풍자가. 널리 알려진 소설 《당나귀 루키오스》 외에 70여 편의 글을 남겼다.

54) 포르밍크스는 현악기의 일종이다.

55) 이것은 파르메니데스의 오기(誤記)인 듯하다.

56) Chrysippos. 기원전 281/277~208/204년. 스토아 학파 철학자. 260년경 아테네에 와서 클레안테스의 제자가 되었고, 그의 사후에 그의 뒤를 이어 스토아 학파 학교의 교장을 역임하면서 수많은 제자를 배출했다.

57) Hermarchos. 미틸레네 출신으로 에피쿠로스의 제자이자 친구. 그의 후계자로서 에피쿠로스 학파 학교의 운영을 떠맡았다.

58) Xerxes. 기원전 486~465년 재위한 페르시아의 대왕. 480년에 그리스를

침입하여 아테네를 함락하고 아크로폴리스 신전을 약탈했다. 이후 살라미스 해전에서 패한 데에 이어 플라타이아이 전투에서도 참패했다.

59) Aspasia. 페리클레스에게 같은 이름의 아들을 낳아준 첩으로, 고대 그리스의 창기(娼妓)였다는 설도 전해지며, 그에게 정치적 영향력을 행사해 사모아와 메가라에서의 전쟁을 사주했다는 혐의를 받았다.

60) Hermippos. 페리클레스의 성적인 탐욕, 그가 전쟁을 선동한 일, 그의 비겁함을 무대에 올려 비난했을 뿐 아니라, 아스파시아를 신성 모독과 갖은 중재 역할을 이유로 법정에 고소한 아테네의 희극 시인.

61) 이곳 이하에서 옮긴이는 νοῦς에 대한 지금까지의 번역어인 이성Vernunft을 맥락에 따라 정신Geist으로 대체한다. 니체 자신도 νοῦς를 때로는 Vernunft로, Geist로, 지성Intellekt으로, 또는 드물게는 오성Verstand으로 제시하고 있다.

62) Polos. 소피스트. 고르기아스의 제자. 플라톤의 《파이드로스》, 267a에서 기술적 방법τέχνη의 편자로 언급되며 《고르기아스》에서는 고르기아스의 주제들을 극단적으로 대변하는 인물로 언급된다.

63) 메사나Messana라고도 하고 메세네Messene라고도 한다. 지금의 메시나Messina를 가리킨다.

64) Troia. 호메로스의 《일리아스》의 배경이 되는 고도. 현재 터키의 서부 에게 해안에 있다.

65) ῥυθμός 의 오기(誤記)로 추측된다.

66) κανών. '규범'이라는 의미.

67) Ekphantos. 기원전 4세기 시라쿠사 출신의 피타고라스주의자.

68) Hestia. 부뚜막(부엌)의 여신. 가정의 법과 보호 영역의 종교적 근본 이념이 구현된 신격. 헤시오도스의 신통기에서는 크로노스의 딸이자 제우스의 누이로 나타난다. 불을 선사하는 여신으로서는 가정에 축복을 내리는 민속 종교에서 주도적 역할을 하며, 피타고라스주의자들의 세계에서도 중심적 위치를 차지한다.

69) Ares. 전쟁의 신.

70) Synesios. 370년 전후~413년. 알렉산드리아에서 수사학과 신플라톤주의 철학을 공부했다. 410년에 키레네의 주교가 되었다. 철학적 · 문학적 산문 외에 신플라톤주의와 기독교가 결합된 종교성을 증언하는 찬가를 짓기도 했다.

71) Apollonios Mollon. 몰론의 아들 아폴로니오스. 기원전 2세기의 유명한 수사가이자 문법학자. 그의 저술 가운데 하나인 《철학자들에 반대하여》에서는 소크라테스에 관한 신탁의 신빙성에 대한 그의 비판이 이루어지고 있다.

72) Daimonion. 플라톤과 크세노폰이 묘사하는 소크라테스는 신적인 계시에 기인하는 자신의 내면의 목소리를 그렇게 부른다. 플라톤의 서술에 따르면, 이 신적인 징표는 소크라테스로 하여금 적극적으로 무엇을 하도록 명하지는 않지만 목적에 부합하지 않는 것, 즉 신의 마음에 들지 않는 것을 못하도록 만류하는 특성을 가진다. 이와는 달리 크세노폰에게서는 신들이 이 징표를 통해 소크라테스가 적극적으로 무엇을 하도록 권장하기도 하는 것으로 나타난다.

73) Mine. 고대의 중량 · 화폐 단위.

아리스토텔레스 수사학 I

1) ῥητορική와 διαλεκτική에 대한 니체의 번역. 전자는 공공 연설의 기술, 후자는 논리적 토론의 기술을 일컫는다.

2) ἐνθύμημα, 즉 수사(修辭) 추론에 대한 니체의 번역.

3) 이해하기 힘든 이 문장의 다른 번역[*The Works of Aristoteles*, translated into English under the editorship of W. D. Ross, M. A. Vol. XI Rhetorica by W. Rhys Roberts(London : Oxford Univ. press, 1946)]을 참조하면 다음과 같다.

"그리하여 어떻게, 그리고 어떤 요소에서 삼단논법이 산출되는가를 가장 잘 이해할 수 있는 사람은 수사 추론에서도, 그 주안점이 무엇이며, 더 나아가 그것이 어떤 면에서 엄밀한 논리학 삼단논법과 다른가를 배웠다면, 가장 뛰어난 능력을 보일 것이라는 사실이 분명히 귀결된다."

4) 이 문장에 대한 W. R. Roberts의 번역은 다음과 같다.

"나아가 설득의 진정한 수단과 외견상의 수단을 명확히 하는 것은 마치 진정한 추론과 외견상의 추론을 명확히 하는 것이 변증술의 기능이듯이 동일한 학(수사학)의 기능임이 분명하다."

5) 이 단락에 대한 W. R. Roberts의 번역을 참조하면 다음과 같다.

"설득의 방식 가운데 어떤 것은 엄밀하게 수사학의 기술에 속하고 어떤 것은 그렇지 않다. 후자와 함께 내가 의미하는 것은, 화자가 제공한 것은 아니나 증인, 고문(拷問) 아래 주어진 근거, 계약서 등등 애초부터 제공되어 있는 종류의 것들이다. 전자와 함께 내가 의미하는 것은 우리가 수사학 원칙의 도움으로 우리 스스로 구성할 수 있는 종류의 것들이다. 한 종류는 단지 사용되기만 하면 되고, 다른 한 종류는 고안되어야 한다."

6) 이 단락에 대한 W. R. Roberts의 번역을 참조하면 이렇다.

"어떤 진술이 설득적이고 신빙성 있는 까닭은 그것이 직접적으로 자명하거나, 자명한 다른 진술들을 근거로 증명된 것처럼 보이기 때문이다. 어떤 경우든 그것은 설득적인데, 그 까닭은 거기에 설득되는 누군가가 있기 때문이다. 그러나 그들 가운데 어떤 학문도 개별적 경우들에 대한 이론을 제시하지는 않는다."

7) 이 단락에 대한 W. R. Roberts의 번역은 다음과 같다.

"수사학적 추론의 기초를 구성할 수 있는 '필연적' 유형의 사실들은 거의 없다. 그것에 대해 우리가 결정을 내리는, 따라서 우리의 탐구 대상이 되는 대부분의 사물들은 우리에게 또 다른 가능성들을 제시해준다. 그 까닭은 우리가 숙고하고 연구하는 것은 우리의 행동에 관한 것인데, 우리의 모든 행동은 우연적 성격을 지니고 있으며, 거의 어떤 행동도 필연에 의해 결정된 것은 없기 때문이다."

8) 이에 대한 W. R. Roberts의 번역은 이렇다.

"법률을 제정함에 있어서는, 현재 자국을 위해 어떤 헌법이 바람직한가를 이해하기 위해 자국의 과거 역사를 연구하는 것뿐만 아니라, 다른 여러 국가의 헌법들에 대한 지식도 겸비하여 다양한 종류의 헌법이 어떤 종류의 국가에 적합한지를 배우는 것 또한 유용하다."

9) 이 문장에 대한 W. R. Roberts의 번역이다.

"개인의 고귀한 태생은 남성의 가계나 여성의 가계에 기인할 수 있는데, 그것은 두 부모 모두 자유 시민이라는 것, 국가의 경우에서와 같이 가문의 조상들이 덕이나 건강, 또는 그 밖에 높이 찬양되는 어떤 다른 것들에 있어 탁월한 인물들이었다는 것, 그리고 남녀노소를 막론하고 뛰어난 많은 인물들이 그 가문에 속한다는 것을 의미한다."

10) 이 문장에 대한 W. R. Roberts의 번역이다.

"'안전'의 기준은 그것을 사용하는 권한이 우리에게 있게끔 하는 장소에서, 그러한 조건 하에 재산을 소유한다는 것이다. 그리고 그것을 처분하거나 유지하는 일이 우리의 권한 내에 있을 때 그 재산은 '우리의 소유'인 것이다."

11) W. R. Roberts에 의하면 "토지의 수여".

12) 플라톤도 이미 언급한 유명한 체조가이자 식이요법가로 히포크라테스의 스승. 의술 체조와 식이요법의 창시자. 그러나 그의 과장된 처방은 종종 공격받았다.

13) W. R. Roberts에 의하면, "또는 다른 모든 사람이 간과한 보물을 당신이 찾아낸 경우나".

14) W. R. Roberts의 번역을 참조하라.

"나아가 어떤 사람만의 소유인 것들, 다른 사람은 아무도 소유하지 않은 것들, 예외적인 것들은 좋은 것이다. 예외적이라는 사실로 인해 그것들을 소유하는 사람의 명망이 증대되기 때문이다."

15) W. R. Roberts의 번역을 참조하라.

"나아가, 어떤 주어진 소질이 있는 사람은 주로 그 소질에 상응하는 것에 적합하다. 즉 승리를 사랑하는 자는 승리에 적합하고, 명예를 사랑하는 자는 명예에, 재물을 사랑하는 자는 재물에 적합한 것과 같은 식으로, 그 밖의 모든 것에서도 그러하다."

16) W. R. Roberts는 다음과 같이 번역했다.

"그 반대가 더 큰 악인 것, 그리고 그것을 잃는 것이 우리를 더 괴롭히는 것이 바로 더 큰 선이다."

17) 이 부분에 대한 W. R. Roberts의 번역은 다음과 같다.

"실제의 좋음과 나쁨은 좋음과 나쁨의 단순한 부재보다 중요하다. 왜냐하면 실제의 좋음과 나쁨은 목적들이지만, 그 단순한 부재는 목적일 수 없기 때문이다."

18) 이 부분에 대한 W. R. Roberts의 번역은 다음과 같다.

"나아가, 사물들의 작용이 고귀한가 비천한가에 비례하여 그 사물들 자체가 좋거나 나쁘고, 역으로 사물들 자체가 좋은가 나쁜가에 비례하여 그 작용들 또한 좋거나 나쁜데, 그것은 결과들의 본성은 원인과 시초들의 본성에 상응하며, 역으로 원인과 시초들의 본성은 결과들의 본성에 상응하기 때문이다."

19) 괄호 부분에 대한 W. R. Roberts의 번역이다.

"어떤 것을 욕구하는 일이 더 명예롭거나 더 낫다면, 그 어떤 것은 더 명예롭거나 더 낫다. 주어진 충동의 대상의 중요성이 충동 자체의 중요성에 상응하기 때문이다. 그리고 같은 이유로, 어떤 것이 다른 것보다 명예롭거나 낫다면, 그것을 욕구하는 일은 더 명예롭거나 더 낫다."

20) 이 단락에 대한 W. R. Roberts의 번역이다.

"나아가, 어떤 학이 다른 학보다 존중할 만하고 더 가치가 있다면, 그 학이 다루는 행위 역시 더 존중할 만하고 더 가치가 있다. 학이 그러한 것처럼 그 실제, 즉 학의 대상도 그러하므로 모든 학은 저마다 그 고유 영역에서 권위를 가진다. 그래서 또한 학의 대상이 가치 있고 존중할 만할수록, 결과적으로 학 자체도 가치 있고 존중할 만한 것이다."

21) W. R. Roberts는 이렇게 번역했다.

"나아가, 둘 중 더 쾌적한 것이 더 낫다. 왜냐하면 모든 것은 쾌를 추구하며, 사물들은 본능적으로 쾌감을 그 자체 때문에 추구하기 때문이다. 그리고 이것들이 '선'과 '목적'을 정의하는 특징들 중 두 가지다."

22) W. R. Roberts는 이렇게 번역했다.

"오래가는 것을 즐기는 일은 더 장시간이라는 장점이 있으며, 안전한 것을 즐기는 일은 우리가 원하면 언제나 우리를 위해 거기에 있기에 우리의 요구에 부응한다는 장점이 있다."

23) 이 단락에 대한 W. R. Roberts의 번역이다.

"나아가 경쟁자나 적들, 또는 다른 한편으로 전권을 가진 판관들이나 그들을 선택해 자신들을 대행케 한 사람들에 의해 더 낫다고 간주된 것은 더 나은 것이다. 첫 번째 두 경우에서의 결정은 사실상 모든 사람의 결정이고, 마지막 두 경우에서는 권위 있는 자들과 전문가들의 결정이다."

24) W. R. Roberts의 번역은 다음과 같다.

"그리고 좋다고 인정되었든 그렇다고 믿어지든 다른 것들보다 나은 것들."

25) 사실은 제96행이 아니라 제86행이다.

26) W. R. Roberts의 번역은 다음과 같다.

"그러므로 부는 그것의 존재가 남에게 알려져 있다면 더 큰 선으로 간주될 수 있을 것이다."

27) W. R. Roberts의 번역은 다음과 같다.

"그러므로 외눈박이를 눈멀게 하는 것은 두 눈 가진 자를 반쪽 소경으로 만드는 것보다 더 나쁜 해를 끼치는 것이다."

28) W. R. Roberts의 번역은 다음과 같다.

"나아가, 구속력 있는 결정을 내리는 것은 행정 권력의 소임인데, 이것은 정부의 각 형태에 따라 다르다. 다른 형태의 정부 수에 상응하는 다른 형태의 통치권들이 존재한다."

29) W. R. Roberts의 번역은 다음과 같다.

"판결과 결정의 최고권은 따라서 언제나 이들 통치 세력들 가운데 하나나 다른 것의 일부 아니면 전체에 달려 있다."

30) W. R. Roberts의 번역은 다음과 같다.

"우리는 다양한 통치 형태들이 추구하는 목표들도 알아야 한다. 왜냐하면 사람들은 실제로 자신들의 목표를 실현으로 인도할 그러한 행위들을 선택하기 때문이다."

31) W. R. Roberts는 이렇게 번역했다.

"그러나 수사학적 설득은 실증적인 논증에 의해서뿐만 아니라 윤리적 논증에 의해서도 결과를 낳는다. 만약 우리가, 화자 자신이 이를테면 선량함이나 우리에 대한 선의와 같은 성격, 또는 두 가지를 다 가졌다는 것을 믿는다면, 그것은 화자가 우리를 확신시키는 데 도움이 된다. 이와 유사하게, 우리는 각각의 통치 형태에 특징적인 도덕적 성질들을 알아야 한다. 왜냐하면 각 형태의 특수한 도덕적 성격은 그것을 상대하는 데 있어 우리로서 가장 효과적인 수단들을 우리에게 틀림없이 제공해주기 때문이다. 우리는 개인들의 성격들을 배우는 것과 같은 방법으로 정부들의 성격들을 배울 것이다. 왜냐하면 그 성격들은 그들의 신중한 선택 행위들에 드러나 있기 때문이다. 그리고 이 행위들은 그들을 고취시킨 목표에 의해 결정된 것이다."

32) W. R. Roberts는 이렇게 번역했다.

"훌륭한 행위들이란 그 덕을 생전에 보기보다는 사후에 보게 될 행위들이다."

33) 알카이오스, 단편 글귀 55, Bergk⁴.

34) 사포, 단편 글귀 28, Bergk⁴.

35) W. R. Roberts는 다음과 같이 번역했다.

"나아가 기억할 가치가 있는 것은 훌륭하고, 그러한 가치가 있으면 있을수록 더욱더 훌륭하다."

36) W. R. Roberts는 다음과 같이 번역했다.

"그래서 사후까지도 지속되는 것들은 훌륭하다."

37) W. R. Roberts는 다음과 같이 번역했다. "예외적인 것들."

38) 원문은 "……was sich in Gefahr begiebt,……"이므로 "위험을 무릅쓰는 것"이라고 번역해야 하겠지만, 문맥에 따라 이와 같이 수정한다. W. R. Roberts의 번역은 다음과 같다.

"만약 누가 불필요하게 위험에 뛰어든다면……."

39) 플라톤, 《메넥세노스》, 235D.

40) W. R. Roberts의 번역은 다음과 같다.

"만약 청중이 어떤 특성을 높이 평가한다면, 우리는, 우리가 스키타이 사람들을 상대로 말하든, 스파르타 사람들이나 철학자들을 상대로 말하든, 우리의 주인공이 그 특성을 가졌다고 말해야 한다."

41) W. R. Roberts의 번역은 다음과 같다.

"사실 우리는 높이 평가되는 모든 것은 훌륭하다고 해야 한다. 결국 사람들은 그 둘을 같은 것으로 간주한다."

42) W. R. Roberts의 번역은 다음과 같다.

"합당치 않은 행위들조차, 만약 그 행위들이 합당한 행동들이 그러할 수 있는 것보다 더 낫고 더 훌륭하다면, 훌륭하다. 예컨대, 어떤 사람이 그저 평범한 인물이었는데 모두가 떠났을 때 어려운 가운데 단연 영웅이 되거나, 신분이 높아질수록 더욱 선량하고 남들과 더욱 조화를 이루는 경우가 그러하다."

43) W. R. Roberts의 번역은 다음과 같다.

"과거의 내가 무엇이었고, 현재의 내가 무엇인지를 생각하라."

44) Cp. I. 7, 1365a 24~8, 이 인용과 바로 전 인용에 해당.

45) 시모니데스, 단편 글귀 111, Bergk⁴. W. R. Roberts의 번역은 다음과 같다.

" '아버지도 남편도 남자 형제들도 모두 왕자들이었던 여인' 이라는 시모니데스의 찬가."

46) W. R. Roberts의 번역은 다음과 같다.

"어떤 사람이 축복을 받았다고 말하는 것은 그가 행복하다고 하는 것과 같은 것이라는 사실을 덧붙일 수 있을 것이다. 그러나 이것은 그에게 찬미나 찬사를 바치는 것과 같은 일은 아니다. 찬미와 찬사는 바로 선이 행복의 한 부분인 것처럼 '행복하다고 말하는 일' 의 한 부분이다."

47) 다음은 W. R. Roberts의 번역이다.

"따라서 우리는 최초로 이루어진 찬가가 히폴로코스를 위한 것이었다는 이유로 그를 찬미하거나, 하르모디오스와 아리스토게이톤의 입상이 광장에 세워진 첫 번째 입상이었다는 이유로 그들을 찬미할 수 있을 것이다."

48) 다음은 W. R. Roberts의 번역이다.

"따라서 그를 유명한 사람들과 비교할 수 없다면, 최소한 다른 일반적인 사람들과 비교해야 한다."

49) 혹은 '다른 선행들 외에도' 의 의미로 생각할 수도 있다.

50) παράδειγμα, 평행하는 경우들로부터의 논증.

51) 다음은 W. R. Roberts의 번역이다.

"이상이 모든, 또는 거의 모든 찬양이나 비난 연설의 일반적 구성 지침들이다. 우리는 그러한 연설을 할 때 우리가 유념해야 할 것들의 종류와 찬사와 비방을 만들어내는 소재들을 관찰했다. 비방과 악담을 특별하게 취급할 필요는 없다. 위 사실들을 알면서 우리는 그 반대되는 것들을 안다. 그리고 비방의 말은 이것들에서 만들어진다."

52) W. R. Roberts는 다음과 같이 번역했다.

"왜냐하면, 소송인은 우리로 하여금 이웃에게 불의를 행하는 계기가 될 수 있는 모든 목적 가운데 얼마나 많은 것이, 그리고 어느 것이 상대방을 자극하는가를 고려해야 하며, 반대로 변호인은 얼마나 많은 것이, 그리고 어느 것이 그를 자극하지 않는가를 고려해야 한다는 것이 명백하기 때문이다."

53) W. R. Robets는 다음과 같이 번역했다.

"왜냐하면 어떤 사람이 정직한가 음험한가, 키가 큰가 작은가 하는 사실과 관련해서는 이렇다 할 아무런 행동의 종류들도 없는 데 비해, 그가 나이가 적은가 많은가, 정의로운가 정의롭지 못한가 하는 것에는 차이가 있기 때문이다."

54) W. R. Roberts는 다음과 같이 번역했다.

"그리고 일반적으로 말해 인간의 성격 차이의 원인인 부차적 성질들, 예를 들어 부와 가난에 대한 감각, 행과 불행에 대한 감각과 같은 것은 중요하다."

55) W. R. Roberts의 번역은 다음과 같다.

"행위자의 소망이나 계산을 거슬러 일어나는 일들은 강압적으로 일어나지만, 그럼에도 그 자신의 힘을 통해 일어난다."

56) 원문은 "…… weder unordentlich, noch ganz genau"이므로 원문에 충실하게 번역했으나, 문맥이 통하지 않으므로 'genau'를 'ungenau'로 고쳐 "흐트러지지도 않고, 완전히 부정확하지도 않다면"이라고 번역하는 것이 어떨까 한다. W. R. Roberts는 다음과 같이 번역했다.

"우리의 다양한 정의들은 비록 정밀하지는 않지만 명확한 한에서 적합한 것으로 간주해야 한다."

57) W. R. Roberts는 다음과 같이 번역했다.

"본성적 사건은 항상 일어나고, 습관적 사건은 자주 일어나기 때문에, 자주 일어나는 일은 항상 일어나는 일과 유사하다."

58) W. R. Roberts는 다음과 같이 번역했다.

"강요로 이루어진 모든 행위는 영혼에게는 괴로움이다."

59) W. R. Roberts는 이 부분을 "'처량한 패자들'에게뿐만 아니라"라고 번역했다.

60) Ἀστράγαλος. 양이나 염소의 발 가운데 부위의 뼈. 또는 상아, 금, 보석 등으로 그것을 본뜬 모조품. 이미 호메로스의 《일리아스》에 이것이 놀이에 사용되었음이 나타난다. 여러 가지 게임에 점수 계산을 위한 패로 사용된다. 주사위로 던지는 데도 사용되었는데, 길이가 길기 때문에 면은 네 개뿐이었다.

61) W. R. Roberts의 번역은 다음과 같다.

"사람들이 자신보다도 훨씬 열등하다고 여기는 존재들―예컨대 아이들이나 동물들―에 의해 부여된 명예와 신망을 사람들은 존중하지 않는다. 어쨌든 그것 자체 때문에는 존중하지 않는다. 사람들이 그것을 존중한다면 그것은 다른 이유에서다."

62) W. R. Roberts의 번역은 다음과 같다.

"사랑은 쾌적하다―우리가 술을 사랑한다면, 우리는 틀림없이 술이 쾌적하다고 느낄 것이다."

63) W. R. Roberts의 번역은 다음과 같다.

"왜냐하면 이것 또한 사람들이 자기 자신을 선의 소유자라고, 즉 선에 대한 감각을 가진 모든 존재가 소유하기를 갈망하는 대상인 선의 소유자라고 생각하도록 하기 때문이다."

64) W. R. Roberts의 번역은 다음과 같다.

"그것이 사람이든 사물이든, 우리에게 드문 간격으로 찾아오는 것이 그것이 쾌적한 이유다. 왜냐하면 그것은 우리가 이전에 가지고 있었던 것에서 보면 변화요, 그 밖에도 드문 간격으로 찾아오는 것은 희소 가치가 있기 때문이다."

65) W. R. Roberts의 번역은 다음과 같다.

"사람들이 자신들의 이웃을 다시 바로 세우고 그들에게 결핍된 것을 제공하는 일이 쾌적한 것은 자선 행위가 쾌적하기 때문이다."

66) 《시학》, c. 4, 1448b 5~19. W. R. Roberts의 번역은 다음과 같다.

"나아가 배움과 경탄은 쾌적하므로, 예컨대 모방 행위들인 회화, 조각, 시와 같은 것들, 그리고 모든 유능한 모방의 산물들은 분명 쾌적한 것이다. 후자의 경우에는 모방의 대상 자체가 쾌적하지 않더라도 그렇다. 왜냐하면 여기에서 즐거움을 주는 것은 대상 자체가 아닌 것으로, 관중이 결론을 내리고('그것은 이러이러한 것이다'), 그렇게 해서 어떤 것을 새롭게 배우는 것이기 때문이다."

67) 호메로스, 《오디세이아》, XVII, 218.

68) 학명은 Corvus monedula. 비둘기만한 크기의 까마귀속(屬) 검은 새.

69) W. R. Roberts의 번역은 다음과 같다.

"왜냐하면 실제적 지혜는 우리에게 다른 사람들에 대한 지배력을 공고히 해주기 때문이다(학적인 지혜 역시 쾌적한데, 그것은 그 지혜가 경탄할 만한 많은 것들에 대한 지식이기 때문이다)."

70) W. R. Roberts의 번역은 다음과 같다.

"나아가, 우리 대부분에게는 명예욕이 있으므로, 우리의 이웃들을 깎아 내리는 것도 그들에 대한 지배력을 갖는 것만큼이나 유쾌한 일임이 분명하다."

71) W. R. Roberts의 번역은 다음과 같다.

"사람들은 그 행위가 이루어질 수 있다고, 그리고 자신들에 의해 이루어질 수 있다고 스스로 믿어야 한다. 즉 적발되지 않고 그것을 할 수 있든가, 아니면 적발될 경우 형벌을 회피할 수 있든가, 또는 형벌을 감수할 경우 그들 자신이나 그들이 돌보는 사람들에 대한 이익에 비해 손해가 적을 것이라고 믿어야 한다."

72) W. R. Roberts의 번역은 다음과 같다.

"사람들은 또한 범행의 방식에 의해, 또는 범행 장소에, 아니면 어떤 적절한 조작에 의해 자신들의 범죄가 은폐되기를 희망할 수도 있다."

73) W. R. Roberts의 번역은 다음과 같다.

"대중적 견해에 따르면, 전제적 권력의 경우에서처럼, 획득될 이익이 그 어떤 가능한 배상보다 클 수도 있다."

74) W. R. Roberts의 번역은 다음과 같다.

"또는 사람들은 반대되는 논증, 즉 자신들의 범죄는 명예를 가져다 주는 반면

(그래서 사람들은 제논처럼 자신들의 아버지나 어머니를 위해 복수를 할 수도 있다), 형벌은 벌금형이나 추방형 또는 그런 종류의 어떤 것이 될 수도 있다는 논증에 동의할지도 모른다."

75) W. R. Roberts의 번역은 다음과 같다.

"사람들은 이러한 동기들이나 느낌들 중 하나로 인해 남을 해치게끔 이끌려 갈 수 있다. 그러나 아무도 양자 때문에 그렇게 되지는 않는다―그들은 완전히 반대되는 성격의 사람들을 공격하려는 것이다."

76) '쉬운 먹이'라는 뜻.

77) W. R. Roberts의 번역은 다음과 같다.

"또는 과거에 인격에 공격을 받은 적이 있거나 미래에 공격받을 위험이 있을지도 모르는 사람들의 경우, 그들은 기소를 결정하기에는 판관을 지나치게 두려워할 것이며, 이를 결정한다 해도 소송에서 승리하지는 못할 것이다. 이것은 미움을 받거나 인기가 없는 사람들에게는 참이다."

78) W. R. Roberts의 번역은 다음과 같다.

"그들은 사소한 것으로 무마되며, 항상 그만둘 준비가 되어 있을 것이므로."

79) W. R. Roberts의 번역은 다음과 같다.

"또한 우리가 불의를 저질렀을지는 몰라도, 우리를 공정히 다룰 거라고 확신해도 좋은 자들에게."

80) W. R. Roberts의 번역은 다음과 같다.

"또한 우리가 어떤 앙심을 품어왔거나, 칼리포스가 디온에게 행동했을 때 처신했던 것처럼, 어떤 사전의 갈등이 있었던 경우의 사람들에게."

81) W. R. Roberts의 번역은 다음과 같다.

"또는 거의 어디에나 숨겨놓을 수 있는 것들―좁은 구석에 숨겨둘 수 있는 운반 가능한 것들, 또는 이미 풍부하게 소유하고 있는 것들과 비슷해서 아무도 그 차이를 말할 수 없는 것들."

82) W. R. Roberts의 번역은 다음과 같다.

"또한 당신이 어떤 사람을 법적으로 추궁하는 데 아주 중독이 되게 만들었다고 여겨질 수 있는 것들―사소한 불의들 또는 흔히 용서되는 불의들."

83) W. R. Roberts의 번역은 다음과 같다.

"불의를 당했다고 하기 위해서는 첫째, 실제로 해를 입어야 하고, 둘째, 의지에 거슬러서 해를 입어야 한다. 손해의 여러 가능한 형태들은 위에서 이루어진 선악에 대한 별도의 논의에서 명확히 설명되었다. 우리는 또한 자발적 행위란 행위자가 자신이 무엇을 하고 있는지를 인식하는 행위라는 것을 고찰했다."

84) W. R. Roberts의 번역은 다음과 같다.

"그런데 사람들이 자신들의 행위는 인정하면서도 그 행위에 대한 공소자의 지칭도, 그 지칭이 함축하는 사실도 인정하려 들지 않는 일이 종종 일어난다."

85) W. R. Roberts의 번역은 다음과 같다.

"그러므로 우리가 여기에서, 우리의 목적이 어떤 사람의 죄를 입증하는 것이든 그의 무죄를 입증하는 것이든, 우리가 당면한 사안의 공정성을 명확히 할 수 있으려면, 어떤 것이 도적질, 폭행, 간통인가를 그러한 것들이 아닌 것과 구별할 수 있어야 한다."

86) W. R. Roberts의 번역은 다음과 같다.

"사악함과 범죄를 구성하는 것은 의도적 목적이다. 그리고 '폭행'이나 '도적질'과 같은 명칭들은 단순한 행위는 물론이고 의도적 목적도 함축한다."

87) W. R. Roberts의 번역은 다음과 같다.

"그것은 사실상 성문화된 법을 넘어서는 정의(正義)의 종류이다."

88) W. R. Roberts의 번역은 다음과 같다.

"즉 법에서 아무런 결점도 관찰되지 않았을 경우에는 의도 없이 나타나고, 그들이 스스로 사물들에 대해 내리는 정의가 정확하지 못하다는 것을 알고, 실제로는 통상적으로만 잘 지켜지는 것이 항상 잘 지켜지기라도 했다는 듯이 강제로 법을 제정하지 않을 수 없는 경우에는 의도적으로 나타난다."

89) W. R. Roberts의 번역은 다음과 같다.

"그래서 어떤 사람이 손에 낀 가락지밖에는 다른 것은 아무것도 가지지 않았을 경우 그가 다른 사람을 때리기 위해 손을 들거나 실제로 때릴 때, 그는 성문법에 의거하면 범죄 행위에 대한 책임이 있으나, 실제로는 무죄이다. 그리고 이렇게 그의 무죄를 선언하는 것이 공정성이다."

90) W. R. Roberts의 번역은 다음과 같다.

"공정성은 용서할 수 있는 행위들에 적용되어야 한다."

91) W. R. Roberts의 번역은 다음과 같다.

"그리고 그것은 우리로 하여금 한편으로는 범죄 행위, 다른 한편으로는 판단 착오나 불운을 구별하도록 해주어야 한다."

92) W. R. Roberts는 "인간 본성의 나약함"이라고 번역했다.

93) W. R. Roberts의 번역은 다음과 같다.

"그것은 나쁜 일보다는 좋은 일을 기억할 것을, 그리고 우리가 남에게 베푼 좋은 일보다는 남이 우리에게 베푼 좋은 일을 기억할 것을 명한다."

94) W. R. Roberts는 "힘보다는 협상에 의해 갈등을 조정하는 것"이라고 번역했다.

유고(1864년 가을~1868년 봄)

1) 원문은 'Denken wie sie also Ursache,'이나 이는 의미가 통하지 않으므로 '그러므로'의 의미를 갖는 'also'를, '~로'의 의미를 갖는 'als'로 고쳐 번역했다.

해설

니체의 그리스, 고대와 현대의 저편

김기선

I

니체는 서구의 근대가 현대로 진입하는 관문에서 마르크스, 프로이트와 더불어 로고스에 정초한 철학이 탄생한 이래 서구가 구축해온 이성적·합리적 세계관에 의문을 제기하고 그 파괴를 주도한 대표적 사상가들의 하나로 인식되고 있다. 과격하다 할 만큼 철저한 이성 비판으로 점철되어 있는 그의 사유는 낡은 시대가 마감되고 새로운 시대가 열리는 서구 정신사의 한 전기를 형성하면서 근래 포스트모더니즘을 비롯한 다양한 담론들이 대두되는 계기를 마련하고, 이들 새로운 세계관을 모색하는 사유의 시도들에 다각적인 전망을 제공하고 있다.

니체 사유의 동력은 플라톤에게서 비롯된 형이상학의 전통에 의해 규정된 니체 당대의 학 일반에 대한 그의 거리감에서 나온다. 그는 도처에서 고삐 풀린 지식 충동이 난무하는 가운데 삶과의 원천적인 연관성을 상실하고 근대적 주관성에 토대를 둔 인간 이성 고유의 매체를 통해 자기 목적이 되어버린 학의 실제를 발견한다. 이러한 정황에서 이루어진 치밀한 사유 끝에 그는 당대 학적 풍토의 근본 성격을 진단해 "우리 19세기를 특징짓는 것은 학의 승리가 아니라 학적 **방법론**이 학에 대해 거두는 승리"〔Friedrich Nietzsche, Sämtliche Werke. Kritische Studien-ausgabe(앞으로는 KSA로 표기하겠다), 13, 442〕라는 명제를 1888년의 유고(遺稿)에서 제시한다. 학에 대해 그가 갖는 거리감이 개별 학문들의 구체적 내용과 관련된 우연적이며 산발적인 성질의 것이라기보다는 보다 원론적이고 체계적인 맥락에서 야기되는 성질의 것임이 이 명제에서 분명히 드러난다. 그의 거리감은 학이라는 현상의 근저에서 원리적으로 작용하는 것으로 인식된 '학에 대한 믿음성Wissenschaftsgläubigkeit'에 대한 거리감으로서, 실재와 진리의 판단 규준을 제공하고 이로써 존재 자체의 근거를 제시하는, 요컨대 존재론적 법정의 위상을 갖는 학적 방법론의 승리에 대한 내밀한 선전포고를 함의한다.

니체가 당대의 문제점을 인식하고 이 인식을 근거로 당대를 비판할 수 있었다면, 그것은 바로 이러한 거리감에 기인한 일이었다고 할 수 있다. 그의 경우 이 거리감을 불러일으킨 근본적인 계기는 고대 그리스와의 만남이었다. 현대를 규정하는 형이상학적 전통이 소크라테스가 제시하고 이를 기반으로 플라톤이 정초한 방법론에 입각해 구축되었고, 따라서 고대 그리스 철학이 서구 형이상학의 기저를 이루고 있다는 사실을 놓고 보면, 니체의 만남이 이러한 기존 전통의 사유의 틀 안에서 이루어진 만남이었을 수는 없다는 것이 분명하다.

여기에서 우리는 우선 만남이라는 현상이 함축하는 논리를 구명해볼 필요가 있다. 만남이란 하나의 공명 현상이다. 그러한 것으로서의 만남은 이질적 주체 간의 관계에서 이루어질 때 비로소 거론될 수 있다. 완전히 동질적인 주체들 사이의 공명 현상이라면 그것은 진정한 의미에서의 만남이라 일컬어질 수 없다. 그렇다고 역으로 만남의 주체들이 다만 서로 이질적이라고 해서 만남을 이야기할 수 있는 것도 아니다. 완전히 이질적이라면 그들 사이에서 공감대가 형성된다는 것은 불가능하기 때문이다. 만남은, 동질적인 것과 이질적인 것이 서로 대립하는 가운데 이들 양자의 현상적 대립을 넘어선 공통자가 작용할 때 비로소 성립한다. 이 공통자는 현상적 대립을 대립으로 남겨둔 채 이 대립을 넘어서면서 이를 포괄하는 일자, 그 어떤 형상이나 개념적 표현을 통해서도 포착되지 않으면서 현상을 현상이게 하는 현상의 본원이다. 만남은 상호 대립하는 현상 간의 만남의 불가능을 관통해 이루어지는 공명 현상으로서만 가능하다. 그러므로 다만 개념의 차원에서 만남을 설명하려 한다면, 그것은 역설로밖에는 이루어지지 않을 것이다. 그러나 바로 그러한 것이 진정한 의미에서의 만남이며, 니체와 그리스 고대의 만남은 이러한 시각에서 설명되어야 할 것이다.

II

니체의 사유는 근대적 서구의 비판자라는 소명 의식을 특징으로 한다. 그의 사유를 특징짓는 근원적 시대 비판의 작업은, 그가 《반시대적 고찰 II *Unzeitgemäße Betrachtungen II*》 서문에서 "내가 이 시대의 아들로서 나에 관해 그토록 반시대적 경험을 하게 되는 것은 오로지 내가 고대, 특히 고대 그리스의 생도인 한에서 그러하다"(KSA, 1, 247)라고 밝히고 있는 것처럼, 고전학자로서의 그의 탐구와 무관하지 않다. 이 탐구를 통해 니체는 당대의 가장 진보된 업적인 과학이 스스로 장점으로 자부하는 자명성, 합리성 내지 보편타당성에 대한 철저한 문제 의식에 도달한다. 이러한 문제 의식과 함께 그는 당대를 지배하는 학적 방법론의 한계를 인식하고, 그 연원을 밝히는 작업을 수행할 수 있었던 것이다.

니체가 살았던 19세기의 서구를 근본적으로 규정하는 과학적 세계관의 토대는 소크라테스 철학의 플라톤적-형이상학적 전개의 귀결인 합리주의적 근대 철학이라고 할 수 있다. 그가 그리스 정신과의 만남을 통해 서구적 합리성에 대한 확신이 절정에 이른 자신의 시대가 자명한 것으로 암암리에 전제하는 사유의 틀을 그러한 것으로서 가시화하고 상대화할 수 있었다면, 그것은 그의 만남이 바로 위에 언급한 위화감에서 출발한 근원적이며 불가사의한 만남이라는 것을 시사한다. 이러한 정황으로 보아 니체에게 있어 관심의 대상이 되는 고대는 그 자신의 시대와는 다른 본질을 가진 것임이 분명하다. 그런데 그의 시대가 플라톤적 형이상학을 근간으로 하는 사유의 틀에 의해 규정되었고, 따라서 이와 본질상 동질적인 것으로 생각될 수밖에 없다면, 니체와 고대 그리스의 만남을 이야기할 때 두 가지 의문이 제기될 수 있겠다. 첫째, 니체의 관심이 지향하는 고대는 플라톤적-소크라테스적 고대와는 구별되는 모종의 이질적 성질의 고대인가? 만약 그러하다면 둘째, 이들 이질적 주체 간의 만남이 이루어지는 가능성의 근거는 어떻게 설명되는가?

우선 첫 번째 의문과 관련해 고대 그리스와 자신의 시대의 관계에 대한 니체의 언급을 참조하기로 하자. 《비극의 탄생 *Die Geburt der Tragödie*》의 준비 작업으로 추정되는 유고에 "그리스인들은 지금에 이르기까지 그들의 본질의 다만 한 면에 있어서만 서구에 영향을 끼쳤다"(7, 158)라는 구절이 있다. 여기에서 니체가 자신의 시대에 영향을 끼친 고대 그리스의 한 국면을 거론하며 가리키는 것은 소크라테스에게서 발원하는 철학임이 분명하다. 나아가 이 언급은 그리스인들의 본질에 소크라테스의 철학과는 구별되는 또 다른 한 면이 있음을 암시한다. 고대와의 만남의 이러한 문제들이 보다 집중적으로 논의되고 있는 글은 '우리 고전학자들 Wir Philologen'이라는 표제 하에 출간될 예정이었던 1875년의 유고이다. 이 유고를 참조하면, 니체에게 있어 소크라테스의 철학은 서구의 현대를 향해 있으면서 이와의 영향사적 연결선상에서 형이상학적 전통의 형태로 현대로 이어지는 서구 정신의 연원을 가리키며, 이것과 구별되는 그리스 정신의 다른 한 면은 현대를 등지고 있는, 말하자면 현대와는 단절된 소크라테스 이전의 고대의 전통을 가리킨다는 것을 알 수 있다. 바로 이 소크라테스 이전의 전통을 거울 삼아 자신의 시대를 진단하면서 니체는 이 유고의 한 메모에서, "고대는 그 가장 심오한 의미에서 '반시대적unzeitgemäß'으로 만든다"고 언명한다. 그에 따르면 현대를 등지고 있는 고대의 이 잊혀진 전통이야말로 과학적 · 합리주의적 세계관이 초래하는 위기의 양상이 갈수록 팽배해지는 현대에 있어 서구인의 관심을 불러일으키는 서구 정신의 본향으로서, 이를테면 현대 서구의 타자라는 것이다. 니체는, 사람들은 고전학이 이미 다 끝난 것이라고 믿고 있지만 자신은 이 학문이 아직 시작도 되지 않았다고 생각한다고 말한다. 그리고 단지 변질되고 퇴화된 후기 그리스가 서구에 역사적 영향력을 행사한 사실을 치명적인 것으로 여겨 개탄하면서, 고대의 유일하게 생산적 시기였던 기원전 6세기와 5세기의 매몰된 전통이 발굴되어야 할 것이라고 역설한다. 여기에서 니체가 지적하는 기원전 6세기, 5세기의 전통은 물론 소크라테스 이전, 보다 정확히 말하면 플라톤적 소크라테스 이전, 니체 자신이 규범적 의미에서의 '고전적klassisch' 고대 내지 '비극적' 시대라고 지칭하는 고대 그리스의 전통을 말한다.

이로써 위에 언급한 첫 번째 의문과 관련해 근대와 영향사적 연관 관계에 있는, 근대와의 동질성을 지닌 소크라테스 내지 플라톤 이후의 고대와, 근대와는 영향사적으로 단절된 이질적인 그 이전의 고대로 드러나는 그리스 정신의 양면성을 거론했다. 이제 둘째로, 이렇듯 이질적인 것

해설 643

의 만남이 이루어지는 가능성의 근거가 니체에게 있어 어떻게 설명되어야 하는가를 살펴볼 차례다.

III

고대 그리스와 니체의 만남은 고전학을 기조로 하는 인문 영재 교육의 전당이었던 슐포르타 기숙 학교 시절에서 비롯된다. 이 학교에 이어 니체는 라이프치히와 본 대학에서 고전학을 전공하게 되는데, 이것은 그의 탐구가 우선은 고전학자라는 그의 학자로서의 소명에서 출발한다는 것을 말해준다. 그러나 고전학을 대하는 그의 태도에는 여느 학자들과는 다른 점이 보인다. 그는 당시 고전학자들에 관한 언급에서 그들은 "고대를 변호하는 입장"에 있거나, 혹은 "현대가 높이 평가하는 것을 고대에서 확증하려는 의도로 고취되어 있기도 하다"고 말하면서, 이와는 반대되는 입장을 올바른 출발로 제시한다. "즉 현대의 부조리에 대한 통찰에서 출발해 회고(回顧)하는 것"이 그것이다. "그러면 고대 가운데서 우리의 심성에 거슬리는 많은 것들이 심오한 필연으로 드러난다"는 것이다(8, 28). 이러한 태도에서 출발한 그의 탐구는 고대에 관한 학문적 연구라는 의미에서의 고대 인문학의 범주를 넘어 고대의 본질 규정이라는 의미에서의 고대 인식론으로 발전한다. 그리고 이 인식은 다시금 현대, 즉 니체 당대에 대한 인식, 그리고 이를 근거로 한 현대 비판으로 귀결되면서, 현대가 갖는 한계의 인식에서 비롯하는 새로운 사유의 모색으로 이어진다. 여기에 단순한 고전학자가 아닌 철학자로서의 니체 고유의 소명이 있다.

위에 언급한 바 니체가 자신의 시대에 대해 갖는 거리감은, 그가 《반시대적 고찰 II》 서문에서 당대의 상황과 관련해 고백하듯, 일련의 "고통스런 느낌"의 경험으로 표출된다. 이러한 정황은 그가 고전학자로서 출발했다는 사실과 무관하지 않다. 그러나 철학자로서의 니체의 소명은, 그의 연구가 원칙적으로 단순한 학자적 관심에서 이루어진 우연의 산물이 아니라 그의 시대를 지배하는 근본 문제들과의 실존적 대결에서 이루어진 필연적 요청이라는 데에서 유래한다. 이러한 대결을 통해 의문의 여지 없이 타당하게 여겨져왔던 지배적 원리들의 자명성의 기반은 붕괴된다.

니체는 이러한 맥락에서 위에 언급한 유고에서 고전학에 대해 이렇게 말한다. "고대에 관한 학문으로서의 고전학에는 물론 끝이 없지 않다. 그 소재는 소진될 수 있다. 소진될 수 없는 것은 모든 시기를 항상 새로이 고대에 적응시키는 일, 고대와 대조해보는 일이다. 우리가 고전학자에게 고대를 통해 자신의 시대를 좀더 잘 이해하라는 과제를 부과한다면 그것은 끝없는 과제이다.─이것이 고전학의 이율배반Antinomie der Philologie이다 : 사람들은 사실상 **고대를 항상 오직 지금에서 이해했다.─**그런데 이제 지금을 고대에서 이해한다?"(8, 31).

니체는 이렇게 지금에서 출발하는 고대의 인식, 그리고 이 고대의 인식을 토대로 해 이루어져야 하는 지금의 인식에 대해 말한다. 그의 관심사는 고대에 관한 소위 객관적 연구가 아니다. 그러한 것이 가능하다면 거기에는 물론 끝이 있겠지만, 실제로는 그것은 애초부터 가능하지 않다. 왜냐하면 인식에는 인식 주체의 주관이 항상 전제되고, 이 주관의 관점이 인식의 틀을 이미 규정할 수밖에 없기 때문이다. 그리하여 그는 우선 이 불가피한 순환적인 인식 구조에 대해 언급하는 것이다. 모든 인식은 근본적으로 지금, 여기의 관점을 벗어나 있지 않다. 인식의 본질에 내재해 있는 이 같은 순환 구조 가운데서 현대와 고대의 상호 인식은 도대체 어떻게 가능한가? 니체로 하여금 이 불가능을 기도하도록 하는 가능성의 근거는 무엇인가?

오로지 학문적·이론적 체계 내지 인식을 위한 인식이 문제되는 경우, 고대와 현대의 상호 관계 역시 이러한 이율배반적 순환 구조에 갇히면서, 상대적일 수밖에 없는 인식의 틀을 벗어나지 못한다. 엄밀히 말하면 그러한 인식은 인식 자체의 순환 구조의 틀 안에서 자맥질하는 일종의 동어반복 내지 인간 이성의 독백으로서, 결국 만남에는 이를 수 없는 불모의 작위에 지나지 않는다. 이렇게 자맥질만을 거듭하는 가운데서는 우리는 우리 시대가 당연하게 여기는 것, 우리에게 의문의 여지 없이 타당하게 여겨지는 것의 한계 내지 상대성을 그 자체로서 의식할 수 없음은 물론, 그것에 대해 비판적 거리를 취할 수도, 그것으로부터 자유로워질 수도 없다. 인식의 순환 고리를 끊지 못한다면, 우리는 필연적으로 인간 이성에 고유한 자기 이해의 자명성의 틀 안에 갇힐 수밖에 없기 때문이다. 이와 같은 인식의 닫힌 해석적 순환 구조에 직면해 니체는 위의 언급에 이어 다음과 같이 고전학자 본연의 자세에 대해 말한다. "보다 정확히 말하면 : 사람들은 체험한 바를 토대로 자신들에게 고대를 설명했고, 그렇게 해서 얻어진 고대를 토대로 체험한 바의 가치를 사정·평가했다. 이와 같이 물론 **체험**은 고전학자에게는 무조건의 전제이다. 그런데 그것은 인간임이 우선이고, 그러고 나서야 비로소 고전학자로서 열매를 맺을 수 있을 것이라는 이야기다."

긍정적 의미에서의 학에 대한 니체의 이러한 근본 신조와 함께, 지금 여기에서 체험하고 이 체험을 토대로 과거를 인식하고, 이 인식을 기반으로 체험된 것을 다시금 평가하는 주체로서의 인간이 삶이라는 근원적 현상의 일원으로 부각된다. 체험을 배제하고 과거를 학문적 인식의 객관적 대상으로 다룰 때는 그 학문에는 물론 끝이 있다. 그러나 체험이 문제될 경우 인식은 끝없는 과정이 된다. 체험의 당처는 항상 지금, 그리고여기이며, 따라서 인식 주관의 관점 또한 영원히 유동적일 수밖에 없기때문이다. 결국 지금 여기에서 우리에게 무엇이 일어나고 있는가 하는것이 문제이다. 그리하여 궁극의 관심사는 항상 지금 여기인 삶 가운데서 우리는 인간이어야 한다는 것이다. 니체는 고대의 보다 깊은 인식을통해 지금을 보다 깊이 인식함으로써 오로지 영원한 현재인 삶의 충일에기여하고자 한다. 문제는 그가 말하듯 "학이란 우리에게 무엇인가 하는것이지, 우리가 학에게 무엇인가 하는 것이 아니다"(8, 34). 이러한 맥락에서 역사의, 나아가 인식 일반의 근거인 생의 척도가 명백히 부각된다.니체는 방법론의 지배와 함께 제어할 수 없는 지식 충동으로 내달리면서삶과 단절되어 자기 목적이 되어버린 당대의 학의 자족적 풍토에 이 생의 척도를 대립시킨다. 생은 학에 의해 인식된 모든 것을 평가하고 방향을 지시함으로써 학에 척도를 제공해야 한다.

학 일반에 대한 니체의 이러한 태도는 고대와 관련된 그 자신의 학적탐구에 있어서도 마찬가지로 견지된다. 고대의 이른바 객관적인 인식은물론이고, 유사성의 추적을 중심으로 영향사적 맥락에서 흔히 이루어지는 고대와 현대의 연결의 시도 역시 그의 사유의 동력인 생의 척도를 애초부터 놓치고 있다. 이 점은 니체가 생의 총체적 표출인 문화의 당위성을 거론하면서 "내 목표는 지금 우리의 '문화'와 고대 사이에 전적인 적대 관계를 창출하는 것이다. 전자에 공헌하고자 하는 자는 후자를 증오해야 한다"(8, 33)고까지 단언하는 데서 극명하게 드러난다. 여기에서니체가 말하는 '고대'는 물론 그의 시대와의 영향사적 연결선상에 놓인 고대, 즉 플라톤적-형이상학적 전통의 틀과 함께 변질 · 퇴화된 고대를 의미하며, '우리의 문화'는 괴테, 쇼펜하우어, 바그너 등으로 대변되는, 이를테면 '고전성' 내지 '규범성'을 현시하는 당대 창조혼의 개화를 의미한다. 이러한 적대 관계는 한편으로는 고대 자체를 헬레니즘과 로마의 영향 하에서 퇴화된 그리스와 그 이전의 생산적 시기의 그리스라는 두 시기로 분리해서 보는 시각을 제공함으로써 고대의 양면성에 대한 올바른 인식을 가능하게 한다. 다른 한편 그것은 퇴화된 그리스가 영향사적 맥락에서 현대의 연원임을 밝힘과 함께, 현대로 하여금 자기 인식의 틀에 갇힌 동어반복적 자명성을 벗어나 이면에 숨겨진 자신의 타자의 인식을 가능하게 한다.

니체는 자신의 관심사가 지금, 그리고 여기임을 누차 강조하면서, 오로지 지금의 것에 대한 인식을 통해서만 고전적 고대를 향한 충동을 얻을 수 있음을 말한다. 이때 그가 말하는 '지금의 것'은 위에 언급한 창조적 개화로서의 현대의 문화에 상응하는 것으로 이해된다. 그가 이렇듯 지금의 것의 인식을 강조하는 것은 그것으로부터 부추겨진 충동이 지향하는 고대 역시 니체 당대의 학적 방법론의 법정에 의해 재단될 대상으로서의 고대가 아니라, 오히려 그 법정으로 기능해야 할 권한이 부여되는 고대, 요컨대 '고전적' 고대인 까닭이다. 그리하여 결국 현대의 고전성의 인식에서 출발하는 고대의 탐구는 변질되고 퇴화된 고대의 표층 아래 매몰된 고전적 고대의 발굴로 이어진다. 그리고 이러한 고대의 발굴은 또한 역으로 학적 방법론의 전횡으로 하여 원천적 생의 총체적 표출인 문화의 창조에서 소외된 현대의 황폐한 정신적 풍토로부터 비판적 거리를 취하게 하는 계기를 마련하고, 나아가 고전성의 요청에 부응하는 문화 창조에의 동참을 고무한다.

니체는 결국 현대든 고대든 모두에서 긍정적이며 생산적인 요소와 함께 부정적이며 퇴폐적인 요소를 인지한다. 이 대립적 요소들 상호간의 긴장·갈등과 함께 현대와 현대, 고대와 고대, 그리고 현대와 고대 간에는 저마다 고유한 방식으로 끊임없이 적대 관계와 상호 인식, 분쟁과 조화가 교차한다. 그렇다면 니체는 이 모든 현상적 이질성을 관통해 그러한 이질자들 간의 만남을 가능케 하는 근거를 어디에서 발견하는가? 그에게 있어 그것은 모든 대립을 하나로 포괄하면서 동시에 그 모든 대립을 애초부터, 즉 본질적으로 넘어서 있는 공통자의 작용으로 귀일한다. "우리의 최고 예술이나 철학과 진정으로 인식된 '보다 옛' 고대 사이에는 모순이 없다 : 그들은 서로 의지하고 떠받치고 있다. 여기에 나의 희망이 있다"(8, 69)는 니체의 말은 그러한 사정을 알려준다. 이때 그의 희망의 원천이 되는 것, 즉 고전성의 가능 근거는 이질적이며 대립적일 수밖에 없는 온갖 현상을 바로 그러한 현상이게 하는, 현상의 본원에 뿌리내린 창조이다. 이 본원은 모든 형상과 개념을 창조하면서도 그 어느 것에도 갇히지 않고 끝내 생소하게 남아 항상 다시금 새로운 형상화·개념화의 충동으로, 니체의 표현에 의하면 '문화의 창조'로 내모는 삶의 충동이다. 니체는 후일 이 불가사의한 힘의 장을 명명해, 더는 근거지을 수 없는 마지막 사실로서의 '힘에의 의지Wille zur Macht'라는, 개념화될 수 없는 개념을 도입하게 된다. 그가 고전학에 구조적으로 내재하는 이율배반을 거론하면서 인식 일반의 근거지을 수 없는 근거로서 제시하는 생의 척도는 결국 그의 전 사유의 도정을 지시하는 중요한 이정표가 된다. 본권에 수록된 고대 그리스 철학에 대한 그의 강의록 역시 이러한 맥락에서 조명되어야 할 것이다.

IV

　니체가 1869년 25세라는 젊은 나이로 바젤 대학 고전 문학 원외교수
로 촉탁되어 1879년 건강을 이유로 퇴직을 자청하기까지 교수로 재직하
면서 강의한 햇수는 대략 9년에 이른다. 그 기간 동안 그는 강의나 세미
나를 통해 고대의 언어, 문화, 예술, 종교, 역사, 철학이라는 다양한 영역
에 걸친 문제들을 다루게 된다. 그 중 협의의 철학사의 맥락에 속하는 것
가운데 니체의 철학사적 관점에서 특기할 만한 것은 무엇보다도 한 학기
씩 각각 네 차례에 걸쳐 이루어진 일련의 강의로서, 그 하나는 플라톤 이
전의 철학자들에 관한 것이고 다른 하나는 플라톤의 대화편들에 관한 것
이다. 이 두 강의가 특히 우리의 관심을 불러일으키는 것은 플라톤 이전
과 이후의 철학의 전통이 위에서 언급한 바와 같이 전 · 후기 고대의 정
신적 전통에 각각 상응하는 것으로 이해되기 때문이다. 요컨대 니체는,
플라톤 철학의 대두에서 그리스 고대 정신사의 보다 옛 시기의 전통이
단절되고 그것을 계기로 옛 시기가 서구 현대와의 연결선상에서 영향사
적 힘을 발휘하게 되는 후대의 시기로 넘어가는 획기적인 전환점을 보는
것이다.

　여기에서 당연히 하나의 의문이 제기된다. 어째서 니체가 그 지점에
소크라테스가 아닌 플라톤을 위치시키는가 하는 의문이다. 대부분의 철
학사에서는 고대 그리스의 소위 자연철학자들을 '소크라테스 학파 이전
의 철학자들'이라 칭하는 것이 통례이며, 니체 자신도 빈번히 같은 표현
을 사용하고 있기 때문이다. 그럼에도 니체는 플라톤과 함께 완전히 새
로운 것이 시작된다고 주장한다. 소크라테스 이전의 철학자들과 비교했
을 때 플라톤 이후의 철학자들에게는 본질적인 어떤 요소가 결여되어 있

다는 것이다. 니체에 의하면 플라톤은 "그 철학에 있어서나 철학적 전형으로 보아서나 혼합적 특징이 두드러진 최초의 위대한 인물"이다. 탈레스에서 소크라테스까지 이어지는 인물들이 순수하고 독창적인 사상가 유형이었던 것과 달리 플라톤은 그렇지 못하다는 것이다. 플라톤의 이데아론에는 소크라테스를 비롯해 그 이전 철학자들의 유형을 대표하는 피타고라스와 헤라클레이토스의 요소들이 통합되어 있기 때문이라는 것이다. 니체의 이러한 언급의 요체를 고찰하는 과정에서 우리는 그의 전 사유를 관통하며 후기까지 이어지는 일관된 메시지를 해독할 수 있다.

우선 우리는 고대 그리스 철학에 접근하는 니체의 방식이 각 철학자들의 학설과 그 학설들의 영향사적 상관 관계 위주로 탐구하는 여느 철학사 접근 방식과는 다르다는 사실을 염두에 두어야 할 것이다. 그는 플라톤 강의의 초입에서 플라톤 사상에 접근하는 방식을 놓고 철학이냐 철학자냐의 문제를 제기한다. 그리고 그 중 후자를 지향한다는 것을 명백히 한다. 사상 체계에는 다만 인간의 이해를 위해 사용된다는 부차적 의미가 부여될 수 있을 따름이며, 보다 주의할 만한 가치가 있는 것은 저작이 아니라 인간이라는 것이다. 그리하여 니체는 전승을 통해 일차적으로 대하게 되는 저작에서 자신의 관심을 되돌려 그 저작의 원천인 인물들 자체로 거슬러 올라가는 것이다. 탐구의 대상과 관련해 인간을 탐구의 중심에 놓는 그의 태도는 탐구의 주체와 관련해서도 마찬가지로 요청된다. 그것은 고전학자와 관련된 앞의 인용 구절, 즉 고전학자에게 무조건의 전제가 되는 것은 체험이며, 고전학자는 학자이기에 앞서 우선 인간이어야 한다는 구절에서 엿보인다. 이 지점에서, 니체가 1872년에 출간된 《비극의 탄생》을 회고하면서 훨씬 뒤인 1886년에 쓴 〈자기 비판의 시도〉의 한 구절을 상기할 필요가 있다. 이 회고에서 그는 자신의 이 처녀작이 학을 예술가의 시점(視點)에서, 그리고 예술을 생의 시점에서 보는 과제를 수행하는 최초의 기도였다고 언명하고 있다. 우리는 고대를 해석하는 니체의 시각을 이 구절과 연관지어 고찰해봄으로써, 그가 어떤 근거에서 고대 그리스의 정신사를 소크라테스가 아닌 플라톤을 기점으로 양분하는가를 밝힐 수 있을 것이다.

니체는 "학을 예술가의 시점에서, 그리고 예술을 생의 시점에서" 본다고 말한다. 삶이라는 근원적 현상의 한 존재 형태로 이해된 인간을 탐구의 중심에 놓는 그의 태도가 확인되는 구절이다. 그런데 여기에서 니체는 어째서 학을 거론하면서 학자가 아닌 '예술가'의 시점을 운운하는 것일까?

학은 개념을 통해 대상의 객관적 인식을 추구한다. 그런데 개념적 인식에는 인식 주체와 인식 대상이라는 이분법적 구조가 필연적으로 속해 있다. 그리고 이러한 주·객의 이분화의 구조에는 애초의 인식 대상뿐만 아니라 인식 주체의 대상화 또한 포함된다. 인식의 주체와 객체의 이분법적 대상화, 이것이 개념을 매개로 하는 인식이 작용하는 방식이다. 이와 같은 내밀한 원리를 깨닫지 못할 경우 그러한 인식을 추구하는 인간은 끝없는 대상화로 내닫는 가운데, 그 대상들을 향한 제어할 수 없는 인식 충동에 시달리며 개념의 출구 없는 미로를 헤매게 된다.

이러한 인식의 구조에 직면해 니체는 인식의 주체인 인간을 탐구의 중심에 놓는 것이다. 고대의 탐구와 관련해 그는 "모범적 고대는 오로지 모범적 인간을 연구하듯 연구해야 한다"고 주장한다. 어떤 것을 진실로 인식하는 유일한 수단은 개념적 인식이 아니라 그것을 직접 해보는 것이다. 그러므로 어떤 것을 실제로 할 수 있는 것 이상으로 그것에 관해 알아서는 안 된다는 것이다. 니체는 이와 함께 행위와 일치하는 인식을 주장하고 있는 것이다. 이러한 인식의 주체가 되는 인간은 대상화될 수 없는 삶이라는 현상을 체현하는, 그 자체 역시 대상화될 수 없는 존재로서의 행위하는 인간이다. 대상화될 수 없는 주체가 대상화될 수 없는 대상을 인식한다. 이 대상은 니체 자신에게나 그가 본 플라톤 이전의 철학자들에게나 불변의 존재Sein가 아니라 가장 일상적인 현상으로 드러나는 생성Werden이다. 근본적으로 실체화될 수 없는 이러한 인식 주체와 인식 대상에 대한 니체의 사유는 후기로 접어들면서 끊임없는 자기 초극을 본질로 하는 과도적(過渡的) 존재로서의 '위버멘쉬Übermensch'와 더 이상 추적해 내려갈 수 없는 근본 사실인 '힘에의 의지'에 대한 사유로 각각 이어진다. 이 양자 또한 어떠한 실체화도 거부한다.

여기에서 개념을 통해 대상을 인식하는 학적 인식의 객관적 가능 근거는 발견될 수 없다는 것이 명백해진다. 개념을 통한 인식은 대상화·개념화될 수 없는 것의 대상화·개념화를 통해, 말하자면 불가능한 것을 가능하게 함으로써 이루어지는 것이어서, 개념의 객관적 진리성은 부정될 수밖에 없기 때문이다. 개념은 그 자체가 허구요 가상이다. 그렇다면 학은 허구의 기반 위에서 이루어지는 진리의 추구이며, 그러한 점에서 근본적으로 예술, 가상의 창조라는 의미에서의 예술이다. 이렇게 생의 시점에서 인식을 조명할 때 학은 결국 예술인 것으로 드러난다. 니체가 학을 학자가 아닌 예술가의 시점에서 보는 것은 그의 사유가 생을 척도로 하는 데서 오는 필연적 귀결이다.

이렇게 결국 예술론으로 귀착하는 니체의 인식론은 인식의 경계를 끊임없이 범람시키며 유전(流轉)하는 삶, 인식의 이분법적 구조를 원천적으로 무화하는 불가사의한 힘의 장으로의 인식의 부단한 회귀를 함의한다. 탐구는 오로지 이러한 회귀를 통해 삶의 충일에 기여하는 한에서만 이루어져야 한다. 니체가 플라톤 이전의 고대 그리스 철학자들에게서 발견하는 것은 바로 이러한 탐구의 표징이 되는 사유, 삶에 뿌리내린 사유이다. 니체는 고대 철인들과 함께 삶이라는 현상을 '생성'으로 이해한다. 생성의 개념적 인식은 불가능하다. 그럼에도 이들 최초의 철학자들은 현란한 상징들로 뒤엉킨 신화의 밀림을 가로질러 명료한 이성적 · 개념적 사유를 통한 인식을 추구한다. 그리고 이러한 소명이 그들을 특징 짓는다. 니체는 이들에게서, 생성으로 드러나는 삶의 인식 불가능성을 거슬러 이루어지는 사유의 기도(企圖)를 본다. 그가 이들을 가리켜 비극적이라고 말하는 것은 바로 이 점에서다.

신화에 의해 구축되던 하나의 세계상이 종말을 노정하고 이성에 의한 새로운 세계상의 창조가 가능성의 지평에 부상하는 시기, 그들은 공동체적 삶의 중심에서 철학자로서 사유하면서 위대함의 명명, 도덕의 입법을 통해 인간을 고양시키고, 인식과 행위의 일치를 실현한다. 이와 함께 그들은 신화적 질서에서 해방되는 인간 이성의 고삐 풀린 인식 충동을 제어하고, 새로운 문화 창조의 구심점을 형성한다. 그들을 특징짓는 것은 미래를 향해 열린 창시자 · 건설자의 자유와 선구자적 각성이다. 그들의 선두에 탈레스가 있다. 그는 개념적 사고를 통해 철학의 신화적 단계를, 체계화를 통해 산발적-격언적 철학의 형태를, 그리고 일원적 세계상의 수립을 통해 개별 과학을 극복한다. 니체는 이렇게 탈레스의 철학을 거론하면서, 그에게서 시작되는 플라톤 이전의 철학이 그 형식, 즉 수단에 있어 신화적 상징 세계를 떠나 이성적 개념에 의거한 인식 체계를 시도한다는 점에서는 학이지만, 그 목적과 산물에 있어서는 예술이라는 점을 강조한다. 그리하여 니체는 플라톤 이전의 철학자들에게서 총체적 존재의 상을 개념으로 서술하는 예술로서의 철학을 창조한 고대 그리스 정신의 고전적 · 규범적 전형을 보는 것이다. 이들을 통해 가능한 모든 사유의 유형이 소진된다. 후대의 사유는 이들에 의해 개척된 길을 따라 전개된다.

그런데 그들의 마지막 주자인 소크라테스와 함께 하나의 전기(轉機)가 준비된다. 니체는 그것을 사유가 삶에 대해 갖는 관계가 전도되는 데서 설명한다. 소크라테스 이전의 철학자들에게 있어서는 삶이 사유에 봉사하는 가운데 최고의 인식, 올바른 인식이 철학의 목적이었으나, 소크라테스의 철학을 통해서는 이전처럼 삶이 사유에 봉사하는 대신 사유가 삶에 봉사하게 되면서, 삶이 아닌 사유가 삶의 입법자로 전도되는 일대변혁이 일어났다는 것이다. 니체는 소크라테스에게서, "사유가 인과 법칙의 인도 하에 존재의 가장 깊은 심연에까지 미치리라는 확신, 그리고 사유에 존재를 인식할 뿐만 아니라 수정할 능력까지도 있다는 확신"(1, 99)에 의해 인도되는 이성주의의 사도를 본다. 이성적 사유에 대한 이러한 확신과 함께 소크라테스는 철학에 변증술이라는 방법론을 도입한다. 그러나 니체는 그가 인식의 존재에 대한 확신에도 불구하고 순수 개념을 발견하지 못했기 때문에 인식의 대상을 발견하지 못하고 결국 무지의 지만을 설파할 수 있었을 뿐이라고 말한다. 개념적 인식을 추구하는 학의 한계를 드러내는 지혜, 그것이 바로 이 무지의 지이다. 그런데 무지에 대한 인식을 가능하게 하는 지혜, 그것은 개념적 인식을 벗어나 있다. 소크라테스에게 인식은 개념이 아니라 다만 행위의 형태로 존재할 수 있을 뿐이다. 그리하여 그의 죽음은 행위를 통한 인식의 존재의 확증이 된다. 니체는 그에게서 "죽음의 공포를 몰아내는 자", "지혜를 통해 본능에 대한 승리를 쟁취하는 자로서의 현자"의 전형을 본다.

소크라테스는 이와 같이 다만 인식의 존재를 확증했을 뿐, 그 개념과 그에 상응하는 대상을 발견하지 못한다. 그러나 그는 방법론을 발견한다. 플라톤은 소크라테스가 실현한 방법론을 기반으로 개념의 대상을 발견한다. 변증술을 토대로 찾아낸 올바른 개념에는 필연적으로 존재자가 상응한다는 것이 플라톤 철학의 대전제이다. 이 발견과 함께 열리는 세계가 바로 그의 이데아의 세계이다. 이 개념의 왕국에 도달함으로써, 인식 주관과 인식 대상으로 표현되는 인식의 이분법적 구조는 실재의 구조가 된다. 플라톤 이전의 철학자들이 대상화될 수 없는 삶의 한가운데서 철학했다면, 플라톤적 인식은 이제 그러한 원천적 연관에서 단절된다. 그리고 이와 함께 이데아의 세계가 현상 세계에 대립되는 것으로 인식됨에 따라, 형이상의 본체계, 가지계(可知界)와 형이하의 현상계, 가시계(可視界)라는 플라톤적 이원론이 정착된다.

1885년에 씌어진 니체의 유고에는 다음과 같은 구절이 있다. "원시상태에 있어서의 (*전유기체적*vor-organisch) '사유'는 수정(水晶)의 경우에 있어서처럼 형체를 관철시키는 것이다.―우리의 사유에서 본질적인 것은 새로운 자료를 낡은 도식들로 정돈시키는 것(=프로크루스테스의 침대), 새로운 것을 동일하게-만드는 것이다"(11, 687쪽 이하). 이 단상은 니체가 플라톤 이전과 이후의 철학자들을 보는 방식을 엿보게 해준다. 플라톤 이전의 철학자들은 삶의 중심에 서서 자신들의 욕구에서 철학하면서, 이성적 사유를 통해 총체적 존재의 상을 부각시킴으로써 하나의 새로운 세계를 건립하고자 시도한 개척자들이었다. 그들은 새로운 법칙에 의해 형체를 부여하는 창조자로서, 독창적이며 전형적인, 순수한 유형의 철학자들이었다. 플라톤은 다르다. 그는 위에서 언급한 바와 같이 혼합적 성격의 철학자로서, 선인들이 그들의 사유를 통해 창조한, 세계라는 이미 현존하는 건축물의 거주자로서 자신의 탐구를 시작한다. 인식의 주체와 인식 대상이라는 이분법적 구조에서 그는 사유와 존재의 일치라는 파르메니데스의 사유를 수용해 인식된 바, 즉 인식 대상이 실재한다는 전제 하에 자신의 탐구를 시도하는 것이다. 이로써 인식은 이분법적 구조 이전 인식을 비로소 가능하게 하는, 삶이라는 불가사의한 근원적 현상과의 연관에서 이탈해, 이성의 자기 동일성에 갇혀 개념들의 출구 없는 미로를 헤매는 독백이 된다. 소크라테스가 이성에 사유를 정초시키면서도 끝내 이성적 개념, 그리고 그 개념에 상응하는 실재의 긍정에의 마지막 일보를 보류한 채 무지의 지라는 인식의 역설을 감내했다면, 플라톤은 개념의 발견과 함께 사유와 존재의 이 건널 수 없는 심연을 건너뛰어 사유를 개념에 가둠으로써 인식을 생성과 둘이 아닌, 즉 생성과 하나인 존재의 원천으로부터 차단시킨다. 이것이 니체가 어떤 근거에서 고대 그리스의 정신사를 소크라테스가 아닌 플라톤을 기점으로 양분하는가 하는 문제에 대한 대략의 설명이다.

니체는 서구의 현대가, 철두철미 이성 중심적인 사유와 함께 최상의 가치의 왕국을 건립하며 지배해온 플라톤적 형이상학의 몰락과 함께 확산된 허무주의적 병폐에 허덕이고 있다고 진단한다. 이러한 시대적 상황이 부과하는 과제에 직면해, 그의 사유는 처음부터 그에게 이러한 현대의 상황을 인식하는 계기를 마련해준 고대에의 충동에 의해 부각된다. 그는 고대를 연구하면서 현대의 허무주의적 상황을 야기한 단초를 플라톤적-소크라테스적 형이상학에서 발견하고, 플라톤과 소크라테스 양자 간에 존재하는 넘을 수 없는 심연을 가시화하면서, 우리를 소크라테스 이전 고대 그리스의 비극적 철학자들에게 인도한다. 그것이 단순히 그들

의 철학으로의 회귀가 아니라는 것은 명백하다. 니체의 관심이 지향하는
것은 하나의 빗나간 해답 대신 다른 하나의 올바른 해답을 제시하는 것
이 아니다. 그는 소크라테스 이전의 철학자들이 제시한 사유의 구도가
옳고, 플라톤 이후의 철학자들의 사유가 그르다고 주장하려는 것이 아니
다. 진리에 관한 한 원래 옳고 그른 것은 이야기될 수 없고, 그것이 문제
인 것도 아니다. 사유는 근본적으로 사유의 불가능을 거슬러 이루어지는
것이기에, 사유의 모든 소산은 필연적으로 허구이며, 따라서 그것이 진
리로 절대화될 때 그것은 부정적이고 퇴폐적인 요소로 작용하게 되어 있
다.

플라톤 이전의 철학자들에 대한 니체의 관심은 그들이 삶의 원천적
사유 불가능성을 거슬러 그 가능성을 개시하는 기도를 한 최초의 철학자
들이라는 데서 비롯된다. 이 점에서 그들은 비극적이다. 그러나 니체는
후일 그들이 아니라 자신을 가리켜 비극적인 것을 비로소 발견한 "최초
의 비극적 철학자"라고 말한다. 이것은 니체에게 그들과는 다른 어떤 요
소가 작용하고 있음을 시사한다. 1888년에 씌어진 유고의 한 단상은 그
것이 어떤 요소인가를 암시한다. "파르메니데스는 '존재하지 않는 것은
사유하지 않는다'라고 말했다.—우리는 다른 편 끝에 있다. 그래서 '사
유될 수 있는 것은 틀림없이 허구일 것이다'라고 말한다. 사유에는 실재
를 장악하는 수단이 있는 것이 아니라, 단지 — — —"(13, 332).

고대 그리스의 철학자들은 창시자들이었다. 그들은 황폐하지 않은 땅
의 여신 가이아의 수호 아래 삶에 뿌리를 내린 가운데, 이성적 인식의 최
초의 기도를 수행한다. 그들에게는 미래를 약속하며 출발을 고무하는 서
광의 여명이 비친다. 플라톤과 함께 이성적 인식의 대상 세계인 예지계
가 절대화되면서 이 기도는 확증이 된다. 그러나 절대화될 수 없는 것의

절대화는 파멸로 귀결된다. 모든 절대화된 것들의 대명사인 '신'의 죽음의 그림자가 길게 드리우는 니체의 시대는 황혼의 시대이다. 그는 기존의 모든 가치가 몰락한 폐허 위에 자신이 서 있음을 인식한다. 소크라테스적-플라톤적 이원론에 의해 탈가치화됨과 함께 황무지가 된 땅에서 철학자 니체는 원천적 생과의 연관에서 단절되고 공동체적 삶과의 연관에서도 소외된 채 은둔자적 현존을 영위한다. 진리를 향한 그 어떤 새로운 가능성의 모색도 불가능하다는 인식, 모든 것이 다만 가상의 유희일 뿐이라는 인식이 있을 뿐이다. 이러한 상황에서 철학은 더불어 삶을 영위할 수 있는 구성적 힘을 아직 가지고 있는가? 철학이 진리의 척도를 제공해주지 못한다면 회의, 그리고 결국 허무주의적 파멸 이상의 결과가 초래될 수는 없을 것이다.

진리의 허구성을 투시하는 철학자 니체에게 있어 탈출구는 예술이다. 가상의 세계를 구성할 수 있는 예술의 힘을 받아들이는 것이다. 철학자가 모든 형이상학을 기만으로 거부했을 때 그가 할 수 없는 일을 예술은 한다. 거기에 예술의 역설적 가능성이 있다. 예술의 진리는 객관적 진리이기를 주장하지 않는다. 예술은 자신의 진리가 자유로운 환상의 반영으로서의 비진리임을, 인공임을 고백한다. 철학은 객관적 진리를 추구한다. 그러나 철학적 추구의 소산인 진리 또한 결국 가상에 지나지 않는다는 것이 밝혀졌다. 이 점에서 철학 또한 근본적으로 예술이다. 예술은 가상의 창조이다. 가상의 창조가 객관적 진리의 불가능성에 대한 인식에서 이루어지는 필연적인 귀결일 때 그것은 비극적이다. 그러나 소크라테스 이전의 그리스 철학을 비롯한 기존 형이상학의 탐구에는 바로 이러한 비극적 인식이 결여되어 있다. 그리하여 니체는 자신을 가리켜 최초의 비극적 철학자라고 말하는 것이다. 니체에게 플라톤을 전후한 고대 그리스의 조명이 중요한 것은 그 시기에 일어났던 사유의 일대 전환에 관한 인식이 그로 하여금 현대를 인식하게 함과 동시에, 현대와 고대의 공통적인 근거인 매몰된 원천적 생으로의 회귀를 통해 사유의 새로운 지평을 열게 해주기 때문이다.

V

니체의 저작과 그의 철학의 특성을 놓고 볼 때, 그의 사유는 중간 고리 없이 고대와 직접적으로 관계를 맺고, 또 반대로 중간 단계 없이 고대에서 현대로 비약한다. 이러한 건너뛰기는 비단 시대적 관점에서만 이루어지는 것이 아니다. 본권에 수록된 강의록들은 그의 다른 저작들과 달리 학술적 면모를 보여주지만, 이들 강의가 진행되는 시기에 《비극의 탄생》에서 시작해 《반시대적 고찰》, 《인간적인 너무나 인간적인 *Menschliches, Allzumenschliches*》으로 이어지는, 학술적이라고는 평가할 수 없는 그의 저술 활동이 나란히 진행된다. 또한 이 두 강의를 포함한 다른 철학 강의들과 병행해서 고대의 서사 문학, 비극, 역사, 예술, 언어 등 역사학, 언어학, 문학에 관한 다양한 강의들이 이루어진다. 이처럼 그의 사유는 철학과 예술, 철학과 철학 아닌 것, 학문과 학문 아닌 것 사이의 경계를 자유자재로 넘나든다. 그것은 그의 사유가 영향사적 맥락에서 이루어지는 학술적 탐구 내지 철학사적 해설의 성질을 가진 것이 아니라, 그러한 모든 학적 연관을 넘어 현대와 고대를 공통으로 떠받치고 있는 근원적 현상인 생의 시점에서 전개되는 것이기 때문일 것이다. 어쨌든 우리는 이들 강의록에서 가장 학술적 성격을 띤 니체의 글을 만난다. 강단철학에서 일반적인 이러한 유형의 글쓰기가 차후 그의 저작에서 단 한 번도 재현되지 않고 있다는 것은, 본질적으로 객관적 학문의 형식에 담기기를 거부하는 그의 사유의 성격을 엿보게 한다. 그리고 그것은, 그가 교수 재직 10년 후 스스로 강단을 떠난 것이 알려진 바와 같이 비단 건강상의 이유에서만은 아니었을 수도 있으리라는 추측을 허용한다.

　본권에는 니체전집 편집진의 결정에 따라 1869~1870년 겨울학기의 '라틴어 문법 강의' 중 제1장인 〈언어의 기원에 관하여〉, 같은 시기에 이루어진 '그리스의 서정시인 강의'의 필기 가운데 제2항인 〈이러한 맥락에 관한 추정〉, 1871/72년 여름학기와 1874/75년에 이루어진 〈플라톤의 대화 연구 입문〉 강의의 강의록[1] 중 제1장, 같은 시기에 이루어진 〈플라톤 이전의 철학자들〉 강의의 강의록, 그리고 니체가 번역한 아리스토텔레스의 《수사학》(제3권, 1~13장)이 수록되어 있다. 첨부된 유고 단편들은 1864년 가을부터 1868년 봄까지, 즉 본 대학과 이후 2년간의 라이프치히 대학 재학 시기 및 1868년 낙마 직후까지의 군복무 시기의 메모에서 발췌한 것들이다.
　〈언어의 기원에 관하여〉와 〈이러한 맥락에 관한 추정〉은 언어에 대한 니체의 사유가 협의에서의 언어학적 내지 언어철학적 고찰을 통해서가 아니라, 언어에 대한 보다 일반적이면서도 종합적이고 근원적인 고찰을

---

1) 이 강의록은 보다 자세히는 니체의 《비평판 전집》 출판을 주관하는 출판사 발터 데 그루이터의 촉탁을 받은 편집인들이 〈플라톤의 대화 연구 입문〉(1871/72 겨울학기), 〈플라톤의 생애와 저술에 대하여〉(1873/74 겨울학기), 〈플라톤의 생애와 가르침에 대하여〉(1876 여름학기), 〈플라톤 연구 서문〉(1878/79 겨울학기)에 대한 준비로 니체가 작성한 강의록을 하나로 종합하여 편집한 것이다.

통해서 이루어지고 있다는 사실을 단편적으로나마 보여준다. 특히 후자에는 그의 음악관이 "음악이란 율동, 선율, 화성을 기본 요소로 하는 소리의 예술"이라는 우리의 일반적 이해와는 거리가 있다는 것, 음악은 예술의 한 분야가 아니라 언어를 비롯한 모든 예술과 철학을 탄생시키는 모태와 같은 것이라는 것 등 그의 사유의 단면이 드러나 있어, 예컨대 니체가 "음악으로부터의" 비극의 탄생을 말할 때 그가 이해하는 바 음악이란 어떤 것인가를 엿볼 수 있다.

〈플라톤의 대화 연구 입문〉과 〈플라톤 이전의 철학자들〉의 강의록에 대한 자세한 언급은 생략하겠다. 전자는 플라톤에 관한 니체 당대의 다양한 문헌들 소개, 플라톤의 생애 서술, 그리고 대화편들 하나하나에 대한 해설 등으로 구성되어 있다. 생애와 관련해서는 문헌학적 고증을 위해 부분적으로 지나치다 싶을 정도로 세세하게 다루어지고 있는 반면, 대화편 자체의 내용에 대한 서술은 평이하다. 이 부분보다는 오히려, 플라톤을 다른 고대 철학자들과의 관련 속에서 포괄적으로 조명하고 대화편 또한 주제별로 자유롭게, 종합적으로 다루고 있는, 이번 편집에서는 제외된 제2부 〈인간 플라톤에 대한 주요 증언으로서의 플라톤의 철학〉에 니체 자신의 목소리가 담겨 있는 것으로 보인다. 〈플라톤 이전의 철학자들〉은 1872년 여름에서 1873년 봄까지 '그리스 비극 시대의 철학'이라는 제목으로 쓰어진 미완의 글과 부분적으로 일치한다. 이 강의록은 후자보다는 학적이며 객관적인 서술이 기조를 이루는 가운데, 탈레스 이전 시대의 현인들과 피타고라스, 엠페도클레스, 레우키포스, 데모크리토스, 피타고라스 학파 철학자들 등 후자에서는 다루어지지 않은 철학자들의 서술 또한 포함하고 있다. 특히 소크라테스를 포함시킨 점은 주목된다.

아리스토텔레스의 《수사학》에 대한 강의는 1874/75년 겨울학기,

1875년 여름학기, 그리고 1877/78년 겨울학기에 각각 이루어진 것으로 되어 있다. 수사학은 변증술과 짝을 이룬다. 소크라테스의 변증술은 정의에 의한 개념의 일의성을 추구한다. '변론술'로 지칭될 수 있는 수사학에서는 개념이 다양한 관점들의 수용에 의해 다각적으로 조명된다. 이것은 어떠한 정태적 개념화도 거부하는 역동성의 기반에서 개념들 상호 간의 대극적, 다의적, 다원적 구상으로 진전하는 니체의 사유와 일맥상통한다. 니체가 아리스토텔레스의 다른 저작들보다 《수사학》에 비중을 두는 것은 언어 내지 개념에 대한 이와 같은 그의 입장과 무관하지 않은 것으로 보인다.

아리스토텔레스의 《수사학》에 대한 니체의 강의와 관련해 본권에 수록된 것은 《수사학》에 대한 강의록이 아니라 니체의 《수사학》 번역이다. 이렇다 할 강의록이 따로 없는 것으로 보아 이 수업은 강독 형식으로 이루어졌으리라 추측된다. 이 니체의 번역문을 번역하는 작업은 옮긴이에게는 간단치 않은 일이었다. 용어를 이해하는 것도 어려웠거니와, 문맥상 다듬어지지 않은 부분들이 여기저기 나타나는 독일어 번역문 때문에 씨름을 해야 했다. 결국 옮긴이는 원전을 대조함과 함께 로버츠W. R. Roberts의 영문 번역을 참조하기로 했다. 뜻이 모호한 구절에 대해서는 옮긴이주를 통해 로버츠의 번역을 함께 제시했다.

니체는 강의에서 고대와 자기 당대의 여러 문헌을 참고하고 있다. 그러나 자신만이 알아볼 수 있도록 약식으로 표기한 경우가 대부분이다. 추정이 허락되는 경우에 한해 온전한 표기로 대체했다. 모든 문헌을 일일이 확인해 완벽하게 명기하는 것이 옮긴이의 소임이겠으나, 여의치 않아 소임을 다하지 못한 것에 대해 독자의 양해를 구한다. 발터 데 그루이

터 출판사가 예고한 부록집의 출간을 기다려 후일 보완할 수 있기를 희
망한다. 번역상의 미비한 점에 대해서는 독자 제위의 질정을 바란다. 강
의록 원서에서 그리스어나 라틴어 원문으로 되어 있는 부분의 번역문은
이탤릭체로 표시했다. 그리스어나 라틴어 원문은 옮긴이의 재량에 따라
선택적으로 병기했으나, 병기하지 않는 경우에도 본문의 상태를 전하기
위해 해당 번역문을 이탤릭체로 표시했다.

끝으로, 옮긴이의 짧은 고전어 실력을 지대하게 보완해주신 조대호
박사님께 심심한 감사의 말씀을 드린다. 그리고 책세상 출판사 제위의
인내와 수고에도 아울러 감사드린다.

연보

1844년

10월 15일, 목사 카를 루트비히 니체Carl Ludwig Nietzsche와 이웃 고장 목사의 딸 프란치스카 욀러Franziska Öhler 사이의 첫 아들로 뢰켄에서 프리드리히 니체Friedrich Wilhelm Nietzsche가 태어난다. 1846년 여동생 엘리자베트가, 1848년에는 남동생 요제프가 태어난다. 이듬해 아버지 카를이 사망하고 몇 달 후에는 요제프가 사망한다.

1850년

가족과 함께 나움부르크로 이사한다. 그를 평범한 소년으로 교육시키려는 할머니의 뜻에 따라 소년 시민학교Knaben-Bürgerschule에 입학한다. 하지만 학교에 적응하지 못하고 곧 그만둔다.

1851년

칸디다텐 베버Kandidaten Weber라는 사설 교육 기관에 들어가 종교, 라틴어, 그리스어 수업을 받는다.

이때 친구 쿠룩의 집에서 처음으로 음악을 알게 되고, 어머니에게서 피아노를 선물받아 음악 교육을 받기 시작한다.

1853년

돔 김나지움Domgymnasium에 입학한다.

대단한 열성으로 학업에 임했으며 이듬해 이미 작시와 작곡을 시작한다. 할머니가 사망한다.

1858년

14세 때 김나지움 슐포르타에 입학하여 철저한 인문계 중등교육을 받는다. 고전어와 독일문학에서 비상한 재주를 보일 뿐만 아니라, 작시도 하고, 음악 서클을 만들어 교회 음악을 작곡할 정도로 음악적 관심과 재능도 보인다.

1862년

〈운명과 역사Fatum und Geschichte〉라는 글을 쓴다. 이것은 이후의 사유에 대한 일종의 예견서 같은 역할을 한다. 이 외에도 다양한 문학적 계획을 세운다.

이처럼 그는 이미 소년 시절에 창조적으로 생활한다. 그렇지만 음악에 대한 천부적인 재질, 치밀한 분석 능력과 인내를 요하는 고전어에 대한 재능, 문학적 능력 등에도 불구하고 그는 행복하지는 못했던 것 같다. 아버지의 부재와 여성들로 이루어진 가정, 이 가정에서의 할머니의 위압적인 중심 역할과 어머니의 불안정한 위치 및 이들의 갈등 관계, 자신의 불안정한 위치의 심적 대체물로 나타난 니체 남매에 대한 어머니의 지나친 보호 본능 등으로 인해 그는 불안스러운 어린 시절을 보내게 되며 이런 환경에서 아버지와 가부장적 권위, 남성상에 대한 동경을 품게 된다.

1864년

슐포르타를 우수한 성적으로 졸업한다. 본Bonn 대학에서 1864/65년 겨울학기에 신학과 고전문헌학 공부를 시작한다.

동료 도이센과 함께 '프랑코니아Frankonia'라는 서클에 가입하여 사교적이고 음악적인 삶을 살게 된다. 한 학기가 지난 후《신약성서》에 대한 문헌학적인 비판적 시각이 형성되면서 신학 공부를 포기하려 한다. 이로 인해 어머니와의 첫 갈등을 겪은 후 저명한 문헌학자 리츨F. W. Ritschl의 강의를 수강한다.

1865년

1865/66년 겨울학기에 리츨 교수를 따라 라이프치히로 학교를 옮긴다. 라이프치히에서 니체는 리츨의 지도하에 시작한 고전문헌학 공부와 쇼펜하우어의 발견에 힘입어 학자로서의 삶을 시작한다. 하지만 육체적으로는 아주 어려운 시기를 맞게 된다. 소년 시절에 나타났던 병증들이 악화되고 류머티즘과 격렬한 구토가 그를 괴롭힌다. 또한 그는 매독 치료를 받기도 한다. 늦가을에 고서점에서 쇼펜하우어의《의지와 표상으로서의 세계》를 우연히 발견하여 탐독한다. 쇼펜하우어의 염세주의 철학에 한동안 매료되었으며, 이러한 자극 아래 훗날《음악의 정신으로부터의 비극의 탄생 *Die Geburt der Tragödie aus dem Geist der Musik*》(이하《비극의 탄생》)을 쓰게 된다. 이 시기에 또한 문헌학적 공부에 전념한다.

1866년

로데E. Rhode와 친교를 맺는다. 시인 테오그니스Theognis와 고대 철학사가인 디오게네스 라에르티오스의 자료들에 대한 문헌학적 작업을 시작한다. 디오게네스에 대한 연구와 니체에 대한 리츨의 높은 평가로 인해 문헌학자로서 니체라는 이름이 알려지기 시작한다.

1867년

디오게네스 논문이 《라인문헌학지 *Rheinische Museum für Philologie*》(이하 RM), XXII에 게재된다. 1월에 니체는 아리스토텔레스 저작의 전통에 대해 강연한다. 호메로스와 데모크리토스에 대한 연구를 시작하고, 칸트 철학을 접하게 된다. 이어 나움부르크에서 군대 생활을 시작한다.

1868년

여러 편의 고전문헌학적 논평을 쓰고 호메로스와 헤시오도스에 대한 학위 논문을 구상한다. 이렇게 문헌학적 활동을 활발히 해나가면서도 문헌학이 자신에게 맞는가에 대한 회의를 계속 품는다. 이로 인해 그리스 문헌학에 관계된 교수 자격 논문을 계획하다가도 때로는 칸트와 관련된 철학 박사 논문을 계획하기도 하고(주제 : Der Begriff des Organischen seit Kant), 칸트의 《판단력 비판》과 랑에 G. Lange의 《유물론의 역사 *Geschichte des Materialismus*》를 읽기도 하며, 화학으로 전공을 바꿀 생각도 잠시 해본다. 이 다양한 논문 계획들은 1869년 초에 박사 학위나 교수 자격 논문 없이도 바젤의 고전문헌학 교수직을 얻을 수 있다는 리츨의 말을 듣고 중단된다. 3월에는 말에서 떨어져 가슴에 심한 부상을 입고 10월에 제대한 후 라이프치히로 돌아간다. 11월 8일 동양학자인 브로크하우스 H. Brockhaus의 집에서 바그너를 처음 만난다. 그와 함께 쇼펜하우어와 독일의 현대 철학, 그리고 오페라의 미래에 대해 의견을 나눈다. 이때 만난 바그너는 니체에게 깊은 인상을 심어준다. 이 시기에 나타나는 니체의 첫 번째 철학적 작품이 〈목적론에 관하여 Zur Teleologie〉이다.

1869년

4월 바젤 대학 고전어와 고전문학의 원외교수로 위촉된다. 이 교수직은 함부르크 대학으로 자리를 옮긴 키슬링A. Kiessling의 뒤를 잇는 자리였다. 니체가 이후 독일 문헌학계를 이끌어갈 선두적 인물이 될 것이라는 리츨의 적극적인 천거로 초빙된 것이었다. 5월 17일 니체는 트립센에 머물던 바그너를 처음 방문하고 이때부터 그를 자주 트립센에 머물게 한다. RM에 발표된 그의 논문과 디오게네스 라에르티오스의 자료들에 대한 연구를 인정받아 라이프치히 대학으로부터 박사 학위를 받는다. 부르크하르트Jacob Burckhardt를 존경하여 그와 교분을 맺는다. 스위스 국적을 신청하지 않은 채 프로이센 국적을 포기한다.

1870년

1월과 2월에 그리스인의 악극 및 소크라테스와 비극에 대한 강연을 한다. 오버베크F. Overbeck를 알게 되고 4월에는 정교수가 된다. 7월에는 독불전쟁에 자원 의무병으로 참가하지만 이질과 디프테리아에 걸려 10월에 바젤로 돌아온다.

1871년

〈Certamen quod dicitur Homeri et Hesiodi〉를 완성하고, 새로운 RM(1842~1869)의 색인을 작성한다. 2월에는 《비극의 탄생》의 집필을 끝낸다.

1872년

첫 철학적 저서 《비극의 탄생》이 출간된다. 그리스 비극 작품의 탄생과 그 몰락에 대해서 쓰고 있는 이 작품은 바그너의 기념비적인 문화정치를 위한 프로그램적 작품이라고 여겨지기도 하지만 니체의 독창적이고도 철학적인 초기 사유를 제시하고 있다고 평가받는다. 그렇지만 이 시기의 유고들을 보면 그가 얼마나 문헌학적 문제와 문헌학에 대한 근본적인 비판에 전념하고 있는지를 알 수 있다.

《비극의 탄생》에 대한 학계의 혹평으로 상심한 후 니체는 1876년 바그너의 이념을 전파시키는 데 전념할 생각으로 바이로이트 축제를 기획하고 5월에는 준비를 위해 바이로이트로 간다.

1873년

다비드 슈트라우스에 대한 첫 번째 저작 《반시대적 고찰 *Unzeitgemässe Betrachtungen : David Strauss, der Bekenner und der Schriftsteller*》이 출간된다. 원래 이 책은 10~13개의 논문들을 포함할 예정이었지만, 실제로는 4개의 주제들로 구성되었다. 다비드 슈트라우스에 대한 1권, 삶에 있어서 역사가 지니는 유용함과 단점에 관한 2권, 교육자로서의 쇼펜하우어를 다룬 3권은 원래의 의도인 독일인들에 대한 경고에 충실하고, 바그너와의 문제를 다룬 4권에서는 바그너에 대한 긍정적 평가가 이루어진다. 여기서 철학은 진정한 삶을 가능하게 하는 예술의 예비 절차 역할을 하며, 다양한 삶의 현상들은 문화 안에서 미적 통일을 이루는 것으로 제시된다. 이러한 시도는 니체가 반 년 후에 쓰게 되는 두 번째 《반시대적 고찰》에서 이루어진다.

1872년 초에 이미 바이로이트에 있던 바그너는 이 저술에 옹호적이기는 했지만, 양자의 관계는 점점 냉냉해진다. 이때 니체 자신의 관심은 쇼펜하우어에서 볼테르로 옮겨간다. 이 시기에 구토를 동반한 편두통이 심해지면서 니체는 육체적 고통에 시달린다.

1874년

《비극의 탄생》 2판과 《반시대적 고찰》 2, 3권이 출간된다. 소크라테스 이전 사상가에 대한 니체의 1873년의 강의를 들었던 레P. Ree와의 긴밀한 관계가 형성되기 시작한다. 10월에 출간된 세 번째 《반시대적 고찰》인 《교육자로서의 쇼펜하우어 *Schopenhauer als Erzieher*》에서는 니체가 바그너와 냉정한 거리를 유지한다는 사실이 드러난다.

1875년

《반시대적 고찰》 4권인 《바이로이트의 바그너 *Richard Wagner in Bayreuth*》(1876년에 비로소 출간)는 겉으로는 바그너를 위대한 개인으로 형상화하지만, 그 행간에는 니체 자신의 청년기적 숭배를 그 스스로 이미 오래전에 멀리해버린 일종의 기념물쯤으로 생각하고 있다는 사실이 숨어 있다. 이것이 출판되고 나서 한 달 후, 즉 1876년 8월 바이로이트 축제의 마지막 리허설이 이루어질 때 니체는 그곳에 있었지만, 바그너에 대한 숭배의 분위기를 더 이상 견뎌내지 못하고 축제 도중 바이로이트를 떠난다.

겨울학기가 시작될 때 쾨젤리츠Heinrich Köselitz라는 한 젊은 음악가가 바젤로 찾아와 니체와 오버베크의 강의를 듣는다. 그는 니체의 가장 충실한 학생 중의 하나이자 절친한 교우가 된다. 니체로부터 페터 가스트 Peter Gast라는 예명을 받은 그는 니체가 사망한 후 니체의 여동생 엘리자베트와 함께 《힘에의 의지》 편집본의 편집자가 된다. 이 시기에 니체의 건강은 눈에 띄게 악화되어, 그는 10월 초 1년 휴가를 얻어 레와 함께 이탈리아로 요양을 간다. 6월과 7월에 니체는 《반시대적 고찰》의 다른 잠언들을 페터 가스트에게 낭독하여 받아 적게 하는데, 이것은 나중에 《인간적인 너무나 인간적인 *Menschliches, Allzumenschliches*》의 일부가 된다.

1876년

《인간적인 너무나 인간적인》의 원고가 씌어진다. 니체는 3월에 제네바에 있는 '볼테르의 집'을 방문하고 그의 정신을 잠언에 수록하려고 한다.

1877년

소렌토의 강독 모임에서 투키디데스, 〈마태복음〉, 볼테르, 디드로 등을 읽으며, 8월까지 요양차 여행을 한다. 9월에는 바젤로 돌아와 강의를 다시 시작한다. 가스트에게 《인간적인 너무나 인간적인》의 내용을 받아 적게 한다. 이 텍스트는 다음해 5월까지는 비밀로 해달라는 부탁과 함께 12월 3일에 출판사에 보내진다.

1878년

5월에 바그너가 《인간적인 너무나 인간적인》 1부를 읽으면서 니체와 바그너 사이의 열정과 갈등, 좌절로 점철된 관계는 실망으로 끝난다. 12월 말경에 《인간적인 너무나 인간적인》 2부 원고가 완결된다.

《인간적인 너무나 인간적인》 1, 2부는 건설의 전 단계인 파괴의 시기로 진입함을 보여주며, 따라서 문체상의 새로운 변화를 보여준다.

1879년

건강이 악화되어 3월 19일 강의를 중단하고 제네바로 휴양을 떠난다. 5월에는 바젤 대학에 퇴직 의사를 밝힌다. 9월에 나움부르크로 오기까지 비젠과 생 모리츠에 머무르며, 《인간적인 너무나 인간적인》의 2부 중 한 부분인 《혼합된 의견과 잠언들*Vermischte Meinungen und Sprüche*》을 출간한다. 생 모리츠에서 지내는 여름 동안 2부의 다른 부분인 《방랑자와 그의 그림자 *Der Wanderer und sein Schatten*》를 쓰고 1880년에 출간한다.

1880년

1월에 이미 《아침놀 *Morgenröthe*》을 위한 노트들을 만들고 있었으며, 이 시기에 특히 도덕 문제에 대한 독서를 집중적으로 한다. 가스트와 함께 3월에 베네치아로 갔고, 여러 곳을 돌아다닌 끝에 11월에 제노바로 간다.

1881년

다른 작품들과 마찬가지로 《아침놀》의 원고들이 가스트에 의해 옮겨 적혀 7월 1일에 출간된다. 7월 초 니체는 처음으로 실스 마리아에 간다. 그곳의 한 산책길에서 영원회귀에 대한 구상이 떠올랐다는 이야기는 유명하다. 10월 1일에 제노바로 다시 돌아간다. 건강 상태, 특히 시력이 더욱 악화된다. 11월 27일에 처음으로 비제의 〈카르멘〉을 보고 감격한다. 《아침놀》에서 제시되는 힘의 느낌은 나중에 구체화되는 《힘에의 의지》를 준비하는 단계이다.

1882년

《아침놀》에 이어 1월에 가스트에게 첫 3부를 보낸다. 이것들은 4부와 함께 8월 말에 《즐거운 학문 *Die fröhliche Wissenschaft*》이라는 책으로 출판된다. 3월 말에는 제노바를 떠나 메시나로 배 여행을 하며, 그곳에서 4월 20일까지 머무른다. 〈메시나에서의 전원시 *Idyllen aus Messina*〉의 소묘들은 이 여행 며칠 전에 구상되었다. 이것은 니체가 잠언적인 작품 외에 유일하게 발표한 시가로서 《인터나치오날레 모나츠슈리프트 *Internationale Monatsschrift*》 5월호에 실린다(267~275쪽). 4월 24일에 니체는 메시나를 떠나 로마로

가고 모이센부르크의 집에서 살로메를 소개받는다. 5월 중순에는 타우텐부르크에서 여동생과 살로메와 함께 지낸다. 27일 살로메가 떠난 뒤 나움부르크로 돌아오고, 10월에 라이프치히에서 살로메를 마지막으로 만난 후 11월 중순부터 제노바를 거쳐 이탈리아의 여러 곳을 돌아다니며 《차라투스트라는 이렇게 말했다》의 첫 부분을 구상하기 시작한다.

지속적인 휴양 여행, 알프스의 신선한 공기, 이탈리아나 프랑스의 온화한 기후도 그의 육체적인 고통을 덜어주지는 못한다. 그는 아주 한정된 사람들과 교제를 했고, 특히 이 교제 방식이 살로메와의 만남으로 인해 변화의 조짐을 보이지만, 그는 다시 고독한 삶의 방식으로 되돌아갈 수밖에 없었다.

1883년

《차라투스트라는 이렇게 말했다》의 1부가 씌어진 후 아주 빠른 속도로 3부까지 씌어진다.

1884년

1월에 《차라투스트라는 이렇게 말했다》의 4부를 완성한다.

건강은 비교적 호전되었고, 정신적인 고조를 경험하면서 그의 사유는 정점에 올라 있었다. 그러나 이 시기에 여동생 및 어머니와의 화해와 다툼이 지속된다. 여동생이 푀르스터라는, 반유대주의자이자 바그너 숭배자이며, 파라과이에 종족주의적 원칙에 의한 독일 식민지를 세우려는 계획을 갖고 있는 자와 약혼하기로 결정하면서, 가까스로 회복된 여동생과의 불화는 다시 심화된다.

1885년

《차라투스트라는 이렇게 말했다》의 4부를 출판할 출판업자를 찾지 못하여 니체는 이 책을 자비로 출판한다. 5월 22일 여동생이 결혼하지만 그는 결혼식에 참석하지 않는다. 6월 7일부터 9월까지 실스 마리아에서 지내고, 그 후 나움부르크, 뮌헨, 피렌체를 경유하여 11월 11일 니차로 온다. 실스 마리아에서 여름을 보내면서 《힘에의 의지》라는 책을 쓸 것을 구상한다. 저술 제목으로서 '힘에의 의지'는 1885년 8월의 노트에 처음으로 등장한다. 이후의 노트들에는 '힘에의 의지'라는 제목으로 체계적이고 일반적인 내용을 서술하겠다는 구상들이 등장한다. 이 구상은 여러 번의 변동을 거치다가 결국 니체 자신에 의해 1888년 8월에 포기된다.

1886년

《선악의 저편 Jenseits von Gut und Böse》 역시 자비로 8월 초에 출판된다. 니체는 이전의 작품들을 다시 출간하는 데 관심을 가지고 이전의 작품들에 대한 새로운 서문을 쓰기 시작한다. 《인간적인 너무나 인간적인》의 서문, 《비극의 탄생》을 위한 〈자기 비판의 시도 Versuch einer Selbstkritik〉라는 서문, 《아침놀》과 《즐거운 학문》의 서문들이 이때 씌어졌다.

1887년

악화된 그의 건강은 6월에 살로메의 결혼 소식을 접하면서 우울증이 겹치는 바람에 심각해진다. 이런 상태에도 불구하고 그의 의식은 명료했다.

6월에 《아침놀》, 《즐거운 학문》, 《차라투스트라는 이렇게 말했다》의 재판이 출간된다. 6월 12일 이후 니체는 실스 마리아에서 《도덕의 계보 Zur Genealogie der Moral》를 집필하며, 11월에 이를 자비로 출판한다.

1888년

4월 2일까지 니차에 머무르면서 '모든 가치의 전도'에 대한 책을 구상하고, 이 책의 일부를 《안티크리스트 *Der Antichrist*》라는 책으로 출판한다. 7월에는 《바그너의 경우 *Der Fall Wagner*》를 출판사로 보낸다. 6월에 투린을 떠나 실스 마리아에서 《우상의 황혼 *Götzen-Dämmerung*》을 쓴다. 투린으로 다시 돌아가 《이 사람을 보라 *Ecce homo*》를 11월 4일에 끝내고 12월에 출판사로 보낸다. 그 사이 《바그너의 경우》가 출판된다. 《디오니소스 송가 *Dionysos-Dithyramben*》를 포함한 이 시기에 씌어진 모든 것이 인쇄를 위해 보내진다.

1887~88년이라는 그의 지적 활동의 마지막 시기의 유고에서도 니체는 여전히 자신을 실현시키고자 하는 강한 저술 의도를 보인다. 그렇지만 그는 파괴와 건설 작업에서 그가 사용했던 모든 도구들이 더 이상은 쓸모가 없다는 생각을 한다.

1889년

1월 3일(혹은 1월 7일) 니체가 카를로 알베르토 광장에서 졸도하면서 심각한 정신 이상 신호가 나타나기 시작한다. 오버베크는 니체를 바젤로 데리고 가서 정신병원에 입원시킨다. 1월 17일 니체는 어머니에 의해 예나 대학 정신병원으로 옮겨진다. 《우상의 황혼》, 《니체 대 바그너 *Nietzsche contra Wagner*》, 《이 사람을 보라》가 출판된다.

1890년

3월 24일 병원을 떠나 어머니 옆에서 머무르다가 5월 13일에 나움부르크로 돌아온다.

1897년

4월 20일 어머니가 71세의 나이로 사망하고, 니체는 여동생을 따라 바이마르로 거처를 옮긴다. 1892년 가스트는 니체전집 편찬에 들어가고, 같은해 가을에 차라투스트라의 4부가 처음으로 책 한 권으로 출판된다. 1894년 초에 여동생은 가스트의 전집을 중지할 것을 종용하고, 니체전집의 편찬을 담당할 니체 문서보관소 Nietzsche Archiv를 설립한다.

1900년

8월 25일 정오 무렵에 사망한다.

■ 옮긴이 김기선

서강대학교 철학과를 졸업하고 독일 튀빙엔 대학교에서 철학 박사 학위를 취득했다.
《Anamnetische Betrachtungen zu Nietzsches 'Geburt der Tragödie'》(Würzburg K&N, 1999) 외에
〈천지굿과 뒤오뉘소스 제의〉, 〈비극의 관점에서 본 니체의 예술형이상학〉, 〈도덕의 관점에서
본 니체의 헤라클레이토스〉 같은 논문을 썼다.

니체전집 1(KGW I4, II2, II4) 언어의 기원에 관하여 · 이러한 맥락에 관한
추정 · 플라톤의 대화 연구 입문 · 플라톤 이전의 철학자들 · 아리스토텔레스
수사학 I · 유고(1864년 가을~1868년 봄)

초판 1쇄 발행 2003년 11월 15일
초판 9쇄 발행 2024년 3월 15일

지은이 프리드리히 니체
옮긴이 김기선

펴낸이 김준성
펴낸곳 책세상
등 록 1975년 5월 21일 제2017-000226호
주 소 서울시 마포구 동교로23길 27, 3층 (03992)
전 화 02-704-1251
팩 스 02-719-1258
이메일 editor@chaeksesang.com
광고·제휴 문의 creator@chaeksesang.com
홈페이지 chaeksesang.com
페이스북 /chaeksesang 트위터 @chaeksesang
인스타그램 @chaeksesang 네이버포스트 bkworldpub

ISBN 978-89-7013-421-5 04160
       978-89-7013-542-7 (세트)